中小企業技術経営実践講座 II

MOT Management of Technology

NIT Graduate School for Management of Technology

日本工業大学大学院技術経営研究科 [監修]

東京　白桃書房　神田

はじめに

　本書は，日本工業大学専門職大学院技術経営研究科が開学10周年を迎えたことを記念して，専任教授，客員教授，修了生によって執筆された論文を取りまとめたものです。

　日本工業大学は，明治40年（1907年）に開校した東京工科学校をルーツに，「工学理論を生産現場の技術として活かすことのできる人材を育成する」ことを目的に昭和42年（1967年）に開学しました。開学後は，実践的な技術者を育成し，技術系中堅・中小企業への人材供給を中心に，「実工学」教育の旗印のもと我が国産業の発展に大きく貢献してきました。また，それらの企業との産学連携を推進し，多くの優れた技術を持つ中堅・中小企業との繋がりを深めてきました。平成17年（2005年）には，中堅・中小企業における経営革新，技術開発，新市場創造，グローバル化などのニーズに対応できる的確な意思決定，マネジメントができる高度な技術経営人材の育成を目指し，専門職大学院技術経営研究科を設置し，平成26年度には，開学10周年を迎えることができました。本技術経営研究科の在学生および修了生を派遣して下さいました会社，機関そして本学教職員に深く感謝申し上げるとともに，この開学10周年を記念しまして「中小企業技術経営実践講座Ⅱ」を出版させて頂く運びとなりました。

　本専門職大学院技術経営研究科は，設立の背景・経緯から，専門職大学院として学術性よりも実践性を重視するとともに，中堅・中小企業のニーズに応えられるカリキュラムを開発してきました。教員は，現場感覚の強い授業ができるマネジメントの経験者，コンサルタント，シンクタンク研究員などの実務者が中心となっています。こうしたメンバーによって執筆された論文は，中堅・中小企業が経営する現事業の高度化・深化，グローバル化，新事業開拓，事業承継など喫緊の課題に対して，教員などの専門領域の視点から実践的な対応策を示唆，提案したものとなっています。そのため，本書は，時代にマッチした実践性に富んだ実務的内容になっており，中堅・中小企業の経営者・後継者・幹部社員，起業者などのビジネス界に身を置く皆さま方にお役に立てるものです。

最後に，本専門職大学院技術経営研究科は，これからの10年間で，技術経営人材育成の教育活動だけでなく，中堅・中小企業に関する研究活動，中堅・中小企業への具体的な経営支援活動などを積極的に進め，その成果を教育活動に反映させるといった知の循環を形成し，中堅・中小企業の活性化を担う総合的拠点化を目指しています。この実現に向け教職員及び関係者の皆様とともに頑張りたいと思います。御支援のほど宜しくお願い申し上げます。

2015年5月

学校法人日本工業大学
理事長　柳澤　章

序

　本書は，日本工業大学専門職大学院で技術経営（Management of Technology）の指導にあたっている専任教員・客員教員と修了生が執筆し，本大学院が編纂した中小企業が技術経営を推進していくために必要な考え方・方策などを実践的視点から検討・提起している論文集である。とりわけ中堅・中小企業の経営者・後継者・経営幹部，あるいは自身の現状打破・キャリアアップを目指す意欲ある社会人の皆様に，実際のビジネスの場で本書が活用されることを期待し，編纂した。

　前著『中小企業技術経営実践講座』では，我が国において本格的な技術経営教育が始まった時期であったことから，技術経営に係る基本的なテーマに沿って，当時の教員によって執筆された。今回は，その後の技術そのものの発展とそれに伴う経営環境の変化，教育指導と調査研究の蓄積・成果を反映し，前回より多くの執筆者により，多様な分野の研究成果をまとめている。経営環境の変化の中でも情報通信技術の発展と普及，経済・産業のグローバル化の進展は著しく，技術経営にも新たな視点による検討と実践が求められている。かかる点を踏まえ，ビジネス界に身を置きつつ教育指導にも携わる教員が，経営指導や教育における実践的な活動の中から，経営現場の実践で役に立つ著作としてまとめたものである。

　本書は次に挙げる3つのセッションから構成されており，その全体を以下に俯瞰し本書の序とする。

　　セッション1：技術経営における主な機能の新たな展開（第Ⅰ部〜第Ⅲ部）
　　セッション2：グローバル化と技術経営（第Ⅳ部〜第Ⅴ部）
　　セッション3：多様な視点から技術経営の考察（第Ⅵ部〜Ⅷ部）

〈**セッション1：技術経営における主な機能の新たな展開**〉
　セッション1の第Ⅰ部から第Ⅲ部（第1章〜8章）では，「イノベーションのマネジメント」，「マーケティングの新たな展開と価値創造」，「経営会計と内部監査」など技術経営における主要な機能の新たな展開について検討している。

第Ⅰ部　イノベーションのマネジメント

　第1章は，イノベーションについてのP2M（プロジェクトマネジメント＆プログラムマネジメント）からのアプローチである。イノベーションは製品開発プロジェクトにおいてのみ行われるのではなく，新たな価値創造を行うすべての段階で行われる。そのため，P2Mでは複数プロジェクトの統合プロセスとしてのプログラムマネジメントを重視するようになってきている。この価値創造を行うプログラムを効果的・効率的に遂行するため，暗黙知の活用やプログラム参加者の知識交流のためのコミュニティの活用について検討を行っている。

　第2章では，プログラムマネジメントのアプローチに沿って，研究開発の進め方が提示されている。基礎研究，開発研究，製品開発の3つのフェーズに研究開発の業務プロセスを分類し，フェーズごとに更に細かな段階が示されているが，一定のステージごとに達成目標を決め，その達成度を評価しながら次のステージに進むべきかを判断していくことが最も効果的であるとしている。

　第3章では，イノベーションはサプライヤー側からだけのアプローチで推進するのではなく，ユーザー側のイノベーション能力も活用して推進することが必要であり，実際，成果も出てきていることについて論じている。ユーザー・イノベーションとオープン・イノベーションの動向，企業やユーザー・市民，大学，行政，NGO・NPOなどの様々なステークホルダーが参加し共創するLiving Labのケース・スタディなどを踏まえ，企業が一般ユーザーや市民等と如何にして共創していくか，ユーザーの行動の洞察を得るための能力構築を如何に行っていくべきかについてその課題を明らかにしている。

第Ⅱ部　マーケティングの新たな展開と価値創造

　第4章では，B to Bビジネスにおける顧客提供価値拡大のためのモデルを提示している。従来のQCDを中心とした『モノづくり』から，顧客価値を拡大する方向に自社の活動対象を広げることで，継続的成長を促進する『価値づくり』への転換を提起している。提示されたモデルは，顧客自身の製品・サービスの提供価値の向上（Value），顧客の業務達成に向けての問題・懸念・面倒の払拭（Anxiety），顧客の全体コストの低減（Cost），顧客の社員・組織の能力の向上（Empowerment），および顧客の社会的価値の向上（Society）の5つの要素からなり，その頭文字をとってVACESモデルと命名されている。

第5章では，第4章と同様に，徹底した顧客視点でのマーケティングの重要性を確認するとともに，資産合理型経営といった日本型経営の強みを発揮できるような形でのマーケティング活動を推進すべきであることを指摘している。

第6章では，ビッグデータなどをマーケティング活動に活用する際に必要な多次元パターン認識の有効な手法であるマハラノビス・タグチ法の紹介とビジネスへの適用を論じている。また，同章では，一種のパターン認識手法と見做すことのできる群れ知能アルゴリズムである蟻コロニークラスタリングについても触れられている。

第Ⅲ部 経営会計と内部監査

第7章では，日本企業の経営者・経営管理者にはステークホルダーへの「報告」を旨とする財務会計システムを偏重する傾向が強いことに対し，経営者・経営管理者の経営行為をサポートするシステムとして活用すべき経営会計（管理会計）システムについて，中小企業向けのシステムを試論として提示している。

第8章で論じられている内部監査は，特定の法律に基づく外部監査に比べ任意的な側面が強く，会計士などによる外部監査支援の目的で会計監査の色彩を強くもって実施されてきた。ところが，併行して発展してきた内部統制概念の変遷が内部監査の機能・目的にも影響を与えてきたことを，米国と日本での取り込み方の違いを明確にしつつ論じている。

〈セッション2：グローバル化と技術経営〉

セッション2の第Ⅳ部から第Ⅴ部（第9章～13章）では，我が国中小製造業の「グローバル・ニッチトップ戦略」，「グローバル化への対応」などについて検討している。

第Ⅳ部 グローバル・ニッチトップ戦略

第9章では，日本の中小企業がGNT企業を目指すことの有効性とそのための戦略性を踏まえ，日本とドイツにおけるニッチトップ企業とGNT企業の事例調査を基に，GNT企業への成長要因を実証的に分析している。その成長要因を視点に，GNT企業が集積している首都圏地域，東大阪地域，金沢地域などを対象にGNT企業群の集積メカニズムの分析を行い，特定地域において

GNT 企業を輩出するための方策を提案している。

第10章では，我が国における高収益製造業（営業利益率10%以上）と GNT 企業の正の相関性から GNT 戦略の有効性を検証し，事業環境が激変する中での課題解決の方策として「新たな GNT 戦略」を提起している。企業がこれまでに蓄積してきた歴史的な技術・市場・事業基盤に頼る事業展開から，外部を活用した技術・市場・事業基盤の拡張を行いつつ自社主導での市場展開を強化することを「新たな GNT 戦略」とし，この「新たな GNT 戦略」の推進で高収益な成長の実現を提案している。

第Ｖ部　グローバル化への対応

第11章では，「全体の物の流れをマネジメントする」サプライチェーン・マネジメントの視点で，中堅の GNT 企業9社へのインタビュー調査を基に，グローバル SCM 構築のための課題などを整理し，課題解決のための工夫などについて提案を行っている。

第12章では，日本の金型産業を対象に，2014年4月に日本金型工業会が示した「新金型産業ビジョン」での検討結果を踏まえつつ，担当執筆者による日本企業の海外展開支援事例などに基づき，「日本発の新しいエンジニアリング事業スタイルを創る」ことを提案している。

第13章では，中小企業の海外展開でも注目度の高い ASEAN 地域について，まず，その統合の動きと大メコン経済圏プロジェクトの重要性を明らかにしている。その上で，タイと隣接する CLM 3カ国（カンボジア，ラオス，ミャンマー）の現状と今後の発展の可能性，当該国での展開を考えている日本企業の戦略について検討を加えている。

〈セッション3：多様な視点から技術経営の考察〉

セッション3の第Ⅵ部から第Ⅷ部（第14章～20章）では，「起業・事業承継」，「特定業界（建設業）における技術経営」，「技術経営的視点からの外部環境の把握」，など多様な視点から技術経営に係る諸問題について検討している。

第Ⅵ部　起業・第二創業・事業承継

第14章では，起業教育の重要性とその要点，ビジネス・インキュベーターをはじめとする起業支援のあり方のポイント，我が国における起業促進の方策に

ついて検討を行っている。

　第15章では，日本での起業にMBO活用を提起するとともに，イノベーションをプロセス化することが新規事業開発に有効であることを論じている。

　第16章では，事業所数の減少による経済活力の減退を招かないためには，起業の絶対数を増加させるだけでなく，事業承継を円滑に進める事も重要なポイントとなることから，事業承継を阻害する要因を明らかにし，それへの対応を検討している。経営と所有の分離やファミリービジネスにおける株式保有の分散化を回避する新たな方法などについての議論がなされている。

第Ⅶ部　特定業種対象のc経営研究

　第17章では，中小建設業を対象に，ソーシャル・キャピタル（社会関係資本）と企業業績の関係について考察している。ソーシャル・キャピタルが豊かであることは乏しい企業と比べて概して業績が良いが，ソーシャル・キャピタルが過剰になると業績の低迷を招くこともあるとしている。

　第18章では，建設関連産業における高収益化の可能性について検討している。建設関連産業の事業ドメインを「現場施工事業」から「現場サービス事業」へと再定義することで，顧客への提供価値に拡がりをもたせ，高収益化を獲得することが可能となることを提起している。なお，本章は，本学MOTの修了生・教員・関係者で組織された「現場サービス高収益化分科会」での検討結果をまとめたものである。

第Ⅷ部　中小企業者による自社と外部環境の把握

　第19章では，本学MOTで経済学を講義するにあたり行ってきた試行錯誤を振り返りつつ，中小製造業の経営者や従業員が中心の社会人にとって理解しておくべき経済学の分野についての検討結果が示されている。

　第20章では，経営資源とりわけ人的資源に乏しい多くの中小企業にとっては，大企業研究を基礎に構築された経営理論，戦略スキームをそのまま適用することの困難さを踏まえ，「自社の現状と取り巻く外部環境，自社の進むべき方向，外部環境の変化の方向などを見渡す能力を構築すること」が経営の基礎の基本であるとし，そのための方法論を整理している。

　以上のとおり，いずれの章も中堅・中小企業における技術経営の今日的課題

を踏まえて一つの切り口で完結した論文の体裁をとっているため，関心のある領域の章から読み始めても一向に構わない。ただ，経営は，多様な分野・領域について重層的に把握し実行しなくてはならない。関心のある領域の章から読み始めた上で，つながりのありそうな章についても読み進め，結果，技術経営の全体像を理解するようにしてもらいたい。加えて，特に関心を持った執筆者の講義に参加し対話をしてみたいと考えてもらえることを，執筆者・編纂者は期待している。

編集担当　小田恭市，佐々木　勉

執筆者紹介（本文掲載順）

```
執筆者名    ―執筆担当章―
auther_name
❶日本工業大学大学院技術経営研究科での職名等
❷専門分野又は担当科目（かっこ内は担当年度）
❸現職又は主たる経歴
```

小田　恭市　―序，第9章―
Kyo-ichi Oda

❶専任教授・研究科長
❷ネットワークを活用した新事業創造
❸日本工業大学工学部教授，㈱地域産業システム研究所代表取締役，㈱開発計画研究所取締役

清水　基夫　―第1章―
Motoo Shimizu

❶前専任教授・現客員教授
❷「中小企業技術経営基礎」「プログラムマネジメント」（2014年度）
❸日本電気㈱宇宙ステーションシステム本部長，無線事業本部主席技師長，名古屋工業大学大学院教授・副学長などを経て，2009年度～2014年度日本工業大学大学院技術経営研究科教授

武富　為嗣　―第2章―
Tametsugu Taketomi

❶専任教授
❷プロジェクト＆プログラムマネジメント
❸コーポレート・インテリジェンス㈱代表取締役

西尾　好司　―第3章―
Ko-ji Nishio

❶専任教授
❷企業のイノベーション戦略，国内外の科学技術・イノベーション政策
❸㈱富士通総研経済研究所主任研究員

浪江　一公　―第4章―
Kazukimi Namie

❶専任教授
❷技術マネジメント，生産財マーケティング
❸ベクター・コンサルティング㈱代表取締役社長，光産業創成大学院大学客員教授

水澤　直哉　―第5章―
Naoya Mizusawa

❶専任教授
❷マーケティング（価値創造戦略としてのマーケティングの本質を，事業変革推進に活かす）
❸㈲フィロソフィア代表取締役，㈱リクルートマネジメントソリューションズ人材開発トレーナー

正道寺　勉　—第6章—
Tsutomu Sho-do-ji

1 客員教授兼日本工業大学工学部情報工学科教授
2 「実践的統計解析基礎」（2015年度）
3 前日本工業大学工学部情報工学科・学科主任

宇野　永紘　—第7章—
Nagahiro Uno

1 前専任教授，現客員教授
2 「経営会計基礎」「ＭＯＴのための価値経営」（2014年度）
3 ㈱富士総合研究所理事などを経て，2005年度～2014年度日本工業大学大学院技術経営研究科教授

近江　正幸　—第8章—
Masayuki O-mi

1 専任教授
2 会計および監査
3 ＪＦ全漁連・ＪＦ全国監査機構・監査委員長，農業協同組合監査士試験・試験委員（監査理論担当），農業協同組合内部監査士検定試験・試験委員（内部監査担当）

清水　弘　—第10章—
Hiroshi Shimizu

1 専任教授・教務委員長
2 技術経営全般（中小技術系企業の技術・経営戦略，技術・イノベーションマネジメント）
3 アーサーD.リトル㈱シニア・アドバイザー，東洋ビジネスエンジニアリング㈱取締役

原　吉伸　—第11章—
Yoshinobu Hara

1 客員教授
2 「サプライチェーン・マネジメント（SCM）」（2015年度）
3 オフィスHara.yma代表，電気通信大学非常勤講師

横田　悦二郎　—第12章—
Etsujiro Yokota

1 前専任教授，現客員教授
2 「標準化とユニット化」「営業スキル」（2014年度）
3 黒田精工株式会社取締役及びファインクロダ（株）社長を歴任後，2009年度～2014年度日本工業大学大学院技術経営研究科教授

永吉　和雄　—第13章—
Kazuo Nagayoshi

1 客員教授
2 「中小企業活性化戦略と施策の活用」（2015年度）
3 （一社）世界貿易センター東京 理事・事務局長

上原　健一　—第14章—
Kenichi Uehara

1 元専任教授，現客員教授
2 「ビジネスプラン」（2015年度）
3 ㈱つくばインキュベーションラボ取締役，日本戦略投資㈱取締役

原　顯寛　—第15章—
Akihiro Hara

1 第6期修了生
2 新事業創造
3 ユニバーサルスタンダード㈱代表取締役社長

平野　秀輔　—第16章—
Shu-suke Hirano

1 客員教授
2 「ファミリービジネスとイノベーション」「中小企業の事業承継ケーススタディ」（2015年度）
3 博士（学術・中央大学），協同税理士法人代表社員，平野公認会計士事務所主宰，公認会計士，税理士

五十嵐　博一　—第17章—
Hirokazu Igarashi

1 客員教授，第5期修了生
2 起業と中小企業の第二創業（経営革新）のケーススタディ（2015年度）
3 Mott MacDonald Japan ㈱副社長，（有）ファイブ・コンサルティング代表，中小企業診断士，技術士（電気電子）

吉田　倫夫　—第18章［代表執筆者］—
Tomoo Yoshida

1 客員教授，第4期修了生
2 「中小企業技術経営基礎」（2015年度，第9章執筆の清水弘と共同担当）
3 株式会社ナカボーテック経営企画室長兼情報システム室長，技術士（総合技術監理部門，建設部門）

合田　浩之　—第19章—
Hiroyuki Go-da

1 客員教授
2 「経済学基礎」（2015年度）
3 日本郵船株式会社，法学博士，経済学博士，日本港湾経済学会理事，国際商取引学会理事

佐々木　勉　—第20章—
Tsutomu Sasaki

1 専任教授
2 中小企業経営論，地域産業振興論，経営戦略論
3 中小企業大学校で中小企業診断士養成課程講師，（財）中小企業総合研究機構で地域支援アドバイザー等歴任

目　次

はじめに
序
執筆者紹介

第Ⅰ部　イノベーションのマネジメント　1
第1章　P2Mにおける暗黙知と価値創造コミュニティに関する一考察（清水基夫）　2
第2章　研究開発のプログラムマネジメント──技術開発の進め方──（武富為嗣）　24
第3章　マルチ・ステークホルダとの共創によるイノベーションの時代に向けて（西尾好司）　60

第Ⅱ部　マーケティングの新たな展開と価値創造　87
第4章　BtoBビジネスにおける顧客提供価値拡大モデル（VACESモデル）──『モノづくり』から『価値づくり』への転換を実現するツール──（浪江一公）　88
第5章　変革の時代を拓く価値創造戦略の本質──マーケティングの本質的理解を通じ，徹底した顧客視点で事業を推進する経営感覚を磨き上げ，事業変革推進の礎とする──（水澤直哉）　116
第6章　ビジネスにおける多次元パターン認識の活用──マハラノビス・タグチ法を中心として──（正道寺勉）　150

第Ⅲ部　経営会計と内部監査　175
第7章　中堅・中小企業の経営会計システム──実践的システムの構築・導入に向けて──（宇野永紘）　176
第8章　内部統制概念の変遷が内部監査の機能・目的に与えた影響（近江正幸）　205

第Ⅳ部　グローバル・ニッチトップ戦略　231
第9章　グローバル・ニッチトップ企業の集積メカニズムに関する研究──グローバル・ニッチトップ企業の成長モデル──（小田恭市）232

第10章　新たなＧＮＴ戦略から，高収益な成長への事業開発アプローチ
　　　　──日本の高収益企業の分析から導くＧＮＴ戦略の有効性とその成
　　　　長の課題の解決──（清水弘）……………………………………… 269
第Ⅴ部　グローバル化への対応……………………………………………… 303
　第11章　グローバルサプライチェーン・マネジメント（ＧＳＣＭ）に関
　　　　する研究報告──中小・中堅企業のグローバル市場攻略に向け
　　　　て──（原吉伸）…………………………………………………… 304
　第12章　日本の金型産業の将来に関する考察──日本の金型産業の消滅
　　　　からの脱却への提案──（横田悦二郎）………………………… 348
　第13章　ＡＳＥＡＮ統合とインドシナ新興諸国の可能性──アジア新興
　　　　国の現状と我が国中小企業のビジネス機会──（永吉和雄）…… 370
第Ⅵ部　起業・第二創業・事業承継………………………………………… 397
　第14章　ビジネスプランニングとインキュベーション──ＭＯＴにおけ
　　　　る起業教育と起業支援──（上原健一）………………………… 398
　第15章　イノベーションステップによる新規事業開発の研究
　　　　（原顯寛）……………………………………………………………… 429
　第16章　日本におけるファミリービジネスの事業承継を阻害する要因と
　　　　それへの対応──国際競争力の維持もふまえて──（平野秀輔）… 453
第Ⅶ部　特定業種対象の技術経営研究……………………………………… 491
　第17章　中小企業のソーシャル・キャピタルと業績──中小建設関連企
　　　　業アンケート調査からの考察──（五十嵐博一）……………… 492
　第18章　建設関連産業における高収益化の可能性──中堅・中小規模の
　　　　専門工事業，建設資材製造業に関する事例検討──（吉田倫夫，吉
　　　　岡慎雄，藤井保也，小田倉久視，小原孝文，三浦幸信，清水弘）501
第Ⅷ部　中小企業者による自社と外部環境の把握………………………… 553
　第19章　社会人─とりわけ中小企業経営者への経済学教育
　　　　（合田浩之）…………………………………………………………… 554
　第20章　経営を見渡す（佐々木勉）………………………………………… 575

おわりに　………………………………………………………………………… 599
日本工業大学大学院技術経営研究科について　……………………………… 601

第Ⅰ部

イノベーションの
マネジメント

■イノベーションのマネジメント■

P2Mにおける暗黙知と価値創造コミュニティに関する一考察†

第1章

■ 1　はじめに

　P2Mプログラム＆プロジェクトマネジメント標準は，企業のイノベーションを推進する統合的なプロセス標準として，2001年に当時の経済産業省の支援で開発された[1]。そこでは，イノベーションは単なる製品開発プロジェクトに止まらず，新たな価値の創造が重視され，複数のプロジェクトの統合プロセスとしての事業と市場の変革を目指す戦略プログラムが重視されている。今日，欧米でも事業変革との関連でプログラムマネジメントが，重視されつつあるが，しばしば日本型と言われるP2Mの考え方とは，特に上流部分でのアプローチに差異が大きい。P2Mでは上流側で多義的・複雑なミッション概念をプログラムが取り扱うのに対し，PMIのプログラムマネジメントでは，その部分はより上位レベルの責任と位置づけられている。

　価値創造のための戦略プログラムが重視される背景には，急速なデジタル技術の進展により，現代社会がドラッカーが予測した「知識社会」へと急速に変化している事実がある。今後の10年ないし20年間は，20世紀の技術社会の枠組みを全く変える世界的な激変の時期となる可能性がある。そうした時代の流れの中で，企業が生き残り発展していくためには，戦略的な施策により市場に適応する必要がある。戦略プログラムマネジメントとは，企業が戦略的活動を計画し，組織的にその実践を行うための体系的な知識である。

---

†原論文『P2Mにおける実践力と価値創造コミュニティに関する一考察』（平成25年度 国際P2M学会秋季研究発表大会で口頭発表）に加筆修正

現代に要求される価値創造の戦略遂行プロセスについて考察する場合，P2Mでは，プログラム／プロジェクトマネジャーの実践力が重要であるとし，また効果的・効率的なプログラム遂行のために，暗黙知の活用とプログラム参加者の知識交流のコミュニティを重視している。これらが重要であることは経験的に理解されるが，必ずしも十分に分析されていなかった。本稿では，P2Mに特徴的な暗黙知の活用と価値創造のためのコミュニティの意味について考察する。

2　知識社会化のインパクトと価値創造

2-1　知識社会化のインパクト

　現代は情報化（IT）革命が深く進行し，知識社会あるいはポスト工業化社会などと呼ばれる時代に入りつつある。知識社会とはPeter Druckerの著書「断絶の時代（Age of Discontinuity, 1969）」により世界に広まった言葉である。同じ頃，IntelのGordon Mooreがかねてから唱えていた「集積回路に搭載されるトランジスタの数は毎年2倍の割合で増加する（後に1.4倍／年に見直された）」という経験則がムーアの法則として広く知られるようになった。ムーアの法則に従う集積回路の進歩は，その後40年以上を経た今日も続いている。このムーアの法則とその他の急速な技術開発により，図表1-1に示す様にコンピュータの性能は，過去40年間に10桁以上も進歩し，逆にGflops当たりの価格は11桁も低下している。

　こうしたコンピュータの進化速度は人々の想像を超えて，過去10年ほどの間に，遂に多くの分野で機械の能力がヒトの能力を大きく凌駕するに至った。それはムーアの法則が単なる経験則の範囲を超えて，集積回路とその製造装置のみならずコンピュータや全ての電子機器，汎用・専用のソフトウェア開発，情報通信サービス，ネットワーク・オンライン事業など，全ての先進産業の進化速度を律する強制メカニズムとなったためである。これらの産業に属する企業にとって，ムーアの法則からの逸脱は，その産業からの脱落を意味する。過去40年間，おそらく世界では何十万人という最優秀の先端技術者が，それぞれの分野でムーアの法則への適合に必死に努力してきた結果が，今日のコンピュータ関連の進歩を支えていると言えよう。

図表1-1　コンピュータの性能の進化

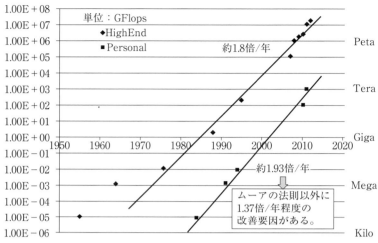

データ出典：http://www.morb.com/pub/copm/computer-history.html
http://en.wikipedia.org/wiki/FLOPS

　最近，ムーアの法則の終焉の議論もあるが，コンピューターの能力進歩という意味では，利用する科学技術の視野が更に広がっており，このすう勢が簡単に停止するとの予測は難しいであろう。

　今日のグローバリゼーションの進行と，先進国における低成長や少子高齢化その他の諸課題の根源的要因は，情報化革命により知識社会への変化が深く進行したことにある。かつて産業革命により工業化社会へと転換する過程では，多くの知識や能力が不要となり，別の種類の知識や能力が重要となった。例えば，蒸気機関，内燃機関，電気などの技術進歩により，ヒトの筋肉労働の能力は大きく価値を失った。他方，生産技術革新で，経済は大きく拡大し，急速な人口増大が可能となった。新技術の開発，工場生産ラインの構築，多数の労働者の組織化と管理，多大な資金の集積，そして大規模な市場や販路の確立といった能力により，工業化と新たな価値創造に成功した近代国家は繁栄し，そうでない社会は相対的に立ち遅れることとなった。

　知識社会とは単に知識に高い価値がある世界ではない。逆に，いま現在の知識，あるいは片々とした専門的知識は，日々その価値を減じ，狭い領域の専門家は，能力を磨き続けない限り無用の存在となる。情報化革命の中で，価値あ

る知識や技術は瞬く間に世界に知れ渡り，新興国の企業が同じ技術を安く提供するからである。グローバリゼーションとは，情報化革命により，事業上の必要資源と顧客や市場の獲得について，その地理的・文化的制約が大きく低減した結果である。しかし，急速なコンピュータの能力向上によりますます自動化・省力化が進むから，新興国でも低賃金労働による生産性競争はいずれ力を失うだろう。今日の世界的な就職難の大きな要因である。また，60年前なら，15歳まで養育すれば独り立ちできた子どもが，現代では2倍近い時間と何倍もの養育コストが必要である。結果として，少子化は日本に限らず知識社会化する世界の必然となる。そうした中でも，社会は急速に増大する知識を糧として，新たな富を創造し，より豊かな時代を目指すことが要求される。（日本の少子化は敗戦後の食糧難・人口急増を背景とした人口抑制政策に発端があるが，今日の問題は出産年齢の高齢化にあるといえるだろう。なお，長期的には，適度の少子化は人間社会の持続性の観点からは必ずしも悪いことではないだろう。）

次の10年は，こうした傾向が加速度的に進むであろう。仮に過去40年間のように毎年1.9倍の速度でコンピュータの進歩が進むとすれば，10年間で現状の約600倍の性能の小型コンピュータを一般人が使うようになる。別の言い方をすれば，2025年には，一般人が2010年頃のスーパーコンピュータと同程度のコンピュータ能力を使いこなしているだろう。

この様に進展する知識社会での成功は，必ずしも現在の先進国が先行する保証はない。今日の世界的な知識の流通を考えれば，新興国を含め，世界中の国や企業に等しく機会が開かれるのであろう。この新しい世界で繁栄を続けるためには，今日までの単なる延長ではなく，新しいルールに適した創造や革新のアイデアを素早く具現化する戦略をたて，実行する必要がある．

2-2　価値創造の戦略

(1) 価値の源泉と戦略実践

価値とは幅広い意味を持つが，企業経営においては，最終的には財務的な利益に還元され，その場合の価値の源泉は交換（交易）にある。如何に斬新な技術革新であっても，それが交換そして財務的価値に結びつかなければ，企業として価値があるとは言えない。こうした価値の創造には「イノベーション」が重要であるが，イノベーションについては二種類に分けて考えるべきであろ

う。第一は顧客にとってのあらたな価値（顧客価値）や新たな市場を創造するイノベーションであり，他の一つは，商品やサービスそのもの，生産その他のプロセスそしてさらにそれらを可能とする技術に関するイノベーションである。

ここでは，便宜的に前者をイノベーションⅠ，後者をイノベーションⅡと呼ぶこととする。社会が変化する現代において必須なものはイノベーションⅠであり，イノベーションⅡは重要な要素ではあるが，あえて言えばそのための手段に過ぎない。一般に顧客価値は商品やサービスを媒介として実現されるので，商品はイノベーションⅠに含まれるとも考えられる。しかし，近年は「顧客は商品を欲しいのではなくそれにより実現する機能（価値）に対して代価を払う」という考え方が広く認められている。ここでは，この考え方により区分している。

イノベーションⅠで創造された新たな顧客価値を自らの価値に転化するには，それを継続的に提供する新たな仕組み作りが必要であり，それを可能とする上ではイノベーションⅡや他者からの模倣が必要となる。これら仕組み作り，イノベーションⅡ，模倣の3つは新たな事業創造のための戦略的活動であり，そしてこれらを支える資源（人的資源・金融資源など）が必要である。一般に，新たな市場で競争優位を得るには，時間的に先行することや効率的に仕組み作りをする必要があり，戦略プログラムにおいては，これらの活動の組合せを最適化することが重要である。なお，資源そのものは活動ではないが，戦略活動を支える資源の獲得や能力向上の活動は，戦略的活動の一種ということができよう。

こうした戦略的活動をいかに組み合わせて実行していくかは，戦略プログラムの重要な要素である。

（2）利潤獲得の遠隔地交易モデル

文化人類学者はアフリカの森林で採集生活を営むピグミー族について報告している[2]。彼らは付近の農耕民に対し，森で得られる肉や蜂蜜を与えるのと引き替えに，キャッサバやバナナなどの栽培食物を得ていた。ピグミーも農耕民も共に自分の側が一方的に利益を得ていると考え，相手を小馬鹿にしているという。お互いに自分には価値のない（過剰な）資源を渡し，高い価値がある（不足している）資源を得ているからである。このように，二つのサイドでの

図表 1-2　戦略活動ミックス

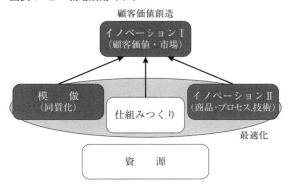

　資源が持つ価値の相違の存在が交易の本質であるが，社会が発展して，産業革命を経て今日のグローバル化された高度のビジネス社会でも，この本質は変わらない。

　相手が支払う代価と，引き渡したモノの自分の側での価値（＝コスト）の差が利潤であり，ビジネス社会で最も重要なものは，財務的利益すなわち利潤の獲得である。利潤なしには企業も立ち行かず，また複雑化した現代社会も存続ができない。交易による利潤と現代のイノベーションの重要性とはどのような関係にあるのだろうか？　ここでは，岩井[3]の遠隔地交易モデルの説明を図解した図表1-2により考察する。

　歴史が書かれる以前から，遠隔地との交易（商業）は事業による利潤の源泉であった。生活を共にする狭い共同体社会の内部では，資源や情報が共有され誰かが多大の利潤を独占することは困難である。大規模なシルクロードの隊商や大航海時代の例はもとより，もっと小規模のものでも，遠隔の生産市場から様々な危険・制約の中で商品を輸送して販売することが大きな利潤の源泉であった。近代でいえば商業資本主義経済あるいは重商主義の考え方である。（参考：J. ダイアモンドは，ニューギニア・マライ島の交易者が2本マストの木造カヌーで，島から島へ数百kmの物々交換による交易航海を行い，1回の航海で900%の利潤を上げた事例を紹介している[4]。）

　産業革命以後の時代には，産業資本家が「労働者から搾取」して多大の利潤を得た。ここで，生産手段（そして販売手段）を支配する産業資本家は，労働者という階層を生産手段や販売市場から切り離すことで，低賃金で働かせて大

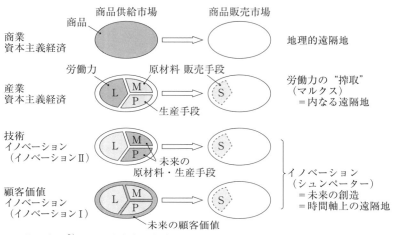

図表1-3 利潤獲得の遠隔地公益モデル

注：岩井[3]の説明を参考に作成

きな利潤を得ることができる。岩井は労働者階層を市場の「内なる遠隔地」とみて，地図上の遠隔地と同じ構図としてモデルを説明する。労働者の立場で言えば，労働力（あるいは時間）という単に保有しているだけでは無価値なモノを貨幣（賃金）という価値に交換していたといえる。これらのケースでは事業が成功すれば，生産市場，販売市場に競争者が現れ，また両市場の拡大により両市場間の「距離」が縮まる。このため，これらの「交易」の利益率は時と共に低下し，完全競争の環境下では，長期的には利潤は消滅に向かう。

ここで，シュムペーターが論じたイノベーションの時代となる。遠隔地モデルでは，イノベーションとは自分だけ未来の技術や商品あるいは提供可能な顧客価値を手にできることで，時間軸上に未来という新たな遠隔地を創り出して，それと現在の販売市場と交易することで利潤を上げると説明する。地球も人間社会も有限である以上，地理上の遠隔地，あるいは内なる遠隔地による利潤は，市場競争の進展，情報技術の発展，グローバリゼーションにより，原理的にはゼロに収束する。しかし，イノベーションにより時間軸上に遠隔地を創る営みは無限に繰り返せるという大きな可能性がある。

（3）新たな価値を創造する戦略実践

本稿では，岩井の遠隔地モデルにおけるイノベーションを商品・生産手段や

原材料を革新する技術イノベーションなどのイノベーションⅡと顧客価値自体を革新するイノベーションⅠに分けて考える。一般的に技術イノベーションは達成目的が明確であり，多く場合，関係分野の専門家が知識を深めたり集積したりする手法で達成が可能である。これに対し，イノベーションの語に値するレベルの顧客価値のイノベーションは，単なる知識の集積ではなく，知識の飛躍が必要になる。（もちろん一旦新たな商品が創造され，その市場が発展する過程では，大量の技術イノベーションが動員されることは，日常的に目にすることである。）顧客価値イノベーションとは，シュムペーターの時代には駅馬車に対して圧倒的に早くて快適な鉄道が例示されるが，数十年前のソニーのトランジスタラジオ，家庭用VTR，ウォークマンから，パーソナルコンピューター，携帯電話や近年のアップルのiPodやiPadのように，それまでに一般消費者が手にすることが不可能であった機能を実現したものが代表例である。

ここで挙げた例は，いずれも形ある商品（ハードウェア）として販売されたが，今日これらの商品について顧客はそれを所持することよりその機能に対価を支払っていると考えられる。これらの商品は，その物理的寿命以前に利用価値が失われ，商品カテゴリーとしてコモディティ化が進んでいることがその証拠である。情報の流通が（今日に比べれば）制約されていた20世紀であれば，一つのアイデアを商品化し，市場で流通させるにはかなりの時間的余裕があったが，一瞬でグローバルに情報が拡散する今日では，商品の開発と同時に効率的な生産プロセス，販売チャネルやサービス体制の整備，販売促進などのプロジェクトを一体の戦略プログラムの下に進める必要がある。

今後の知識社会化が進展すれば，顧客価値のイノベーションの視点がますます重要となる。そこでは，それまでにない飛躍的な知識の創造が求められ，そのプロセスには次章に述べる暗黙知の活用を積極的に組み込んだＰ２Ｍ型の戦略プログラムマネジメントの考え方が適したものと言えるだろう。

3　戦略プログラムマネジメントと暗黙知

3-1　戦略プログラム

企業活動における戦略とは，組織の長期的な成功を目的とするもので，その為に何を行うか，すなわち何に投資（資源の配分）するかに関する方針であ

る。

　具体的には，①現状を変革して未来に向かって何を作り出すのか，そして②それを何時までにどの様に行うのか，すなわち What と How である。

　What の部分については，新たな顧客価値を作り出していくこと，そして新たな仕組みを作ることで顧客価値を高めていくことであるが，これらの実行は何らかの新たなシステムを構築する活動，すなわち非定常的で有期的なプロジェクト活動によることとなる。一面では，いかなる組織も利用可能な資源（そして時間）は有限であるから，戦略とは「何に集中し，何をあきらめるか」を決めることでもある。これが How の部分での最重要事項である。この点は，一般には「選択と集中」という言葉で広く言われているが，より踏み込んで考えれば次の様なことである。

　一企業の保有する資源には限りがあるが，その資源の中にも強い資源と弱い資源があるのであって，単なる工場の大きさ，社員数などを資源量と間違えてはならない。市場競争上で攻めの要素に使えるものが強い資源であるが，これは非常に限りがある。つまり，強い資源と弱い資源を広い戦線にばらまいて弱い売上をかき集めるのではなく，フォーカスする事業分野を絞って，強い資源を集中し，高い利益率や成長力を目指すことが戦略である。GE の戦略は有名であるし，アップルは4種類の商品ラインしかなく更に具体的な商品の種類も極めて限られている。日本企業でも，グローバルに成功しているのは特定の部品，材料，サービス分野などに特化した企業に多く，総合電機や総合流通業など，幅の広さを優位性と捉えていた企業群の地盤沈下が言われて久しい。

　SWOT 分析も，単に市場シェアや商品の成長率などの現状分析に止まるのではなく，こうした視点から強い資源を特定して何処に集中させるのか，弱い部分についてはどう対処（補強，分離，外注など）するのかの意図を持った分析が重要である。

　戦略プログラムは，こうした企業戦略の下で，その一部の実行を担うものであるから，What と How のそれぞれの方針を，統合マネジメント（プログラム戦略マネジメント）の中で具体化して組み込む必要がある。

　なお，日本企業の場合，多くのマネジャーが経験豊かな技術者層から登用される。これには様々な利点もあるが，戦略や経営についての基礎知識が十分でないマネジャーが増大する問題がある。技術系マネジャーの戦略知識に関する調査の一例を本稿末尾に添付するので参考にされたい。

3-2 暗黙知と形式知

　プログラム・プロジェクトでは数多くの人々を動員して複雑な活動を計画し，実行する。その過程では，全ての業務は組織の末端までに，計画した内容が正確に伝達される必要があり，具体的には仕様書・指示書・図面などの文書（デジタル情報を含む）の形で行われる。戦略が最初はアイデアや概念など，多分に暗黙知を含む事業ミッションからスタートしても，その実行において最後は文書など形式知に展開される必要がある。末端の作業者に至るまで，関係者が同一の理解をする形で情報が伝達される必要があるためである。

　プロジェクトマネジメントの視点で言えば，スコープマネジメントとは，プロジェクトで必要とされる全ての作業項目を，言語（形式知）としてリストアップする作業であり，その意味でプロジェクトマネジメントは形式知の世界で展開されることを自明の前提としている。しかし，現実には上流工程や困難な業務（タスク）の遂行過程で知恵を絞ることや，遂行過程での様々な情報から早期にリスクを感知することは，既知の形式知からの論理展開だけでは効果が得られない。チームのメンバーやマネジャーのもつ暗黙知や経験知と言われる種類の知識の動員が重要であり，更に複雑なプログラムマネジメントではこうした多様な知識の形態を適切に扱う能力が必須となる。なお，経験知とは経験により得た知識で，ポラニーの言う暗黙知と同じとする見解もあるが，経験に土台を置いて大量の情報の中から特定の解決パターンを見いだす能力 "deep smart" を経験知と訳している例もある。この場合は形式知も暗黙知も含まれている[7]。

（1）ポラニーの暗黙知（Tacit Knowledge）[5]

　M.ポラニーは「我々は語ることができるより多くのことを知ることが出来る。」と指摘し，知人の顔は百万人の中からでも見分けることが出来るが，その顔をどの様にして見分けているのか説明することは出来ないという例を示している。この場合，私たちは知人の顔の目とか鼻とかの諸部分の特徴を感知するが，その感知を総合して顔（全体）に注意を向けていく。この過程で，顔全体が（知人の顔として）判断できるとしても，個々の部分については明確に述べることが出来なくなる。自転車の運転のような「技能」の遂行についても，現実には様々な筋肉を動かしているのであるが，多くの筋肉運動の統合的な共

同目的（全体）としての技能に注目するので，たいていの場合，細部の個々の筋肉の運動について明らかにする事が出来ない。ポラニーは，この細部を近接項，全体を遠隔項と呼び，主に知覚や技能に関する考察により，近接項（細部）を言葉として説明出来なくても遠隔項（全体）に対処出来るというスキルを暗黙知と説明した。

（2）SECI[6]

野中らはポラニーの技能やノウハウなど言葉に出来ない暗黙知に加え，暗黙知と形式知の組合せによる新たな知識の創造を，SECIと称するモデルで説明している。これは，暗黙知は形式知化出来る内容を含んでいることを意味している。

新たな知識創造は，個人の内面だけでおきるのではなく，組織の中では個人間の知識の相互作用でおきる。SECIモデルは，複数の個人が経験を共有することより新たな暗黙知が形成される共同化（Socialization）の段階，その暗黙知をメタファー，アナロジー，仮説，モデル化などを含む様々な手法で明確なコンセプトに形式知化する表出化（Externalization）の段階，表出された知識を結合して新たな知識を作り出す結合化（Combination）の段階，そしてその新たな形式知を組織にとってのより高度な暗黙知に内面化する内面化（Internalization）の段階からなるサイクルで，内面化された知識は再び共同化の段階に利用され，知識の高度化のスパイラルが出来上がる。

このうち，表出化は典型的には対話という共同思考により暗黙であった概念が組織として共有可能となる非常に重要なプロセスであり，連結化は形式知を組み合わせて組織として利用可能な新たな知識を創造するプロセスである。

（3）P2Mにおける暗黙知

一般に米国企業は形式知を重視し，日本企業は形式知は重要としても暗黙知を大切にする。いささかステレオタイプであるが，文化的背景が様々な移民国家で，人材流動が一般的である米国では，マニュアル化など徹底した形式知化が必須であるのに対し，日本の場合は，学位や資格など汎用的な形式知の獲得実績は軽視され，社内の暗黙知の形成・蓄積が重視され，OJTなどにより暗黙知を共有することが強調されてきた。

日本型と言われるP2Mの戦略プログラムでは，上流工程では暗黙知を効

果的に活用し，下流工程は適切な形式知化により確実なプログラム遂行を目指している。

P2Mのプログラムマネジメント・プロセスをSECIモデルで説明すれば，上流のミッションプロファイリングは暗黙知の表出化と結合化のプロセスを存分に活用して，事業戦略をプログラムの形に具体化するもので，さらに最上流では，経営者や上位マネジャーとプログラムマネジャーが共同化により多分に暗黙知を含むビジョンやミッションを共有化することでプログラムの活動を起動する。

（4）知識の階層化と化石化

SECIモデルは，事業を遂行する集団の中で共同化→表出化→結合化→内面化のサイクルを経て，高次の暗黙知を構築していくスパイラルにより，次々と高次の暗黙知及び形式知を構築し，蓄積していく知識マネジメントのモデルである。ゴーイングコンサーンの企業環境では，新たな暗黙知が作り出される一方で，かつての暗黙知は形式知化され，あるものは実施規定やマニュアル等の形に明文化され，作業者の標準作業として，さらにはロボットへのスキル移転などで動作や認知上のスキルなど低次の暗黙知は形式知に組み込まるが，それを前提として順次高次の暗黙知が構築されるという知識の階層化が進む。知識社会では，こうした知識の階層化が高速度に進展し，高い階層での競争がなされる社会である。

一方，ある暗黙知が形式知化するとき，形式化されるのはその暗黙知のうちの特定の部分のみで，抜け落ちる部分が少なくない。特に，「なぜそうするか」とか「〜の場合は」などの判断の根拠や例外処理の考え方は脱落しやすいのであろう。この様なケースでは，形式知化の当初は，関係者は背景知識として知っていても，時間の経過と共に人々がかわり，環境が変化し形式知に当てはまらない例外が増えると，なぜかが不明のままにその知識を用いるパターンに陥る。知識の形骸化，化石化である。

組織を動かすには知識の形式知化が必須であるが，同時に下位階層の知識の化石化を防ぎつつ，新たな知識を蓄積することが重要である。現場体験，OJT，三現主義，なぜなぜ5回，ものがたり（Story Telling）などは，知識の化石化を防ぐスキルとしても重要である。

3-3　P2Mプログラムマネジメントの特徴

（1）多義性と暗黙知

　P2Mでは，プログラムの基本属性として多義性，拡張性，複雑性および不確実性があるが[7]，この中で最も特徴的なものは多義性である。特に初期のミッション概念が様々な内容を含むという意味として多義性は重要である。例として人，ウマ，海などというある単語が述べられた場合を考える。例えば，人という言葉に対し，ヒトの外形，若いヒト，子供などを思い浮かべるかも知れないが，人間性ややさしさ等という性質，あるいは動物種としてのヒトについて考えるかも知れない。この様に具体的な単語でも多様な視点がある。まして，戦略，競争優位，顧客満足などより抽象的な言葉の場合，大きく異なる理解があり得る。つまり，ひとつの言葉は，一つ一つ条件を指定して取り出せば形式知と言えるとしても，全体の文脈は言葉にしきれない膨大な概念の塊を代表している漠然とした暗黙知的なものである。

　これを関係者が同一の理解をするのには経験や価値観を共有している必要がある。この点で，日本企業は意識せずに有利な執務環境を構築していると言えよう。（経験による暗黙知の理解について付言すると，レベルの高い競争相手は，しばしば類似の経験をしているので，容易に暗黙知を吸収できることに注意が必要である。）

（2）P2M型戦略プログラムマネジメント

　戦略プログラムについてP2Mでは，プログラムマネジャーは，トップからの多義的で曖昧な戦略ミッション概念を受取り，主体的努力によりプログラムの具体的な目的・目標を定め，プログラムを設計し，実行する責任を持つ。これと対照的な考え方として，トップダウン型の戦略プログラムマネジメントがある[8]。図表1-4では，戦略プログラムにおけるトップダウン型とP2M型マネジメント方式の概念をモデル化して比較している。

　トップダウン型では，戦略は企業等の組織のトップレベルで必要性が論理的に認識され，幅広い調査分析と論理展開の結果として，組織が達成すべき戦略目標を定義した戦略価値モデルの選択肢が設定される。次にこれについて実行すべきプログラム・プロジェクトのポートフォリオが明確化された後，その一つのプログラムの遂行がプログラムマネジャーに指示される。

図表 1-4 戦略プログラムマネジメント方式の概念モデル

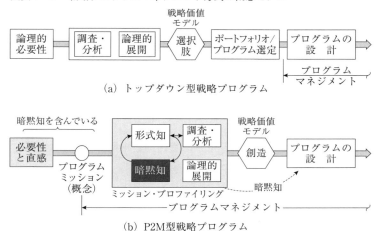

(a) トップダウン型戦略プログラム

(b) P2M型戦略プログラム

　これに対し，P2M型では経営トップは事業における新たな価値の必要性を感じ，それがどの様なものであるのかという直感をもつ。そしてその直感という暗黙知を含んだ多義的なプログラムミッションの概念がプログラムマネジャーに手渡される。これを受けて，プログラムマネジャーは自身とその関係者がもつ様々な知識（形式知・暗黙知）を駆使してミッションプロファイリングを行い，プログラムが目指す戦略的な価値をプログラムの戦略目標群としてモデル化する。この過程でSECIモデルに見る様に，暗黙知と形式知の交流による新たな価値の創造を目指すことがP2Mの本質である。もちろん，トップダウン型でも暗黙知が存在しないわけではない。しかし，言語としての論理展開に適さない暗黙知は判断の過程で除外されるから，有効な活用は予定されていない。

　P2M型戦略プログラムマネジメントでは，暗黙知を共有することで効率的な知識の伝達・展開・結合・発展が期待でき，また事業や環境を熟知したメンバーが権限を持って計画実行に取り組むので，必要な人的資源も少なくて良い。他方，現業部門に近いメンバーが戦略的な意思決定に参画するので，自らの事業や組織の改変・解消につながるような大改革には客観的な意思決定が出来ない可能性がある。

　これに対し，トップダウン型の場合は，大改革でも客観的な意思決定が可能

であるが,トップの命を受けて調査・検討を行う要員という有能な人的資源を新たに確保する必要がある事,それらの要員は必ずしも事業の市場や環境を熟知しているわけではないことなど,マイナス面も少なくない。

　一般論として言えば,トップダウン型は十分な人的資源を割り当て可能で,大規模な変革を必要とする場合に適しており,P2M型は人的資源の余裕がない中小企業や事業部・子会社など小規模の組織や起業家に適していると言えよう。

3-4　P2Mプログラムマネジャーの実践力と暗黙知

　P2Mにおけるプログラムマネジャーの実践力とは,図表1-5の様に,思考能力(統合思考,戦略思考などが中心),体系的知識(計画行動,実行行動,統合・調整など),マネジメント行動スキル(リーダシップ,人間関係など),基本姿勢(成果追求,個人姿勢など)の4分野からなる総合的な能力であり,これに基づく意志決定の結果を実行して経験知としての信念を獲得するサイクルで,その能力は強化されていく。実践力はこれら4分野に関連づけられた「10のタクソノミー」として,より具体的な10種類の能力要素に分けて説明される。

　日本の組織では経営者がマネジャーに対し,様々な課題を,本人の問題意識,願望あるいは「思い」の様に多義的であいまいな概念として指示することがしばしばみられ,マネジャーはその漠然とした指示を適切に解釈して具体

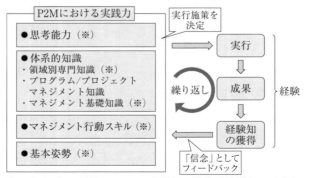

図表1-5　P2Mにおけるプログラムマネジャーの実践力[9]

注:(※)印の項目は,P2M実践力の構成項目だが,ガイドブックの説明対象外の事項を含む。

施策を展開することが求められる。これについて、野中ら[10]は、日本人は伝統的に知識とは全人格的なもので、個人からそれだけを言語により切り離すことは困難であり、それゆえ適切な理解のために経験が重視されるとしている。また価値創造で重要なのは、西欧流の主観と客観の区別ではなく、暗黙知と形式知の区別であり、暗黙知を動員して形式知に転換し、それを個人の範囲を超えて組織の次元で実行していくと述べている。実践力の獲得プロセスでの経験の重視とは暗黙知（の拡大）の重視に他ならない。

4　価値創造へのコミュニティ

4-1　創造性

P2Mでは価値創造を目的とし、「創造性」という能力が重要である。創造性とは、単に何かを思いつくことではない。例えば、アップルのS. ジョブズに代表されるように、創造性とは潜在的な価値ある何かを思いつく着想の能力と、その着想を実現する意志、工夫や他人を動かしていく能力などの総合的能力である。（図表1-6）

一般に（とりわけB to Cの事業で顕著であるが）、顧客は新たな商品・サービスを目にして初めてその価値を理解するのであり、自らが何を望んでいるかは予め知っているわけではない。古くは自動車、テレビ、電気洗濯機、新幹線、宅配便、カラオケ、パーソナルコンピューター、カーナビ、電子乗車券・電子マネー（Suicaなど）、電子メールなど限りない例があり、今日的にはスマートフォン、自動車の衝突防止装置などが代表例であろう。いずれも、最初から市場からの需要があって開発されたのではなく、供給者側が商品を価値に見合った価格で目に見える形にすることで、顧客は始めたそれが望むものであることを知り、あらたな市場が形成される。

未来に向かって例を挙げれば、自動運転自動車、家事・介護用ロボット、自

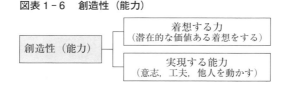

図表1-6　創造性（能力）

動通訳(翻訳)装置,3-Dプリントサービス,エコ・省エネルギーなど,多様な分野を思いつくが,具体的にどの様な商品で,どの様な市場が形成されるかは予測が付かない。「顧客価値の高いものを作り出す」ことが戦略の本質であるが,「顧客価値」とは便利,安心,容易,使いやすいなど極めて概括的な無形の概念であり,唯一具体的なものは対価(価格)である。

「人は語ることができるより多くのことを知ることができる」[5]なら,言葉で語れる以上のことを思いつくことができる筈である。戦略的「着想」には言葉では表せない暗黙知や一般に実現不可能と考えられている未知要素が大きく含まれている。なぜなら,単なる既知の形式知の組み合わせだけの着想であれば,誰もが思いつけるので戦略的に優位な価値をもつ可能性が低いからである。また,着想に実現性の未知要素を含むことは,その未知要素が実現可能という自らの直観(これも暗黙知)を信頼していることを意味している。形式知は主として論理的思考能力で扱うことができるが,暗黙知は個人の直感やインスピレーション,形式知を介した他人との議論,比喩や共同体験等による暗黙知の交流など総合的活動により,拡大・高度化される。

多人数を動員する組織的な実行段階では,原則として実行計画は全てが形式知化されるが,P2Mではそれ以前の段階で人々のもつ暗黙知を着想や計画の立案に最大限に活用する。

4-2 コミュニティ

P2Mでは価値創造のプロセスにおけるコミュニティの活用が重視される。ここでは組織やチームとの関係として,コミュニティの意味について考察する。

プログラム/プロジェクトでは複雑な達成目標に向けて,多数の人々を効果的・効率的に動かす必要がある。こうした課題の遂行においては,コッターが述べた通り,狭義のマネジマントとリーダシップはそれぞれ独自の役割と特徴を持ち,共に欠くことができないものである。「マネジメントは複雑さに対処し,リーダシップは変革を推し進める」もので,マネジメントはコントロールと問題解決を武器とし,リーダシップは動機付けと啓発を手段としている[11]。

プログラム/プロジェクトの実行段階では,複雑性に対処するため,形式知化された計画に沿って,全員が各自の分担業務を的確に果たしていく必要があり,これは公式的・多階層的な組織により遂行される。その手法は,狭義のマ

ネジメント（管理）が中心であり，マネジャーには，正確，確実，効率的などのコミュニケーション能力が要求される。組織に比べるとチームは，やや非公式でフラットなメンバーの関係性を特徴とした集団の形態である。チームではリーダシップが求められる。メンバー間で価値観を共有することで，達成に向けて団結し，行動の品質を高めて，メンバー間で自律的な意思決定がなされる。リーダーには，目的や方向性を示し，モチベーションを高めるようなコミュニケーション能力が要求される。（「チーム」を「組織」と同義に用いる企業もあるが，ここでは一般的な用語としてのチームを説明した。）

　しかし，効果の高いイノベーションや変革を目指すとき，アイデアや閃きをどの様に発展させるのだろうか？　公式な組織の運営は形式知が基盤であり，暗黙知は極力排除する。チームにおけるリーダシップは，共通の価値観など暗黙知を有効に活用するが，明確な目的の実現を目指しており，曖昧な概念から新たなアイデアを創出することは基本的に予定していない。

　P2Mにおいて，これに対処するものがコミュニティであって，価値創造をめざして必要に応じて洞察力と知恵のあるメンバーが集まって構成される。価値あるイノベーションには，ひとつの着想を起点として，技術的可能性，利用

図表1-7　集団を動かす3つのアプローチ

集団のタイプ	メンバーの対象範囲	メンバーの関係性	目的と手法	マネジャーのコミュニケーション能力
組織	プログラムに携わる全員	■公式 ■多階層的 ■義務的	■マネジメント（管理） ■確実・効率的な遂行 ■形式知・言語情報	■正確，速さ，確実 ■効率的伝達 ■状況把握
チーム	目的を共有して行動（組織のメンバーと一致する場合もある）	■フラットな関係・少階層 ■リーダ／フォロワー ■価値観の共有	■リーダシップ，達成へ団結・一体感 ■自律的な意思決定	■目標・方向性 ■モチベーション ■信頼感，責任
コミュニティ	主に知識分野別（部外者を含む場合もある）	■非公式，組織横断的 ■対等性・自発的 ■創造への目的共有	■洞察と創発 ■暗黙知の交流・触発 ■自由な対話	■自由な思考の奨励 ■創造性の触媒

シーンや市場ニーズ，市場での直接・間接な競合などの現在及び将来に関する様々な情報・知識・アイデア・直観などを組み合わせて，より具体的な価値モデルにまで発展させるプロセスが必要である。そこでは，そうした分野に興味，経験と知恵のあるメンバーをあつめ，自由な対話により暗黙知の交流と相互の触発を行う場が必要である。コミュニティのメンバーとして部外者が含まれることも珍しくない。コミュニティのリーダーには，自由な思考を奨励し，創造性の触媒となる能力が期待される[12]。

5　おわりに

　進展する知識社会化の流れの中で，真に重要な価値創造には関係者によるアイデア，インスピレーションなど暗黙知を含む多義的な発想をいかに成長させるかが重要である。知識社会化の現実が顕著となった今日，全く革新的な商品群は，想像とは逆に巨大組織ではなく，少人数の小回りのきく小規模組織で作り出されるであろう。なぜなら，大企業にとっては持続的イノベーションが重要で，一般に破壊的イノベーションは自社の主流事業の方向と整合性が良く無いためである。現実には，価値あるイノベーションと言われるものについては，極めて多数の試みが行われ，その中から市場との整合性や技術そして時には運にも恵まれた少数が生き残っていく。その意味で，非常に多数のマネジャーや起業家が，戦略的な事業の開発手法であるプログラムマネジメントを必要とする。そこでは人的資源に乏しい小組織にとって，効果的・効率的なプロセスとして，P2Mによる暗黙知やコミュニティの活用が有効であろう。

清水基夫

参考文献

1) 小原重信編著『P2Mプロジェクト＆ムログラムマネジメント標準ガイドブック』PHP，2003。
2) 西田利貞『人間性はどこから来たか』京都大学学術出版会，1999。
3) 岩井克人『ヴェニスの商人の資本論』筑摩書房，1985。
4) J. ダイアモンド『昨日までの世界（上）』日本経済新聞社，2013。
5) M. ポラニー（佐藤訳）『暗黙知の次元』紀伊國屋書店，1980。
6) 野中郁次郎・竹内弘高（梅本訳）『知識創造企業』東洋経済新報社，1996，pp90
7) D. レナード，W. スワップ（池村訳）『「経験知」を伝える技術：ディープスマートの本質』ランダムハウス講談社，2005。

8) Project Management Institute（PMI）"The Standard for Program Management", PMI, 2006。
9) PMAJ 編『P2M プログラム＆プロジェクトマネジメント標準ガイドブック（改訂 3 版）』日本能率協会マネジメントセンター，2014。
10) 野中，竹内（梅本訳）『知識創造企業』東洋経済新報社，1996。
11) J.B. コッター，黒田訳『リーダーシップ論』ダイヤモンド社，1999。
12) 例えば，清水洋『科学技術におけるコミュニティ構築のリーダシップ』一橋ビジネスレビュー，2011 春（vol.58, No.4）。

■ 付録：（参考）プロジェクトマネジャーと戦略知識‡

　日本企業では，技術者などの専門的職種の経験だけの人物を管理職として登用することがごく一般的に行われる。その場合，経営や戦略に関する基礎知識も不十分なまま，事業経営に当たっていることが危惧される。付図1と付表1,2は筆者が行ったアンケート調査の概要である。アンケートは，経営や戦略に関する実務的な参考図書（付表2：研究者向けの専門書ではない，俗受けのするハウツー的な内容ではない，経営者個人の評伝の類ではない書籍）17件について，読了したか，多少なりとも読んだことがあるかを尋ねたものである。1回目の調査（付図1）では，対象者数は150名で，40歳代以上で職位はプロジェクトマネジャー，一般のマネジャー・経営者が中心である。驚いたことに，こうした職位層であっても，こうした図書の読書経験は75%が1冊以下であった。面白いことに，同時に調査した「もしも高校野球の女子マネジャーがドラッカーを読んだら（通称「もしドラ」）」については40%を超える人が読んでいた。この調査だけで，断定できないにしても，技術系のマネジャー・経営者は，マネジメント関係の知識の必要性は感じつつも，体系的学習（経営論，事業戦略論，組織論など）をする習慣が非常に弱いと推測できる。日本の産業界の弱点であろう。こうした理由から，Ｐ２Ｍガイドブック（改訂3版）では，戦略について多少丁寧な概説（第4部序章など）を行っている。なお，この調査の対照群として，経営戦略論の研究者や強い関心を持つ経営・経済系16名を比較対照群として同一の調査を行った所63%が7冊以上，25%が11冊以上読んでいるという結果であった。（付表1，2）

---

‡ 国際経営戦略研究学会 2011 年 9 月にて口頭発表

付図1 技術系マネジャーの戦略知識（読書歴調査2011年1月）

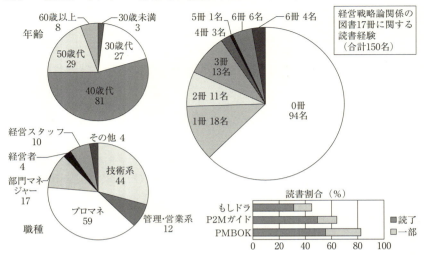

付表1 戦略に関する読書暦の調査

	プロジェクトマネジメント関連 （技術系マネジャーが中心）		経営・経済系 （比較対照群）
回答者数（調査時期）	150 (2011.01)	41 (2011.02)	16 (2011.09)
年齢（40歳以上の割合）	80%	88%	75%
職種：プロマネ（PM, PgM）	39%	15%	0%
経営者・部門マネジャ	14%	44%	38%
経営スタッフ等	7%	7%	6%
戦略経営研究者			50%
経営戦略関係書の読書歴（17冊中：割合（%）は累積値）			
1冊以下	75%	76%	6%
3冊以下	91%	83%	18%
6冊以下			37%
10冊以下			75%
11冊以上			(25%)

付表2 　読書調査対象図書リスト

読書調査対象図書（17件）	
1. 経営学入門（上・下）（榊原清則）	10. マネジャーの仕事（H.ミンツバーグ，奥村他訳）
2. 経営戦略の論理（新版または第3版）（伊丹敬之）	11. コア・コンピタンス経営（ハメル＆プラハラード，一条訳）
3. 経営戦略の思考法（沼上幹）	12. ビジョナリー・カンパニー（J.C.コリンズ他，山岡訳）
4. 戦略不全の論理（三品和宏）	13. イノベーションのジレンマ（C.クリステンセン，伊豆原他訳）
5. BGG戦略コンセプト（水越豊）	14. ライフサイクルイノベーション（J.ムーア，栗原訳）
6. 最新・戦略経営（HIアンゾフ，中村訳）	15. リーン・シンキング（J.ウォーマック他，稲垣訳）
7. 競争の戦略（Mポーター，土岐他訳）	16. オープン・イノベーション（チェスブロー，大前訳）
8. 競争戦略論Ⅰ，Ⅱ（Mポーター，竹内訳）	17. ブルーオーシャン戦略（W.C.キム他，有賀訳）
9. 企業戦略論（上）（J.B.バーニー，岡田訳）	
(参考用)	
18. マネジメント：基本と原則（P.F.ドラッカー，上田訳）	19. もし高校野球の女子マネジャーがドラッカーの『マネジメント』を読んだら（岩崎夏海）

■イノベーションのマネジメント■

研究開発のプログラムマネジメント
——技術開発の進め方——

第2章

1 技術開発マネジメントの課題と今後の展開

1-1 技術による新しい市場の創造

　日本の人口減による生産年齢人口の減少と後発国の追い上げによる日本企業の国際競争力の低下が問題視されており，アップルのIpadやグーグルの急成長に見るように，イノベーションの重要性と，従来の日本企業の強みの限界を打ち破る発想の転換と事業展開が求められている。成長著しい途上国市場への進出やクロスボーダーM&Aによるグローバル展開は，今では日本企業の選択肢としては，ごくありふれた経営手段になっている。

　高齢者の増加は，社会保障や福祉の財源の問題を生んでおり，消費増税やインフレによる国家の債務削減は，貧富の差の拡大などの社会問題が生じるという国と国民生活の相反する課題を生じている。

　このままいくと，企業はグローバルに栄え，国内は，段々と老齢化して活力を失い，世界の成長に後れを取ってしまうのではないかという閉塞感が出てきている。

　しかし，世界に例を見ない高齢化社会の出現は，逆にみると，世界に例を見ない急速な市場の出現になり，この市場のニーズに対応できるような製品やサービスを展開すれば，世界に先駆けて，市場を制することができる。

　このような発想の転換による新しい社会構造の在り方や市場経営の在り方を模索しながら，その社会を技術で持って作り上げていけば，日本の技術経営が世界の最先端を走ることになる。

　ここでは，そのための市場の見つけ方や技術開発の在り方，製品・サービス

の市場への提供の仕方などを，筆者の専門領域であるプロジェクト＆プログラムマネジメントに沿って議論する。

1-2 電気業界の凋落— オールドファッションの技術開発戦略

昨今の電機業界の凋落は著しい。シャープは，液晶の投資の失敗で，倒産の危機に瀕し，三洋電機は，パナソニックに吸収され，今や跡形もなくなろうとしている。日立は，一時の業績悪化から立ち直り，好業績を達成しているが，既にテレビ事業は売却して，インフラに特化した事業構成となっている。

図表2-1は，2000年以降のソニーのテレビ事業の収益推移を示している[1]。2000年頃は，空洞化が叫ばれており，今からすると隔世の感があるが，大手のパナソニックやトヨタなどが，海外展開を加速化し，国内外の売上高比が逆転した頃だ。21世紀初頭は，ソニーのテレビ事業の売上はまだ成長しているが，この事業を取り巻く市場では，インターネットの出現で，構造が変わろうとしており，情報が瞬時に世界を駆け巡るために，日米欧の市場を同期して

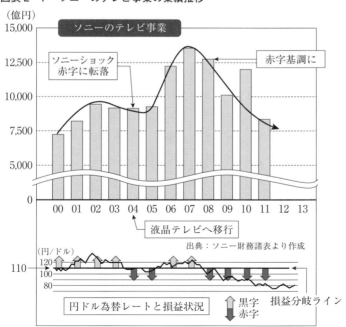

図表2-1　ソニーのテレビ事業の業績推移

第2章　研究開発のプログラムマネジメント

捉える必要が出てきていた。従来は，グローバル企業を標榜している国内大手企業でも国内市場のヒット商品は，時間遅れをもって北米市場でヒット商品となり，そこからまた時間遅れをもって，欧州市場でヒット商品となる段階的な市場投入を考えていけばよかったが，その時間遅れがインターネットの出現で解消されてしまった。欧米市場で，新しく出された製品でも，日本で1年前に出ていた商品であれば，それは，欧米の消費者にも古い商品として捉えられてしまうということが，インターネットの出現でおきた。

製品開発の面から見ると，それは，日米欧市場を対象とした商品を同時に市場に投入する必要が出てきて，開発を同期して進める必要が出てきたことを意味した。また，日本だけを対象とした製品は，グローバルな潮流からは，取り残される可能性が高まることを意味した。

日本企業の技術競争力の一つとして80年代からとり上げられていたのは，開発期間の短さとコンカレントエンジニアリングであった[2]。それにすり合わせが加わって，この技術力をもってすれば，欧米はもちろん，韓国，台湾，中国にも勝てると踏んだ開発競争が進められた。

ところが，図表2-1のテレビ事業の損益と為替レートを見てほしい。テレビ事業の収益は，上記のような開発の努力とは関係なく，1ドル=110円という為替レートが，損益分岐点となって決まっている。事業戦略としては，国に頼って，為替を1ドル=110円以下に下げてもらうか，あるいは，為替に影響されない立地で，事業を推進した方が，有利だということを示しているが，結果は，為替レートで優位に立ったサムソンに北米市場を席巻されてしまった。結果的にみて，技術や開発で優位に立とうという戦略では，それほどの差は出てこなく，技術とは関係ないところで競争に負ける状況に直面してしまった。

一方，アップルのIpadの出現は，携帯電話やメールなど，離れた個人のコミュニケーションの概念を変えてしまった。アップルが生産を台湾に委託しているのは，良く知られている。製品企画と販売に集中して，生産は，安い国に外部委託という戦略を最初から打ち出して製品開発を推進したことが，成功の大きな要因となっている。

ウォークマンを開発したソニーの技術者達にしてみれば，サムソンにしても，アップルにしても，負けるわけがないという切歯扼腕した気持ちが伝わってくる。

この一例を見てもわかるように，従来型の技術と開発に固執した競争だけで

は，グローバル競争に勝てないことが認識され，もっと高い視点，大きな視点で事業や製品開発を推進しないとだめだということが，共通認識となって来た。この高い視点や大きな視点での革新を一括してイノベーションといって，その重要性が再確認されだした。

1-3 日本企業が抱える研究開発の課題

今後，イノベーションを推進して新事業や新製品を市場に出していく上で，研究開発の進め方を見直しておくことは重要である。研究開発の側面から見た，ここ数年で加速化された日本企業を取り巻く経営環境の構造変化は，筆者の視点でいって次の3つが大きくあげられる。

1）技術革新の加速化に伴うイノベーションの重要性
2）途上国市場の成長とその市場に合った製品開発
3）円高の進展による開発拠点のグローバル化

1）のイノベーションの重要性は，ソニーの例でみるように，各企業の中で，再認識されてきている。特にインターネットの出現，スマートフォンの普及で，情報がグローバルに瞬時に伝達するようになって，グローバル競争やライフサイクルの短縮化を意識した製品開発が求められるようになってきている。

2）は，従来のグローバル競争の対象であった日米欧の市場が停滞する中，途上国市場が，急速に拡大して，その市場向けの対応が迫られるようになってきたということである。この市場は，一人当たりGDPが，1万ドル以下で，日米欧を対象とする製品を持って行っても，生活レベルが違うため，そのままでは一般の人には受け入れられないという問題があり，そこの市場を把握したうえで，その市場に適した製品のスタイル，価格で提供するということが求められている。

3）は，いよいよグローバル競争の中で，製造拠点の海外移転だけではなく，開発拠点の海外展開が進んできたということである。現地に即した製品開発だけではなく，製品によっては，適材適所を求め，日本ではなく，別の国で開発を行い，市場展開を図っていかないと，市場の要求に迅速に答えられなくなってきている。

このような環境変化に直面して，日本企業では，従来以上に，欧米追随型ではない，イノベーションを継続して起こせる組織体制の構築，途上国対応やグ

ローバル対応のできる組織体制の構築，それに合った人材の育成という課題が浮上してきている。

　市場がグローバルになり，開発がグローバル対応を求められ，なおかつ同期化して開発を進めるようになると，研究開発は，自ずとマトリクス組織での対応が求められる。各個別の技術の開発やノウハウ蓄積は，各国で従来同様に行われるが，市場対応の製品開発は，機能組織横断的な横串の組織での対応が求められる。グローバルに開発を同期化する場合は，この横串の組織を束ねる上位組織が横串で必要となる。図表2-2は，このマトリクス対応のグローバル研究開発組織を示したものである。この機能組織横断的な横串組織がプロジェクトあるいはプログラムと呼ばれており，最近は，色々な企業で採用されて来ている。

　ここでは，研究開発を推進するにあたり，まず，このプロジェクトとプログラムと，それに基づくマネジメントを論じることから始める。

図表2-2　グローバルマトリクス開発組織

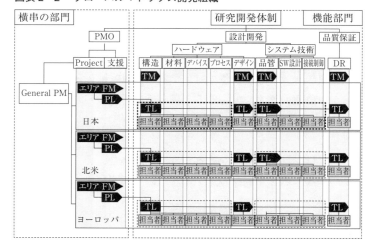

2　プロジェクトマネジメントとプログラムマネジメント

2-1　プログラムとプロジェクトとは？

　まずはプロジェクトの定義から始めよう。読者の皆さんは，プロジェクトといえば，橋や道路，ビルや工場などを建てる建設プロジェクトやシステム開発プロジェクトを思い浮かべるかもしれない。人によっては，新事業創造や，経営改革，あるいはここで述べる研究開発や製品開発のプロジェクトを思い浮かべるかもしれない。これらのプロジェクトは，どのように定義したらよいのだろうか。

　プロジェクトは，期間限定の活動である。P2M（プロジェクト＆プログラムマネジメント）では，"プロジェクトとは，始点と終点があり，そのあいだに価値を生み出す期間限定の活動"と定義している[3]。また，プロジェクトと対比して，プログラムとは，同じミッション（全体使命）のもとに複数のプロジェクトを束ねたものと定義している。プロジェクトやプログラムは，ライフサイクルを持ち，時間の経過とともに，活動の性格が違ってくる。図表2-3は，これを模式的に表したものである。

　企業などの組織が日々の活動を行っている中で，何か新しいことを始めたいという望みを抱いたり，あるいは，経営トップなどからの要請により，新しいことを始めようとしたりして，組織的に動き出した時，企業では，臨時の組織や特命チームが作られ，活動を開始する。これがプロジェクトやプログラムの開始である。日々の業務を定常活動とすると，この新しい業務を始めるのは，非定常活動である。この非定常活動は，最初に，どういうことを行うかを構想し，計画を立てる。その計画が承認されたら，具体的に実現するための詳細計画を立て，実際に建設したり，システムを構築したりする。最後に完成したものをちゃんと動くように運用して，終わる。通常は，ここで，臨時の組織は，解散されて，その業務は，定常業務組織に引き継がれて，使命を終わる。この一連の活動が，プロジェクトやプログラムの活動となる。図表2-3から判るように，この一連の流れは，構想・計画段階，実施段階，運営段階と区分して考えることができる。同じミッション（使命）のもとに，3段階のプロジェクトが運営される。この全体がプログラムで，個々の段階がプロジェクトである。これが，プログラムとプロジェクトの関係である。

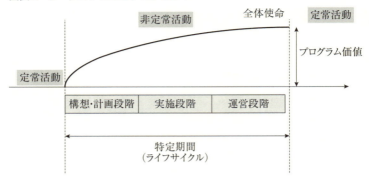

図表2-3 プログラムとプロジェクト

　例えば，判りやすくするために，高層ビルを建てる場合を想定してみよう。まずは，ビル建設の資金提供者が，この地にビルを建てることにより，新しいビジネスを開始したいと発想して，担当者に具体的な計画を構想することを命じる。担当者はそれに従い，ビル建設計画プロジェクトを立ち上げる。このビル建設計画プロジェクトの資金提供者は，プログラムのオーナーと定義される。

　担当者は，チームを組んで計画を立案する。どのくらいの期間で，どのくらいの費用をかけて，どんなビルを建設し，そこにどんな人に入ってもらうかなどを計画して，オーナーの承認を得る。この承認が得られると，建設業者を選定して，ビル建設を開始する。このビル建設は，新たに建設プロジェクトとして開始され，並行して，ビルに入ってもらう人や企業を募集するプロジェクトが開始される。高層階をオフィスやホテルにする場合は，その選定から始まり，低層階には，ショッピングセンターに入ってもらうテナントの募集が始まる。テナントによっては，間仕切りや内装の要求が出てくるために，建設と並行して作業が進められる。この例では，ビル建設とテナント募集の2つのプロジェクトが並行して実施され，実施段階のプロジェクトとなる。

　建設が無事に終了すると，オフィスエリアへの企業の入居やショッピング街へのテナントの入居を主導して，ビルの運営を開始する。当初の計画に沿って，採算の目途が立った段階で，通常の運営組織に引き渡して，運営段階のプロジェクトの終了となる。この構想・計画段階，実施段階，運営段階の全体がプログラムで，プログラムのライフサイクルとなる。このプログラムの開始か

ら終了まで，オーナーの命により，プログラムを主導する全体責任者をプログラムマネジャーと呼ぶ。各々の段階でのプロジェクトの責任者は，プロジェクトマネジャーと呼ぶ。プログラムの性格や規模によっては，プログラムマネジャーが，各段階の幾つかのプロジェクトを兼務することがある。

この例からわかるように，プログラムは期間限定の活動で，その中に複数のプロジェクトを含むことになる。プログラムは，高層ビルを建設して運営し，この土地を有効活用して活性化し，同時に収益を上げるというオーナーのミッション（全体使命）のもとに，プログラムマネジャーにより運営される。プログラムのもとで各々のプロジェクトは，ビルを無事に建設するとか，テナントを集めるとかの特定のミッション（特定使命）のもとにプロジェクトマネジャーによって運営される。

このプログラム活動を企業の財務の視点から見てみよう。図表2-4を見てほしい。既に述べたように企業の活動は，定常活動と，非定常活動に分けられる。材料や部品などを購入して製品を生産して売るような企業の活動は，売り上げや利益の増減はあっても，継続的に続けられるものであり，特に期間を限定しているわけではない。これと比べると，工場を建設したり，新規出店し

図表2-4　企業活動とプログラム

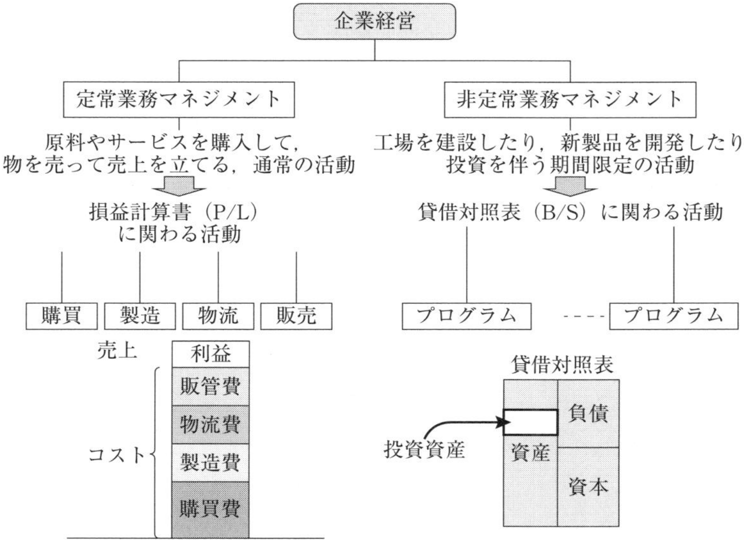

たり，新製品を開発したりする業務は，期間限定の活動である。

　企業の活動は，この継続的に運営される定常活動業務と期間限定の非定常活動業務から成り立っている。期間限定の活動は，その活動が終了すると，定常活動の中に組み込まれて，継続的な活動として，引き継がれる。企業の経営計画を見ればわかるが，定常活動業務は，損益計算書に反映される。非定常活動業務は，投資として捉えられ，投資活動の終了後に資産として貸借対照表に反映される。この資産は，現在の会計では，減価償却費として損益計算書に反映される。

　これから判るように，プログラムは，企業にとっては，投資活動である。投資は，投資対効果により，価値を生む前提で，開始される。この価値が図表2-3で示しているプログラム価値である[4)5)]。

2-2　プログラム価値

　プログラムの成功を，プログラム価値の実現とすると，まず，最初の構想・計画段階では，構想を練ってから，目指すプログラムの価値設計を行う必要がある。価値設計により，その価値のオーナーの承認を得たら，次の実施段階のプロジェクトの成果である品質・コスト・開発期間の目標を設定し，この段階のプロジェクトを終える。

　次の実施段階では，この与えられた価値設計に基づき，詳細設計を実施して，当初の目標の品質・コスト・開発期間を厳守しながら，成果を達成することが目的となる。

　成果を達成したら，最後の運営段階では，成果の達成により具現化された成果物や完成品を活用して，当初，設計したプログラム価値を獲得するか，獲得する目途を立てることを目的として，この段階のプロジェクトが運営される。

　このようにプログラム価値を中心に考えると，3つの段階は，構想・価値設計，成果の達成，価値の獲得ととらえることができる。

　先に述べたように，プログラムは，期間限定の活動であり，財務的には，投資とその回収が基本となる。従って，プログラム価値は，投資によって生み出される成果物や完成品がもたらす利益，厳密にいうとキャッシュフローの累積と投資額の差で表されるものとなる。ビルや工場を建設しただけでは，価値を生まない。それを，活用して生み出されるキャッシュフローが価値を生み出す。投資の回収が済んだ時点，あるいは定常業務に活動を引き継いだ時点で，

図表2-5　プログラム活動によって生み出されるキャッシュフロー

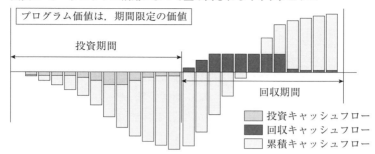

プログラム活動は終了する。

　このように財務の視点から見ると，プログラム及びプロジェクトの活動は，投資活動として捉えることが出来，定常業務の事業活動で発生する売上入金，購入代金支払，在庫などによって発生するキャッシュフローとは，完全に区別して捉えることが出来，活動の性格の違いが明確となる。図表2-5を見てもらえばわかるが，プログラム期間中は，キャッシュは出ていくばかりで，キャッシュフローは，投資としてマイナスになる。プログラムが終了して，運営段階から，定常組織に引き継がれるあたりで，キャッシュを生み，投資が回収されだす。

　なお，大学や政府機関などの非営利組織では，必ずしも，プログラムの最終成果物や完成品が，利益とは限らないので，それらの成果物や完成品を貢献度に応じて，貢献利益として，金額に換算して評価すれば同じ解釈が出来る。

　投資対効果を測定する方法としては，次にあげる4つが良く使われる。

（1）投資回収期間測定法（Payback period）

　投資が特定の期間で回収されるべきとの考えに基づいて，投資決定を行う手法である。回収期間とは，予想される回収されるキャッシュフローの総和が，プログラムの最初の投資に等しくなる期間を指し，その期間の長短で評価する。

（2）投下資本利益率法（Return on Investment）

　投下資本利益率法とは，英語の頭文字より，ROIとも言われ，プログラムの投資額とプログラムが完了して生み出される利益を投資額で割ったもの

で表わし,通常は,％で示し,その大小で評価する。

(3) 内部収益率法 (Internal Rate of Return)

投資それ自体がどのくらいの収益力を内在しているかを評価する場合に用いられる。英語の頭文字から,IRRと呼ばれ,プログラムが完了して生みだされる将来のキャッシュフローの現在価値の総和から,投資額の現在価値の総和を差し引いて,0になる割引率で表す。この値は,％で表され,その大小で評価する。

(4) 割引キャッシュフローに基づく正味現在価値法

現在,最も優れていると考えられている手法で,プログラムが完了して生みだされる将来の各年のキャッシュフローを一定の割引率で割引いて,現在価値を求める手法で,M&Aに伴う買収価格評価や,事業性評価などでも用いられている。価値は,金額で表され,その大きさで評価される[6]。

オーナーが投資を行う場合は,見返りを期待して行う。この見返りを評価する手法として,上の4つのどれか利用する。先に述べたようにプログラム活動は,投資であるために,プログラム活動を進めるかどうかを判断する場合は,これらの手法を使って評価すれば良い。これらの詳しい計算方法は,財務会計の教科書に譲るとして,簡単な計算方法をここでは示しておく。図表2-6は,あるプログラムのキャッシュフローを示している。現在を0年とすると,現在までの3年間で総額300億円のプログラムを実施終了した。今後,6年間,この成果としてのキャッシュを生む予定である。

上記,4つの手法を用いて評価してみる。投資回収期間測定法を使うと,累積収益がプラスに転じるのは,4年度目と5年度目の間である。按分すると,回収期間は4.3年となる。

ROIでは,まず,利益額の今後6年間の年平均を求める。

図表2-6 プログラムのキャッシュフロー

年度	-2	-1	0	1	2	3	4	5	6
投資額	100	100	100						
利益額				20	50	100	100	100	100
累積収益	-100	-200	-300	-280	-230	-130	-30	70	170

$(20 + 50 + 100 + 100 + 100 + 100) / 6 = 78.3$ となる。これを投資額の総和，300で割ると，ROI $= 78.3 / 300 = 26.1\%$ となる。

IRRと正味現在価値法では，割引率の概念を用いる。今の1,000円と1年後の1,000円は，価値が違うという考えである。1年後の1,000円は，現在に直すと，利子相当の割引率で，割り引いた値が現在価値となるという考えである。

即ち，1年後の1,000円は，割引率を5％とすると，現在価値は，1,000円÷（1 + 0.05) = 952.4円となる。2年後の1,000円は，1,000円÷（1 + 0.05)^2 = 907.0円となる。この考えでIRRを求めると

$$\left(-\frac{100}{(1+\text{irr})} - \frac{100}{(1+\text{irr})} - 100\right) + \left(\frac{20}{(1+\text{irr})} + \frac{50}{(1+\text{irr})} + \frac{100}{(1+\text{irr})} + \frac{100}{(1+\text{irr})} + \frac{100}{(1+\text{irr})} + \frac{100}{(1+\text{irr})}\right) = 0$$

求めるIRR=9.35％となる。

正味現在価値法では，割引率を5％と仮定すると，

$$\left(-\frac{100}{1.05} - \frac{100}{1.05} - 100\right) + \left(\frac{20}{1.05} + \frac{50}{1.05} + \frac{100}{1.05} + \frac{100}{1.05} + \frac{100}{1.05} + \frac{100}{1.05}\right) = 70.3$$

となる。

プログラム価値を測定する方法としては，（4）が最も良い。（1）は，投資回収期間を求めるため，単位が時間となる。（通常は年）（2）と（3）は，単位が％となる。金額で表されるものとしては，（4）になり，投資額と対比する意味では，分かりやすい。

なお，投資におけるプログラム価値は，計画時は予測値であるために常に不確実性を含む。この不確実性を測定する手法としてはリアルオプションがあるが，ここでは取り扱わない[7]）。

2-3 企業戦略とプログラム戦略

次にプログラムマネジメントにおける戦略について論じておこう。製品開発などにおいては，複数の開発案件，即ち，複数のプログラムが同時に走ることが通常である。このうち，どれを優先して進めるかは，企業の戦略と連動する。これは，プログラムマネジャーやプロジェクトマネジャーの問題というよ

りも，オーナーがどのプログラムを優先するかという資源配分の問題となる。そこで，まずは，企業戦略とプログラム戦略の関係を，ポートフォリオを使って明確にしておく。

一般に企業経営において，事業の優先度付けとか取捨選択に用いられるツールとして，ポートフォリオがある。企業経営におけるポートフォリオは，米国のコンサルティング会社が創作した下記の図表2-7の3つが有名である[8]。このポートフォリオの基本は，どちらかの軸に市場自体が持つ成長性や魅力度，成熟度をとっており，これは企業からすると制御できない項目である。他方の軸には，競合とかマーケットシェアをとっており，これは企業の努力により，制御可能な項目である。企業にとって，この制御可能な項目と不可能な項目を各々独立した軸にとって，自社の製品を位置づけることにより，力を入れる事業や方向，縮小したり止めたりする事業を決めて，戦略的な経営を行うというのがポートフォリオマネジメントの基本である。

この企業経営用のポートフォリオが，プログラムマネジメントのツールとしてそのまま使用されるのは，企業再生などのような期間限定のプログラム活動で，企業全体のプログラムマネジメントを求められる場合に限定される。

この企業経営のポートフォリオでは，いくつかの階層が想定でき，各々事業ポートフォリオや製品ポートフォリオとして，事業や製品の優先順位付け，取捨選択に用いられる。（図表2-8参照）

大手企業の研究開発のように，複数の研究開発案件が，プログラムとして，進められている場合を想定してみよう。このような場合に，どのプログラムを優先して行うかなどの戦略的な判断を行う場合には，ポートフォリオが用いら

図表2-7　企業経営のポートフォリオ

McKinseyのポートフォリオ	BCGのポートフォリオ	ADLのポートフォリオ
Industry Attractiveness/Business Strength Matrix	Growth/Share Matrix	Life Cycle Portfolio Matrix
縦軸：事業の競争力／横軸：業界の魅力度	縦軸：市場成長率／横軸：相対的マーケットシェア	縦軸：競合の強さ／横軸：市場の成熟度

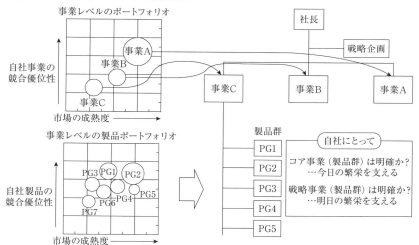

図表2-8　ポートフォリオの階層構造

れる。特に製品開発などのプログラムマネジメントにおいては，開発戦略の策定や，開発品目の取捨選択には，ポートフォリオが用いられるが，企業経営で用いられるポートフォリオとは違うポートフォリオが用いられる。先に述べたように，プログラムは投資活動である。そのため，プログラム・ポートフォリオは，投資に対する効果（リターン）を基軸にして，投資のリスクの高低をもう一つの軸としてみるリスクリターンのポートフォリオが，適している。

例えば，企業経営のポートフォリオで，一つの事業を取り上げた場合，その事業が抱える複数の投資案件を各々プログラムとして管理し，リスクリターンのポートフォリオで管理するということが出来る。（図表2-9参照）

企業経営においては，よくあることだが，力を入れない事業は投資を控える。個別の投資案件としては，同じ投資収益性を持ち，同じように魅力的な二つのプログラム案件があった場合，事業そのものが魅力的でない場合は，そちらのプログラムは後回しにされる。この場合には，事業ポートフォリオで，経営として事業の優先順位付けの戦略的判断がなされてから，リスクリターン・ポートフォリオによる戦略的な管理がなされる。このように，両者の組み合わせで，投資案件が戦略的に管理されることになり，プログラム戦略は，企業戦略に従属するということができる。

事業ポートフォリオから力を入れる事業を選択した場合は，その中にある複

数のプログラムの取捨選択や優先順位付けが，プログラムマネジメントのリスクリターン・ポートフォリオを用いて行われる。特に，開発プログラムにおいては，途中で中止になるプログラムが多いために，リスクを勘案したリスクリターンのポートフォリオによる評価と取捨選択が大事である。

このような場合，企業戦略とプログラム戦略の境界は，図表2-10の関係で

図表2-9　事業ポートフォリオとプログラム・ポートフォリオ

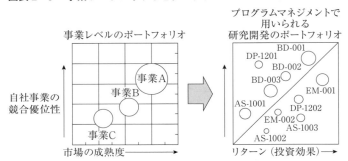

図表2-10　企業経営とプログラムマネジメントにおけるポートフォリオ利用の違い

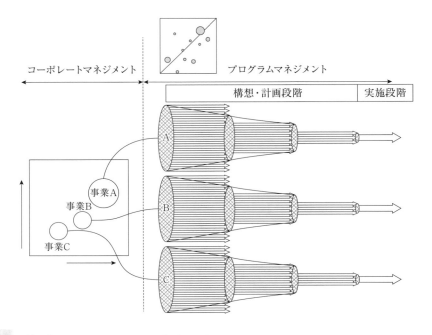

表すことが出来る。この関係によって、ポートフォリオを利用した戦略立案において、企業経営とプログラムマネジメントの境界を明確に出来る。企業戦略を受けて、プログラムに落ちたところからはじめるのが、プログラム戦略ということが出来る[9]。

2-4 リスクリターンポートフォリオの使い方

それでは、リスクリターンのポートフォリオは、どのように使用すればよいのだろうか。図表2-9の右のリスクリターンのポートフォリオでは、縦軸にリスクを横軸にリターンをとっている。横軸のリターンは、2章2節に述べたプログラム価値で、表される。縦軸のリスクは、基本的には、各プログラムの価値を実現するうえでのリスク事象を洗い出し、その項目を重みづけして点数化し、数値化することで表される。この作業により、各プログラムのポートフォリオ上の位置を決める。その位置により、戦略的な優先順位付けの評価のガイドラインとする。図表2-11のように、大きく4つの象限に分けて、どの象限に属するかで、評価する。

第Ⅰ象限にあるプログラムは、最も効果が大きく、リスクが小さい。従って、最優先で進めるプログラムとなる。第Ⅱ象限にあるプログラムは、効果は

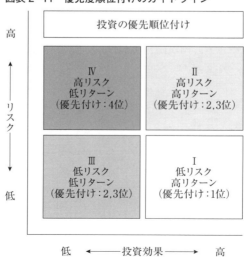

図表2-11　優先度順位付けのガイドライン

大きいが，リスクも大きい。途中で失敗して完成しないかもしれない。成功すれば，大変な利益を生むが，失敗した場合の損失も大きいプログラムである。一方，第Ⅲ象限にあるプログラムは，効果もリスクもどちらも小さい。ほぼ間違いなく成功するが，大した効果もないプログラムである。この第Ⅱ象限と第Ⅲ象限にあるプログラムのどちらを優先するかは，企業として，大きな賭けに出て，利益を得ようとするか，手堅く少しずつ稼ごうとするかの方針によって異なってくる。第Ⅳ象限にあるプログラムは効果は小さいが，リスクが大きい。基本的に優先度を最も低くして出来たら撤退する。これが，このリスクリターン・ポートフォリオの使い方である。

ここで議論する研究開発において，高い技術目標を掲げ，大きな市場と高い市場占有率を目論むプログラムは，第Ⅱ象限に位置することが多くなる。研究開発プログラムの問題は，このようなリスクの高いプログラムを旨く運営して成功裏に市場化に導くことである。この運営の上手い下手が企業の業績，効率，損失などに影響してくる。ここに研究開発のプログラムマネジメントが重要な意味を持つことが見えてくる。このプログラムマネジメントの議論は，後に譲るとして，ここでは，リスクリターンのポートフォリオの意味と使い方を理解してほしい。

2-5 ライフサイクルで捉えるリスクマネジメント

リスクリターンのポートフォリオより，リスクの話が出てきたので，ここで，リスクマネジメントについて述べておこう。2章1節で述べたように，プログラム活動は，構想・計画段階，実施段階，運営段階と時間経過とともに，3段階に分かれる。リスクのマネジメントもこの3段階に沿って行う必要がある。また，オーナーの立場，プログラムマネジャーの立場，プロジェクトマネジャーの立場で，役割やリスクマネジメントの視点が違ってくる。

リスクマネジメントにおいては，プログラムのライフサイクルに沿って，構想・計画段階，実施段階，運営段階の各々の目的を理解して，更にオーナー，プログラムマネジャー，プロジェクトマネジャーのマネジメント階層の各立場の役割を理解した上で，リスク評価，リスク管理，ガバナンスを機能させる必要がある[10]。

プログラムにおいて考慮すべき一義的なリスクは，当初想定されるプログラム価値が獲得できないリスクに帰結される。それが各段階や各階層に応じて，

個別のリスク事象やリスク対応項目として取り扱われる。

　構想・計画段階のプロジェクトでは，プログラム価値の設計と目指す成果の目標である品質・コスト・期間を設定することが目的となる。従って，この段階では，プログラム終了時に獲得するプログラム価値や成果の品質・コスト・開発期間の設定の誤差や未達がリスクとなるが，その時点で顕在化するものは，ほとんどない。また，この段階でかかる費用は，その後の実施段階の費用と比較すれば，10％にも満たないことがほとんどである。従って，構想・計画段階の期間が延びて費用が予定より掛かっても，オーナーからすれば，その後の投資規模と比較すれば，大きな問題，即ちリスクとはならない。

　この段階では，プロジェクトマネジャーは，実務責任者として目的に沿って，価値設計や品質・コスト・開発期間のスケジュールを遵守することは，大事であるが，プログラムマネジャーやオーナーの視点では，かかる費用も比較的小さいために，スケジュール遅延は，大きなリスクとはならない。

　この段階の最も大きなリスクは，設計したプログラム価値が，その後の実施段階，運用段階を経て，獲得できるか，あるいは，途中で毀損しないかである。将来の環境変化や計画の正確さ，プログラム運営の稚拙などが，この段階では，不確実であり，これがプログラム価値に大きな影響を与える。例えば，冒頭で述べたシャープの液晶投資は，価値設計企画プロジェクトもうまくいき，工場建設プロジェクトもうまくいき，液晶の生産もうまくいったが，計画通りに売れなくて，在庫が急増し，会社が倒産の危機に瀕してしまった。企画設計，工場建設，建設後の立上げ運営のような個別プロジェクトは，成功しているが，プログラム全体としては，失敗である。プログラムマネジメントから見ると，プロジェクトマネジャーは特定ミッションを達成しているが，オーナーやプログラムマネジャーがリスクをマネジメントできていないということになる。

　オーナー，プログラムマネジャー，プロジェクトマネジャーの各々の役割から，オーナーとプログラムマネジャーは，プログラム価値の獲得，言い換えると，投資の回収を最も重要視する。プロジェクトマネジャーは，現場のオペレーションの目標である，品質，コスト，期間の達成を重要視する。

　プロジェクトマネジャーの上位にいる，プログラムマネジャーやオーナーは，プロジェクトマネジャーと同じ視点ではなく，投資の回収やプログラム価値の獲得という観点から，リスクを管理する必要がある。従って，少しくらい

の遅れよりも，投資が回収できるか，プログラム価値が毀損しないかという観点に主眼を置いて，プロジェクトマネジャーのプロジェクト運営を管理することが役割となる。この管理をガバナンスという[11]。

　実施段階のプロジェクトでは，構想・計画段階で設計した価値とそれに基づき設定した品質（Q）・コスト（C）・期間（D）に関する目標を達成できるかが最も大きなリスクとなる。品質が達成できなかったり，コストや期間が大幅に超過したりすると投資の回収やプログラム価値に悪影響を及ぼす。プロジェクトマネジャーは，様々な不確定要因に対応しながら，この品質・コスト・期間を遵守することがリスクのマネジメントとなる。上位のオーナーやプログラムマネジャーから見ると，品質の劣化，コストの超過，期間の遅延が投資の回収に影響したり，プログラム価値を毀損したりしないかの視点でプロジェクトマネジャーの運営を管理する必要がある。これがガバナンスである。例えば，半年のスケジュール遅延が投資回収に大きな影響を与えるのか，プログラム価値を大きく毀損するのかという視点で管理することが重要である。

　運営段階のプロジェクトでも，基本は，実施段階のプロジェクトのリスクマネジメントとほぼ同じとなる。

　特に運営段階のプロジェクトは，価値獲得の最終段階となる。プログラムレベルでは，この価値獲得が未達にならないような監視・管理が必要となる。オーナーレベルでは，そのプログラム活動が，他の事業運営上に支障をきたし，他の事業へ大きな負の影響を及ぼさないか，監視・管理する必要がある。たとえば，システム開発プログラムの最終の運営段階で，定常業務に移行する途中でのちょっとしたプログラムミスの修正が，企業の基幹業務の停止につながり，定常業務活動に大きな損失を与えるなどがプログラムマネジャーのリスク管理の視点となる。システム開発プログラムの最終局面で銀行のATMが停止して，顧客に大きな損害を与えたり，鉄道会社のシステム故障により運行を停止したりするなどは，この例となる。この場合，開発期間を長くとり，テストを入念に行うとか，バックアップ体制を手厚くするなどの対策を講じることにより，リスクを減らすことを考慮する必要が出てくる。この冗長性の採用は，費用の増大などによりプログラム価値を毀損するが，リスク事象が発生した場合の損失を考慮すると必須となる。このような判断は，目標を達成することを主眼に効率的な運営を求められるプロジェクトマネジャーに求めるには，無理がある。オーナーやプログラムマネジャーの価値獲得の視点で，判断する

図表2-12　リスクマネジメントのアプローチ

	構想・計画段階	実施段階	運用段階
ビジネスリスク	・ビジネスに影響を与える価値のリスク管理設計の事前評価	ガバナンス	ガバナンス
プログラムリスク	・プログラムに影響を与える価値のリスク管理設計の事前評価	ガバナンス	ガバナンス
オペレーションリスク	・価値のリスク管理の設計 ・QCDのリスク管理	・QCDのリスク管理	・QCDのリスク管理

必要がある。

　各段階のプロジェクトでは，リスクマネジメントの設計を行い，それに沿ってリスクを監視・評価しながらプロジェクト運営を行うが，特に構想・計画段階のプロジェクトでは，プログラム全体のガバナンスの仕組みと監視・管理の設計を行うことが必要である。この設計に基づいて，プログラムマネジャーやオーナーは，各々の上位者としてガバナンスを機能させる必要がある。この関係を図示したのが，図表2-12である。

　リスクマネジメントの失敗で取り上げられるのは，工場建設が遅延したり，システム開発の費用が大幅に超過したり，完成しなかったり，という実施段階の例が多い。このリスクのマネジメントは，直接は，プロジェクトマネジャーの責任となるが，オーナーやプログラムマネジャーとの定期的なリスクに関する検討会とか，第三者によるリスクの評価とかガバナンスを効かせる仕組みを構築して運営することが重要である。

　研究開発プログラムにおいては，構想・計画段階で，プログラム価値の設計，言い換えると，市場に出してヒットする商品の設計を行うが，このヒットする商品の価値設計が上手く出来ないといつまでも構想・計画段階のプロジェクトを継続することになる。そうすると，研究開発全体では，生産性が低下し，企業の損失につながる。これは企業にとっては大きな問題であるが，これは次章以降で取り扱うこととする。

3 研究開発のプログラムマネジメント

3-1 研究開発マネジメントのアプローチ

　研究開発のプログラムマネジメントは，開発投資の観点から考えると途中で中止になるものや当初の計画と違う方向へ進むものがあるなど，高い不確実性を抱えたプログラムを効率的に運営する，高度なマネジメントを要求される。また，不確実性の高い初期の段階と，不確実性の低い後期の段階とでは，プログラムの運営方法も大きく異なってくるため，構想・計画段階，詳細計画・実施段階，運営段階と，段階毎に異なるマネジメントのアプローチをとる事が求められる。この異なるマネジメントのアプローチは，オーナー，プログラムマネジャー，プロジェクトマネジャーの各々の役割に分けて実行する事が重要である。いつまでも製品化できないのは，この特徴を理解しないで，一人のマネジャーに任せきりにする場合が多い。

　研究開発の業務プロセスは，図表2-13の様に，基礎研究フェーズ，開発研究フェーズ，製品開発フェーズ，と3つのフェーズに分けられる。各々のフェーズは，下記に述べるような特徴を持つ。

（1）基礎研究フェーズ

　　企業ビジョンを見据え中長期（10年以上）で行う基礎的な研究。本社の費用負担とする場合が多く大学や政府系研究機関と共同で補助金などを獲得しながら行うことも多い。

（2）開発研究フェーズ

　　基礎研究の技術的な成果を元に，製品化を支援する生産技術の開発や，事業化や量産化確立の実証化研究として行うことが多い。各事業領域の費用負担とする場合が多い。

（3）製品開発フェーズ

　　市場導入を前提に進められる開発。基本的に各事業領域の費用負担となる。

　企業の研究開発費の8割から9割は，製品開発フェーズが占め，このフェー

ズの開発が成功すれば,即,売上や業績に直結するため,このフェーズでは如何に短期間で効率的に製品開発を進め,市場に製品を提供するかが,企業の最大関心事となる。そのために,研究開発に力を入れている企業は,アイデア創出を奨励するとともに製品開発フェーズの進め方を標準化し,製品化に結び付ける業務の進め方を効率化することを色々と模索している。

筆者の経験からは,製品開発フェーズは,図表2-13のように,7つのステージに分けて,段階的に管理するとよい。既に述べたように研究開発プログラムは,途中で中止となるものやいつまでも製品化できないものが多数存在するので,ステージをより細かく分けて,継続・中止の評価判断と,進捗管理をしながら,効率的な運営を行うことを心掛ける必要がある。

2章2節で述べたプログラムマネジメントの構想・計画段階,詳細計画・実施段階,運用段階と比較するとさらに細かいステージへの分割と管理であるが,途中中止の可能性の高い研究開発においては,ある区切り,ここではステージ毎に,達成目標を決めて,その達成度を評価しながら,次のステージに進めるかどうかを判断しながら進めるのが,最も効果的と言える[12]。

図表2-13の製品開発フェーズの①アイデア創出ステージから,③事業性評価のステージまでが,プログラムマネジメントの構想・計画段階で,製品化の価値設計を行う。この価値設計の良否が,市場に投入してから,ヒット商品となるかならないかの分かれ道となるために,価値があるかないかの視点で評価して,継続・中止の判断を行う必要がある。④設計・開発ステージから⑥量産のステージまでは,プログラムマネジメントの詳細計画・実施段階で,最も費用が掛かる段階である。この段階は,市場導入を前提として,出来るだけ早く,効率的に進められるかがマネジメントの視点となる。最後の⑦導入後評価

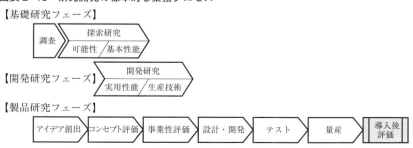

図表2-13 研究開発の標準的な業務プロセス

は製品を市場に投入してから、いかに早く顧客に浸透させ、価値を認めてもらうかの運用段階となる。

製品開発フェーズ初期の不確実性の高い段階でのプログラムは、まだ完全に開発のコンセプトが固まらない中で、価値を創造していくことが求められる。これを会社全体で見ると、技術を核とする多くのアイデアが製品化に向けて、価値創造の検討が行われることになる。このアイデア創出の検討段階では、投下資金は小額で済み、採用されて、製品化されるまで継続される確率は低い。プログラムの目指すコンセプト（ターゲットプロファイル）を明確にする一連の作業の中で、スクリーニングにかけて、幾つかの実現可能なプログラムに絞り込まれていく。

この場合に、創出されたアイデアを基にしたプログラムをリスクリターンのポートフォリオによりマネジメントしながら、個別のプログラムの中止、継続を決めていくのが全体の価値を高めることにつながる。（図表2-14参照）同時

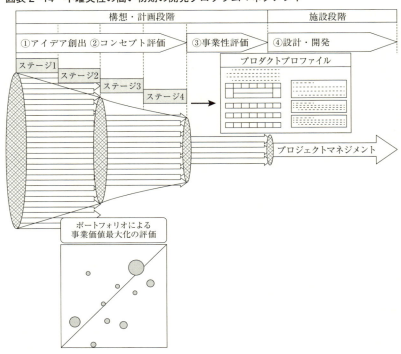

図表2-14　不確実性の高い初期の開発プログラムマネジメント

に，いつまでも価値あるコンセプトが出てこない場合は，どこかで打ち切る必要がある。例えば，半年の予定で進めた研究開発プログラムのあるステージが1年かかった場合，生産性は半分に落ちる。この生産性の下限を決めておき，中止とする。これが，生産性を指標とした進捗管理となる。このリスクリターンのポートフォリオと生産性を指標とした進捗管理の連携により，無駄な投資をできるだけ減らすようなマネジメントが構想・計画段階では求められる。

3-2 市場を意識した製品開発マネジメント

製品開発の初期の段階では，価値創造の設計が重要である。いつまでも価値の設計ができないままに，開発を継続するプログラムを抱えていると無駄な投資を続けていることになる。研究開発者は，この段階で，色々と模索することになる。この場合の開発プログラムの進め方として，将来の市場のニーズを推測して，そこへ至るシナリオを描き，そこから逆算して，開発を進めるようなニーズ指向で開発プログラムを進める方が全体としては，早道になる。

図表2-15は，筆者が想像するテレビの将来像である。これが，時間経過とともに，いつ頃，どんな製品が実現するかを想定したものである。もちろん，これは考え方の分かりやすい例として筆者のアイデアを出しており，実際に企業がそう進めているとは限らない。

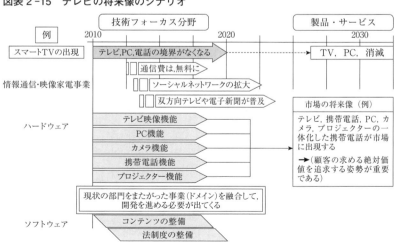

図表2-15 テレビの将来像のシナリオ

ここで，筆者は，2020年から，2030年の間には，PCと電話，カメラ，テレビ，プロジェクターやバーチャルキーボードを兼ね備えた複合機能装備の携帯端末が実現するだろうというシナリオを想定してチャートで表わしている。このチャートから，逆算すると，現在の技術開発を，どう進めれば，ここに到達するかが見えてくる。既に実用化されているものの組み合わせであるので，予測することは，現在の技術の延長で考えれば，それほど，難しくない。これらの技術を組み合わせて，コンパクトサイズで実現するには，どの技術がボトルネック（隘路）になるか，見えてくる。あとは，そのボトルネックを解消するための技術開発が可能か，いつまでに開発を進めれば，想定するタイミングで市場に出せるかと，必要な投資がどのくらいになるかを予測すれば良い。

　ここからが単に技術開発ではなくて，マネジメントの出番となる。まず，市場はどこか，誰が顧客となるのか，どのくらいの値段でどのくらい売れるのか，という予測が必要となる。それが明確にならないと，どのくらいの研究開発投資までなら許容できるか，研究を進める意味があるのかが明確にならないので，投資が実現しない。自社にない技術が含まれる場合は，一から自社開発するか，どこかの技術を買収なり提携で取り込むのかなどの判断が必要となる。自社の技術よりほかに優れた技術がある場合や自社で進めていては間に合わない場合は，それを取りこむなどの判断も求められる。

　この一連の作業が，①アイデア創出から，②コンセプトメイキング・評価，③事業性評価のステージの作業では必要となる。製品開発のマネジメントは，技術開発のマネジメントとともに，技術部門間だけではなく，マーケティングや生産，財務などを含めた部門間の調整，提携先など外部の探索と自社の開発との結びつけなど，プロデューサー的な資質が求められる。ここにプログラムマネジャーに求められる資質やスキルと役割がある。

　さて，上記のPCから，電話，テレビまでの複合機能装備の市場はどこにあるのだろうか。どういう人が価値を認めて利用するのだろうか。価格にしても，現在の商品の機能をいくつも合わせたようなものなので，その分，高くなる。買える人は限られるかもしれないし，必要性を見出す人も，これらの機能を場所に関わらず利用したい人や，いくつもの携帯端末を持ち歩くより，一つで済ませたい要求の高い人になるだろう。このような開発は企業内においては，かなり強い熱意のある人が率先して，取り組まないとまとまらない。志の高いプログラムマネジメントのできる人がオーナーを説得して進める必要があ

る。

　この複合機能装備の携帯端末の市場を大雑把にシニア層，生産年齢層，学生・学童層に分けて，各層の携帯端末の利用者に訴求するキーワードを探してみよう。思いつくままに

層	訴求キーワード
・シニア層 　（65歳以上）	・癒しと憩いの場
・生産年齢層 　（15歳〜65歳未満）	・利便性と機能性
・学生・学童層 　（15歳未満）	・勉学と遊び

とすると，最も適合するのは，生産年齢層と見える。

　この新製品は，シニア層には受け入れられるだろうか。冒頭，日本では，シニア市場が急拡大すると述べた。2014年現在，4人に1人は，シニア層で，まだまだ拡大しているこの市場には，この携帯端末を受け入れる余地があるのだろうか。先に述べたように，この複合機能装備の携帯端末は，場所を問わずに利用したい忙しい人や高い利便性を要求する人向けで，特にシニア層をターゲットにしているわけではない。特に，機能や操作の複雑性と価格は，シニア層にとっては，ネックになる可能性が高い。こう考えてみると，シニア層の要求は別のところにあると考えるのが普通である。テレビの進化のシナリオを想定しながら，シニア層をターゲットとした製品を考えてみよう。

　シニア層が求めるものは，利便性や高機能性よりも，日々の癒しや憩いの場の方がより適合すると思われる。現役から退いた世代にとっては，忙しい日々の生活ではなく，気の合った仲間や同好の士との会話がほしくなる。これを満たしてくれる製品は，先ほどの複合機能装備の携帯端末が，より便利なという意味での相対的な価値を追求するのに対して，今までにない発想での価値の追求で，絶対的な価値と呼べる。これを満たす製品を複合機能の電気製品で求めると，離れた場所でお互いの顔を見ながらお話する双方向のコミュニケーションツールとなり，現在のテレビ電話を進化させたものというアイデアが出てくる。ただし，今のテレビ電話よりも，画像は傍にいるような現実感を持たせる鮮明さ，複数の人が同時に会話でき，声は各々の方向から聞こえる多指向性が

図表2-16 デジタルコミュニティ事業

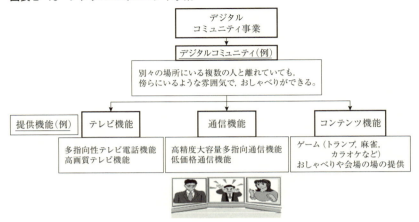

ないと，受け入れられないだろう。さらに，家庭で使うとなると，現在のテレビ程度の価格で提供することが求められる。

こうなると，価格対応を含めて求められる技術レベルが格段に高くなることが想像できる。これはテレビ電話というよりも，コミュニケーションのために離れた場所をつなげる仮想空間の提供となる。事業としては，テレビ電話事業というよりも，デジタルコミュニティ事業とする方がより，市場のニーズに即している。（図表2-16参照）

このような離れた空間をつなげる場の提供という事業の捉え方は，従来にはない考え方で新しい市場を創出することにつながる。同時に開発者にとっては，市場の概念や競合の概念が今まである市場の概念とは異なってくる。コミュニティとなれば，FacebookやLineの延長かもしれないし，あるいは複数で遊べるゲームができる多指向性の通信となれば，現在の電波法などの規制が障害となるかもしれない。テレビと通信の複合技術のほかに規制やコンテンツの問題と多面的に考えて，事業化を進めることが重要となる。アップルのIpadを思い出してほしい。最初は，音楽配信は規制で出来ないので，日本での事業化は難しいという声が大きかった。

ステージ1のアイデア創出から，ステージ3の事業性評価までの構想・計画段階では，このような構想を固めることが重要である。

図表2-17　ビジネスモデルと連携した開発戦略（ポジショニング）の例

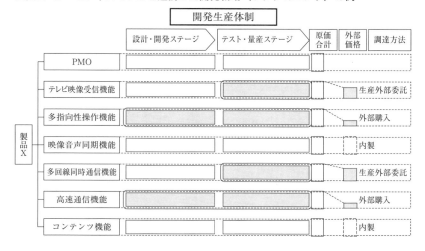

3-3 技術の要素分解とロードマップ

　それでは，シニア層向けのデジタルコミュニティ事業を考える場合，自社の技術開発と外部との連携は，どう考えればよいのだろうか。自社の開発におけるポジショニングはどう取ればよいのだろうか。

　事業性評価を行い，設計・開発に進む段階では，どこまで自社開発を行い，どこを他社に頼むか，開発のポジショニングを明確にすることが重要である。図表2-17は，このシニア向けのデジタルコミュニティ事業の"製品X"を開発する場合，どの機能を自社のコア機能にするかとか，自社と外部価格とを比較して，どちらが有利かなどを評価して決めていく進め方の例示である。

　ここでは，技術を中心に考えるよりも機能を中心に"製品X"を分類し，原価を機能別に把握し，各機能を実現する原価と外部調達価格を比較している。これにより，価格競争力のない機能は，外部調達を原則とすることを明確にできる。もちろん，戦略的なコア機能は，原価に関わらず内部調達とする。

　更に，各機能を要素技術に分解して，必要な要素技術を明らかにするとともに，自社内の保有技術で開発可能か，外部調達となるかを確認し，製品開発を進める上での方針を明確にする。（図表2-18参照）

　更に，分解した各々の要素技術の開発スケジュールを全体のスケジュールに

第2章　研究開発のプログラムマネジメント

図表2-18 製品・サービスの要素技術分解 （例）

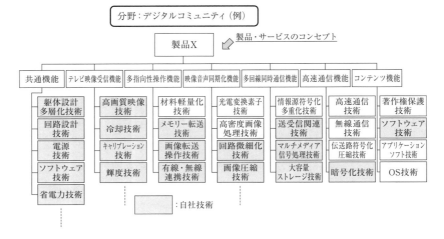

沿って明確にする。この作業により，全体の開発スケジュールとそれに沿った個々の技術の開発スケジュールが明確になる。後は，このスケジュールに沿って，開発を進めることが出来ると予定通りに市場に投入することができる。どの要素技術の開発が全体のスケジュールに最も影響を与えるか，その技術開発が遅れた場合，全体の開発の遅れにつながるかを見極めることも重要である。個々の開発スケジュールの遅れが全体のスケジュールに影響を与える一連のスケジュールのつながりをクリティカルパスと呼んでいる。

図表2-19は，この全体スケジュールを例示しており，"製品X"の開発ロードマップとなる。ここまでの一連の作業により，開発の方針やスケジュールを明確にして，本格的な開発の承認を得て，次の④設計・開発のステージへと進む。

3-4 研究開発の進捗と生産性の管理

設計・開発のステージからは，プログラムマネジメントの実施段階となり，価値を創造するというよりも，既に設計した価値を実現するための目標に向かって計画通りに進めることが大前提となる。新しい技術の開発や外部調達や外部連携などが出てくるため，想定したスケジュール通りに進めるのは，困難が予想されるが，この当初のスケジュールに沿うように運営しながら，進み具

図表2-19　製品開発のロードマップ　（例）

		16年	17年	18年	19年	20年	21年	22年	22年	23年	24年
マイルストーン			▼高画像テレビ会議		▼高速通信テレビ会議			▼多指向性高画質テレビ会議		▼デジタルコミュニティ	
提供機能			実物感覚とほぼ同じ画像		実際と同じ感覚の会話機能			声の方向と画像の一致		実際の集合会話と同じ感覚での会話	
材料・技術	① 液晶微細化技術										
	② 光電変換素子技術										
デジタル伝送技術	③ 符号化技術										
	④ 高速送受信関連技術										
	⑤ 多重化・信号処理技術										
映像処理技術	⑥ 高密度画像圧縮処理										
	⑦ 輝度・微調整技術										
回路電源技術	⑧ メモリー集積・転送技術										
	⑨ 回路微細化技術										
	⑩ 冷却技術										
	⑪ 省電力技術										
ソフトウェア技術	⑫ OS/アプリケーション技術										

自社の技術開発が遅い場合は，加速を考えるか技術導入，協業などを検討する

合を管理することが重要で，これが進捗管理となる。図表2-20は，この進捗管理の進め方を図示したものである。

　図表2-20では，縦軸に研究開発費用，横軸に時間をとっている。そこに，当初の計画に沿った研究開発費用の累積額を時間軸に沿ってグラフで表すと，費用配賦の基準線となる。この基準線を実績値と比較しながら，当初の計画からの進みや遅れ，予算超過や余剰などの現状と傾向を把握しながら管理する。これが進捗管理の基本となる。

　この進捗管理のグラフは，予算コストに沿った研究開発の進み具合を見ているが，計画通りに予算と時間をかけても，実際は，それほど進んでいないときは，どう評価すればよいだろうか。研究開発費用では，設備費などと併せて，人件費が大きな比重を占める。この人件費の消化が実際の進捗に大きく関わってくる。例えば，研究者が予定通りに時間を使った場合，図表2-20のグラフ上では，計画値（基準線）と実績値が一致する。ところが，実際の研究開発は，予定の半分も進んでいないということが起きる。このように，単に時間と費用を把握しただけでは，進捗を管理したことにならない。その内容を把握して管理する必要がある。

第2章　研究開発のプログラムマネジメント

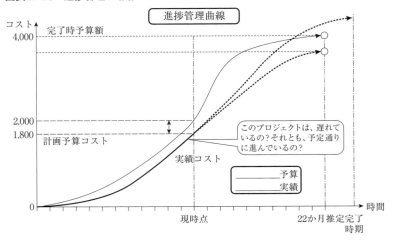

図表2-20　進捗管理　(例)

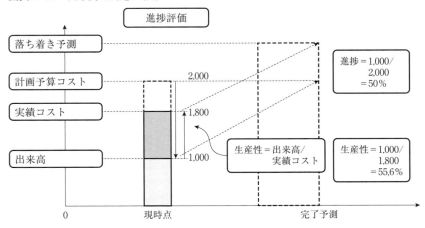

図表2-21　出来高の測定　(例)

　ここで出てくるのが出来高という概念である。出来高とは，実際の研究開発がどのくらい進んだかを予算の消化とは独立して測る指標である。図表2-21を見てほしい。これが，出来高を測定する概念図である。
　この図では，次の3つの指標を用いている。

	現時点の値
計画値：当初計画した予算	2,000
実績値：実際かかった研究開発費用	1,800
出来高：実際の研究開発の進み具合	1,000

この3つの値（ここでは単位を問わない）を使って，現時点での進捗を計測する。出来高（1,000）は，実際の進み具合のため，計画値（2,000）と比較すると

$$進捗 = \frac{1,000}{2,000} \times 100 = 50\%$$

となり，予定の半分しか進んでいないことがわかる。更に出来高（1,000）に対して，実際使用した費用は，1,800であるので，生産性（効率）は，

$$生産性 = \frac{1,000}{1,800} \times 100 = 56\%$$

となる。これから，図表2-21に示されるプログラムは遅れている上に，当初計画の56％の生産性でしか作業ができていないことがわかる。これで，進捗と生産性を同時に計測評価することが出来る。出来高の測定には，全体の作業を幾つものタスクに分解して，そのタスク毎に測定する方法が用いられる。各タスクの作業を開始したら，出来高50％として，終了したら100％とするなど幾つかの測定方法があり，各タスクの作業内容に応じて，それらの方法を適用するとよい。この考え方は，基本的にすべての研究開発のフェーズやステージで利用することが出来る。

　特に構想・計画段階のプログラム価値の設計では，経験的にスケジュールが遅れがちとなる。そこで，リスクリターンと同時に，個々のプログラムの進捗を管理して，進捗や生産性が一定の閾値を下回ったもの，即ち，遅れや生産性の低さが顕著なものは，中止するなどの評価判断を行うことが出来る。

　図表2-22は，複数のプロジェクトの進捗の評価の例である。このような表で管理すれば，一目でどのプロジェクトが遅れているのかわかる。先述の"製品X"の開発プログラムの場合は，複数の技術開発プロジェクトが並行して進むため，同じような進捗管理を行いながら進めると，どこが遅れているか，

図表 2-22　進捗管理と評価　(例)

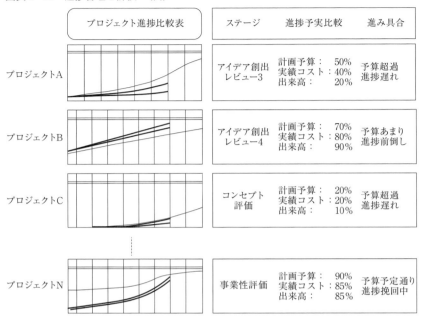

全体への影響はどうかなどを把握しながら，予定のスケジュールを維持するような管理が可能となる。

3-5　部門別，プログラム別の予算把握と進捗，生産性評価

前節では，個別のプログラムの進捗と生産性の管理について述べたが，この出来高を利用して部門全体の研究開発の生産性や効率を測ることが出来る。部門を評価する場合は，生産性に加えて稼働率の考え方を導入する。

稼働率とは，各部門の研究開発要員が，年間どのくらい実際の研究開発プログラムに従事しているかを測る指標である。研究開発要員は，実際のプログラムに従事する以外に，部門内の一般的な事務作業や自己啓発のセミナーや研修に時間を当てることもあるため，自分の持ち時間の100%を研究開発プログラムの業務にあてているとは限らない。しかし，研究開発プログラム以外の業務にあてる時間が多くなると，稼働率が落ちる。部門として，稼働率が落ちると，余分な人員を抱えているか，研究開発とは直接関係ない業務を多くやって

いるとみなされる。この考えに沿って、研究開発各部門の効率を把握評価することが出来る。

研究開発各部門の人員の標準持ち工数（人日）は、年間の予定稼働日数から測ることが出来る。これが当該部門の年間持ち工数となる。この年間持ち工数のうち、どれだけを実際の研究開発プログラムの作業にあてたかが、当該部門の稼働率となる。

例えば、ある研究開発部門に部門長と事務員を入れて10名いたとする。残り8名が実際の研究開発者で、幾つかのプログラムに従事している。年間の一人当たりの持ち工数を240人日とすると、10名で、この部門の持ち工数は、2,400人日である。研究開発者8名が、平均で、200日をプログラム活動の業務にあてたとすると、8×200＝1,600人日が、実際のプログラム活動日数となる。これから、この部門の稼働率は、1,600÷2,400＝0.666となり、66.7％が稼働率となる。全ての研究開発部門の稼働率を把握すれば、全体の効率が見えてくる。66.7％とは、実際の研究開発活動に全活動時間の2／3しか、従事していないということになり、如何にも効率が悪く余剰人員を抱えているように見える。部門によっては、稼働率が100％を超えるところも出てくるかもしれない。それは、標準時間以上の作業をしているということで、部門間の人員の再配置や、採用に話にもなってくる。

これにプログラムの生産性を併せて表示すると、各部門の人員の効率的な運用の良し悪しが見えてくる。これが、個別のプログラムではなく、研究開発部門全体と各部門の管理指標と管理の進め方となる。図表2-23は、これを表したもので、横軸に沿ってみると個別のプログラムの進捗と生産性が表示されており、縦軸に沿ってみると各部門の稼働率と生産性が表示されており、これで、研究開発に関わる部門別、プログラム別の予算と実績、効率の評価管理が可能となる。

先に述べた個別プログラムの進捗管理と生産性の管理、それにここで述べた研究開発各部門の稼働率と生産性の管理を併せて行うことにより、企業全体の研究開発の価値創造を目指したマネジメントが可能となる。特に、グローバル展開を図る企業にとっては、国を跨った研究開発プログラムの効率的な運営や、部門の効率的な運営に効果を発揮する。

図表2-23　部門別，プログラム別の進捗，稼働率，生産性評価（例）

		部門別・プログラム別　予算・実績比較					プログラム評価		
プログラム名	予実	合計	第1研究部	第2研究部	第3研究部	第N研究部	出来高	進捗	生産性
プログラムAA	予算	1,000	280	200	140	0			
	実績	1,000	280	200	140	0	1,000	100.0	1.00
プログラムBB	予算	3,000	280	1,000	500	500			
	実績	3,600	280	1,200	500	500	3,000	100.0	0.83
プログラムCC	予算	4,000	280	1,000	0	0			
	実績	4,800	280	1,400	0	0	4,000	100.0	0.83
プログラムDD	予算	6,000	200	1,000	1,000	1,000			
	実績	6,000	200	1,000	1,000	1,000	3,600	60.0	1.00
プログラムEE	予算	16,000	160	200	100	7,000			
	実績	10,000	160	200	100	4,000	12,480	80.0	1.25
プログラムXX	予算	42,000	420	0	2,000	2,000			
	実績	40,000	420	0	2,000	2,000	42,000	100.0	1.05
プログラムYY	予算	58,000	220	0	4,000	4,000			
	実績	68,000	220	0	8,000	6,000	52,000	90.0	0.77
プログラムZZ	予算	233,500	420	0	1,500	20,000			
	実績	140,000	420	0	2,000	20,000	93,400	40.0	0.67

部門評価

		第1研究部	第2研究部	第3研究部	第N研究部
プログラム工数	計画	2,260	3,600	10,000	24,000
	実績	2,260	4,200	12,000	34,000
稼働率	計画	83.3	90.0	90.0	75.0
	実績	83.3	116.7	110.0	120.0
生産性	実績	100.0	80.0	87.3	70.0

3-6　グローバル化対応へ必須の仕組み

　ここでは，プログラムマネジメントのアプローチに則った研究開発の進め方を提示してきた。日本の製造業は，途上国の追い上げと米国のシリコンバレーのIT産業などの革新的な技術開発による新事業創造に挟まれて，急速な構造改変を迫られている。既に，多くの企業で，集中と選択による事業の選別や他社との合併や売却，買収などのM&A手法を活用して，企業の競争力強化と業績の回復を目指している。しかし，同時に人材の育成と内部の仕組みを強化

していかないと競争力の強化にはつながらない。グローバルな展開を目指す場合は，グローバルに通用する仕組みを構築して，マネジメントを強化する必要がある。それには，ここで述べたプログラムマネジメントのアプローチが非常に有効である。

　本稿では日本の電器産業の凋落と高齢化社会の到来を見ながら，研究開発による競争力の強化をプログラムマネジメント制の導入によりどうやって進めればよいか，この分野での具体例を示しながら，提示してきた。多くの企業でこの仕組みが導入され，新しい市場の創造や新製品が次々と出てきて，経済の活性化に資することを期待して終わりとしたい。

武富為嗣

参考文献
1) ソニー株式会社の有価証券報告書
2) Robert H. Hayes, Steven C. Wheelwright, Kim Clark "*Dynamic Manufacturing*" Free Press 1988.
3) 小原重信編著 『P2Mプロジェクト＆プログラムマネジメント標準ガイドブック』，PHP研究所，2003。
4) 武富為嗣『プロジェクト＆プログラムのソリューションと価値創造』国際P2M学会記念論文集，2005。
5) McKinsey & Company, Inc. Thomas E. Copeland, Tim Koller, Jack Murrin, "*Valuation: Measuring and Managing the Value of Companies*", John Wiley & Sons, 1990.
6) 「研究開発費等に係る会計基準」の一部改正　企業会計基準第23号　平成20年12月26日　企業会計基準委員会。
7) 「リアルオプションツール開発プロジェクトの調査研究」PM資格認定センター：人材育成プログラム開発事業調査研究報告書2005。
8) Arnold C. Hax, Nicolas S. Majluf, "*Strategic Management: An Interactive Perspective*", Prentice Hall. 1984.
9) 武富為嗣『P2Mによる開発プログラムマネジメントのフレームワーク』国際P2M学会　春季大会論文集2009。
10) 武富為嗣 "P2Mによるリスクマネジメントのフレームワーク" 国際P2M学会秋季大会論文集2009年。
11) 武富為嗣 "プロジェクトガバナンスの確立" 国際P2M学会　春季大会論文集2008年。
12) ステージゲート法　ロバート・G・クーパー著　浪江一公訳　2012年。
13) 武富為嗣 "日本型プロジェクトマネジメント組織における調整機能とオフィスデザイン" 国際P2M学会　春季大会論文集2008年。

■イノベーションのマネジメント■

マルチ・ステークホルダとの共創によるイノベーションの時代に向けて

第3章

1　はじめに

1-1　問題意識

（1）イノベーションにおけるユーザの役割の変化

　イノベーションの議論では，最近までサービスや製品（以後「サービス」という）の開発は，サプライヤ側の企業が実施するという見方（Perspective）が中心であった。ユーザやカスタマ，コンシューマと呼ばれる人や組織（以後「ユーザ」という）の役割は，サプライヤ側がニーズを探索し，サービスのアイデアを獲得するための観察対象であり，サービスの受容者と位置づける。しかしサプライヤは，多様なユーザのニーズに対応するために，ユーザのニーズをより詳しく理解し，その変化に素早く対応しなければならなくなり，デザイン思考やエスノグラフィーのようなユーザの立場に立ってニーズや利用などを洞察することを重視するUser-centricな考えが重要となっている。

　von Hippel（1988）がリード・ユーザの存在を示したように，全てのユーザが受動的な存在なのではなかった。サプライヤが気づかない間に製品の創造や改良，用途開発を行っているユーザは広く存在していることも指摘されている（小川（2013））。ユーザのコミュニティは，サプライヤとは独立して運営されることも多く，時にはサプライヤが認めない方法で取り扱うことすら行われる。現在，ユーザがイノベーションを起こす能力が強化され，それを支援する環境が充実してきており，イノベーションの民主化（von Hippel（2005））が起こっている。Prahalad and Ramaswamy（2004）が，企業の中だけで価値を創造するのではなく，こうしたユーザのイノベーション能力を活用して企業

とユーザが協働で価値を創造するようになってきたことを示したように，カスタマイゼーションやパーソナライゼーションが求められ，企業はユーザとの関係性を深化させなければならない。

　Ramaswamy and Gouillart（2010）は，共創を「顧客，経営者，従業員など，会社の様々な関係者が協力し合い，システムや製品・サービスを開発すること」と定義した。共創において，ユーザをいかに活動に参加させるか，個々の体験に基づいて価値が決定されるという考えが重要であり，社内・社外の関係者との交流こそが，新たな発見や知識・変革をもたらす源とみなしている。そして，このようにユーザ（個人やコミュニティ）のイノベーション能力を活用して，企業は共創の取り組みを活発化させているのである。

（2）イノベーションのパートナの多様化

　イノベーションにおけるユーザの役割が能動的な方向に変化している中で，企業のイノベーションのパートナの多様化も起こっている。一例が，Social Innovation（SI）の領域である。これまで企業は社会的な課題に対しては，メセナ的な CSR で対応していたが，現在ではビジネス領域として社会課題解決に貢献する活動を強化している。パートナは自社サービスのユーザに限定せず，NPO や NGO などのサードセクタ，行政，市民（潜在的なユーザではあるが）と多様化し，様々な利害関係者によるマルチ・ステークホルダ参加型の共創による価値創造が行われる。また最近では，Crowdsourcing サービスを活用した未知の人や組織の知を活用する取り組みも本格化し，その対象も戦略，研究開発や事業のアイデア，デザイン，ロゴなど多岐にわたって活用するようになっている。

1-2 　研究及び本稿の概要

（1）研究目的

　企業が多様なステークホルダと共創する能力を構築していかなければならない時代をむかえ，企業のイノベーション・マネジメントは，これまで以上に難しくなっている。こうした状況を鑑みると，技術経営の研究において，企業がマルチ・ステークホルダと共創する能力の構築に関する研究の重要性が高まる。筆者は，欧州で2000年代後半から活発に活動が進められている Living Lab（LL）のケース・スタディから，マルチ・ステークホルダによる共創が

成立するために必要な概念的枠組み（フレームワーク）を明らかにすることを目的に研究を進めている。

（2） Living Lab を対象とするケース・スタディ

この LL は，企業，ユーザ・市民，大学，行政，NGO・NPO など，様々なステークホルダが参加して共創する活動である。LL では，ユーザ・市民は，その行動の Context を理解する対象であり，しかも共創のパートナとしても参加するという二つの役割を持っている。European Commission が2009年に公表した"Living Labs for user-driven open innovation"というレポートのタイトルからもわかるように，LL は Open Innovation と User Innovation という視点から捉えられる。LL は，欧州のイノベーション政策の支援により活動が普及しており，LL の実施主体は大学や公的研究機関が多く，そこに企業や行政，サードセクタ，ユーザ・市民が参加する，日本ではあまりみられない活動である。LL は新しい活動であるが故に，少数でも LL の取り組みを詳しく調査して，LL とはどのような取り組みなのかを明らかにすることから始めることが必要と考えている。

（3） 本章の概要

本章では，最初に User Innovation と Open Innovation のフレーム及びこれらのイノベーションの動向を概説する。そして，LL に関する先行研究サーベイや LL への現地調査により LL の現状を述べる。次に，LL の課題から，User Innovation と Open Innovation のフレームを参考にして，企業による一般ユーザ・市民との共創，行動の Context の洞察に必要な能力の構築に向けて解決すべき課題について報告する。

2　User Innovation と Open Innovation

2-1　User Innovation

User Innovation（UI）は，基本的には個人やコミュニティが独自のニーズを実現するためにイノベーションを行うことがあり，イノベーション活動は分散化しているという考えをベースとしている。このように分散しているイノ

ベーション能力を活用するために，ユーザと連携して共創を進める。

（1）リード・ユーザとの共創

　von Hippel（1988）は，イノベーションの源泉の研究において，科学研究機器や半導体，プリント基板用設備，高強度複合材料の生産プロセスではユーザが最初に開発したものが多くあることを明らかにした。このようなユーザは，サービスの創出者により提供されるサービスをそのまま利用する人たちではない。むしろ自分自身の課題を解決するための力を持ち，独自にあるいは製造企業との接触なしに，イノベーションのプロセスを改善しようとする意欲を持って，アイデアを提供し，新しい製品やサービスの開発や改良，改善に貢献する存在である。

　このようなリード・ユーザとの共創の例として，Lego（Robertson（2013））がある。同社は，1990年代から社外の愛好家と共創関係を構築してきた。例えばMindstormsでは，NXT（Mindstorms User Panel）というMindstormsのユーザから厳選した4人のユーザと一緒に次世代の製品をLegoの社員と一緒（Virtual）に開発を行った。あるいは，統計ソフト企業であるStata Corporationは，タスクを解決できない，解決方法がエレガントでないなどの理由により，プログラムを新しくテスト可能にするため，構造の一部を開発環境として提供し，自由にアルゴリズムやテスト等を実施可能にした。現在，SNSなどを活用して以前よりも容易にリード・ユーザにアクセスできるようになった。

　自らが製品を設計，開発できるコンピュータ・シミュレーションや3Dプリンタのようなラピッド・プロトタイピングが可能な機器などのToolkitsをユーザに提供することも行われる。Thomke and von Hippel（2002）では，この活動をCustomer as Innovatorと呼んだ。彼らは一例として，Bush Boake Allen（International Flavor & Fragrance）を取り上げ，ユーザ自身（例：レストランのシェフ）が香味料を開発したものを同社が生産できるようなツールを開発した。香味料のプロフィールを記録した大型DBやインターネット上で使えるツールを開発し，設計した新香味料のプロフィールをユーザの所に設置した機器に送信し，ユーザがサンプルを作成できるようにした。新しいアイデアを開発する期間は，それまでは平均26週かかったものが3週に大幅に短縮することができたという。共創とは，企業がイノベーションのプロセスをユーザ

に開放する動きでもある。

(2) 一般ユーザとの共創

プロセスを開放するのはリード・ユーザのような専門的な人たちだけに行われるのではない。現在では，イノベーション（環境）の民主化が進み，リード・ユーザと一般のユーザの境界が曖昧であり，広く未知の人の力を活用することが必要となっている。

ユーザとの共創専用のプラットフォームを構築し，ユーザの創造力を一層引き出そうとする企業がある。例えば，Nike は Nike+ という共創のプラットフォームを立ち上げた（Ramaswamy and Gouillart（2010））。共創のプラットフォーム構築のメリットには，ユーザの行動から直接学べる，ユーザの新しいアイデアを獲得できる，Rapid Prototyping が可能になる，ユーザの要望がダイレクトに伝わる，コミュニティと深い信頼関係の構築，ブランド構築・固定ファンの獲得などがある。

ユーザが参加できる共創のプラットフォームを独立して運営するサービスも拡大している。ユーザ・イノベーションを支援する環境が整備されつつある中で，既存企業がこうしたプラットフォームビジネスと提携する例も出てきている。Quirky.com は，コミュニティが新しいコンセプトを提案して，選抜する仕組みを提供し，Financing も行うことにより，電化製品，旅行用グッズ，家庭用製品を開発している。GE は同社と提携して商品開発を進めている。

2-2 Open Innovation

(1) Open Innovation のフレーム

Open Innovation（OI）の提唱者である Chesbrough（2003）は，OI とは社内外の知を有機的に結合し価値創造する活動とする。技術や知的財産の価値を決めるのがビジネスモデルであり，他社を排除する従来の知的財産とは異なり，競合企業にも自社技術の利用を認める取り組みである（図表3-1）。

UI とは異なり OI は主に企業を対象とするフレームであるが，イノベーション活動や知・アイデアは分散しているという点は共通である。社内外の知を活用し価値を獲得・創造する方法として Gassmann and Enkel（2004）は，Inbound 型，Outbound 型，Coupled 型の3種類を提示した（図表3-2）。

（2）Inbound 型

Inbound 型は，社外にある知や技術などを企業の内部に導入することにより価値を獲得・創造していく取り組みである。例としては，知財のライセンス・イン，企業の出資や買収，委託研究開発やコンテストなどがある。Cisco Systems の Acquire & Development のような有用な技術を開発しているベン

図表3-1　Closed Innovation と Open Innovation

Closed Innovation	Open Innovation
最も優秀な人材を雇うべきである。	社内に優秀な人材は必ずしも必要ない。社内に限らず社外の優秀な人材と共同して働けばよい。
研究開発から利益を得るためには，発見，開発，商品化まで独力で行わなければならない。	外部の研究開発によっても大きな価値が創造できる。社内の研究開発はその価値の一部を確保するために必要である。
独力で発明すれば，一番にマーケットに出すことができる。	利益を得るためには，必ずしも基礎から研究開発を行う必要はない。
イノベーションを初めにマーケットに出した企業が成功する。	優れたビジネスモデルを構築するほうが，製品をマーケットに最初に出すよりも重要である。
業界でベストのアイデアを創造したものが勝つ。	社内と社外のアイデアを最も有効に活用できた者が勝つ。
知的財産権をコントロールし他社を排除すべきである。	他社に知的財産権を使用させることにより利益を得たり，他者の知的財産権を購入することにより自社のビジネスモデルを発展させることも考えるべきである。

（出典）Chesbrough（2003）

図表3-2　Open Innovation プロセスによる分類

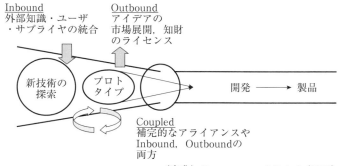

（出典）Gassmann and Enkel（2004）

チャー企業への出資や提携，買収などをベースにイノベーションを進める活動，P&G の Connected and Development のように，Crowdsourcing など社外の幅広い知や技術にアクセスして，それをシーズに開発を進めていく活動が，これまで広く紹介されてきた。

現在では，イノベーションの仲介企業（Innomediaries）や Crowdsourcing サービス企業と提携して社外の幅広くアイデアや知を獲得し，その活用領域は会社の戦略，研究や事業のシーズ，製造，事業化など多岐にわたっている。

（3）Outbound 型

Outbound 型は，社内の知や技術などを社外に提供することにより価値を創造・獲得していく取り組みである。例としては，知財のライセンス・アウトや無償開放，前述の Toolkit の提供，インキュベーションなどがある。インキュベーションの例として，SAP が Cisco Systems，HP，Intel，NetApp と一緒に2007年に開設した Co-Innovation Lab は，利用企業の効率性の改善，競争力強化を達成するためにハンズオンの支援を行っている。

（4）Coupled 型

Coupled 型とは，連携の中で Inbound 型と Outbound 型の両方が行われて新しい価値を創造することや，共同研究や共創が例として挙げられる。IBM の Collaboratory という連携拠点を，中国，インド，台湾やオーストラリアなどに開設している。Philips は，Eindhoven の中央研究所の敷地を，High Tech Campus Eindhoven として2002年から ICT 関係の研究開発を志向するハイテク企業等に開放している。サービス企業が主導で，メーカのオープンイノベーションを進める動きもある。

3　Living Lab

本稿で取り上げる Living Lab（LL）は，ユーザが実際にサービスを利用する行動を理解・洞察し，さらにユーザとサービスを共創する活動である。本章は筆者が実施した LL に関する現地調査（西尾（2012））や先行研究サーベイをベースに報告する。

3-1 Living Lab のコンセプト

　LL のコンセプトが最初に提唱されたのは米国であり，提唱者については諸説あるが，マサチューセッツ工科大学教授であった W. Mitchell の名前を挙げるものが多い。この頃の LL のコンセプトは，ユーザが数日～数週間，新技術を使用することを観察する施設であった。この LL のアイデアは90年代後半に米国から北欧にわたった。当時は，インターネットが普及拡大した時期にあたり，ICT サービスの開発の重要性が増し，ユビキタスの環境での体験や利用した実験，ソフトウェアやサービスのテスト環境のような Testbed，実際の利用環境下での利用の評価，さらにサービスの共創が含められた。

　LL は，2006年にフィンランドが EU の議長国になり，EU のイノベーションプログラムに導入されるようになり欧州で広く取り組まれるようになった。LL の活動は公的資金をベースとするものが多く，実施主体は大学や公的研究機関などが中心となる。

　広範な LL の文献サーベイをした Følstad（2008）や Dutilleul and Mensink（2010）から，LL の特徴は次のようにまとめられる。

① 　ユーザの利用から新たな洞察を獲得する活動

　人工的に管理された環境下，実際の利用現場において，ユーザの行動を観察し，利用に関するデータを集め（Testbed），利用のコンテキストを理解・評価し，洞察を得る活動。

　ただし，Testbed を LL の中に含めることは，ユーザをデザインプロセス（初期のアイデア創出やユーザ・ニーズの分析）に関与させるというよりも，既に実施しているサービスの実験の面が強いとの認識から，LL と Testbed を分ける研究者もいる。

② 　ユーザが提供者とサービスを共創する活動

　プロジェクトに参加するユーザが，対象となるサービスのコンセプトやプロジェクトについて，サプライヤ側と議論して共創する活動。企業，ユーザ，公的セクタ，大学等の多様なステークホルダが参加する。ユーザの範囲は，単にサービスを利用するユーザから一般の市民へ拡大している。

③ 　プラットフォーム（Open Innovation）

　大学等は，様々な LL プロジェクトを実施していく中で，LL やサービスの開発を支援する能力を構築し，コンサル・知識サービスの提供など，マルチ・

図表 3-3　LL の事業主体の法人形態

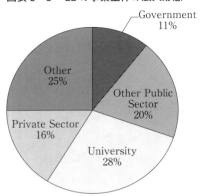

（出典）Mulvenna, et al.（2011）

ステークホルダが参加するイノベーションのプラットフォームとして機能するようになっている。

3-2　Living Lab の現状

(1) 実施主体

LL は，大学や公共機関が中心となり進められている（図表 3-3）が，民間が実施するものも多い。

(2) 事業領域（図表 3-4）

LL が利用される分野としては，医療・健康が最も多いが，教育，製造，スマートシティ，政治参加など多岐にわたる。実施主体が様々な分野のプロジェクトを進めることも多い。

LL のプロジェクトの例としては，高齢者向けのモバイルアプリケーション，家庭でのエネルギー消費の最適化サービス，病院やショッピングモール内の支援サービスや緊急患者の治療サービスなどがある。行政サービスとして，生活環境支援技術を活用した高齢者サービスの構築，E-participation のような市民が ICT を活用して公的サービスの意思決定に参加するシステムの構築などもある。

図表3-4　LLの事業分野

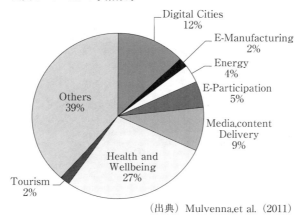

（出典）Mulvenna, et al.（2011）

（3）活動地域（図表3-5）

単にLLでの活動ではなく，保有資源をLL間で補完しあうこと，LLの活動のプラクティスやガイドラインを作成・共有化を目的に，LLのネットワーク化を進めている。例えば，欧州全域を対象とするEuropean Network of Living Labs（ENoLL）やオランダのDutch Living Lab Network，北欧諸国のNordic Network of User Driven Innovation and Living Labbingなどがある。特にENoLLは，2006年にEUの議長国であったフィンランドの主導により19のLLにより設立された。欧州以外の国も含め世界で370のLLが登録されている。

国レベルよりも地域レベルの活動が主流であり，国際間の活動であっても，国境を越えた地域間のプロジェクトが多い。

このようにLLの取り組みが拡大するにつれて，学術雑誌の特集号やテキストにも取り上げられるようになっている。Tidd and Bessant（2013）では，Nokiaがブラジルに設置したLLがケースとして取り上げられている。2008年のThe Electronic Journal for Virtual Organizations and Networks誌やTechnology Innovation Management Review誌の2011年10月号でLL特集が組まれ，米国のIndustrial Research Institute発行の雑誌"Research Technology Management"において，ユーザとのイノベーションの特集号においてGuzman, et al.（2013）が寄稿論文として掲載されている。

第3章　マルチ・ステークホルダとの共創によるイノベーションの時代に向けて

図表3-5　Living Lab の活動状況

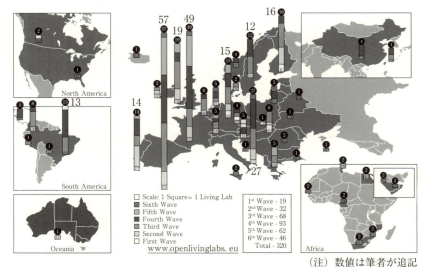

（注）数値は筆者が追記
（出典）http://www.openlivinglabs.eu/

3-3　Living Lab の進め方

　LLの一般的な進め方は，プロジェクトの企画後，探索，実験，評価，共創という段階を経る（図表3-6）。

（1）プロジェクトの企画段階

　最初に，LLを実践する人々がプロジェクトの方向性を決め，参加するユーザを募集・選定する。方向性については，最初に社会的な課題やサービスの課題を探索・認識してLLの対象を固める。この対象の現在及び将来を概観し，関係するサービスの機能や特徴を明らかにし，プロジェクトの進め方を決定する。

　次に，参加するユーザを性別，教育レベル，年齢等の基準を考慮して選定する。選定では，エスノグラフィックな観察や定性的なインタビューのような方法で観察でき，より詳細に検証できるという観点から行うこともある。LLに参加するユーザの数は，登録者ベースでは100人未満の所が多いが，SNSの普及によりLLプロジェクト参加ユーザ数が増加しており，1,000人以上を登録す

図表 3-6　Living Lab のプロセス

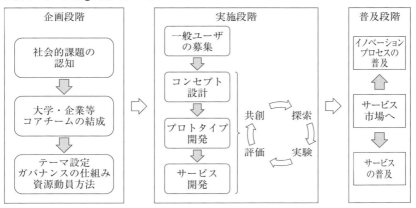

るLLも1/3程度ある。ユーザ（参加者）は，プロジェクトごとに募集が行われ自主的に登録しなければならない。また，募集の際に事前の断りがない場合には，個人情報保護法により，複数のプロジェクトを複合的に分析することはできない。

（2）探索段階

LLで対象とするサービスを参加ユーザとの間で固め，利用に関するコンテキストを理解するための情報を獲得する段階である。参加ユーザの家族，職業等のプロフィールを参考に，ユーザの社会人口的な特性や経済的な特性，対象サービスとの関連する現在の特徴，日々の行動やそれらに対する考え・認識，関連するバックグラウンドをアンケートやインタビューで確認する。LLの進め方を，ワークショップなどで議論することもある。

（3）実験段階

行動観察や利用のログ，インタビューを活用して，実験での利用後の認識の変化や行動の分析のためのデータを獲得する段階である。データの収集方法としては，現場（LL）でのソフトウェアやデバイスを含むプラットフォームやネットワークから遠隔的にデータを集計する方法や対象者へのインタビュー（グループや個人的に詳細なインタビュー）や日記のような自己レポートなど間接的にデータ収集する方法もある。

（4）評価段階

実験段階で行ったユーザの行動観察や利用のログ，ユーザへの新たなインタビューを活用して，実験での利用後の認識の変化や行動の分析を行う。サービスの有用性，エンドユーザの行動，支払いの意欲，利用パターンや利用満足度などを分析・評価する。ログの解析，エスノグラフィー，アンケート調査，フォーカスグループの結成，観察などの評価手法を活用するため，社会・人文科学の専門家の参加が不可欠である。

（5）共創段階

ユーザへのインタビューやアンケート，さらにはブレインストーミングなどを行い，ユーザと一緒に次のサービスの企画や改良案を検討し反映する段階である。この段階では，LL の実施後にユーザの技術やサービスに対する認識を事後評価し，認識の進化や変化を検証し，サービスの内容や技術的な提案を行う。

このようなサイクルを数回まわすことにより，①コンセプトを固め，②プロトタイプを構築し，③最終的なサービスを固め提供に至る。最初からユーザと一緒にサービスを企画することから始める必要はなく，既存のサービスやプロトタイプの利用実験から始めてもよく，ユーザからのフィードバックや次の企画を共創するステージを含め，このようなサイクルをまわすことが重要となる。

3-4 Living Lab の事例

（1）Botnia Living Lab（Luleå University of Technology）
①概要

Botnia LL（BLL）は，Luleå University of Technology がスウェーデンで最初（1999年）に開始した LL プロジェクトである。BLL の役割は，実際の生活を舞台とした，User-centric な LL の手法を開発し提供することである。この基本方針の下で，プロトタイプ・商業化前段階のサービス・製品に関して，エンドユーザ，個人や関係機関が参加し，ニーズやアイデア創出，コンセプト設計，プロトタイプテストを経てサービス開始段階までプロジェクトを進めている。また，コンサルティングや情報提供サービス機能も有し，イノベーションのプラットフォームとしても機能している。さらに BLL は，欧州における

LLの中心的な拠点にもなっている。

BLLは，5,900人というLLとして世界最大の数の参加者（test pilots）を登録している。多くはスウェーデン北部のLuleå, Skellefteåや Umeåに在住しているが，プロジェクトは全国規模で参加者を募集して進めることが多い。

② LLの手法の開発例

BLLでは，FormITというUser-centricな手法を開発している。これは，Concept Design, Prototype Design, Design of Final Solutionの3段階を基本に，その前にPlanning，そして最後にCommercializationというプロセスとなっている。Concept, Prototype, Final Solutionの段階は，各々Appreciation, Design, Evaluationという3つのフェーズから構成されている。Concept段階では，ユーザグループとその特徴，ユーザがどこにいるか，あるいは，ユーザが参加する方法を検討する段階である。次のPrototype段階では，ユーザがサービスを利用する時にどのようなニーズがあるのかを追求するため，インタビューや観察など様々な方法でデータを集める段階である。Final Solution段階では，これまでの取り組みの結果を解析し，サービスに対するニーズ，各々のサービスの中でのニーズを明らかにして，具体的なサービスに対して経験する段階である。ここでは，技術の評価だけでなく，ユーザの行動様式から，サービスの有用性，ユーザの行動や支払いの意欲，利用パターンや利用満足度などを評価している。

BLLはFormITを活用して，エリクソンと共同で，地元の商工団体，店舗や一般市民が参加して，買い物客が登録した自分の好み（ファッション，スポーツや音楽等）の店が近くにある場合に通知する，GuidUという携帯電話サービスを開発した。これは，実際のサービスとして使われている。

③ LL間のグッド・プラクティスの共有促進：Apollonプロジェクト

Apollonプロジェクトは，第七次フレームワークプログラムの1つであり，LL間のグッド・プラクティスの作成・共有化を目的に，2009年11月から30ヵ月の期間で実施された。NokiaやSAPのような大企業も参加していた。

Apollonでは，在宅医療，エネルギー効率化，e-マニュファクチャリング，ソーシャルメディアを使ったe-participationを対象に，国際間で中小企業が参加し，LLの手法やツールのLL間でのハーモナイズ，LLのネットワークのインパクト評価等，持続可能なLLのネットワークの構築を進めている。中小企業及び各地のLLにアプローチし，国際的な体制を固めた後，プロジェ

クトの方向性を決め，最終的なステークホルダを固めプロジェクトの内容を決定している。実際の活動を通し，潜在的な市場を分析し，評価及び結果から洞察し，最終的に成功ストーリーにつなげることを目的としている。

（2）Stockholm Living Lab（Swedish Institute of Computer Science）
① 概要

Swedish Institute of Computer Science（SICS）は，スウェーデンのコンピュータ科学の公的研究機関である。SICS は中小企業支援機関の Acreo と共同で，Stockholm Living Lab（SLL）プロジェクトを実施している。SLL は，他大学等の研究者も参加し，ICT だけでなく，消費者行動や経済，社会科学などの研究者も参加して進められている。

SLL では，プロジェクトのアイデア構築，LL プロジェクトの対象（製品やサービス）の設定，試験・開発・生産までの一連のプロセスで実施している。ユーザ・ニーズの把握，ユーザの行動観察や評価などの手法の開発，中小企業向けのポータルなソフトウェアの提供，中小企業のユーザや Testbed へのアクセス，公的セクタとの会合の機会の提供等の支援をしている。テーマの中心は，在宅医療や高齢者ケアである。

② 国際プロジェクト

SLL では，スウェーデンのビジネスをバルト海諸国に展開するため，その移転のモデルの開発やバルト海沿岸諸地域の LL の連携のネットワーク構築を目的に取り組んでいる。

Ballad（Central Baltic Living Labs for Digital Services）プロジェクトは，バルト三国等バルト海沿岸諸国が参加し，バルト海を跨いだデジタルサービスやビジネスを発展させるため，中小企業による国際間の E-commerce ビジネスを支援する LL である。

③ 中小企業支援

中小企業は，自身のビジネスモデル構築という直接的なメリットを期待する点で，LL の重要なステークホルダである。Android の活用は，中小企業にとってビジネス拡大の重要なテーマとなっており，SLL での中小企業向けプロジェクトの中で，Android の Apps の開発に対するニーズが最も高いという。SLL では，市場実験をする方法論の確立を含めたサービスの確立を主要な取り組みとしている。

(3) ブレーメン大学
① 概要
ブレーメン市は，欧州の中でも積極的に LL に取り組んできた（MobileCity Bremen）。最近では，LL はブレーメン大学に活動の中心を移し，BIBA (Bremer Institut für Produktion und Logistik GmbH) が主要な実施機関である。

② Perephèria
Perephèria プロジェクトは，EU の CIP ICT PSP Programme の中で，5ヵ国12機関が参加して進められている。都市周辺部の QOL 改善を目的に，Street, Plaza, Park & Museum, Neighborhood, City Hall, Campus の6領域を対象に進めている。BIBA は Smart Street をテーマとした。

プロジェクトの一例として，ショッピングモールを舞台に円滑に駐車場を見つけ，使用できるようにするサービスの開発がある。ここでは，最初にプロジェクトの大まかな骨格を BIBA 側で固めた後，アイデアを学生や市民から募り，ワークショップや各種サーベイによりアイデアを評価して LL で検証するサービスを計画する。そして，実際にユーザが参加してサービスを実施し，ユーザから FaceBook，LinkedIn や Twitter などによりフィードバックを受けて，サービスを改善し固めていく。

本プロジェクトにユーザが参加する動機としては，駐車場サービス企業にとっては事業機会の創出であり，学生にとっては CreditPoint（成績に反映），市民にとっては自分の意見を反映する機会となることが挙げられている。

③ ELLIOT（Experiential Living Lab for the Internet of Things）
ELLIOT は，Internet of Things (IoT) の実験プラットフォームの開発を目的に，ユーザや市民が直接参加して，IoT の適用やサービスに関連する新しいアイデア，コンセプトや技術的な Artifact の共創，探索及び実験を行っている。イタリア，英国，ドイツ，フランスから9機関が参加し，ロジスティクス，健康及び環境を主要領域とし，IoT の潜在的なインパクト，将来のインターネットの活用のあり方などを研究している。特に BIBA では，Logistic PLM (IoT や RFID 技術による Logistics Product Life-Cycle Management) を対象に，IoT 環境の下でロジスティクスのインテリジェント化を対象とした研究を進めている。

④ COIN プロジェクト

COIN Service Platform for Living Labs（COIN 4 LL）は，クラウドコンピューティングを活用して，LL向けのサービスの構築を目的としている。社会，経済，構造，技術，感情，法律・倫理という6つの次元を設定して，活動を進めている。クローズドなイノベーションの文化をオープンなものに転換するために，協力に向けた行動，実践や知識のコミュニティ構築，信頼・信用をどのように構築していくか，ユーザが協力しやすい技術やツールの構築，LLのリファレンスの構築，ユーザ中心的なデザインや協創アプローチの構築などをテーマで実施した。

（4）オーストリア　Schwechat市
　オーストリアのウィーン郊外Schwechat市では，Schwechat Living Lab for Ambient Assisted Living（AAL）technologies and servicesというプロジェクトが，2006年からEUのi2010という革新的な組織や企業を市へ呼び込むためのプログラムの中で実施された。同市全体をLLとして，新しいデバイスやサービスを実際の生活環境の中で実験する。ここの特徴は，倫理的な方法という条件をつけている。

　新しいプロジェクトのアイデア創出や議論のような初期のブレインストーミングのようなことから，できるだけ早くから，ユーザを参加させることや参加にあたっての倫理面を重視している。特に倫理面については，インフォームド・コンセントの手続きを取り込んでいる。このLLで活用するICTのツールキットは，第5次フレームワークプログラムのプロジェクトとして実施したIntelligent toilet systemを引き継いで，独居高齢者のモニタリング，歩行データ（突然倒れることを防ぐ），判断力低下を防ぐためのプロジェクトに活用している。

（5）企業主導のLL
　企業もLLの手法を取り込んでいる。例えば，NokiaはLLの手法を積極的に取り込んでいるので有名であるが，企業がLLの拠点を設置することもある。例えば，ElectroluxとEricssonによるE 2 Home，TelenorのHome of the Future，Phillips社のHome Labなどである。
　SAPは，2007年5月に実際の世界に設置して技術的な研究をデモするだけでなく，ソリューションを実際の目に見える経験として実現する場としていく

つかのLLの活動を始めた。さらに同社は，南アフリカにResearch Center Pretoriaを設置し，農村の事業者支援を行い，同国だけでなく独・米・豪の大学も参加して共同研究開発を実施している。

3-5 Living Labのメリット

European Commission（2009）によると，新しいサービスの構築や既存サービスの改善，あるいは手法の確立やネットワークの構築がLLの主要メリットとして考えられている（図表3-7）。

ユーザの利用の洞察に関しては，ユーザが創造のプロセスに早くから参加し，新しい，または起こりつつある行動や利用パターンを，より上手に発見して，新しいサービス・製品との間の理解のギャップを埋めることにより可能となる。LLは，ニーズを具体化する中で，サプライヤである企業とユーザの両者がニーズを発見していくプロセスでもある。

サービスの構築は，特に中小企業では重要と考えられている。これまでは経済的な理由で実施しにくかったユーザへの調査やサービスの実証の場，ノウハウの獲得などサービス構築という実務上のメリットを重要視する。ただし，中小企業の参加では，そもそもLLとはどのようなものなのか，それがどのように自社にとってメリットがあるのか等を説明する必要がある。さらにプロジェクトが始まれば，最終目的がサービスの支援にある場合には，LLのタスクを正しく設定しなければならず，さらにユーザの行動様式を正しく理解すること

図表3-7 Living Labに参加するメリット

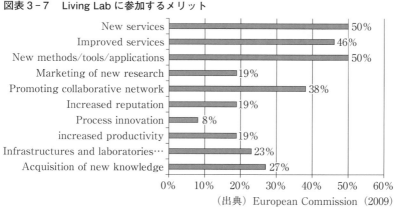

（出典）European Commission（2009）

が求められる。この点を中小企業の参加者に理解させるような、コーチングをしなければならないので、中小企業の支援機関の参加も必要となる。

　LLプロジェクトは、開始までに時間や手間がかかるが、様々なステークホルダが異なる価値を提供しあうこと（図表3-8）で、互恵関係が生じ、自社だけの取り組みからは得られない価値を獲得できる。そのため、大企業が公的資金によるLLプロジェクトに参加する理由としては、社内で実施するものとは違い、偏見のない判断や広い視野のアイデア、共創手法の獲得、構え、専門家でない人達とのコミュニケーションの手法の獲得や意識改革、ネットワーク構築やプロジェクトマネジメント能力やリーダーシップ構築等の人材育成を目的とする。

図表3-8　LLでのステークホルダの役割

ステークホルダ	LLへの貢献	LLから提供されるメリット
エンドユーザ ローカルコミュニティ	●ユーザコミュニティにとって有用なサービスや製品の社会的な知 ●新製品やサービスのアイデア ●製品やサービスの開発への参画 ●技術的な製品の評価や改良	●アイデア開発の資源やNW ●新事業や企業との共同開発が可能 ●新製品・サービスの開発に有用なイノベーションや研究能力
技術やサービスの提供者	●イノベーションインフラの構築と維持のための資源 ●特別な技術分野、他のSHの補完的な専門性やアセット ●リード・ユーザにより開始、開発されたプロジェクトの資金	●新製品・サービスの評価や豊かなものとするアクティブなユーザコミュニティ ●OIのマネジメントモデルの構築 ●倫理・法的なフレームワーク ●オープンなTestbed ●ステークホルダ間のネットワーク化 ●研究者・技術者の意識改革
公的セクタ	●オープンでユーザ主導のイノベーション組織の開発支援のフレーム ●LLの初期段階の資金支援	●イノベーション、経済、地域開発のポリシーを参加型で定義 ●イノベーション・ポリシーの新評価スキーム

（出典）Guzman, et al.（2013）

4　共創が成立するための要件に関する考察

Living Labの課題から，企業による一般ユーザ・市民との共創，行動のContextの洞察に必要な能力の構築に向けて解決すべき課題，何を学ぶべきかを考察する。

4-1　LLの課題

Følstad（2008）によると，LLを特徴づける9つの項目が，一般的となっているかを分析したところ，一般的な目的となっていないものが多い（図表3-9）。European Commission（2009）でも，LLではユーザが参加する共創の取り組みは少ないと指摘していた。

つまり，実際のLLの活動とLLのコンセプトの間にはギャップがあり，Contextを洞察するための活動と共創という最も重要なLLのコンセプトに関わる項目に課題があった。

ただし，筆者が行ったLL関係者へのインタビューによると，このようなギャップは解消しつつあるようである。しかし，LLを開始する上で，参加者の利用を実際の行動の文脈の中で探求する研究（Context research）や共創を実践することの難しさを確認できる意味で，重要な調査結果である。

ただし，Mulvenna,et al.（2011）によると，ユーザの考えを具体的なサービスへ転換するプロセスに課題があると考えるLLが6割あった。反対に容易と

図表3-9　LLの特徴

LLの目的としての特徴（9項目）	一般目的か？
利用のコンテキストを探求するContext Researchを実施していること	No
想定していないICTの利用や新しいサービスの機会に関する洞察を得ること	Yes
ユーザとの共創を取り入れること	No
ユーザと共に新しいICTソリューションの評価を行っていること	Yes
（より）現実の利用のコンテキストの中で技術的なテストを行っていること	No
ユーザに馴染みのある文脈の中でICTソリューションの経験や実験を実施	Yes
実際の利用の文脈の中でICTソリューションの経験や実験を実施	No
中・長期的な期間で実施していること	Yes
大規模ユーザで実施していること	No

（出典）Følstad（2008）

回答した4割の理由として，開発者やデザイナがユーザと一緒に活動に参加することやユーザからのフィードバックを挙げており，解決可能な課題といえる。

4-2　User Innovation と Open Innovation からみた Living Lab

UIのフレームでは，LLに参加するユーザはリード・ユーザのような専門的な知や技量を持った存在ではなく，イノベーションに参加したいという意欲を持った一般的なユーザ・市民である。ユーザの役割が，被験者であり，共創のパートナにも変化する。一般的なユーザ・市民が参加し，ユーザの行動のコンテキストを理解するUser-centricな活動と，イノベーションのプロセスに早くからユーザが参加してアイデアの獲得や共創するUser-drivenな活動を統合した活動である。OIのフレームでは，ユーザから直接学べるという意味でInbound型であり，企業がユーザにイノベーションプロセスを開放してサービスを共創するというCoupled型とみなすことができる（図表3-10）。

UIやOIでのフレームからLLが成立する要件を考える場合に，解決すべき課題の設定，解決方法としてサービスの方向性，共創のルール，LLに必要な資源，ステークホルダやユーザ・市民の参加，共創のガバナンス，成果の展開方法など検討すべき項目は多岐にわたる。特にこれまで企業が共創のパートナとして慣れていない一般ユーザや市民が参加するという点に着目すると，一般

図表3-10　User Innovation と Open Innovation からみた Living Lab

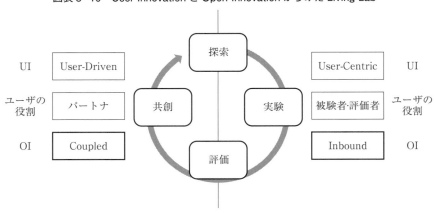

ユーザ・市民の場合は，ユーザのタイプや募集方法，ユーザ・市民のモチベーションの持続などが重要となる。

De Moor, et al.（2010）や Cosgrave, et al.（2013）のようなスマートシティでは，Testbed を重視する研究も報告されているが，筆者は，LL の存在意義とは Testbed や実証実験よりも様々なステークホルダによる共創にあると考える。そのため，本稿では，LL のコンセプトに関わる課題である一般ユーザ・市民との共創や Context を洞察するということに焦点を当てる。

4-3 ユーザの行動の洞察を得るために

サプライヤ中心のアプローチでは，対象とするサービスや製品の利用のコンテキストの分析，ユーザのニーズの特定よりも，既に開発したソリューションをユーザに評価してもらうことになりがちになり，どちらかというと Closed Innovation での Testbed の性格が出てしまう。ユーザの行動観察や評価から利用に関する洞察を得るためには，サプライヤ側の意識や企業の組織としての対応を変える必要がある。

（1）共感（Empathy）

洞察を得るためには，ユーザの生活に対して現実的な見方を持つこと，ユーザになりきる（想像する）ことが必要になる。Merholz, et al.（2008）は，他の人の感覚，考え，体験などを，直接的に知らされることなく，気が付いたり，感じとったり，追体験するような共感（Empathy）の重要性を述べた。人間の生まれ持つ人を理解する能力を活かし，さらに相手が（あるいはわれわれが）言葉にできる範囲を越えて，行動を駆り立てるメカニズムの把握に役立つことになる。Brown（2009）は，共感を観察対象の人々と根本的なレベルでつながりあうこと，被験者と別な者と考える心理的な習慣とし，物理的な事実よりも，認知的な事実，感情的な理解の重要性を指摘した。

菅（2013）は，自身の研究フィールドの小千谷が中越地震で被災した経験を踏まえて，日本語で「共感」という言葉で表される Sympathy と Empathy を区別した。前者は，同情，同感，感情移入であり，情緒的に同調して同じ意見を持ってしまう心もちであり，弱者・劣者への憐憫と単純に結びつきやすい心の動きであり，後者は，自己移入であり，能動的に人々の中に入り込んで理解し，その人々を創造するような動きとして区別し，後者が重要と強調した。た

だし，この共感（Empathy）について，菅（2013）は，同じように展開できる方法ではないと指摘したが，Merholz,et al.（2008）では，みんな共通に持つと考えている。

（2）企業組織の変化

　Lester and Piore（2004）は，企業がイノベーションに取り組む時のアプローチとして，分析的なアプローチと解釈的なアプローチがあり，前者は予め結果がわかっていることや定義できることに対して効果を発揮し，後者は結果がわからない時や結果を創造しなければならない時に有用と指摘した。しかし両者は基本的に相反する取り組みで，異なる能力や作業を必要とし，異なるマネジメントで行われることになるので，企業は別々に取り組みつつも，その時々の事業経営に適用する必要があるとする。企業内での両者のアプローチの議論は，最終的には分析的なアプローチが優勢になってしまうともいわれている。

　現在でもマーケティングの観点からユーザに共感してもらうことの重要性が主張されている。企業はこれまでは，自らの活動を理解してもらうことに注力してきており，理解することは苦手であった。むしろ企業側が，共感する能力を持たなければならないのである。

　ユーザとの関係性については，Victor and Boynton（1998）が，ユーザの経験を感じ取り，反応し受け入れる，トータルで統合化された製品を提供していくことで，ユーザのニーズの変化に応じて製品をカスタム化していくことが必要であり，この取り組みは決して終わることのない活動とした。従って，Empathyを身につけることやLLで取られるような解釈的なアプローチが，企業内に取り込むことは容易でないが，この能力はLLのような実際のプロセスを通じて獲得していくことが必要となる。

4-4　ユーザとの共創を実施するために

　ユーザとの共創の場を構築することの重要性を認識し，共創の場を運営していくリーダーシップを持った人材の育成，ユーザとの共創から価値を生むための知財のマネジメントなど，共創能力を強化していくための取り組みが必要となる。

(1) ユーザとの持続的な共創の場の重要性

　LL では，様々なステークホルダが参加しオープンな環境で進めることも多いので，LL のマネジメントは大変難しい。そもそも，LL を実際に立ち上げるまでに時間や手間がかかる。さらに，ユーザの行動観察の難しさ（context を理解しサービスへ反映させる）とユーザや市民との共創の難しさが加わるため，LL という活動のグッド・プラクティスを確立していくことが大きな課題となる。そのため，EU のプロジェクトでは，LL 間のプラクティスのシェアやグッド・プラクティスの構築をテーマとするプロジェクトもある。

　本稿で対象としている一般のユーザや市民は，リード・ユーザのようにサービスを提案することは難しい存在であり，サプライヤ側で関係性を構築するための，一種のお膳立てが必要となる。それが LL なのである。

(2) LL でのリーダーシップ

　Dunn and Yamashita（2003）は，HP のインドの BOP ビジネス構築を目的とするプロジェクトの経験により，マルチ・ステークホルダ参加型の BOP プロジェクトの意義として，多様な人材で構成されたチームを組織するために，鋭い事業感覚，現場管理のスキル，政策等に関する専門知識及び地域特有の文化に関する深い知識を持つ人材を育成できたことを指摘した。

　現在はコントロールできない相手とも連携しなければならない時代であり，共創能力は，組織独自の能力で固有の優位性をもたらし，他からの模倣が難しい能力である。マルチ・ステークホルダ参加型の共創は，対等な関係の調整機構やオープンな共創環境の構築など，複雑な組織間関係の要素が絡み，プロジェクトを牽引するリーダーシップが求められる。

(3) ユーザのコミットメントの継続のための報酬・知財の取り扱い

　報酬や知財の取り扱い方針を含め，参加するユーザへ適切なインフォームド・コンセントを実施することが必要となる。特に LL では，企業間だけでなく，ユーザという個人・コミュニティの貢献にどのような対価を提供するかが課題となる。

　クラウドソーシングをビジネスとして企業は，参加者に貢献度に応じてロイヤルティを支払う場合もある。例えば，Quirky では，1,200〜1,500人が参加し，参加費99ドル支払うことになっている。製品のアイデア，最終デザイン，

パッケージング，マーケティングなどであり，直販では売上の30％，販売は10％が開発参加者に分配されるという（小川（2013））。現在では様々な消費者が個人レベルでイノベーションを実施し，「他人に認められたい」，「他人の手を加え製品をより良いものにしたい」，「アイデアが他人や企業に求められた結果，金銭的報酬を得ることができるかもしれない」などの理由から情報を公開しているという（小川（2013））。

確かに，一般消費財の場合には，UIに参画する人はリード・ユーザの性格を持った人達か，製品開発へ参加したい，あるいはブランドコミュニティに属したいと考える人達が多い。当初は，社会的・非金銭的な動機で参加しても，成功が見えてくると金銭的な動機が擡げてくることもある。そのため，このように自由な開示を志向する人や報酬を求める人など様々なユーザの参加による報酬や知財の取り扱いなども重要な検討項目となる。

5　おわりに

本章はLiving Labを具体的なケースとして，Open InnovationやUser Innovationの動向を踏まえ，企業がユーザを始めとするマルチ・ステークホルダとの共創能力を構築するため，共創の難しさや克服するための課題を考察した。

LLの意義，あるいは難しさとは，LLの舞台は人々が暮らす多様な現実であり，そこでマルチ・ステークホルダが参加し，様々なステークホルダを同じ目標に向わせ，LLの主要な構成要素と規範を調整して，目標に向っていくことにある。日本企業でも，デザイン部門の強化，エスノグラフィーなど行動観察の推進やフューチャーセンターによる共創など様々な活動を進めている。しかし，一企業，あるいは産業界を中心とした取り組みだけで，能力を構築していくことには限界がある。

LLとは，その名前からイメージされる実験室（ラボ）という閉ざされた空間を超えた取り組みである。ユーザをイノベーションのプロセスに取り込む，ユーザ中心的なイノベーションの活動でありその手法であるが，ユーザは必ずしも自身のニーズを明確に持っている訳ではない。そのため，実際の製品やサービス等を使用する場面から得られた洞察から，それぞれの企画へ転換していくプロセスがLLであり，しかも単にユーザを観察対象とするだけでなく，

企画にも参加させる取り組みである。

　現在の日本企業は，製品やサービスの点で顧客に訴求力のあるものが生み出しにくくなっている。そもそもユーザはニーズを明確に持っている訳ではなく，実際に経験することで新たな課題やニーズを実感し，明らかになることも多い。LL は，企業側で企画し開発した製品やサービス（プロトタイプを含む）を実証実験することとは違う。日本でも，イノベーション能力構築の観点から，イノベーション政策の中で LL のような活動を推進していくことが求められる。大学における技術経営の研究の観点からも，企業が一般ユーザや市民との共創能力をいかに構築していくべきかの研究を強化していくことが求められ，しかも共創の場として機能しなければならない。

西尾好司

参考文献

Brown（2009）千葉 敏生訳『デザイン思考が世界を変える - イノベーションを導く新しい考え方』早川書房．

Cosgrave, Arbuthnot, and Tryfonas（2013）"Living Labs, Innovation Districts and Information Marketplaces: A Systems Approach for Smart Cities", Procedia Computer Science, 16 668–677.

Chesbrough（2003）"Open Innovation:The New Imperative For Creating and Profiting From Technology", Harvard Business School Press.

Dunn and Yamashita（2003）"Microcapitalism and the Megacorporation", Harvard Business Review, August.

De Moor, Ketyko, Joseph, Deryckere, De Marez, Martens, and Verleye（2010）"Proposed Framework for Evaluating Quality of Experience in a Mobile, Testbed-oriented Living Lab Setting" Mobile Network Application, 15,378–391.

Dutilleul and Mensink（2010）"Unpacking European Living Labs: Analysing Innovation's Social Dimensions", *Central European Journal of Public Policy*, Vol. 4, No. 1.

European Commission（2009）*Study on the Potential of the Living Labs Approach, Including Its Relation to Experimental Facilities, For Future Internet Related Technologies*

Følstad（2008）"Living Labs for Innovation and Development of Information and Communication Technology: A Literature Review", eJOV Executive-The Electronic Journal for Virtual Organizations and Networks, Vol.10, pp. 99–131.

Gassmann and Enkel（2004）"Towards a Theory of Open Innovation: Three Core Process Archetypes" Proceedings of the R&D Management Conference, Lisbon,

Portugal, July 6–9.

Guzman, et al.（2013）"Living Labs for User-Driven Innovation A Process Reference Model : Living labs can provide infrastructures within which companies can involve users in the development of new products." Research-Technology Management, May-June.

Lester and Piore（2004）Innovation, The Missing Dimention, Harvard University Press.（『イノベーション：「曖昧さ」との対話による企業革新』依田直也訳　日本生産性出版）.

Merholz, Schauer, Verba, and Wilkens（2008）『Subject to Change：予測不可能な世界で最高の製品とサービスを作る』高橋信夫訳　オライリージャパン。

Mulvenna and Martin（2012）"Living Labs: Frameworks and Engagement", R.J. Howlett et al.（Eds.）: Innovation through Knowledge Transfer 2012, SIST 18, pp.135-143.

西尾好司（2012）『Living Lab（リビングラボ）ユーザ・市民との共創に向けて』富士通総研経済研究所研究レポート 395.

小川進（2013）『ユーザ・イノベーション：消費者から始まるものづくり』東洋経済新報社。

Prahalad and Ramaswamy（2004）『コ・イノベーション経営：価値共創の未来に向けて』　有賀裕子訳　東洋経済新報社。

Ramaswamy and Gouillart（2010）『生き残る企業のコ・クリエーション戦略　ビジネスを成長させる「共同創造」とは何か』山田美明訳　徳間書店。

Robertson（2013）"『レゴはなぜ世界で愛され続けているのか：最高のブランドを支えるイノベーション7つの真理』黒輪篤嗣訳　日本経済新聞出版社。

菅豊（2013）『「新しい野の学問」の時代へ』岩波書店。

Thomke and von Hippel（2002）"Customers as Innovators: A New Way to Create Value" Harvard Business Review, April 2002.

Tidd and Bessant（2013）Managing Innovation: Integrating Technological, Market and Organization Change Fifth Edition, Wiley.

Victor and Boynton（1998）"Invented Here: Maximizing Your Organization's Internal Growth and Profitability" Harvard Business School Press.

von Hippel（1988）"The Source of Innovation" Oxford University Press.

von Hippel（2005）"Democratizing Innovation" MIT Press.

第Ⅱ部

マーケティングの新たな展開と価値創造

■マーケティングの新たな展開と価値創造■

BtoBビジネスにおける顧客提供価値拡大モデル（VACESモデル）

第4章

――『モノづくり』から『価値づくり』への転換を実現するツール――

1 はじめに

　新事業や新製品の企画において最も重要な要素は，その事業や製品がどのような顧客提供価値を実現するか，そしてその顧客提供価値が文字通り顧客にとって大きな価値があるかにある。なぜなら，顧客はその製品によって享受することができる価値に対し，その対価をサプライヤーである自社に対し支払うために，顧客提供価値はサプライヤーの製品の販売単価，利益率，そしてその製品全体の売上及び利益を大きく規定するからである。

　しかし，これまで内外の事例においても，サプライヤーにとってどのような視点を持てば，顧客に対する提供価値を拡大できるかについては，多くの企業でQCD（品質，コスト，納期）という長く使われてきた視点以外には見あたらない。このQCDという概念は，サプライヤーの視点が強く，必ずしも顧客の視点からの価値を適切に表現してはいないという問題点がある。

　今回，複数企業への実際のコンサルティングおよびその他の研究に基づき，特にBtoBビジネス（一般の消費者ではなく企業や官公庁といった法人に製品・サービスを販売するビジネス）に焦点を当て，そこでの顧客提供価値拡大の視点を抽出し，それを顧客提供価値拡大モデル（VACES）としてまとめたので紹介したい。

　VACESはValue，Anxiety，Cost，EmpowermentおよびSocietyの頭文字から構成されるもので，自社（サプライヤー）として，顧客自身の製品・サービスの提供価値の向上（Value），顧客の業務達成に向けての問題・懸念・面倒の払拭（Anxiety），顧客の全体コストの低減（Cost），顧客の社員・

図表4-1　BtoBビジネスの顧客提供価値拡大モデル（VACES）

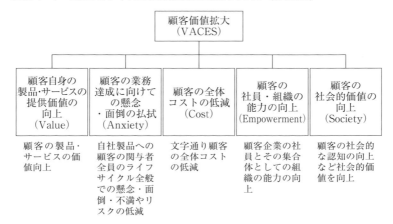

組織の能力の向上（Empowerment），および顧客の社会的価値の向上（Society）の5つの要素を意味する（図表4-1）。

本章では，これら顧客提供価値拡大モデル（VACESモデル）の全体像および構成要素を具体的事例をも示しながら議論する。

2 なぜ顧客提供価値拡大モデルが企業経営において重要なのか？

2-1　ドリルメーカーは何を売っているのか？

「ドリルメーカーは何を売っているのか？」この質問は良くマーケティングの講義で最初に投げかけられる質問である。答えは，当然ドリルではない。ドリルであれば質問にはならない。穴が正解である。顧客はドリルという『モノ』を欲しているのではなく，ドリルが開ける穴という『価値』を欲しているのである。したがって，この質問と答えが示すように，その本質において，企業は顧客に対し『モノ』ではなく『価値』を売っている。そして，顧客はこの彼らが享受する価値に対して対価を払う。したがって，顧客提供価値の大きさは，サプライヤーの製品の販売単価，利益率，そして企業の活動の目的であり更なる成長の原資となる最終的な収益を大きく規定する。したがって，企業が

図表 4-2 『価値』vs.『モノ』

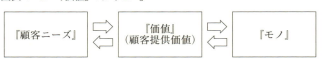

行っている様々な活動の中で最も重要な活動が，顧客提供価値を拡大することであると言ってよい。

2-2 QCD の視点の問題点

しかし，これまで多くの企業において，この顧客提供価値拡大については，あまり関心がもたれてこなかった。関心の対象はむしろ，QCD という言葉が頻繁に企業活動において使用されてきたように，ほとんどの企業の関心は品質，コストそして納期に向けられ，ひたすら自社の製品の QCD を向上することに努力を重ねてきた。

しかし，QCD の考え方は重要ではあるが，本来企業が考えるべきことの全体を捉えていない。上でも議論したように，顧客は彼らが享受する価値に対して対価を払う。したがって，企業が関心を向けなければならないのは，QCD 以前に顧客にとってそれこそ価値のある価値は何かを見極め，それを実現し提供することである。多くの QCD の思考にとらわれている企業は専ら『モノ』に関心が向けられており，そもそもその『モノ』が実現すべき『価値』（顧客提供価値）の視点が欠落，もしくは大変弱いのである（図表 4-2）。

2-3 アジアの新興企業に勝つために：『モノづくり』から『価値づくり』へ

現在日本企業はアジアの新興国企業の台頭に直面し，多くの産業分野において既にこれらアジアの新興国企業が日本企業を凌駕する状況が生まれている。今後この傾向は，ますます強くなることは間違いない。

そこには明確な理由がある。まず，中国，インド，インドネシアといった経済成長著しい新興国でも日本と同様の製品の需要が日本市場との時間差で生まれ，加えてその規模は人口が多いこともあり，大変魅力的な市場に成長している。そして，それら成長市場を対象とした製品は，日本企業で証明済の技術を使えば事足りる。またその他にも事業展開のために構築すべきバリューチェー

ンも日本企業のそれを模倣することが，その有効性が証明済であるので，理に適っている。

そのため，これら新興国企業は，QCDのマネジメント手法を含め日本企業の従来のやり方を徹底的に研究し，そこに学び，さらに加えて，日本企業を凌駕するような大規模な投資を決断するという戦略的な展開をしてきている。巨大な市場がそこにあるので，また証明済の技術，製品そして展開法がそこにあるので，大規模な投資にも大きなリスクはない。

今後ともQCDにおける日本の企業の強みは，ある程度は有効であろう。しかし，その強みにおけるアジアの新興国企業との彼我の差は，確実に縮まりつつある。なぜなら，新興国企業がそこに関心を持ち，大きな経営資源を投入しているからである。そして，皮肉なことに投入する経営資源の中には，高い技術力を持つ日本人技術者の大量雇用も含まれている。

一方，ほとんどの新興国企業は，新しい顧客提供価値を創出すること，すなわち『価値づくり』にはあまり関心がない。なぜなら，既存の製品の膨大な市場が存在するため，わざわざ追加的な価値を創出する必要性を認識していないからだ。

そのため，日本企業がこれらアジアの新興国企業とグローバルの市場で競争し継続的に先行するには，従来の『モノづくり』中心の思考から，『価値づくり』の思考に転換する戦略が有効である。

『モノづくり』は『価値づくり』を包含する概念であるとの主張もある。しかし，現実には『モノづくり』が『価値づくり』と対立することは多い。例えば，ある製品の『価値づくり』に極めて重要な部分が，顧客にとっての正しい価値を軽視し，品質やコストに過度にこだわるがゆえ，社内で実現されないといったことは，今頻繁に日本企業の現場で起こっていることなのである。

私は『モノづくり』の発想だけでは，日本企業の将来はないと考えている。まさに今日本企業には『価値づくり』の発想が求められている。

2-4　顧客価値拡大モデルの必要性

既に日本企業の文化の中に『モノづくり』が深く浸透しており，上でも述べたように組織的にもQCDを司る部門が大きな発言力を持っている中では，『価値づくり』への転換は容易ではない。この問題を解決するには，何よりも社員（そして他の経営幹部）に『モノづくり』から『価値づくり』に，その発

想を転換してもらわなければならない。しかし，現実には「価値づくりとは，一体なんだ？」，「具体的にはどんな活動をすればいいんだ？」という意見が出ることは明らかである。それを明確に説明するためには，『価値づくり』を具体的に示したシンプルなモデルが必要となる。そのためのモデルが，本論で取り上げる顧客提供価値拡大モデル（VACES）である。

以下にこのモデルを説明していく。

3 顧客提供価値拡大モデル（VACES）とは

3-1 顧客提供価値拡大モデルの構成要素

上で説明したように，VACES は Value, Anxiety, Cost, Empowerment および Society の頭文字から構成されるもので，顧客自身の製品・サービスの提供価値の向上（$\underline{V}$alue），顧客の業務達成に向けての問題・懸念・面倒の払拭（$\underline{A}$nxiety），顧客の全体コストの低減（$\underline{C}$ost），顧客の社員・組織の能力の向上（$\underline{E}$mpowerment），および顧客の社会的価値の向上（$\underline{S}$ociety）を意味する。

これらの顧客提供価値拡大の5つの視点をもって市場を見るようにすることで，このようなモデルがなく市場を見ていた場合に比べて，顧客に対して提供する価値拡大機会を発見することが格段にやり易くなる。

それでは，それぞれの構成要素が意味するところを，簡単に説明しておきたい（より詳しい説明は，本論後半の4～8で行う）。

（1）顧客自身の製品・サービスの提供価値の向上（$\underline{V}$alue）

当然ながら，顧客はその先の顧客に製品・サービスを提供しており，サプライヤーとして自社がその直接の顧客がさらにその先の顧客に提供している製品やサービスの価値を拡大することに貢献できれば，直接の顧客に対しても提供価値を拡大することになる。そして，顧客はその価値に対し自社に追加的な対価を払うことが期待できる。

（2）顧客の業務達成に向けての問題・懸念・面倒の払拭（$\underline{A}$nxiety）

顧客は収益をあげるために様々な業務を行っているが，その過程では多くの

問題，懸念，面倒，不満，フラストレーションを抱えている。サプライヤーとしてそれらを払拭することに貢献できれば，顧客に対する価値を拡大することになる。

（3）顧客の全体コストの低減（Cost）

顧客は様々な製品やサービスを外部から購入し，また自社内でも社員を使うことでコストが発生している。顧客は当然これらコストの低減を強く望んでおり，サプライヤーとしてこれらコストを削減できれば，追加的な価値を提供できることになる。

ただし，ここで重要なことが，自社の製品の価格を下げて顧客のコストを低減するのでは，自社にとってのメリットはない。自社としては，自社の製品の販売価格，利益，売上を拡大しながら，顧客の「全体」のコストを低減する工夫を行うことが必要となる。

（4）顧客の社員・組織の能力の向上（Empowerment）

顧客の社員能力やその集合体としての組織能力が高まれば，顧客は生産性を向上させたり，イノベーティブなアイデアを継続的に創出するということができるようになる。

サプライヤーとして，この顧客の社員や組織の能力向上に貢献することで，顧客に対し追加的な価値を提供することができる。

（5）顧客の社会的価値の向上（Society）

顧客は社会との様々な直接・間接の関係の中で存在しており，日々の経営活動において，社会と良好な関係を維持することには大きな関心を持っている。

したがって，サプライヤーとして顧客が社会とのより良い関係性を構築・維持することに貢献できれば，顧客は価値を認識してくれ，それに対して対価を支払ってくれることが期待できる。

3-2　顧客提供価値拡大モデルの網羅性について

それではBtoBビジネスにおいて，なぜこれら5つの視点なのか？　他にはないのかについて，説明をしておきたい。

実はこのVACESの5つの視点は，顧客提供価値拡大の網羅的な視点を求

図表 4-3　顧客を取り巻く代表的ステークホルダ

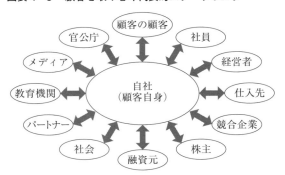

めた活動から生まれたものではない。むしろサプライヤーが顧客にどのような点で喜んでもらえるかという視点から考えられたもので，1つ1つ追加され，本論で議論する姿になったものである。しかし，モデルと呼ぶ以上，それが網羅的であるかどうかは，モデルの有効性の重要な要件となるので，その面からこの VACES モデルを検証し直す必要がある。その議論を以下にて行う。

顧客への提供価値を拡大するという面から網羅性があるかどうかについては，以下の考え方で検証を行った。まず，長期的にかつ直接・間接的に「顧客」の全社の『活動』に影響を与える主要なステークホルダを網羅的に考える。その上で，それらステークホルダ毎に顧客がそれらステークホルダとの関係の中でどのような関係性を持っているか。そして一（いち）サプライヤーがそれらの関係性の改善に貢献できる機会はあるか？　そして，それがあるならばそれは VACES の項目の中にうまく納まるか？　を考えた。

顧客を取り巻くこれらステークホルダには，顧客（すなわち「顧客の顧客」），自社（顧客自身），社員・経営者（顧客の社員・経営者），仕入先，競合企業，株主，融資元，社会全般，パートナー（企業や研究機関），社員の供給元としての教育機関，メディア，官公庁（法律・規制を司る）などがある。これらの中の主要なステークホルダ毎に上の議論を行う。

（1）顧客（すなわち「顧客の顧客」）

この「顧客の顧客」の部分は，結論から先に言うと，VACES の「顧客自身の製品・サービスの提供価値の向上（Value）」に直接的に対応する。

顧客はその製品やサービスによってその先の顧客に対しより大きな価値を提供できれば、その見返りとしてより大きな対価を受け取り、収益を拡大することができる。したがって、サプライヤーの視点からは、サプライヤーとして自社が顧客自身の製品により大きな価値を付与するような製品やサービスを提供できれば、顧客は喜び、価値を認識してくれる。

したがってサプライヤーとして、「顧客の顧客」、更にはその先の「顧客の顧客の顧客」のことを理解する活動を主体的に行い、その理解の下に直接の顧客に対し、その直接の顧客がその先の顧客に対しより大きな価値を提供する活動に貢献することで、顧客提供価値拡大を図ることができる。

(2) 顧客自身

直接の顧客自身ということであれば、企業（すなわちここでは顧客）とは一体何かを考えなければならない。これは、実はなかなか難しい議論であるが、経営コンサルティング会社のアーサー・D・リトル社のSPROモデルを借りると、それは戦略（Strategy）、業務プロセス（Process）、経営資源（Resource）、そして組織（Organization）と考えることができる。

まず戦略からだが、戦略は『策定』と『実行』に分けられる。一（いち）サプライヤーが顧客の戦略の『策定』に貢献するということは、一部の経営コンサルティング会社のようなその分野での専業企業を除いて、あまり現実的ではない。戦略の『実行』については、次からの業務プロセス、経営資源そして組織で議論するのが適当である。

次の業務プロセスだが、企業というものは業務遂行に当たり様々な問題や懸

図表4-4 アーサー・D・リトル社のSPROモデル

念を抱えており，まさにそれら問題や懸念を効果的・効率的に解決することで収益を上げることが企業活動の根幹であるとも言える。この分野では，サプライヤー（すなわち自社）の製品やサービスは，これら顧客の業務プロセスと密接に関連して提供されている。つまりサプライヤーは，これらの顧客が業務遂行上抱えている問題や懸念の解決に貢献できる立場にある。したがって，この部分については，VACESの「顧客の業務達成に向けての問題・懸念・面倒の払拭（Anxiety）」でカバーされていると考えることができる。

次の経営資源だが，経営資源は人，モノ，金と考えることができる。

人については，経営者と社員から構成されるが，それはそれで重要なステークホルダであるため，次の（3）で独立した項目として議論をする。

モノについては，モノの有効活用，モノの調達コストの低減，モノの収益への貢献力の向上など，サプライヤーとして貢献できることは多い。モノの有効活用およびモノの収益への貢献力の向上については先の「顧客の業務達成に向けての問題・懸念・面倒の払拭（Anxiety）」で，モノの調達コストの低減については「顧客の全体コストの低減（Cost）」でカバーされている。

そして金であるが，資金の調達元は株主と金融機関などの融資元となる。これらステークホルダに関しては，独立したステークホルダとして議論するのが良いと思われるので，下の（6）で議論する。その他に，サプライヤーとして価値拡大の機会としては，資産の圧縮により必要資金を減らすなどの活動が考えられる。この部分は，「顧客の業務達成に向けての問題・懸念・面倒の払拭（Anxiety）」で取り扱われていると考えることができる。

最後の組織についてであるが，組織とは組織を構成する単位である社員・経営者と，それらの単位である社員や経営者を1つの有機体（Organization）である組織（Organization）としてまとめ上げる組織構造，組織のルールと企業文化などの共有価値と考えることができる（図表4-5）。

社員・経営者については，上と同様に独立したステークホルダとして後に（3）の中で議論をする。組織構造については，一サプライヤーとして顧客に貢献できる余地はほとんどない。組織ルールについては，上で議論した業務プロセスの一部として議論でき，サプライヤーが自社の製品やサービスに関連して，顧客に新たなルール作りを提案するなど，サプライヤーとして顧客価値拡大の機会は多く存在する。この部分は，「顧客の業務達成に向けての問題・懸念・面倒の払拭（Anxiety）」でカバーされていると考えることができる。最

図表 4-5　組織の構成要素

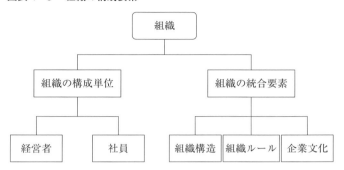

後の企業文化（共有価値）であるが，これについては一（いち）サプライヤーが顧客企業の社員の価値観にまで踏み込み貢献する機会は限定されており，サプライヤーには顧客価値拡大機会はないと考えてさしつかえないと思われる。

　以上，「顧客自身」についてまとめると，サプライヤーが供給している製品やサービスを利用して，顧客は様々な業務を行い，経営資源や組織を使って活動している訳で，サプライヤーが自社の提供製品・サービスに関連する部分で「顧客の業務達成に向けての問題・懸念・面倒の払拭（Anxiety）」することができる。また，企業の構成要素の2つ目の経営資源の中のモノについては，モノの調達コストの低減機会があり，それは「顧客の全体コストの低減（Cost）」でカバーされていると考えることができる。その他の部分については，仮にあっても「顧客の業務達成に向けての問題・懸念・面倒の払拭（Anxiety）」の中で取り扱うことができると考える，もしくは一（いち）サプライヤーとしては，顧客価値拡大機会はあまりないと考える。

（3）顧客企業の社員・経営者

　企業にとって，組織の構成員である社員・経営者は，その活動や思考が直接的に会社の収益に影響を与えるので，当然のごとく重要なステークホルダである。その顧客の社員や経営者に対し，サプライヤーとして提供する製品やサービスの周辺で顧客の社員や経営者そしてその集合体である組織の能力向上に貢献することができれば，顧客はそこに大きな価値を認識してくれる。

　したがって，顧客企業の社員・経営者はVACESの「顧客の社員・組織の能力の向上（Empowerment）」でカバーされていると考えることができる。

（4）仕入先

　全ての企業は，必ず企業経営に必要ななんらかの財を仕入先から購入している。その購入する財の価値は，顧客企業の収益に大きな影響を与える。

　本論で主体者として議論している自社はサプライヤーであるので，当然この仕入先の中の一社という位置づけとなり，その製品・サービスの提供を通して顧客に対して価値を実現することができる。実はこの議論は，まさに本項目（3-3　顧客提供の提供を拡大モデルの網羅性について）の議論そのものであるので，3-3全般の中でまさに今議論しているので，ここでは掘り下げ議論することはしない。

　ただし一点，追加的にここで強調して述べておく重要なことがある。サプライヤーである自社が，顧客に対して提供する価値を更に拡大しようと思えば，従来の自社の製品やサービスの周辺で，他社が供給している製品・サービス，またそこで顧客社内で顧客の社員により行われている活動や業務にも対象を広げて，より広い視点から，顧客に対しソリューション，すなわち「包括的な高い価値」をより「低コストで提供する」ことを考える必要がある。

　したがって，VACESの「顧客の業務達成に向けての問題・懸念・面倒の払拭（Anxiety）」の対象は，自社が現在提供している製品・サービスに限定することなく，その周辺全体を対象とするものである。また「低コストで提供する」については，VACESの一項目としてあげられている「顧客の全体コストの低減（Cost）」とあるように，まさに自社の製品の販売価格（すなわち顧客にとってのコスト）だけではなく，顧客が仕入先から購入している（自社製品が関連する）全てのコスト，更にはそこに関与している顧客企業の社員の人件費にまで目を向ける必要性がある。

（5）競合企業

　もちろん顧客の競合企業は，顧客企業の収益に大きな影響を与えるため，顧客企業にとっては大変関心のあるステークホルダである。そのため，顧客企業が自社（サプライヤー）との関係性の中では，自社（サプライヤー）に対して，顧客製品の差別化に貢献するような製品やサービスを優先的・排他的に供給することを要求し，自社がそれに応じるということが考えられる。

　しかし，自社としてはその顧客企業の競合企業も自社の顧客なので，一般的にそのような製品をその顧客一社のみに優先的に供給したくはない。もちろ

ん，現実にはそのようなことは，重要顧客との関係の中では日常よくあることではあるが，一般的にはサプライヤーの収益の最大化の視点からは避けたい展開である。したがって，競合企業については，顧客提供価値の最大化においては考慮する必要はないと考えるのが適正である。

（6）株主・融資元

次のステークホルダとして，資金調達元である株主と金融機関などの融資元がある。

株主に関して言うと，サプライヤーがその提供製品・サービスを通じて，顧客とその株主との関係の中で価値を創出するという可能性は，投資銀行，IRコンサルティング会社を含むコンサルティング会社などが専業で行っているサービス以外は現実にはあまり想定されない。融資元についても同様である。

（7）社会全般

企業の活動は，社会との様々な関係性の中で行われており，企業は社会と切り離して存在することはできない。

企業がどのような社会との関係性を持っているかについて考えると，まずは，自社の社会全般での評判は市場での自社の製品の評価に大きな影響を与えるということがある。また，企業の生産活動やサービスの提供活動においては，必ず物理的な場所が必要となるため，地域社会との関係性を無視して良好な経営を行うことはできない。更に，企業はその社員を社会から供給を受けていると考えることができ，優秀な社員を採用するには社会からの評判は重要な要素となる。また，仕入先についても優良な仕入先に率先して自社に製品を供給してもらうには，社会でのその企業の評判が大きな影響を与える。同様に，投資家も社会と良好な関係を築いている企業を優良な投資対象と考えるようになっている。

企業はこのような社会との関係を持っているために，近年CSR（Corporate Social Responsibility：企業の社会的責任）の活動に力を入れ，社会との関係を極めて大事にするようになってきている。

したがって，サプライヤーがこのような顧客企業の社会とのつながりにおいて，自社の製品，サービスやその他の活動を通じて顧客企業の評判を上げることができれば，顧客に対する提供価値は拡大する。

そのため，顧客提供価値拡大モデルにはこの点を組み込む必要があり，この点はVACESの中の「顧客の社会的価値の向上（Society）」でカバーされている。

（8）その他のステークホルダ

その他顧客企業を取り巻くステークホルダには，事業展開パートナー，社員の供給元としての教育機関，メディア，官公庁，証券アナリストなどがある。

いずれにも，その分野で専門的に製品やサービスを提供している企業（サプライヤー）はもちろんある。しかし，それ以外のサプライヤー全般が，そのような価値を自社のコア製品・サービス分野に追加して付加する余地は限定される。また，仮にあったとしても，その顧客提供価値は，既にVACESの5つの構成要素の中，特に「顧客の業務達成に向けての問題・懸念・面倒の払拭（Anxiety）」に含めて考えることができる。

以上よりBtoB製品のサプライヤーとしては，VACESの5つの構成要素には網羅性があると判断して良いと思われる。

3-3 顧客提供価値拡大モデルの構成要素の排他性について

ここまでは，網羅性の議論をしてきたが，モデル構築におけるもう一つの視点が排他性である。VACESの排他性，つまりVACESの5つの構成要素の間で重複がないかについてだが，この点についてここで触れておきたい。

ここまでの議論の中で，既に気が付いておられる方もいるかもしれないが，VACESの項目は必ずしも排他的ではない。例えば，Anxietyの払拭をサプライヤーとして支援しようとすれば，Empowermentの一項目である顧客社員のスキルの向上という支援方法もある。

現実には企業活動は複雑であり，様々な要素が絡み合って収益向上という活動に向けられている。また，このモデルは実際の企業活動の中で顧客価値拡大を求めての視点を提供するものであり，そこで最も重視すべきは，顧客価値拡大の機会を見つけやすい表現で表された項目となっていることである。

したがって，本モデルにおいては排他性の実現をある程度犠牲にしながらも，この顧客価値拡大モデルの利用者がよりその機会を見つけ易いことを重視することとする。

それでは以下からは，これらVACESの5つの構成要素の1つ1つについ

て実際の事例を交えてより具体的な議論をして行く。

4 顧客自身の製品・サービスの提供価値の向上への貢献（Value）

　自社がBtoB製品を提供しているのであれば，自社の直接の顧客の先には必ず顧客，すなわち「顧客の顧客」が存在し，自社の（直接的な）顧客は，その先の顧客に対して，その製品・サービスを通じて価値を提供している。

　したがって，自社（サプライヤー）が，「顧客の顧客」と積極的なコミュニケーションを行うことで「顧客の顧客」をより良く知り，直接の顧客がより大きな価値を「顧客の顧客」に提供することに貢献できれば，顧客はより多くのリターンを得ることができる。その結果，顧客は自社（サプライヤー）からより高い価格でその製品・サービスを購入してくれる可能性が高まる。

　このような「顧客の顧客」への積極的な働き掛けやコミュニケーションを行い，顧客の製品の提供価値向上を実現している企業に，自転車部品メーカーのシマノがある。

　同社の直接の顧客は自転車メーカーであるが，同社は「顧客の顧客」である自転車のライダーに対して，自社の部品を搭載した自転車がより大きな価値を提供できるような活動を積極的に行っている。

　例えば，同社は一般の自転車のライダーを対象に，日本では週末に都内近郊の街の風景を楽しむ「散走」というイベントを企画したり，中国では自転車競技大会を開催し，また欧州では自転車のプロチームをサポートするという活動を行っている[1]。このような活動を通して，シマノは「顧客の顧客」である自

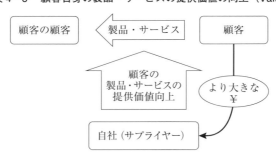

図表4-6　顧客自身の製品・サービスの提供価値の向上（Value）

転車ライダーのニーズを知り，また自社の部品のブランドイメージを自転車ライダーの間で高めることに成功している。

特に3つ目の欧州の自転車のプロチームのサポートについて言うと，同社は以前から，自社の部品が自転車のライダーの最高峰に位置するプロチームの選手に採用されれば，一般の自転車ライダーに対しシマノの高いブランドイメージを築くことができるという戦略を考え，実行に移してきたという経緯がある。

このようなブランド戦略のためにも，シマノは自転車メーカーのその先の自転車関連市場を理解することに大きな経営資源を投入してきた。例えば，1970年代には自社の若手の社員チームが全米の6,000もの自転車専門店を自社の部品をステーションワゴンに積んで回り，自転車部品の壊れ方，自転車ライダーの自社部品の評価，自転車ライダーがどんな乗り方をし，何を求めているのかを理解するといったことをしてきた[2]。

自転車部品メーカーであるシマノがこのような活動をすることで，自転車メーカーは自転車のライダーが欲しがるような自転車を実現し，（シマノの部品を搭載した）自社の自転車をより高く販売することができるようになる。その結果，自転車メーカーは，シマノの部品にはより高い価格を支払うようになるのである。

このようなシマノと自転車メーカーの関係は，本来自転車メーカーが享受しても良い価値を，部品のサプライヤーであるシマノが獲得しているとも解釈でき，私はこの戦略を「鵜飼戦略」と名付けている。自転車メーカーが鵜で，鵜飼がシマノ，そして魚が収益である。スマートフォンにおけるクアルコム（半導体）やDVDにおける三菱化学（色素）の戦略も，この「鵜飼戦略」である。

5　顧客の業務達成に向けての問題・懸念・面倒の払拭（Anxiety）

顧客は決して，製品の機能や価格だけでその製品を買う訳ではない。顧客はその製品の購入検討を開始する時点から，その製品が廃棄されるまでの長いプロセスの中で様々な懸念，心配，面倒，不満，フラストレーションを抱えている。そしてそれらのプロセスの目的は，顧客社内での効果的・効率的な業務達成にある。

例えば顧客の中の購買関与者は，不適切なサプライヤーから製品を購入し問題が発生すれば，本来の目的の業務を達成することができず，社内でその責任を問われる。最悪の場合解雇といった個人的に重大な被害を蒙る可能性もある。この購買関与者にとって，購買する製品の価格よりそのサプライヤーやその製品の信頼性への関心の方が高いということも十分あり得る。

米国に「IBMから買えばクビにならない」という言葉がある。IBMの製品は他社より高いが，仮に何か問題になっても，きちんと対応をしてくれるし，また社内ではIBMから買ったのであればしょうがない，と理解してくれ，責任を取らなくても済むと考えられることを意味している。

したがって，企業としては，これらの懸念や不満を事前に察知し，その解決をすることにより，もしくは解決する姿勢を示すことにより，顧客はその分高い価値を認識し，それに対し対価を支払う用意がある。

今，米国のGEは，従来のガスタービンやジェットエンジンといった自社製品に関わる顧客の懸念や心配事を先取りし，ICTを使ったサービスでそれらを解決するビジネスモデルの構築に力を入れている。例えば，ジェットエンジンは航空機に搭載されるものであるが，GEは顧客である航空会社の航空機のジェットエンジンの稼働状況を常にモニターし，より効率的な運航方法を提案し，燃料コストの大幅削減を実現している[3]。

その他に，日本テトラパックの乳業メーカーを対象としたソリューションの例がある。テトラパックはスウェーデンの紙容器メーカーだが，同社が提供する製品は紙容器と紙容器への充填機に限らない。例えば，牛乳パックを製造する乳業メーカーは，学校給食用に牛乳パックを販売すると，空パックを回収して適正な方法によって処分しなければならない。日本テトラパックは，このような乳業メーカーの自社の製品の周辺の困りごとや懸念を解決するために，牛乳パックの裁断機や洗浄機も提供し，更には裁断・洗浄した空パックの処理業者も紹介するといったソリューションを提供している。つまり，日本テトラパックは単に牛乳充填用の紙容器や充填機を提供するだけでなく，顧客の自社（テトラパック）の製品が関与する全プロセスを視野に置き，そこでの様々な顧客の問題を解決するということを行っているのである。

GEやテトラパックの展開における重要な示唆は，顧客はサプライヤの製品を購入する前にも後にも，長いプロセスを持ち，そこには様々な問題，懸念，不満が存在するということである。

また，顧客は現状に100％満足することはないということもある。なぜなら，顧客は常に新しい機会（顧客自身の顧客提供価値の拡大機会など）を追求しており，それを実現するには，常に新しい懸念や不満が発生するからである。そのため，サプライヤーとしてそれを解決してあげること，すなわち顧客提供価値を拡大する機会が『常にある』ということである。

6　顧客の全体コストの低減（Cost）

　顧客にとってはコストの低減は，常に存在する経営の最重要課題の１つである。しかし，サプライヤーである自社にとって，自社の製品やサービスの販売価格を下げなければならないのであれば，自社にメリットはない。

　そこで自社，顧客，両者にとってメリットのあるコストの低減法は何かというと，顧客の『全体』のコストは低減するが，自社（サプライヤー）の製品やサービスの価格，売上，利益は拡大するような工夫をすることである。つまり，顧客のコスト低減の対象を自社の製品のみの販売額と考えるのではなく，顧客の全てのコストを対象に考えることである（図表４-７）。

　このような活動の例に，東洋電機のパンタグラフの例がある。東洋電機は電機品メーカーだが，その中に電車が架線から電気を取り込むためのパンタグラフがある。従来のパンタグラフは金属製だが，東洋電機はパンタグラフの架線との接触部を炭素繊維に代えた。架線との接触部を炭素繊維にすることで，パンタグラフ側が摩耗するので，架線の摩耗を抑えることができる。その結果，電鉄会社は架線コストだけでなくより企業全体で大きなコストを占める保

図表４-７　顧客の全体コスト低減（Cost）

①自社の製品・サービスにより
②顧客の全体コストを削減し，
③結果として自社の売上額（もしくは利益額・率）を増加させる

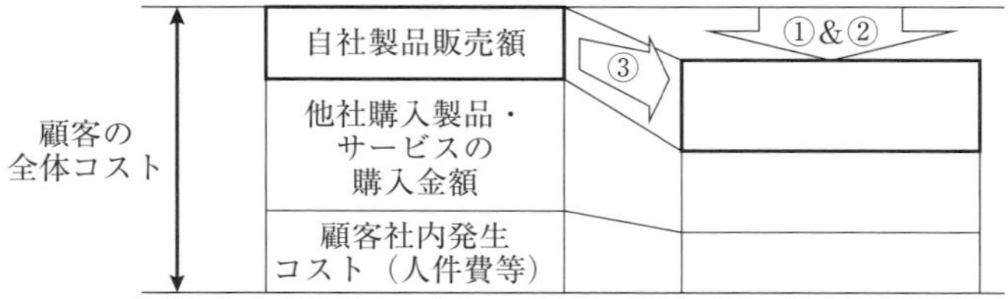

顧客の全体コスト	自社製品販売額	③	①＆②
	他社購入製品・サービスの購入金額		
	顧客社内発生コスト（人件費等）		

線コストを削減できる。

そのため，この東洋電機製のパンタグラフを搭載した新型京成ライナーを導入した京成電鉄の鉄道本部車輌部計画課長は「東洋電機は車輌設計にとどまらず，京成電鉄の経営戦略まで理解した部品を納めてくれる。」[4]と言っている。一方で，サプライヤーである東洋電機側も，パンタグラフ側の摩耗が激しいので，パンタグラフ需要が拡大するというメリットがある。つまり，顧客である京成電鉄にとっても，サプライヤーである東洋電機にとっても，両者にメリットがあるのである。

その他に，建物の内部に収める特殊な設備機器を製造している設備機器メーカーの例がある。このメーカーで，自社の製品の周辺での顧客のコスト構造を分析したところ，自社製品の価格（顧客にとってのコスト）もさることながら，その製品（大型で重量も大きい）を建屋内に安全に設置するために，膨大な追加的な建屋コストが掛かっていることが判明した。それまで，同社は自社製品のみに目を向け，その点に気が付いていなかった。この分析結果を受けて，このメーカーの開発部門は，次期製品として，大幅に小型化・軽量化を行い，建屋コストを削減できる製品およびそのための技術を企画し，現在その開発を進めている。

この企業の例のように，通常ほとんどのサプライヤーが自社の製品にしか目が向いていない。他社というと，競合企業にばかり目が向くが，このように競合製品以外の自社製品の補完品（顧客社内の人件費含む）に目を向け，それら製品の販売価格（顧客にとってのコスト）や，問題点，そして自社でそれら補完製品の機能を統合することなどで，コスト低減や顧客提供価値を拡大することができる余地は大きい。

7　顧客の社員・組織の能力の向上（Empowerment）

企業にとって，顧客と並んで重要なステークホルダに自社の社員（および経営者）がある。企業にとって自社の社員が，高いスキルを持ち高いモチベーションを持てば，生産性も上がり，革新性を発揮できる組織を実現できる。また，通常企業においては，このような理由で社員への関心は高い。

そこでサプライヤーとしても，顧客のこのようなニーズに応じて，顧客の社員やその集合体である組織を強化する，すなわちEmpowerすることに貢献す

ることで，顧客提供価値を拡大することができる。

7-1 顧客の社員・組織の能力の構成要素

それでは，サプライヤーとしてどのような面で，顧客の社員や組織のEmpowermentに貢献できるのかを考えてみたいと思う。

（1）顧客の社員・組織の能力を考える枠組み

Empowermentとしては，社員のスキルとモチベーションの2つの要素を向上させることで実現できる（図表4-4）。つまり，まずは社員一人一人のスキルが高くないと組織能力を高めることはできない。しかし，仮にスキルがあってもそれを使ってチャレンジするためのモチベーションがなければ，組織能力を高めることはできない。

サプライヤーとして顧客社員のスキル向上に貢献するということは，自社製品に関連した講習を行うなど，イメージがしやすく，実際にそのような活動を行っている企業は少なからずある。しかし，モチベーション向上については，サプライヤーがどのような形で顧客に価値を提供できるのだろうか？

（2）サプライヤーが貢献できる顧客社員のモチベーション向上実現の視点

米国の心理学者のエイブラハム・マズローは，彼の有名な人間の欲求階層説の中で，5つの人間の欲求について述べている。第1階層が生理的欲求で，これは人間の基本的な欲求である食欲や性欲を意味する。第2階層は安全欲求で，人間は危機を回避し，安全な環境の中で生活・活動したいという欲求を持つというものである。第3階層が社会的欲求と呼ばれ，社会の一員として他の人間とつながっていたいという欲求を意味する。次の第4階層は，人から高い

図表4-8　顧客の社員・組織の能力を考える枠組み

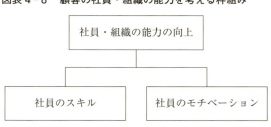

図表 4-9　マズローの欲求階層説

評価を得たいという承認欲求である。そして最後の第5階層が自分の可能性を追求し，自己の実現をはかりたいという欲求である。

　サプライヤーが第三者として，それも顧客とサプライヤーという買う側，買っていただく側という関係の中で，また自社が提供する製品やサービスの周辺でという制約の中で，マズローが挙げた顧客の社員の欲求を満たすことができる分野にはどのようなものがあるのだろうか。

　まず，第1階層の生理的欲求の分野では，現代社会においては，食堂の受託運営専門企業（食欲の充足）など，その分野を専門とする企業を除いては，サプライヤーとしても価値拡大機会はあまりないと考えて良いのではないか。

　しかし，第2階層になると，労災といったことが企業の人的マネジメントでも重要な位置を占めているように，社員の作業や就労環境は企業（顧客）の重要な関心事となっている。また，サプライヤーとして，自社の製品やサービスは必ず顧客の生産プロセス，利用プロセスで顧客の社員に使われたり触れられるので，顧客社員の安全や衛生に関わる度合いは多くなる。

　第3階層の社会的欲求の充足法については，社員の組織への帰属意識を高めたり，社外の組織との関係性を高めるような活動が考えられる。サプライヤーとしては，前者については自社製品を核にして，例えばICTを利用して顧客の中の自社製品を利用する複数の社員間の連携を強化するというようなことが考えられる。後者については，自社が供給する製品・サービスの補完業者も巻き込み，顧客の社員が自社（サプライヤー）だけでなく，他の補完品のサプライヤーとつながるようなシステムや仕組みなどが一例として考えられる。

　以上は人間の欲求というより，むしろ会社の都合での効率化という視点が強いが，例えばサプライヤーとして多数の顧客企業の社員を集めてセミナーを行

い，異なった企業の同じような立場にある社員同志のコミュニケーション・ネットワーキングの場を提供するなどのソフト面の施策も考えられる。

次の第4階層の承認欲求だが，一サプライヤーとして，顧客社員の承認欲求を直接的に充足する活動に関与する機会は少ないと思われる。なぜなら，一サプライヤーがそこまで顧客の組織内に入り込むことについては，通常人事コンサルティング会社などの専門の企業以外には，顧客は望まないと思われるからだ。しかし，サプライヤーとして，顧客の社員のスキルを向上させることに貢献し，顧客社員が社内外で高い評価を得る機会を増やすという，間接的な方法は存在する。

そして最後の第5階層の自己実現欲求だが，最も高次のモチベーション促進要因であり，企業（顧客）にとって極めて重要である。企業（顧客）としてこの分野でできることは，社員の希望する分野での成長を支援することである。それには，そのような機会を与えたり，その分野でのスキル向上を支援することである。サプライヤーとしては，前者での貢献の機会は限られる。したがって，サプライヤーとしては後者の顧客社員のスキル向上で顧客に貢献することで，顧客提供価値拡大の機会が実現できると考えられる。

(3) Empowermentの構成要素

以上より，顧客社員のEmpowermentにおいて，サプライヤーとしてできることは，

①顧客社員のスキル向上
②顧客社員の作業・就業環境の向上
③顧客社員の社内外とのコミュニケーション力の向上

への貢献にあると考える（図表4-10）。

①の顧客社員のスキル向上については，直接的に社員・組織の能力の向上に貢献すると同時に，社員のモチベーション向上にも寄与するものと考えることができる（そのために図表4-10では，「①社員のスキル向上」から「社員のモチベーション向上」に矢印が向かっている）。

それでは，上であげた3項目について順に議論をしていく。

図表4-10　顧客の社員・組織の能力の3つの構成要素

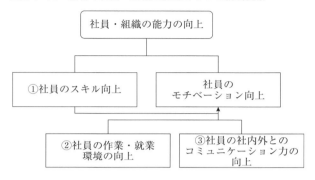

7-2　①顧客社員のスキルの向上

　社員の一人一人の能力を向上させることは上でも述べたように，顧客企業にとって直接的に社員・組織の能力を向上させるし，その上モチベーションの向上を通して間接的に社員・組織の能力の向上に貢献するため，極めて重要な要素となっている。この分野でサプライヤーが顧客に貢献できれば，サプライヤーが顧客に提供する価値を拡大することができる。

（1）顧客社員のスキルの向上の事例

　以下に2つの顧客社員のスキル向上の事例を紹介したい。
　まず一つ目が，航空機メーカーのフライトシミュレーター・パイロット養成機関の提供の例である。
　ボーイングやエアバスといった航空機メーカーは，一義的には航空機を販売しているわけだが，それだけでは顧客である航空会社は購入した航空機を運用することはできない。その航空機を操縦できる高度なスキルをもったパイロットが必要である。
　このような顧客ニーズに対し，航空機メーカーはフライトシミュレーターの提供により，航空会社の社員であるパイロットの能力の向上という追加的な顧客価値を提供している。更に近年では，LCCの台頭でパイロットが世界的にも不足しており，航空会社でのパイロットの養成のニーズはますます高まっている。そのため，航空機メーカーはパイロット養成組織を設立するといった活

動までするようになっている。

その他の例として、ファナックが運営するファナック学校がある。

超高収益で有名なファナックは、CNC（工作機械などの制御装置）やロボットのメーカーだが、顧客の技術者を対象としてファナック学校と呼ばれる研修機関を山梨県と名古屋で運営している。このような研修機関での実習を中心にした利用法の修得機会の提供により、顧客の現場での品質向上、コスト低減、生産性向上などを実現している[5]。

（2）「顧客社員のスキルの向上」活動のサプライヤーにとっての追加的なメリット

顧客社員のスキルの向上の主な目的は、サプライヤーによる顧客提供価値の拡大だが、それ以外にサプライヤーにとっていくつかの追加的なメリットがあるのでここで紹介する。

・顧客の理解の向上

まず1つ目に、顧客の理解の向上がある。上で挙げたように顧客社員のスキル向上活動の過程で、顧客社員との双方向の濃密なコミュニケーションが起こる。それにより、サプライヤーは、顧客をより深く理解できる。例えば、顧客の社員に対する研修では、当然顧客から様々な質問を受けることになり、そのような機会から顧客が自社製品を使う実際の現場ではどのような具体的な活動が発生しているのか、どのような問題を抱えているのか、なぜそのような問題が生まれるのかなどを、直接の当事者とのコミュニケーションの中から学ぶことができる。このような顧客のより深い理解から潜在ニーズを拾い、それらを将来の製品や顧客への提供法、そして追加的なサービスに反映することで、より高い顧客価値の創出し、そして他社製品に対する差別化を実現することができる。

・顧客の競合製品へのスイッチングの回避

顧客社員が自分の能力の向上を実感し、自社（サプライヤー）の製品の使用に慣れると、競合製品にスイッチングしにくくなるというメリットがある。例えば、ウィンドウズ上で動くソフトウェアに慣れてしまうと、仮にアップルのPCが気に入っていても、アップル製品を購入し使いこなすには、アップル上

で動くソフトウェアの利用法を一から学ばなければならない。つまりスイッチングコストが発生し，アップル製のPCに代えるということがし難くなるという環境を創出することができる。

・顧客との関係性の向上

更に一歩進めて，顧客が研修などでサプライヤーの製品について学ぶ機会や講師などとの人的なコミュニケーションを通じて，サプライヤーは顧客とのより親密な関係性を構築することができ，その結果顧客が長期の顧客となってくれる可能性が高まる。

7-3 ②顧客社員の作業・就業環境の向上

企業において，不適切な労働環境が社員に肉体的・精神的な悪影響を与えることは雇用者の基本的な責任として回避しなければならない。また，不適切な労働環境は企業の生産性にも大きな悪影響を与える。一方で，安全，衛生的で快適な環境は，生産性，さらには組織の革新性向上にも寄与する。

このような顧客社員の作業・就業環境の向上の例に，コマツの無人ダンプトラック運行システム（AHS: Autonomous Haulage System）がある。

このシステムは鉱山で利用されるもので，鉱山ではビルの何階の高さにもなるような超大型ダンプが使用されている。鉱山で掘り出した鉱石や掘り返した土砂を所定の位置まで運ぶのがダンプの役割だが，鉱山ではこれら超大型ダンプトラック用の道路は整備されていない。しかし，そこに何百トンもの重量のダンプが走行する訳で，これまで多くの事故が発生していた。このような事故は，ドライバーの怪我，その結果としてのドライバーの不足，そして鉱山での生産性に大きな影響を及ぼす。

このような問題を解決したのが，コマツの無人ダンプトラック運行システム（AHS）である。コマツはこのような製品を提供することで，従来のダンプというハードウェアのみの提供から，ダンプの安全運行，生産性の向上，更には二酸化炭素排出量の削減などの様々な面で顧客提供価値を大きく拡大することができた。

ちなみに，コマツでは，新機種開発をする場合には，「環境」と「情報通信分野」と並び「安全」を重点分野として設定している[6]。

7-4 ③顧客社員の社内外とのコミュニケーション力の向上

これは，マズローの第3階層の社会的欲求に対応するもので，この欲求は人間は他の人間とつながっていたいという欲求である。

実は私はかなり頻繁に企業の社員を対象にセミナーを開催しているのだが，セミナーの参加者からの他社の同じ部門を担当する人達とのネットワークの機会をセミナーの中に組み込んで欲しいという要望がある。彼らの関心は，他社で同じような役割を担っている人達が対象分野に関連し，どのような問題を抱え，それをどのような方法で解消しているのかといったことを知りたいという実利的な要望だけでなく，同じ問題意識を持つ人同志で，苦労話を共有したいというより単純な欲求も持っている。

したがって，この場合で言えば，単にセミナーを実施するだけでなく，このようなネットワークの機会を設けることで，顧客に対する価値を拡大できるのである。

8 顧客の社会的価値の向上（Society）

前述の「3-2（7）社会全般」で議論したように，企業の活動は，社会との様々な関係性の中で行われており，企業は社会と切り離して存在することはできない。

したがって，サプライヤーである自社が，顧客の社会的な評判の向上を通じて社会的価値向上に貢献することができれば，顧客はその価値を認識し，より大きな対価を支払ってくれることが期待できる。

8-1 顧客の社会的価値の向上が実現される対象分野

それでは，どのような分野で自社（サプライヤー）は，顧客の社会的価値の向上に貢献できるのかを考えてみたい。

(1) 地域の環境・産業・コミュニティへの貢献

工場での生産など，その地域で活動を行えば，地域との関係は水や空気の利用・排出や地元の仕入先からの購買，そして従業員の採用，地方自治体や地域の業界団体との関係など，その地域との良好な関係性維持は重要となる。サプ

ライヤーの製品は，顧客の生産活動で使われることが多いので，顧客のこれらステークホルダとの良好な関係の構築に貢献することができれば，自社（サプライヤー）の顧客提供価値拡大につながる。

（2）地球環境への貢献

二酸化炭素の排出や原料調達国での環境汚染など，自社の生産などの活動が地域を超えて地球的規模で環境にインパクトを与えるようになると，地球規模で環境負荷の低減が求められるようになる。この点でも，上で述べたように，サプライヤーの製品は生産活動に使われることが多いので，サプライヤーとして顧客に追加的な価値を提供する機会がある。

（3）科学・技術への貢献

自社の直接的な利益を超えて，人類の進歩など社会全般の視点から科学・技術の育成に貢献するための活動を行っている企業もある。ただし，サプライヤーの視点からは，自社が提供する製品やサービスを通じてという制約がある中で，この部分での顧客への提供価値機会は限定的と思われる。

（4）その他，社会福祉，文化・芸術などへの貢献

自社の活動とは直接関係ない分野で，フィランソロピーやメセナとして社会福祉や文化・芸術などの育成に貢献している企業は少なからず存在する。しかし，上と同様に，サプライヤーとして顧客価値提供機会は限定的と想定される。

8-2 顧客の社会的価値向上の事例

以下にサプライヤーが顧客の社会的価値の向上に貢献している2つの事例を挙げる。

A社は，無線関連装置メーカーで，主に携帯電話の基地局など向けのアンテナを生産している中堅企業である。通常携帯電話の基地局用のアンテナは，ビルの屋上や専用の鉄塔上に設置され，灰色の筒が空に向かって複数突き出ているという形状が多いのだが，このような形状は観光地の街のように景観を重視する場所には適していない。そこで同社は，建物の壁面に設置し景観に配慮した目立たない平面構造のアンテナを開発し，携帯電話会社に納入している。

携帯電話会社にとっては，携帯基地局用のアンテナを設置しても地域の景観を損なうこともなく，加えて従来設置できなかったような場所にもアンテナを設置することで，通信品質を向上させることができる。

コマツは自社で開発したGPS・通信インフラを利用したKOMTRAX（建設機械の稼働状態などを把握できるシステム）を自社で販売する建設機械に搭載している。このKOMTRAXを利用したサービスに「省エネ運転支援レポート」がある。顧客企業はこのサービスを利用することにより，保有する建設機械の現状での二酸化炭素の排出量を把握し，そのデータを使って建設機械の適正運転の実現を図り，二酸化炭素の排出を抑えることができる。コマツでは，このKOMTRAXを利用したサービスの他にも，自社で運営する建機教習所（コマツテクノセンター）で，省エネ運転の講習も行っている[7]。コマツの顧客である建設会社は，このようにコマツが提供するサービスを利用し，地球環境への負荷を低減することで，社会に自社の環境対応活動をアピールすることができる。

9 おわりに

以上，顧客提供価値を拡大するためのモデルVACESを紹介してきた。

BtoB企業（サプライヤー）において，日々の経営や新事業企画，新商品企画の中で，これら顧客提供価値拡大の視点を強く持つことで，長期的な収益の拡大が可能になる。そして，このような顧客価値拡大を経営の中心に据えることにより，従来のQCDを中心とした『モノづくり』から，自社の活動対象を広げ，そしてその結果継続的成長を促進する『価値づくり』に転換することで，これから益々熾烈になる新興国企業との競争に勝ち続けることができるようになる。

今，まさにVACESのような顧客提供価値拡大の視点に基づく経営が，日本企業に強く求められている。

浪江一公

参考文献

1) 日経ビジネス（2010年4月19日号）「チームで挑む中国市場」，P.49，P.51．
2) 日本経済新聞（2005年7月15日朝刊）「私の履歴書　島野喜三（14）」。

3) 日経ビジネス（2014年12月22日号）「ものづくりの未来を変えるGEの破壊力」, P.32.
4) 日経ビジネス（2010年4月5日号）「鉄道の職人，中国へ」, P.48, P.49.
5) ファナックウェブサイト　http://fanuc.co.jp/ja/training/index.htm。
6) 日本経済新聞（2014年11月26日朝刊）「私の履歴書　坂根正弘（25）」。
7) コマツウェブサイト　http://dcnwis99.komatsu.co.jp/service/product/komtrax/#energy_saving。

■マーケティングの新たな展開と価値創造■

変革の時代を拓く価値創造戦略の本質

第5章

――マーケティングの本質的理解を通じ，徹底した顧客視点で事業を推進する経営感覚を磨き上げ，事業変革推進の礎とする――

■ 1　はじめに

　本章は，筆者が大手商社マンとして国際経営に携わってきた17年間（二年間の米国大学院留学を含む）の経験，過去19年間，多くの企業様で経営幹部育成を支援して来た研修トレーナーとしての研修現場の実感値，そして日本工業大学専門職大学院での４年間の"価値創造戦略"（マーケティングの本質）の教鞭の実績をベースに，マーケティングの現状と将来の貢献に関し，実践的な観点から述べるものである。

　本章は二部構成になっている。第一部では，"現状のマーケティングに関する考察"，第二部は"将来のマーケティングに関する考察"である。第一部では，先ずマーケティングが求められる社会的背景を，変化・変革の時代の特徴と新たな経営展開の前提条件という観点から考察をする。次に，その状況の中で働く人々の現状を"疎外"の観点から考えてみたい。そして，マーケティングの役割と存在意義に触れ，マーケティングの本質的な意味を改めて共有化した上で，マーケティングの教育者の立場から，どの様にマーケティングの本質を受講者の腑に落として行くのか，受講者の陥りがちな13の代表的な状態を描き，そこからの脱皮という観点から述べる。第二部では，欧米型の経営スタイルと日本的な経営スタイルの違いからマーケティングの存在意義を述べ，現状の厳しい経済状況だからこそ日本型経営の強みが発揮できる機会である事に触れる。そして，今後の日本企業の成長に向けた三つの課題を明示し，その課題解決に向けマーケティングがどの様に貢献できるのか考察を深めて行く事にする。

第一部：現状のマーケティングに関する考察

■ 2　本論文の意義

　現代は，過去の成功体験の延長線上に事業の未来が描ききれない"変化・変革の時代"である。本論文は，この様な状況の下，困難な課題を果敢に克服し，高い志を通じ，事業成長を真摯に探求する企業経営者・組織管理者の皆様に，事業成長に向けた一つのご提案をさせて戴きたい。

　外部環境の変化が激しい時代，今までの仕事の進め方やマネジメントに対する価値観が，時代の変化の中で不適合になり，過去の成功体験こそが成長の制約条件になっていたり，"自社内部の常識が顧客の非常識"となる状況に陥る可能性が増している。顧客欲求の本音の進化のスピードの方が，内部の意識変革のスピードよりも早い時代となり，今までのやり方の踏襲こそが，事業を危うくすると言っても過言ではない。この様な状況の下，今まで培って来た組織風土や企業文化に安住する事無く，そこから果敢に脱却し，徹底した顧客視点で新たな価値を生み出す"変革型経営リーダー"[1]として活躍する事が，時代からの要請となっている。

■ 3　マクロの外部環境変化の視点から事業を捉える必要性

　ところが，多くの職場の現実は一歩間違うと，知らず知らずの内に顧客不在の内部基準に陥り，忙しい事を言い訳に"当面，当面，また当面"と目先に起こった緊急度の高い問題に状況対応する事に振り回され，本来の目的を見失って，手段の目的化に陥ってしまう可能性がある。そして，お互い何らシナジーを生まない個別最適的な意思決定をバラバラに行い，場当たり的な日常の職務執行となり勝ちである。頑張れば頑張る程，近視眼的となり，あたかも自らの職務中心に世の中が動いているかのような錯覚に陥り，目先の作業に埋没する事となる。"資源の有限性"は経営の大前提である。それを言い訳にして，状況対応的なマネジメントに身を任せていては，そのリスクから中々脱却できないのは自明の理である。経営者にとって，"忙しい"と"足りない"の言い訳は禁句で，寧ろそれを前提に，どの様な新たな価値を創造して行くのか，ここに経営手腕が試される訳である。

上記の職場の現実を是としていては，大きな事業成果は望めない。実は，マクロの外部環境の変化の中で，業界の立ち位置も決まり，その業界の方向性を見据え，自社の経営戦略も策定され，そして事業戦略，部門目標，個人目標に具体化されて行くのだ。従って，まずは"変革型経営リーダー"として広く外部環境変化に目を向け，マクロの視点からミクロに下る経営感覚もしっかりと身に付けて置く事が肝要である。そこで，何故，今，マーケティングが事業成長の要として求められているのか，企業経営を取り巻く社会的背景と環境変化の観点から，考察をしてみたい。

3-1 "変化・変革の時代"を捉える二つの経営的視点：

　誰に聞いても唯一の正解はなく，どこを見ても状況は曖昧，そして，企業の内部の基準とは無関係に顧客ニーズはスピーディーに変化する，とは多くの現場のマネジャーの危機感である。確かに経営に唯一の正解はないだろう。しかし正解が無いという前提では論旨展開が曖昧になるので，私なりに，"変化・変革の時代"を捉える二つの経営的視点を提示したい。常に変化を先取りし，単に変化に即応するのではなく，"変化を創る側"に立ち，新たな価値を創造する喜びを経営の醍醐味にして行って欲しいという期待からである。

　二つの視点とは，

①競争相手がどこから現れるか判らない変化の時代，
②お客様から厳しく選別の目を向けられる変化の時代，

と言う認識である。そのポイントを以下に申し述べる事とする：

①敵がどこから現れるか判らない時代：
　様々な業界の競争状況の変化を見てみると，今まで想定していなかった代替技術や新規参入者が脅威となって顕れている。ところが，多くの経営リーダーの認識は，"ある日突然代替技術が，ある日突然新規参入者が業界に参入し，業界内の競争状況はテンヤワンヤです……"というものである。私なりにその業界の過去の動向や置かれている環境要因を振り返ってみると，微弱であったかも知れないが，5～6年前から"今までの古い価値観の延長線上で，良かれ

と思って顧客対応していると，顧客のハートを射止め続けるのが難しいですよ！"という"警告信号"がマーケットから出ていたのだ。実は，外部環境の変化に目を向けることも拒み，顧客欲求の進化に目を向ける事をも怠り，そして競争相手の動きの変化にも関心を払わない，その内部志向から脱却できていない古い企業体質にその原因であることに企業側が気付いていない事こそが問題の核心なのだ。従って，皆さんに提言したい。

提言1："ある日突然代替技術が……"という言い訳は決してせず，意識的に5～10年先の環境変化に対し仮説を立て，業界以外の新規参入者が，或いは代替技術が自社の競合となって必ず降りかかってくるとの前提で，環境分析・競合分析を行い，有効な戦略立案に活かし，差別化の決め手を打ち出す経営感覚を大切にして欲しい。

②お客様から厳しく選別の目を向けられる変化の時代：
　お客様のご要望が理不尽になり対応に苦慮している，という声を多く耳にするようになった。5年前，10年前では決してクレームの原因にならなかった要因で，所謂"うるさ型の顧客"ではなく一般顧客が，例えばホテルのチェック・アウトの時に激怒するという訳である。勿論，"理不尽"と感じているのは企業側の本音で，そこに嘘は無い。しかしながら，何故その様に感じているのか，その核心的原因に目を向けない限り，問題の解決にはならない。企業経営を取り巻く社会的背景と環境変化の観点から，私が認識する核心的ポイントのみ，まず以下に述べる事とする。

"企業主導型の経営戦略の時代"から"顧客主導型の経営戦略の時代"へのパラダイム転換：
　バブル経済までの企業活動を取り巻く環境は，言わば"企業主導型の経営戦略の時代"であったと言える。簡単に言えば，渇望感を持った顧客が市場に溢れるその一方，良い製品を開発し安く市場に提供できる企業の数の方は限定的であった。一方，企業側が圧倒的に多くの情報を保有していた。従って，豊富な情報を背景に，良いものを安く提供できる企業側が顧客をリードしていたのだ。その中で，"顧客"とは，企業側にとって"提供する製品やサービスに対し，嫌々でも対価を支払ってくれる存在"であったと表現できる。その当時の

経営の暗黙の前提は，"良いものを安く"市場に提供すれば必ず求める顧客はいるというものであった。畢竟，企業収益の源泉は，市場にあるのではなく，企業内部にあったとも言え，規模の経済の実現と内部オペレーションの効率化，そして製品の普及こそが経営の要であったと言える。一言で表現すれば，"作れば売れる"時代であったのである。成功モデルの代表が松下幸之氏の"水道哲学"[2]が挙げられよう。

ところが，バブル経済崩壊後の状況は，"顧客主導型の経営戦略の時代"に突入したと言えよう。製品やサービスの供給過剰と高度情報化社会の進展の中で，現在足りないのは"良い製品やサービス"ではなく，それを求める"顧客の数"である。顧客側が複数の選択肢を持って居り，企業を選別する目が益々厳しくなっているのが現状だ。ビジネスの主導権は顧客が握っているという認識が不可欠だ。また，ネットを通じ顧客がコミュニティー化し，豊富な情報をいち早く入手，共有化し，企業を厳しく選別できる力を持つ様になった。従って，コミュニティー化した顧客が，"最大の脅威"にもなるし"最良の味方"にもなる状況となっている。従って，

提言２：意識的に"顧客参加型"の商品開発や成長戦略を，賢く展開する事を推奨したい。

かかる状況下，顧客の存在とは，製品やサービスという手段に対価を払う存在ではなく，その手段提供を通じて実現している"価値に対して喜んで対価を払いたい欲求を持っている存在"と再定義すべきなのだ。その結果，企業活動の目的は，単に良い製品やサービスを安く顧客にお届けするだけではなく，"ターゲット顧客の求める価値を組織一丸となって提供し，顧客欲求にお応えする事"に変わってきている（顧客の欲求が満たされると，それが顧客のハートの中で満足に昇華し，その満足に対し喜んで対価を支払って頂ける訳である）。場合に依っては，顧客側の感性の進化のスピードの方が企業内部の意識変革のスピードよりも早く，顧客の本音を先取できない企業は，結果的に市場変化に取り残され，厳しい状況に置かれている[3]。

それにも拘らず，多くの企業の現実は，知らず知らずの内に顧客不在の内部基準に陥り，顧客を目標達成の"かも"にしながら，企業側の理屈で"顧客の本音を操作する"事に腐心しているのだ。お客様の為と言いながら，顧客からクレームがあったら巧みに"自分達は悪くない"という言い訳が出来る予防策

にばかりに目が向き勝ちである。そして，自分達の古い事業姿勢こそが，時代の変化の中で不適合になっている事に気付かず，あたかもクレームしている顧客側が悪いかのような発想に陥っている企業が多いのが現実だ。従って，

提言３：顧客欲求の本音の進化のスピードの方が，企業内部の意識変革のスピードよりも速い時代という認識が重要である。従って，顧客欲求の本音の代弁者になる為の不断の努力が求められよう。時代の変化の中で，"自社の常識が顧客の非常識"になっていないか，自社の活動価値観が時代の変化の中で不適合になっていないか，問い直す謙虚さが求められる。

3-2 変革型経営リーダーに求められる発揮能力：

その中で，"変革型経営リーダー"に求められる発揮能力は以下の二つに集約される。

①**意思決定能力**：先の方向性について，明確にビジョンを打ちだし自ら腹を決める。

経営者の任務の一つは，どこにも答えが無く曖昧な状況の中で，"意思決定する事"である。従って，巧みに意思決定しない状況を部下に託している経営リーダーは職務を全うしている事にはならないのだ。

②**課題解決能力**：描いた未来を実現する為に事業変革課題を設定し，変革を実現する為の戦略の決め手が打ち出せる。

詳細なポイントに付いては，以下の展開の中で段階的に述べて行く事とする。結論的に言えば，設定した変革課題は，核心的かつ有効なテーマと言えるか，という事である。抽象度の高い課題設定に留まっていては，有限で貴重な経営資源が分散し，結局のところ頑張っても成果が望めないテーマに取組み続けるリスクから脱却できず，組織が疲弊する事となる。〜強化，〜徹底，〜推進，〜構築，〜向上という言葉で締めくくられている課題に関しては，核心的な課題に向けた入り口に立っている段階との認識が大切であろう。

4 "変化・変革の時代"を拓く事業展開の前提条件

（継続的な事業成長を実現する為に）：
このような経営環境の中で成果を上げて行く為には，何を経営展開の前提条

件としてマネジメント展開すれば良いのだろうか？　実は，以下の三つの前提条件を踏まえた経営展開が時代からの要請となっている：

4-1 │ 顧客視点

　上述のような大きなパラダイム転換があるにも関わらず，未だにかなりの日本企業の現場では，"変革"を標榜しつつも，知らず知らずの内に，"良いものを安く"作って売る事が活動の主眼になっている現状があると認識している。その結果，極端に言えば，"お客様の為"と言いつつも，知らず知らずの内に顧客不在の内部基準に陥りがちで，気付いてみたら，目先の緊急度の高い問題に状況対応し，職場の中は右往左往の"もぐら叩き"状態に陥りがちだ。そして，気付いてみたら，頑張れば頑張る程，"皆で真面目にこつこつ会社を潰していた"とう状況に嵌っているケースさえある。勿論，顧客の事は当然考えてはいるのだが，それは企業側の立場から"顧客を対象化"はしていても，"顧客の立場に立って"自社の体制や価値観を変革しているとは言い切れない状況だ。この場合，経営的に考えれば，より良い事業展開をする"前提"は踏まえていても，顧客のハートを射止める"決め手"に欠けている事となる。

　ここで注目すべきは，仕事のプロとしては優秀な個人が，集団での行動になると挙って，顧客不在の組織行動に陥っているケースも多いという事である。"変わらねばならない"と頭では判っていても，中々意識変革が追いつかず，場合に依っては，過去の成功体験をベースに形成された"組織の負のスパイラルの慣性"が，事業成長の制約条件になっている事さえあるのだ。因みに，この状況を私は，優秀な人材が"組織の魔力"に嵌ると表現している。

　従って，どんな優秀な企業も一歩間違えば上記の"組織の魔力"に嵌るリスクがある事を前提として，経営展開すべきであると言える。即ち，徹底した顧客視点で事業体制の再構築を行い，新たな価値を生み出す事を経営テーマとすべきだろう。ここに，マーケティングが時代から求められる所以がある。"寝ても覚めても顧客視点"を組織の共通価値観として浸透させる意識なマネジメントが求められよう。

　意識改革を伴った風土改革と人材育成は，会社を変革して行く為の車の両輪である。それでは，事業成長に向けた要は何か？　それは，いつでもお客様の視点で仕事を展開する姿勢が組織に浸透し定着化している状態を必然化する事，いつでも過去の成功体験に安住する事無く，変革を通じ新たな価値を楽し

く生み出して行くという姿勢が当たり前に浸透している状態を必然化する事，この"顧客意識"と"変革意識"がOJTを通じて組織風土に浸透している状態を必然化し，その闊達な組織風土こそが競合他社との差別化の決め手とする意識的なマネジメント展開が，"変革型経営リーダー"に求められている。

4-2 価値創造

　企業主導型から顧客主導型へ経営パラダイムがシフトした中で，経営の"成功の決め手"が変化した。企業主導型の時代に於いては，"良い製品を安く作り，ご提供する事"（内部基準）が決め手であった。勿論，今でもこの姿勢は重要である。しかし，顧客主導型の現状に於いては，それは良い仕事を展開する"前提"であって，多くの場合"成功の決め手"になっていないのだ。具体的には，"変革の時代"に於ける事業成功の決め手とは，以下の三つの問い掛けに答えを出すことが肝要である。それは，

1）提供すべきは顧客価値，
2）満たすべきは顧客欲求，
3）残すべきは顧客満足（CS=Customer Satisfaction）

である。自社の取り組み事業は，どういう欲求を持った顧客をターゲット顧客と定義し，組織を挙げてどの様な価値を創造，提供し，その結果，どの様な満足をターゲット顧客の心に残すのか，この三つの問い掛けに明確に答えを出す事が重要である。言わば，"価値創造型経営の展開"こそが，事業成功の決め手となっている。因みに，価値創造型経営とは，顧客価値最大化に向け体制を整え，資源集中し，お客様と共に成長する事を目的とした経営展開の事である。更に発展的に表現すれば，単に競争原理の中で勝つのではなく，全くの異次元で，変革を通じ，新たな価値を創造する事を実践する事である。そして，最大の顧客価値をソリューションとして顧客に提供し，顧客の課題（お悩み解決，自己実現の欲求に応えている）を解決する事が肝要だ。顧客が自らの可能性の開花に向け，喜んで"投資"をして頂ける状況を作っていると言っても過言ではない。

　ここで大切な事は，CSの向上は"結果"であり，経営者が真剣に取組むべきテーマは，組織間連携や部門間シナジーを通じ，高い顧客価値を創造，提供

出来る体制作りと意識改革を伴う人材育成である事をここに明記して置きたい。

4-3 目的思考

　厳しい時代でも元気の良い企業は，自らの存在を賭けて次世代の子供達にどんな豊かな未来社会を実現したいのか，明確にビジョンを描き，その実現に向け事業成長に向けた変革課題を形成している企業だと言えよう。その意味で，今までの常識や慣性を果敢に問い直し，新たな前提を置いた上で，事業成長に向けた変革課題を形成し，課題解決に向けた有効な戦略立案と変革推進を未来志向で実践して行く事が変革型経営リーダーに求められている。具体的には，単に起こった問題に対処する"問題解決"に留まらず，"課題解決型"の経営感覚を身に付け，より良い職務推進に活かす事が時代からの要請となっている。問題点だけ修正しようとすると，それだけに拘り，組織も人も小さく纏まり，守りに入る。"やりたい事"や"大きな目的"が明確にあり，それが自らの言葉で正確に表現されると，内側から未来を拓くエネルギーが迸り，今問題だと思っている事が実は問題ではないと判り，ステージアップの原動力となる。

　ここで大切な事は，"問題解決"と"課題解決"の違いを明確に認識して置く事である。即ち，"問題"には過去の事実の中に必ず核心的原因があるが，"課題"には原因がない。課題は設定するもので，設定する基準は"志を込めたビジョン"である。従って，ビジョン無き経営リーダーは，起こった問題を解決し職場改善は出来ても，課題解決を通じた"変革"の実現には程遠いのが現状だ。

　"課題設定"には，大きく三つのレイヤーがある。一つは，経営者の視点から事業成長に向けた変革課題（事業変革課題）を設定する事。二つ目は，組織管理者として担当組織のビジョンを打ち出し，変革推進して行く為の課題（事業推進課題），そして三つ目は，志の高い経営リーダーとして自らのキャリアビジョンを実現する自己変革課題の設定である。"課題解決"と一口に言っても，この三つをしっかりと切り分けて論議する事が大切である。但し，課題解決を考えると言った瞬間に，夫々実現すべき"事業ビジョン"，"担当組織のビジョン"，そして志の高い経営リーダーとしての"キャリアビジョン"が明確に表現されなければ，実は"課題"になっていないとも言え，実現すべきビ

ジョンがあって初めて，核心的な課題設定が実現するのである。

　因みに，"原因思考"の強い会社は，過去の成功体験の延長線上で経営展開している会社であることが多い。歴史が長く，成功体験が幾重にも組織の内部に階層化し，変革の敵が組織内部に存在するという特徴がある。例えば，過去の成功体験に捕らわれている直属の上司が，自らの経験則で良かれと思って部下指導に取組んでいる場合など，その上司が"善意の悪魔"となり，部下の変革の意欲を摘んでしまう事さえあるのだ。

4-4 総括

　上記三つの前提条件を踏まえた経営を展開しないと，マーケットの選別の目は厳しいという実例は，枚挙に暇が無い。世界の一流企業と言えども，内部基準，開発思考，原因思考に留まり，顧客不在の内部基準で"黄金の製品"を作っても，お客様のご支持を得られないのが現実だ。上記前提条件を踏まえた，意識的な経営展開こそがより良い成果を残して行ける土台である。ここに，マーケティングが今日的な経営の要になっている理由が存在するのである。

　マーケティングの本質的理解を通じ，徹底した顧客視点で事業を推進する経営感覚を磨き上げ，事業変革推進に活かす事が経営の核心的テーマとなっている。

5　その中で，働く人々の現状は？（職場の現実から実感される働く人々の現状に関する考察）

　一方で，かかる状況下，働く人々の現状は，職場では益々多忙を極め，閉塞状態の中で高い目標の達成に向け，疲弊しつつも多くの人達が真剣に職務に取り組んでいる。また，経営の質を高める為，バランス・スコアー・カードなど，欧米流の経営施策が導入さるケースも多いのが実情だが，精緻な仕組みが導入されればされる程，その管理運営コストが増大し，本来の導入の目的が見失われ，仕組みを何とか回すことだけが暗黙の目的に摩り替わってしまうケースも多いと認識している。

　ここからは，私自身のビジネス経験と企業経営幹部育成支援の取り組みから導き出した一つの仮説であるが，かかる状況下，組織で真面目に働く人々が，

一歩間違うと，いわゆる"疎外"（Estrangement：Alienation＝人間が作ったものに使われ，本来の自分を活かせなくなる事）状態に陥り，何とか職務上の役割は遂行するのだが，多忙と閉塞の中，本来の自分を見失い，組織上の役割が自身の人格に化けてしまう状況が加速していると実感している。真の自分の表現を失い，組織の都合や役割が知らず知らずの内に優先され，自らの存在も対象化し（哲学の言葉で表現すれば"存在者"になってしまっている），組織に従属させ，また，その方が心地よいと感じてしまう魔のループに陥っているとの懸念を，私は抱いている。そうだとすれば，一生懸命働けば働く程，真の自分を喪失し，人としての内面の豊かさを犠牲にしている事になりかねない。

但し，資本を成長させる為に資本を再投資し，"自由競争"の大原則の下，弛まない差別化努力を通じ利潤追求して行く資本主義経済に於いては，資本を増やせる人材と仕組みが優先されるのは，ある意味で，やむを得ない事である。従って，一歩間違えば，企業が頑張れば頑張る程，新たな施策を導入すればする程，多かれ少なかれ，個人レベルでは"疎外"状態が深まって行くという矛盾との葛藤の中で，多くの人々は日々生きているとも言えるのである。即ち，日々の職務に忠実に，真剣に取り組めば取り組む程，真面目であればある程，自らの魂が内側から抜かれ，自分の人生の目的を見出せない言わば"アノミー（anomie）"状態に陥るリスクが高まると思われる。更に，そのプロセスに身を委ねる事に寧ろ快感を覚えてしまい，それが自分の本質であると見誤ってしまうという現実も一部にはあると思う。本当の自分が見えなくなり，活かされていない事は感覚的に判るのだが，どうすることも出来ず，結局は，体制に従っている方が楽になり，益々疎外状態が加速する結果となる。本当の自分が活かされていない事に，無意識ではあるが"苛立ちを覚え"，しかし，どうする事も出来ない閉塞感の中で，人によっては，内面の奥深い所で"真の自分を生きていない悲しみ"を感じていると映る。それにも拘わらず，その現実を認めたくないとの心理状態の下，より一層日々の職務に頑張り，更に深い疎外状態に陥って行く，そんな負のスパイラルに入っている側面も痛切に感じている。

しかしながら，だからといって，資本主義を否定する立場に立つという単純なスタンスでは，現実社会は何も変わらないし，変えて行けないと思量する。だからこそ，私は，その矛盾を正しく理解し，その矛盾が起こりうる事を前提として，一人一人の経営リーダーが真の自分を生きて行く事（真の自分を認

め，生き始める）を，徹底して支援する取り組みに挑戦し続け，そのミッションを探求する事に自らの存在意義があると確信している。

6 変革の時代を拓く経営の要とは？（事業成長の一つの"決め手"として）：

　それでは，上記の状況を踏まえ，何が経営の決め手となっているのであろうか？　実は，事業成長に向けた有効な視点として，また，その決め手の一つとして，マーケティング的なものの見方・考え方を活かし，徹底した顧客視点で自社事業の現状を振り返り，未来を拓く成長戦略を考える事が，有効となっている。マーケティングの本質的理解を機軸にした，"価値創造戦略の立案と展開"こそが，時代からの要請であり，事業成長の"決め手"の一つとなっているのである。

　経営者は勿論の事，企業活動を通じて仕事の成果を残そうと努力する人々は，顧客の中長期の支援を得る事が質の高い経営展開には不可欠である。その意味で，変革の時代を拓く組織の行動原則としてのマーケティングの本質を，階層を問わず組織で働く多くの人々が体得する事は意義深い。経営リーダーは，その本質を仕事のプロとしての職務展開に活かし，結果的に，お客様に真にお役に立て，顧客と共に成長して行ける現実を創り，充実感を覚えて行く事が重要である。場合に依っては，自らの自己実現の一端であると実感し，心の芯から元気になって行けるきっかけを得ていると言っても過言ではない。その意味で，顧客に軸足を置いた事業の再構築の実現や，お客様から選ばれ続ける事業成長に向け，マーケティングの本質が，多くの組織の中で浸透し，"共通言語"として経営資産化する事が大切である。

　私は，働く人々を心の芯から元気にしたい，日本企業が内側から元気になって欲しい，そして，自らの存在を賭けて常に全身全霊で人々に関わり，少しでもその事にお役に立つ存在でありたいとの本音を大切に，日々仕事に邁進している。

　上記のマーケティングが求められる"社会的な背景"と"働く人々の現実"，その中でのマーケティングの存在意義を踏まえ，マーケティングの本質的なメッセージ，そして今後の方向性に関し，以下に段階的に述べて行く事にしたい。

第5章　変革の時代を拓く価値創造戦略の本質

6-1 マーケティング的なものの見方・考え方とは？

それでは，マーケティング的なものの見方・考え方とは，どういう事なのであろうか？

マーケティングと言うと，多くの人が，"市場調査の事です"，"販促です"，"広告宣伝です"，"経営企画です" と言うように，マーケティングの側面的な活動にのみ目が向き勝ちであるが，実は，その定義はより広く，経営の意思決定に直結する全体最適的な，事業全体を俯瞰する考え方である。その本質を探る為に，マーケティングの原則的な定義である，フィリップ・コトラー教授の言葉に目を向けよう：

・マーケティングとは，価値を創造し，提供し，他の人々と交換することを通じて，個人やグループが必要とし欲求するものを獲得する，社会的・経営的過程である。

まさに，顧客は価値に対価を払う存在である事を前提としている。お客様に最大の価値を提供し，価値との交換で対価を頂き，顧客と共に成長して行く事業プロセス全体が，マーケティングのテーマと述べている。従って，一般的な印象である上記のような部分最適的な捉え方は，マーケティングの本質に目が向いているとは言えないのである。

因みに，マーケティングの本質を表す四つのキーワードは価値（Value），創造（Creation），交換（Exchange），欲求（Wants）の四つである。

更に，私なりにその論点を掘り下げれば，マーケティングの定義は以下の通りとなる：

⇒ターゲット顧客に最大の価値を提供し，がっちりと顧客のハートを射止め，顧客と共に成長し，お客様から選ばれ続ける事業を確立する。提供すべきは顧客価値，満たすべきは顧客欲求，残すべきは顧客満足，その目的実現に向けた，"価値創造戦略の立案と展開" こそが，マーケティングの大きな意義である。従って，"マーケティング的なものの見方・考え方" とは，常に経営者の視点で事業全体を視野に入れ，顧客に最大の価値を提供し，価値の循環を通じた長期的な WIN-WIN の関係を確立する為の組織行動や組織間連携を如何に実現して行くのか，そこに答えを出す事が目的だと言える。即ち，視点は，

常に経営者の視点で事業を俯瞰し，目的は，顧客価値の極大化を通じ，お客様から選ばれ続ける戦略ポジションを築く事なのだ。

6-2 価値創造戦略の基本的な流れと経営的意味：

マーケティングの手法論よりも寧ろ，価値創造戦略としてのマーケティングの経営的意味に関し，そのポイントのみ以下に提示をしたい。更に，詳しくは第7章を参照願いたい。

（１）ターゲティング（顧客思考の徹底の重要性）：
ポイント：
- 顧客ニーズに基づき顧客マーケットを細分化するセグメンテーションが本来は最初のステップではある。しかしながら，経営的観点からすれば，それはターゲティングの意思決定の準備段階と位置付けて居り，ターゲティングの意思決定から入るのが妥当である。
- 顧客・顧客価値を明確にし，顧客基点で事業ミッションを再定義する事が肝要。価値創造戦略の土台と前提を磐石にする事がターゲッティングの経営的な意味・目的である。
- 最もまずい捉え方は"顧客とは当社の製品を買ってくれる人"という意識に留まっていること。そして，"顧客価値は，良くて，安くて，早い"というQCDSの良し悪し程度のレベルだけに留まっていると，それは内部基準から脱却していない証拠。ポイントは，QCDSの内部基準から脱却し，"お客様の受け止め方"に目を向ける経営感覚である。
- QCDSの良さ加減のレベルでは，良い仕事をする"前提"は踏まえているが，差別化の"決め手"が打ち出せていない。変革型経営リーダーは，差別化の決め手を常に先取りする姿勢が重要。
- 経営者の禁句は"忙しい"と"足りない"。資源は有限である事が経営の前提。その上で，どう付加価値を付けるかが鍵。それを言い訳にしていては，経営は成り立たない。従って，資源は有限であるから，経営リーダーは，選択と集中を通じ，資源を最適配分し，経営効率を最大化する事が任務。
- 経営的には，顧客視点に立脚し，改めて事業ミッションを再定義する事が有効（顧客は"3ミリのドリルが欲しいのではなく3ミリの穴に対価を支払う存在"）。お客様の立場にたって改めて，自社事業は"何屋"なのか再定義し，

変革に向けた組織の行動変容を実現する（Ex.：IBMは，事業ミッションの再定義（1993年）を通じ，成長への復活を遂げた）。
- ES（Employee Satisfaction＝従業員満足度）の向上があって初めてCSの向上が実現できる。

（2）ポジショニング（競争戦略の核心）：
ポイント：
- 差別化の成否は顧客が決める（内部規準ではなく，"顧客の受け止め方"が成否を決める）。差別化している"つもりの自分"では駄目。"自社の常識は顧客の非常識"になっていないか，"過去の成功体験が成長の制約条件になっていないか"振り返る事が極めて重要（古い組織慣性の打破）。
- 3Cの関係（Customer, Competitor, Company）で自社事業の現状と将来を戦略的に捉える事が大切。
- "やるべきでない事を選択する"意思決定（マイケル・ポーター）が経営者には求められる。"業界の非常識で顧客のハートを射止められれば"，それが，敵が真似できない差別化となり，トレード・オフの関係を戦略的に築けた事となる。
- "スピード"と"システム"による差別化（ビジネス・モデルでトレード・オフを築く）が，今日的な差別化の決め手となっている。
- 敵に勝つためには，敵を潰す事に資源集中するのではなく，敵よりも早く顧客のハートを射止める事が肝要。敵を潰す事に資源集中すると，多くの場合，"顧客不在"となり，顧客価値の最大化に向けた資源配分が疎かになり勝ちである。敵よりも早く，お客様に選ばれる事に依って，競争優位の状況に置いて頂ける。顧客の後ろ盾が決め手。

（3）マーケティング・ミックス（戦術展開の最適組み合わせ）：
ポイント：
- 戦略実現が戦術展開の目的。確固たる戦略があっても，組織行動を通じた戦術面が一貫していないと，戦略実現は叶わない。
- 4P（Products, Price, Place, Promotion）の最適組み合わせを通じた，一貫性のある組織行動をやり切ることにより，相乗効果を伴って，戦略実現する事が肝要。

●戦略推進が，本当に顧客視点で実践されているかどうかを振り返る為には，4Cで組織行動を振り返ると良い：4Cとは，

Products=Customer Solution
Price=Customer Cost
Place=Convenience
Promotion=Communication

（1）（2）は価値創造戦略の戦略立案レベル，（3）は戦略実現に向けた戦術レベル。戦略と戦術の一貫性を通じ，卓越した顧客価値の創出を通じた，事業の大きな成長の実現が目的。

図表5-1　価値創造戦略の基本的な流れ：

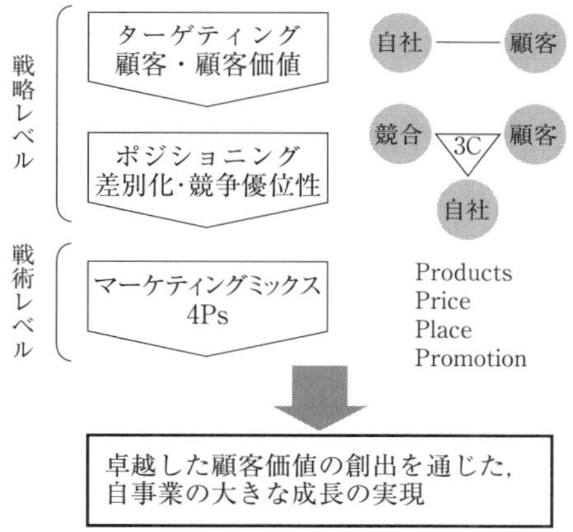

戦略レベル
- ターゲティング　顧客・顧客価値
- ポジショニング　差別化・競争優位性

自社 ─── 顧客

競合　3C　顧客
　　自社

戦術レベル
- マーケティングミックス 4Ps

Products
Price
Place
Promotion

↓

卓越した顧客価値の創出を通じた，自事業の大きな成長の実現

7　マーケティングの本質を探究する

上記のポイントから更にマーケティングの本質に迫れば，それは，"マーケティングの本質的なメッセージを体得する事で，経営リーダーが，仕事のプロとしての自分の存在を確認し，仕事を通じて顧客と共に成長して行ける充実感の中で，本当の自分を再発見し，成長への希望の兆しを獲得する事"と考えている。企業の組織行動が"組織の魔力"に嵌らず，働く人々が資本主義経済の

矛盾から来る"疎外"状態から脱却し，真の自分を活かして仕事の成果を上げる事が大切である。

それでは，マーケティングの本質をどの様に，変革型経営リーダーの心の中に体現して行けるのであろうか？

本章では，筆者の独自性の高い視点から，論旨を展開して行く事としたい。大手商社マンとして国際経営に携わってきた17年間の経験，過去19年間多くの企業様で経営幹部育成を支援して来た研修トレーナーとしての実感値，そして日本工業大学専門職大学院での４年間の教鞭の実績をベースに，マーケティングの教育者の立場から，

１）多くの受講者が陥りがちな13の典型的な発想やモノの見方・考え方を明示し，

２）教員・トレーナーが，今一歩踏み込む事で受講者の気付きを深め，意識変革のきっかけを提供し，

３）受講者が講義・研修後，気付き・学んだ事をより効果的に職場で活かして行こうと動機付く，或は，

４）自社事業の現状と将来に関し徹底的に考察する為のブリッジが受講者の視点から見るとスムーズである，

と言う観点から実践的に考察したい。本アプローチは，私ならではのユニークな展開だと思われる。又，双方向のやり取りを通じ，受講者に深い気付きと洞察をもたらすという関わりは，社会人教育に不可欠な要素であるとの認識から，敢えて，以下の展開を試みた：

7-1 "顧客"の捉え方が，"当社の製品を買ってくれる人"のレベルに留まっている：

受講者の"お客様"の定義が，上記では，ほぼ思考停止状態と言っても過言ではない。また，せいぜい，事前学習の内容を見ても，顧客実名を挙げるに留まっているケースも多い。これでは，顧客を設定はしているが（見てはいるが），対象顧客を明確にしているとは言えない。教員・トレーナーの姿勢としては，このレベルで受講者に妥協してはいけない。"お客様は誰？"との問いかけには，お客様とは"どんな欲求を持った存在なのか"を明確にする事が肝要なのだ。自社の持てる資源を最大限に活かし，どの様な欲求を持った存在を顧客と定め，その欲求に応えて行くのか，その意思決定がまさにターゲティン

グの要諦である。

　また，Ｂ２Ｂの場合は，顧客の顧客まで自らの顧客と定め，消費者の動向を一次顧客以上に知っていて，一次顧客が自社の競合と差別化できるその決め手となるソリューションをパートナーとして提供できる事が重要なポイントとなる。一次顧客のみが顧客だと考えている場合には，納入業者意識から脱却できず，一次顧客の理不尽な要求に漸く応える事だけが暗黙の事業目的となり，逞しいパートナーとしての認知は低いものに留まりがちである。

　教員・トレーナーは，上記のポイントに関し，受講者がどこまで顧客の存在を捉えようとしているのか，しっかりと見抜き，的確な問いかけをしつつ，顧客を"対象化している状態"から，"自らの存在と貢献を欲する顧客を明確にする状態"に受講者の目を向けさせる事が重要な役割となる。

　その結果，自らの存在が，お客様の自己実現の欲求にお応えし，顧客の成長に少しでもお役に立てている仕事のプロとしての充実感を受講者が自らの内面で再認識し始める。また，組織としては，経営の要諦である"選択と集中"の観点から，誰が本当にご縁のある顧客なのか，しっかりと経営の意思決定をする事こそが，最初の段階で極めて大切であり，この意思決定が不充分であるため，担当組織が"利益無き繁忙"に陥っている現実に深く気付くのである。結局は"顧客の定義"が曖昧なまま頑張っている事が事業成長を阻害している要因になっている事が多い。

　因みに，受講者が，顧客を明確にし，その存在に目を向けて行く深化のプロセスの一例として，以下のステップをご紹介して置きたい：
１）顧客を意識する（顧客は"目標達成のかも"と捉えている段階）
２）顧客に興味を持つ（顧客を対象化している次元）
３）顧客の欲求や本音について考え，調査する（対象化を深めている）
４）顧客の立場に立って自らの事業や仕事を見始める（顧客視点への移動）
５）顧客の自己実現の欲求や顧客の成長に，本気でお役に立ちたいと思う
６）顧客の幸せに少しでもお役に立ちたいと，常に自らを振り返り更に何が出来るのか，改善を図る
７）世の中の為に少しでもお役に立てる自分に充実感を覚え，仕事のプロとしてそのミッションを探求しているプロセスの中に人間の本質と出会っている。

　受講者が，どのレベルまで深化して来ているのか，教員・トレーナーは見極

めながら講義・研修展開する事が大切だ。

7-2 "顧客価値"がQCDSの良し悪しの表現で満足してしまっている：

　誰でも，より良い製品やサービスを安く購入できれば，それに越したことはない。その意味で，より良いQCDSの提供は，その限りに於いて，顧客価値は当然提供している事になる。しかし，このレベルでは，コトラーの満足の三角形で言えば，"Expected"レベルの顧客満足に留まり，言わば"当たり前品質"に留まっていると言える。即ち，当該事業を推進する"前提"は踏まえているが，お客様の選択肢に残る"決め手"が打ち出せていない。製品やサービスという手段の良し悪しの段階だけで顧客価値を論じている場合は，受講者が，いまだに提供企業側の内部の発想に留まっている可能性が高く，より良い製品やサービスの提供を通じて，お客様が自分の意味としてどのように受止めているのか，その価値の深さに目を向ける事が重要なのだ。

　お客様の存在を再定義すべき事は既に述べたが，改めて，顧客とは"提供する製品やサービスという手段を通じて実現している価値に対して喜んで対価を払いたいという欲求を持っている存在"であると認識すべきである。従って，現在の企業活動の目的は，"意識も行動も価値観も，あまねく顧客価値の極大化に向けて統合された組織行動を展開する事"と捉える事が重要である。QCDSの良し悪しの前提から，それらを通じて顧客の受止める意味に視点が移動する事で，漸く，個人も組織も自らの仕事のミッションを，顧客視点で再設定する事が有効だと気付くのである。畢竟，お客様がその提供価値に対し喜んで対価を支払っている，又，顧客自身が，例えて言うなら"対価を支払っている自分が美しい"，と思えるような関係性を，顧客と創る事が肝要になる。誰でも"自らの真のポテンシャルの開花"に向け投資をしたいとの本音を持って居り，その期待に応える事が，ソリューション提案の本質と言える。

7-3 事業ミッションの定義（多くの場合，現実的には，"再定義"）が抽象度の高い言葉の遊びになっている：

　そして，どんなターゲット顧客に，どのような価値の提供に対し対価を頂いている事業に携わっているのか，事業ミッションの再定義を行い，場合によっては，顧客に軸足を置いた事業体制に現事業を再構築する事が，事業成長の課題となって浮き彫りになる事もある。勿論，顧客価値は，単に提供している製

品の良し悪し程度（QCDレベルの良さ加減）では，お客様の選択肢に残るほど差別化が出来ていない。問うべきは，究極の顧客価値とは何か？　徹底的に自問自答を繰り返し，更に，一旦描いた顧客価値を手段と捉えて，次にどんな目的を達成したいのか，どんな究極の価値を顧客に提供したいのか，徹底的に探求する事が大切だ。基本的には，志を込めて目的のレベルを上げれば上げる程，提供すべき顧客価値の領域やメニューは広がる。そして，ある状態と出会うまで探求し，出会った状態を自分の言葉で表現出来て初めて，魂のこもった本物のミッションとなり，周囲の心を動かす"言霊"となる。正に，"言葉は命"である。

その際，以下の四つの視点で探求して行く事が，経営的には肝要である：
1）コトラーの"満足の三角形"のUNANTICIPATEDの潜在ニーズに目を向ける，
2）戦術展開行動を4Pの視点ではなく，4Cへ視点を移動させて考える，
3）顧客の自己実現の欲求に応える施策を考案する，
4）現在・手段・機能・内部基準からではなく，未来・目的・価値・顧客視点で事業ミッションを改めて考える，という以上四点である。

教員・トレーナーは，上記を踏まえ，受講者の思考を深めて行く問いかけを適宜する事が有効だ。但し，抽象度が上がった表現になっている時には，その状態や言葉に出会っていれば，抽象度が高くても問題ではないが，もし，抽象度が高いが故に誰も否定できない"言葉の遊び"で善しとしている場合は，その言葉の背後に，具体的な内容があり表現できるかどうか受講者に問い掛け，明確化を求めている。どのように顧客視点で事業を捉えると，自分も含めた社員が活き活きと元気になり，顧客により良い価値を提供し顧客と共に成長できる道を拓いて行けるのか，正にQUEST（探求）し続ける事が仕事のプロとして重要な姿勢であると言えよう。

因みに，ミッションを持っている仕事のプロは，仕事の本質を探究する喜びと醍醐味を日々味わいながら，仕事の質の向上に向け，終わりなき探求のプロセスに入っていると言える。そして，物事の本質を対象化して求めるのではなく，探求のプロセスの中で動きながら本質に出会うのである。そして，その出会いの喜びを自らの本音の言葉で表現できたとき，その人の存在証明となり，人の心に伝わる"言霊"となるのだと認識している。従って，究極の顧客価値を探求し，事業ミッションの再定義を模索するプロセスの中で，受講者は仕事

のプロとしての自らの存在意義も，実は，感じていて行くのである。

7-4 Value Chain とは，単なるビジネス・プロセスの繋がりの事だと誤解している：

　事業の成功は"偶然"ではなく，背後に，顧客に軸足を置いた組織行動という"必然"がある。その必然を形成している要の一つが，Value Chain に生命線の横糸が通った状態だと言える。多くの企業の現状は，組織の中の自らが所属する部門や担当職務が，あたかも単独で存在し，尚且つ，"最重要な要である"との思いが強い中で，結果的に，組織間連携のフィットが甘くなっているケースが多い。受講者には，その現実に目を向けてもらい，成功の必然（その組織行動を）を，"システム思考"で捉えてもらう事が重要だと認識している。

　"システム"とは本来，"人体"の事を意味する。各部分は異なった機能役割を持っているが，全体として纏まりがあり，そのシステムが目的を持つと，各部分が最大限その目的実現に向けて機能する，それが"システムが全体最適に機能している状態"である。組織行動も"生命体"と捉え，Value Chain の各機能・各部門は体の一部であると考えれば，各機能が顧客価値極大化という目的に向けて全体最適に働いている状態こそがあるべき姿と言える。

　Value Chain に生命線の横糸を通し，意識も，行動も，価値観も，がっちりと顧客のハートを射止める方向に統合し，顧客と共に成長し，お客様から選ばれ続ける為には（価値の循環を通じて，正の成長スパイラルが実現し，顧客と WIN-WIN の関係を確立する為には），部門の仕事を"作業"と捉えるのではなく，顧客価値極大化に向けた"ミッション"と捉えることが重要である。その際，Core Competence の明確化と活用，及び，Value Chain に生命線の横糸を通す事は車の両輪で，同時達成して初めて成果が出るのである。

7-5 差別化は大事だとは判っているが，その本質に目が向いていない：

　後発でありながら市場参入して勝ち組になる為には，既存プレーヤーとの徹底した差別化戦略の立案と展開こそが取るべき施策である。また，潜在ニーズを浮き彫りにし，その市場創造に賭けて行く，経営者の"勇気ある潔い意思決定"がその背後には不可欠である。

　差別化の成否は，提供側の企業の意図によって決まるのではなく，あまねく"お客様の受け止め方"によって決まる。その本質を見失って，企業内部で知

らず知らずの内に"黄金の製品"を開発・製造していても，お客様の選択肢には残れない。コミュニケーションとは相手がどのように受け止めているかで，その有効性が決まる訳だが，正に市場とのコミュニケーションがマーケティングのプロセスであるなら，内部基準で意思決定するのではなく，"お客様の受け止め方"が要である事が改めて認識されよう。

　現実に事業の失敗の様々な事例を紐解くと，提供側の企業が差別化している積りになっているのだが，お客様が自分の意味として受止めていない事が失敗の原因である事が多い。多くの場合，企業側の認識と顧客の受止め方のギャップが，事業の失敗の引き金を引いている。講義・研修の場面では，受講者にその点を鮮烈に意識してもらい，自事業は大丈夫なのか？　真剣に考えてもらう動機付けを充分行う事が有効だ。

　一方，"競合に勝つ"事は"敵を潰す事"に取り組む事だと勘違いしているケースも多い。実は，敵に勝つためには，敵を潰す事に資源集中するのではなく，敵よりも一歩でも半歩でも早く顧客のハートを射止める事が肝要である。その結果，お客様によって，敵よりも競争優位の状況に置いて頂ける事が"勝っている"状態であると捉えるのが本筋である。敵を潰そうとする事に知らず知らずの内に資源集中すると，顧客不在の組織行動に陥り，顧客価値最大化に向けた資源活用が疎かになり，場合に依っては，顧客を犠牲にしてまでも敵を潰そうとする傾向が顕在化してくる事さえある。これは正に，"組織の魔力"に嵌っている状態と言っても過言ではない。この辺の経営感覚も教員・トレーナーはしっかりと身に着け，適切な場面で受講者に問いかける的確さが求められる。

7-6 ｜ ポジショニングとは，ポジション・マップを描く事だと思い込んでいる：

　ポジショニングの定義や要件の詳細に関しては，ここでは触れないが，意外にポジショニングの本質に目が向いていない受講者は多いと，体験的には感じている。

　ポジショニングとは，競合他社との徹底した差別化を通じターゲット顧客の心の中に独自のポジションを築く事である。その確立の為には，差別化された独自のイノベーションを創出し，他社が真似できない Value Chain をまず設計する。即ち，システムに依る差別化を実現する事に依り，持続可能な競争優位

性を確保する事が戦略的に大切である。その際，正に"やるべきでない事を選択"し，他社とトレードオフの関係を築いた上で，組織間連携のフィットを徹底させる組織行動こそが成功の必然となる。その背景には，経営者の"勇気ある潔い意思決定"がやはり不可欠である。そして，組織行動を通じて，描いた差別化戦略を"やり切る"姿勢が不可欠である。

教員・トレーナーは，ポジショニングの意味と本質を，しっかりと受講者に理解してもらう様，自らの理解を研ぎ澄ませ，自分の言葉と実例で明確に説明できなくてはならない。この辺の展開を平板に流してしまうと，実はマーケティングの真骨頂が実現されないのである。

7-7 差別化のコストが意識されぬまま，差別化する事が目的に化けている：

これでは正に，手段の目的化に陥り，"黄金の差別化"を無意識に志向し，顧客が対価を払いきれないものになってしまうケースも現実には多い。経営の前提は，"資源は有限である"事にある訳だが，真面目に差別化の施策を打とうとすればする程，受講者はその前提を意識出来なくなってしまうケースも多い。例えば，ある大手メーカーの事業部長から，"お客様の事を思って，必死に差別化を考え提案するのだが，顧客の信任を今一歩得られない。どうしてでしょうか？"との質問を受けた事がある。ポイントは，"お客様の為に"と思いつつ，内部の技術力を駆使し，知らず知らずの内に内部基準で"黄金の差別化"に陥り，顧客が対価を支払えない次元で頑張っていた事が判明した。その場合，教員・トレーナーとしては，例えば，"5，4，3，3，3"の法則（ポジショニングを思考する時に，少なくとも5つの差別化ポイントを上げ，一つはダントツの5，一つは競合他社より数歩先んじている4，後の三つは少なくとも業界標準をキープしている3，を通信簿で取っている状態が，最もコスト的に見合うという考え方）を通じて，差別化のコスト最適をメンバーに意識させ，自事業の現状に目を向けさせる工夫が大切となる。

7-8 ターゲティングを無視して，すぐ差別化の内容に目が向いている，或は，ターゲティング，ポジショニング，マーケティング・ミックスの縦糸が通らぬまま，それぞれ個別に捉えている発想から抜けていない：

"人はその時に見たいものしか見ていない"とは正に的を射た表現である

が，受講者の発想も時として，個別のステップの中身に深く入って行けば行く程，そのフェーズにのみ視点が固定化し，戦略と戦術の一貫性の重要性や，マーケティングの基本的なステップに縦糸が通った状態の大切さを忘れ，個別の理屈に嵌り本質を見失う事がある。例えば，ターゲティングの意思決定がないまま，差別化の中身を論ずる（顧客不在の内部基準で，勘違いに終わってしまうリスクがある），或は，戦略が不確定なまま戦術の中身を検討する（戦略なき組織行動は，当然の事ながら，"もぐら叩き的"な行動となる）。正に本末転倒の発想に受講者が陥っている場面と言えよう。勿論，一旦，ターゲティングの意思決定はしたものの，差別化を通じてポジショニングを考察している過程で，ターゲット顧客が違うのではないか，或は，定義している顧客価値が違うのではないか，と前のステップに戻り，再考することはあって構わない（寧ろ，その"行ったり来たり"の繰り返しの中から健全な最終意思決定をする方が，本質的な結論に辿り着ける事が多い）。但し，結果的には，ターゲティングの最終意思決定があって初めて，そのターゲット顧客のハートの中に（敵との差別化をターゲット顧客が評価するからこそ）独自のポジションが築かれるのである。"資源は有限である"という経営の前提に照らし，"選択と集中"の必要性の観点からも，この事は当たりなのだが，意外にこのような部分的な発想に陥り混乱する受講者は多い。

教員・トレーナーは，ターゲティング，ポジショニング，マーケティング・ミックスの流れに，受講者がきちっと筋を通した考え方をしているかどうか，彼らの思考状態・思考プロセスに目を向け，場合に依っては，陥ってしまっている思考のトラップを見抜き，毅然としてその事を指摘し，受講者の意識の中に気付きを起さないと，実は，受講者は漠然とした理解のままで講義・研修会場を後にする事になる。

7-9 強み，顧客価値，差別化が同次元で把握され，語られている：

当然これらの三つの内容は異なる次元のものである。しかしながら，たとえば"高い技術力"は自社の強みであり，すなわち顧客価値であり，また，差別化でもある，といった論議に嵌り，討議が表面的なところで空転しているケースも散見される。この発想は，正に内部基準で顧客を対象化し，独りよがりで差別化を策定する状態なのである。

強み・弱みは，自社内部資源の点検であり，顧客価値はお客様にとっての価

値（顧客の受止めた価値），そして，差別化は敵と比べて優位だとお客様が認める卓越点である。この辺の切り分けに，受講者が混乱している場合には，教員・トレーナーはその混乱を払拭し，その違いを明確に理解してもらう問いかけと説明が求められる。尚，強み・弱み（自社内部資源）の点検の際，見えざる資源である知的資本にまで目が向き，そのストックの充実度のみならず，次の資本を増殖させるフローにまで着目し，その掘り下げを思考し始めれば，受講者に新たな気付きがもたらされる。教員・トレーナーは，この辺の受講者の捉え方に着目し，必要に応じ気付きを起す事が肝要だ。

7-10 ポジション・マップの軸の取り方が，両方とも企業側の理屈で，かつ，程度の高低で描かれている：

ポジション・マップをどのように描くかは，描く事業家がどのような顧客価値の提供を通じ市場を創って行こうとしているのか，その知見が結果的に表現される事となる。従って，何が正解なのか，答えがある訳ではなく，正に事業家としての意思決定が試され，表現される事となる。ポジション・マップはPerception Map（認識図）とも言われるが，誰の認識かと言えば，当然，"お客様の胸のうち，お客様の心の中の捉え方"を表現したものであるべきものだ。従って，軸の取り方も，お客様の言葉（受止め方）で表現される事が望ましい。しかしながら，企業側の基準で程度の高低をベースに二軸を取れば，両方とも低い象限には顧客がいる筈もなく，"高い・高い"のところに自社がいる意味は，当該事業を遂行する"前提"が整っている事を言っているに過ぎない。実は，"高い・高い"の象限の中で，更に独自性で差別化して行く事が求められる訳だ。

因みに，内部の技術基準だけでマップの軸を描いている場合には，それは，実質的にはセグメンテーションを描いているレベルに留まっている場合が多い。競合企業が描けない二軸でマップを描く過程の中から，敵との差別優位を確立する独自のポジションを見つけられれば，それが市場形成に向けた戦略展開の出発点となり得る。受講者が妥当性のあるマップを描け，戦略点検に活かせるまでには，何度も何度も試行錯誤を繰り返し，納得が行くまで描き切り，そしてマーケット（顧客）にその妥当性の審判を仰ぐ以外に方法はない。その意味で，マップのフィード・バックに関しても，教員・トレーナーは研鑽を積んで置く事が求められる。

7-11　"価格"は単に値付けだと捉え，顧客価値の観点が意識されていない：

　"価格"の本質に目を向ける時，忘れてはならない観点は"価格とは，顧客価値の表現"であるという真理である。単に，内部のコスト基準（例えば，コスト積み上げ方式）で"値付け"をし，あとは顧客にそれを呑んでもらうものと捉えていては，顧客折衝が値引くか値引かないかの駆け引きに明け暮れる結果となる公算が強い。顧客に提供する価値と無関係に，価格の上げ下げを繰り返してしまうと，顧客が認める価値の表現とは異次元で価格が"操作"され，畢竟，価格に対する顧客信頼を失う事になる。その場合，顧客が企業側の"誠意"を認めるのは，結局のところ，"値引く"事以外に無くなってしまう。従って，企業側自らが値引きプレッシャーを受けるような状況を創ってしまっているケースも実は多いと思われる。正しく，提供すべき顧客価値を顧客が認めれば，"高いからこそ売れる"という状況も現実的には起きている。長期に事業を成長させて行く戦略を実現して行くという観点を見失い，単に目先の売り上げを確保しようとする"戦術"としてのみ"価格"が扱われると，結局のところ"利益マインド"と口では言っていても，それを実現する姿勢が決定的に欠けている事となる。

　因みに，マーケティング的な観点から経営を観る時，忘れてはいけないのは，"利益を上げる会計的な法則"への理解である。コトラーも"Marketing people should be finance people"と従来から述べているが，マーケティングの専門家が数字音痴では，健全な経営の意思決定は出来ないと警鐘をならしている。勿論，高い顧客価値の提供に対し，お客様が喜んで"プレミアム価格"を支払って頂ける関係性を創る事が最も重要であり，その実現に向けた組織行動こそが経営の要である。しかしながら，管理会計的な法則の理解は，より良い経営展開を実現して行く上で"この程度の事は抜かりが無いように"という基本であり，利益を上げて行く土台であると位置づけ，しっかりと活用すべきなのだ。　例えば，

（売上高）×（限界利益率）－（固定費）＝利益

であるので，
1）他を一定にして売り上げを上げる，

2）他を一定にして限界利益率を上げる,
3）他を一定にして固定費を下げる,

事が利益を増やす施策となる。但し，当然，各項目がトレード・オフになる事が多いので，現実的には同時達成は難しい側面はある。只，上記三項目に当てはまる個別の施策は何なのか，多くのメニューを描き部下と共有化している経営リーダーは，"変なところで利益を失うような罠"に嵌る確率は格段に下がるのは明らかである。

教員・トレーナーもしっかりと，上記を意識しながら，受講者の"利益マインド"の程度をしっかりと見極める見識が求められる。

7-12　CSの推進が表面的な顧客接点での対応だと思っている：

CS推進の落とし穴がここにある。顧客接点での現場の挨拶や言葉使いがCS推進のテーマになっているケースが，多くの企業に散見される。組織内部では顧客不在の行動が横行し，時として，仕事の目的が"組織内部で自分の仕事に批判が出ない状況を作る事にかなりの時間とエネルギーを割いている"事に化けしまっている時に，"お客様にきちっと対応しなさい"と部下に指示命令しても，現場では"嘘つきになることを強要されている"と言う心理状態に陥る訳である。感度の良いお客様は，その組織内部の関係性さえも感じ抜いて行く（正に，内部の矛盾が，"顧客に付けが回ってしまう"状況）。一貫した顧客視点での組織行動と組織間連携がしっかりと展開され，意識も行動も価値観もすべからく顧客価値の極大化に向けて統合されて始めて真のCS向上に資することとなる。顧客価値極大化に向けた確固たる組織行動に裏打ちされていなければ，CS活動は表面的なものに終わり，道半ばで挫折する事は火を見るよりも明らかである。

一方で，"いかにも不健康そうな人が健康食品を売りにくる"，或いは，"いかにも愛が判っていない聖職者から愛を説かれる"，といった欺瞞を今はマーケットが許さなくなっている。誰でも活き活きとした仕事のプロからものを買いたいと感じているので，やはり提供側の仕事のプロが仕事を通じ，活き活きと自己実現している事が重要である。その意味でESの向上があって初めて，CSの向上が実現されるという構図は真理であると実感している。お客様の為に，自分という存在がお役に立てているという充実感が仕事のプロとしての自己実現の大本のエネルギーであると確信する。

7-13	社会志向マーケティング的な考え方は，理想論だと考え，世の中を犠牲にした近視眼的な利益追求がマーケティングの目的だと勘違いしている：

　経営リーダーの発想が，単に"マーケティング思考"に留まっている場合，目の前の顧客の要請に応え収益を上げて行けるのなら，多少は社会に不具合をもたらしても，それには目を瞑るという経営姿勢に陥ってしまうケースも散見される。当然の事ながら，顧客や社会を欺く事は論外としても，顧客と結託し社会悪を生み出すような企業活動では，短期的には収益が上がっても，中長期的には世の中から受け入れられず，持続的な成長は望めない。正に資本主義のビジネスルールである"自由競争"を通じて，社会的存在である企業同士が切磋琢磨し，新たな社会的価値を創造する活動価値観を生み出し実践する事こそが時代からの要請であり，今後，企業が生き残りを図る際の前提条件の一つとなっている事は自明の理である。その意味で，社会志向マーケティングコンセプトは，奇麗事ではなく，今後の事業成長の大前提となったと言っても過言ではない。

　寧ろ，自らの存在を賭けて子や孫に，どんな豊かな未来社会を創って行きたいのか，事業家としてのビジョンや志を純粋本音でしっかりと描く事が大切だ（ある状態と"出会うまで"探求するプロセスを諦めずに掘り下げて行くのである）。そして，その実現に向け，単に不具合な状況を改善する問題解決の発想に留まる事無く，事業成長に向けた変革課題を明確にし，課題解決に向けた戦略を立案し展開する意思決定が，経営リーダーには求められる。教員・トレーナー自身がこのような発想を体得して居り，未来社会を拓いて行く体現者である事が望まれる。

8　第一部の総括

　教員・トレーナーは，何を置いても先ずは"受講者の存在をしっかりと受止め，一貫して彼ら・彼女らの成長を支援するパートナーである事"を基本姿勢とすべきである。その上で，時代を拓く躍動感を実感し，それを体現する存在である事が求められる。飽くまでも，講義・研修展開は一つの手段であり，"時代を拓き，変化を創る側にいる"事に誇りを持ち，常に未来志向で自らの成長に向け研鑽を積んでいる事に純粋である仕事のプロであるべきだ。その事

に内発的なエネルギーが沸いてくる，そんな状態が世の中から求められていると認識している。その為には，マーケティングを通じ，教員・トレーナー自身が元気な存在としてワクワクし，受講者を真に元気に出来る存在でなくてはならない。その実現の為には，本質的な問いを的確に受講者に投げ掛け，深く日常の職場状況に目を向けさせ，変革に向かうエネルギーを受講者の心の奥底から引き出す事が重要だ。そして，渾身のエネルギーを込めて受講者のダイナミックな成長を一貫して支援する姿勢こそが，決して失ってはならない要である。

第二部：将来のマーケティングに関する考察（マーケティングの将来を考える新たな視点）：

9　欧米型経営と日本型経営のスタイルの違いからの考察：

　一見，価値創造戦略の展開は，どちらかと言えば欧米型経営スタイルである"戦略合理型経営"を促進するように見える。"戦略合理"とは，外部環境の変化に即応し企業が成果を上げて行く為には，戦略が先にありきで，その有効な展開に向け，短期に仕組みを変え，新たな資源の調達も行う（不要な資源はいち早く処分する。人的資源も例外になっていない）というものである。この場合，差別化の源泉は，企業の外にあり，最適な調達と活用によって利潤を追求する事を基本としている。実際に，欧米でのマーケティングの考え方は，そのスタイルに合致し，それを前提として展開されていると思われる。

　しかしながら，従来の日本型経営は，どちらかと言えば"資産合理型経営"のスタイルを執って来ている企業が多い。"資産合理"とは，中・長期雇用を前提とし，企業内部で企業特殊知識を開発・蓄積し，それを差別化の源泉とし持続的競争優位性を築こうとするスタイルである。企業内部のスループットの充実を通じた経営展開と言えるだろう。

　実は，価値創造戦略の展開は，日本企業が資産合理的な経営スタイルをより良く展開し，心の芯から元気になる事に貢献して来ているし，今後も貢献し続ける事に，その存在意義があると認識している。

10 厳しい世界情勢だからこそ，日本企業にとっては千載一遇の機会：

　現在は，"VUCAの時代"だと言われている。VUCAとはVolatility（触れ幅が激しい），Uncertainty（不確実性が増している），Complexity（益々複雑な社会状況である），Ambiguity（曖昧度が高まっている）という意味で，変化変革の時代を的確に表現している。長引く不況と消費税アップ，そして今一歩煮え切らない政治状況も相まって，日本の企業経営者にとって，益々厳しい時代となっている。

　しかし乍ら，危機だからこそ，古い価値観を打破し，新たな技術や価値を生み出す絶好の機会という側面があることは，歴史が証明する事実でもある。今までのパラダイムが崩れる時にこそ，革新的な発想や新たな挑戦者が世界を変える力として顕在化する可能性は高い。金融資本主義を機軸としたアメリカ一国主義（覇権主義）から，本物・本質でしか勝負できない実体経済が主流になって行く，そんな展望が描かれつつある。金融資本に過度に依存しない，新たな枠組みと価値観，そして未来を拓く新たな経営モデルの創造が求められていると実感している。ここに私は，日本型経営の強みを活かした新たな企業活動が，新しいグローバル経営のモデルになって行く兆しを感ずるのである。

　資産合理的な経営展開を通じ，多くの日本企業は，比較的堅実な成長を，欧米企業と比べると，実現して来ている。基本的には実体経済に軸足を置き，健全な財務体質を作り上げ，手元資金が潤沢な企業も多い。アメリカの"BIG 3"のかつての状況は，短期志向の戦略合理的な経営の負の側面が顕在化している事に不調の原因があったと捉える事も出来るだろう。だからこそ今，日本的経営の強みを更に活かし，課題を明確にした上でそれを乗り越え，研究開発の充実や国際展開を通じたM&Aの積極的な実施も視野に入れ，日本企業が大きな弾みをつける好機だと捉えたい。以下に，日本企業の成長に向けた課題と価値創造戦略としてのマーケティングの貢献に関し述べる事とする。

11　日本企業の今後の成長課題と，その解決に向けたマーケティングの貢献：

11-1　課題１：外部環境の変化を先取し，企業内特殊知識を再編成する：

　一つ目の課題は，日本企業が外部環境の変化にしっかりと目を向け，顧客の期待の変化を先取し，時代を拓く発想と変化を創る戦略性を育みながら，自ら進化を遂げて行く事だと認識している。その上で，蓄積してきた企業特殊知識を，新たな組み合わせで再編成し，新たな差別化ポイントを時代に提供する事が肝要であろう。

　今までの日本企業の実態は，どちらかと言えば，"マーケットに軸足を置いた持てる資源の再編成"がタイムリーに実現出来ていなかったと思われる。又，顧客の期待や変化とは無関係に，"いつかこの技術を使う時が来る"と期待して，開発した技術や知識を内部基準で保有し，技術の保有コストが知らず知らずの内に大きくなって行くという問題を抱え込む傾向があった。一方で，それに依る機会損失のコストも嵩み，結果的に経済的に非合理な状況を生んで来ている側面がある。正に，"内部基準で黄金の技術を保有してしまう状態"に嵌り，高コスト体質に陥るリスクが顕在化してくる訳である。

　ここに，マーケティングが事業成長に大きく貢献出来る余地と可能性がある。即ち，マーケティングの本質的なメッセージやマーケティング的なものの見方・考え方を組織の行動原則として共通言語化し，成長に向けた経営資本として活かして行く努力こそが有効なのだ。正に"寝ても覚めても顧客視点"で，"やるべきでない事を意思決定"し，"選択と集中"を通じ事業領域の再編を行う事が，課題克服に繋がる一つの有効な施策となる。そして，可能であれば，企業特殊知識を有効にコントロールする新たな仕組みを築き，"システムによる差別化"で持続的成長を図る試みが期待される。

11-2　課題２：日本的経営の良さを失わず，資産合理型経営を充実させる組織風土を醸成する（"組織の魔力"からの脱却）：

　多くの日本企業が近年，自社の経営スタイルの強みや持ち味を顧みず，欧米流の経営手法をあたかも鵜呑みにし，導入して来ている現実がある。しかし実態は，その制度・仕組みそのものを回すコストが高く，当初の導入の目的が見

失われ，魂が入らぬまま徒労に終わり，見直しを余儀なくされるケースも頻発している。この様な現状に鑑み，問題は寧ろ，日本企業の多くが，自分たちの持ち味を余り高く評価していない事にあるようにも思える。

　様々な業界に於いて経営者・管理者向けの，戦略ワークショップを展開しているが，参加者全員が本気になって，より良い会社・事業にしようとの真摯な志をもって論議を戦わせて居られる。講義・研修を通じ受講者が，共に変革を志し，困難な状況を共に打開する事で新たな社会的価値を生み出す事に動機付けられる内発的なエネルギーが生まれ，それを実感する事で元気になって行くのだ。考えてみると，欧米では，一部の経営層を除いては，このような場は存在し得ないのではないだろうか？　その意味で，マーケティングの本質を体得することで，自社事業を資産合理的に点検し，顧客視点で事業成長を実現するモデルに事業を再構築する，そんな組織風土の醸成にも繋がって行くのである。"組織の魔力"から，いち早く脱却できるポイントがここにある。

11-3　課題3：組織で働く個人が，"顧客の本音の代弁者"となる事で，仕事のプロとして自己実現している（"疎外"からの脱皮）：

　"個人は組織に従属する"という状態は，資本主義経済の半ば暗黙の前提となってしまっている。そこから真に脱却する為には，"組織に使われている"とい発想に身を委ねるのではなく，"組織があるからこそ自己実現出来ている"という状況を創る事が要となろう。

　その手掛りの一つが，ここにある。即ち，組織で働く人々が，顧客との対話を通じ，顧客自身が表現し切れない暗黙の本音を代弁する，或は，顧客の本音表現を支援する事，にお役に立てる喜びを味わう時，仕事のプロとしての充実感と幸せが生まれる。資産合理的な経営スタイルを通じて育まれた組織風土の良い側面は，"共に良い仕事をして行こう"という素直な本音が組織風土の一つになっている点である。そして，組織の中で共に高め合って行く関係性が成長し，その組織行動があるからこそ顧客や世の中の幸せに役に立っている，そんな実感が内発的に湧き出てくれば"組織があるからこそ自己実現出来ている"状態が生まれ得るのだ。更にその中で，受講者が自らの存在証明として，顧客や世の中に貢献できる躍動感を覚える時，"役割"ではなく，"真の自分"を生き，自らの自己実現のプロセスに入っているのである。正に，ここに"疎外"からの脱皮の実現も起こりうる。受講者が自らの存在を賭けて，どの様に

お客様のお役に立つ存在になって行きたいのか，どの様に事業成長に魂を入れて行くのか，価値創造戦略の推進を通じ経営リーダーに問い掛け，共に考えて行くのである。そして，古い"三次元的な感性"で顧客を対象化する発想から，新たな"四次元的な感覚"で空間の中で顧客と溶け合いながら交流する，そんなビジネス感覚の醸成が大切だと個人的には痛感している。

　上記三つの課題を克服する事で，日本企業が自らの強みを最大限発揮し，働く人々一人一人が真の自分を活かし，顧客と共に幸せな時代を創って行く充実感を味わっている組織風土が醸成されると思われる。だからこそ，日本的経営の良さを持続・成長させる施策には投資を怠らない見識が日本企業には求められる。この様な日本発の新たなグローバル経営モデルを形成して行く取り組みに，価値創造戦略の展開が活きて来るのである。正に，日本企業が資産合理型経営の強みを活かしつつ，その課題に手を打つプロセスの中で，私は価値創造戦略としてのマーケティングの浸透を通じ，日本企業を心の芯から元気にするというミッションを，今後益々担って行く積もりである。その気概と意欲に燃えている。

水澤直哉

注

1) 自社の過去の成功体験に安住する事無く新たな価値を創造し，高い志を持って，逞しく事業の未来を拓き，変革を推進する経営リーダーという意味である。
　　事業の未来を逞しく拓いて行く"変革型経営リーダー"として，マーケティングの本質的理解を通じ，徹底した顧客視点で事業を推進する経営感覚を磨き上げ，事業変革推進の礎とする事を提言したい。言わば，"価値創造型経営"を事業成功の一つの決め手とし，事業変革推進リーダーシップの原動力とする事を推奨するものである。
2) 「水が欲しい時に蛇口をひねれば水が出る水道のように，消費者の欲しいものが何処でも手軽に手に入れられるようにする」という幸之助の"水道哲学"は，本来，「市場に製品を欲しい顧客が多く存在し，それを阻んでいるのが価格と販売チャネルである」という認識に基く，マーケティングで言うところの"生産志向マーケティング"に根ざしたものであった。
3) 世は"Big　Data"時代である。大容量の情報をクラウドに載せて無尽蔵に保有できる時代となった。しかしながら，ただ多くの情報を持っていても，そこから物事の本質を導き出す情報解析能力や，顧客欲求の先読みをする仮説構築能力が組織の中に備わっていなければ，寧ろ，意思決定が煩雑となり混乱状態を組織にも

たらす結果ともなりかねない。それでは，何を機軸に"Big Data"上の情報に縦軸を通し，経営の意思決定に活用できる形式知に収束・統合して行けば良いのだろうか？　キーワードは"Customer Insight"である。直訳すれば，顧客の本音を洞察するという事になるが，私の経営感覚に置き換えると，"徹底した顧客視点で事業を推進する経営感覚を磨き上げ，事業変革推進に活かす"事を基準に，活用できる形式知に収束・統合する事が肝要という事になる。

■マーケティングの新たな展開と価値創造■

ビジネスにおける多次元パターン認識の活用[†]

第6章

―― マハラノビス・タグチ法を中心として ――

■ 1　はじめに

　ビジネスの分野に限らず，世の中には膨大な量のデータ（ビッグデータ）が溢れており，これを如何に有効活用するかが鍵となっている。これまで，多変量解析の分野では，判別分析やクラスター分析などの手法を用いて，データ解析が行われてきたが，真の意味での多次元パターン認識が可能であった訳ではない。

　本論文では，ビッグデータの統計解析（特に，多変量解析）の一例として，多次元パターン認識のための有効な手法であるマハラノビス・タグチ法（Mahalanobis-Taguchi method：MT法）の紹介を行い，ビジネス分野への適用例[2,3]についても述べる。

　また，著者が長年にわたって研究を行っている，ある種の蟻（Messor sancta）の埋葬行動にヒントを得た蟻コロニークラスタリング（Ant Colony Clustering：ACC）[4,5,18]についても触れ，生物の群れ知能[1]によるデータクラスタリングの数値実験例[8,9]を紹介する。群れ知能アルゴリズムであるACCも一種のパターン認識手法であると見做すことができる。

[†] 本章の一部は，Journal of Zhejiang University-SCIENCE A, Vol. 11, No. 12, pp. 921-926 (2010) 及び European Journal of Academic Research, Vol. 2, No.3, pp. 14-23 (2014) において発表した。

2　MT法の概要

マハラノビス・タグチ・システム[11-13, 16]は，品質工学（欧米ではTaguchi method[®7]として広く知られている）の創始者である田口玄一博士（January 1, 1924～June 2, 2012）によって考案された方法で，多次元データ（多くの項目からなるデータ）の情報をマハラノビスの距離を用いて1つの尺度に縮約し，予測，診断，分類を行う手法である[6, 14-17, 19]。マハラノビスの距離はインドの世界的統計学者P. C. Mahalanobis博士（June 29, 1893～June 28, 1972）が項目間の相関を考慮した距離として考案したものである。

現在，田口博士が考案した多次元パターン認識法には，MT法，MTA法（Mahalanobis-Taguchi adjoint method），TS法（Taguchi-Schmidt method），T法（T法にはT法（1），T法（2），T法（3）の3種類が存在する），マルチ法を初めとして，多くの種類が存在するが，これらの方法を含めてMTシステム（Mahalanobis-Taguchi system：MTS）と呼ばれている。MTSの機能は，大きく分けて，以下に示す4つがある。

1．判断（製品検査，製品の外観検査，手書き文字認識，音声認識，健康・不健康などの判断）
2．推定（ある企業の適正株価などの推定）
3．予測（地震発生，火災発生，企業業績，治療の効果などの予測）
4．診断（健康診断で健康ではないと判断されたとき，どのような病気なのかの診断）

ここで，予測は推定と似ているが推定は現在時点の状態を示すものであり，予測は将来の状態を示すものである。

MT法は，パターン認識を行おうとしている目的に対して，関連するデータを測定し集める必要がある。

このとき，どのデータを取るのかは研究者に任されているが，測定項目の特徴がデータとして採取でき，かつ均質な集団のデータ（これらのデータが単位空間を構成する）を集めることができるのかが，重要なポイントである。この均質な集団のデータで構成された距離空間をMT法では単位空間と呼ぶ。

MT法は対象データが単位空間の中心から，どれだけ離れているかを測るための尺度として，マハラノビスの距離を導入し，研究者が決めた閾値と比較

して，単位空間を構成している集団と同じグループに入るか，入らないかを判断する手法である。

以下に，対象データの判断（上述の1の機能）を目的としたMT法の概要について述べる。

Step 1．単位空間生成のための生データの収集

単位空間のデータ（生データ）の一般形を図表6-1に示す。測定項目は m 個，観測データは n 個である。

Step 2．単位空間のデータ（生データ）の基準化

式（1）によって，生データを基準化データに変換する。

図表6-1　Examples of raw data

Variables Sample No.	X_1	X_2	...	X_i	...	X_m
1	x_{11}	x_{21}	...	x_{i1}	...	x_{m1}
2	x_{12}	x_{22}	...	x_{i2}	...	x_{m2}
...			....			
j	x_{1j}	x_{2j}	...	x_{ij}	...	x_{mj}
...			....			
n	x_{1n}	x_{2n}	...	x_{in}	...	x_{mn}
Total	X_1	X_2	...	X_i	...	X_m
Average	$\overline{X}_1$	$\overline{X}_2$	...	$\overline{X}_i$	...	$\overline{X}_m$
Standard Deviation	σ_1	σ_2	...	σ_i	...	σ_m

図表6-2　Standardized data

Variables Sample No.	X_1	X_2	...	X_i	...	X_m
1	u_{11}	u_{21}	...	u_{i1}	...	u_{m1}
2	u_{12}	u_{22}	...	u_{i2}	...	u_{m2}
...	....					
j	u_{1j}	u_{2j}	...	u_{ij}	...	u_{mj}
...	....					
n	u_{1n}	u_{2n}	...	u_{in}	...	u_{mn}
Total and Average	0	0	...	0	...	0
Standard Deviation	1	1	...	1	...	1

$$u_{ij} = \frac{x_{ij} - \overline{X}_i}{\sigma_i} \ (i=1,2,...,m\,;\,j=1,2,...,n) \qquad (1)$$

生データの基準化データを図表6-2に示す。

Step 3．相関行列とその逆行列の計算

図表6-2の基準化データを用いて，各項目間の相関係数を式（2）を用いて計算する。

$$r_{ij} = r_{ji} = \frac{1}{n}\sum_{i,j=1}^{m} u_{it} \cdot u_{jt} \quad (t=1,2,...,n) \qquad (2)$$

この結果から，式（3）に示す相関行列 R を作成する。

$$R = \begin{bmatrix} 1 & r_{12} & ... & r_{1m} \\ r_{21} & 1 & ... & r_{2m} \\ ... & ... & ... & ... \\ r_{m1} & r_{m2} & ... & 1 \end{bmatrix} \qquad (3)$$

ここで，添え字 m は項目の数を示す。相関行列 R から，その逆行列 R^{-1} を作成する。求めた逆行列を式（4）のように行列 A とする。

$$A = R^{-1} = \begin{bmatrix} a_{11} & a_{12} & ... & a_{1m} \\ a_{21} & a_{22} & ... & a_{2m} \\ ... & ... & ... & ... \\ a_{m1} & a_{m2} & ... & a_{mm} \end{bmatrix} \qquad (4)$$

Step 4．マハラノビスの距離の計算

ある1つの個体（判断したい対象）から m 個の項目の測定データの基準化されたデータを $u1, u2, \cdots, um$ とすれば，式（5）によってマハラノビスの距離 MD^2 を計算する。ここで，m は項目の数を示す。

$$MD^2 = \frac{1}{m}\sum_{i=1}^{m} a_{ij} \cdot u_i \cdot u_j \quad (j=1,2,...,m) \qquad (5)$$

Step 5．対象データの判断

Step 4によって得られた値（単位空間の中心からのマハラノビス距離）をあらかじめ定めておいた閾値と比較し，単位空間を構成しているデータと同じ集団と見做して良いかどうかを判断する（図表6-3参照）。

　以上が，MT法の大まかな流れであるが，単位空間を作成するに当たっては，各測定項目を考慮すべきかどうか，即ちその項目のデータを使用するかどうかを直交表[10]を用いて判断しておくことが重要である。なぜなら，判断の精度向上に加え，無駄なデータを取らないことによるコストダウンやデータ数の削減による処理スピードの向上などのメリットがあるからである。

3　MT法のビジネス分野への適応例[2, 3]

3-1　タイ王国における社会問題

　現在，タイ王国では麻薬常用者が非常に多く，大きな社会問題になっている。それゆえ，これまで麻薬リハビリテーションセンターでは治療の方法に注目して研究・改善を試みているが，現在のところタイ王国の文化背景を考慮した最も有効な治療法として評価されている方法にTherapeutic model法とMatrix model法がある。現在，この治療の手順としては，最初の135日はTherapeutic model法で患者を治療し，治療終了後の評価で更生できなかった患者に対しては，引き続きMatrix model法で治療している。この治療方法の流れを図表6-4に示す。しかしながら，これらの2つのリハビリテーション法を用いて治療し，リハビリテーション終了までの段階で有効であると評価されても，社会に復帰してからの再発問題が未だに多発している。加えて，両方の治療方法を施すのに膨大な時間と費用がかかるという問題がある。リハビリ

図表6-3　Evaluation by MT method

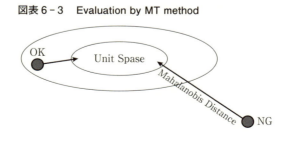

図表 6-4　A rehabilitation method in The Kingdom of Thailand

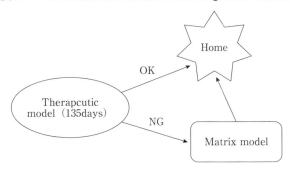

テーション終了後の治療効果の追跡調査結果では，麻薬常用患者の生活環境や個性，それに麻薬常用期間などにより，リハビリテーション方法の有効性が異なるものと考えられる。

　以上のことから，タイ王国ではそれぞれの麻薬常用患者に対する有効で効果的なリハビリテーション法を決定するための方法は極めて重大な関心事であり，大きな課題となっている。

　以上の社会的背景から，ある麻薬常用患者の治療方法として，どのリハビリテーション法が有効か，または有効でないかを治療前に判断することにより，麻薬常用患者の更正率を高めて社会復帰を助けるとともに，治療に掛かる厖大な費用と時間を削減する方法が提案できれば社会的に大きな貢献ができる。

　本節では，麻薬常用患者の事前情報を用いた多次元パターン認識を行うことを考え，多次元パターン認識に有効なことが，非常に多くの分野で報告されているMT法を用いて任意の麻薬常用患者がどのリハビリテーション法で治療するのが良いかの判定を行う方法を提案し，その有効性を検証した。

3-2　研究方法

　現在，タイ王国で使用されている2つのリハビリテーション法によって治療された麻薬常用患者の個々のデータを利用し，単位空間の作成を行う。そして，2つのリハビリテーション法による対象患者のデータベース（多次元情報）を作る。それを用いて，タイ王国の国立 TULAKARNCHALERMPHRA-KIAT 病院に実験の協力をしてもらいながら，我々の提案する項目を用いた MT 法を使ってリハビリテーション法の判断を行う。なお，データ解析に

は，アングルトライ株式会社製ソフト MT-AddIns® を使用した。

3-3 麻薬更生患者による単位空間の作成

　麻薬更正パターンの調査対象となった患者は，全体で80人，Therapeutic model 法または Matrix model 法で治療を受けた後，更生できたか否かで図表6-5に示すようにⅠ，Ⅱ群に分類した。Ⅰ群は Therapeutic model 法の治療だけで更生した患者が28人であることを示している。逆に，Ⅱ群は Therapeutic model 法の治療で更生できなかったため，Matrix model 法の治療を行って更生できた患者が52人いたことを示している。本パターン認識において，Therapeutic model 法の治療だけで更生できた患者，すなわちⅠ群に属する患者のデータを用いて単位空間を作成した。

3-4 麻薬常用患者に適した治療法の判定のための直交表 L_{16} を使用した項目選択

　単位空間の作成に使った項目の数は15項目（性別，養育者，学位レベル，成績の良悪，健康，ショックな事件，麻薬常用理由，よく使う麻薬の種類，コミュニケーション力の評価，養育者の評価，理性の評価精神の評価，麻薬常用期間，麻薬常用者のリハビリテーション活動参加率，養育者のリハビリテーション活動参加率，IQ テストの成績）である。しかし，項目の数が多いと，データ収集のための時間と費用は莫大なものになるが，これらの項目のすべてが治療法の判断に有効に働くかどうか分からない。

　それゆえ，時間と費用を低減し，しかも精度の良い判定を行う必要がある。判断に有効な項目を選択する方法として，15項目を直交表 L_{16} に割り付け，理

図表6-5　Drug addict rehabilitate pattern

Group	Rehabilitation methods		No. of patient (person)
	Therapeutic model	Matrix model	
Ⅰ	○	−	28
Ⅱ	×	○	52
Total			80

○ denotes "good."
× denotes "no good."

想関係を $y = \beta M$ とするゼロ点比例式の SN 比を適用し,機能性評価を行ない,項目を絞り込むことにした。

単位空間に属する患者28人の15項目から相関係数行列を計算し,MD^2 を求めた。次に,信号因子の水準を以下のように設定する。

M1:更生率39% 以下
M2:更生率40%～59%
M3:更正率60%～79%
M4:更正率80% 以上

3-5 SN 比と感度の要因効果図

SN 比を大きくする項目を見つけるには,各項目を因子と見做して水準を与え,直交表に割り付けて実験し,SN 比と感度の要因効果図を作る。

第1水準:その項目を使う
第2水準:その項目を使わない

ここで,その項目を「使う」あるいは「使わない」という意味は,マハラノビスの距離を計算するときにそのデータを除外するのではなく,相関係数行列を計算する前から除外してしまうという意味である。また,「その項目を使わない」を第1水準とすると,直交表の第1行はすべての因子の水準が1なので,すべての項目を使わないという条件ができてしまうため,直交表に割り付けて実験する意味がない。

図表6-6に,田口の L_{16} (2^{15}) 直交表を示す。

3-6 項目選択の結果

SN 比と感度の要因効果図を図表6-7に示す。右上がりである場合はその項目は有効でないことになる。

SN 比と感度の要因効果図から,項目1(性別),項目2(養育者),項目3(学位),項目4(成績の良悪),項目8(よく使う麻薬の種類),項目10(養育者の評価)は有効ではなく,それ以外の項目は有効であるといえる。以上のことから,麻薬常用患者に適したリハビリテーション方法の判別に使用する項目として,SN 比が有効な9項目に絞った。なお,全15項目を用いた場合のSN比は16.424db であったが,9項目に絞ることにより SN 比が16.424db から16.890db に改善された。

図表6-6　Taguchi's orthogonal array L_{16} (2^{15})

Exp. No.	Variable Settings														
	1	2	3	4	5	6	7	8	9	10	11	12	13	14	15
1	1	1	1	1	1	1	1	1	1	1	1	1	1	1	1
2	1	1	1	1	1	1	1	2	2	2	2	2	2	2	2
3	1	1	1	2	2	2	2	1	1	1	1	2	2	2	2
4	1	1	1	2	2	2	2	2	2	2	2	1	1	1	1
5	1	2	2	1	1	2	2	1	1	2	2	1	1	2	2
6	1	2	2	1	1	2	2	2	2	1	1	2	2	1	1
7	1	2	2	2	2	1	1	1	1	2	2	2	2	1	1
8	1	2	2	2	2	1	1	2	2	1	1	1	1	2	2
9	2	1	2	1	2	1	2	1	2	1	2	1	2	1	2
10	2	1	2	1	2	1	2	2	1	2	1	2	1	2	1
11	2	1	2	2	1	2	1	1	2	1	2	2	1	2	1
12	2	1	2	2	1	2	1	2	1	2	1	1	2	1	2
13	2	2	1	1	2	2	1	1	2	2	1	1	2	2	1
14	2	2	1	1	2	2	1	2	1	1	2	2	1	1	2
15	2	2	1	2	1	1	2	1	2	2	1	2	1	1	2
16	2	2	1	2	1	1	2	2	1	1	2	1	2	2	1

図表6-7　Factor effect for items selection

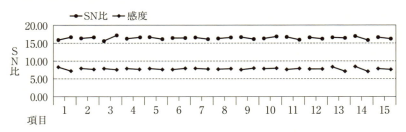

3-7　マハラノビスの距離の計算

単位空間に属する28人の麻薬常用患者のデータから相関係数行列を計算し，その逆行列を求める。そして，p番目のデータのマハラノビスの距離MD_p^2を式（6）で求め，式（7）のように変換する。ここで，MD_p^2をZ_pに変換するのは，MD_p^2が図表6-8のようにゼロの方に偏った分布をしているため，左右対称の分布に変換するためである。

$$MD_p^2 = \frac{1}{m}[u_{1p}, u_{2p}, ..., u_{kp}] \begin{bmatrix} a_{11}a_{12}...a_{1k} \\ a_{21}a_{22}...a_{2k} \\ .... \\ a_{k1}a_{k2}...a_{kk} \end{bmatrix} \begin{bmatrix} u_{1p} \\ u_{2p} \\ ... \\ u_{kp} \end{bmatrix} \quad (6)$$

$$z_p = 10 \log MD_p^2 \quad (7)$$

　図表6-9から，単位空間に属する患者28人のZ_pは，すべての値が-2.676〜2.900の間にあることがわかる。このため，もし患者の$10\log MD_p^2$がこの範囲よりも大きければ，異常を判定することができる。新しくリハビリテーションを受けるために来た15人の麻薬常用患者のデータを使用して$Z_p = 10\log MD_p^2$を計算したところ，図表6-10に示す結果を得た。

　図表6-10の結果から，4番目，6番目，7番目，そして10番目の患者は単位空間から大きく離れているため，Therapeutic model法で治療するには適していない可能性が高いと考えられる。それゆえ，単位空間の中心からマハラノビスの距離が大きく離れている4人の患者はMatrix model法で治療を受け，こ

図表6-8 Numerical results of MD_p^2

No.	MD_p^2	No.	MD_p^2
1	0.739	15	0.540
2	1.207	16	1.283
3	0.612	17	0.940
4	0.638	18	1.186
5	0.910	19	1.675
6	0.820	20	0.770
7	0.742	21	0.847
8	0.928	22	0.854
9	0.995	23	1.667
10	0.883	24	1.950
11	1.138	25	0.673
12	1.172	26	1.375
13	0.872	27	0.780
14	1.057	28	0.747

図表6-9　Numerical results of $10\log MD_p^2$

No.	$10\log MD_p^2$	No.	$10\log MD_p^2$
1	-1.313	15	-2.676
2	0.817	16	1.082
3	-2.132	17	-0.269
4	-1.952	18	0.741
5	-0.410	19	2.240
6	-0.862	20	-1.135
7	-1.296	21	-0.721
8	-0.325	22	-0.685
9	-0.022	23	2.219
10	-0.540	24	2.900
11	0.561	25	-1.720
12	0.690	26	1.383
13	-0.595	27	-1.079
14	0.241	28	-1.267

図表6-10　Numerical results of $10\log MD_p^2$ of new patients

No.	$10\log MD_p^2$	No.	$10\log MD_p^2$
1	2.670	9	2.902
2	1.083	**10**	**4.288**
3	2.244	11	-1.729
4	**5.107**	12	1.384
5	-0.721	13	-1.083
6	**-2.883**	14	-1.276
7	**4.445**	15	-1.081
8	2.224		

れ以外の患者はTherapeutic model法で治療を受けるのが良いと判断する。この判断結果が正しいかどうかを検証するため，タイ王国国立TULA-KARNCHALERMPHRAKIAT病院（リハビリテーションセンター）の協力を得て判定してもらったところ，治療初期（最初の2か月）の評価によれば，患者の更生率がこれまでの42.6%から64.8%に改善された。

3-8 結果に対する考察

　麻薬常用患者を受け付けたとき，我々が提案した項目を用いて患者の個人データを調査し，単位空間の中心からのマハラノビス距離を計測することで，麻薬常用患者に適した治療方法を判定すれば，治療効率が上がることに加え，時間と費用も大幅に削減できることが検証された。今回の実験で，Therapeutic model法が有効ではなく，最初からMatrix model法で治療を受ける方が良いと判断された4人の患者に対して，治療に掛かる費用が一人当たり33,750バーツ（2014.12.9時点の換算で，約12.3万円）の削減となり，135日のリハビリテーションの減少が実現できた。図表6-5で示した52人の患者は，Therapeutic model法で更生できず，Matrix model法による治療で更生できた患者が，我々の提案する方法で事前に判定が可能であったとすれば，総額1,755,000バーツ（約640万円）の費用削減が達成できたことになる。

4　新しいデータ分類手法の提案

4-1　研究の背景

　世の中には，膨大なデータを分類することによって，データの構造や関連性を見つけることが可能となり，有用な情報を引き出せることが多い。
　多変量解析手法のデータ分類手法の一つに，いくつかのクラスタ分析手法があるが，
- ●局所的最適解に陥り易い
- ●事前にクラスタ数の指定が必要である
- ●自然なクラスタの発見が困難な場合がある

などの欠点が知られている。
　これらの問題を克服する手法として，蟻の群れ知能をモデルにしたACC（蟻コロニークラスタリング）手法がLumerら[5]によって提案された。群れ知能とは，高度な知能を持たず単純な処理をする個体が多数集まって相互に影響し合う結果，群れ全体として見ると最適な処理をしているという性質のことである。ACCとは，この群れ知能を利用し，既存のクラスタ分析手法の欠点を克服するために考え出された手法である。

図表6-11　1500 corpses are randomly located in a circular arena (φ=25cm), whre Messor sancta workers are present. The figure shows four successive pictures of the arena: the initial state, 3 hours, 6 hours, and 36 hours after the beginning of the experiment.

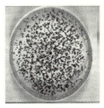
$t=0\,\mathrm{h}$

$t=3\,\mathrm{h}$

$t=6\,\mathrm{h}$

$t=36\,\mathrm{h}$

　我々の手案する手法[8,9]は，このACCアルゴリズムを改良し，クラスタリングの精度や効率を向上することができたことを数値実験を通して紹介する。

4-2　ACCの概要

　ACCとは，蟻の埋葬行動，すなわち蟻が仲間の死骸を一箇所に集める行動をクラスタリング処理と見做し，アルゴリズムに応用したものである。図表6-11（参考文献1）より引用）は，実際に蟻が死骸を集めていく様子を，時間の経過とともに示している。

　この蟻の埋葬行動をクラスタリングアルゴリズムとして実現するために，死骸は分類対象となるオブジェクト，蟻はオブジェクトを運ぶエージェントと置き換えてシミュレートしている。また，クラスタリングを行うための"場所"として，ある程度の広さの格子空間を用意する。エージェントには，周囲に類似オブジェクトが少なければオブジェクトを持ち続け，多ければ置いてくという行動ルールを与え，空間内をランダムに移動できるものとする。

　以下に，ACCにおけるクラスタリングの手順を示す。
（1）初期設定
　エージェントとオブジェクトを配置する。
（2）サイトの状態確認
　エージェントの周囲サイトの状態を確認する。
（3）取捨選択
　状況に応じて行動を決定する。

(4) 移動

移動可能な場所（サイト）へランダムに移動する。

(5) 終了判定

全エージェントに（2）～（4）を実行させ，これをあらかじめ定めた繰り返し回数を実行した時点でアルゴリズムを終了する。

4-3 アルゴリズムの基本動作の改善

(1) 動作の自然化

オリジナルのACCアルゴリズム[1]には，クラスタリングが完了するまでに膨大なステップ数（計算時間）を要する，同種のオブジェクトが複数のクラスタとなってしまう，などの問題点があった。これらの問題点を解決するため，エージェントの分業化や各エージェントにグローバル情報を与えるなど，様々な手法が考案されているが，過度に知能を与えて動作を複雑にしては，群れ知能としての特性が失われてしまう。

そこで，ACCアルゴリズムの基本動作を見直し，改善することを考える。ACCアルゴリズムは，蟻の行動をモデル化している以上，エージェントの動作を可能な限り現実の蟻に近づければ，アルゴリズムを効率化できるはずである。我々はこの点に着目し，エージェントの「動作の自然化」を主として改善を行うこととした。以下に具体的な改善内容を述べ，オリジナルのACCアルゴリズムとの違いを図表6-12に示す。

(2) エージェントの移動方向に対する検討

従来のエージェントの移動方法は，隣接している8サイト全てに等確率でランダム移動していた。しかしこれでは，一定範囲内を往復し続けるという動作が起こってしまうため，蟻の行動としては非常に不自然で，非効率的な動作となっている様子が多く見られた。これは，プログラムの実行画面を見れば一目瞭然である。

そこで，現実の蟻の動きを再現するため，直進50%，前方の左右斜め25%ずつの割合とし，"直進をやや優先させた前方移動" とすることとした。この確率は現実の蟻の観測より推定したものである。

これに合わせ，蟻がオブジェクトを認識できる範囲（視界）を前方3×3サイトとした。これは左右や後方は見えておらず，通ってきた道なのだから再確

図表6-12 Comparison of two algorithms in agent movement*

Algorithm	Direction of movement	Ant's view	Probability of picking up an object	Probability of putting down an object
ACC algorithm (Lumer and Faieta, 1994)	Surrounding 8 sites	Surrounding 5×5 sites	$P_p = \left(\dfrac{k_1}{k_1+f}\right)^2,$ $f = \dfrac{1}{s^2}\sum_{O_j}\left(1 - \dfrac{d(O_i,O_j)}{\alpha}\right)$	$P_d = \begin{cases} 2f, \text{if } f < k_2, \\ 1, \text{ otherwise} \end{cases}$
Our proposed algorithm	Forward 3 sites	Forward 3×3 sites	$f = \dfrac{1}{s^2}\sum_{n=1}^{s^2} P_n,$ $P_j = 1 - \dfrac{d(O_i,O_j)^2}{\alpha}$	

*In the probability equations, s is the range ($s \times s$) on the view site, d is the degree of similarity (distance) between objects, O_i is an object that an agent is carrying, O_j is an compared object, and k_1, k_2, etc. are parameters.

認する必要はない，という理由からである。

　さらに，現実の蟻はオブジェクトを置いた場合，そのまま直進していくのではなく方向転換して戻っていた。視界が前方のみで，そこにオブジェクトを置いたということは，それより前方には類似オブジェクトが多数あることを意味するため，前進するのは得策とはいえない。そこで，オブジェクトを置いた場合に進行方向を反転させることとした。

　これらの改善によって，エージェントの移動・探索が効率化されると考えられる。

（3）オブジェクトの優先移動方向の検討

　現実の蟻は，進行方向を触角で探りながら移動している。これは，進行方向に邪魔なものが無いか，探し求めているものは無いか，などを探っているものと思われる。

　この行動をコンピュータ上で再現するため，視界内にオブジェクトが存在するかどうかをあらかじめ確認し，オブジェクトがあるサイトへと優先的に移動することとした。これにより，オブジェクトの探索効率が上昇することが期待できる。

(4) 確率式の検討

オリジナルのACCアルゴリズムにおける人工蟻の取捨選択の判定は，まずオブジェクトを拾うかどうかの判定をし，その後オブジェクトを置くかどうかの判定を行っていた。このように，オブジェクトを拾う確率と置く確率が異なると，同じ探索空間において拾うときは非類似，置くときには類似とみなされる，などということが起きてしまい，非常に不自然である。さらに，図表6-12に示した k_1，k_2，a のようなパラメータや閾値が設定されていると，全体として固定した判断基準を与えてしまうことになり，群れ知能としての特性が低下してしまう恐れがある。本来ならば，エージェントごとにランダムに値を持たせるか，エージェントのこれまでの経験から決定させる，などという手法が望ましい。

これらの問題点を改善するため，各エージェントがオブジェクトを拾うときの確率と置くときの確率を統合し，オブジェクト間の類似度を求める式として一つにして，若干の改良を加えた。なお，パラメータ a（類似とみなす範囲の目安）は，オリジナルのACCアルゴリズムの値を採用している。

図表6-12に示した確率式において，s は視界サイトの範囲（$s \times s$），d はオブジェクト間の類似度（距離），O_i は所持しているオブジェクト，O_j は判定対

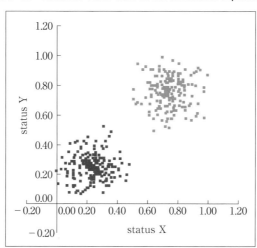

図表6-13　Attribute value data of the numerical experiment

象のオブジェクト，k_1，k_2，a はパラメータを表している．

以下に，動作の自然化を行った場合の処理手順を示す．
（1）初期設定
（2）前方サイト確認
（3）移動
（4）前方サイトとの類似判定
（5）取捨選択
（6）終了判定

（5）人工蟻の動作の自然化に関する検証実験

オリジナルのACCアルゴリズムを基準に，改善点を組み合わせた条件を複数設定し，それぞれ10回の実験を行った．図表6-13は，実験に用いた属性値データ（2種類の属性値）である．

各種設定値は，エージェント数＝30，オブジェクト数＝400，格子サイズ＝100×100，実行ステップ数＝1,000,000とし，旧確率式における各パラメータを，k_1=0.1，k_2=0.1，a=0.5，新確率式におけるパラメータを，a=0.1とした．

4-4 実験結果及び結果に対する考察

図表6-14は，我々の提案するアルゴリズムとオリジナルのACCアルゴリズムの結果の一部を比較した図である．数値実験では1,000,000ステップまでしか実行していないため，オリジナルのACCアルゴリズムではクラスタリングの完了まで至っていない．それゆえ，さらに実行し続けたところ，完了までに少なくとも4,000,000〜5,000,000ステップが必要であった．それに比べ我々の提案するアルゴリズムは，平均して500,000〜800,000ステップまでの間にクラスタリングがほぼ完了した．

また，図表6-15はオブジェクト優先移動の有無による違いを比較したものである．優先移動なしの場合（図表6-15（a））ではクラスタ周辺部が密集しておらず，その区域に異種オブジェクトが混入することがあるが，優先移動ありの場合では，この点が見事に改善されている様子が分かる．オリジナルACCアルゴリズムには，早い段階で同種類のクラスタが複数形成され，それ以降は進展しづらく停滞してしまう（クラスタの新たな進展がない），という特徴が見られた．つまり，典型的な局所的最適解に陥っている状態といえる．

図表6-14　Comparison of a clustering result (an example)

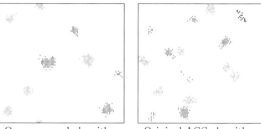

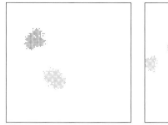 

Figure 6. Comparison of a clustering result
　　　　(an example)

図表6-15　Comparison of object priority movement

（a）Withoutpriority movement　（b）Withpriority movement

　オリジナルACCアルゴリズムに。エージェントの前方移動と確率式変更の2つの改善を加えたことで，大幅な改善が見られた。しかし，どちらか一方だけの改善を加えただけでは，オリジナルACCアルゴリズムに比べクラスタリング効率が低下していたため，前方移動の時は変更後の式の方が有効であると

いえる。その原因としては，前方移動とランダム移動の性質の違いと，視界サイトの範囲の違いがあるのではないかと考えられる。

オブジェクト優先移動を加えた際には，クラスタ全体の密集度が増し，クラスタ内に異種オブジェクトが取り込まれることが少なくなっていた。これは，優先移動を行うことによってオブジェクトの探索効率が上がったため，クラスタリングの精度が向上したものと考えられる。

4-5　ACC の実用に向けた改善アルゴリズム

（1）クラスタ凝縮

上述の通り，エージェントの動作を現実の蟻の動きに近づけることによって，アルゴリズムの効率を大幅に改善することができた。さらに，次のステップとして，ACC の特長を活かした改善を試みた。それが"クラスタ凝縮"である。

ACC においては，探索格子空間上におけるオブジェクト同士の距離は意味を持たず，隣接しているかいないか，つまり，属しているクラスタの判別だけが重要となる。そこで，同種のクラスタであると判定されたオブジェクトをコンパクトに"凝縮"することで，整理・運搬がしやすくなり，効率化が期待できると考えた。

クラスタ凝縮とは，特定条件下でオブジェクト同士を結合させることで，探索格子空間上におけるクラスタが占める面積の割合を減らそうという手法である。

これを実行することにより，オブジェクトを結合させたもの（データの集合＝クラスタ）を1つのオブジェクトと見做すため，データをクラスタ単位で移動することが可能となる。また，探索格子空間内にスペースが生まれるため新たなオブジェクトの逐次追加も可能となり，理論上はデータ数の制限がなくなる，という付加的効果も期待できる。

（2）クラスタ凝縮アルゴリズムの概要

我々の提案するクラスタ凝縮アルゴリズムとは，エージェントがオブジェクトを置く判定を行う際に，追加処理として行うアルゴリズムである。

まず従来どおり，エージェントの視界サイトにあるオブジェクトと所持しているオブジェクトをそれぞれ比較し，類似度を求める。その結果，視界サイト

のすべてに類似判定が出た場合，クラスタ凝縮を行うものとする．これは，エージェントの視界にあるオブジェクトがクラスタであると仮定した場合，その全てと類似していることになるため，所持しているオブジェクトはそのクラスタに属するべきである，という考え方に基づいている．

クラスタ凝縮の具体的な処理とは，視界サイトのオブジェクトにおいて，最も類似度の高かったオブジェクトと所持しているオブジェクトとを結合させることである．この際，クラスタ凝縮によってオブジェクト化されるクラスタ（以下，凝縮オブジェクト）の属性値は，以下の式（8）より求められる．

$$x(o_i + o_j) = \frac{x(o_i) \cdot n(o_i) + x(o_j) \cdot n(o_j)}{n(o_i) + n(o_j)} \quad (8)$$

ここでxはオブジェクトの属性値，nはこれまでに結合したオブジェクトの数をそれぞれ表している．

クラスタ凝縮を行う際に，凝縮されていない通常のオブジェクト同士の結合を行うのであれば，単純にオブジェクトの属性値の平均を計算すればよい．しかし，凝縮オブジェクトを結合させる場合，単純な平均値ではクラスタ全体の平均値とズレが生じてしまう．そこで，それまでいくつのオブジェクトを結合させてきたかを記憶しておくことで，これを回避している．

（3）クラスタ凝縮に関する検証実験

4-2節，4-3節で述べたアルゴリズムにクラスタ凝縮機能を追加し，10回の実験を行った．各種パラメータの設定値及び属性値データ等はすべて4-3節の実験と同じ条件で行った．その結果の一例を図表6-16に示す．

図表6-16より，100,000ステップの時点では，クラスタリングの進行状況という点ではやや早いといった程度であるが，オブジェクトの数が確実に減っていることが分かる．そして200,000ステップに達すると，この時点で既にクラスタリングが完了してしまっている．10回の実験の平均を見ると，クラスタリングを完了するまでに要したステップ数は，150,000〜200,000ほどであった．

クラスタ凝縮を行ったことで，さらに著しい改善が見られた．動作の自然化を行っただけでは，同程度の大きさのクラスタが離れた位置に形成されてしまった場合，どちらも分解されずに膠着状態に陥ってしまうという欠点が残っていた．しかし，クラスタ凝縮によってクラスタそのものの大きさが小さくな

図表 6-16　Comparison of object priority movement

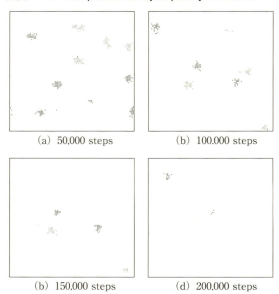

(a) 50,000 steps　　(b) 100,000 steps
(b) 150,000 steps　　(d) 200,000 steps

るため，同種のクラスタが統合されやすくなったものと考えられる。

　それと同時に，いくつかの欠点も見つかった。図表6-16（d）の200,000ステップ時点のクラスタリング状態を見れば分かる通り，ここまでクラスタが小さくなってしまうと，分けられたクラスタなのか未統合クラスタなのかの判別が難しくなってしまうという点である。加えて，クラスタ凝縮が進むにつれてオブジェクトの数も減るため，オブジェクトの数に対してフィールドが広すぎることになり，クラスタリングの効率が悪くなってしまう，ということも挙げられる。さらに，クラスタ凝縮が限界まで進み，1つのクラスタが数個のオブジェクトに凝縮されたようなケースでは，その数個をエージェントが全て拾ってしまった場合，格子空間上に置かれることがなくなってしまう，などということも起こり得ると考えられる。

　しかしながら，これらの問題点はオブジェクトの逐次追加を行う場合には，さほど問題にはならないと考えられる。これらの原因は，主にオブジェクトの数が減りすぎたことにあるため，オブジェクトの数を一定以下に減らさない，あるいは一定個数を保つ，という方法で回避できる。

(4) クラスタ凝縮アルゴリズムの考察

オリジナル ACC アルゴリズムと，動作の自然化を行った我々の提案アルゴリズムとを比較すると，クラスタリング速度で約5～10倍，クラスタ凝縮を実施した場合と比べると20～30倍以上もの改善がなされた。また，クラスタリング性能という点についても，同種のクラスタの統合が圧倒的に速くなっている。

さらに提案アルゴリズムの発展形として"オブジェクトの逐次追加"という機能を考案中である。その処理は至ってシンプルで，クラスタ凝縮により減った分だけ新たなデータをオブジェクトとして追加していく，という処理である。

例えば，1,000個のデータをクラスタリングしようとした場合，本来ならば相応の広さの探索空間及び相応の数のエージェントを用意せねばならず，探索空間が広がるにつれて移動距離が大きくなる。また，エージェントが増えれば増えるほど処理が重くなり，クラスタリングの精度も効率も格段に低下してしまう。そこで，探索空間上に配置できるオブジェクトは300個まで，などと決めておき，クラスタ凝縮により減った分だけ残りの700個の中から追加を行うという機能を追加すれば，探索空間の広さ，エージェントの数，処理の負荷等は従来のまま変わらず，所要時間が増加するのみでデータ数を増やしていくことが可能であると考えている。

今後に残された課題として，隣接して形成されてしまったクラスタが分解されにくい点や，クラスタリングの終了条件が明確でない点など，根本的な問題が挙げられる。また，現実問題への対応を視野に入れ，上述のオブジェクトの逐次追加など新たな機能を実装し，汎用性の高いアルゴリズムに改善していくことが課題である。

5 おわりに

本論文では，前半で MT 法を用いた多次元データのパターン認識の実用例として，タイ王国で問題となっている麻薬常用患者の更生プログラムへの適用を試みた。また，後半では改良 ACC による大量データのクラスタリングアルゴリズムについて述べ，それぞれ一定の成果が得られたことを報告した。

MT 法は，多次元のデータを総合してマハラノビスの距離という1つの物

差しを導入し，判定を行う手法で，第2章で述べたように，現在のところ非常に多くの分野で適用されている。これまでに成果を上げている代表的な実施例として，健康診断の問題がある。一般に，健康診断では検査項目毎に健康な人の検査値の95%が入る範囲を基準範囲として定め，1項目でもこの範囲から外れた場合，その外れの程度によって「要注意」や「再検査」などと判断している。しかしながら，健康かどうかの判断は，検査項目の組合せによって判断しなければならない。すなわち，複数の検査項目のデータを多次元的に判断しなければならないため，現行の健診方法では誤って判断することが多い。実際，再検査の判断を受け精密検査を受診した結果，異状はなかったという方が，結構多い。MT法を健康診断に適用することで，再検査費用を抑えることができることが報告されている[6]。この外にも，クラッチディスクの外観検査，切削振動波形による状態監視，手書き文字の認識などにおいても成果を上げている[15]。

ビジネス分野においては，今後増々ビッグデータの活用が必要となるため，本論文で紹介した手法の活用を期待したい。例えば，専門家が優良企業と判定した会社の各種測定項目のデータを用いて，優良企業の単位空間を構成し，判定したい任意の会社のデータを用いて計算したマハラノビスの距離を比較することにより，優良企業グループの中心からどれだけ離れているか，優良企業に近いか，そうでないかをを判定することができる。

一方，ACCアルゴリズムは，通販やネットで商品を購入する多数の顧客データを多次元データを用いて，顧客を分類することに応用でき，それぞれのグループに適した商品紹介，あるいはそれぞれのグループの人達が買ってくれそうな新製品の開発などに応用できそうである。また，病気の診断では，現在何らかの病気に掛かっている人の多次元データと今のところ病気が発症していない人の多次元データを混在させたデータを用いて分類すれば，あるグループに分類された人の中に現在病気に掛かっている人がいれば，そのグループの人達は将来その人と同じ病気になる可能性がある，などの判断が可能となる。

ACCアルゴリズムを現実の問題に適用するためには，まだまだ解決しなければならない問題も残されているが，多次元データを用いた多次元パターン認識の実現の可能性が高い手法である。

タイ王国の麻薬患者の更生に関する研究は，タイ王国からの留学生で2010年度（平成22年度）本学大学院工学研究科システム工学専攻修了生のMayuree

Chaiwut 氏（現，KYOCERA Crystal Device（Thailand）Co., Ltd. 勤務）に，またACCの改善に関する研究は，2008年度（平成20年度）同システム工学専攻修了生の佐村 夏輝氏（現，パナソニックSNソフトウェア株式会社勤務）に負うところが非常に大きい。ここに記して，感謝の意を表する。

最後に，ACCの改善に関する研究は，科研費（課題名：「群知能を用いたメタヒューリスティックスの効率改善と組合せ問題への適用」，課題番号：18510132, 研究期間：2006年～2008年）の助成の下に行われた。ここに記して，感謝する。

正道寺勉

参考文献

1) Eric Bonabeau, Marco Dorigo, and Guy Theraulaz, *Swarm Intelligence from Natural to Artificial Systems*, Oxford University Press, 1999.
2) Mayuree Chaiwut, 正道寺勉, 「MTシステムを応用した麻薬常用患者に適した治療法の判定方法に関する研究」，第53回自動制御連合講演会講演論文集CD-R, pp. 1013-1016, 2010.
3) Mayuree, Chaiwut, and Tsutomu Shohdohji, "Research Study to Determine Treatment Method Suitable to Drug Abuse Patients," *European Journal of Academic Research*, Vol. 2, no. 3, pp.14-23, 2014.
4) Crina Grosan, Ajith Abraham and Monica Chis, "Swarm Intelligence in Data Mining," in *Swarm Intelligence in Data Mining*, edited by Ajith Abraham, Crina Grosan, and Vitorino Ramos , pp. 1-20, Springer-Verlag Berlin Heidelberg, 2006.
5) Erik D. Lumer and Baldo Faieta, "Diversity and Adaptation in populations of Clustering Ants," *Proceedings of the 3rd International Conference on the Simulation of adaptive Behavior*, pp. 501-508, 1994.
6) 長谷川 良子,『マハラノビス・タグチ（MT）システムのはなし』，日科技連出版社，2004。
7) Glen Stuart Peace, *TAGUCHI METHOD® -A Hands-On Approach to Quality Engineering-*, Addison-Wesley Publishing Company, 1993.,
8) 佐村夏輝, 正道寺 勉, "クラスタ凝縮を用いたAnt Colony Clustering手法の提案"，第50回自動制御連合講演会CD, pp. 746-749, 2007.
9) Tsutomu Shohdohji, Fumihiko Yano, and Yoshiaki Toyoda, "A New Algorithm Based on Metaheuristics for Data Clustering," *Journal of Zhejiang University-SCIENCE A (Applied Physics & Engineering)*, Vol. 11, No. 12, pp. 921-926, 2010.
10) 田口 玄一,『第3版 実験計画法 上』，丸善株式会社，1976。
11) Genichi Taguchi, Subir Chowdhury, and Yuin Wu, *The Mahalanobis-Taguchi*

System, McGraw-Hill, 2001.
12) Genichi Taguchi and Rajesh Jugulum, T*he Mahalanobis -Taguchi Strategy, -A Patter technology System-*, John Wiley & Sons, Inc., 2002.
13) 田口 玄一ほか,『品質工学応用講座 MT システムにおける技術開発』,日本規格協会,2002。
14) 立林 和夫,『入門タグチメソッド』,日科技連出版社,2004。
15) 立林 和夫,手島 昌一,長谷川 良子,『入門 MT システム』,日科技連出版社,2008。
16) 手島昌一,"品質工学の歴史化(6) MT システムの原点",品質工学,第 15 巻,第 1 号,pp. 13-17,2007.
17) Shoichi Teshima, Yoshiko Hasegawa, and Kazuo Tatebayashi, *Quality Recognition and prediction, -Smarter Pattern Technology with the Mahalanobis-Taguchi System-*, Momentum Press, 2012.
18) Chi-o Tsang and Sam Kwong, "Ant Colony Clusterring and Feature Extraction for Anomaly Intrusion Detection," in *Swarm Intelligence in Data Mining*, edited by Ajith Abraham, Crina Grosan, and Vitorino Ramos, pp. 101-123, Springer-Verlag Berlin Heidelberg, 2006.
19) 矢野 耕也,『初めての品質工学』,日本規格協会,2006。

第Ⅲ部

経営会計と内部監査

■経営会計と内部監査■

中堅・中小企業の経営会計システム
——実践的システムの構築・導入に向けて——

第7章

1 はじめに

　わが国企業における管理（経営）会計（以下，経営会計）の普及度，その活用の程度が欧米先進国企業に比べて低い水準にあることは，つとに会計専門家に指摘されて久しい。外部のステークホルダーに対する「報告」を旨とする財務会計に比べて，その露出度が低い経営会計の場合，その普及度，活用の状況を窺い知ることは，京セラ（株）が開発・使用している「時間当たり採算」のような経営会計指標を例外として，本来難しいことは無理からぬことではあるが，この点は，筆者の実務経験から推測してもむべなるかな，という印象は否めない。事実，筆者が過去10年間，日本工業大学技術経営研究科で担当してきた「経営会計基礎」の授業における受講学生との討議の過程においても，企業経営に経営会計を活用している例は極めてまれであると言わざるを得ず，その普及度，活用度は，残念ながら極めて低い水準にあるのが実情である。では，何故，普及度，活用度が低水準にあるのか？

　理由はいくつか考えられるが，ずばり，企業経営者の経営会計に対する意識の低さが最大の理由であろう。これはわが国の企業経営者に限ったことではないが，一般に企業経営者には財務会計偏重の傾向が強く，経営会計，管理会計というと予算値や計画値と実績値との比較である所謂「予実比較」が経営会計であるという認識が強く，「結果に基づく経営」（後述する"Management by Results)に流れてしまい，極端な場合には「結果に一喜一憂する」だけの経営マインドになってしまう。これでは「今後どうしたらよいのか」という企業経営にとって最も大事な取り組み姿勢が損なわれてしまう危険性が高い。

こうした事実に鑑み，筆者が担当してきた授業では中堅・中小企業においても無理なく構築・導入できる経営会計システムの例をいくつか取上げて，学生諸君に紹介してきたわけであるが，本研究ではこうした議論の経過，プロセスを整理してみたい。その意味で，当該研究は筆者の授業と学生諸君との議論の現段階における集大成であり，同時に筆者のひとつの「試論」とも言える性格を有したものである。

2　中小企業における経営会計利用の実態

小規模企業における管理会計の利用・活用の実態を直接的に窺い知ることは極めて難しいが，ある程度参考になる資料を取り敢えず検討してみよう。

平成22年11月に中小企業庁が実施した「平成22年度中小企業の会計に関する実態調査事業」の集計・分析結果（対象企業は，建設業，製造業，情報通信業，卸・小売業などの10業種で，抽出標本8,000件，回収標本1,808件）に興味深いデータがある。

図表7-1　決算書以外で作成している会計関連書類

試算表	87.1%
売上高管理表	53.5%
資金繰り表	47.2%
金融機関別預金貸金残高表	41.7%
利益管理表	31.2%
原価管理表	29.7%
事業計画書	22.0%
その他	2.7%

その他に含まれる書式としては，
売掛金管理表
仮払金，未払金などの残高表
事業別月次収支予実管理表
月次損益計算書
月次財産目録
予算対比表など

この調査では中小企業が作成している決算書以外の会計書類に関するデータが集計されているが，集計結果は以下の通りになっている。パーセンテージは回答企業に占める率を示している。

　この表に掲げられている書式がすべて経営会計関連のものではないが，中には経営会計を意識していると思われる書式も含まれている。特に，回答を寄せてきた企業の9割近くが試算表を作成している点は興味深い。また，3割以上の企業が利益管理，原価管理を意識している点は注目してよいだろう。

　しかし，作成書類の大半は経営の実態を事後的にトレース・確認するための書式であり，今後のあるべき経営の姿，あり方を模索・検討するという経営会計本来の主旨に適ったものとは言い難いのも事実である。

3 「レレバンス・ロスト」の指摘

　今をさかのぼること27年前，筆者を含めて会計関係者，とりわけ経営会計関係者にとって衝撃的な著作が刊行された。Thomas H.Johnson と Robert Kaplan の共著，"Relevance Lost"（邦訳「レレバンス・ロスト，管理会計の盛衰」，鳥居宏史，白桃書房）である。今や，経営会計関連書籍の「古典」と言ってもよいこの著作の中で，この二人の碩学が言わんとした論点を同じ Johnson が著した "Profit beyond Measures"（邦訳「トヨタはなぜ強いか」河田信訳）に序文を寄せた Perter M.Senge はその中で次のように要約している。

　「管理会計の専門家たちは，道に迷い，経営者の基本的な責任を果たすための明確な像（イメージ）を持つことなく，数字の下僕になって，健全なビジネスを育成できなくなった。利益や ROI（投下資本利益率）などの概念は，投資状況を外部の投資家に知らせるものにすぎなかったが，マネジメントの中核的なツールに位置づけられた。」[2]

　この Senge の指摘は正しい。例えば，ROI は Du Pont や GM がかって1920年代に自らの経営内容を把握して，株主に報告するための指標として開発した一種の便宜的な指標であり，同時にこれを各事業部門の業績評価のための参考指標の一つとして活用していたものに過ぎなかった。しかしこうした指標が前面に出てきて，経営トップがこれを軸に経営を行うとなると，Senge が以下に指摘するような弊害が生じかねない。

「企業経営者はスコアボードを見て指揮しようとする野球チームの監督のようになった。彼らは，利益を生み出す現実のプロセスとの接触を断ってしまった。その結果，逆説的なことだが，財務目標を設定するという，まさにその管理構想のせいで見映えのしない利益しか得られない平凡な企業を生み出すことになってしまった。」[3]

4 "Management by Results" の弊害

Thomas H. Johonson & Anders Broms の "Profit beyond Measures" に一貫して流れている主たるテーマは，"Management by Results" に対する痛烈な批判である。

"MBR" と略称されているこの概念をどう日本語に訳したらよいのか，難しいところであるが，とりあえず「財務結果に基づく経営」と理解すればよいだろう。この本の中で二人の著者は，トヨタやスエーデンのトラクター・メーカーである Scania の経営のやり方を MBR ならぬ "Management by Means" (MBM) と位置づけることによってその優れている点を解明し，今後，特にアメリカ企業が参考にすべき新しい経営スタイルとしているが，この指摘は示唆に富んでおり，かつ興味深い。

筆者自身は，会計数字，つまり財務結果に基づく経営の在り方を全否定するわけではない。しかし，企業，とりわけわが国の中堅・中小企業にとって「あらまほしき」経営会計システムを考察するにあたっては，上記の Senge の指摘を待つまでもなく，こうした経営の在り方が過度に強調されたために，米国企業，とりわけ米国の製造業が1980年代までにその国際競争力を相対的に低下させることになった事実をわれわれ日本人も「他山の石」として頭の片隅に置いておくべきであると考える。

こうした認識のもとに，以下，わが国企業，就中，中堅・中小企業が実際に導入・実践できる「経営会計」システムの構築について考えてみたい。

5　経営会計システム構築に入る前に

5-1　大企業システムとの違い

　経営会計システムを構築する場合，小規模企業が導入・実践すべきシステムが大企業のそれとどう違うのか，またどう違うべきかを考えてみるに，両者の間に基本的な違いがあるわけではない。

　つまり，「経営会計システム」はあくまでも「経営会計システム」でしかない。

　しかし，大企業と小規模企業では規模の違いはもちろんのこと，ビジネスモデルや取扱製品・サービスの種類，幅，情報の伝達スピードに違いがあることは論をまたない。

　ここでは，小規模企業のシステム構築にあたってのポイントを次の6点に整理することとする。

①「全体最適」を志向したシステムであること
②企業実態を解明できるものであること
③最重要指標を意識したものであること
④シンプルであること
⑤導入に時間がかからないものであること
⑥経営者，社員が共有できるシステムであること

5-2　財務会計の限界・弊害

　小規模企業の場合，従来から財務会計数字に基づく経営が行われているケースがほとんどである。今まで「経営会計」そのものが存在していないという事情から無理からぬところであるが，何故，殊更，経営会計が求められるのか，財務会計だけでは不十分なのかをしっかりと理解することが大前提になる。そのためには経営トップ，社員全員が財務会計の特徴，限界ならびにそれに基づく経営の弊害について理解，知悉することが不可欠である。

　財務会計の限界については，経営会計（管理会計）関連の類書がつとに指摘しているところであるが，ここで改めて，財務会計の限界について特に重要な点を整理してみると概ね，次のような点が挙げられる。

●元来，外部の利害関係者に企業の財政状態，業務成績（期間損益）を報告す

ることを目的にした会計システムであるため，包括的，概括的であり，細部には触れないため，そのままでは経営に役立てることができない。

　これは，財務会計のひとつの基幹的な概念である"inventory costing"（在庫評価）のやり方に起因している。これによると，会計期間の期末に所謂「売残り在庫」が発生した場合，売上原価が販売された製品と在庫に分解され，一部が貸借対照表に棚卸資産として「資産計上」されて損益計算書からは切り離されて資産扱いになるためである[4]。

　また，作成される損益計算書上においても「売上」や「売上原価」を製品・商品別にセグメント化されることがない。

● 企業会計原則などの一種の仮説の上に構築されているため，あくまでも仮説の体系であり，現実を完全に説明し切れない。（例えば，在庫評価，減価償却，引当金の計上などの「評価」の仕方によってすべてが影響を受ける）
● 資産を計上する際に「取得原価」を用い，その後の決算時に資産価値の評価（洗い替え）を行わないため，「含み益」や「含み損」が発生する。
● 株主や債権者向けの報告に終始し，「顧客志向」的発想が欠落してしまう。
● 企業内での「価値連鎖」の発想が欠落している。
● 特に，原価計算に関して間接費の製品あて配賦につい環境変化を無視した「時代錯誤」が見受けられる。（例えば，間接費の製品別配賦に労務費や機械作業時間といった直接費に基づく配賦基準が使われてるが，これは間接費の発生が少なかった時代のやり方である。）
● 「全部原価計算」（製造固定費を製造単価に含める）を前提にしているため，期末在庫（売れ残り在庫）の増減の影響を受けて製造原価，売上原価に「歪み」が生じ，売上総利益をはじめとする利益体系が狂ってくる危険性を孕んでいる。

　税務会計とともに「制度会計」に位置づけられるという性格上，「当局」の意向に左右されやすく，企業側の意向や事情が無視されることとなり，総じて保守的，時代遅れになりやすく，熾烈なグローバル競争下に置かれている企業の現実と必ずしも相容れない可能性がある。

　したがって，当然ながら財務会計数字に基づいた企業経営は実態を見誤る危険性を孕んでおり，この点からも企業規模に関係なく，財務会計数字に代わる数字をベースにした経営の必要性がでてくる。経営会計の必要性が求められる所以である。

5-3 「利益」の問題点

上記のような限界や歪みを持った財務会計の下で計算される期間損益（会計損益）に自ずと問題が生ずることは，無理からぬことである。つまり先述のように，財務会計が「発生主義」，「実現主義」や「費用収益対応の原則」といった会計原則という「仮定」の上に構築された「仮定の体系」である以上，そこで算出される「利益」も「仮定の産物」でしかない。フィンランドの電気通信メーカーであるNOKIAが自社の社員向けに展開した「キャッシュフロー経営」キャンペーンの際に社員に配布したTシャツに次のような標語がプリントされていた。

曰く，"Profit is a matter of opinionn"（「利益」とは一種の見解の表明にすぎない）である。

この標語は，まさしく，「卓見」であり，「会計損益」の実体を「言い得て妙」な見識であると言わざるを得ないが，「利益は，見解表明にすぎない」と聞いて自らの「耳を疑う」人は少なくない筈である。事実，筆者が授業中にこの言葉を引用した際の学生諸君の「狐につままれた」ような反応は実に印象的であった。

となると当然のことながら，「利益」にまつわる経営指標を使った企業経営は一考を要することになるわけであるが，それでは一体どのような経営指標を想定すべきかが問題になってくる。

ところで，前出のNOKIAの標語には，前段の一節がある。すなわち，"Cash is reality"（「現金は，真実」）である。つまり，会計原則には無縁の「現金」には「嘘，偽りがない」というわけだ。「現金」を中心に企業の実態を把握・理解することを会計の世界では「現金主義」というが，経営会計システムは，「現金主義」に基づいて構築する方が好ましい。

5-4 改めて，「経営会計」とは

ところで，「経営会計」とはどんな会計なのだろうか？

財務会計がステークホルダーに対する「報告」を旨とする会計システムであるのに対して，経営会計は，経営者，経営管理者が自らの経営行為のサポートシステムとして活用すべき会計の仕組みである。1900年ごろのアメリカで生起した時には，歴史的に，「標準原価計算」と「予算の管理・統制」がその発端

になった関係から，経営会計そのものを「原価計算」や「予算管理・統制」のための会計システムであると誤解している向きが意外に多い。余談ながら，経営コンサルタントや公認会計士といった会計に詳しい筈の人たちの中にもこうした誤解をしている人がいることを発見して筆者もいささか驚いた経験があるが，これらは「経営会計」のサブ・システムでしかない。

経営会計の目的・機能に関する学者の定義は人によって区々であるが，概ね，2つに整理されると考えてよかろう。つまり，

①業績管理
②意思決定サポート

の2つである。

ただし，この2つの目的・機能のうちで大事なのは②の意思決定サポートである。

経営者の意思決定の役立たない経営会計は，経営会計とは言えない，と断言してもよいくらいだ。今後，筆者が本研究の中で中堅・中小企業にとっての「あらまほしき」経営会計システムの構築を考察する場合にもこの2つの目的・機能を念頭に置きながら論を進めてゆく。

5-5　小規模企業向け「経営会計システム」の例

筆者が，この研究の参考としてどのような「先例」が存在しているのかをwebで検索してみたところ，いくつか興味深いケースに逢着したので，ここで取上げてみたい。

ひとつは，茨城県在住の公認会計士・税理士の根本誠二氏が提案されている「小規模向け管理会計」である。同氏は，「管理会計は，毎月継続して実施することが肝要であり，これが優良企業への最短の道である」という認識の下，このシステムは次の5つの視点から構築されるべきである，とされている[5]。
●毎月の締め日ごとに「売上高」が正確に算出できるか
●売上高に対応した「仕入高」が締め日ごとに正確に算出できるか
●試算表上で「固定費」が正確に算出できるか
●製品の受注高（あるいは工事受注高），見込高がある程度，正確に把握できるか

●週次,月次,年間の「資金管理表」が正確に作成できるか

これは,管理会計(経営会計)というよりも「試算表」による月次決算の励行と将来的な「資金繰り」の把握に重点を置いたシステムという性格が強いやり方であるが,過去の財務業績のみのとらわれるのではなく,経営の目を将来に向けることの重要性に着眼している点は評価されてしかるべきである。筆者の今後の考察に大いに参考になるご提言である。

また,これは必ずしも小規模企業に焦点を合わせたものではないが,明治大学が社会人ビジネスマンを対象に開講している「リバティ・プログラム」の「管理会計」では,下記の5項目がその重要ジャンルに掲げられている。すなわち,

①利益計画,損益分岐点分析
②予算管理
③資金繰り,キャッシュフロー管理
④原価(コスト)管理
⑤意思決定会計

一方,わが日本工業大学技術経営研究科にとっては「同業者」である東京理科大の「イノベーション研究科技術経営専攻(MOT)」のシラバスを見ると,同校の「管理会計」では関連する項目として次のようなものが挙げられている。

①利益とは
②利益とキャッシュフローの違い
③原価情報とその「歪み」
④利益計画
⑤投資採算

ちなみに東京理科大のMOTプログラムは,わが校と違って何も小規模企業関係者に焦点を当てたものではないが,その「管理会計」において重視されている項目は,言うまでもないが,小規模企業にとっても極めて重要なものである。この点からも先述のように,経営会計システムの構築にあたっては,企業規模の大小は当面,関係ないことが分かる。

6 中堅・中小企業の経営会計システム

6-1 システム構築にあたっての基本スタンス

構築にあたっての基本スタンスを次にように5つに設定することとする。
① 企業経営の現状を正確に把握する。
② 財務会計利益よりもキャッシュフローを重視する。
③ 同じく,「会計利益」よりもむしろ「経済利益」を重視し,「企業価値」を意識したものとする。
④ 企業経営の将来像を予想し,「先回りした」施策が打ちやすい仕組みとする。
⑤ 自社の「資本コスト」を明確に意識する。

詳細については,以下の各論部分で言及するが,各スタンスについて概説すれば,つぎのようになる。

(1) 現状の把握

自社の経営状態の正確な現状把握なくして,「将来を語る」ことは不可能である。年間計画や月次計画(予算)を作成する場合もすべては現状把握がベースになることは論をまたない。

まさしく,「脚下照顧」である。何を把握対象にするか問題になるが,経営者として現在,気がかりな点,例えば,売上の伸びの鈍化,棚卸資産の増加傾向,回転率の鈍化,間接費の増加などについて現状を正確に押さえておく必要があろう。

(2) キャッシュフロー重視

経営会計では財務会計による利益中心の展開よりもキャッシュ,キャッシュフローの動向が大きな意味を持ってくる。所謂「勘定あって,銭足らず」の状況を招かぬように,常にキャッシュフロー動向,就中,「営業活動によるキャッシュフロー」(営業CF)の動きが重要になる。

(3)「経済利益」重視

先述したとおり,財務会計によって算出される利益,つまり「会計利益」だ

けでは企業の経営実態の把握には限界がある。自社の「資本コスト」まで加味した「経済利益」("Economic Profit, EP")を把握したうえで「企業価値」を高めようとする経営マインドが求められる所以である。

(4)「先回り経営」

企業経営の将来像がある程度予測できれば，それに対応した経営の「打ち手」を早めに実践することが可能になる。特に，小規模企業の場合には経営トップにアメリカ流のCFO機能が求められることになるが，そのためには，予想財務諸表（"Proforma financials"）の作成が有効な経営ツールになる筈である。

(5)「資本コスト」

株主から提供を受けた資金（株主資本）はコストゼロの資金ではない。債権者か提供された資金同様に，コストを常に意識する経営マインドを持つことが重要になってくる。

以下，これら5つの「基本スタンス」に基づいた経営会計システムの構築について，筆者の考えを述べる。

7　経営会計システムの構築ステップ

システム構築の手順については決まったやり方，順序があるわけではない。できるものから順次，構築してゆけばよい。また，システムそのものもどの段階まで構築すればよいのかについても色々な考え方ができよう。この点については，自社の事情の違いや実際に構築に携わる人員の数や投入できる時間（体力）に違いがあろうから，一概には論じられない。しかし，ここでは上記の「基本スタンス」を念頭に置きつつ，比較的手をつけやすいものから順次構築してみることとする。これで十分というわけではないが，取りあえず，以下の7ステップでの構築を考えることとする。

なお，会社法や「企業会計原則」に縛られる財務会計と違って，経営会計は自由度が高い。したがって，京セラが開発・考案した「時間当たり採算」のような経営会計指標が生まれ，実際の企業経営の中で実践されその効果を発揮することとなる。だから各社がそれぞれ自分にあった会計システムや会計指標，

経営指標を考案し，実践すればよいわけであるが，ここでは既に使われている，言わば「定番」的な手法，システム，指標に限定して言及することとする。

 ステップ1： 費用の固変分解，限界利益の算出
 ステップ2： CVP分析，損益分岐点，安全余裕率の計算
 ステップ3： 年間予算，月次予算の作成
 ステップ4： 試算表の作成
 ステップ5： 業績管理表の作成とPDCA
 ステップ6： 予想資金繰り表の作成
 ステップ7： 資本コストの算出，「ハードルレート」の設定

8 費用の固変分解，限界利益の算出

8-1 固変分解と限界利益

企業の「費用」には　営業量に応じて変動するものとその影響を受けないものの2種類が存在する。

言うまでもないが前者が「変動費」であり，後者が固定費である。「固変分解」とは，費用を「変動費」と「固定費」に分解することであり，財務会計にはない経営会計特有の手法である。営業量を測る尺度としては，製品（または商品，サービス）の販売量，売上金額，生産量，人の作業時間や機械の稼働時間などがある。費用の中には売上や操業度の変化に対して固定費的な部分が多いもののそれでも変動するもの，反対に大半は変動するが固定的な部分も含むといった厄介なものもないわけではない。前者が準固定費，後者が準変動費である。しかし「固変分解」の過程ではこうした「ニューハーフ」のような費用も固定か変動のどちらに分類してしまうのが一般的である。

固変分解のやり方には色々な方法があるが，実務的には，損益計算書の科目ごとにその性質（態様）を考慮して変動費，固定費に振り分ける「勘定科目法」（「個別費目法」ともいう）を使うのがよい。この勘定科目法の代表的な例が「中小企業庁方式」と呼ばれるやり方であり，表7-2に示したように建設業，製造業，販売業によって，多少やり方が異なってくる。

費用の固変分解を行う時には，あわせて限界利益（貢献利益）を計算してお

図表7-2 「中小企業の原価指標」に用いられている費用分解基準（2003年以降，「中小企業の財務指標」に改編）
対象中小企業：資本金1億円未満，従業員300人未満（製造業の場合）

費用項目：	建設業	製造業	販売業（卸売り，小売業）	サービス業
固定費	労務管理費 租税公課 地代家賃 保険料 法定福利費 福利厚生費 事務用品費 通信交通費 交際費 その他経費 役員報酬 従業員給与手当 退職金 修繕維持費 調査研究費 広告宣伝費 支払利息・割引料 減価償却費 動力用水光熱費 （一般管理費のみ） その他営業費	直接労務費 間接労務費 福利厚生費 賃費 減価償却費 賃借料 保険料 修繕費 電力費 ガス料 水道費 旅費交通費 その他製造経費 通信費 支払運賃 荷造費 消耗品費 広告宣伝費 交際接待費 役員給料手当 事務員販売員給料手当 支払利息・割引料 租税公課 その他販売管理費	販売員給料手当 車輌燃料費（卸売りの場合50％） 車輌修理費（卸売りの場合50％） 消耗品費 販売員旅費 通信費 広告宣伝費 その他販売費 役員給料手当 事務員給料手当 賃費 福利厚生費 減価償却費 交際接待費 土地建物賃借料 保険料（卸売りの場合50％） 修繕費 光熱水道料 支払利息・割引料 租税公課 その他営業費	直接従業員給料手当 役員給料手当 間接従業員給料手当 福利厚生費 交通費賃費 消耗品費 広告宣伝費 車輌燃料修理費 土地建物賃借料 減価償却費 保険料 支払利息・割引料 租税公課 その他営業費
変動費	材料費 労務費 外注費 仮設経費 動力用水光熱費 （完成工事原価のみ） 運搬費 機械等経費 設計費 兼業原	直接材料費 買入部品費 外注工賃 間接材料費 その他直接経費 重油等燃料費 当期製品仕入原価 期首製品棚卸高－ 期末製品棚卸高 物品税 価酒税	売上原価 支払運賃 支払荷造費 支払保管料 車輌燃料費（卸売りの場合50％） 車輌修理費（卸売りの場合50％） 保険料（卸売りの場合50％）	直接材料（商品）費 光熱水道動力費 外注費

くとよい。

　限界利益は売上高から変動費を控除して計算する。

　ちなみに，東京，墨田区に本社のある実在の自動車分等の製造会社であるＹ社（年商約12億円，従業員70名強）の製造原価報告書，損益計算書の費用項目を中小企業庁方式の勘定科目法によって同社の62期の営業利益段階までの

図表7-3　Y社費用の固変分解結果ならびに限界利益の計算

（単位：千円）

売上原価固定費	375,313
売上原価変動費	471,982
売上原価合計	847,295
販管費固定費	276,133
販管費変動費	3,941
販管費合計	280,074
費用固変分解：	
固定費	651,446
変動費	475,923
費用合計	1,127,369
売上	1,215,039
費用	1,127,369
営業利益	87,670
売上	1,215,039
変動費	475,923
限界利益	**739,116**
限界利益率	**60.8%**

（中小企業庁：「平成22年度中小企業の会計に関する実態調査」より筆者が作成）

費用を固変分解した結果ならびに限界利益，限界利益率の計算は，表7-3のようになる。

　なお，Y社の固定費は651,446千円であり，変動費475,923千円が売り上げに占める比率，つまり変動費率は39.1％である。

8-2　事業別（セグメント）数値への展開

　ところで企業がひとつの製品・商品・サービスを提供しているのであれば話は簡単であるが，Y社の場合も製造・販売している自動車部品は10種類近くにのぼる。こうした状況は殆どの企業についても言えることであるが，財務会計で作成される損益計算書では売上高のみならず売上原価，売上総利益以下の各種利益についても包括的なひとつの金額で示され，製品別（事業別）の状況がどうなっているのかが判然としないわけであり，これでは経営には役立たな

い。この点に財務会計が経営データとして活用できない限界がある。そこで問題になるのが，固定費，変動費あるいは限界利益，限界利益率データの製品別（事業別）展開をどうしたらよいのかというセグメント分析が必要になってくる。

今仮に，Y社がA製品，B製品の2種類の製品しか製造・販売していないと仮定してみよう。上記の表7-3で計算した限界利益，限界利益率がこの2つの製品についてどのように分解されるかが分かれば，今後の業務展開を考える上で大いに参考になる。

この場合，固定費，変動費を2つの製品にいかにして「割り振るか」という所謂「配賦」の問題が生ずる。

この「配賦」については原価計算の重要なポイント，場合によっては厄介な争点になりかねない微妙な問題であるが，一般的には，次のような対応となる。

図表7-4　限界得利益，限界利益率の製品別展開

	製品A	製品B	合計
売上原価固定費配賦率：			
機械稼働時間	1,500	900	2,400
機械稼働時間比率	62.5%	37.5%	100.0%
売上原価固定費	234,571	140,742	404,297
売上原価変動費配賦率	50%	50%	100%
売上原価変動費	235,991	235,991	471,982
売上原価合計	470,562	376,734	847,296
売上高	729,023	486,016	1,215,039
売上高比率	60%	40%	100%
販管費配賦率	50%	50%	100%
販管費固定費	138,067	138,067	276,133
販管費変動費	1,971	1,971	3,941
販管費合計	140,037	140,037	280,074
固定費合計	372,637	278,809	651,446
変動費合計	237,962	237,962	475,923
限界利益	491,062	248,054	739,116
限界利益率	67.4%	51.0%	60.8%

●直接費の直課：原材料費，労務費といった対象になる製品に割り振る（これを「直課」という）ことができる費用はそのまま対象製品の費用とする
●間接費の配賦：対象製品に「直課」できない費用である「間接費」（「経費」）については，何らかの配賦基準を選定し，それにもとづいて「配賦」する

　このケースでは売上原価に含まれる変動費部分については，便宜的に，A，B両製品の製造に使用された機械の稼働時間（数）に基づいて「配賦」することとし，固定費部分については単純にそれぞれに50％づつを按分配賦する。また，販売費・一般管理についてはその殆どが間接費，固定費であることを考慮し，これも便宜的に50％づつを単純に按分配賦することとする。計算結果は，表7−4のようになる。

　この例で見る限り，製品Aの限界利益率が製品Bのそれを大きく上回っており，その優位性が確認できる。ただし，本例は筆者が勝手に設定したケースであり，Y社の実態とは何ら関係ないことは言うまでもない。

　また，配賦基準の選定についても筆者が勝手に設定した単純なものであり，これ以外に実態に即した選定があり得ることはもちろんである。しかし，こうしたセグメント展開をすることによって経営実態をより正確に分析・把握することができるという経営会計の意義，醍醐味をご理解いただきたい。

9　CVP分析

　前節で説明した費用の固変分解，限界利益，限界利益率の計算はまさしく「脚下照顧」，つまり現状把握の一手段であるが，これらが分かると次なる「脚下照顧」である損益分岐点の計算が可能になる。

　わが国では普通，「損益分岐点分析」という言葉が用いられているが，海の向こうでは"CVP Analysis"（CVP分析）という呼称の方が一般的であり，言わずと知れた経営会計の定番的分析手法である。殆どの会計書にはこの損益分岐点を計算する複雑な算式が載っているが，損益分岐点売上高（BEP売上高）は，「固定費÷限界利益率」で簡単に計算できる。Y社の62期の損益分岐点売上高ならびに前述したA，B両製品の損益分岐点売上高ならびに「安全余裕率（度）」を計算すると，表7−5のようになる。ちなみに，「安全余裕率（度）」とは，現在の売上水準が損益分岐点売上高をどの程度上回っているかを示す指標であり，製品・商品の「安全度」を表している。ちなみに，BEPと

図表7-5　Y社62期ならびに製品A，製品Bの損益分岐点売上高，安全余裕率

損益分岐点売上高と安全余裕率　　　　　　　　　　　　　　　　　（単位：千円，％）

	固定費	限界利益率	BEP損売上高	安全余裕率
Y社62期	651,446	60.8%	1,070,918	13.5%
製品A	372,637	67.4%	553,212	31.8%
製品B	278,809	51.0%	546,274	-11.0%

は英語の"break-even point"の略語である。

　ここで注目すべきは製品Bの安全余裕率がマイナスになっていることである。現在の売上高が損益分岐点売上高を下回っており，その製品の不調が全体の安全余裕率を引き下げる状態になっている。もちろんこれは架空の話であるが，もしこうした事態が現実であるとしたら，経営陣としては早急に何らかの対策を講じなくてはならないことになる。

10　予算，月次決算，試算表によるPDCA

10-1　予算

　企業規模の大小にかかわらず経営者は常に自社の「将来像」をイメージしている。こうしたイメージが欠落している経営者はその資格がないと言っても過言ではないだろう。したがって企業では諸々の事業計画が策定されることになる。

　事業計画に中には3年から5年程度の将来を見据えた中期計画もあれば，もっと長いタイムスパンを想定した長期計画もある。いずれにしろこうした事業計画は，会社を取り巻く環境の分析をベースにして，販売計画，製造計画，人員計画，設備投資計画になる。そして，こうした事業計画の中身が会社全体の「損益計画」（利益計画）に集約されてゆくが，この損益計画の1年分が「年間予算」になる。さらに会社全体の年間予算はセグメント化されて各ビジネスユニットの予算や事業別予算，製品別予算に分解されることになる。

　予算の策定の仕方には色々な方法がある。代表的な手法は，「トップダウン方式」と「ボトムアップ方式」であるが，この研究の目的は予算の策定方法を論ずることではないので，詳細は割愛する。

図表7－6　Y社63期の目標数値

（単位：千円）

売上	1,400,000
変動費率	39.70%
変動費	555,800
固定費	680,430
営業利益	163,770

　とりあえず向こう1年間の予算（計画）を策定してみよう。ここで威力を発揮するのが，先のCVP分析の結果である。Y社のケースでは，62期の売上1,215,039千円に対する変動費率が39.7%，固定費は680,430千円であった。これらはすべて既に終了してしまった過去の事業年度に関するものであったが，こうした数値が翌事業年度計画の策定に役立つ。例えば，翌事業年度63期の売上目標を14億円とした場合の営業利益水準がいくらになるかは，こうした数値から次のように算定できる。

　つまり，年間売上14億円を想定した場合の営業利益は，1億4千万弱になるというわけである。

　ただしこの数値は，あくまでも現在の利益構造に変化がないと仮定した場合の数字であり，利益構造そのものに変化が生じる場合には有効ではない。しかしこうした事業計画（予算）の策定時には，特別な理由のない限り，現在の利益構造がそのまま継続すると仮定するのが，一般的である。

10-2　月次予算への展開

　経営会計の観点から重要なのは「月次予算」の策定である。この「月次予算」をベースにして，次節で述べる試算表に表れる実績値との比較，所謂「予実比較」を行い，肌理の細かい実態把握と対応の検討を「PDCA」活動として展開してこそ，経営会計の効果を経営に生かすことができるようになる。月次予算の作成にあたっては，年間予算（目標）を単純に12で割った数字にするのではなく，それ以外の要因，例えば季節要因が考えられる場合には，それらを加味するとよい。

　表7-6中の数字には端数がついているが，例えば変動費率を40%，固定費を680,000千円といった近似の概数に置き換えても差し支えない。今，こうし

図表7-7　月次計画（予算）への転換

(単位：千円)

月次計画	3月	4月	5月	6月	7月	8月	上期合計
売上	116,700	116,700	116,700	116,700	116,700	116,700	700,200
変動費	46,680	46,680	46,680	46,680	46,680	46,680	280,080
固定費	56,667	56,667	56,667	56,667	56,667	56,667	340,000
営業利益	13,353	13,353	13,353	13,353	13,353	13,353	80,120
	9月	10月	11月	12月	1月	2月	合計
売上	116,700	116,700	116,700	116,700	116,700	116,300	1,400,000
変動費	46,680	46,680	46,680	46,680	46,680	46520	560,160
固定費	56,667	56,667	56,667	56,667	56,667	56,667	680,000
営業利益	13,353	13,353	13,353	13,353	13,353	13,113	160,000

た概数値を使って年間計画（予算）を月次ベースに転換してみると，表7-7のようなかたちになる。

ちなみに，Y社の事業年度は，3月から翌年の2月までであり，季節要因はないものと想定している。

10-3 試算表の作成

試算表とは，会社の日々の取引を複式簿記を用いて経理処理（仕訳記帳）することによって作成される会計書式であり，一種の集計表である。決算を確定する前に，複式簿記で言うところの「貸借平均の原理」（要するに，「貸方，借方の残高が必ず一致する」という原理）を利用して，「仕訳帳」から「総勘定元帳」の各口座への転記（記入）が正確に行われていることを確認するための会計ツールである。

今，Y社の製造報告書，損益計算書，貸借対照表項目を参考にして同社の残高試算表のフォームを試作してみると表7-8のようなかたちになると考えられる。

表中，左欄部分が貸借対照表部分，右欄部分が製造原価報告書ならびに損益計算書部分になる。「水道光熱費」や「法定福利費」といった科目がダブって計上されているが前者は工場における製造関連の経費，後者は工場以外の事務所などで発生する費用である。

残高試算表はちょうど貸借対照表と損益計算書をつないだようなかたちに

図表7-8　試算表（残高試算表）の例

平成●●年●月末

借方	勘定科目	貸方	借方	勘定科目	貸方
XXXX	現金・預金		XXXX	原材料仕入	
XXXX	積立金		XXXX	外注加工費	
XXXX	受取手形		XXXX	賃金	
XXXX	売掛金		XXXX	法定福利費	
XXXX	製品		XXXX	福利厚生費	
XXXX	材料		XXXX	消耗品費	
XXXX	前払費用		XXXX	リース料	
XXXX	立替金		XXXX	修繕費	
XXXX	仮払金		XXXX	水道光熱料	
XXXX	建物		XXXX	消耗工具費	
XXXX	設備		XXXX	雑費	
XXXX	構築物			製品売上高	XXXX
XXXX	機械・装置			副産物売上高	XXXX
XXXX	車両運搬具			家賃収入	XXXX
XXXX	工具器具備品			雑収入	XXXX
XXXX	土地		XXXX	給料手当	
XXXX	造作		XXXX	派遣人件費	
XXXX	電話加入権		XXXX	退職金	
XXXX	投資有価証券		XXXX	法定福利費	
XXXX	出資金		XXXX	消耗品費	
XXXX	敷金		XXXX	文具代	
	繰延資産	XXXX	XXXX	地代	
	買掛金	XXXX	XXXX	賃借料	
	未払金	XXXX	XXXX	保険料	
	未払消費税	XXXX	XXXX	修繕費	
	預り金	XXXX	XXXX	租税公課	
	未払法人税等	XXXX	XXXX	リース料	
	長期借入金	XXXX	XXXX	荷造包装費	
	社債	XXXX	XXXX	通信費	
	利益準備金	XXXX	XXXX	水道光熱料	
	別途積立金	XXXX	XXXX	慶弔費	
	（右欄に続く）		XXXX	運賃	
			XXXX	広告宣伝費	
			XXXX	交際品費	
			XXXX	購読料	
			XXXX	印刷費	
			XXXX	組合会費	
			XXXX	雑損失	
			XXXXX	合計	XXXXX

なっており，最終行の合計値は左右一致する。ちなみに，試算表作成時には決算処理（整理）時に実施される棚卸資産の在庫評価や償却資産の減価償却手続きが行われないので，こうした勘定科目は対象とはならない。なお，表中のXXXXは，残高が借方，貸方のどちらに表れるかを示しているが，合計欄の金額は，借方，貸方残高が一致する。

　なお，この試算表作成の段階では所謂「決算処理（整理）」が行われていないため，減価償却費や貸倒引当金のような引当金の計上はなく，したがってこの種の勘定科目は登場しない。

　試算表に表れた金額を丹念に追いかけていけば当該月の月末時点での企業の財政状態と当月の損益状況が把握できる。前述した根本氏が試算表の作成，それも早い時点での作成を強調されておられたのも，経営陣が翌月の早い時期に前月の営業の成果を確認することが経営会計の実践に重要であることの証に外ならない。試算表の早期作成ならびに経営幹部への回付は経営会計の実践にとって不可欠であるにもかかわらず，これが案外難しい。翌月の20日を過ぎても前月末の試算表が完成しないといった企業も決して珍しくないのが実情である。これは，様々な事情で試算表を作成している経理部門への伝票の回付がついつい遅れがちになることや経理部門が多忙で作成に手間取るなどの要因が考えられる。しかし翌月の20日を過ぎても前月末時点の試算表が作成できず，経営幹部が前月末の状況を把握できないというのではまともな経営はおぼつかない。最近では市販の会計ソフトも随分とその機能が充実してきており，会計データこまめに入力するだけで試算表のみならず様々な会計書式が作成できる。こうした会計ソフトの活用を考えるのも一法である。

10-4　業績管理表の作成とPDCA

　次に月次予算の数字と試算表に表れた実績値を「業績管理表」にまとめ，これを用いて業績の評価・検証を行い，必要に応じて適切な対策を講ずるという所謂「PDCA」に活用する。言うまでもないが，PDCAとは，Plan（計画）Do（実行）Check（検証）Action（実施）の4つの行為を繰り返し実践する経営サイクルである。

　業績管理表のフォームをどのようなものにすべきかは，決まったかたちがあるわけではないので，使いやすいかたちを適宜決めればよい。ここでは，営業利益段階までの管理表をCVP分析と残高試算表作成の流れを受けて作成する

図表7-9　業績管理表例

単位：千円（％）

業績管理表	前期実績	今期目標	前期比	当月目標	当月実績	当月達成率	当期累積	当期累積達成率
売上	1,215,039	1,400,000	1.15	116,700	115,300	98.80%	115,300	98.80%
変動費	446,939	560,000	1.25	46,680	47,000	100.70%	47,000	100.70%
固定費	680,430	680,000	1	56,667	56,600	99.90%	56,600	99.90%
営業利益	87,670	160,000	1.83	13,353	11,700	87.60%	11,700	87.60%

費用内訳：	変動費	固定費
製造費用関連	原材料 仕入高 外注加工費	賃金 法定福利費 福利厚生費 消耗品費 リース料 修繕費 水道光熱費 消耗工具費 雑費
販売費・一般管理費	派遣人件費	給料手当 退職金 法定福利費 消耗品費 文具代 地代 貸借料 保険料 修繕費 租税公課 リース料 荷造梱包費 通信費 慶弔費 運賃 広告宣伝費 交際費 購読料 印刷費 組合会費 雑損失

としたら，表7-9のようなフォームが考えられる。

表7-9では営業利益段階までのフォームになっているが，金融収支を加味してこれを経常利益段階まで拡張してもよい。

例えば事業年度最初の月に115,300千円の売上高が発生，変動費，固定費の実績値がそれぞれ47,000円，56,600千円であったとした場合の記入例は表にあるとおりとなる。当月達成率並びに期初からの累積値，累積達成率がひと目でわかるようにしておくとよい。要は，毎月のPDCA会議で使いやすい形式を考えることである。なお，表7-9のフォームは単月ベースの数字，つまりこの例では事業年度開始月（Y社の場合は3月）の数字のみが記入される形式になっているが，期首以来の毎月の数字が記入されるような形式にしてもよいだろう。業績管理のPDCAは経営会計の実践上きわめて重要な経営行為である。関係者の使い勝手の良いフォームを考案することが肝要である。

図表7-10　資金繰り表作成の前提条件

前提条件：				
売上収入	売掛期間を2カ月と想定，発生2カ月後に現金受取り 3月，4月は前期分を受取り			
仕入代金	買掛期間を1カ月と想定，発生1ヶ月後に現金支払い			
	原材料仕入比率		22.20%	
	商品仕入比率		2.40%と想定	
法人税等	5月に前期分を納税		金額	32,000
未払消費税	4月に納付		金額	3,500
固定費	人件費：		年額	月額
	（製造関連）	賃金	146,226	12,186
		その他人件費	31,058	2,588
	（販管費関連）	給与手当	104,289	8,691
		退職金	1,735	145
		その他人件費	11,554	963
	製造関連費用		220,661	18,388
	販管費関連		151,783	12,649
変動費：	外注加工費	比率	9.00%と想定	
	派遣人件費		3,940	328

借入金返済	月額600千円		2月末残高	300,000	千円	
借入金利率	年利2.5%					

(単位：千円)

元利金支払い	3月	4月	5月	6月	7月	8月
月初残高	300,000	299,400	298,800	298,200	297,600	297,000
返済額	600	600	600	600	600	600
月末残高	299,400	298,800	298,200	297,600	297,000	296,400
平均残高	299,700	299,100	298,500	297,900	297,300	296,700
利率（年利）	2.50%	2.50%	2.50%	2.50%	2.50%	2.50%
支払金利	624	623	622	621	619	618
	9月	10月	11月	12月	1月	2月
月初残高	296,400	295,800	295,200	294,900	294,300	293,700
返済額	600	600	600	600	600	600
月末残高	295,800	295,200	294,600	294,300	293,700	293,100
平均残高	296,100	295,500	294,900	294,600	294,000	293,400
利率（年利）	2.50%	2.50%	2.50%	2.50%	2.50%	2.50%
支払金利	617	616	614	614	613	611

社債残高	40,000	千円
償還金額	20,000	千円
償還時期	来年2月末	
利率	2%	年利
社債金利	800	千円

10-5　予想資金繰り表の作成

　業績管理表の作成と活用で経営会計実践の一区切りがつくところであるが，筆者はこれに加えて，「予想資金繰り表」を作成することを提案する。
　資金繰り表，それも予想資金繰り表の作成が小規模企業の経営会計の実践に必要とされるか？　その理由は次のとおりである。
① 　一般的に，経営トップ以下，経営陣，社員の意識が製造・販売活動に傾きやすく，資金に対する認識が不足している。
② 　小規模企業の場合，技術や製品の品質が優れているにもかかわらず，運転資金（資本）不足などの資金的事情で経営難に陥るケースが多い。
③ 　予想資金繰り表を表計算ソフトで作成すれば，前提条件を変えたシミュレーションが簡単にでき，環境変化に対する経営状態を予測することが可能になる。

　上記の業績管理のPDCAに併せて，事業年度開始時に向こう1年間の「予想資金繰りを策定し，これを月次でトレースしてゆけば，経営陣，幹部社員の

図表 7-11　Y社の第63期予想資金繰り表

	3月	4月	5月	6月	7月	8月
前月繰越	302,129	310,807	315,685	304,015	324,346	344,678
現金収入：						
売上	116,700	116,700	116,700	116,700	116,700	116,700
売掛金回収	101,250	101,250	116,700	116,700	116,700	116,700
現金支出：						
製造変動費：						
原材料仕入	22,478	25,907	25,907	25,907	25,907	25,907
商品仕入	2,430	2,801	2,801	2,801	2,801	2,801
外注加工費	10,503	10,503	10,503	10,503	10,503	0
製造固定費：						
賃金	12,186	12,186	12,186	12,186	12,186	12,186
その他人件費	2,588	2,588	2,588	2,588	2,588	2,588
その他固定費	18,388	18,388	18,388	18,388	18,388	18,388
非製造関連運用：						
変動費						
派遣人件費	328	328	328	328	328	328
固定費：						
給与手当	8,691	8,691	8,691	8,691	8,691	8,691
退職金	145	145	145	145	145	145
その他人件費	963	963	963	963	963	963
その他固定費	12,649	12,649	12,649	12,649	12,649	12,649
法人税等支払			32,000			
消費税支払		3,500				
金融収支：						
借入返済	600	600	600	600	600	600
借入金金利	624	623	622	621	619	618
社債償還	0	0	0	0	0	0
社債金利支払	0	0	0	0	0	0
当月収支	8,678	4,879	-11,670	20,331	20,332	30,836
翌月繰越	310,807	315,685	304,015	324,346	344,678	375,515

	9月	10月	11月	12月	1月	2月
前月繰越	375,515	395,850	416,186	436,523	456,861	477,200
現金収入：						
売上	116,700	116,700	116,700	116,700	116,700	116,700
売掛金回収	116,700	116,700	116,700	116,700	116,700	116,700
現金支出：						
製造変動費：						
原材料仕入	25,907	25,907	25,907	25,907	25,907	25,907
商品仕入	2,801	2,801	2,801	2,801	2,801	2,801
外注加工費	10,503	10,503	10,503	10,503	10,503	10,503
製造固定費：						
賃金	12,186	12,186	12,186	12,186	12,186	12,186
その他人件費	2,588	2,588	2,588	2,588	2,588	2,588
その他固定費	18,388	18,388	18,388	18,388	18,388	18,388
非製造関連運用：						
変動費						
派遣人件費	328	328	328	328	328	328
固定費：						
給与手当	8,691	8,691	8,691	8,691	8,691	8,691
退職金	145	145	145	145	145	145
その他人件費	963	963	963	963	963	963
その他固定費	12,649	12,649	12,649	12,649	12,649	12,649
法人税等支払						
消費税支払						
金融収支：						
借入返済	600	600	600	600	600	600
借入金金利	617	616	614	614	613	611
社債償還						20,000
社債金利支払						0
当月収支	20,335	20,336	20,337	20,338	20,339	340
翌月繰越	395,850	416,186	436,523	456,861	477,200	477,540

資金繰りに対する意識を向上することができる。

　企業の「資金の動き」にはその企業に特有のパターンがある。したがって，資金繰りを予想するには，まず，過去の実績を参考にそのパターンを知ることが肝要である。こうしたパターンには，納税，従業員への賞与の支払い時期やその程度，また仕入先，販売先との決済条件などが大いに影響してくる。

　先に表7-7に掲げたY社の月次計画（予算）をベースに3月から翌年2月までの「予想資金繰り」の姿を模「予想資金繰り表」を作成することで模索してみよう。

　作成に当たっては，表7-10のような前提条件を想定してみる。

　また，借入金返済，社債の償還，金利支払のスケジュールについては，次のように想定する。

　これら前提に基づく予想資金繰り表は，表7-11のようになる。

　5月に法人税等の納付があるため当月プロパーの現金収支がマイナスになるものの，資金繰りに問題は発生しない。2月末の社債の償還・金利支払にも何ら支障はない。物事がこのように進展するのであれば，年間で約175百万円程度の現金が積み上がることになり，申し分ない資金状況と言える。

10-6　予想資金繰りシミュレーション

　しかし経営にはリスクがつきものである。表7-11の資金繰りは，基本的には前期62期の基調がそのまま存続し，なおかつ売上が増加するという前提の下での予想である。期待や計画に反するマイナス要因が発生すれば，資金繰りにも変化が生ずる。経営としてはこうした事態（ダウンサイドケース）にも備え

図表7-12　ダウンサイド・ケース予想資金繰り推移

	3月	4月	5月	6月	7月	8月
前月繰越	302,129	309,148	313,696	295,861	310,026	324,193
当月収支	7,019	4,548	-17,836	14,166	14,167	24,146
翌月繰越	309,148	313,696	295,861	310,026	324,193	348,339
	9月	10月	11月	12月	1月	2月
前月繰越	348,339	362,509	376,680	390,852	405,024	419,198
当月収支	14,169	14,171	14,172	14,173	14,174	-6,625
翌月繰越	362,509	376,680	390,852	405,024	419,198	412,573

ておく必要があることは言うまでもない。

今，仮に円安による原材料費3％増，人件費5％増，売上5％減（月末在庫増）を想定した場合の，各月の資金収支，翌月繰越額推移は表7-12のようになる。

年間のキャッシュ創出は110百万円へと約65百万円程度減少するが，翌月繰越額は通期プラスとなり資金繰りそのものは問題なく維持できることになる。Y社のキャッシュ創出基盤が強固であることがうかがえる。

■ 11　資本コストの把握

11-1　資本コストの計算

本研究の最後に，企業の資本コストを把握しておくことの重要性について言及しておきたい。

最近は「株主重視」の経営スタイルが徐々に浸透するにつれて以前ほどではないが，わが国企業には一般的に，株主から「預かっている」資金である資本金は「コスト・ゼロ」の資金である，という認識が強い。しかし，こうした認識は明らかな間違いであり，資本金にも債権者から預かっている資金である「借入金」同様にコストが発生しており，決して「コスト・ゼロ」の資金ではない。

借入金コストをあわせて所謂「資本コスト」を把握するには，「加重平均資本コスト」("Weighted Average Cost of Capital, WACC) を使用するのが一般的であり，所謂「β値」が計算できる上場企業の場合には，「資本資産価格モデル」(Capital Asset Pricing Model) が使える。しかしβ値が分からない非上場企業の場合，このWACCをどう計算したらよいのかが問題になる。

この点に関して筆者は，一種の便法ではあるが，次のような方法で資本コストを算出することをお勧めする。この場合も支払金利に節税効果のある借入金や社債については税引後ベースのコストを使う点は，CAPMの考え方と同じである。再びY社の直近（62期）のデータを使って，同社の資本コストを計算してみよう。

この例では借入金金利，社債金利をそれぞれ2.5％，2％としているが，これはあくまで筆者が勝手に設定したものであり，Y社の実態を反映したもの

図表7-13 資本コストの算出例

	62期データ	（単位：千円，％）			
使用資本：	金額	利率等	税引後コス	コスト	資本コスト
借入金	302,886	2.50%	1.50%	7,572	
社債	60,000	2.00%	1.20%	1,200	
株主資本	639,113	10%	10.00%	63,911	
合計	1,001,999			72,683	7.30%
実効税率	40%				
当期利益	53,879				
配当率	10%				

ではない。また、実効税率は便宜的に40％と想定した。

　この計算によれば資本コストは7％強になるが、これはコスト高の株主資本が債務額に対して相対的に高めになっているためである。資本コスト下げるためには借入、社債の利用を増やす、つまり「レバレッジ」を効かすのも一法である。

11-2　資本コストの意味

　筆者が「資本コスト」の算出・把握を勧めるのは、このレートこそが企業経営のひとつの重要な指標になるからに他ならない。換言すれば、最低クリアーしなくてはならない基本的なレートになる。もし新規設備投資計画が内部収益率（"Internal Rate of Return, IRR）でこの資本コストを下回るのであれば、こうした案件は採算がとれない、つまり、資本コストをカバーできない不採算案件と判定されることになる。

　また、投資に伴うリスクに応じて、クリアーすべきIRRを別途設定するという所謂「ハードル・レート」制を採用するのも一法である。例えば既存設備の更改のための投資であればリスク度は低い。その場合にクリアすべきIRRは、資本コストそのものでよいだろう。しかし、かなりのリスクを伴う戦略的投資案件であれば、クリアすべきIRRを若干高めに、例えば10％に設定するという考え方である。いずれにしろ、経営者としては、常に、この「資本コスト」を意識した経営を心掛ける必要がある。

宇野永紘

注

1) 中小企業庁編：平成22年度中小企業の会計に関する実態調査事業，集計・分析結果報告書 P51.
2) H. Thomas Johonson, Andrers Broms, "Profit beyond Mesures", The Free Press, 2000 Px（邦訳：「トヨタはなぜ強いのか」河田信訳，日本経済新聞出版社，P4）邦訳本の題名はあまりにも直截すぎる。原題を忠実に訳すと，「会計数字を克えた利益」となる。
3) H. Thomas Johonson, Andrers Broms　前掲書　Px.
4) H. Thomasu Johonson & R. Kaplan "Relevance Lost" P 130.
5) http//dir01keiei.ne.jp。

参考文献

宇野永紘　『実践　管理会計と企業価値経営』三省堂　2003年。
高田直芳『ほんとうにわかる管理会計 & 戦略会計』PHP　2004年。
林　総『わかる管理会計』ダイヤモンド社　2006年。
金子智明『管理会計の基本がわかる本』秀和システム　2009年。
廣本敏郎『米国管理会計発達史』森山書店　1993年。
H. Thomas Johonson, Andrers Broms, *"Profit beyond Mesures"*, The Free Press, 2000
H. Thomasu Johonson & R.Kaplan *"Relevance Lost,* Havard Business School Press, 1987.

■経営会計と内部監査■

内部統制概念の変遷が内部監査の機能・目的に与えた影響

第8章

 1　はじめに

　内部監査の歴史を紐解くと，その原点は，ある課題を解決するために人間が力を合わせて作業をするという共同体が誕生する時代にまでさかのぼることができる。有史以来といった表現はオーバーであるが，共同体の活動の過程や結果を組織内の誰かが検証・評価して他の人々に報告するという内部監査としての性格を持つ活動が，頭脳を駆使することで厳しい環境の中で他の生物との競争を生き抜いてきた我々の先人の組織の健全性や信頼性を確保するために現れた必然の知恵として古来より取りいれられた活動であった記録が残っている[1)2)]。

　それに対し内部統制は20世紀に誕生し発展した新しい概念である。チェック（検証）やコントロール（統制）といった諸活動については，内部監査と同様，その萌芽を共同体の誕生した時代にまでさかのぼることができる。しかしながら，それらを統合した組織全体に関するチェックとコントロールの統合的システムとしての内部統制の概念は内部監査と比較し，20世紀の世界的な経済成長が必要とした新しい考え方である。

　20世紀に入ってからの近代の内部監査の歴史は内部統制概念の誕生および発展と切っても切れない密接な関係にある。内部統制という新概念が，内部監査に与えた影響は計り知れない。筆者は，近年の内部統制概念の展開が，内部監査の目標や機能や内容に影響を与え，現代に至っていると考える。

　そこで，本稿では内部統制と内部監査の歴史的展開を検証し，各時代の内部統制の概念の変化により内部統制を整備する目的が下記図表8-1のような財

205

産保全から,職業的会計士の監査支援へ,そして経営者の経営支援,さらに組織のリスク管理へと中心的な目的を移すことにより内部監査の機能が影響を受けたことを検証する。

図表 8-1　内部統制の整備目的の歴史的変遷
財産保全目的⇒監査支援目的⇒経営者の経営支援目的⇒組織のリスク管理目的

2　内部監査の誕生

　人間が個人のレベルで個人の責任で活動する段階から,複数の人間が協業するという組織という経済単位が誕生した時代に入るとともに,組織における記録の正確性の保持及び不正の発見・摘発の必要性が高まり,組織における諸活動を記録する簿記をはじめとする会計機能,そして一般に「内部牽制(internal check)」と呼ばれている何らかの牽制の仕組みとしての統制手段そして独立的な検証手段が必要になったことは容易に想像できる。したがって会計の歴史と監査や統制の歴史はほぼ同じで,独立的な検証手続である監査や統制手続が必要になった時代は,世界的に見れば,人間が単独ではなく組織で活動するようになった紀元前何千年という時代までさかのぼることができる[3]。

　しかしながら当時は,監査活動として独自の手続が実施されていたというより,会計,牽制手続,内部監査に該当する活動を厳密に区別することなく混然として形で実施され,またその目的も国家の徴税事務や王侯の財産管理にともない発生する危険のある誤りを摘発することや,チェックが行われているという心理的な緊張感を与えて不正や誤謬の発生を防止するためのものであったと想像できる。この時代のチェック活動は内部監査とは性格の異なる活動で,内部監査といえるかは疑問が残る[4]。

　この点については内部統制も同様で,単独のチェックやコントロールの手続については,古くから存在していたと推定できるが,それらが明確な目標を基点とした体系的かつ一貫的な現在の内部統制概念の起源といえるかというと疑問である。

　特定の法律に基づく制度の一環として実施される外部監査と比較し,内部監査は組織内部の様々な経営管理上の必要により任意で実施されるという性格

上，組織外にその姿を鮮明に現すことはない。そのため，歴史上の起源を正確に把握することは極めて難しく，内部監査的な検証活動が，既に紀元前何千年前から実施されていた形跡が残っているにすぎない。また各種統制手続についても，その導入はあくまで任意であるため，内部監査と同様に明確ではない。

紀元前の出来事は想像の世界であるものの，組織を取り巻く経済的環境が現代と共通する19世紀末から20世紀にかけての時代の監査や統制については，現代の監査および統制の発展過程に結び付けて推定することができる。特に先進諸外国の中でも米国は，数は極めて少ないものの当時から内部監査および各種統制手続を導入していた会社の存在が記録されており，経済規模と同様，内部監査および各種統制手続のその後の展開も他国に比較してめざましいものがあった。このため近代内部監査・内部統制の歴史を考察する際に，日本をはじめとする各国の内部監査および内部統制は，米国の影響を強く受け進展したと考えられる。そこで，日本と米国では環境が異なり，正確には日本における展開とは異なる部分もあることを念頭に置きながらも，ここでも米国の内部監査と内部統制の歴史的展開を中心に，その影響を強く受けた日本の内部監査および内部統制の歴史を検討することにする。

3 不正・誤謬の摘発による財産保全目的から始まった各種統制手続および内部監査の時代

組織の設立に資金を提供した者は，その資金が不正や誤謬により散逸せず，適切に運用され，結果として組織の維持・発展に貢献していることを確かめたい欲求を常に持つ。組織の規模が小さい段階では資金提供者と経営者が同一の場合がほとんどで，経営者自らが，従業員の不正や資産運用の適切性を確かめることは難しくない。この段階では，経営者は従業員の不正・誤謬をチェックし，コントロールする統制手続についてコストをかけて導入し，また自分以外の第三者に検証してもらう監査の必要はない。

しかし組織の規模が大きくなり，また組織の活動範囲が広範に及ぶと，資金提供者自らの不正・誤謬の調査は物理的あるいは経済的に不可能となる。

19世紀の中盤から後半にかけて米国の会社に巨大な資金を投資した英国の資本家が，米国の会社の成長にともない従業員の不正や誤謬を摘発することが次第に難しくなることを痛感し，会社の財産を保全するために，自分に代わりに英国の会計士に委託し，渡米してもらい会社の財産を監査させるようになった

過程が，米国における職業的会計士による監査の起源であるとの説明が米国監査の歴史の一般的な認識として定着している[5]。

この説明は職業的会計士による外部監査の起源の説明とされる。確かに監査担当者は組織外部の専門家であるが，監査目的は法律や社会的な要請により外部から強制的に設定されたものではなく，任意で組織の内部の者が自分の必要により設定した監査であり，カテゴリーとしては外部監査というよりは，むしろ外部の監査専門家による組織内部の必要による「委託内部監査」の範疇に入ると考えられる。

すなわちこの時代，資本家のために奉仕することが内部監査の最大の目標であり，彼らの要望により内部監査の性格及び内容が決定された。したがって内部監査の歴史を辿るという行為は，当時の資本家の要望が何であったかの歴史を検証するという活動であった。

資本家が自分の財産を守るためのシンプルな内部監査は米国ばかりでなく日本やドイツの財閥系の会社において既に実施されていたという記録が残っている[6]。

4 職業的会計士の実施する財務諸表監査を支援する内部統制が注目されるようになった時代の内部監査

1910年代から1920年代にかけての合併運動を通し，米国企業の拡大化が始まった。巨大企業の経営を引き受けた経営者は，運営しなければならない組織が大きくなるほど，資金を提供した英国資本家だけでなく，その資本家に雇われた経営者も自分の目と耳で直接組織を管理・監督し，責任を果たすことが困難になり，組織の財産を誤謬や不正から守るために内部監査を利用する必要を経営者自身も感じるようになった。

またこの時代は現代の言葉で表現すれば「内部牽制」というシステムを自ら構築し，経営管理責任をチェック＆コントロールの仕組みに任せる必要性も認識されだした。現に内部牽制という言葉もこの時代には，各種文献に頻繁に見ることができるようになった。内部牽制という概念は19世紀末に英国で誕生し，それが米国企業に取り入れられたもので，複式簿記のチェックシステムと事務の分掌（一つの重要あるいは危険な事務処理を複数の人間に担当させる）を組み合わせた仕組みであり，誤謬や不正を自動的に発見し防止する仕組みである。

内部牽制の概念が登場した初めての公的文献としては，1917年に AIA（米国会計士協会）が作成した「貸借対照表の覚書（A Memorandum on Balance Sheet Audit）」を試案とて米国連邦準備局から公表された「統一会計（Uniform Accounting）」およびそれに続く1918年に公表された「貸借対照表作成の承認された方法（Approved Methods for the Preparation of the Balance Sheet Statement）」がある。また内部牽制という用語が初めて明確に登場したのは，これらの文献の改定版である1929年に公表された「財務諸表の検証（Verification of Financial Statement）」である[7]。

　従業員による不正や誤謬の存否を監査人自らが調べ，存在している場合は摘発することが直接的な財産の保全と結び付くが，規模が大きくなると全ての財産・資料を直接精査し立証することは難しくなった。そのため，当時から採用されていた日常業務に組み込まれている相互チェックの仕組みである内部牽制が適切に運用されているかを内部監査が検証し評価し，有効と評価できれば，不正・誤謬の発生可能性が低いと判断できる。

　ここでは，内部監査の内部牽制検証機能を指摘している点が注目される。ともあれ，このように内部監査は不正や誤謬を直接摘発するよりも，下記図表8－2のようにむしろ予防する活動として間接的に利用されだした。

　すなわち内部牽制も万能ではなく，限界も多く，経営者は内部監査によりこの内部牽制の限界を補強させるようにしたと考えられる。

図表8－2　内部統制の整備目的の歴史的変遷
不正・誤謬の摘発目的の内部監査⇒不正・誤謬の防止目的の内部監査

　しかし，同時並行的に当時は企業を取り巻く環境の急激な変化を原因として，上記の財産保全のための内部監査にも変化が見られるようになった。

　当時は経済成長著しい米国の企業の拡大期であり，企業規模が大きくなる過程で材料の購入，従業員の給与の支払といった日常の運転資金の不足に悩んだ企業が多数発生し，彼らは金融機関に資金の供給を依存した。

　当然のことながら金融機関は融資を希望する企業の債務返済能力を判定するために貸借対照表の提出を求め，またその貸借対照表には数値の信頼性の保証として会計士の監査報告書の添付を求めた。これが信用目的の『貸借対照表監査』として知られる監査形態である。この監査は外部監査として独立の会計士

により実施され，内部監査とは明らかに性格が異なる。

　当時の会計士の監査の実施方法は英国流の会計記録を細大漏らさず精密に検証する「精査」を原則としていた。この方法では当時の米国の企業規模でも膨大な時間と費用が必要になり，物理的に実施は不可能であった。そこで全ての証拠資料を確かめるという精査ではなく，一部の資料を抜き出して監査手続を実施し，監査証拠を求め，その証拠を持って全体を推定する「試査」が自然発生的に生み出された。

　試査は料理の味見（あじみ）と考えられる。味付けを確かめるために全体の一部を小皿にすくい，口にし，全体の味を推定する活動である。この試査を実施するためには立証対象である会計記録全体の同質性と信頼性が確保されていることが前提となる。すなわち一部が全体の代表と合理的に推定できなければ，試査は極めて危険な方法である。このため，試査を採用し，会計士に監査を引き受けてもらうための前提条件として，企業は内部牽制を整備し，有効に運用することが必要になった。

　監査費用の圧縮を求める組織に側にとって，内部監査を実施する意義と必要性が成立した。そのためこの時代の内部監査は財産の保全ばかりでなく，外部監査の下請けとして会計記録に関係した検証という会計監査の性格の強い内部監査が実施され発展した。

　さらに1930年代に入り，米国経済の成長から巨大な企業が多数林立し，それらの企業の設備投資の資金が不足するようになると長期資金の供給先として証券市場が注目され，一般投資家がその市場の中心的なプレーヤーとなりだした。

　おりしも米国では1929年に発生した大恐慌の後始末の一環として1933年に証券取引法，1934年に証券取引所法が制定され，また監督機関としての証券取引委員会（the U.S. Securities and Exchange Commission: SEC）が設立され，情報開示と開示情報の信頼性を担保する監査の充実が図られた。

　上記法律の保護対象である一般投資家の求める情報は貸借対照表だけでなく損益計算書を含む財務諸表に拡大した。その結果，会計士の監査も財務諸表の適正性を検証する『財務諸表監査』の時代に入った。この時代には監査手続の実施方法として試査を原則として採用しなければ監査目的を達成できないほど監査対象の多くの企業の規模が大きくなり，その結果として試査の前提条件として，これまでの内部牽制組織に依存するだけでは十分ではなく，より広く，

深い内部管理システムである「内部統制」あるいは「内部統制組織」または「内部統制システム」と呼ばれる仕組みの必要性が認識されだした。そして内部監査は内部統制の一要素としての必要性が増大し，会計監査を指向した内部監査が定着した。

会計監査を指向した内部監査という表現は心地の良い響きではあるものの，実態は外部監査人の実施する財務諸表監査の手伝いであり，また銀行勘定の調整のような地味で時間のかかる会計関連機能を担当するものであった[8]。

これを裏付けるように，1941年に米国で設立された「内部監査人協会（The Institute of Internal Auditors: IIA）」が1947年に発表した意見書では「内部監査は，経営者に対する予防的で建設的なサービスを提供する会計，その他業務の検証のための組織内の独立的評定活動である。」と内部監査を定義し，また続けて「内部監査は基本的に会計および財務事項を取り扱うが，業務的性質の事項も扱ってもよい。」と示していた。すなわち，当時の内部監査は会計領域を主にする監査で，いわゆる会計以外の業務の監査については副次的な業務と考えられていたことが理解できる。内部監査が内部牽制という狭い範囲のチェックとコントロールの手段だけでなく，組織の会計およびその他の業務全般について検証する立場にあることが明確にされた。

5 日本において内部統制概念が初めて注目され内部監査に影響を与えるようになった時代

1951年に当時の通商産業省産業合理化審議会から発表された「企業における内部統制について」の中で，内部統制は企業の最高方策に基づいて，経営者が，企業の全体的観点から執行活動を計画し，その実施を調整し，かつ実績を評価することであり，これらを計算的統制の方法によって行うものであるとしていた。そして企業における内部統制を実施するのに必要なあらゆる方法，手続及び組織の全体を「内部統制組織」と定義した。

すなわち，ここで想定されている内部統制は経営者・管理者の責任であるPDS（PLAN-DO-SEE）あるいはPDCA（PLAN-DO-CHECK-ACTION）という経営管理のための計数的統制の方法や手続の全体であり，経営支援のためのシステムである。経営者により任意に採用される，経営者・管理者の経営管理活動に奉仕する経営支援のためのシステムとして内部統制概念が日本の社会にも現れた時代といえる。

しかしながら日本では，内部統制は，米国と同様，監査論および監査実務において職業的会計士の財務諸表監査との関連で，試査の方法を原則にするための実施前提として注目を集め，定着していた。内部統制の整備・運用は任意であり，法的に強制されなかったため，経営者が内部統制という概念に注目するのは21世紀の会社法や金融商品取引法において大規模な会社について内部統制の態勢整備が強制されるまで待たなければならなかった。

　なお上記定義の「計数的統制」という表現は「管理会計」の方法や手続を利用することを念頭に置いていると考えられる。また内部統制の導入に関し同答申は，企業の経営能率を増進するため，企業自らの経済変動への体制を確保するため，取締役会及び監査役の監査への支援のため，そして職業的会計士の監査の受け入れ体制の整備のためといった理由をあげている。

　そして内部統制の導入にともない，そのための方法あるいは手続として内部監査が採用された。すなわち内部統制は，このシステムを支える従来からある組織内部のチェックとコントロールの方法や手続や組織である内部牽制組織と内部監査を主たる要素とし，企業の経営者の経営管理を支援する制度としての管理会計と結び付いて発展した。

　友杉芳正教授は，形式的にも，実質的にも内部監査が株式会社の中に組織的に明らかに位置づけられるに至った動機は，公認会計士としての受入体制として整備される必要性からであると指摘されている。また企業規模が拡大した際に，公認会計士監査の受入体制としての内部統制組織が必要であり，それには内部牽制制度と内部監査制度の2つの制度の整備・充実することが少なくとも最低の構成要件となると述べられている[9]。

図表8-3　当時の内部統制概念

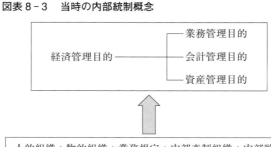

友杉教授の見解にも示されているように，日本における内部統制概念の確立は，第二次世界大戦の敗戦後の占領政策の一環として導入された証券取引法監査を支える手段として，昭和26年から開始された米国流の公認会計士による財務諸表監査制度の導入の基盤整備であったことは間違いない。

　試査で監査手続を実施できる体制整備のために，とりあえず内部牽制と内部監査の整備・充実を急いだというのが実情で，最初の数年間は会計制度の整備および運用状況に関する監査が行われ，昭和32年の監査から正規の財務諸表監査に移行した[10]。

　この時代の日本では，内部統制概念は示されたものの，会計領域の統制と内部的な監査という部分的な管理手段の導入という側面が強く，経営管理全般のシステムという現代的な捉え方はできない。

　しかし，公認会計士監査制度の導入を契機に，日本においても内部統制の概念の普及および定着が確かなものとなったのは事実である。その結果，内部統制のカテゴリーに組み込まれた内部監査は大きく影響を受け，その機能も次の6で詳述する会計監査から業務監査へ移行し，そして内部監査の目的も下記6と7で詳述する会社の財産保全から会社の経営管理のレベルを高め利益水準を向上させるという「経営監査」と呼ばれる積極的な内部監査の萌芽の時代となっていった。

6　会計監査から業務監査への移行の時代

　日本では建前は経営支援としての目的・意義が強調された一方で，現実には公認会計士の財務諸表監査の実施基盤として認識されていた当時の内部監査は，会計監査として，その存在意義を認められてきた。しかし会計監査を実施する過程で，内部監査も会計記録のもとになる伝票・証憑の検証から始まり，その伝票や証憑の実態である業務，つまり実際の取引に迫ることも当然に必要になった。また主役の座は降りても財産の保全目的の監査も内部監査の一つの目的であり続けた。

　では1940～1950年代の米国の一般的な内部監査概念を検証してみる。

　財産の保全目的に関して，1940～50年代と時代が進み米国経済が世界一となり，企業活動が拡大し，グローバル化し，また多角化・複雑化した段階では，会計監査との関係で業務上の誤りを発見・摘発する財産の保全目的の内部監査

だけでは組織の内部的な要請に応えられなくなった。内部監査により不正や誤謬を発見・摘発し，再度の発生を防止するための方策を経営者に提言するという従来の古典的な財産保全から，財産の効率的な運用についての方策を提言するという監査に変化していった。

　財産の保全についても，内部監査により現状では不正や誤謬は発見されなくても，将来これらの発生のリスクが高いと判断できる場合には，そのリスクを低くする規定類の整備や内部牽制といった単純なチェックとコントロールのシステムだけでなく，それを含む内部統制といった全般的なシステムの強化といった方策を提言するという内部監査に変化していった。

　会計についても従来の財務会計による計算された数値の信頼性を担保するだけでなく，管理会計によって生み出される利益計画や予算統制，原価管理等の検証も経営者・管理者から求められるようになった。そのため内部監査も管理会計から生産される数値の背後にある購買，製造，販売といった各種業務活動そのものを検証し，改良・改善の余地を探す業務監査が求められ，導入され定着した。

　管理会計指向の内部監査とは，管理会計上の記録を取り上げるのではなく，むしろ背後にある業務活動を検証し，その改善を助言し，管理会計の機能を発揮しやすくする役割の業務監査である。すなわち内部監査の主たる任務として，財産の保全よりは経営の効率性や収益性の向上に資する任務が注目をあびるようになり，内部監査も業務監査が会計監査よりも重視され始めたということと認識できる。

　1958年に米国の内部監査人協会（IIA）の中心的なメンバーであるブリンク（Brink）氏とカシン（Cashin）氏が「内部監査」（Internal Auditing）と名づけられた著作の中で示した定義を次に示す。

　「内部監査は，基礎的な監査の技法と方法を用いる，幅広い会計領域における特殊な分野として出現した。公共会計士と内部監査人が多くの同一技法を用いるという事実は，しばしば，その業務または最終目的にほとんど差がないという誤った考えを導いた。どんな監査人でもそうであるように，内部監査人はある言明の妥当性を調査することに関心を持つが，内部監査人の場合，関心を持つ言明ははるかに幅広く，そして勘定との関連はあまりないことも多い，数多くの事項に関係する。加えて，企業人である内部監査人は，あらゆるタイプの企業業務により積極的な関心を持ち，全く当然のこととして，これらの業務

をできるだけ収益性のあるものとするため貢献することにより深い関心を持つ。それゆえ，相当程度に，マネジメント・サービスは彼の思考や全般的アプローチに影響を及ぼす。」[11]

すなわちこの時代の内部監査は管理会計の運用システムについて検証し，そのシステムの有効性を評価し，財産の保全だけでなく効率的な運用に有用な提言を経営者に示すことが求められていた。したがって，組織体の経営目標を達成するための組織・制度，方法の総合的な仕組みである内部統制が注目され，内部統制の有効性を評価する役割が内部監査に課された。1947年にIIAから公表された「内部監査人の責任に関する意見書」では，次のように内部監査を定義している。

「内部監査とは，経営者に対する保護的かつ建設的奉仕のために，会計，財務およびその他の諸活動を検閲するところの組織内の独立的評定活動である。内部監査は他の統制の有効性を測定し，評価することによって機能する一つの統制である。内部監査は，基本的に会計および財務事項を取り扱うが，業務上の諸問題を取り扱ってもよい。」

また1957年のIIAの公表した「内部監査人の責任に関する意見書」では，内部監査の定義を次のように改訂した。

「内部監査とは，経営者への奉仕を基礎として，会計，財務およびその他の業務をレビューするための独立的評価活動である。それは，他の統制手続の有効性を評定し，かつ評価することによって機能する経営管理統制である。」

この定義に見るように，1950年代は内部監査の二重管理機能としての性格が定着した時代といえる。

7　経営監査への展開の時代

1960年代になると技術や流通に「革命」と名付けられるような大変革が発生し，また事務業務にコンピュータの導入が進み，情報システムが大変革を遂げた。その結果，特に大規模企業では総合的な管理が重視されるようになった。購買・製造・販売といった直接的な業務そのものの無駄を省き効率性を向上させるため，これまでの内部統制，内部監査だけではバランスが悪く，内部監査については従来の内部監査の枠を破り間接的な管理業務の有効性の検証について目的とする内部監査が要請されるようになった。ここに業務監査の発展形態

としての内部監査としての「経営監査（Management Audit）」が登場した。ただし当時，経営監査という用語の内容については定説というものはなかったようで，論者により，様々な見解が存在していた。

しかし，内部統制については依然として企業の財務諸表監査を担当する監査担当者の立場からの検討が中心となり，米国公認会計士協会（AICPA）から「監査基準書」あるいは「監査手続書」という形で成果の公表が続いた。1971年には「監査手続書49号（Statement of Auditing Procedure No.49）」として「内部統制に関する報告書（Reports on Internal Control）」が公表された。これらは内部統制の定義や内容を検討するものではなく，内部統制に関する経営者の責任や内部統制に関する報告，監査担当者の内部統制に関する責任を検討していた。

この時代になると企業の内部監査が発展し，多くの分野に内部監査の職能が展開し，外部監査の立場から内部監査の取り扱いが混乱していた時代との認識もある[12]。

8　内部統制概念の変革の兆しが表れた時代

内部統制は1970年代まで，公認会計士の財務諸表監査の実施におけるインフラとして利用され，監査技術上の価値は監査関係者の間では認識されていたが，広く組織の経営管理上の課題として，その概念や内容に関する議論は起きず，社会の注目を集めてこなかった。

しかし1970年代の後半，この状況に大きな変化が現れ，内部統制に対する社会の認識に大きな変化が生じた。

変化を生じさせた事態とは1977年に制定された「海外不正支払防止法（Foreign Corrupt Practices Act of 1977）」と1978年に米国会計士協会（AICPA）が公表した「コーエン報告書」である[13],[14]。

「海外不正支払防止法」は，経営者が確立・維持しなければならない内部統制領域として特に会計業務にかかる内部統制について明示した。すなわち内部統制という概念を法的に初めて認知したという意味で重要な役割を果たした。そしてこの法律の制定以後，監督官庁である米国証券取引委員会（SEC）は内部統制の重大な不備を放置した経営者の責任を厳しく追及した。また「コーエン報告書」では，資産保全に果たす内部統制の機能を重視し，内部統制が有効

に機能していることの保証に，会計士が関与すべきであると言及した。この報告書は，内部統制だけをテーマとしたものではなく，現在の米国および日本の内部統制関連の制度に至る一連の公認会計士監査と会計専門家改革のための青写真を示した。すなわち，この報告書では「財務報告の信頼性」と「会社財産の保全」に果たす内部統制の役割を再認識するとともに，経営者に対しては，内部統制の機能状況に対する言明を内部統制報告書として作成すること，さらに公認会計士に対しては，かかる報告書の信頼性の担保に関与することを提言した[15]。

このように内部統制を取り巻く環境が変化した1978年に，IIAは「内部監査の専門職的実施の基準（Standards for the Professional Practice of Internal Auditing）」を承認し，その中で下記の内部監査の定義と目標を示した。

「内部監査とは，組織体に対するサービスとして，組織体内に設置された独立の評価活動である。内部監査は，他のコントロールズの十分性と有効性とを検査し，評価することにより機能するコントロールである。内部監査の目標は，組織体のほかのメンバーが，責任を有効に遂行する上で役立つことである。この目標を達成するため，内部監査は，レビューした活動に関する分析，評価，勧告，相談および情報を提供する。監査目標には合理的なコストで有効なコントロールをおくように進めることも含む。」

このように内部監査とは，組織体の管理の有効性を測定・評価する役割を持つ活動であり，幅広い経営管理活動を監査対象とすることが示され，当時の内部監査の役割の中心として組織の経営管理活動の検証と改善提案が置かれたことが窺われる。また目標として経営者に奉仕するという表現はなく，組織体のメンバーが責任を果たすことに役立つ旨が示されていた。この変化は内部監査の新時代を予感させる変更である。

9　「マネジメントのための内部監査」から「マネジメントの内部監査」へ

上記8で指摘した1970年代後半に現れた内部統制と内部監査の変化の兆しは，米国では1980年代を境に明確になってきた。

1980年代に発生した経済のリセッションや多発した企業不祥事を背景に内部統制の機能に対し，企業関係者が注目をするようになった。すなわち企業不正に対する内部統制の機能への疑問であり，また再認識である。

そして1987年に，不正な財務報告における内部統制の重要性を関係者に改めて認識させたトレッドウェイ委員会報告書「不正な財務報告」が公表された。[16)]

　上記報告書を受けて，内部統制に関する新しい立場からの基礎的な研究に着手したのが一般的に「COSO（コソ）」と称されるトレッドウェイ委員会組織委員会（Committee of Sponsoring Organization of the Treadway Commission: COSO）である。

　この委員会は1992年に「内部統制の統合的枠組み（Internal Control-Integrated framework）」と称される報告書を公表した。この中で示された内部統制の定義およびフレームワークは，内部統制に関する世界の事実上の標準になっている。この基本的考え方は，20世紀末からリスクマネジメント手法が脚光を浴びるようになった環境変化や中堅組織の内部統制が問題になったといった社会的なニーズに対応し，改訂を繰り返し，「内部統制の統合的枠組み」の最新版は，2013年5月に公表されている。しかし，1992年の報告書の内容は，約20年を経た現在においても，輝きを失わず，数回の改訂を経ても基本的な考え方，フレームワークに大きな変更はない。

　この報告書では，内部統制を手続や手段や組織の集合体として平面的にとらえるのではなく，財務情報の信頼性を担保するばかりでなく，組織の法令順守（コンプライアンス）やガバナンスの向上を目標として構成する各要素のネットワークに配慮した複合的システムとして立体的な構造を我々に示した。

　COSO報告書では，内部統制を「業務の有効性と効率性」，「財務報告の信頼性」，「関連する法規への遵守」の三つの目的を達成することに対して合理的な保証を提供するためのプロセスとして定義している。そして最も注目すべき特徴としては，会計的な統制だけでなく，内部統制を事業活動全般にわたるプロセスとしてとらえ，組織を構成するあらゆる構成員の活動によって三つの目的を達成するものであると位置づけたことである。そして内部統制を構成する要素として「統制環境」，「リスクの評価」，「統制活動」，「情報と伝達」，「監視活動」の五つをあげている。この五つの構成要素の一つとして，他の内部統制の諸要素が機能しているか否かを調査・評価する活動である「監視活動」の中の独立的で定期的な監視活動として，内部監査が位置付けられた。

　COSO報告書に基づく内部統制の定義およびフレームワークに関する社会的な承認と支持が20世紀末から現在まで継続することになったため，以後，内

部監査について，COSO の示した内部統制を前提に内部監査の定義，目的，内容を検討することができるようになった。

　この時代の内部監査に関しての変化は1980年代初めからの IIA が内部監査の定義の中で描く内部監査の役割を追跡すると明らかになる。この変化を簡潔に表現すると「マネジメントのための内部監査」から「マネジメントの内部監査（マネジメントを監査対象とする内部監査）」である。内容を中心に表現すれば「経営者に奉仕する内部監査」から「経営体（組織）に奉仕する内部監査」への転換である。

　1981年の IIA が発表した「内部監査の責任に関する意見書（Statement of Responsibilities of the Internal Auditing）」に示された下記の定義が注目される。

　「内部監査は，組織体への奉仕として，組織体内の確立された独立的評価活動である。内部監査は，他の統制の適切性と有効性を検査し，評価することにより機能する一つの統制である。」

　ここでは従来使われていた「経営者への奉仕」という表現は全く見られず，それに代わりに「組織体への奉仕」という言葉が使用されるようになる。すなわち内部監査の奉仕する相手は経営者ばかりでなく取締役会・取締役・監査役あるいは会社以外の組織においては理事会・理事や監事，そして監査を受ける部門の管理者といった広い範囲の関係者にまでの拡大を考えるようになった事実が，この定義で見てとれる。

　中堅の営利目的の会社組織ではオーナー経営者の支配が一般的で，組織＝経営者，しかも取締役会と経営者は一体という状況が通常であるが，資本と経営の分離が進んだ大規模会社や公益の達成を目的とした組織では規模の大小を問わず経営者は支配者ではなく，会社の経営管理を委託された者であり，その活動についても第三者が検証・評価する必要が広く認識され，経営者の活動も監査の対象にするようになることは必然と考えられる。内部監査の有用性が社会的に広く認められ，その導入が営利を目的とする会社組織ばかりでなく非営利の組織にまで拡大し始めた当時の内部監査を取り巻く環境において，組織体への奉仕という新しい経営監査の思想を示すこの定義が示されるようになったと考えられる。

　また，この転換のきっかけの背景には前述の海外不正支出防止法の制定（1977年）及びこれに対応したニューヨーク証券取引所の上場基準の設定で制

度化された不祥事を未然に防ぎ，透明で信頼性の高い組織にするための内部統制の整備・運用に向けての各種要求，取締役会のシステム，すなわち米国におけるコーポレートガバナンスの改革があった。新しいシステムの下で，従来の内部監査の定義が陳腐化してしまったということであろう。

米国のコーポレートガバナンスは単層構造のシステムで，株主に選任された取締役会が単一の機関として会社のガバナンスを担う。そして取締役会の具体的なガバナンス活動としては取締役会の中の社外取締役を主体とする「監査委員会」が組織され，監査委員会に組織の内部統制の監視義務を負わせ，その義務を果たすために監査委員会は内部監査部門に各業務部門の監査をさせ，報告を受ける構造である。したがって，米国の内部監査は，組織上のガバナンスに責任を持つ取締役会の監査委員会に属する取締役との協調関係を築くことで，最高経営責任者（CEO）や最高財務責任者（CFO）等のトップマネジメントに影響を与えることができ，その機能を発揮できる仕組みが確立している。当時の米国のコーポレートガバナンス制度がトップマネジメントに奉仕する内部監査から監査委員会に奉仕する監査への移行を促した。その結果として内部監査の役割は組織体のマネジメントを検証することになった。

このようなガバナンス環境において内部監査には最高経営者層の遂行する経営管理が取締役会により設定された組織体の目標を達成しているかどうかを評価する役割が期待された。

この米国の歴史的な変遷に対し，日本の株式会社の圧倒的多くが採用している「監査役会設置会社」のコーポレートガバナンスの仕組みは，二重構造であり，事情は異なる。

日本でも採用している数は少ないものの会社法上認められている「委員会設置会社」は，米国の株式会社の制度のような単層構造であるが，日本独特の監査役会設置会社における「二重構造」の制度では監査役と取締役はともに株主総会で選任され，そして選ばれた取締役により構成された取締役会で選任された代表取締役の活動をそれぞれが監督し，また監査する。そして内部監査部門は代表取締役に直属する場合が圧倒的である。このような日本の制度的な環境の下では，組織体に奉仕するため経営者の経営管理について検証する内部監査は難しく，従来どおりの経営者のための監査にならざるをえない。

米国においても，1980年代までは最高経営責任者（CEO）が取締役会をリードする会社が多く，取締役会と最高経営者層が一体として活動していた結

果として，実質的にはCEOの行動そのものを内部監査の対象とする状況にはなかったとの指摘もあり，また現実には今世紀に入ってからも，上記の米国流のコーポレートガバナンスが機能しない結果として発生した不祥事は多発しているとの指摘もある[17]。

それはともかく，取締役会の監督機能に貢献する役割を持つ組織のための内部監査，すなわち経営者層のマネジメントを中心的な監査対象とするという意味での経営監査という概念は，米国のガバナンス環境を前提にすれば，監査理論上理解はできるものの，日本における一般的なガバナンス形態である監査役会設置会社制度には必ずしも馴染まず，ましてや，その定義をそのまま株式会社以外の組織や中堅組織の内部監査に適用することは難しくなってしまったといえる。

10　リスク管理としての内部統制が内部監査に影響を与えるようになった時代

20世紀も終わりに近づくと，米国では内部監査の世界にも前記9に記したような変化が現実に現れ，経営者に奉仕する内部監査から組織体に奉仕する内部監査へ移行といった新風が吹き込まれた。もちろん内部監査は任意であったため，現実の世界では多様な内部監査が実施されていたが，考え方として新機軸が打ち出され，社会に受け入れられてきた事実については重いものがある。

この時代，内部監査だけでなく内部統制に関しても変化が現れた。従来の経営者の経営管理に奉仕する内部統制からリスク管理のための内部統制が注目されだした。そしてリスクマネジメントの必要性あるいは重要性が社会一般に認識され，多くの組織の経営者の経営管理の基本的な考え方，手法になっていった環境がこの変化をもたらした。

内部監査は，組織のリスクマネジメントと一体となって組織を取り巻くリスクを総合的にコントロールする全社的リスクマネジメントの一環として，リスクを管理するためのコントロールに関する提言をするコンサルタント機能と，リスクを管理するコントロールシステムの有効性に関して客観的な保証を与える機能という二つの機能を期待されるようになった。後者の機能を果たすため内部監査は内部統制がリスクをコントロールしているか否かを調査し，評価しなければならない。このように内部監査はリスクマネジメントやガバナンスの有効性に関し評価し，マネジメントに改善提案することを期待されるように

なった[18], [19]。

11 内部監査の対象領域の拡大の時代

　経営管理のためのシステムとしてではなく，従来はむしろ職業的会計士の財務諸表監査を支援する機能が期待されていた内部統制が，経営者の経営管理の道具，手段として脚光を浴び，守備範囲を徐々に拡大していったのに対応し，内部監査の対象領域の拡大も続いた。COSO報告書を契機として，内部統制の一要素としての内部監査のモニタリング機能に焦点が当てられた時代となっていった。すなわち内部監査は，会計統制の領域だけでなく，他の領域に対する調査・評価機能についても期待されるようになった。

　1993年にIIAが公表した「内部監査の責任に関する意見書（Statement of Responsibilities of Internal Auditing）」では，「内部監査の範囲は，組織体の内部コントロールシステムの十分性と有効性および割り当てられた責任を遂行する上での実施の品質の検査および評価を含む」と記載され，そして内部監査の範囲は，以下を含むとされた。

①財務および業務情報の信頼性と完全性とそれら情報を識別，測定，分類，報告するために用いられた手段のレビュー
②業務および報告に重要な影響のある方針，計画，手続および法令への遵守性のために設定されたシステムのレビュー，並びに組織体がそれを遵守していることの確認
③資産保全に係る手続のレビューおよび必要に応じた資産の実在性の検証
④資産の使用についての経済性および効率性の評価
⑤設定された目標およびゴールと結果が一致しているかどうか，および業務またはプログラムが計画どおり実行されているかどうかを確かめるための業務またはプログラムのレビュー

　この意見書の記述を見ても大規模企業が内部監査に求める範囲は拡大に向かっていたことが推定される。この傾向はますます多角化し複雑化した現代の大規模組織の内部監査に関しても継続していると思われる。

■12　コンサルティング活動重視の時代

　内部監査の機能についても，1999年にIIAが承認した下記の内部監査の定義に見るように拡がる方向が明確になった。
　「内部監査とは，組織体の業務に価値を付加し，また改善するために行われる独立にして，客観的なアシュアランスおよびコンサルティング活動である。内部監査は，組織体の目標の達成に役立つ。このために，内部監査は，体系的で規律ある手法をもって，リスクマネジメント，コントロールおよびガバナンスプロセスの有効性を評価し，改善する。」
　この定義は，最初に内部監査の活動目的を「組織体の運営に価値を付加し，また改善するために行われる」と示しているところに特徴がある。「価値を付加する」という表現は，現在では一般的に使用される文言であるが，内部監査による検証と評価活動により組織体の価値を向上させるというIIAの姿勢の反映である。元来，監査という活動は組織体の価値を向上させるための基盤造りに貢献するものの，監査そのものが組織のために積極的に価値を付加する直接的な活動としては考えられない性格のもので，この表現は，IIAの自信の表れと解釈できる。そして内部監査活動によって実現を目指す最終目標を組織体の目標達成に役立つこと，あるいは組織体がその目的を達成することを支援することとし，内部監査が組織体のために行われる活動であることを述べている。この実現のため，内部監査は監査対象あるいは守備範囲を「リスクマネジメント，コントロールやガバナンスプロセスの有効性」といった組織体の活動全体に拡大し，これらの有効性を評価し，改善する。
　リスクマネジメントは，組織体が目標を達成するための基本的な経営管理の手法であり，発生する可能性のある事象や状況を識別し，評価し，管理し，統制するプロセスである。このリスクマネジメントを円滑に動かすためのコントロール（統制）の手段が内部統制である。そしてリスクマネジメントとコントロールの実施状況を監視する役割を担うのがガバナンスである。そこで，この定義においては，独立にして，客観的なアシュアランスとコンサルティングによりこれらの有効性を評価し改善し，組織体の目的達成を支援するのが内部監査の仕事ということになる。
　ここでアシュアランスという用語は，日本語では「保証業務」と訳されるよ

うに，依頼人により監査担当者に指示されたテーマについて監査対象部門を調査し，意見ないし結論を提供（報告）するための監査人による独立にして客観的な評価行為である。一方コンサルティングとは，依頼者からの特定の依頼に基づいて行われる助言業務である。

この定義の目新しさは，内部監査の業務としてアシュアランス業務と並列でコンサルティング業務を正式に記載したことである。内部監査も監査である以上，アシュアランス業務による批判機能の発揮の裏側として指導機能を発揮してきた。内部監査では従来から指導機能の一環として監査対象部門に対する相談・助言は当然のこととして行われてきた。しかし内部監査の指導機能は，副次的機能として表面に出ることはなかった。

この改訂でコンサルティング業務として内部監査の指導機構が表舞台に出ることは，組織の価値の向上のため，内部監査によるコンサルティング業務が欠かせないという IIA の内部監査のコンサルティング機能への信頼に基づく判断であろうと考えられる。

さらに上記定義の「体系的で規律ある手法をもって」という表現は，現代の内部監査が監査担当者個々の経験と勘，思いつきに基づくものではなく，一般に公正妥当と認められた内部監査の慣行に基づき，組織内で確立された内部監査のルールに従った内部監査担当組織による業務でなければならないという意志の表明と思われる。

そしてこの定義では，内部監査の具体的任務あるいは対象として，コントロール，リスクマネジメント，ガバナンスの有効性の評価，改善を行うことであるとまとめている。

13　コンサルティング機能重視への疑問の時代

コンサルティング業務は既に説明したように依頼者と内部監査担当者の当事者が二者の関係で成立する活動であり，内部監査による評価（保証）を利用する依頼人と監査を受ける対象となる部門等と内部監査担当者の当事者が三者の監査あるいはアシュアランスとは本質的に異なる。このため，内部監査がアシュアランス業務と同時にコンサルタント業務を担うということは，監査にとって最も大切な要件である実質的および形式的「独立性」や「客観性」の維持に困難をもたらす危険がある。内部監査の指導的側面として従来実施されて

きた助言はアシュアランス業務の過程で監査担当者が気づいた事項を述べるにすぎず，上記定義で述べられているコンサルティング業務とはレベルや内容が明らかに異なる。

このため内部監査においても外部監査と同様「アシュアランス業務とコンサルティング業務の両立は問題あり。」という疑問が巻き起こった。

おりしも米国ではエンロン社事件やワールドコム社事件といった大規模粉飾事件において，外部監査を担当していた会計事務所がコンサルティング業務を同時に請け負っていたことにより独立性と客観性が欠如してしまったと一般的に分析され，その結果，各種規制が導入された。

さらに，これらの事件を契機に米国では2002年に導入された企業改革法（SOX法）が内部統制報告制度を導入し，この制度の運用過程で，経営者に対し内部監査が財務報告に係る内部統制の有効性に関する監査結果に基づきアシュアランスを提供し，また取締役会が内部監査担当者に経営者の内部統制の構築・運用に係る責任の履行に関するアシュアランスを提供するよう求めるようになった。

このような状況にあって，内部監査においても両業務が定義に見るような対等の関係からの見直しが模索され，アシュアランス機能の重要性が向上した。

14　日本における内部統制と内部監査の展開

米国における1980年代以降の内部統制および内部監査に関する議論の盛り上がり，数々の報告書の作成・公表といった実績と比較し，日本では日本会計研究学会，日本監査研究学会や日本公認会計士協会といった専門性の高い機関の研究や，成果の報告が主で，内部統制は一般社会の興味を集めるテーマではなかった。

内部監査に関しても，証券取引所の上場規定により，上場する際には内部監査部門の設置や担当者の配属が要求されるため，形式上はすべての上場企業に内部監査は導入されてはいたものの，内部監査の充実といった社会的な雰囲気はなく，実情は名前だけというような状況の企業も少なくなかった。

しかし，米国で発生したエンロン事件等の巨額粉飾事件を契機に制定された2002年の米国SOX法の制定にともない，経営者による内部統制報告制度および職業的監査人による内部統制監査制度が導入され，その影響が日本にも及ん

だ。

　日本も金融商品取引法に基づく内部統制報告制度および内部統制監査制度を2008年4月から導入した。それに先立つ2007年に，制度の発足に不可欠なインフラとして金融庁企業会計審議会から「内部統制基準」および「内部統制実施基準」と呼ばれる「財務報告に係る内部統制の評価及び監査の基準並びに財務報告に係る内部統制の評価及び監査に関する実施基準の設定について（意見書）」が作成・公表された。

　この制度は日本版SOX法と呼ばれた。そして上記の内部統制基準および内部統制実施基準で描かれた内部統制の概念やフレームワークは，米国のCOSOが公表した報告書である「内部統制の統合的枠組み」を基本的に踏襲し，日本の環境や特有の考え方について修正を加えたものであり，本質的な部分で内部統制の定義やフレームワークにおける相違はなかった。

　日本版SOX法の導入が決定された時点から，内部統制の整備は金融商品取引法が適用される会社にとって喫緊の課題となり，また内部統制の構成要素としての内部監査の整備は，経営者が内部統制報告書を作成するための情報を集めるための不可欠な活動として重視され，内部監査部門の整備，スタッフの補充もこの時点から急速に進んだ。

　日本における内部統制および内部監査の発展の歴史にとって，日本版SOX法の制定は画期的な出来事であった。

　日本版SOX法制定の2008年以降，内部統制については，内部統制基準および内部統制実施基準に引きずられるように，COSO報告書の内部統制概念が日本における標準として定着し，基準および実施基準の多少の改定はあったものの基本的には変更なく現在に至っている。

　内部監査については，前記9で言及したように米国と日本の企業のガバナンスのスタイルの違いから，「マネジメントのための監査」から「マネジメントの監査」への移行は現実的ではなく，内部統制報告書の作成支援を含め経営者に奉仕するための内部監査（マネジメントのための内部監査）の性格は現在も色濃く残っている。また米国では，内部監査を専門とする職業的専門家および集団が数多く活躍しているといった環境があるため，コンサルタント機能が注目され，この機能をプロの内部監査人がセールスポイントとして契約を拡大するために利用していた。それに対し日本では，内部統制の整備業務や内部監査業務を請け負うコンサルタント会社や監査法人はあるものの，プロの内部監査

人としてフリーランスで活動する人材はわずかであった。また，社員を内部監査の担当者として活用する会社が大勢を占め，外部の会社や人間に内部統制の整備業務や内部監査業務をアウトソーシングする傾向は大勢を占めるには至らなかった。そのため，ここで記載した2,000年前後のIIA等が提言する国際的な新しい流れを日本で吸収し，企業に適用することについては違和感があった。

それでは，日本の内部監査が多くの組織で米国とは異なる独自路線を敷いたかというと，そうではない。経営管理の基本的考え方がリスク指向となり，マネジメントの主流がリスクマネジメントに変化した20世紀末の米国の流れは，日本においても同様に引き継がれた。内部監査を取り巻く環境は異なるものの，前記10で述べたリスクマネジメントを前提としたリスク指向の内部監査は，金融機関の内部監査を中心に拡大し，現在は一般企業を含む多くの組織の内部監査で導入，定着している。このような状況を踏まえ，日本内部監査協会は2014年に内部監査基準を10年ぶりに改訂した。そこでの内部監査の定義は次のようなものである。

「内部監査とは，組織体の経営目標の効果的な達成に役立つことを目的として，合法性と合理性の観点から公正かつ独立の立場で，ガバナンスプロセス，リスクマネジメントおよびコントロールに関連する経営諸活動の遂行状況を，内部監査人としての規律遵守の態度をもって評価し，これに基づいて客観的意見を述べ，助言・勧告を行うアシュアランス業務，および特定の経営諸活動の支援を行うアドバイザリー業務である。」[20]

15　おわりに

本章では米国を中心に日本も含めた内部統制概念の展開とそれに対応した内部監査の歴史を検証した。

内部監査の歴史を振り返る過程で会計監査，業務監査，経営監査といった用語を使用してきた。特に日本における内部監査は職業的監査人が実施する財務諸表監査との関連が強かったこともあり会計監査と業務監査が常にからみ合って実施されてきた。会計数値の基礎に各業務が存在しているからで，会計数値の適正性を検証するには購買・製造・販売等の業務の内容を調べる必要があり，また各業務の合理性・適正性を調べるには財務会計や管理会計から算出さ

れる数値を調査することが必須となるからである。また企業財産の保全という機能は，いつの時代にも内容に変化はあるものの内部監査に必須の目的となっている。すなわち内部監査の歴史を振り返ると，内部監査そのものが幅広い分野を対象として，法律にしばられることなく任意で実施されるという本質を持つことから，強調される性格は時代によって変化が認められるものの，それは時代により経営者や管理者が求める内部監査の目的，中心的な内容が変化してきただけという解釈も成り立つ。

経営者・管理者が求める中心的な課題は時代により変化し，その変遷が内部監査の当該時代の特徴を示す。この傾向は米国の内部監査において顕著であった。

米国の内部監査の歴史を踏まえ，中心的な課題の流れを把握すると次の図表ようになる。

図表8-4 米国内部監査の課題の変遷

各種業務・会計の検証を通した財産保全⇒内部牽制の検証・評価・改善助言⇒内部統制の検証・評価・改善助言⇒リスク・マネジメントシステムの検証・評価・助言

米国の内部監査は20世紀初頭の段階では，内部統制との密接な関係を見いだせないが，時代の進展につれ，内部監査は内部統制との関係性と強め，内部統制概念の変遷と対応する形で，その特徴を変化させ，今日に至っている。そして現在の内部監査は，内部統制の一要素という位置づけである。

日本も，法律で，COSO報告書の内部統制概念を大筋でそのまま導入した段階で，内部統制と内部監査の関係は基本的に米国と同様に確定した。すなわち現在，内部統制と内部監査の関係は，米国でも日本でも内部監査が内部統制の構成要素の一つとして考えられ，扱われている。

しかしながら，日本では米国のように変化する課題に対応する形で内部監査の性格が変遷したとはいえない。

日本の株式会社組織は，ほとんどが監査役や監査役会を中心とするガバナンスシステムを採用している。いわゆる「監査役会設置会社」と呼ばれるシステムである。協同組合のような組織でも会社法を準用し，監事および監事会を中

心としたシステムを同様に採用している。この制度環境の違いが，米国の内部監査の変遷とは異なる内部監査の特徴を日本の組織にもたらした。

　監査役および監査役会の存在が，内部監査のガバナンス上の位置を曖昧にしている。内部監査部門は経営者のために機能しているし，また監査役・監査役会のためにも機能している。そこでは米国流の社外取締役を中心とする取締役会の中の監査委員会の実働部隊として内部監査部門が存在感を示すというガバナンスシステムとは異なる要求が内部監査部門に求められた。日本では内部統制と内部監査の関係は変わらないものの，内部統制には資産保全機能の要素が特に加えられ，内部監査も，いたずらに時代の変化を追うことなく，昔からの関係者，特に経営者のニーズに対応した性格の内部監査が求められてきた。先進的な内部監査を指向する会社はあるものの少数で，中堅・中小を含め多くの組織の経営者の中心的な関心は，会社の資産保全であり，資産保全のための不正や誤謬の発見や防止と関連した機能を内部監査に求めた。

　ガバナンスシステムに関してグローバル化が意識され，会社法においても米国流の各種委員会（監査委員会，報酬委員会等）を設置する会社制度が導入されたが，現実は採用する企業はわずかであった。日本においても委員会設置会社が増加すれば，米国で起きた同様の変化も想定されたが，監査役会設置会社がほとんどの現状では考えにくい。

　平成26年の会社法の改正では，「委員会設置会社」と「監査役会設置会社」の中間形態といってもよい株式会社のガバナンス形態である「監査委員会等設置会社」が新設された。この形態を採用する会社が多くなれば，社外の取締役中心の監査委員会の下，従来の監査役会設置会社に比べ，内部監査の役割は変化し，米国流の多様な性格をもつ内部監査の展開が，日本でも見られる可能性がある。しかしながら，現状では内部監査の立場は経営者に奉仕する立場（マネジメントのための内部監査）が強いままであり，決して組織のための内部監査（マネジメントの内部監査）という立場にはなっていない。上記9で言及した重要な変化は起きていないということである。上記10で言及したリスク指向の内部監査が発展しているものの，日本では20世紀末以降の米国の内部統制の発展と対応した内部監査の形に変化する可能性は低い。

　本章では20世紀から現代に至る内部統制概念の誕生と発展が内部監査に与えた影響を検討し，内部統制の一要素として内部監査が位置付けられるようになった過程を検証した。本稿で論述した内部統制概念の変遷とともに内部監査

概念や性格がパラレルに変化していくという傾向は興味深いが、将来もこのようなトレンドが継続する保証はない。特に日本の今後の内部監査の変化を推測する場合、内部統制と内部監査の関係そのものはCOSO報告書における基本概念を踏襲している限り変化しないものの、内部監査の性格・特徴は将来、内部統制の概念よりも、むしろ日本の組織、特に株式会社のガバナンス形態の主流がどのように変化するかにより、強く影響を受けると考える。

近江正幸

参考文献

1) 久保田音二郎『現代内部監査』千倉書房、1974年。
2) 近沢広治『外部監査と内部監査』税務経理協会、1956年。
3) Andrew D. Bailey Jr., Andrey A. Gramling, Sridbar Ramamoorti 共著、松井隆幸訳、『現代内部監査の論点』内部監査協会、2004年。
4) 久保田音二郎『現代内部監査』千倉書房、1976年。
5) 三澤一『会計士監査論（二訂版）』税務経理協会、1991年。
6) 久保田音二郎、前掲書。
7) 小西一正『内部統制の理論』中央経済社、1996年。
8) 三澤一、前掲書。
9) 友杉芳正『内部監査の論理』中央経済社。
10) 三澤一、前掲書。
11 Andrew D. Bailey Jr., Andrey A. Gramling, Sridbar Ramamoorti 共著、松井隆幸訳前掲書、38～39頁。
12) 小西一正、前掲書、178～179頁。
13) American Institute of Certified Public Accountants, The Commissionon Auditors Responsibilities, Conclusions, and Recommendations (NewYork, AICPA, 1978)
14) 鳥羽至英『内部統制の理論と実務』国元書房、2005年。
15) 鳥羽至英、上掲書、3頁、18頁。
16) National Commission on Fraudulent Financial Reporting, Report of National Commission on Fraudulent Financial Reporting (New York: AICPA, 1987)
17) 松井隆幸『内部監査（改訂版）』同文舘出版、2007年。
18) 田中達人著『リスクマネジメントと内部監査』同文舘出版、2012年。
19) 経済産業省リスク管理・内部統制に関する研究会『リスク新時代の内部統制―リスクマネジメントと一体になって機能する内部統制の指針』2003年6月。
20) 日本内部監査協会『内部監査基準』第1章1.01、2014年。

第Ⅳ部

グローバル・ニッチ
トップ戦略

■グローバル・ニッチトップ戦略■

グローバル・ニッチトップ企業の集積メカニズムに関する研究

―――グローバル・ニッチトップ企業の成長モデル―――

第9章

1　はじめに

1-1　わが国中小製造企業を取り巻く環境変化

　周知のとおり，我が国中小製造企業（以下，中小企業と呼ぶ）を取り巻く市場構造，技術構造，取引構造は以下のとおり大きく変化してきた。

（1）市場構造の変化

　中国，インド，アセアン地域などの新興国では，巨大な人口規模に加えて所得水準の向上により一大市場が形成されつつある。日本の大手製造業（以下，大手企業と呼ぶ）は，それらの市場を対象に輸出で対応するだけではなく，現地に製品供給基地を目指して大規模工場を海外展開させた。さらに，大規模工場に供給する資材，部品，加工サービスなどの関連工場も随伴立地した。また，新興国は，先進国で生産するよりもコスト低減にも寄与することから，先進国企業の新興国への工場展開が加速し，世界の生産基地として性格を徐々に強めてきた。

　一方，日本では大手企業の大規模工場の海外展開が進み，日本における部品や加工サービスなど生産財の需要が大きく低下するとともに，少子化や社会資本基盤などが一段落し国内の消費財，資本財の市場規模が収縮する傾向が強まっている。こうした国内外の市場構造の変化の中で，我が国中小企業は収縮する国内市場のみの対応だけではなく，規模拡大を続ける新興国を中心とする海外市場を如何に取り込むかが大きな課題となってきた。

（2）技術構造の変化

　NC/MCなどに代表されるICTの発展によりICTを組み込んだ工作機械，各種製造機械設備などの技術レベルが飛躍的に発展した。これらの生産及び設計機械設備の多くは，パラメータ（変数）を変えることによって多様な生産品目に対処できる特徴を持っており，職人的技能者，経験を積んだ設計技術者はあまり必要しなくとも多くの設計，生産活動が行えるようになった。そのため，世界的な技術格差は縮小し設備投資に資金力をもつ企業は，ICT機械設備の導入により大きな発展を遂げている。とくに，新興国における財閥企業，急成長企業などでは，豊富な資金力を背景にICTの最新鋭機械設備の導入を進め，量産技術力を高めている。また，ICT化とともに自動車産業を中心に複数部品がユニット化され機能部品としての性格を強めて多様な車種に共用化することにより，設計・生産時間の短縮，コストの低減が可能となってきた。

　こうした設計・製造技術，製品における技術革新の中で，中小企業は，新興国企業との技術的差別化を図るため高度技術（専門化，特殊化，設計・提案など）の強化とともに，超大量生産に対応できる世界レベルでの工場再配置，生産システム，品質管理，現地化などグローバル化への対応が課題となってきた。

（3）取引構造の変化

　日本の大手企業は価格競争力を強めるために，サプライチェーンを担う系列企業に対して閉鎖的取引構造を弱め，世界レベルで幅広く資材，部品等を調達するようになった。従来のような系列取引をベースにした組立工場を頂点とする生産ピラミッド構造は崩壊し，系列を超えた生産メッシュ構造へと取引関係が変化してきた。そのため，大手企業の最終製品や部品の組立工場に資材，部品，加工サービスを提供する中小企業は，品質，納期は当然のこと，世界レベルで価格競争に勝てる生産システムの構築が課題となっている。近年では，品質，納期，価格における差別化だけでなく，大手企業の最終製品や部品の組立工場に如何に新たな価値（設計変更などの提案，設計段階からの参加など）を創造，提供できるかが問われるようになってきた。

1-2　我が国中小企業が抱える課題

　上記に挙げる市場構造，技術構造，取引構造において大きな変革が進む中，

我が国の中小企業は以下の点が課題としてクローズアップされている。

(1) グローバル化への対応に関する課題

　日本の中小企業は取引先工場（大手企業）が海外へシフトしたことにより，取引先工場とともに海外シフトするか否かの選択が求められるようになった。すなわち，取引先工場との取引を継続するために随伴立地するか，或いは，随伴立地しないで国内に留まり輸出等による事業継続や新事業開拓など二者択一が求められている。取引先工場の要請で随伴立地したとしても取引先工場の生産変動（生産中止も含め）や現地企業との競合など予想されるリスクへの対策が求められる。まだ，取引先から随伴立地などの具体的な要請はないものの，収縮する国内市場のみでは発展が難しいとする中小企業は，海外市場に着目したグローバル展開が課題となっている。

　しかしながら，多くの中小企業は，輸出，海外への工場立地，海外進出した現地工場におけるマネジメントなどに関する経験を持たず，それぞれの場面において予期しない問題に如何に対処するかなどを危惧している。また，海外市場の開拓を目指す場合は，各国の市場ニーズに適合した製品を供給するための情報収集，製品改良などが課題となる。この他，中小企業では，海外企業との生産連携，海外の大学との共同研究・開発，海外人材の登用など海外の経営資源の活用も必要となるなど，グローバル化（「現地化」）への対応が課題となっている。

(2) 高度特注品の対応に関する課題

　大手企業では，生産技術が安定している量産品を海外生産する一方で次代の技術や製品のための研究開発，新事業創造などを担う拠点（以下，母工場と言う）を国内で強化している。そのため，国内では量産品に関する外注需要は激減しているが，母工場の研究開発に応じた試作品製作，実験・試験機器の開発など外注需要は高まっている。

　我が国の中小企業は試作品，実験・試験機器の受注のためには，量産から多品種少量生産（一品モノや小ロットモノ）に対応できる生産技術の変革とともに，先端的加工技術，実験機器などの高度技術製品の開発を実現するために多様な大学，専門的技術を持つ中小企業などとのネットワーク形成が課題となっている。

図表9-1　大手企業（発注企業）が求める中小企業

		母工場（国内）	分工場（主に海外）
大手企業	主な事業	＊応用研究・開発研究 ＊新技術・新製品の開発 ＊量産までの開発研究	＊従来技術・製品の改良 ＊量産品の生産 ＊量産管理技術
	手掛ける製品	＊試作品・特注品 ＊組合せ製品	＊商用品、量産品 ＊組立製品
	主な設備	＊研究・開発支援機器 ＊実験・試験設備	＊専用機械、専用ライン（量産機械設備）
	主な人材	＊研究者・高度技術者	＊生産管理技術者
大手企業が求める中小企業	受発注の仕様書	＊ポンチ絵・概念図 ＊設計図案（打合せ案）	＊設計図面
	求める外注先（中小企業）	＊ポンチ絵・概念図で打合せしながら設計、製作できる中小企業（提案できる中小企業） ＊自社にない技術をもつ中小企業（特殊加工、超高精度加工など） ＊取引内容を外部に漏らさない信頼できる中小企業	＊品質、コスト、納期が厳守できる中小企業 ＊モノづくりの視点から合理化を追求できる設計変更を提案できる中小企業（最近のニーズ）

（3）新事業創造に関わる課題

　従来製品の多くは先進国（日本を含め）で市場成熟が進んでいるものの、新興国では新たに市場形成が進み需要が高まっている。従来製品は、機能面で製品差別化が難しくなりデザイン重視や低価格化による製品の競争力強化が中心となっている。従来製品の主たる市場は新興国に期待することとなり、新興国を対象市場とした輸出、工場の海外立地などが検討課題となる。かかる点については、前掲の「（1）グローバル化への対応に関する課題」で述べているとおりである。

　そこで、従来製品の競争力強化・新興国市場の開拓とともに、新製品・技術の開発などによる新事業創造の両輪を如何に進めるかが課題となる。新事業創造では、社内に蓄積する研究成果や技術をベースに展開するシーズ指向型と、顧客のニーズをベースに展開するニーズ指向型に大別される。大手企業では社内研究所等の研究成果や技術（シーズ）をベースに、顧客ニーズに適合する製品を開発する新事業創造が中心となるが、実際に開発した製品・技術が新事業として成功する確率は一般的に低いと言われている。ただ、大手企業の場合

は，豊富な資金力とともに，対象とする新事業の市場規模が大きいため新事業創造の成功確率が低くとも会社全体としてビジネスが成り立っている。これに対して，中小企業では新製品・技術の開発投資額の負担が大きく社運をかけた新事業創造となり，大手企業に較べて高い成功確率が求められる。そのため，既に顧客が潜在的に存在している「ニーズありき」で新製品・技術の開発を進めることが重要となる。かかるニーズに対処できる技術や研究成果が社内に無い場合は，外部の大学，国公設試験研究機関，中小企業などと連携して技術導入，技術開発を進めることとなる。

1-3 本研究の目的

(1) 本研究の目的

前掲の我が国中小企業が抱える3つの課題のうち，本研究では「新事業創造に関わる課題」に着目し以下の検討のもと，我が国において多くのニッチトップ企業（以降，NT企業と呼ぶ），グローバル・ニッチトップ企業（以降，GNT企業と呼ぶ）を輩出するための方策を提案する。（図表9-2）なお，NT企業とは国内市場で高い市場占有率を占める製品・技術をもつ企業，

図表9-2　研究のフロー

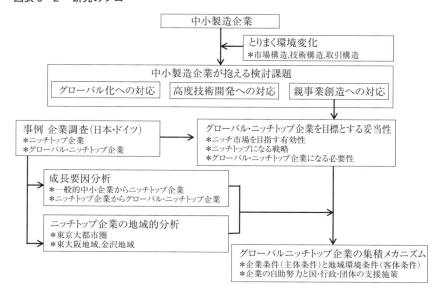

GNT企業とは世界市場において高い市場占有率の製品・技術をもつ企業を言う。

〈本研究の検討課題〉

①中小企業の新事業創造においては，ニッチ市場を狙うとともに，そのニッチ市場で高い市場占有率を確保しNT企業，更に海外市場を取り込んだGNT企業になることの戦略性，妥当性について検証する。

②この前提のもと，一般的中小企業がNT企業，GNT企業へと成長する成功要因を国内外の企業実態調査から明らかにする。さらに，NT企業の集積地域を対象に，前掲の企業実態調査から明らかにされた成功要因を分析視点にして，NT企業が特定地域に集積した要因を企業サイド（主体条件）と地域サイド（客体条件）から検討し，NT企業が成長，集積するメカニズムを解明する。

③このNT企業が集積するメカニズムを踏まえ，中小企業がNT企業，GNT企業へ成長するための主体条件としての企業の自助努力のあり方，弱体条件としての国や自治体，経済団体などの支援策のあり方などを提案する。

ただ，日本における多くのNT企業は国内市場だけでは成長が期待できず，海外市場を取り込んだGNT企業へステージアップする必要がある。そのため，基本的には，まずはMT企業を育成，次いでNT企業をGNT企業へと育成することが政策的課題となる。なかには，こうしたプロセスを得ないでGNT企業へと成長するケースもあるが少数的と推察され，本研究では対象外とする。

2　中小製造企業がNT企業，GNT企業を目指す妥当性と概念整理

2-1　NT企業，GNT企業を目指す妥当性

(1) ニッチ市場を対象にした新事業創造の有効性

中小企業が新事業創造を目指す場合，どのような市場（顧客）を対象とするかが基本的課題となる。「大規模市場」は市場規模的に魅力が大きいものの，そうした市場分野は大手企業と競合する確率が高く，中小企業は生産技術力

(量産),販売力,ブランド力,サービス力などで大手企業に較べて劣位になるため構造的な不利性がある。中小企業は,特許権で守られた革新的技術で差別化できない限り,「大規模市場」を対象にして大企業と戦うことは避ける方が得策と言える。

　そのため,中小企業は,大手企業と競合しにくい「小規模市場」を対象にした新事業創造を前提とすることが望ましい。ここでいう「小規模市場」は構造的に「大規模市場」へと成長することが難しいニッチ市場である。ニッチ市場は市場規模が小さく大きく成長しないため大手企業は得意とする量産効果を活かすことが難しいとともに,中小企業が得意とする木目細かい或いは迅速なサービスが大手企業に較べて図りやすいことなどから,ニッチ市場では中小企業が大企業に較べて優位に展開できる可能性が高いものと考える。(図表9-3)

(2) ニッチトップを目指す戦略性

　ニッチ市場において高いシェアを持つ企業(マーケットトップリーダー)は

図表9-3　NT企業の優位性

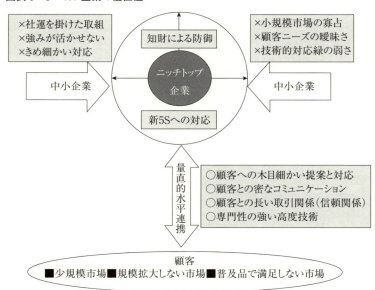

以下の理由から優位な事業展開を図ることができる。前掲の図表9-3のとおり，大手企業はニッチ市場に積極的に参入するモチベーションは低く競合関係になる可能性は低い。しかしながら，中小企業にとってニッチ市場は魅力ある市場分野の一つでもあり，中小企業間で競合関係に陥りやすい。ニッチ市場において新規参入或いは市場創造した先発の中小企業が高い市場占有率を獲得すれば，市場規模的に後発で新規参入する中小企業が開拓できる市場の余地は大きくない。すなわち，市場規模の拡大が見込めないニッチ市場において，リスクを冒してまでニッチ市場に参入しても「経営的うまみ」を享受することは難しくなる。

　ニッチ市場で高いシェアを持つ中小企業は，ニッチ市場の顧客から高い信頼を得ていること，ニッチ市場において強いブランド力を確立していること，特許権などで技術的に新規参入者に対して防御をおこなっていることなどが挙げられる。そのため，ニッチ市場において高い市場シェアを持つ中小企業は，かかる優位性を活かして競合する中小企業がニッチ市場に新規参入することを難しくしており，結果として過度なコスト競争を行う必要性が低くなっていることが挙げられる。

　なお，図表9-3に示す「新5S」とは，従来のモノづくり現場における5S（整理・整頓・清掃・清潔・躾）に対して，中小企業経営においてマネジメントすべきポイントを新5Sとして筆者が示したものである。新5Sとは，Solution, Service, Speed, Speciality, Systemであり，この視点を持って競合企業と差別化を図ろうとするものである。

（3）NT企業からGNT企業への成長の必要性

　国内における少子化や社会基盤の整備，組立工場の海外展開などの影響を受けて，消費財，生産財，資本財など多くの従来製品の国内市場は収縮傾向にあり，ニッチ市場においても需要拡大にあまり期待できないばかりでなく，逆に減少することも危惧される。そのため，NT企業は国内市場だけでなく発展する海外市場を取り込むグローバル展開が求められる。NT企業は，欧米だけでなく新興国も対象にした海外市場の開拓を進めて，GNT企業へと展開する必要性が強いと言える。

2-2 ニッチ製品・技術の概念整理

（1）ニッチ製品・技術における2つのタイプ

ニッチ製品・技術は図表9-4に示す2つにタイプから構成される。

第一のタイプとして，特定の顧客が必要とする機能を持つ製品・技術を確保できないため困っている状況を想定してみる。例えば，ある製品・技術を必要とする顧客は存在するものの，需要が量的に少ないため本格的に製品・技術が開発・供給されない状況である。需要量が少ないものの特定の顧客が求める機能をもつ製品・技術を供給することによって，一つのニッチ市場が形成されるタイプである。例えば，ファインセラミックス焼成超高温炉，かゆみ止め（虫さされ）外用薬，趣味的雑貨品（囲碁，将棋の台など）などが挙げられる。また，かつて大規模市場であったが技術革新や市場構造の変化によって代替製品・技術が生まれて，その製品・技術の需要が大きく衰退し結果としてニッチ市場になったケースもある。製品・技術の需要の衰退とともに供給する企業は減少を辿り，最後に生き残った少数の企業が残存者利益を活かしてニッチ市場でトップリーダーになるケースも想定される。

第二のタイプとして，特定の顧客が標準的製品・技術では満足できず例えば

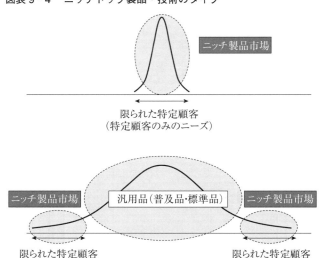

図表9-4　ニッチトップ製品・技術のタイプ

ハイスペック製品・技術，超大型或いは超小型製品，超大物加工・超精密加工など特殊的用途の製品・技術を求めている状況を想定してみる。すなわち，同じ機能を果たす製品・技術であるものの，その機能の程度が異なる製品・技術である。この一部の特定顧客が求める特殊用途の製品・技術の分野が一つのニッチ市場を形成する。正規分布図で例えるならば普及品・汎用品でない±2σ内に入らないような特殊用途品が位置付けられる。例えば，シャンプー分野の中でもリゾート地温泉旅館向けシャンプー，ホース分野の中でも超耐圧ホース，化粧版印刷分野の中でもパチンコ台機の化粧版印刷，金型分野の中でも超大型金型などが挙げられる。

（2）ニッチ市場の規模

ニッチ市場の規模に関する考察を行った既往の研究文献は見受けられない。これは，ニッチ製品の製品単価（1個，1台当たりの価格）が幅広く，例えば千円の製品から1億円の製品があること，製品の需要規模（例えば，製品需要個数が1個からに100万個まで）によって大きなバラツキをもっていることが大きな理由である。ここで，ニッチ市場を事例からみると，市場規模の概ねの一つの目安としては10億円〜300億円程度あたりが想定される。また，中小企業がNT企業と想定すれば，従業者300人ではおしなべて売上高は50〜100億円程度と推定され，この企業の市場占有率が50%と仮定すれば100〜200億円のニッチ市場の規模として想定される。

本来，ニッチ製品・技術の市場規模は構造的に大規模市場へと規模拡大しないことを前提としている。しかしながら，大きな市場規模へと成長しないニッチ製品市場であっても，技術や市場の構造変化によって大規模市場へと発展する可能性もある。例えば，マニアやオタクといった特定の限られた顧客層が一般の生活者へと拡大する場合などが挙げられる。

（3）特定顧客層，特定地域に支えられているニッチ市場

ニッチ市場を担う特定顧客は消費財系と中間財系（生産財，資本財）に大別される。前者の消費財系では，特定の趣味やコダワリをもつ顧客層に支えられる「オタク的関連製品」，自由裁量的な支出が大きい顧客層（富裕層）に支えられる「超高級製品」，身体にハンディキャップを持つ顧客に支えられる「身体支援関連製品」，地域文化に根差した生活形態に支えられる「衣食住遊関連

製品」などが挙げられる。後者の中間財系では、母工場や研究機関において特殊な機能を求める実験・試験機器、試作のための特殊加工技術などの需要に支えられる「研究開発支援機器・技術」、特定業界の事業活動の合理化に求められる「合理化機械・システム」、道具・工具・治具などの需要に支えられる「生産支援器具・技術」などが挙げられる。

　こうしたニッチ市場を担う特定顧客層は特定地域に偏在しているケースが多いことが伺われる。特定顧客層が集中している地域は以下のとおり例示できる。

　消費財では、富裕層が多い地域（例：年収2000万円以上の人口規模）、特徴的な文化・風土を持つ地域（例：うどんの食文化をもつ地域）、特徴的な地理的条件（例：豪雪、豪雨、寒冷など気象条件の地域）、高齢化が進んでいる地域（例：75歳以上の後期高齢者が多い地域）など特定のニーズをもつ顧客が特定地域に多く集中していることが指摘される。

　また、中間財では、母工場や研究機関などが多く集積している地域（東京都、神奈川県、つくば市など）、繊維産業が集積している地域（石川県、福井県、岐阜県など）など特徴的な産業が集積している地域から、それら産業が必要とする実験・試験機器、繊維機械などのニーズが生まれている。

（4）ニッチ市場において高いシェアをもつリスク

　ニッチ市場は技術革新や市場構造の変化で市場が大きく収縮、更には消滅する可能性を持っている。例えば、かつてのアナログ技術のレコー針はデジタル技術の出現によって需要が激減、プルトップ型飲料缶はペットボトルの出現によって需要が激減、製図においてかつて必需品であったT定規はドラフターに替わり需要が激減（さらに、ドラフターはCADシステムへ需要が移る）などが挙げられる。そのため、ニッチ市場で高い市場占有率を持つ中小企業は、そのニッチ市場への依存度が高ければ戦略性は高まるものの、ニッチ市場が収縮、消滅した場合は、一挙に売り上げが激減するリスクを包含しているを認識する必要がある。

図表9-5　一般的中小製造企業の業態別成長パターン

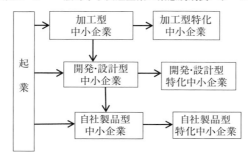

図表9-6　一般的中小企業からNT企業，GNT企業への
ステージアップの流れ

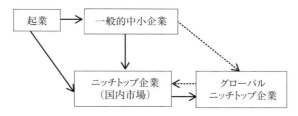

2-3　NT企業，GNT企業へのステージアップ

（1）一般的中小企業の成長パターンとNT企業，GNT企業へのステージアップ

筆者は，中小企業を業態的視点から①顧客からの設計図面に基づいて加工・組立を行う中小企業（加工型），②顧客のニーズに基づいて開発・設計・生産を行う中小企業（開発・設計型），③自社で企画・開発・設計・生産・販売を行う中小企業（自社製品型）の3つのタイプに分類している（図表9-5）。

本研究では，これら3つのタイプを総称して一般的中小製造企業の業態別成長パターンと呼ぶこととする。これら3つのタイプは，それぞれのタイプにおいて深化（専門特化）する展開，加工型から開発・設計型，開発設計型から自社製品型などへステージアップする可能性をもっている。

前掲の一般的中小企業或いは起業した企業が各業態においてニッチ製品・技術を持ち国内で高い市場占有率をもち NT 企業へ，更には海外のグローバル市場において高い市場占有率を持つ GNT 企業へ成長している（図表9-6）。なかには，例外的に，海外市場で高い市場占有率をもつ GNT 企業が国内で高い市場シェアをもつ NT 企業へと展開するケースもある。

（2）加工型中小企業から NT 企業，GNT 企業へのステージアップ
　加工型中小企業は汎用的な加工技術から特殊な専門加工技術に特化する形で深化を遂げ，NT 企業，GNT 企業へとステージアップする。特殊な専門加工技術へと特化することは，特定の顧客の加工ニーズのみに適合することとなり，その加工ニーズが一つのニッチな加工市場を創造し高いシェアを獲得して NT 企業となる。但し，主な顧客（発注先）は，母工場，民間研究所，大学，国公設試験研究機関などとなり，受発注内容が情報秘匿されることも多いためニッチな加工市場の規模を推定することは難しく具体的にどの程度のシェアを確保できるといった検証は難しい。

（3）開発・設計型中小企業から NT 企業，GNT 企業へのステージアップ
　開発・設計型中小企業は顧客ニーズに基づいて開発・設計・生産する業態である。開発・設計において蓄積された技術・ノウハウをベースに更なる国内外の顧客開拓を進め，特定の機能を発揮する開発製品分野に特化する形で開発・設計を行いニッチ市場における NT 企業，GNT 企業へとステージアップする。
　ここで開発された受注製品は，標準化・規格化して自社製品として販売する展開もある。ただ，この場合は，特定の顧客のニーズに基づいて開発した製品の知財権は顧客が所有するか，開発した企業が所有するかについて明確にしておくことが必要である。主な顧客（発注先）をみると，試験・実験機器は大学や国公設試験研究機関などの研究機関，省力・合理化機械などは多種多様な事業所（製造業，農林水産業，サービス業，小売卸売業など）となる。

（4）自社製品型中小企業から NT 企業，GNT 企業へのステージアップ
　自社製品型中小企業は，独自に企画・開発・設計・生産する業態である。企画・開発する自社製品は特定の顧客ニーズを満足させることが出来る製品に特化し，そのニッチ製品の国内外の市場開拓を進め自社製品型 NT 企業，GNT

企業へとステージアップする。前掲の開発・設計型 NT 企業或いは GNT 企業から自社製品型 NT 企業，GNT 企業へ移行するケースも伺われる。主な顧客は，消費財分野では特定の生活者である富裕層，趣味・オタク層，地域文化層，高齢者層，ハンディキャップ層など，中間財分野では特定の事業者である製造業，農林水産業，サービス業，小売卸売業などの省力化・合理化などの製品となる。

3　NT 企業，GNT 企業の成長要因分析

3-1　分析の対象・方法と視点

(1) 分析の対象・方法

　NT 企業及び GNT 企業への成長要因を分析するため，国内及び国外における NT 企業，GNT 企業を対象にヒアリング調査を実施した。なお，国内ではNT 企業，GNT 企業10社を対象，国外では「隠れたチャンピオン企業」（ハーマン・サイモン教授著）に記載されているドイツの企業250社の中から抽出したGNT 企業 8 社を対象としている。

(2) 分析の視点

　企業実態調査においては，以下の 5 つの視点からヒアリングを行った。
　①ニッチ市場（製品・技術）との出会い
　②社内のマネジメント
　③ニッチ市場の創造（ニッチ製品の顧客開拓）
　④社外の経営資源の活用
　⑤海外顧客の開拓（グローバル化への対応）

3-2　成長要因の検討

(1) ニッチ市場との出会いの特徴

〈地域ニーズとの出会い〉

　NT 企業及び GNT 企業は，従来製品では満足していない顧客，欲しいものを入手することが出来ず困っている顧客を対象にニッチ市場のニーズを捉えて製品化している。ニーズ主導による製品開発のタイプは比較的に多い。満足し

ない或いは困っている潜在的顧客との出会いには，ともかく，一般的中小企業が潜在的顧客と日常的に接しながら信頼関係を構築し，潜在的顧客が抱える問題を解決できる製品・技術を探索，創造にする必要がある。こうしたニッチ市場のニーズを持つ潜在顧客は一般的中小企業の所在地から概ね30Km圏の周辺地域に存在している。一般的中小企業はかかる潜在顧客と日常的にアクセスできる距離圏にあり，ニーズを，詳細に把握しやすいことばかりでなく，試作品の検証が行いやすいなどのメリットがあると考えられる。

米穀乾燥装置を開発したYM社（日本）は周辺地域の農家が冬季に農産品の米穀乾燥に困っていることを発見し，それら農家のニーズとキャッチボールを繰り返しながら乾燥装置の開発に成功した。経営者は周辺地域の農家が冬季の日照時間が少ない東北地域特有の課題に対して，どのように米穀を乾燥させ何に困っているかの実態を把握し改善策を提案したことからニッチ市場との出会いがあったと考えられる。当時の農業機械メーカーは全国の大市場の耕耘機などの事業を行っており，かかるニッチ市場は相手にしていなかったようである。また，JM社（日本）は，創業者の医師が輸血の副作用で患者が発熱するのは注射器に付着する塵が原因であることを踏まえ，自らで使い捨ての塵の少ない注射器の開発，製造を始めた。

SE社（ドイツ）の二代目経営者は，自社が寒冷地域にあり当地域の住宅は冬季に部屋を暖房した時に窓枠に結露が発生して家屋被害に困っていることを発見し，窓枠に結露が発生しないような装置（断熱材も含め）の試作品を開発し周辺地域の民家に実証をお願いした。かかるニーズは寒冷地域における固有のニーズであり，全国市場を対象とした大手企業は気が付かなかった製品（手掛けなかった製品）であると考えられる。また，LT社（ドイツ）の創業者は森林地域に集積した製材業，木製家具製造業が必要とする簡単な工具の製造，修理においてニッチ市場との出会いがあった。製材や家具の工場においては，木材を切る，削る刃物を必要としていたが，そうした刃物を供給する専門メーカーは不在であったと言う。その後，木材加工業者，木材加工機械メーカーなどと連携して，木材加工に特化した特殊分野の工具開発などを進め，NT企業，GNT企業へと成長している。

〈自社のコア技術を活かせる顧客との出会い〉

自社のコア技術が活かせる市場分野を独自で探索し，結果としてニッチ製品分野の顧客を開拓している。このシーズ主導による製品開発タイプのNT企

業，GNT企業は相対的には少ない。自社のコア技術を活かせる製品を探索するために多くの時間と資金を費やす必要があり，一般的中小企業レベルでは大きな負担になっている。自社の技術を活かせる顧客と出会う確率を高めるためにも多くの市場関係者との出会いが必要であったものと理解される。

OT社（日本）ではコア技術を活かしてタバコ製造用ナイフ，ファクシミリカッターなどを手掛けていたが，それらの需要は低下しプリンター用カッターのニッチ市場で高いシェアを持つに至った。刃物技術を活かせる顧客を飛び込み営業などで探し続けた末に，偶然的にプリンター用カッターのニーズを持つ顧客開拓に成功したという。ZA社（ドイツ）は，アウトローター・モーターをコア技術としていたが，これだけでは競合製品との差別化が難しいと判断して，そのアウトローター・モーターを使った送風ファンを開発し，送風ファンを必要とする様々な市場を探索して業務用の換気市場を創造した。さらに，このアウトローター・モーターを活用してトラックやバスなどの電動システム分野を対象に市場創造に向けて事業化を進めている。また，SE社（ドイツ）は同じようにモーターだけでは差別化が難しくなり，モーターにギア（歯車）を取り付けたギアモーターシステムとして多様な分野の工場を顧客として市場創造に成功している。何れも，社内シーズを活かす形で川下展開した事例であり，ニーズ主導のタイプのように地域ニーズをベースにしつつも国内全域を対象に新たな市場探索を行っている。

なかには，技術者が独立・創業して，以前に勤めていた会社で蓄積した技術を基に，従来顧客から新たなニーズを発掘して開発した製品がニッチ市場のものであるケースは幾つか見受けられる。ER社（日本）の創業者は大手企業の電子機器メーカーに勤めていたが独立，創業して電子線描画装置を手掛けてNT企業，GNT企業へと成長した。創業前に勤務した会社で蓄積した電子技術をベースに，以前から知り合いであった国立研究所，大学等の研究者を顧客に電子線描画装置の開発，売り込みに成功して確固たる地位を確立した。

(2) 社内マネジメント

NT企業及びGNT企業の殆んどの経営者はファミリービジネス（家族経営）をベースにして，社内の経営戦略，技術開発，顧客開拓，組織管理など様々な分野におけるマネジメントを行っている。ファミリービジネスであるため，短期的収益，規模拡大を求めるよりも経営理念，経営者のコダワリ，従業

者の所得向上などに重点をおいた経営を行っている。そのことが，NT企業，GNT企業へと成長した要因の一つでもある。

　経営者はターゲットにした製品の市場が飛躍的に拡大しないニッチ市場であることを認識し，顧客ニーズに如何に応えるかを基本的経営課題としニッチ市場のトップリーダーを目指している。経営者は，顧客への木目細かい対応や満足度を高めるため，社内のコア技術の高度化（研究開発），社内各部門の連携強化などのマネジメントを行っている。また，社内従業者のモチベーションを高めるために，経営情報のオープン化（透明化），経営者とのコミュニケーションの充実，経営への参加意識の高揚，持ち株制度の推進，収益の従業者への還元などを進めている。

　JP社（日本）では，経営者が研究開発のテーマ設定，プロジェクトチーム編成・運営のマネジメント，経営業績の開示，持ち株制度などを通じて技術者のモチベーションを高めている。経営者が会社の中軸となって全てのマネジメントを進めているため，経営者の高齢化とともに次代を担う後継者を如何に確保・育成するかなどが課題となっている。

　EP社（ドイツ）では，会社の人材育成（チームトレーナー），技術開発（技術者），顧客開拓（営業マン）を担うそれぞれの中核的リーダーがマネジメントしている。利益が目標以上に確保できた場合には従業者へボーナスとして還元するなどによって社員のモチベーションを高めている。

（3）市場創造（顧客開拓）の展開

　ニッチ市場であることから顧客となる対象は想定しやすく，マスメディアを活用した広報活動などは必要なく，特定市場分野の顧客をターゲットにした営業活動となる。そのため，NT企業，GNT企業は，代理店や商社などを活用しないで自社独自による顧客との直接的コミュニケーションで対応している。こうした直接的営業活動によって，限られた顧客のニーズを商社，代理店などの第三者のフィルターを通さず直接的に情報収集が出来ており，こうした的確なニーズ把握が市場創造に大きく貢献したものと推察される。また，顧客との直接対面は顧客との信頼感を高め競合他社との差別化にも貢献している。

　NT企業及びGNT企業は，今まで無かった新製品の開発によって新たな市場を創造しているため，開発した新製品は新市場におけるブランド形成，競合企業不在時に高い収益と市場シェアの獲得など「先発の利益」を享受してい

る。大手企業はニッチ市場であるため積極的な市場参入を進めなかったことも「先発の利益」を享受できた理由として推察される。

　JP社（日本）は，創業した経営者が国内で初めてとなる製品を開発し非破壊検査協会，関係する研究会，雑誌などに論文発表を行って自社製品の周知を行うとともに，狭い業界内で口コミによって新製品の存在が知られて販売が促進され，ひとつのニッチ市場の形成に成功している。

（4）外部資源の活用
〈大学等の研究機関との共同研究開発〉
　開拓したニッチ市場において顧客満足を高める，競合企業との差別化を強めるため製品機能の向上を目指して，自社による研究開発だけでなく外部の大学等の研究機関と共同開発を積極的に進めている。

　こうした大学との交流は，社内のコア的技術や製品に関わる学会での出会い，学会誌・専門誌などの紹介記事（広告など），入社した技術者の母校であったことなどが契機となって大学との関係が始まっているケースが多い。こうした研究機関（シーズ）とのアクセスは地域にこだわる必要性は弱く，技術的課題に関して先進的な研究を行っている研究者（大学）を世界的レベルで選定するケースも見受けられる。とくに，医療機器分野，実験・分析測定機器分野においては，大学との共同研究が多く見受けられる。この研究相手は場合によっては顧客にもなっている。

　こうした大学等の研究機関との連携は，日本，ドイツともに共通的に多く見受けられる。
〈周辺の機械金属中小企業との連携〉
　製品設計した図面の具体化は，自社内だけでなく，必要に応じて部品加工及び組立，試作品製作，生産設備製作などを外部の機械金属中小企業へ依存している。こうしたモノづくり基盤を自社内に全て整備しておくことは技術的，経済的な理由からも難しい。そのため，一般中小企業がNT企業，GNT企業へと成長するためには，モノづくり基盤を支える中小企業が近接していることは重要である。日本のNT企業，GNT企業ではニッチ製品開発において外部の機械金属中小企業への依存は高いことが指摘される。
〈外部資金の活用〉
　一般的中小企業よりも相対的に高付加価値であるNT企業，GNT企業にお

いても，顧客ニーズに応える新製品・新技術開発のための資金確保は容易でなく，公的資金を確保しているケースは多く見受けられる。

また，NT企業，GNT企業では，研究開発費用を顧客に負担（場合によっては折半など）してもらっているケースも見受けられる。

JP社（日本）では，大手企業が新分野進出において必要な機器開発に対して，自社の技術を提供する代わりに大手企業から開発資金を調達している。開発した機器の基本特許は自社が持つが，秘密保持契約によって開発した機器は他の競合企業へ販売しないことなどの約束ごとを前提にしている。

（5）海外の市場開拓

ドイツのGNT企業は1970〜1980年代からグローバル化への対応を図っている。ドイツ国は，陸続きでフランス，スイス，オーストリアなど他国と繋がっており，「海外市場」としての認識は薄く国内市場と同じような感覚で海外市場開拓を進めている。そうした中で，GNT企業は各国の顧客ニーズに応じる形で製品改良を進めていることが特徴である。具体的には，営業拠点で収集した顧客ニーズはドイツ国内拠点工場，海外へ立地展開した拠点工場などにおいて製品改良に反映させている。

これに対して，日本のNT企業の多くは海外市場に注目し始めたのは，国内市場の停滞，円高などを背景に2000年に入ってからであり，グローバル化への対応ではドイツに比べて20年以上の遅れが見られている。また，日本の中小企業は，近年になって海外に営業拠点，生産拠点などを設置し，海外顧客のニーズに適合した製品の供給を始めている。

3-3 成長要因の検討

以上の5つの視点から日本とドイツにおけるNT企業，GNT企業への成長要因を比較したのが表9-9である。

（1）日本とドイツで共通的事項

日本とドイツにおいて共通しているのは，ニッチ市場との出会い，社内マネジメント，外部資源の利用などである。

起業した企業や一般的中小企業が立地する場所から概ね30Km圏内が，NT企業へと成長する契機となった「ニッチ市場との出会い」の地域であると言え

る。このことから，今後，一般的中小企業がNT企業へと成長するためのニッチ製品開発のニーズは30Km圏内で探索することが有効であると指摘される。

　NT企業，GNT企業は，特定の顧客ニーズに対応するために限られた社内の経営資源を有効に活用することが必要であり，社内各部門が持つ情報や技術を共有してシナジー効果を高める，技術者等の「やる気」を高めるため経営への参加意識を高める，外部の大学等が持つ資源を有効活用するなどの対応を積極的に図っている。

(2) 日本とドイツで共通的でない事項

　日本とドイツにおいて共通的でない事項は，市場創造，グローバル化への対応である。

　日本とドイツにおける市場創造の相違は，製品に関する発想の違いが影響しているものと推察される。日本では，開発した製品の生産技術が安定し，製品の技術革新が爛熟期に入ってコスト競争となった場合には更なる低コスト化の

図表9-7　日本とドイツの成長要因比較

	日本	ドイツ	備考
①ニッチ市場との出会い	地域固有の困りごと，あった方が良いものなどの地域ニーズに適合した製品を手掛けることでニッチ市場に出会っている。		
②社内マネジメント	経営者が全権を握って経営戦略，技術開発，顧客開拓，社員のモチベーション向上などのマネジメントを行っている。そのため，優れた後継者の確保・育成が大きな課題となっている。		ドイツではファミリービジネスから，資本と経営の分離が進みつつある。
③市場創造	開発した製品が価格競争で激化すれば，コスト競争，高機能化が差別化のポイントであった。近年は顧客ニーズへの対応が中心。	開発した製品が価格競争で激化すれば，川下展開を目指した製品のシステム化（組合せ）で顧客ニーズへの対応が中心。	近年になって，日本の企業は製品単品からシステム化を目指すようになった。
④外部資源の利用	大学，試作支援企業，外部資金など外部資源を積極的に活用している。		
⑤グローバル化への対応	2000年に入ってから海外展開を進め，近年に現地化への対応を図っている。	1970〜80年代から海外展開，現地化を展開	日本の海外市場開拓はドイツに較べて20年間程度遅れている。

ための合理化努力，安価な労働力を求めた海外立地などを展開している。これに対して，ドイツではヒアリング企業の事例から見る限り，コスト競争となった製品に対しては，周辺機器をシステム化して新たな付加価値を創造する（例：モーターにファンをつけてファン送風機とする）指向が伺われる。すなわち，日本のようにコスト競争指向とするか，ドイツのように新たな価値創造指向とするかの違いである。

　日本のグローバル化への対応は，ドイツに較べて20年以上の遅れが指摘される。これは①日本とドイツにおける取り巻く地理的条件の違い，②日本は近年において国内市場の成長鈍化が顕著となって成長著しい新興国などの海外市場に着目するようになった，③日本のビジネスは日本語が中心であったがドイツはEU統合などを背景に英語が公用語的にビジネスで使われるようになった，などが日本のグローバル化が相対的に遅れた要因として挙げられる。

4　特定地域における検証

4-1　NT企業の集積状況

（1）NT企業の集積地域の抽出

　「グローバル・ニッチトップ企業論」（著：細谷祐二）において，日本のNT企業の2000社が都道府県別に整理されている。このNT企業が製造業事業所数に占める比率（ニッチトップ企業集積比率）と製造業事業所数（工業集積規模）の2つの指標に基づいて各都道府県を整理した（図表9-8）。

　この表から，ニッチトップ企業集積比率と工業集積規模がともに高いのは，東京都（ニッチトップ企業数：287社），大阪府（230社），神奈川県（160社）などの大都市圏域である。このニッチトップ企業集積比率と工業集積規模には強い相関関係があるものの，中には相関が低い地域が挙げられる。

　工業集積規模が高いがニッチトップ企業集積比率が1.5％未満の地域には，愛知県，静岡県，埼玉県，兵庫県，福岡県，千葉県，北海道などがある。逆に，工業集積規模が低いもののニッチトップ企業集積比率が2％以上の地域として，和歌山県，高知県，石川県，福井県，香川県，京都府などがある。また，ニッチトップ企業集積比率が1.5～2％では，鳥取県，徳島県，長崎県，山形県，富山県，山梨県，滋賀県などが挙げられる。これらは工業集積があま

図表9-8　NT企業の都道府県別集積特性

NT比率 事業所数	1％未満	1％～ 1.5％未満	1.5％～ 2％未満	2％～ 3％未満	3％～ 4％未満	4％以上
1000未満	青森県 沖縄県	島根県 佐賀県 大分県 宮崎県	鳥取県 徳島県 長崎県	和歌山県 高知県		
1000～ 2000未満	宮城県 秋田県 愛媛県 熊本県	岩手県 奈良県 山口県 鹿児島県	山形県 富山県 山梨県 滋賀県	石川県 福井県 香川県		
2000～ 3000未満	福島県 栃木県 三重県	岡山県		京都府		
3000～ 4000未満	茨城県 群馬県 栃木県	北海道 千葉県 福岡県	新潟県 長野県 広島県			
4000～ 5000未満		兵庫県				
5000～ 10000未満		埼玉県 静岡県		大阪府	神奈川県	東京都
10000以上		愛知県				

注：事業所数：工業統計表（経産省）平成22年10人以上の事業所
　　GNT企業数：経産省細谷祐二（グローバル・ニッチトップ企業論）より引用

資料：ニッチトップ企業の生成・成長メカニズムに関する研究（小田恭市）より

り進んでいないもののニッチトップ企業集積比率が高い地域である。なお，新潟県，長野県，広島県は工業集積規模とニッチトップ企業集積比率ともに高い地域として位置付けられる。本研究ではニッチトップ企業集積比率が平均1.5％以上の地域をニッチトップ企業集積地（都道府県）として位置付ける。

こうしたマクロ的指標によるNT企業の地域的分布を踏まえて相対的にNT企業が集積している都道府県の中から次の3つをケーススタディ地域として抽出した。

・東京都及び神奈川県の東京大都市圏地域
・大阪府東大阪地域
・石川県金沢地域

（2）NT企業集積地域におけるケーススタディの分析視点

前章において分析したMT企業，GNT企業に成長した要因のなかから地域に強い影響を及ぼす要因である「ニッチ市場との出会い」における地域環境条件（客体条件）を主たる切り口にNT企業が特定地域に集積するメカニズムを解明する。NT企業の成長には。経営者のマネジメントとともに，取り巻く外部の地域環境条件（客体条件）が強く関わっているとの仮説のもと，地域におけるNT企業の条件（主体条件）とNT企業が発生・成長した地域環境条件（客体条件）を絡めて検討を進める。主な分析の視点は以下のとおりである。

・工業集積形成のプロセスの特性
・中小企業集積構造の特性
・NT企業の成長を支援する地域環境の特性
・NT企業の発生・集積に関する検討

4-2　東京都及び神奈川県の大都市圏地域

（1）工業集積形成のプロセス

本地域はかつての京浜工業集積地帯であり，高度経済成長期において鉄鋼，化学などの重化学工業，自動車・造船・重電・電気通信などの組立工業が集積した日本を代表する産業集積地であった。とくに，組立工業の集積は多くの中小企業を輩出し，大田区，品川区などの城南地域，川崎市，横浜市に機械金属業種を中心とした中小企業が集積した。

一方，過度な工業集積の弊害を解消するために工場の地方分散政策が施行され，企業は労働力や用地の確保を目指して，京浜臨海地域から多摩地域，北関東地域，地方などへ工場分散を加速的に進めた。こうして大手企業の量産工場が地方分散し，本地域には多品種少量生産・開発・設計などを行う母工場が残った。

（2）中小企業集積構造の特性

本地域の中小企業数は高度経済成長期をピークに減少している。これは大手企業の地方分散，海外展開による仕事量の激減だけでなく，マンション建設など都市化の進展，後継者難などによる中小企業の廃業が進んだためである。

本地域の中小企業の主たる取引先は量産工場から母工場に替わり，中小企業は多品種少量生産，試作・開発をサポートする専門的技術に特化した業態へと変化してきた。そのため，特定取引先1社の生産ピラミッド構造から取引先の多角化を進めたメッシュ構造へと構造的変化が進んでいる。こうした多角化が進む中で専門的技術に特化する中小企業が増大し，大都市圏だけでなく地方からの受注も進め東日本，全国における試作・開発などを支援する中小企業の集積地域となっている。

　本地域は高度経済成長期に工具の独立創業が多く見られたが，近年では地域に集積する研究機関や母工場などから研究者，技術者など専門的技術（シーズ）を持つ者の独立・創業が多くみられており，NT企業が生まれやすいポテンシャルを持つようになったと推察される。

（3）NT企業の成長を支援する地域環境

　本地域は我が国における政治・行政，産業・経済の中枢拠点であり，多様な情報が発信される地域である。とくに，国立研究所，理工系大学，民間研究所，母工場が我が国において最も多く集積する地域である。「全国試験研究機関名鑑」（文部科学省科学技術・学術政策局）によれば，東京都及び神奈川県の大都市圏に理工系大学や国立研究機関，民間の研究所や開発拠点（母工場）が多く集積していることが指摘される。こうした機関では，実験・試験機器，試作品などが多く発注されている。

　本地域の産業集積構造は，特定の産業，職業に集中することなく多様化が進み，なかでも特定業種に分類されにくい「その他の業種，職種に該当する事業所，職業」が多いことが特徴として挙げられる。なかでも，情報・デザイン関連分野，多様な専門的職業などに該当する事業所，人の集積が進んでいる地域である。

　また，本地域には多種多様な国内・国際レベルの学会，経営者交流会，研究会・専門的研修会，シンポジュウム，展示会，社会人大学講座などが頻繁に開催されており，人と人，人とモノの情報交流が進んでいる。また，自治体，経済団体などでは，異業種交流，経営者交流などを促進する多様な組織が運営されている。

（4）NT 企業の発生・集積に関する検討

　以上の点を踏まえると，大都市圏に NT 企業が発生・集積している要因として以下の点が挙げられる。

①大都市圏の NT 企業が手掛ける製品の多くは，研究機関や試作開発拠点などで求められる実験・試験に関わる機器及び関連製品などである。こうした製品は，大都市圏に集積する母工場，研究機関などとの関わりの中から生まれているものが多いことが，大都市圏に NT 企業が集積する重要な要因の一つとして位置付けられる。

②また，大都市圏には放送・通信，芸術・デザインなどの関連産業，高額所得者・個性的嗜好・趣味をもつ人々などと関わりを持つ NT 企業も多く集積している。こうした人々は大都市（とりわけ，東京都区部，横浜市など）に集中していることが各種統計調査によって確認され，上記の産業や生活者との関わりからニッチトップ製品が生まれているものと推察される。

③こうした大都市圏における研究開発機関，大都市の産業や生活者に関わるニーズと新事業に取り組む経営者（主体）との出会いには，各種研究会や学会，異業種勉強会・交流会，研修会，地域産業コミュニティなどの媒介機能の存在が推察される。また，ニーズに応えられる技術は自社のみならず，周辺地域の大学，企業との連携によって対応している。さらに，試作等を担う機械・金属業種の中小企業（サポーティングインダストリー）が集積していることも NT 企業が大都市に集積している要因として考えられる。

4-3　東大阪地域

（1）工業集積形成のプロセス

　本地域は，大阪市の東側に隣接して鉄道，道路網が整備され，大阪市の中心部と時間的にも至近距離にある。東大阪市の工業は東京都大田区と同様に機械金属業種を中心にした中小企業が中心となっている。こうした地場の中小企業の集積が早くから進んだこともあって大手企業の立地展開はあまり見受けられない（大規模な用地確保が難しかったことなどもある）。大手企業の工場は東大阪周辺地域への立地展開となっている。

　本地域は鉄線，針金，金網，鋲螺などの金属製品を手掛ける中小企業，関西の地場需要を市場として発生・成長した地場産業と大阪市部などから工場移転した中小企業などをベースに新規創業中小企業などによって集積形成が進んで

いる。そのため，本地域の工業は大阪市の影響を強く受けており，大阪市の卸売業（問屋等）と取引関係のある製造中小企業，本社機能を大阪市に工場を東大阪市に持つ中小企業も多い。

（2）中小企業集積構造の特性

本地域の多くの中小企業は大手企業の下請けとともに自社製品を持ち，生産機能だけでなく企画，技術開発，販売流通などの機能を有している中小企業が多いことが特徴として挙げられる。下請けとして生産機能のみに特化した中小企業が少ないことは本地域の強みと言える。また，工場アパートが積極的に建設され，そこに東大阪市内外の中小企業等からの独立，創業者を誘致した結果，中小企業の創業が多く見受けられた。

本地域の中小企業は大手企業との取引と言うよりも中小企業間における取引が多い。これは空間的に狭い地域に多くの中小企業が集積したこともあり，中小企業の経営者や従業者が日常生活のなかでコミュニティを形成している。こうした背景によって中小企業間の出会いの場が多く，中小企業間で生産調整とともに，技術的な分業など生産連関関係が生まれている。また，中小企業ゆえに接客の場（応接室）を確保しにくく，近くの喫茶店を利用したことも経営者間の交流が進んだことも一因（喫茶店が媒介機能を担う）として挙げられる。

（3）MT企業の成長を支援する地域環境

本地域において中小企業（NY企業）の創業しやすさに貢献したのが工場アパートの建設がある。創業において初期投資に課題を持つ中小企業にとっては大きな魅力となったものと推察される。

東大阪市の中小企業は前述したとおり中小企業間の交流が密であることが挙げられる。特定の目的を持たない経営者間のコミュニケーション（非目的的交流）とともに，業界団体，経済団体，自治体などによる各種の勉強会や研究会，シンポジウムなどのイベントが頻繁に開催され，かかるイベントが中小企業間の交流促進に大きく貢献している。

平成9年に東大阪市による「異業種の融合化」の呼びかけで始まった東大阪異業種交流グループを母体に，平成14年に株式会社ロダン21が設立された。この会社は，地域の中小企業をネットワーク化して，試作品や，特注品の設計・製作，特殊加工など多様なニーズを受けて，必要となる技術をもつ中小企業を

選定，組織化したプロジェクトチームによって対応できるしくみを構築している。

また，東大阪市が東大阪市技術交流プラザを設立して，試作，モノづくりニーズを持つ主体とモノづくりを担う東大阪市を中心とする中小企業（データベース登録1100社）とをマッチングさせる機能を創出しており，ポータルサイトの運営，相談受付などの業務を担っている。

この他に，あつまろ会，ウエルファー東大阪，かがやき・ネット，KFN，創工，ギアテック，創遊夢，トップス東大阪，ドライの会，東大阪金属加工グループ，HOCX/東大阪，ほる手東大阪など中小企業を組織化した多様な異業種交流組織・共同受注グループが設立されている。これらはニーズとシーズの出会いの場，ニーズに対して複数の中小企業で協働して対応する場を提供する役割を担っている。

（4）NT企業の発生・集積に関する検討

以上の点を踏まえると，東大阪地域にNT企業が発生・集積している要因として以下の点が挙げられる。

①本地域には大手組立工場が少なく確固たる生産ピラミッドの形成が進まなかったことが中小企業間相互で連携しやすい構造を形成したものと推察される。前述のとおり，東大阪市には，異業種交流・共同受注などを目的とした多様なグループが形成されたことも中小企業間の連携を促進している。

②東大阪市の中小企業は専用機械メーカーから標準的な合理化機械設備を導入しないで自社及び周辺の機械中小企業の力を借りながら合理化を進めた。導入しなかった理由には，標準化された機械では自社ニーズに適合したものは少なかった，高額のものとなり費用負担が難しかったなどが挙げられる。その結果，合理化機械設備を導入した中小企業は独自の生産設備を使った高い生産性で市場シェアを高めるとともに，社内・外の商社機能を活かして顧客ニーズを反映した製品開発を進めニッチトップ企業へと成長した。隣接する大阪市の商社等との連携によるニーズ収集や顧客への高いアクセスビリティイが製品開発，顧客開拓に大きく貢献しているものと推察される。

③こうした地場中小企業の合理化ニーズに応える自動機械・省力機械など機械設備を手掛ける中小企業が多く輩出された。これら機械設備メーカーは特定業界向けのものが中心となっており，結果としてニッチトップの機械設備メー

カーが生まれた要因になっている。

④東大阪市では，課題（ニーズ）を持つ中小企業とかかるニーズに対応できる技術を持つ中小企業の出会いが容易であったことが挙げられる。容易となった理由として，中小企業の集積密度が日本一レベルで高く中小企業の経営者間の人的つながりが密になりやすかったこと，多様な中小企業経営者を結びつける交流組織があったこと，中小企業の事業所が狭隘で頻繁に外部の喫茶店などを使う慣習があった（喫茶店が交流促進機能を担う），などが挙げられる。

4-4 金沢地域

（1）工業集積形成のプロセス

本地域は加賀藩百万石の城下町として栄え，地場の伝統的地場産業（焼物，繊維，漆器，和紙，箔等）を母体に近代産業として繊維工業が発展した。百万石の城下町における多様な高度な文化は，日本を代表する九谷焼，加賀友禅，和菓子，清酒，佃煮などの産業を成長させた。それらの地場産業の成長の過程において，技能の伝承とともに合理化機械などを積極的に導入した。

繊維工業は，絹織物業から合成繊維（とくに撚糸業）を中心に日本を代表する繊維産業集積地の一つとなっている。こうした発展を遂げるために，当時，競合産地よりもコスト，品質での優位であることが求められ，生産性向上，品質向上のための高度な繊維機械の導入を進めた。

こうした食品や繊維など地域産業の合理化ニーズに対処するため，地場の機械中小企業が食品機械，繊維機械を手掛け始め，全国市場を対象とする繊維機械メーカー，食品機械メーカーへと成長し，更にこれら機械メーカーをサポートする工作機械メーカーが成長し機械工業集積地を形成した。

（2）中小企業集積構造の特性

本地域は食品，繊維，機械などの中小企業群が内発的に展開したこと，立地条件にめぐまれなかったことなどが影響して，全国に見られたような大手企業の機械組立工場等の進出が進まず生産ピラミッドの形成が見られない。

食品産業は地域の生活者の需要に対応するだけでなく，金沢の観光産業と連携，繊維産業のお土産などを通じて県外需要を取り込んで成長した。地場の農水産資源の活用，地場の生活者の「優れた舌」による美味しいものを評価する力などが成長をサポートしたものと考えられる。

繊維産業は，北陸特有の多湿性気候を生かし大手繊維メーカーと連携して化合織物地として集積した。しかし，大手原糸メーカーの系列崩壊，グローバル化の中で，地場の繊維加工の中小企業は独自に企画，デザインなどを手掛ける自社製品型中小企業への脱皮を進めている。

　機械工業の中小企業は，地場の食品産業，繊維産業などの合理化需要を取り込んで，独自の企画，技術開発を進め自社製品型中小企業として成長し，なかには上場企業へと成長した企業（津田駒，石川製作所，渋谷工業など）も見受けられる。こうした上場企業へと成長した機械メーカーは，機械加工などを地域の中小企業へ外注しており，地域の機械工業集積における中核的企業として位置付けられる。

　本地域は大都市から遠隔地にあり交通網の整備が進んでいない高度経済成長期では，企業が必要とする機械や部品を大都市に依存することは難しく地域の中小企業に依存せざるを得なかったことも機械中小企業の発生・成長を促進した一因と推察される。

（3）MT企業の成長を支援する地域環境

　本地域の中小企業振興において技術支援を担ったのが石川県工業試験場である。県内中小企業の技術ニーズに対応するばかりでなく，将来的に県内中小企業が必要とする技術を踏まえ，先行して先進的技術の研究開発に取り組んで技術蓄積を図り，中小企業へ移転するなどを行ってきた。

　また，本地域には石川県鉄工機電協会，石川繊維協会，石川食品協会，石川県情報システム工業会など設立されており，県内の同業種間の中小企業の横の連携を図るとともに，先進的技術に関する研究会，石川県工業試験場の技術移転の窓口的を果たしてきた。

　他に，石川県には金沢大学，金沢工業大学，石川工業高等専門学校，各種専門学校などのあり，県内の大手企業，中堅・中小企業が必要とする人材の育成，技術開発の支援などを行ってきた。近年では，北陸先端科学技術大学院大学が設立され，地域の人材育成，研究開発の機能強化が図られている。

（4）NT企業の発生・集積に関する検討

　以上の点を踏まえると，本地域にNT企業が発生・集積している要因として以下の点が挙げられる（図表9-9）。

①加賀百万石の文化は，町民（市民）などが「本物（本当に美味しい物）」を求める厳しい嗜好ニーズが顧客を満足する製品を産み，全国市場に通じる和菓子，佃煮，清酒，豆腐など食産業を育てている。すなわち，加賀百万石文化を背景に育った町民（市民）が「美味しい」食べ物を欲しいとする嗜好ニーズに対応して育った食品関連企業は，食に関するニッチ市場で高い市場占有率をもつに至ったと言える。食品関連企業は品質を安定させ，コストを低減するため合理化生産機械設備を求め，このニーズに地場の機械中小企業が対応して食品機械のニッチ市場を対象とする食品機械メーカー（渋谷工業，高井製作所など）が成長した。

②繊維工業は，多湿性気候の優位性をさらに活かすために，生産性向上，品質向上のための高性能の繊維機械に対するニーズが高まり，このニーズに地場の機械中小企業が対応した。当時の日本では繊維産地は限られており繊維機械を得意とする機械メーカーは少なく，地場の機械中小企業が活躍できる場はあったものと推察される。こうした地場の繊維産業の合理化ニーズに対応して繊維機械メーカー（津田駒，石川製作所など）が成長した。

③このように食品や繊維など地域産業の合理化ニーズに対処するため，地場の機械中小企業が食品機械，繊維機械を手掛け始め，全国市場を対象とする繊維機械メーカー，食品機械メーカーなどが成長した。それら機械を修理，生産する工作機械ニーズに対応する高松機械，中村留などの工作機械メーカーが成長した。これら工作機械市場はニッチ市場とは言えない大規模市場を形成しており，その業界の中における企業の一つとしての存在になっている。NT企業になるには市場規模が大きすぎたことが一因として挙げられる。

④こうした金沢地域固有のニーズに対応する形で地場の中小企業が新たなニッチ製品を開発（創造）し，域内から域外へ顧客開拓を進め，ニッチトップ企業が多く輩出されたと考えられる。すなわち，金沢地域には地域の「ニーズ連鎖構造」が形成されており，これに地場の中小企業が的確に対応して製品開発を進めてきたと考えられる。

⑤こうした地域ニーズが地場の中小企業とってビジネスチャンスになった理由として，石川県は大都市から遠隔地であり地域固有のニーズに対応するために大手企業は出向く面倒さがあったこと，ニーズが個別的であり大手企業にとって経営的うまみが少なかったこと（他に儲けの話があった）などを背景に，大手企業に期待できず地場の中小企業に依存したためと推察される。

図表9-9 金沢地域におけるニーズの連鎖による産業集積構図

```
                        ┌─加賀文化─────────────┐
                        │◆加賀友禅 ◆九谷焼 ◆食品 │
                        │    ◆金箔加工など      │
                        └──────────┬──────────┘
┌──────────────────────────────────┼──────────────────────────┐      ┌─都市機能──┐
│ ┌ソフトウエア関連┐  ┌繊維工業┐    ┌繊維機械┐                │ ◆都市市場
│ │◆IOデータ機器 │⇒│◆染色整理│⇒│◆津田駒  │                │      │◆デザイナー│
│ └───────┘  │◆撚糸  │  │◆石川製作所│              │      │ などの人材│
│            └────┘  └────┘                │      └──────┘
│              ⇑⇓    スピンオフ                         │
│                    下請から脱皮                        │      ┌─人材供給──┐
│           ┌繊維商社┐  ┌工作機械┐  ┌食品機械┐  ┌食品産業┐    │◆金沢工業高校・│
│           │◆産元商社│  │◆高松機械│  │◆渋谷工業│  │◆佃煮  │    │ デザイン学科 │
│           └────┘  │◆中村留 │  │◆高井製作所│  │◆活、和菓子│   │◆金沢美術工芸大学│
│              ⇑⇓    └────┘  └────┘  └────┘    │◆金沢大学工学部│
│           ┌繊維製品┐             ⇑⇓   ラベル          │      └──────┘
│           │◆アパレル│  ┌省力機器┐  ┌印刷産業┐  ┌出版業 ┐     ┌─技術支援──┐
│           │◆魚網  │  │◆IC検査装置│ │◆高桑美術印刷│◆地元新聞│ │◆県工業試験場│
│           └────┘  │◆物流機械システム│└────┘ │◆各種タウン紙│ │◆金沢大学  │
│              ⇓                                   │      └──────┘
│           ┌スポーツ製品┐                              │
│           │◆清水製網 │                              │      ┌─市場情報──┐
│           │*魚網から業種転換│                          │      │◆犠牲関連業者│
│           └──────┘                              │      │*犠牲以外の │
│                                                │      │ 市場情報  │
└──────────────────────────────────────┘      └──────┘
```

4-5 ケーススタディの分析結果からの考察

①各ケーススタディでは，地域における固有のニーズには既存の標準品では対応が難しく隙間分野に地場の中小企業が的確に対応することによって新たな市場が形成されていることが指摘される。当時，多くの大手企業は標準品を大量生産しコスト低減化を図り利益を創出する事業モデルが中心となっており，面倒な小規模需要である固有のニーズに積極的に対応しなかったことが，地域の中小企業が新たな市場を創造し成長するビジネスチャンスが生まれていたと推察される。当然ながら，大手企業が関心を寄せないのは小さい市場であったことが大きく影響していると解釈される。

②こうした地域のニーズ情報が地域中小企業へ伝達できた背景として，中小企業がニーズ発生地域にアクセスしやすい位置的距離にあったこと（概ね30Km圏域），地域のニーズ情報を中小企業へ伝える媒介機能が働いたことなどが挙げられる。媒介機能としては，学会・研究会などの学術的交流の場，異業種交流など地域の多様な経営者が交流できる場，経営者が地域の生活者として地域コミュニティとして交流できる場，経営者が無目的に偶然的に出会える社交の

場などが存在していたことが挙げられる。
③中小企業経営者の立場から見れば，地域から「こんなものを開発して欲しい」といったニーズに対応できれば，量的に少ないものの確実に購入してくれる顧客が存在し当面の開発リスクは少なくなり，対応できる技術があれば挑戦できる可能性は高まるものと思われる。言わば，開発費を顧客から支給されて開発することにもなる。但し，この場合は，開発した製品や技術に関わる特許の位置づけを明確にしておくことが課題となる。

5　GNT企業の発生・成長メカニズムと支援策

5-1　GNT企業の発生・成長メカニズム

　起業した企業や一般的中小企業がNT企業，GNT企業へ成長するメカニズムは以下の3つの要素から想定される（図表9-10，11）。
〈開発目標の設定〉
　ニッチ製品開発の目標設定は，地域における従来製品では満足していない企業，研究機関，生活者などにおける課題をニーズとして汲み取り，開発目標として設定する。こうした地域ニーズを汲み取るには，課題をもつ企業，研究機関，生活者等との出会いと相互に信頼し合える関係づくりが必要である。そのため，地域の様々な媒介機能を積極的に活用し，多様で重層的な人的ネットワークしておくことが重要となる。

図表9-10　NT企業，GNT企業への成長

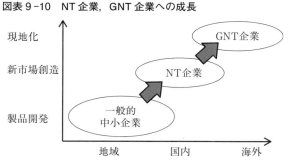

図表 9-11　NT 企業，GNT 企業の発生・成長メカニズム

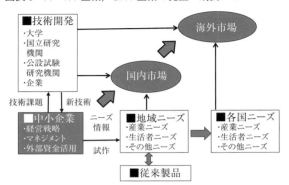

〈開発製品の実現化・市場創造〉

　開発目標を実現するために必要な専門領域に的を絞って研究開発を進める。社内に必要とする技術が無い場合は外部の研究開発機関，企業が持つ資源を活用する。開発された試作品は地域のニーズ先に使用してもらい検証，改良しながら製品の完成度を高める。開発した製品は地域のニーズ先に優先的に納めるとともに，地域外の同じような課題を抱えるニーズ先へ販売を進め市場創造を進める。市場創造においてはコスト競争にならないように，顧客ニーズを満足させる価値創造に向けて注力することが不可欠となる。

〈NT 企業から GNT 企業への展開〉

　ニッチ製品の国内市場を創造し高い市場占有率を持つに至った NT 企業は，国外の市場創造に向けて輸出，海外拠点づくりを行う。とくに，海外の顧客ニーズは日本とは異なる前提のもと，海外各国のニーズを反映する形で製品改良し販売を進め，GNT 企業へと成長する。

　とくに，NT 企業から GNT 企業への展開においては，それぞれの国に応じた「現地化」を進め，各国の顧客ニーズへの対応を図ることが重要となる。こうした対応がコスト競争へと展開させない重要なポイントでもある。

5-2　GNT 企業に成長するための自助努力

　NT 企業，GNT 企業の成長メカニズムにおいて経営者（企業）の自助努力の内容は以下のとおりである。

（1） 製品開発のターゲット設定

　NT企業を目指す中小企業（主体となる企業）は，自社内のニーズ，地域の農林水産業，製造業，研究機関などのニーズ，地域の生活者のニーズなどを反映して製品開発の目標を設定する。こうしたニーズから目標設定するにおいては，自社内の技術で対応可能な範囲であること，自社の顧客と関わりのある市場であり顧客とのアクセスが比較的容易であることが望ましい。前者の技術は，自社（創業者）が持つ技術・ノウハウや研究成果などの「こだわり」が活かせる範囲であり，そのレベルは極めて国内で先鋭的なものであることが必要である。後者の顧客は，創業者が起業する以前に勤務していた会社の顧客，主体となる企業が地域企業の経営者・研究者・技術者，地域生活者等と何らかの交流をもっている（知り合いである）など何らかの関係があり，潜在顧客が抱える課題をニーズとしてうまくとらえることができる領域であることが必要である。

　また，主体となる企業と地域の企業や生活者とを結びつける媒介機能（学会，研究会，地域コミュニティなど）の存在が重要になっており，そうした媒介機能を活用して地域に多様な重層的ネットワークの形成に努める。

（2） 顧客ニーズに応えるための研究開発

　ニッチ製品を求める顧客は従来製品では機能的に満足出来ていない。かかる顧客を満足させるためには，顧客が求める機能を発揮できる製品を実現できる技術が求められる。そのため，ニッチ製品を目指す中小企業は，自社独自による研究開発を進めることは当然であるが，自社にない技術は外部から導入することが必要となり，大学・国公設試験研究機関・企業などとの共同研究（委託研究も含め），外部からの中核的技術者のスカウトなどを積極的に図る必要がある。課題となる技術が明確になれば，研究開発で連携する機関は地域に限る必要はなく全国レベル，国際レベルで課題に対処できる機関との連携が重要となる。

　顧客ニーズに応える技術基盤を社内に蓄積することが難しい場合は，外部からの技術導入，必要とする技術をもつ企業と連携して（新会社設立も含め）事業化を進めるなどの対応が必要となる。

(3) 研究開発などに必要な資金調達

開発目標を実現するための研究開発,事業化に必要な資金は自社で調達することが基本であるが,起業した企業,一般的中小企業の多くは,資金調達に苦慮している。そのため,国,自治体等の公的資金(補助金)を活用きるように様々な支援制度への応募を行う。また,公的資金だけでなく,開発目標を実現するために顧客と共同開発する形に持ち込み,開発資金を顧客から確保できるような工夫も進める。その場合は,開発製品を他社に数年間販売しない約束,開発製品の特許権の共有化,基本特許のみ自社保有など様々な面での対応を工夫することが重要である。

(4) 新市場創造(顧客開拓)

開発した製品は,まずは開発の契機となった地域におけるニーズ先に販売することを目指す。同然ながら,顧客は従来製品では満足しないで困っている訳であり,必要とする機能を持ち顧客がその機能に対して認める価値程度の価格の製品であれば購入する可能性は高いと考えられる。

こうした第一号機の販売に成功すれば,その成果を営業ツールに同じような課題を抱える顧客を対象に販売活動を進める。顧客からのニーズ情報を収集するといった意味合いからも可能な限り顧客との接点がもてるように自社営業とすることが望ましい。

(5) グローバル化への対応

国内市場を対象に成長した NT 企業は,国内市場のみを対象にしていては成長に限界があり,海外市場の開拓が必要となる。なかでも,少子化や社会基盤などに関わる製品は市場規模の収縮から海外市場開拓の必要性は強い。

海外市場開拓におけるポイントは海外顧客のニーズへの適合であり,対象とする市場国のニーズを十分に反映した製品へと改良する必要がある。また,海外拠点でマネジメントする中核的人材はその国の人に委ねることが望ましく,日本に留学している学生を対象にインターンシップ制度などを活用して先行的に学生を確保,育成などを進める必要がある。

(6) 社内マネジメント

以上の(1)~(5)を効果的に進めるために,主体となる中小企業のマネ

ジメントにも工夫する必要がある。例えば，幹部社員，技術者など従業者のモチベーションを高めることが求められる。そのためには，経営方針や事業・財務内容のオープン化，社員の株主化などにより経営への参加意識を高める。さらに，従業者の業績や利益への貢献度合いを評価し可能な限り従業員へ給与で還元出来るような仕組みを整備する。

また，社内の営業，研究開発，生産などの部門間の情報連携を密にして，それぞれの部署が持つ情報を相互に共有し合えるような体制を強化する。各部門の総括は経営者がマネジメントすることを原則とするが，各部門の自律性を高めるため社員への権限譲渡を進めておくことも重要となる。

グローバル化を進めGNT企業へと成長するためには，社員の国際感覚，英語力を養うとともに，日本の留学生を積極的に採用し，将来の海外拠点づくりの基盤を形成しておく必要がある。更には，海外進出におけるキーマン的役割を担える現地の人材確保を目指して現地における多様な人材ネットワークを形成しておくことも重要である。また，こうしたグローバル化には，国や自治体の各種支援制度を積極的に活用することも重要である。

3-3 GNT企業の育成のための支援策

企業の自助努力とともに，国，自治体，経済団体などでは以下の支援策の拡充が求められる。

(1) ニーズ創出機能の設置

地域における企業，研究機関，生活者，自治体などが抱える課題を収集し抽出できるようなニーズ創出機能を設置する。具体的には，企業における合理化ニーズ，研究機関における実験・試験機器や試作のニーズ，生活者における安全，安心，環境，高質な生活などが確保出来るような地域環境の整備ニーズなどを実態調査から抽出する機能である。ここで抽出した地域固有のニーズはニッチ製品の開発を目指す意欲をもつ中小企業へ伝える。

(2) ニーズとの出会いの機会を創出する媒介機能の強化

主体となる中小企業が地域の企業，生活者など多様な機関・人との出会い，連携を深めるために，公的支援として媒介機能の強化を図る。媒介機能とは，例えば主体となる中小企業が製造業であれば，異技術企業，異業種企業，異産

業企業，生活者などとの出会いの場，連携を深められるような各種の勉強会，交流会などである。

（3）地域における製品購入促進の支援

地域ニーズに基づいて開発された製品は，地域ニーズの発信先が購入候補先となる。かかる購入候補先が開発された製品を積極的に購入することで販売力が強化される。そこで，例えば，自治体は地域の中小企業が地域ニーズに基づいて開発した製品を地域で販売する場合に購入者に何らかの優遇措置（補助金を活用した割引制度など）を講じるなどが挙げられる。

5　おわりに

本研究の成果を踏まえ，今後，NT企業が発生・成長するための要因を抽出したが，これらの要因の妥当性を統計的に検証するため，NT企業へのアンケート調査を行う。また，日本とドイツにおけるNT企業，GNT企業の集積地を対象に集積メカニズムを比較検討し，日本においてNT企業，GNT企業を多く輩出できる方策を提案したい。

小田恭市

参考文献

1) ハーマン・サイモン『隠れたチャンピオン企業』中央経済社　2012年。
2) 細谷祐二『グローバル・ニッチトップ企業論』白桃書房　2014年。
3) 細谷祐二　日本のものづくりグローバル・ニッチトップ企業についての考察――GNT企業ヒアリングを踏まえて（前篇，後編）　産業立地（一般財団法人日本立地センター）　2011年7月，9月。
4) 経済産業省　グローバルニッチトップ企業100選　2014年。

■グローバル・ニッチトップ戦略■

新たな GNT 戦略から，高収益な成長への事業開発アプローチ

――日本の高収益企業の分析から導く GNT 戦略の有効性とその成長の課題の解決――

第10章

1 はじめに

1-1 GNT 戦略への期待

　限られた隙間事業領域（ニッチ）で規模も小さく目立たないが，世界・地域でシェアがトップで高い利益と成長をとげているグローバル・ニッチ・トップ（GNT）企業が存在する。経済産業省では2014年3月に，①世界シェアと利益の両立，②独創性と自立性，③代替リスクへの対処，④世界シェアの持続性に着目し，グローバルニッチ企業100選を作成している。その内訳は，大企業6社，中堅企業25社，中小企業が69社である。大半が中小企業であることもあり，GNT の追求は中小企業の事業展開の重要な方向性の一つと言える[1]。

　「世界一でなければダメですか？」という言葉が有名になったが，ニッチであってもトップ，即ち世界一のためには，市場が形成する前からの参入，製品・サービス群の拡充，顧客の深堀，早い段階での世界展開，競合が参入出来ない仕組み作りなど，戦略的なアプローチが必要となる。世界一の追求が事業展開の戦略思考に関係して来ている。

　大企業では自社の規模に合った大きな規模の事業開発を狙い，最初から大きな市場，大きな事業を目指す例も多いが，これらは市場の立ち上がりの見込み外れ，価格の急速な低下，多様な競合との競争といった面で苦労しているケースが多い。大企業にとって GNT 企業の戦略を学ぶことがその打開に繋がる可能性がある。GNT 戦略の有効性を日本の高収益企業との相関や事業特性から評価し，現在の事業環境変化の中での課題とその解決として「新たな GNT 戦略」を考察したい。

1-2 高収益な成長の課題

　日本の大企業の多くは日本経済の右肩上がり成長の止まった1990年以降に，その収益性の改善のための事業の選択と集中を進め不採算事業の整理を行っている。しかしながら売上高営業利益率（利益率）はグローバルな企業の水準に比べて低い傾向がある。

　グローバルな企業の中には，自社の狙う大型化の可能性のある市場機会について，技術・プロダクト開発と同時に関連する知財を買い集め，他社が自社領域に参入出来ない障壁を構築し高収益な成長を継続する企業や，自社の技術を活かし競合が追い付けないレベルのプロダクトを市場で一番に投入し，大型市場を創出しさらに改良品を投入し高収益な成長を継続するのが得意な企業など，最初から高収益で大きな事業を構築することを目指しそれを実現している企業も多い。

　過去にはまず事業開発に着手し，事業が育った後にコストダウンで事業の収益性向上と，幾つかの事業から高収益な事業への選択と集中で企業全体の利益率の向上を図る方法が取られていた。これは右肩上がり成長の時代であれば全体が成長しており経営資源にも余裕があったので有効だったが，現在では有効な方法とは言いにくい。高収益な事業の条件を理解し，最初から高収益な成長を狙った戦略的な打ち手が不可欠になっている。

　このような事業展開は経営資源に余裕のある大企業のアプローチのように見えるが，最近では中小企業においても十分に実践可能になっている。日本，韓国，米国から台湾，中国に主要企業が広がりつつあるスマートフォンやタブレット端末など情報電子機器の業界では，これらを顧客として材料，部品や装置を供給する高収益な中小企業がアジアの成長市場とともに急成長していくケースも多い。全体としての右肩上がりの成長はなくなったが，急成長し高収益を狙える市場機会も多く存在する。高収益な成長を狙った戦略的な打ち手は，大企業だけのアプローチではなく，中小企業がその将来の方向性を考える上でも重要な選択肢となっていると言える。

　「新たなGNT戦略」の次には高収益な事業の特性を考えながら，如何に高収益な成長を実現するかについて検討してみたい。

1-3 事業開発アプローチへのビルトイン

　技術開発，プロダクト開発から事業の拡大までの一連のプロセスは，企業の歴史やマネジメント体制により大きく異なっている。「新たなGNT戦略」を実践し高収益な成長を実現するためには，事業開発のアプローチそのものの見直しが必要になる。典型的な事業開発アプローチを確認した上で，必要な方策を織り込んでいくことを考察したい。

　本章では，2節でGNT戦略の有効性を日本の高収益企業の分析とGNT企業の事業特性から評価し，3節で事業環境変化にともなう「新たなGNT戦略」を提案し，4節ではそれを高収益な成長に発展させていくための課題を明確にする。5節では典型的な事業開発アプローチにこれら課題の解決を方策として織り込む具体策を示したい。

■ 2 日本の高収益企業の分析とGNT企業の相関

2-1 GNT企業の定義

　GNT企業とはどのような企業なのだろうか。まず幾つかの事例を確認してみたい。

　先にも述べた経済産業省のGNT企業100選では，GNT企業をグローバルトップ企業と対比し「グローバルトップ企業（世界市場におけるクリティカルマスを獲得する企業（グローバルメジャー））や世界的な大企業ではなくとも，特定分野に優れ世界で存在感を示す企業（グローバルニッチトップ）」としており，GNT企業を「国際市場の開拓に取り組んでいる企業の内，ニッチ分野において高いシェアを確保し，良好な経営を実践している企業」と定義し，1-1で述べた4つの尺度で評価し選定している。

　GNT企業の研究で有名なドイツの経営学者のハーマン・サイモン教授は，GNT企業に相当する「隠れたチャンピオン企業」についてその著作で次のように述べている[2]。

　中小・中堅企業で地方に本社が所在し，社歴が比較的長く，ニッチ市場での世界シェアが極めて高く，売り上げの過半を輸出によっている点が，共通の特徴の企業であり，世間的には無名な企業も多い。

本章では，サービス企業はサービスの特性上国別のカスタマイズが必要で，グローバルスケールの事業を構築しにくい特徴を勘案し，GNT 企業を「中小企業・大企業を問わず特定分野に優れ世界一を目指すなど世界で存在感を示すことに主眼をおく製造業の企業」とし，その実現の戦略を GNT 戦略と定義したい。

2-2 日本の高収益企業の分析と GNT 企業との相関

　GNT 企業と一般的な高収益企業とはどのような関係があるのだろうか。GNT 企業と高収益企業の関係を理解するために，日本の製造業を中心にした業種の上場企業（東証一部，二部，ジャスダック等）で，高収益の目標として掲げられることが多い営業利益率10% 以上の企業を高収益企業として分析を行った[3]。

　「図表10-1　上場製造業の業種別高収益企業」に示すが，

　全上場企業は1540社でこれら企業の売上合計は343.5兆円となる。業種別には輸送機器，電気機器，化学，石油・石炭，機械，食品などの順番となっている。高収益企業は253社でその売上合計は41.9兆円となる。企業数で16.4%，売上合計として12.2% となる。企業全体では低利益率だが高収益な事業部門などはカウントされていないため，実際はもっと大きな数字になるだろうが，上場製造業の事業領域のうち少なくとも12% が高収益を上げることが可能な事業領域となっていると考えうる。

〈高収益企業の業種〉

　高収益企業の業種について見てみる。業種別高収益企業の売上合計の順番は，電気機器，医薬，機械，ゴム製品，化学，そして業種としての売上規模が一番大きな輸送機器と続く。高収益企業数の割合は医薬，ゴム製品，機械，精密機械，電気機器，化学の順番となる。

　業種別の企業の主要プロダクトは，
・食料品業種7社の内では，機能食品企業1社，機能素材企業2社，菓子類企業2社など
・化学業種の上位20社の内，塗料・メッキ・表面処理剤企業6社，化粧品企業5社など
・ゴム製品業種5社の内では，タイヤ製品3社と工業用ゴム製品2社
・ガラス・土石製品業種7社の内では，セラミック製品2社，建材4社など

図表10-1　上場製造業の業種別高収益企業

業種別全上場企業の売上高合計（兆円）－主として製造業－

- その他製品工業 9.3
- 医薬 9.2
- 食料品 25.4
- ゴム製品 6.4
- 化学 35.3
- ガラス・土石製品 6.2
- 石油・石炭 28.4
- 金属製品 6.9
- 鉄鋼 16
- 非鉄金属 9.6
- パルプ・紙 4.5
- 繊維 6.1
- 精密機器 4.8
- 電気機器 59
- 機械 26.1
- 輸送機器 90.3

計343.5兆円　1540社

業種別全上場企業数と営業利益率10％以上企業数－主として製造業－

- 食料品　7（5％）/132社
- 医薬　28（47％）/60社
- 化学　43（20％）/216社
- ゴム製品　5（26％）/19社
- ガラス・土石製品　7（11％）/62社
- 金属製品　13（14％）/92社
- 石油石炭　0（0％）/13社
- 鉄鋼　2（4％）/49社
- 非鉄金属　1（3％）/31社
- パルプ・紙　0（0％）/27社
- 繊維　4（7％）/57社
- 電気機器　59（21％）/275社
- 精密機器　15（22％）/69社
- 機械　51（22％）/230社
- 輸送機器　3（3％）/100社
- その他製品工業　15（14％）/108社

営業利益率10％以上企業の売上高合計－主として製造業－

- その他製品工業 0.6
- 食料品 2.7
- 医薬 7.8
- 化学 4.4
- ゴム製品 4.9
- ガラス・土石製品 0.8
- 金属製品 0.7
- 石油・石炭 0
- 非鉄金属・鉄鋼・パルプ・紙 0
- 鉄鋼 0.2
- 繊維 0.1
- 電気機器 8.3
- 精密機器 1.9
- 機械 6.7
- 輸送機器 2.8

計41.9兆円　253社

・金属製品業種13社の内では，建材・工事基材・工具・調理機器7社，エネルギー機器2社など
・電気機器業種の上位20社の内では，エレクトロニクス部品・部材6社，検査機器3社，医療機器2社など
・精密機器業種15社の内では，医療機器（事業の一部含む）8社，計測・製造装置6社など
・機械業種の上位20社の内では，製造装置・制御機器・工具14社，遊戯機器3社など
・輸送用機器業種は3社で自転車部品1社，造船1社，輸送機器1社となっている。

※以降の分析においては，上記のように業種別企業数の多い化学，電気機器と機械業種の企業は各20社ずつとし，合計110社を対象に分析を行った。

〈高収益企業の売上高規模〉

　企業規模としては，売上高1兆円を超える企業が4社（4％），5000億円超～1兆円企業3社（3％），1000億円超～5000億円企業23社（21％），500億円超～1000億円企業10社（9％），100億円超～500億円企業47社（43％），10億円超～100億円企業23社（21％）となる。

　資本金や従業員規模で分類する一般的な大企業と中堅・中小企業とは異なるが，製造業が中心であるので売上高規模で100億円以下を中堅中小企業，それ以上を大企業として議論を進めて行きたい。

〈高収益企業の業態〉

　高収益企業の特徴を検討するために，業態の分類を行った。取り扱っている製品・サービスや対象としている顧客が消費財・消費者か産業財・産業ユーザーかという視点で，Business to Consumer（B to C）と Busines to Business（B to B）という一般的な切り口を基本の考え方としている。

　「図表10-2　企業の業態の分類」に示すが，広義には B to B で産業財製品・産業ユーザー顧客対象だが自動車や電機などセットメーカーや大手部品メーカーの大工場に提供されるものでなく，加工・施工現場，修理工場，病院など現場の業者・プロフェッショナルが使う産業財として Business to Professional（B to P）を加えた。また B to B の中でも最終製品に使用される材料，部品や装置でなく，製造や検査工程で使用される装置や工程用の材料・部品などは B to B プロセスとして区分した。塗料などは工業用塗料は B to B だが建築用塗料は B to P であり，メッキ材などは広義には B to B であるが比較的小規模な加工受託形態の工場が多いことで B to P とするなど，企業の主要プロダクトを勘案し分類した。

　これらの切り口を当てはめて業種別企業数で見てみると，B to P が39社（35%），B to B が30社（27%），B to B プロセスが25社（23%），B to C が16社

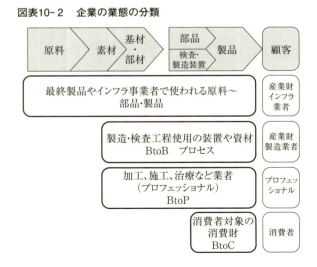

図表10-2　企業の業態の分類

274　第Ⅳ部　グローバル・ニッチトップ戦略

(15%) となり，B to P の割合が大きくなっている。B to B プロセス，B to P も含めた広義の B to B の企業数が85%に対して，消費者が対象となる B to C 企業は価格競争も厳しいようで高収益企業数は少ない。

　B to P の企業は自分の安全や業務生産性向上に価値を認める比較的購買力の弱い業者・プロフェッショナルを対象にしており，顧客にプロダクトを届けるためのチャネルや，使用するためのトレーニングも必要で，スイッチングを防ぎ参入障壁を作りやすい。B to B の企業はコスト競争の厳しい領域ではあるが，顧客のプロダクトや工程との擦り合わせで顧客の全体コスト低減での差別化が可能で，これも同様にスイッチングを防ぎ参入障壁を作りやすい。B to B プロセスの企業は多様な装置や工程資材があり専門特化しやすく，顧客も自社のニーズにあったプロダクトを継続して使う傾向が強いため，競合品や代替品へのスイッチが進みにくく参入も限られる。また広義の B to B に共通しているのはニッチなプロダクトでは，使用する部品なども専用部品があるわけではなく，企業が汎用的な材料から内製加工しているなどサプライヤーからの圧力も受けにくい。広義 B to B の企業は，他へのスイッチングが少なく，競合への参入障壁を築き易く，サプライヤーの圧力を受けにくい傾向があり，これが高収益企業の多い理由と考えられる。

〈日本の高収益企業はほぼGNT企業〉

　「図表10-3　高収益企業の主要プロダクトが世界・国内首位の割合」に示すが，高収益企業の世界・国内のシェアは，各社の自己評価であったりして厳密なものではないが，主要製品が世界首位クラスに入っているプロダクトを持つ企業が約半数，国内首位クラスのプロダクトを持つ企業を合わせると77%となる。先に述べたように85%が広義の B to B すなわち B to B，B to B プロセス，B to P の業態の企業である。高収益企業は広義の B to B を中心にした GNT 企業で GNT 戦略を取る企業であると言っても良い。

　加えて本論文の論旨には直接関連しないが，高収益企業の中には GNT 企業とは別に2-1の経済産業省の GNT 企業100選の「グローバルメジャー企業」と言える JT，信越化学，ブリジストン，HOYA，富士重工などの，世界レベルの企業も含まれていることを特筆しておきたい。

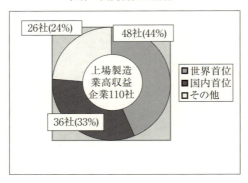

図表10-3　高収益企業の主要プロダクトが世界・国内首位の割合

3 GNT企業比較と「新たなGNT戦略」

3-1 欧州・ドイツの顧客・市場用途指向GNT企業

2-1でふれたドイツのハーマン・サイモン教授の著作では，欧州・ドイツ企業の事例が豊富に研究されている。特にドイツ企業は技術重視で産業財が強く中小企業が産業の中核となっているなど，日本企業と似た状況と考えられる。ここで欧州・ドイツ企業と日本企業の比較を行って見たい。

同著では「隠れたチャンピン企業」，即ちGNT企業の特徴として，
・顧客・市場用途やプロダクトを重点化して世界一を指向
・トップが顧客・市場用途と技術を理解し革新プロダクトを創出
・創業者ファミリーによる強いリーダーシップ
・初期段階からの海外販売指向
などを紹介している。

典型的な企業としてレストラン専用スチームオーブンのラショナル社（ドイツ）が挙げられている。売上高は3.5億ユーロ（490億円（1ユーロ＝140円））、社員数1000名強の企業だ。顧客レストランのシェフをターゲット顧客にしており，自社のシェフ200名が顧客シェフとコミュニケーションしながら，顧客の細かいニーズに対応するとともに，自社プロダクトを使用した料理のレシピをソフトとして提供することで「プロも時には行き詰る"世界のシェフか

らのヒント"でブレークスルーを」といったキャッチフレーズで顧客へのサービスを提供している。

　特徴があるのがそのターゲット顧客の選定で，レストラン専用仕様のプロダクトに加えて，刑務所用，船舶，移動調理とったターゲット顧客へのプロダクト提供を行っている。通常は業務用から家庭用などの品揃えを拡大していくところを，ユニークな顧客・市場用途に特化しているところに特徴がある。顧客・市場用途指向を重点化してのGNT企業の事業展開の典型例と言える。

　同著において，日本の「隠れたチャンピオン企業」が14社リストされているが，そのうち7社が情報電子業界を顧客とする企業であり，その特徴として技術・プロダクト差別化指向で自国外展開が遅れているとの指摘があった。

　確かに経済産業省のGNT企業100選の企業を見ても，主力は引き続き情報電子，自動車産業，産業機械などの業界を顧客・市場用途とする企業が多い。これら企業は広義のB to B企業で，セット企業と部品，材料や装置のサプライヤー関係での取引が長かったせいか，自社の素材，加工技術・設備の強みを活かして技術・プロダクト差別化指向でプロダクト提供する傾向が強い。日本企業はラショナル社に見られるようなレストラン専用スチームオーブンの次は刑務所，船舶，移動調理といった，顧客・市場用途指向で方向性を定めていくことが比較的少ない傾向にある。

　この比較の中で日本と欧州・ドイツ企業の類似点は双方とも市場と技術の両面を理解する経営者が存在するということだ。一般的には大企業のように多様な事業を持ち，技術部門とマーケティング・営業部門などが役割分担していると，経営者が市場と技術の両面を深く理解することは極めて困難になる。それに対してGNT企業は領域特化しており，経営者は創業者やその一族であることが多いため，市場・技術の両面を理解している。顧客・市場用途指向であれ技術・プロダクト差別化指向であれ，技術と市場を理解している経営者がGNT企業の特徴の一つと言える。

　日本と欧州・ドイツ企業の違いは，先の技術・プロダクト差別化指向か顧客・市場用途指向かの他にも2つあるのではと考えている。一つは欧州，特にドイツの「マイスター」という言葉と日本の「匠・職人」という言葉の意味の違いである。日本では比較的同じような意味で使われているが，一方は事業所の経営を任される事業所経営者という視点が強く，他方は技能を活かして現場で活躍する人材というイメージが強い。ドイツ企業においては，経営者として

訓練されていない人間が経営者のポジションに就こうとすると，従業員の組合組織などから否定されるということが多い。経営者として訓練されて初めてマイスターになれるのである。

　もう一つは，最初から世界を視野に入れた市場展開である。日本のGNT企業の事業展開は自国外展開が遅れがちという指摘があったが，一国一国の市場規模が限られ経済発展段階の近い国が多い欧州・ドイツにおいては，最初から自国外に市場機会を見出す傾向が強い。独立色の強い州からなるドイツの特徴にも関係しているかと思うが，事業化の初期から欧州各国さらには世界展開を進めるケースが多い。最近の著しい経済成長によりアジア諸国の経済発展段階も近づいており，従来の日本から先進国の欧州・米国を狙うという展開とは異なる，アジア諸国を重視した展開が可能となっている。初期的な段階からアジア諸国さらには世界を視野に入れた展開が現実的になっている。

　ドイツを代表とした欧州企業と日本企業は類似しているようだが，実際は事業所経営者と匠・職人や，世界を視野に入れた市場展開か自国重視かなどの違いがあり，その事業環境も相まって顧客・市場用途指向か技術・プロダクト指向かの違いに繋がっている可能性がある。この違いは日本企業にとり今後の方向性を考える上での重要示唆となる。この違いを理解した上で日本企業の特徴を踏まえた戦略が必要となる。

3-2 GNT戦略の特徴と課題

　2章で分析した高収益企業の多くは広義のB to B企業でありGNT企業であるが，その事業展開は業態により違いがある。B to B企業は顧客ともに展開しているケースが多く，B to Bプロセス企業は比較的自社主導の展開の傾向が強い。B to P企業は国内に留まるケースも多いが，工具などのB to P企業は自国外展開も進めている。共通なのは創業期からの技術，設備・サプライヤーや人材の持つ知識・スキルなどの資源を活かしながら，提供するプロダクトや顧客・市場用途は変化させつつも，先で述べたように技術・プロダクト差別化指向で事業を行なっている点である。顧客・市場用途指向で特定の領域を自社の意思で選択するというよりも，技術・プロダクトの差別化の結果，現状の顧客・市場用途になったケースが多い。加えて，例えば部品企業がその部品生産のために内製している金型やパーツを顧客に販売する川上展開や，逆に素材企業が顧客ニーズに従って部材さらには部品・製品へと川下への展開を進め

て行く，といったアプローチが取られている．これも技術・プロダクト指向の事業展開の一つと言える．

　高収益な GNT 企業の戦略の特徴としては，以下の２つが上げられる．

　一つは，「自社の強みの技術・市場・事業基盤からの発信」である．ここでの技術・市場・事業基盤は，技術・設備・サプライヤーなどの技術面や顧客との関係や市場用途の知見などの市場面の知識・経営資源と，それを活用し顧客にプロダクトとして価値を届ける組織やプロセスなどの事業面の体制のことを言う．トップ陣の市場と技術の双方の理解に基づく顧客とのコミュニケーションで，市場ニーズを早期に自社だけが知る専有情報として把握する．その上で自社の基盤を活かした少ない投資でプロダクト開発し，リスクは高いが参入企業の少ない初期の市場に参入する．加えて顧客は自社の問題でもあるそのニーズを，問題解決してくれそうな企業にしか明かさない．これらのためにも自社の強い技術・市場・事業基盤は大切である．

　もう一つは「ニッチ市場で獲得できる市場機会の拡大」である．最初は個別顧客ニーズ対応となるのでニッチなプロダクトとなるが，先にもあった川上・川下展開での市場機会の拡大や，顧客とともにまた自社主導で自国外展開を進め独自の市場機会の拡大を図っていく．これらを進める上で，業界をリードする顧客の先進的なニーズに対応している場合，その顧客を先進競合と考える自国内外の競合にも拡販することが可能になるなどの利点もある．

　これらが典型的な GNT 企業のアプローチと言える．自社の強みを活かし市場の初期の段階で市場ニーズと技術のマッチングを行い，もともと個別顧客ニーズに対応しているため競合や代替品が表れにくく，顧客の外部購入金額に占める割合はわずかで価格低減圧力を受けにくい．GNT 企業の購入品は市場規模が小さいので専門品として提供がなされず，自社が汎用材料・部品や装置を使用し製造するためサプライヤーからの圧力も少ない．また GNT 企業は類似プロダクトの中で先行して市場に参入するので，ニッチ市場の中でもトップシェアを獲得するが，二番手企業はシェアも小さく売上規模も小さいため専門材料・部品や装置について，サプライヤーの協力を得にくくなる．GNT 戦略を取る GNT 企業が高収益を継続しやすくなる所以である．

　ところが最近では，情報電子業界では米国のアップル社や韓国のサムソン社，さらには台湾，中国企業が主要企業となり，自動車業界では日本企業も日本以外の市場で開発・生産を行うようになってきている．日本の顧客の"業界

リード"がますます弱くなってきており，自社主導の拡販活動に基づく事業開発の比重が従来にもまして大きくなっている。

またGNT企業に限らず大企業も中小企業も同様に1990年以降の厳しい市場環境に対応するため，既存の事業に不必要な技術や資源はなるべく減らし事業の先鋭化を進めている。従来は持っていた次の展開のための技術・市場・事業基盤がそぎ落とされているケースが多い。これは既存の事業のためには良いことかもしれないが，新たな市場機会を見出し事業展開するための技術と資源が限られてしまい，技術・プロダクト差別化を活かす次の成長機会が見出しにくくなる。そのためにも技術・市場・事業基盤を再考することが必要となる。

3-3　課題解決のための「新たなGNT戦略」

これを解決するために様々な取り組みが行われている。中堅の光学ガラス企業の事例を見てみよう。一時期はガラス事業がスマートフォンなどのレンズの市場用途拡大で大型市場になっていたが，その主要企業が台湾，中国企業に移るにつれガラスの低コスト化が進み収益が悪化してきた。しかし自社のガラス，レンズ，ファイバー，光学システムに至る強い技術と，多様な顧客・市場用途への接点を活用し，ニッチ市場であるがユニークな差別化プロダクトを多面的に提供し力強く復活しつつある。ガラスと光学システムの両面の設計技術を持つことで差別化を図り，自社と外部の広範囲な技術をうまく活用し他社の真似のできないプロダクトを生み出す共に，アジアでの成長市場機会と日本の医療業界のニッチ市場の両面を捉えることで，大手企業と伍してユニークなポジションを築きつつある。

大企業の例としてシスメックス社は，日本企業では珍しく歴史的な技術・市場・事業基盤の延長での事業展開ではなく，医療分野の成長を狙い50年以上も前に現在の主力事業の診断システム事業に参入している。もともとエレクトロニクス企業であり機器事業は自社の強みを活かしたが，試薬の開発は苦労しながら自社開発を進めた。市場用途としてグローバルな大手企業が狙っている大きな市場用途ではなくニッチな市場を選び，プロダクトの競争力を高めながらシェアを拡大し，2000年前後の売上400億円から2013年度では4倍以上の1,845億円の売上規模となっている。早い段階からの先進国・新興国両面での世界展開を進めるとともに，機器・試薬から搬送機器・システムなど顧客へのサービス拡大を強化している。自国外の販売・サービス拠点を買収で自社化しなが

ら，顧客である病院等の生産性向上のニーズを充足し，先進国・新興国ともに価格競争に巻き込まれることなく高収益な成長を果たしている[9]。

自社の選択と集中での事業領域の絞りこみが進み，顧客のリードが弱くなっている中では「自社の強みの技術・市場・事業基盤からの発信」，「ニッチ市場で獲得できる市場機会の拡大」に加えて，「外部を活用した技術・市場・事業基盤の拡張」と「自社主導の市場展開の強化」を進める事業展開が求められる。「図表10-4　自社の技術・市場・事業基盤と市場展開の強化」に示すが，従来の歴史的な強みに基づいた技術・市場・事業基盤に頼る事業展開から，自社主導の「新たなGNT戦略」が求められる。

「外部を活用した技術・市場・事業基盤の拡張」で技術と市場の両面での機会を増やすためには，過去の失敗例・撤退例も含めた自社の経験の棚卸を行い，研究機関・サプライヤー・パートナーなど外部機関との連携，加えて新しい顧客や市場用途を開拓するためのチャネルも必要となる。ニッチな市場機会を獲得するためには，単なる情報収集だけでなく，自社の技術・市場・事業基盤に基づく発信により，他社が把握出来ていない自社だけの情報を掴む必要がある。そのためには自社からの提案がないと，顧客は自社の顧客の問題を解決できる力を理解できないし，また顧客からの様々なニーズに対応するだけでは領域が広がりすぎてしまい，限られた投資で事業基盤を強化することができない。「外部を活用した技術・市場・事業基盤の拡張」とその基盤を活かした

図表10-4　自社の技術・市場・事業基盤の拡張と市場展開の強化

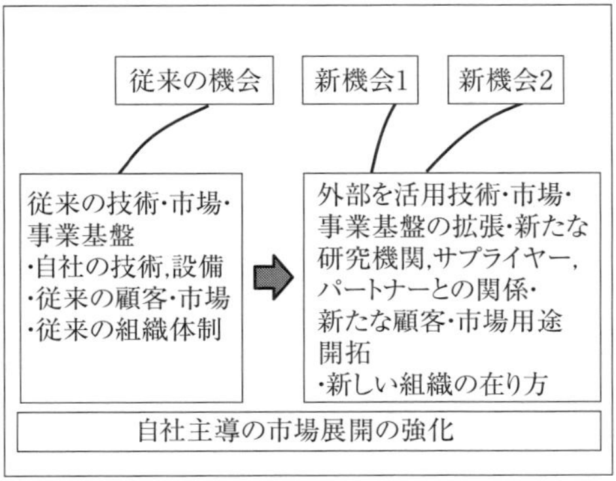

「自社主導の市場展開の強化」が必要である。

　米国のデュポン社は長い歴史を持つ化学企業でありながら2000年以降化学領域以外に大きく業態を変えつつあるが、1990年の半ばあたりに当時の社長が「デュポン社の次の一世紀のための新しい友達作り」と言っていたことを思い出す。会社を変えていくのは自社自身の努力であるが、実際は自社が関係する仲間が変わり、自社の活動が変わり新しい領域での展開が出来るようになる。

　その際に事業所経営者の視点と世界を視野に入れた市場展開の強化が大切だと考える。事業所経営者の視点としては、自社の技術・市場・事業基盤を直感的にとらえるだけでなく、現在自社がどのような基盤を持っておりそれを将来どのような姿にしていくのかを可視化し、限られた資源を有効に活かして機会を捉えていく。また世界を視野に入れた市場展開としては、自国内で市場機会を獲得した次のステップとして、経済発展の段階が近づきつつあるアジアを視野に入れることが考えられる。ただアジア市場は目まぐるしく変化するため、それにあわせた自社の対応も必要となる。変化する市場の多様な機会に実感を持って接することが大切である。その上で自社の技術・プロダクトを開発しつつ、なるべく多くの市場機会の把握とその中での自社のユニークな市場機会の選択を図っていく。

　自社の従来の技術・市場・事業基盤で、日本の中だけでの市場機会では十分な成長機会を見出せなくなっている。次の成長のための新しい活動の在り方と自社の新しい友達づくりが必要になっているのだ。従来の技術・プロダクト差別化指向を大切にしつつ顧客・市場用途指向を加えることが重要となる。

3-4　日本企業にとって「新たなGNT戦略」の意味

　日本にはセット企業から裾野の部品・材料や装置の企業までをカバーした多くの業界があり、多くの企業が連携を取りながら活動している。これにより日本全体として多くの技術・市場・事業基盤の蓄積がある。

　各製造業や建設・医療といったサービス業においても、顧客は業界全体の標準化を進めてコスト低減を図るより、サプライヤーに対してもカスタマイズを求める傾向が強い。例えば医療機器においてドクターは自分用にカスタマイズをした医療機器を好む傾向が強い。これはサプライヤーの事業の効率、さらに医療サービスの効率の面では問題ではあるものの、ドクターが自分の技量を活かせる道具を持つことにより先進ニーズが生まれ、それをサポートするカスタ

マイズ製品の機会も増える。広義 B to B 企業がニッチな市場機会を見出す可能性は大きい。

またすべての業界で可能なわけではないが，日本を世界の先進市場と見る幾つかの業界があり，日本の顧客ニーズへの対応が先進ニーズを捉え，アジア・世界展開に繋がるケースもある。

ニッチの生まれやすい日本の産業の特徴を「図表10-5　GNT戦略が活かしやすい日本の特徴」に示すが，
・モノづくり企業が多く厚く蓄積した技術・市場・事業基盤
・技術・プロダクト差別化指向でカスタマイズ要求の顧客
・先進地域として先進ニーズが生まれやすい市場
・経済発展段階が近づいた自国外アジア市場に近接
などの特徴が考えられる。

これまで見てきたように，日本の製造業の経営環境の変化に会わせ「新たなGNT戦略」としての見直しは必要だが，日本の特徴や企業の技術・プロダクト差別化指向の経営スタイルから見ても，GNT戦略はこれからも高収益を実現する重要な方策であると考えられる。

次はこの日本企業の特徴を活かした「新たなGNT戦略」を高収益な成長に

図表10-5　GNT戦略が活かしやすい日本の特徴

如何に繋げていくかの課題について検討してみたい。

4 高収益な成長のための課題

4-1 高収益企業の低い成長率

2-2で検討した高収益企業を，売上高規模と創業時期でプロットしたものを「図表10-6 高収益企業の売上高規模と創業年」に示す。創業年については，1900年から現在までほぼ均等に分布しており，創業時期による偏りは少ない。もっとも古い企業でも明治以降の創業であり，明治以前に設立した企業は含まれていない。

売上高規模と創業年については明瞭とは言いにくいが相関関係がある。図表10-6のlog図表とは異なるが，売上高規模と創業年の相関係数は，売上高規模（兆円）=-0.0037x創業年+7.4856となる。この式に当てはめると1900年が創業年の企業の売上高は4556億円，2010年の企業は486億円となる。仮に2010年が創業年の企業が1900年創業年の企業の売上高規模まで，110年間で年次で成長したとすると，年平均成長率2.1%となる。この間の日本のGDPはデータのあった1893年から2010年までに購買力平価GDP（ドル換算）ベースで4.8%成長しており，必ずしも高い成長率ではない[4)][5)]。

また1990年以降に創業した企業は8社あるが，そのうち3社は図表10-6に（ ）で示すが，創業年の古い企業からの分離独立または合併等により1990年以降に新たに創立した企業である。これを差し引くと1社を除いて図表10-6の相関線の近傍または下側となり，古い創業年の企業よりも低い成長と言える。高収益企業は残念ながら高収益な成長を遂げているとは言えないようである。

1990年以降に創業した高収益企業は，化学業種の化粧品企業が2社，電気・精密機器業種の特殊なLSI，通信用計測機器，計測機器等光源部品企業が3社となる。化粧品企業は消費者向けB to C企業と業務用のB to P企業だが，B to C企業は高い成長を遂げている。しかしB to P化粧品企業は高収益であるが国内中心で小規模に留まっている。電気・精密機器業種の企業3社は，領域が比較的狭いことが小規模に留まる原因の一つと考えられる。

円安で息を継いだといえアジア諸国に比較して高コスト構造の日本企業で

図表10-6　高収益企業の売上高規模と創業年

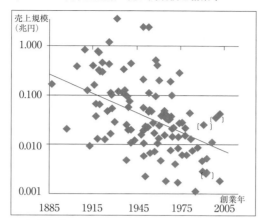

標準偏差　0.486 MS-エクセル　STDEV.P 関数で算出

は，低収益な事業に参入して生産性向上やコスト低減などを行いながら収益性を向上させる方法よりも，高収益な事業の大型化を目指す方が容易であるケースが多い。

「新たな GNT 戦略」のための「外部を活用した技術・市場・事業基盤の拡張」と「自社主導の市場機会の強化」を進める事業展開は，即ち事業基盤の拡張のため自社主導の投資が必要ということでもある。市場環境変化が早く技術革新が進む事業環境においては，高収益な成長により投資余力を確保して投資を継続していく必要がある。

加えて，非上場企業であれば成長や規模の追求が必須ではないが，ここで分析している高収益企業は上場企業であり，一般株主から資金を集めるそもそもの理由は成長を志向しているからであろう。さらに，経済の成長のためにはこれら高収益企業の成長の継続が大切なことだと言える。そのためにも高利益企業の成長率の低さは解決すべき課題と考えられる。

高収益企業の多くが広義の B to B で GNT 企業であるから，GNT 戦略は初期段階でニッチ市場を選択するため，顧客，サプライヤー，競合などから圧力を受けにくく高収益は実現しやすいが，同時に初期段階でニッチ市場機会を選択するため，その市場の選択が成長を決めしまう。また先行して参入した市場

機会が大型化しメジャーな市場機会となる場合には，自社の技術・市場・事業基盤で対応できず，大型市場に追随していくための設備投資やスケールアップでのコスト競争力の強化なども出来にくい状況が起こっているのではないかと推測する。

GNT戦略は高収益を実現する重要な方策であると考えられるが，高収益企業としての成長の継続が出来にくいとしたら，それはぜひ解決して行きたいと考える。この課題について以下の章で検討してみたい。

4-2 高収益な事業とは

〈高収益な事業の枠組み〉

高収益な事業を検討する枠組みとしては，マイケル・ポーターのポジショニング論と，ジェイB・バーニーのコアコンピタンス論が有名である。これらは高収益な事業の枠組みとしてだけではなく，2大経営戦略論と言っても過言ではない[6],[7]。

「図表10-7　ポジショニング論とコアコンピタンス論」に示すように，マイケル・ポーターのポジショニング論の代表的な考え方は，企業は買い手（顧客），競争業者（直接競合），新規参入業者，代替品（間接競合），供給業者の5つの力に圧力をうけており（5F：ファイブフォースズ），この5つの力の影響を受けにくい良いポジションを探すことで，高収益化が可能であるという考え方である。

例えば先の高収益企業の分析で化学業種に塗料企業が幾つか含まれるが，自動車塗料を例にとってみると，顧客の自動車企業と供給者の樹脂企業は国内で10社以上あるが，自動車塗料企業は塗膜の性能だけでなく意匠性も求められるため，競合は2～3社に止まり参入企業や代替手段も少ない。したがって自動車塗料事業は川上の原料や川下の自動車企業と比較しても収益性が高い傾向にある，といった事例がある。

またマイケル・ポーターは，基本戦略として集中化，差別化，コストリーダーシップの三つを提唱している。高収益な事業とは少し離れるが，GNT戦略はニッチ領域での集中化と差別化でグローバルトップを目指す戦略であり，基本戦略の二つを重視した戦略と言える。

それに対しジェイB・バーニーのコアコンピタンス論は，競争の厳しい，すなわち悪いポジションの事業でも，高収益を上げている企業があるのはコアコ

図表10-7　ポジショニング論とコアコンピタンス論

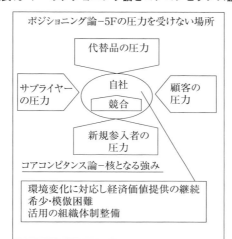

ンピタンス（核となる強み）があるからであるという考え方である。コアコンピタンスは，その企業の保有資源が，
・その事業・プロダクトの外部環境における脅威や機会に適応し経済価値を提供できるか，
・その資源は保有企業が少なく入手が容易でない希少なものか，
・またその資源を保有しない企業は資源を獲得開発するコスト上の不利に直面するか，
・加えて希少で模倣困難な資源を活用するための組織的な方針や手続きが整っているか，などである。

　コネクターのヒロセ電機は，他社が真似のできない高い信頼性の技術による顧客の開発を先読みした先端プロダクトに特化し，競合がキャッチアップするとそのプロダクトからは撤退する。ヒロセ電機は生産技術も優れているが自社がより強い開発に特化しており，生産は基本外部委託でファブレス化している，などの特徴がある。ヒロセ電機はコアコンピタンスを活かした経営で高収益を上げている，と言える。

　マイケル・ポーターのポジショニング論は外部の環境の中でより良いポジション，すなわち良い場所を探すことを重視するのに対して，ジェイB・バー

ニーのコアコンピタンス論は自社の強みという内部の資源（リソースベースビュー）を重視している。これらから企業の外部と内部の視点で高収益な事業のための方策をまとめると，次のように整理が出来る。

顧客
・内部：技術や技術以外のコンセプトなどで，顧客に対し高いインパクトと他社の追随を許さないプロダクトの開発によるプレミアム化
・外部：顧客プロダクトや工程と自社プロダクトの擦り合わせやサービスによる顧客のロック（顧客へのトレーニングも含む）
※ブランド化やデファクト化も含まれる

競合，代替品，新規参入対応
・内部：技術，知財，希少な資源，大型投資など競合，代替品や新規参入企業が真似できない参入障壁を構築
・外部：競合の買収や参入を諦めさせるための働き掛けを行う。

サプライヤー
・内部：キーとなる購入品の自社内製化での汎用部品・材料や装置使用でのサプライヤーの値上げ圧力を減らす
・外部：リスクを勘案しながら適切なサプライヤーへの発注量増加や支援で自社依存度を高めコントロールする。

などを挙げることが出来る。

いずれにしても自社の核となる内部の強みを活かして，外部の顧客，競合，代替品，新規参入，サプライヤーのそれぞれの圧力を減らす方策で高収益な事業の実現が可能である。

4-3　高収益な成長の必要性と可能性

歴史的に見ると日本企業が成長しているのは，1868-1912年の明治期，1945年～1989年の第二次世界戦後からバブル崩壊までの２つの段階で成長している。明治維新以降の富国強兵政策の中で重厚長大系の企業が成長し，第二次世界大戦後は軍需産業からのシフトもあり自動車，電気，機械，精密機械などの産業が成長した。ところが，4-1で述べたように日本の高収益企業は企業の創業年以降の年次によっての成長率は決して高くない。特に1990年以降の高収益企業はあまり成長出来ていない[8]。

しかし，先にも触れたように低収益な事業の高収益化より高収益な事業の大

型化が容易であり，環境変化に対応するための投資が必要で，株式上場企業の成長への期待などや，そもそも経済の成長のためにも高収益企業が成長を継続することが大切である，といった理由で高収益な成長は重要だと考える。

個々の市場を見てみると様々に成長機会を見出すことが出来る。

- 自動車業界は環境規制や安全安心などの新たなニーズ対応するために，ハイブリッド自動車に続く電気自動車や燃料自動車といった新しい燃料や駆動方式への移行や，材料の刷新を進めている。加えて，自動運転などを目指したセンサーや制御など自動車のエレクトロニクス化が進んでいる。自動車製造企業の地域重視の世界展開により各地域の部品・材料や装置の市場が成長していく。
- 情報電子業界では日本でこそ液晶テレビ，スマートフォン，ポータブル端末などの成熟化が進んでいるが，韓国，台湾，中国を中心としたアジアではセット企業から裾野への部品・材料や装置の市場が広がっており，日・韓・台・中でセット，部品，材料，装置の様々なレベルで競争と連携が起っている。
- 環境エネルギー業界においても，リチウムイオン電池関連の市場の成長に引き続き，国内の太陽電池市場がブームと言ってよい盛り上がりを示した。今後ともエネルギーの創出・蓄積・活用に関する市場機会は様々に拡大していく。
- ヘルスケア業界については，高齢化に伴い医療費の拡大は進んでいる。保険により行政負担の医療費を低減することと健康増進を目的とし，医療と食品の中間の健康食品や，医療とエレクトロニクスの業際領域のウエラブルデバイス機器などの成長も期待されている。
- 建設業界は2020年の東京オリンピックに向けて活況を呈しており，人手不足の問題の顕在化から，施工生産性向上のための技術革新が進みつつある。

それぞれの業界では2-2でふれたように自動車，情報電子，環境エネルギー，ヘルスケア（医療），建設などの業界を顧客・市場用途とする高収益企業が存在しており，それらの企業はこの市場機会を捉えることで高収益な成長ための条件を満たせる可能性がある。

経済全体としては低成長だが，個別企業にとっては選択的に成長する市場機会を狙うのは十分可能である。しかしながら，先ほどのポジショニング論もコアコンピタンス論もどこで成長するかという問いには答えてくれない。あくま

でどうやれば高収益になるかの条件のみである。自社主導での自社の強みを活かせる市場機会の把握が不可欠である。

4-4 高収益な成長のデザイン

　高収益な成長を捉えるためには高収益が可能な価格設定が必要で，その市場機会として競合が真似のできない顧客の重要な困りごとの解決や大きな嬉しさの実現が必要である。通常は，
　①革新技術を活かして大きな市場機会となる用途の方式転換での価値提供，
　②顧客の潜在ニーズはあったがこれまで存在しなかった市場機会の創出，
　③既存市場用途で普及拡大・大型化の可能性のある市場機会を捉える。などが考えられる。
　企業規模が大きければ，先行的な技術投資での革新技術による方式転換や，市場用途の立ち上がり後や既存大型市場用途に後発で参入し投資を集中してスケールメリットでの差別化も可能で，この３つの市場機会をそれぞれ機会とすることが出来る。しかし中堅中小企業ではそのような対応は困難である。②顧客の潜在ニーズはあったがこれまで存在しなかった市場用途か，③既存市場用途の普及拡大・大型化の可能性のある市場機会について，早いタイミングで機会を見出し先行参入する必要がある。
　これらを実現している中小企業の事例としては，情報電子業界への蒸着・スパッタ工程へのターゲット部材提供企業の事例がある。従来はニッチ領域での事業を行っていたが，アジアの建設業界と自動車業界の両方の市場用途に対して，自社の技術・市場・事業基盤を活かしながら従来のニッチ領域での市場機会と，これとは別に上記の②③の大型化する市場機会となりうる機会の両面を捉えつつある。ニッチな市場機会とメジャーな市場機会の事業特性の違いを勘案し，持株会社形式で別な事業体制を組んで対応しており，日本とアジアの連携の中で成長している。自社のGNT企業としての特徴を活かしながらも，高収益な成長を狙う別な事業体制も構築し機会を捉えつつある。
　大企業の例ではクラレ社の例を見てみよう。ニッチな領域であるが，世界一のプロダクトを８個持ちそれを核にして成長している。ポバール，エバールなどのユニークな高機能樹脂は，歴史的にビニロン繊維（ポリビニルアルコール系）から続く，酢酸ビニルのケミカルチェーン（原料〜樹脂の化学品連鎖）からの派生品として生み出している。自社のプロダクトの提供できる機能の卓越

性と模倣困難で経済性のあるケミカルチェーン（化学品の連鎖）を活かしながら，時間を掛けて上記の①②③となる自動車や容器包装など大型化しやすい用途で自国内外展開することで成長を実現している。

　日東電工社は，グローバルニッチトップという言葉をトレードマークとして登録している。液晶ディスプレイ向けの偏光板やタッチパネル向けの部材などは粘着テープなどで培った樹脂，フィルム形状，機能付与の加工方法，設備技術などフィルム加工の強みを生かした開発・生産で実現している。液晶テレビやスマートフォンなどの成長期のずっと前に参入し，上記の①②③をセットで事業展開している。日東電工社の電子材料事業は2000年1323億円から2009年3819億円へと大きく成長している。過去3年の売上高新製品比率は50～60%前後と他社の追随を許さないものであり，多くの市場機会を捉えつつ，適切な案件に対しては集中投資することで大型化を図っている。

　この事業展開を同社の柳楽会長は，GE＋3M（スリーエム）を目指すと評している。「GEのように（大型商品で）世界シェア1，2位になれる商品だけに特化し，3Mのように市場は小さくとも，常に新商品を投入し続けたくさんのトップシェア商品を確保し続ける」と語られている。（（　）は著者が追加）まさにGNT戦略から高収益な成長へとつなげていく典型的なアプローチを実現しようとしている[9)10)]。

　これらから言えるのは2つある。一つは大型化しメジャーになる市場機会かニッチ市場機会かの市場の見極めである。4-2で触れた高収益な事業の条件をしっかり押さえることが大切だが，事業が大型化したあとでは条件を押さえるために大きな投資が必要となる。先行参入の上で自社の狙う市場機会が大型なメジャー市場へと変化していく可能性があるか否かを判断する必要がある。また，現在の自社の領域がニッチ市場機会であったとしても，自社の周辺領域がメジャーな市場機会であるケースは多くある。「図表10-8　ニッチ市場とメジャー市場の機会」に示すように，この二つの市場機会は別な市場機会として認識し捉える必要がある。

　どのような規模の企業であっても市場機会がニッチ市場なのかメジャー市場なのかの見極めは，事業特性の異なる事業の選択の判断として極めて重要となる。GNT戦略で事業展開を進める過程においても，自社のニッチ市場の延長や周辺にメジャー市場が出現することは起こりうる。この機会を捉えメジャー市場機会にあった事業体制をいかに整備するかが，鍵となる。

図表10-8　ニッチ市場とメジャー市場の機会

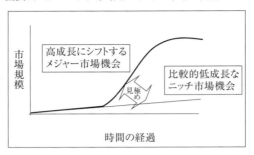

　もう一つは繰り返しになるが高収益な事業の条件をしっかり押さえる必要がある。折角のメジャー市場機会を急速にコスト圧力の強い機会としてしまうか，高収益な事業の条件を加味した方策により，高収益を維持できるかは大きな分かれ目と言える。高収益な事業の条件は再掲だが
顧客
・内部：追随を許さないプロダクトでのプレミアム化
・外部：擦り合わせやサービスによる顧客のロック
競合，代替，新規参入
・内部：競合，代替品や新規参入企業への参入障壁を構築
・外部：参入を諦めさせるための働き掛け
サプライヤー
・内部：汎用化でのサプライヤーの値上げ圧力を減らす
・外部：サプライヤーのコントロール
　などが考えられる。
　全体としての右肩上がりの成長は止まっているが，市場機会によっては選択的に高い成長を実現している。自社の市場機会の延長・周辺にこの市場機会が見えた時に，如何に高収益な成長が可能な市場機会として獲得するか。ここで述べた2つの視点はその必要条件と十分条件として考えられる。
　次には3章，4章で考察した「新たなGNT戦略」から，高収益な成長に繋げていくための方策について，事業開発アプローチの中での具体化を検討する。

5 「新たなGNT戦略」から，高収益な成長の実現

5-1 基本としての事業開発アプローチの確立

　事業開発に関わる戦略を立案し実行していく上では，事業開発の一連の検討をしっかり進めていくことと，アイデアの魅力・実現性やプロダクト・事業の収益性・成長率を評価し選択することの両方が必要である。

　これは事業開発の段階を，アイデア創出，市場機会の定義，ビジネスプランの策定，開発，テストと検証，本格市場導入といったステージと，その段階ごとにどんな検討を行い何をクリアーしたら次のステップに進むかの評価項目をゲートとした，ステージゲート法という事業開発方法論として確立している[11]。

　このステージゲート法は詳細な解説書もあるので，ここでは「新たなGNT戦略」を実践し高収益な成長の実現のために必要となる各段階の検討の概略に留めておきたい。検討の段階を「図表10-9　事業開発アプローチの段階―基本型」に示す。上記で記載した段階と少し言葉を変えているが，アイデア，コンセプト，FSと事業計画，開発，プロダクト化，市場投入の各段階をステージやゲートとして事業開発を推進することになる。一般的には各段階で次のような検討を進めていく。

〈アイデア段階〉

　新規性の高い事業開発での成功確率は千に三つと言われるように決して高くはない。したがって多くのアイデアの中からの市場機会の選択が，成功確率を高める上での第一歩である。またアイデアは，活用できる新たな技術と顧客・市場用途のニーズの両方をバランスよく把握する必要がある。アイデアを豊富

図表10-9　事業開発アプローチの段階―基本型

※FS:フィージビリティ・スタディ

に持つためには顧客，業界専門家，技術を持つ外部機関・アカデミアなどとのコミュニケーションにより日々情報を集めておく必要がある。

〈コンセプト段階〉

　コンセプト段階では，技術面と顧客・市場用途のアイデアをマッチングさせて顧客に提供するプロダクトを企画する。セグメンテーション（市場機会を顧客・市場用途や技術・プロダクトタイプなどで分類），ターゲッティング（プロダクトの顧客・市場用途を明確化），ポジショニング（自社の競合との位置づけを明確化）することや，4P（プロダクト，プライス，プレース（チャネル），プロモーション方法）などと共に，自社と顧客・サプライヤー・パートナーの役割分担の事業モデル，概略の市場規模・シェアと事業規模やコストを明確にする。

〈FSと事業計画段階〉

　FSでは自社のプロダクトのコンセプトに対する顧客・市場用途でのニーズの有無や，技術・プロダクトと事業モデルの実現性の評価を行う。その上でプロダクトコンセプトを

・市場規模，自社の獲得できるシェアと自社の売上規模
・市場成長やシェアアップを加味した売上成長率
・技術・プロダクト開発，顧客・市場への拡販，外部パートナーとの連携，事業体制の整備の計画
※事業体制には自社だけでなく顧客，パートナー，サプライヤーと自社の連携での人モノ金情報などの配分・流し方も含める
・技術開発，生産設備，拡販資源，在庫などの投資計画
・売上・コスト・利益の計画と投資の採算性評価

　など事業計画として立案する。

〈開発段階〉

　FS結果に基づきプロダクト，部品構成・製造工程の仕様を定め，仕様に合った開発，顧客との接点や事業体制の整備などの事業開発全般を進める。

〈プロダクト化，市場投入段階〉

　市場投入に向けてプロダクト開発を進めつつ，営業・チャネル，生産設備投資など生産・物流体制，品質保証体制と継続的な技術・プロダクト開発体制の準備を行い，プロダクトの市場投入を行う。

　ステージゲート法の運営で注意すべきは，事業開発アプローチの各段階でど

のような検討を行いどのように評価するかを決めて置くことは，事業開発プロジェクトマネジメントの基本と言える。ただこれら方法の導入で帳票や管理業務の負荷が増えたり，評価尺度に関連する検討だけを行って先に進めるといった弊害が生じる。何のために事業開発アプローチの確立を行うかの目的とその運営の方法をしっかり確認しておく必要がある。

5-2 「新たなGNT戦略」から，高収益な成長のための事業開発アプローチ

これらの事業開発アプローチに，3章，4章で議論した「新たなGNT戦略」と高収益な成長の方策を織り込んでいく必要がある。ここでは「新たなGNT戦略」によりニッチ市場機会で高収益な事業を構築しつつ，メジャーな市場機会を見極めるアプローチを「図表10-10　事業開発アプローチの段階－改良型」に示す。

実際には「新たなGNT戦略」を中心にした事業展開を基本にステージとゲートを設定しながら，高収益な成長に繋がるメジャーな市場機会をチェックするゲートを加え事業開発アプローチを設計する。

事業開発の前提として，自社がそもそもどんな状況で，既存の深堀を重視す

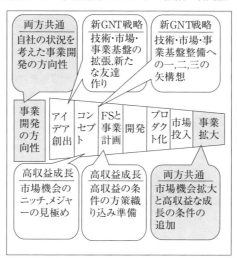

図表10-10　事業開発アプローチの段階－改良型

べきなのか次の成長領域を見出すべきなのか，自社の技術・市場・事業基盤をどのように強化・拡張するか，の方向性を定める必要がある。また高収益な成長のためには市場投入で終わることなく，その後の事業拡大の推進も必要である。ここでは事業開発アプローチの典型的な段階に，前段と後段に「事業開発の方向性」と「事業拡大」の段階を加えた上で検討を進めていきたい。

〈事業開発の方向性〉

　自社としてどのような方向で事業開発するかは重要な判断である。自社の既存のプロダクト・事業と顧客・市場用途領域がまだまだ成長し，十分な収益性があるのであればリスクをとって新規性の高い新しい領域に出ていく必要はない。ただ既存の領域の将来の成長・収益性が期待できないなら，自社の余力のあるうちに自社の成長の方向性，すなわち事業開発の方向性を考えておく必要がある。新たな事業開発の方向性でより重要なのは，自社の現状の見極めである。自社はどんな市場機会を期待出来て，どんな技術・市場・事業基盤を持っておりどちらの方向に成長していく可能性があるかの把握である。これを事業開発の前段としてしっかり検討してく。

　事業開発の途中で新たな市場機会が見えて方向性が大きく変わってしまうことが良くある。方向性を変えるのは問題ではないが，本来は最初に分かっておくべき事柄が，検討が不十分なため事業開発を進めた後に分かり方針変更するのは避けるべきである。

　また，ここで示す事業開発アプローチは管理するための方法論ではなく，自社の事業開発の課題解決の枠組みとしての位置付けが大切である。既存事業が

図表10-11　プロダクト・事業と顧客・市場用途の新規性

成長しており新事業テーマに資源が割けない時期には，新規性の高いテーマの優先順位を下げるべきだし，逆の場合は今後の新たな成長に繋がるような新規性の高いテーマを優先的に進めるべきである。自社の状況にあわせてテーマの創出と優先順位をコントロールする枠組みとして活用する。そのためにも方向性を定めておく必要がある。

注意しないといけないのは，先にも述べたように新規性の高いテーマの創出とその実現は一朝一夕で出来るものではなく，アイデア創出にもその実現にもかなりの時間と先行投資がかかる。既存事業で成長しているときにこそ次の成長のための備えが必要である。

これらの検討結果に基づいて「図表10-11　プロダクト・事業と顧客・市場用途の新規性」に示すような，アンゾフ・マトリックスと呼ばれる図表で自社がどの方向への展開が必要かを描く[12]。

通常はプロダクト・事業か顧客・市場用途かどちらかは既存でどちらかは新規な領域から，尺取虫のように機会を広げていく。一挙に両方とも新規の領域に進出することはリスクが高く成功確率も低くなるため通常はやらない。

〈アイデア段階〉

GNT戦略のためには，先に述べたデュポン社の次の一世紀のための新しい友達作りではないが，技術・市場・事業基盤の棚卸を行い，過去の経験，失敗例，サプライヤー，パートナーを含めた自社の可能性を広げておく必要がある。その一環としてアカデミアや国の研究機関と組んでの先行技術開発も必要だし，アジアの経営者とのネットワークも大切となる。

特にニッチを狙うのであるから，一般的な市場・技術レポートではなく，自社のみが知る情報（専有情報）に基づき市場機会を検討することが必要となる。そのためには自社のユニークなプロダクトの展示会への展示などでの情報収集も有効である。

4-4で述べた日東電工は，「図表10-10　プロダクト・事業と顧客・市場用途の新規性」の4象限チャートの左隅の既存×既存領域から，三つの新規領域で市場機会のアイデア創出を行う活動を三新活動として実践している。営業マンは自分の売上の3倍の三新テーマを持つべきとの目標で，何十年もの間活動を実施しており膨大なアイデアが蓄積されている。

〈コンセプト，FSと事業計画段階〉

「新たなGNT戦略」として新規性の高い領域での事業開発を行う上では，

自社は技術・市場・事業基盤を持っておらず，競合は既にそれを持っていることを考慮する必要がある。単発でプロダクト開発をすると自社の技術・市場・事業基盤が十分整備されず，参入できたとしても二の矢，三の矢が続かず競合にキャッチアップされてしまう。資源は多く必要になるが技術・市場・事業基盤の整備を考慮し，二の矢，三の矢を同時に構想する必要がある。個別市場機会をバラバラに検討するのではなく，技術・市場・事業基盤を整備し"事業"を開発するための検討が必要である。

　高収益な成長の面で重要なのは，自社の狙う市場機会がニッチ市場機会かメジャー市場機会かの見極めである。同時に高収益な事業の条件で述べたような内部と外部の視点でのプロダクトのプレミアム化，顧客のロック，参入障壁構築，競合への働き掛け，サプライヤーの圧力回避とコントロールなどの方策の準備を進めておく。またニッチ市場機会とメジャーな市場機会は異なる事業であるということを十分に注意し，場合によっては組織を分けるなどの配慮も行いつつ，方策の準備を進める。

　開発，プロダクト化，市場投入段階は特に留意点はない。

〈事業拡大段階〉

　開発，市場投入段階は特にGNT戦略，高収益な成長としての留意点はない。事業拡大の段階では，技術，生産，営業の基本業務を進めながら，プロダクトの継続的な市場投入，組織体制の整備，資源の追加投資などを進めるが，幾つかの留意点がある。

　GNT戦略としては，ニッチな市場機会であるがその中で事業拡大を図っているクラレ，シスメックス，日東電工などの大型市場用途展開，自国外展開，川下川上展開などは大いに参考になる。例えば自国外展開では，代理店や海外パートナーとの連携を含め販売体制を確立していく。

　自社の市場機会が市場の立ち上がりに時間のかかるメジャー市場機会の場合は，ニッチ市場機会の拡大を図りつつ，メジャー市場機会の見極めを行う必要もあり，市場機会が成果に繋がるタイミングも考慮する必要がある。

　これらが「新たなGNT戦略」から高収益な成長への方策を事業開発アプローチに織り込んだ検討視点である。

　もう一点注意すべきは，段階ごとにどのようなテーマを先に進めるのかを判断し，それを経営者・幹部に答申するチームをしっかり作ることである。本来はまさにこれが経営者・幹部の行うべき仕事であるが，多様なテーマを議論し

吟味する時間を使えないケースも多い。それを補佐できる体制の構築が大切である。また新しい取り組みは既存事業の対応に忙しい現場からは後回しにされる傾向がある。チームがしっかり吟味し全社のコンセンサスを作る必要がある。

チームは技術・プロダクト開発に携わる部門だけでなく，営業，生産，場合によっては自社の資金の状況を理解する管理部門などが参画し，この自社の将来の方向性を大きく左右するテーマを議論する。また，この議論を通じて経営者・幹部のみならずチームのメンバーも，次期経営幹部として自社の状況やその方向性の理解を深めるメリットがある。

6 おわりに

これまで見てきたように日本の高収益企業の大半は，GNT 企業であり広義の B to B 企業の割合が多い。日本の GNT 企業は創業以来の自社の技術・市場・事業基盤からの技術・プロダクト差別化指向で，事業展開を進めている。中小企業にとってはニッチ領域だがグローバルにトップになる戦略は有効な戦略と言える。大企業にとってもニッチ領域から大型市場機会へと展開は有効なアプローチの一つと言える。

しかしながら1990年以降の右肩上がりの成長の終了と，その後の牽引役であった情報電子業界の主要国のシフトや自動車業界の市場と開発・生産の国外シフトなどにより，国内の産業の牽引役は見えにくくなっている。また20年間以上に渡る選択と集中の歴史の中で，大企業も中小企業も自社の技術・市場・事業を絞り込んできている。これまでと同じ方法では市場機会と自社の技術・市場・事業基盤をマッチングさせることが難しくなっている。

外部を活用しつつ自社の技術・市場・事業基盤の範囲を拡大し，市場機会を広く捉えながら，多くの市場機会の中で自社ならではの市場機会を見出すことや，その市場機会にはリソースを集中して技術・市場・事業基盤の整備を加味した「新たな GNT 戦略」が必要になっている。

加えて日本の高収益企業の成長性は必ずしも高いとは言えない。経済の発展のためにも高収益な GNT 企業が，機会を捉えその高収益事業を成長させることは大切である。

高収益事業の条件は優れたポジションの機会を見つけることと，他が真似の

できない強み即ちコアコンピタンスを持つことに大別が出来る。ただこれは結果として如何に高収益事業となったかの説明にはなるが，如何に高収益事業を構築するかの方法論にはなりにくい。またこの実現のためのリソースを集中するのは大企業には可能でも中小企業には困難である。「新たなGNT戦略」を基本に置きつつも，自社の捉える市場機会が急成長するメジャー市場かニッチ市場に留まるかを判断した上で，メジャーな市場機会について高収益事業が成り立つ条件を，予め押さえておく方策も考えるべきである。

この「新たなGNT戦略」から高収益の成長への取り組みは，事業開発アプローチの中に方策として織り込んでいく必要がある。その基本となる典型的な事業開発アプローチは，アイデア，コンセプト，FSと事業計画，開発，プロダクト化，市場投入の6つの段階となる。この事業開発アプローチに，前段として事業開発の方向性を定める段階と後段の事業拡大の段階を加えて，8つの段階の事業開発アプローチで検討を進める。

その上で「新たなGNT戦略」のためには，
・技術・市場・事業基盤の拡張を行い成長のための基盤作りを行う。
・単発の技術・プロダクト開発ではなく一，二，三の矢と技術・プロダクト開発を集中し基盤の整備を意図し，
GNT戦略の実行で高収益な事業を構築する。
加えて高収益な成長のためには，
・自社の市場機会がニッチかメジャーかを見極めメジャー市場機会へのトライも行う，その際高収益な成長の条件のための方策の織り込みを図る。
などを行いながら，事業拡大に沿って高収益な成長の条件の追加を行っていく。

これらの実行によって日本の中小・中堅企業も大企業も「新たなGNT戦略」から，高収益な成長への事業開発アプローチを確立することを期待したい。

今回は新たなGNT戦略と高収益な成長の課題という視点で，高収益企業とGNT企業の比較から検討を行った。さらに発展させ高収益な成長への考察を深めるとすると，グローバルメジャー企業の比較として，日本企業が重視するコアコンピタンス重視での技術・プロダクト差別化指向と，グローバル企業に多いポジショニング重視の顧客・市場用途指向の，戦略の有効性とその背景にある双方の経営環境及び組織文化の相違について検討することが興味深い。

清水弘

参考文献

1) 経済産業省　グローバルニッチトップ 企業100選　2014年3月　経済産業省HP
2) ハーマンサイモン『グローバルビジネスの隠れたチャンピオン企業―あの中堅企業はなぜ成功しているか』2012年3月, 中央経済社。
3) 2014年9月ブルンバーグ社全上場企業（東証一部, 二部, ジャスダック等を含む）データベース。
4) 世界経済の成長史　1820-1992年（Hugus Meddison／金森久雄・政治経済研究所訳）2000年7月　東洋経済新報社。
5) 「日本のGDP推移」IMF-World Economic Outlook Database 2014年9月版。
6) マイケル・ポーター／土岐坤・服部照夫・中辻万治訳『競争の戦略』1995年3月　ダイヤモンド社。
7) ジェイB・バーニー／岡田正大訳『企業戦略論』上：基本編　2003年12月　ダイヤモンド社。
8) 帝国データバンク史料館・産業調査部『百年続く企業の条件』（朝日新書）2009年9月。
9) 「高収益企業の事業戦略研究会」清水弘　2014年9月24日, 企業研究会及び各社決算発表資料。
10) ハーバードビジネスレビュー社HP「日東電工から学ぶ事業領域の持続的拡大」名和高司　2013年10月15日。
11) 『ステージゲート法』ロバート・G・クーパー／浪江一公　訳　（英治出版）2012年12月。
12) 『戦略経営論』イゴール・アンゾフ　1980年1月　産業能率大学出版部。

第Ⅴ部

グローバル化への対応

■グローバル化への対応■

グローバルサプライチェーン・マネジメント（GSCM）に関する研究報告

第11章

——中小・中堅企業のグローバル市場攻略に向けて——

■ 1 はじめに

　1990年代，サプライチェーン・マネジメント（Supply Chain Management: SCM）が登場した背景には，「部分最適から全体最適へ」という考え方があった。

　企業は，一般に縦割り組織で構成されている。営業部や生産部などが組織ごとに作成した部門目標に向かって努力するだけでは部分最適に陥ってしまう。企業内に限定せず，部品のサプライヤーや卸売業者，小売業者などの外部の取引先を巻き込んだ横串を通し，「全体の物の流れをマネジメントする」ことが経営課題として急速にクローズアップされたからである。

　特に，1990年代後半に，デル・コンピュータ社が強力な戦略パートナーシップを構築し「スピード経営を実践する"デル・ダイレクトモデル"」を掲げ，パソコン業界で急成長を遂げ，SCMは一気に広まった。

　20年以上経った今も，SCMはTOC（Theory of Constraints：制約理論）に裏打ちされた，理論的根拠に基づく色あせないマネジメント手法として，様々な企業で導入されている。いつの時代にも通用する考え方である。SCMの範囲は，企業内にとどめず，小売店や卸売業者，部品・資材サプライヤーなどを含めた産業プロセス全体に広げて考えるのが適切である。

　SCMを物流やロジスティクスの延長線上の概念として捉えている人がいる。また，SCMプロジェクトでは在庫削減や原価低減を目標にする場合が多いので，在庫削減や原価低減の手法として捉えたり，ITツールとして理解している人もいる。しかし，SCMは単なるコスト削減ではなく，Make Money

の考え方も合わせ持つ。つまり,"企業経営そのもの"としてSCMを位置づけるべきである。

これまでの「グローバル化」は,安い労働力を求めた生産拠点の海外展開であった。今の「グローバル化」は,新興国が消費市場としての魅力を持ち,新興国市場のニーズに合った製品を開発し,現地企業から部品・材料を調達,その製品を現地で製造・販売する,いわゆる地産地消へと変わってきた。

こうしたグローバル市場で地産地消型の事業展開をする企業が求めるSCMを,「グローバルSCM」と呼んでいる。

この研究報告では,"SCMは企業経営そのもの"という立場をとり,大手企業が先行している「グローバルSCM」に対して,"現状,中小・中堅企業はどの様に取り組んでいるのか?","今後はどの様な取り組み方が必要なのか?"といった観点で中小・中堅企業の先進的事例を調査し,今後の考え方を考察する。

2 サプライチェーン・マネジメント (SCM)

サプライチェーン・マネジメント (SCM) は,販売,調達・生産,物流などの各機能が"部分最適"に陥るのではなく,外部の取引先を含むサプライチェーン全体が連携して,"全体最適"を実現することの必要性から生まれた経営管理手法である。

SCMのコンセプトは2つ。「部分最適から全体最適へ」と「規模の経済性からスピードとネットワークの経済性へ」である。

中小・中堅企業は,「スピードとネットワークの経済性」を取り入れる素地を持っているので,SCMを導入することは,在庫削減や欠品防止,コスト削減などの具体的で,大きな効果が期待できる。

SCMプロジェクトの経営改善目標には,ROA (Return on Assets:総資産利益率)が使われる。ROAは「限られた資産からいかに最大の利益を上げるのか!」という経営指標である。営業利益を増やすか,総資本(総資産)を小さくするか,この2つのいずれか,又は両方の改善に取り組むことになる。

大きな効果をもたらしてくれる一方で,SCMの実現を難しくしている要因は2つある。1つは不確実性にどの様に対応するのか? もう1つは,需要と供給をどの様にバランス(需要量=供給量)させるか? という課題である。

もし，需要の変動や内部環境の変化（例えば，工場内の設備故障や作業者の突然の休暇）などの不確実性が全くない状態であれば，SCMを深く考える必要はない。例えば完全受注生産のマネジメントが適切に行われていれば，在庫増大，欠品発生，ロス発生などの心配はいらない。

　しかし，通常は季節変動や天候等の自然環境変化，オーダーの変更，及び不良品の発生など不確実な要素があり，こうした状況下でどの様に対応すべきか？　つまり，在庫を最小にしながら，需要と供給を一致させるにはどの様な対策が必要か，という課題である。

　よって，「見える化」と「リードタイムの短縮」の2つがSCMの研究課題として認識されている。「見える化」は，情報共有化や全体最適を実現するためのスタートラインである。一方の「リードタイム短縮」はサプライチェーンを構成する企業全体で「スピードとネットワークの経済性」に欠かせない要素である。

　在庫を削減したり，ボトルネックとなっている生産工程を見直したり，サプライチェーン上の問題点を改善するためには，まず問題の所在を明らかにする必要がある。生産オペレーション現場での課題ばかりではなく，経営上の課題も「見える化」する。生産現場では，原価のことを考えずに作業する人が多いし，幹部社員でも部材の購入単価や生産数量など数量は把握しているが，原価管理を実施している人は少ない。

　例えば，以下の質問に答えられるだろうか？
・自分の部署は全原価の○○%を占め，そのうち労務費が○○%，材料費が○○%となっている。
・この作業は通常○○時間で完了しており，当部署の工程リードタイムを○○時間（%）短縮することは，原価を○○%削減することになる。

　現場の「見える化」には，経営指標（ROAや製品別・顧客別・部門別営業利益など）や経営状態（年平均成長率，営業利益率など）を現場に見える様にすることが大切である。もし，実施されていないとしたら，経営側にも問題がある。

　また，製品のライフサイクルが短くなっており，顧客の納期短縮の要求もある。顧客が要求する納期内に製品を作って納入できれば何も問題ではないが，通常は短納期に対応する為に在庫を持つ。しかし，トヨタ生産方式に代表されるように"在庫は悪"との考え方もあり，出来る限り在庫を持たないで短納期

に対応しようとすれば，リードタイムの短縮や需要予測の精度を向上させることが必須である。

特に，リードタイムの短縮が重要である。生産リードタイムばかりでなく，受注から納入までのトータルリードタイムの短縮が，需要に供給を限りなく近づける方法として日々研究されている。

SCMは，在庫を減らし，リードタイムを短縮して，結果としてキャッシュフローを増大させることを目指す手法であると言える。

そして，近年，グローバル化が進展し，それに対応した「グローバルサプライチェーン・マネジメント（GSCM）」が注目されている。

「グローバルSCM」は大手企業が先行している。特にリーマンショック以降，自動車業界や電機・電子業界が海外移転を加速させ，現地調達比率が急速に高まった。多くの部品・素材メーカが大手完成品メーカの要請に応じる形で海外進出を進めた結果である。

これに対して，人材面や資金面で課題を抱える中小企業は容易に海外進出ができない。中小企業にとっては，まず，海外展開すべきか否かという問いが存在する。国内市場が成熟化し，縮小すると予想される状況下で，中小企業はどの様にグローバル市場を捉えるべきか，という課題である。

一方の中堅企業は，主要な顧客である日系企業の海外進出の要請に応える形で海外進出を果たしたものの，日系企業の現地化が急速に進むとき，日系企業以外のグローバル企業や現地企業との関係構築をどの様に進めて行けば良いのか，という課題を抱えてる。

3　調査概要

従来のグローバル化は，生産拠点を海外に持ち，新興国で作って先進国で売る形態，いわゆる"生産拠点のグローバル化"であった。今は，新興国が消費市場としての魅力を持っている。

新興国で作って新興国・地域で売る，いわゆる地産地消であり"開発・生産・販売拠点のグローバル化"である。地産地消型のグローバル化では大企業が先行し，中小・中堅企業は，今，グローバル化への対応を求められている。

2014年3月に経済産業省は，「グローバルニッチトップ企業100選」を発表した。これは，グローバルに事業を展開し，グローバル市場の開拓に取り組み，

特定の分野で高いシェアを誇る企業，特に中小・中堅企業を経済産業省が顕彰（けんしょう）するものである。

今回の調査では，「グローバルニッチトップ企業」の社長及び幹部社員に"現状での取り組みと今後の考え方"をインタビューした。インタビュー期間は，2014年9月〜10月までの2ヶ月間。中小・中堅企業の先行事例を整理し，「グローバルSCM」を推進していく上での重要なポイントや課題を明らかにした。

3-1 調査目的

中小・中堅企業が「グローバルSCM」を構築する上で重要なポイントや課題を整理し，解決するための様々な工夫を提案すること。

3-2 調査対象企業

「グローバルニッチトップ企業100選」の中からインタビューの申し出に応じて頂いた下記9社を選定した。
- 英弘精機株式会社（全天候型分光放射計）
- 株式会社エリオニクス（超微細加工用電子ビーム描画装置等）
- 株式会社東日製作所（トルク機器）
- 株式会社メトロール（工作機械用ツールセッタ）
- 千住金属工業株式会社（はんだ付け材料）
- 日本パーカライジング株式会社（金属表面処理薬剤）
- 株式会社環境経営総合研究所（紙パウダーと合成樹脂の混成材料及び発泡体製品）
- 日化精工株式会社（仮止め用接着剤）
- 日本パッケージ・システム株式会社（RFIDタグ用アンテナ）

ここで，カッコ内は，「グローバルニッチトップ企業100選」で選出対象となった製品・サービスの名称を示す。

これらの企業は，いずれも競合企業がひしめく，体力勝負の価格競争を強いられる市場から身を引くこともなく，ニッチ市場でも独自技術をベースに確固たる地位を確保している。たとえニッチ市場であってもグローバルに展開すれば，ビジネスとして成立する事業分野に特化しているところに最大の特徴がある。戦略的に優れた事業のポジショニングを取っている企業である。

つまり，競合状態の市場でも市場シェアを保ちつつ，「特定の分野においては，全て俺に任せておけ！」との考えで，製品開発から製造装置の提供，ビフォー/アフターサービスの提供，技術者教育・啓蒙活動に至るまで，一貫して提供する，ビジネスモデルを構築している。

　また，独自に開発したオンリーワンの技術を経営の中心に据え，特定の分野で，顧客の要望に的確に且つタイムリーに応え，ユーザにとってなくてはならないパートナーと位置づけられている。

　世の中にない製品を独自の技術で開発し，企業経営においても「他社のモノまねはしない」という方針を貫いているのも共通した点である。よって，製品や技術の独自性のみならず，社員教育・研修や組織のあり方，などにおいても独自の方法を編み出している。

3-3 調査対象企業の特徴

今回調査対象に選定した9社は，「業界と用途」で構成した，図表11-1のカテゴリーに分類される。

図表11-1　調査対象企業の特徴

今回調査対象に選んだ9社は,以下の分類で表現される

業界 \ 用途	製造ライン用途	研究・解析用途
素材・化学	【第1分類】 日本バーカライジング 千住金属工業 日化精工 環境経営総合研究所	【第4分類】
機械・加工	【第2分類】 メトロール 東日製作所	【第5分類】 エリオニクス 英弘精機
電気・電子	【第3分類】 日本パッケージ・システム	【第6分類】

ここで，第1分類は，素材・化学業界で製造ライン用途の製品・サービスを提供する企業群である。

このカテゴリーの特徴は，コアとなる技術や製品を様々な業界に使い回し，顧客のニーズに対応して用途開発を進める点にある。その結果，多品種少量生産の形態となる。たとえ顧客が製品を1個だけ要求しても，供給することを企業方針としている場合が多い。

このため，カタログ販売が可能な標準品とそれをベースに顧客毎の要求に応じてカスタマイズした専用品で構成されている。企業によって標準品と専用品の比率は異なるが，標準品の割合が大きい企業が，一般的に効率経営を行っている。

海外市場への参入は，顧客である日系企業の海外進出に合わせて進出している場合が多い。自動車業界や電機・電子業界を得意先とする企業が多いのが特徴である。

このカテゴリーの共通した経営課題は，環境規制への対応である。地球環境に優しい技術開発や，限られた地球資源の保護・啓蒙活動，CSR活動（Corporate Social Responsibility 企業の社会的責任），従業員や地域社会との関わり方の推進などの社会貢献に力を入れている。

第2分類は，機械・加工業界で，同じく製造ライン用途の製品・サービスを提供する企業群である。

このカテゴリーの特徴は，欧米地域に競合企業が多いことである。デジタル化によりコモディティー化が進んでいる電気・電子製品や一般消費者向けの消費財と違い，製造現場できめ細かなすり合わせ，調整を行いながら製品を作って行くため，安い労働力を求めて新興国市場に生産拠点を置くことが難しい面がある。逆に言えば，これが日本企業の強みでもあり，容易に真似されない技術やノウハウの積み重ねが活かせる分野である。

高品質で高精度が要求される分野，そして様々な製造環境で使われるため，日本製は耐久性や操作性に優れた製品として高い評価を海外から得ている。近年は，安価な海外製品の市場への流入が激しさを増すが，自動車業界や電機・電子業界，機械業界などで取引先が多い。

海外市場への参入は遅く，国内で開発・製造し，海外へ輸出する形態が基本である。最近は少しずつ現地の部品・材料を調達し，現地で生産する傾向が出てきている。

このカテゴリーでの共通した経営課題は，エレクトロニクス技術やIT（Information Technology 情報技術）の導入である。自動車部品に占めるエレクトロニクス製品の売上高割合はすでに4割を超えた。"アナログからデジタルへ"，"クローズドからオープンへ"，と技術革新が急速に拡張し，様々な分野へエレクトロニクス化の波が押し寄せている。

あまりエレクトロニクス化が進むと，日本が得意としている"すり合わせ・調整技術"の優位性が失われ，急速に競争力を失う危険性がある。よって，エレクトロニクス技術の良さを生かし，競争優位を維持できるかがポイントである。

第3分類は，電機・電子業界で製造ライン用途の製品・サービスを提供する企業群である。

このカテゴリーの特徴は，グローバル市場で競争力を持っていた完成品メーカが，台湾や中国・韓国企業との競争に敗れ，様々な分野で撤退又は縮小を余儀なくされていることである。例えば，DVDプレーヤー，液晶・プラズマの薄型TV，PC，携帯電話，スマートフォン，半導体など。

「デジタル化」と「オープン化」の大波でアジア・新興国の競合企業が急速に力をつけてきたことにより，製品の価格下落が激しい。PCやスマートフォンなどのIT分野は，キー部品であるMPUをインテルやクアルコム，そしてOSをマイクロソフトやグーグル，アップルなどの外資系企業にがっちり握られ，そうしたキー部品を集めて組立るだけでは，極めて付加価値を生み出しにくい事業になっている。

変化の激しい業界ではなかなか日本の良さが生かせない。コツコツと技術や実績・ノウハウを積み重ねて行く国民性は，現在B to C（Business to Consumer）の分野からB to B（Business to Business）の分野へ興味を移行させている。すなわち重電や電子部品の領域である。

完成品メーカの競争力が弱い反面，電子部品業界は世界的な競争力を保持している。京セラや日本電産，村田製作所，TDK，アルプス電気，日東電工，ロームなど大手電子部品企業は，好業績を上げている。同様に，ヒロセ電機やキーエンス，日本航空電子などの中堅電子部品企業も特定の分野で高い市場シェアを持っている。

技術的には，ハードよりソフトに研究開発の重点が移っている。特にソフトウエアでシステム全体を最適にコントロールする制御技術，センサーで収集し

たデータを解析する技術など。

　海外展開はかなり早い段階から進んでおり，大手完成品メーカの要請に応える形で，中堅企業がグローバル展開を行っている。

　第1分類，第2分類，及び第3分類の中小・中堅企業の主要な取引先は，自動車業界や電機・電子業界，及び機械業界であり，日本がグローバル市場で競争力を持つ企業が多い。そのため，部品や部材を主要製品とする中小・中堅企業は，競争力を持つ完成品メーカに育てられた歴史がある。今，電機・電子業界の一部の完成品メーカがかつての競争力を失っているが，部品や部材メーカはコア技術とノウハウの蓄積により，今でも強力な競争力を保持している。

　同様に，第4分類は，素材・化学業界で研究開発の製品・サービスを提供する企業群，第5分類は，機械・加工業界で同じく研究開発・解析用途の製品・サービスを提供する企業群，第6分類は，電機・電子業界で同じく研究開発・解析用途の製品・サービスを提供する企業群である。今回の調査では，第4分類と第6分類に該当する企業はなかった。

　このカテゴリーの特徴は，大学や公的研究機関，一般企業の研究所などで使われる研究開発・解析用機器の製造・販売を事業としているため，量的拡大が課題である。研究者や科学者との人脈形成が重要なポイントになる業態である。

　また，製品はニッチの更にニッチ分野に対応したものが多い。技術力が求められる。柔軟な対応も要求される。

　このカテゴリーは，グローバル展開は今，スタートした段階であり，今後の取り組み方に注目したい。国内生産が基本で，海外の顧客に対しては輸出で対応している。

　販売に関しては，どのカテゴリーに限らず，中小・中堅企業の多くは代理店販売を採用する企業が多い。販売代理店の役割は各社まちまちであるが，一般的に，在庫保有，代金回収，クレーム等の顧客対応，物流などである。しかし，代理店を顧客との間に入れることで，顧客情報がうまく吸い上げられなかったり，意思決定が遅れたり，価格競争力が低下したりするなどの欠点も指摘されており，各社様々な工夫を凝らしている。

　一方，製造に関しては，協力企業をうまく活用しながら，柔軟な生産体制を構築している。コアとなる部分は国内の自社工場で行い，アウトソーシングによって他社のリソースを必要に応じて活用しているのである。「グローバル

SCM」では，パートナー戦略が重要視されており，自社が強みを持つ部分は自社の資源を使い，一方で自社の弱い部分や他社に任せた方が競争力がある部分ではパートナー企業の協力を得て，Win-Winの関係を構築している。

3-4 調査方法・内容

SCMは受注から調達，生産，物流に至る広範囲な機能をカバーするので，経営者又は幹部社員の方への直接インタビュー方式で行った。

また，インタビューに先駆けて，インターネットや企業HPなどで一般的な情報の収集を行った上で，文献検索などで必要な情報を収集した後，仮説を持ってインタビューに臨んだ。

インタビューでは，基本的に「グローバル展開の現状の取り組みと今後の考え方」について，意見交換しながら，具体的に意見収集したが，以下はインタビューでの主な調査内容である。

（1）グローバル市場の見方・とらえ方
（2）グローバル市場攻略のポイント
（3）グローバル市場への進出形態
（4）グローバルSCMの取り組み

（1）グローバル市場の見方・とらえ方

国内市場の拡大が多く望めないと予想される状況下で，今後成長が期待されているアジア・新興国市場を含めて，グローバル市場をどの様に見ているのか？

例えば，地域性，収益性，技術・品質，競合関係，顧客や市場の受容性等の観点。

（2）グローバル市場攻略のポイント

国内での成功体験がグローバル市場で必ずしも適応できないと言われている。グローバル市場で成功を収めるためには何が必要であると考えているのか？

例えば，国内と海外でのオペレーションの違いや重視すべき優先順位など。

（3）グローバル市場への進出形態

　企業規模の観点から一般に，大企業，中堅企業，中小企業などの分類されるが，グローバル企業とローカル企業という観点で見た場合，売上高20億円程度の中小企業でも，グローバル市場をしっかり見据えて戦略的に進出している企業もある。グローバル市場への進出方法をどの様に考えているのか？

　特に，グローバル展開にはいくつかのステージがある，それは戦略と関係しているとの仮説に基づいて，進出方法，制約条件など。

（4）グローバル SCM の取り組み

　機能性材料などを事業とする企業は，顧客企業との共同開発などを通して，現地密着型で用途開発を進めている。"生産拠点のグローバル化"から"開発・調達・生産・販売拠点のグローバル化"が進み，「グローバル SCM」構築の検討が行われている。

　例えば，現状の取り組み，将来の考え方，「グローバル SCM」構築上のポイントなど。

4　調査結果

4-1　調査結果のサマリー

　今回調査対象にした9社は，それぞれで経営上の工夫が見られるが，基本的には"技術・品質をベースにした製品力"で市場を切り開き，現在の圧倒的市場シェアを獲得してきた。こうしたグローバルニッチトップ企業でも，グローバル展開を一段と加速し，企業競争に継続的に打ち勝って行くためには，今後は「製品力プラス α」の要素を導入する必要があると感じた。

　図表11-2は，中小・中堅企業がグローバル市場攻略として取りうる2つの戦略を示したものである。横軸は顧客を表し新規顧客と既存顧客に分類，縦軸は製品（技術）を意味し新規製品と既存製品に分類した。

　縦に伸びた矢印は，既存顧客に製品単体からシステムまで販売し，更にビフォー/アフターサポートまで提供する既存顧客を深耕する戦略を意味する。一方の横に伸びた矢印は，既存技術を使い回し，新しい顧客の要望に対応し

図表11-2 顧客・製品マトリックス

既存顧客・既存製品(技術)を原点に,横方向の新規顧客へ展開する軸と,縦方向の新規製品(技術)へ展開する軸が考えられる

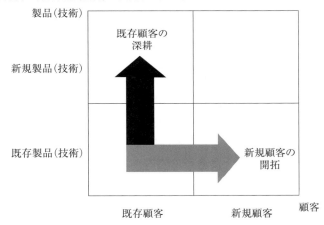

て,用途開発を進めながら新規顧客を獲得していく戦略である。

既存顧客の深耕戦略の代表格は,東日製作所と日本パーカライジングである。

東日製作所は,品質管理の重要性がさほど認識されていなかった時代に,ネジの締め付け管理の重要性に着目し,国内で始めてトルクレンチを製品化した企業である。ネジの締め付けとトルクの計測を事業とするトルク機器専業メーカであり,グローバル市場で35%のシェアを持つ。東日製作所が開発したトルク機器は,日系メーカ,特に自動車(整備)用途として成長した経緯があり,欧米メーカはあまり使わない(日系企業の20分の1程度と言われている)。グローバル市場進出に当たって,日本と同じサービスを海外でも提供しようと,サービスが提供できる代理店の育成・拡張に力を注いでいる。

日本パーカライジングは,世界有数の金属表面処理専業メーカである。同社の代表的な処理が,自動車塗装下地表面処理である。塗装密着性,防錆性等を付与することにより,錆や磨耗による損失を最小限に留める。国内市場で提供しているサービスを展開先の海外においても同等の水準で提供出来る地域密着体制を整えている。また,同社はシーズ開発から製品開発までを一貫して行

い，国内から海外までの製品展開を視野に入れた迅速で柔軟な研究開発活動を行っていることが，同社の強みである。同分野での世界シェアは約2割を占めるが，日系自動車メーカに限れば世界シェアは約7割にも及ぶ。

同社は，日系企業の海外進出に合わせて自らも海外進出してきた経緯がある。今後の課題として，これまでの顧客である日系企業から欧米や現地企業の新規顧客を獲得することに注力している。

一方，新規顧客の獲得戦略の代表格は，メトロール，千住金属工業，日本パッケージ・システム，環境経営総合研究所，日化精工など多数である。

メトロールはグローバル市場進出を機会に，商社に依存せず，Webサイトを構築して，ダイレクト販売を実施して新規顧客を獲得している。千住金属工業は，ジョイントテクノロジーをベースにはんだ材料からはんだ付け装置，すべり軸受けなどをグローバル市場で展開するための販売・製造のネットワークを構築している。

一方，大手企業との関係を構築して，新規顧客の開拓を進めている中小企業もある。

環境経営総合研究所は，米国大手化学メーカのダウ・ケミカルとのジョイント企業を設立して，現地の大企業の強力な資源調達力やグローバルに張り巡らした販売網，大量生産能力を十分に活用している。

同様な方法で，日本パッケージ・システムは，世界で80%の市場シェアを持つドイツ大手（IC＋アンテナ）実装メーカのミュールバウアーを顧客に持つ。こうした強力な販売網を活用しているのである。

上記企業は，グローバル市場進出の方法は異なるが，いずれも新規顧客の獲得を狙っている。また，大手企業の販売網などのネットワーク網を活用する以外に，英弘精機や日化精工，エリオニクスなどの中小企業は，信頼おける中規模の代理店をパートナーに選んでいる。個人的な人脈で取引のきっかけを掴んでいる。

こうした戦略パートナーと一緒にグローバル市場を開拓していく試みは，Win-Winの関係構築により，自社・他社ともに絶対的に高められる方策である。長い目で見れば良い結果をもたらすと考えられている。但し，環境経営総合研究所などの中小企業が戦略パートナー，特に大手グローバル企業と一緒にビジネスを構築する上で，パートナー候補企業の選定，交渉，契約締結に至るプロセスは，容易ではなかったと想像できる。

これからグローバル市場への進出を検討している中小・中堅企業が，今回の調査対象とした企業を先行事例として学ぶことは多い。グローバルニッチトップ企業は，技術と品質をベースとして独自に開発した製品力が圧倒的国内シェアを獲得したのは間違いない事実であるが，これをマネジメントする方法においても極めて優れている。

　こうしたマネジメント能力が欠如したまま，競合ひしめくグローバル市場に進出しても返り討ちされるだけである。

　つまり，顧客ニーズに対応した製品（売れる製品）を独自の技術で開発し，注文数量のみ生産し，希望納期に間に合うように出荷・届けることによって，結果として利益増大・キャッシュフロー増大を実現している。これはまさにSCMのコンセプトそのものである。それぞれの企業の現場で意識的にこれを実践しているか否かに関わらず，SCMを構成する要素，例えば，適正在庫，リードタイム短縮，需要変動に柔軟に対応する受注生産体制，パートナー戦略，顧客情報のダイレクト収集と開発へのフィードバック，指示待ちでなく，自立した人材の育成，ITの活用，キャッシュフローの重視などの仕組みがある。

　今回の調査で得た様々なマネジメントの仕組みは，「顧客満足・顧客価値の増大」が導入基準になっている。SCMやキャッシュフローの増大などを現場がしっかり意識して改善活動をしていたとは思えない。しかし，結果的にSCMのコンセプトを実践するマネジメントが行われていたことは，今回の調査で明らかになった。仮に，SCMの基盤となるこうした仕組みを持たないでグローバル展開をすると，拠点（生産・販売など）が拡散し，ロジスティクスが長く伸び，人材が分散することで，問題が一気に吹き出る可能性がある。

4-2 個別調査結果

　各社のインタビュー結果から得られた内容を以下の項目に分けて，整理する。

（1）グローバルニッチ市場でのビジネスモデル
（2）在庫に対する考え方
（3）卸中抜きのダイレクト販売
（4）ITの活用
（5）パートナー戦略

（6）海外拠点と本社組織との関係
（7）人材育成
（8）SCMと製品開発
（9）今後の目指す方向
（10）その他（経営全般）

（1）グローバルニッチ市場でのビジネスモデル

ニッチ市場を得意とする中小・中堅企業は，ローカル市場だけでなくグローバル市場に目を向けることで，個々のローカル市場では小さくても，ビジネスとして成り立つ規模の市場を得ることができる。

今回調査した9社のうち，特に日本パーカライジングと千住金属工業，東日製作所，エリオニクスは，いずれも製品の製造・販売だけでなく，それを使う製造装置の製造・販売からビフォー/アフターサービスの提供，顧客技術者の教育・啓蒙活動まで，「この分野のことなら，全て俺に任せておけ！」との考えで，ビジネスを行っている。

特定の分野を深く極めることは，必然的に，様々な商談や問合せが世界から舞い込んでくることに繋がる。単なる問合せの場合もあるが，顧客からの問合せに真摯に対応することで，顧客が今，そして今後，どの様なニーズを持っているのか，何を考えているのか，などを直接吸い上げることができる。こうした顧客とのコミュニケーションを重要視している。

日本パーカライジングは，"金属を腐食と劣化から守る"ことから"防食＋素材の表面に機能を付加して提供する"ことへビジネスを再定義している。金属表面処理技術を中心に，薬品事業とそれを使う装置事業，及び加工サービス事業を展開している。現場での認識は，顧客満足を追求した結果がこの様な事業定義になったとのことであるが，"顧客満足の追求"というビジネスの基本を忠実に守り続けていたからであろう。

また，海外展開についても早い時期から台湾に進出，その後もタイや中国，インドネシアなどアジア圏を中心に進出し"地域密着と顧客満足"を徹底して意識した結果，グローバル市場で高いシェアを獲得している。但し，これまでは自動車業界や鉄鋼業界などの日系企業が海外展開するのに歩調を合わせて展開した結果，日系企業での高いシェアに比較して，欧米企業や現地企業などはまだ開拓の余地がある。これが今後の経営課題として認識されている。

千住金属工業は，はんだ材料分野で世界トップ3に入るグローバルニッチ企業である。エレクトロニクス産業分野が，IC,LSI，チップ部品，CSP，フリップチップへと進化する中で，ミクロン単位の接合精度が要求され，高信頼性・高品質のマイクロソルダリングシステムが重要なコア技術のひとつとなってきた。こうした状況下で，同社は顧客のニーズをコツコツと吸収し，実現していった。

　多品種少量のはんだ材料に加え，材料から実装プロセスまで直結した自動はんだ付け装置の開発・製造，軸受け部品の開発・製造，そして，技術情報の提供やセミナー実施などジョイントテクノロジーという事業領域で高いシェアを獲得している。

　トルク機器の世界トップメーカである東日製作所は，日本で行っている修理サービスをアジアで提供するために，代理店教育を行っている。修理講習会では講習会参加者に無償で部品提供するなど，ビジネス化により好循環を生み出そうとしている。

　東日製作所は，機器販売だけでなく，ビフォー/アフターサービスや技術者教育・啓蒙活動に力を入れているが，その努力を象徴する1つが，「Tohnichi Toruqu Handbook」である。今年でVol.8となる。日本語，英語，ドイツ語，中国語の4カ国版が揃い，大変分厚い（厚さ3センチ弱，500ページ以上）立派なハンドブックを顧客に無料で配布している。更に，トルクセンターを日本，ベルギー，米国，中国に設立し，ショールーム・レクチャールーム・ラボを完備して，それをサポートするスタッフを配置している。グローバルに見てもニッチな市場で，既存顧客を大事にし，継続的な取引を心がけている。

〈千住金属工業（株）ソルダーボール〉

〈(株)エリオニクス超高精細高精度電子ビーム描画装置 ELS-F125〉

　エリオニクスは，公的研究機関や国公立・私立大学，一般企業の研究所を顧客に持つ。主力製品は，極微細電子ビーム描画装置。シリコン基板などに電子ビームを照射して1cm角に100万本以上の線を均一に描画する装置である。限られたスペースにどれだけ微細なパターンを高精度かつ高密度に描画できるかが重要なポイントで，量子デバイス，光デバイス，フォトニック結晶，ナノワイヤー等の研究開発に使用され，次世代デバイスの応用では記憶容量が増大し，処理速度が早くなる効果がある。市場シェアは，国内で80％　海外では50％を占める。

　同社のこうした技術・製品力は，「並の製品であれば当社で作る意味が無い」「競合製品は一切作らない（価格競争はしない）」という企業理念・方針から生まれている。そして，①性能で勝つ，②コストで圧倒的優位を実現する，③世の中に無い装置を作る（産学連携，大学との共同開発）ことを開発指針として，受け継がれてきている。

　エリオニクスは描画装置に加え，電子線描画後の後プロセスを行うイオンエッチング装置や加工結果をナノメータ単位で観察，計測する装置（電子線三次元粗さ解析装置という）を製造している。一般のSEMにはない高さ方向の精密測定が出来るので凹凸のある試料表面の三次元測定や粗さ解析を実現している。

（2）在庫に対する考え方

　在庫は，顧客の要望に供給側が応える時の手段として活用するためのものである。

　様々な業界で，製品のライフサイクルが短くなった。それに伴い，顧客は短納期を要求する。顧客が要求する期間内に製品を製造・納入できれば半製品や完成品在庫を持つ必要もないが，一般には，在庫で対応する。

　しかし，在庫で安易に対応すると，キャッシュフローが悪化し，生産性改善能力も向上しないので，在庫で対応する前に，まず，リードタイムの短縮や需要予測精度の向上などを考えるべきであるというのがSCMの主張である。

　在庫の功罪（在庫の良い面，在庫の悪い面）に関しては，これまでいろいろな議論が行われてきたので，ここで整理しておく。

　在庫の良い面として，以下の例が代表的である。
・緊急対応や即納体制の確立により，顧客満足度が向上する。
・顧客が発注した時に失注の可能性が減るので，機会損失を少なくできる。
・競合他社との価格差異を説明する理由となるので，販売単価の下落を防止できる。
・工場の繁忙期と閑散期の生産量を平準化し，効率生産ができる。
・在庫を外部倉庫に分散配置することにより，地震等の災害に対する危機対応となる。

　一方，在庫の悪い面（罪）としては，以下のような例がある。
・資金の固定化により，運転資金を多く準備しなければならず，キャッシュフローが悪化する。
・在庫品の保管費，マネジメント費など，在庫品に対する費用が増大する。
・在庫品の陳腐化により，収益低下をもたらす。
・在庫は安心料とも言われ，様々な課題を隠しコスト競争力が低下する。
・生産リードタイムの短縮やボトルネック工程の改善など生産性向上の機会が失われる。

　今回調査した9社の中では，メトロールは基本的に製品在庫を持たず，原材料や部品を在庫し，受注とともに生産を開始する受注生産体制を敷いている。一方の東日製作所や，千住金属工業，環境経営総合研究所，エリオニクスは，基本的に製品（又は半製品）在庫を持って，見込み生産体制を取っている。また，日本パーカライジングは，薬剤事業では0.5ヶ月分程度の製品在庫を持ち

見込み生産を，加工サービス事業では，有償支給材を除くとほとんど在庫がないという状況である。

ここで，在庫といえば製品在庫のことである。在庫を持つと答えている企業でも，多くても1.0ヶ月分～1.5ヶ月分の在庫に制限している。在庫保持の理由は，圧倒的市場シェアを持つトップ企業として顧客の要求にいつでも応える体制を取るべきであるとの考えからである。"顧客満足の実現"と"トップ企業としての供給責任"が在庫を持つ主な理由である。

（3）卸中抜きのダイレクト販売

需要動向を正確に，且つタイムリーに把握することが重要である。一般に，企業と顧客の間に商社や販売代理店が介在することで需要の変動に対応できない場合がある。価格競争が激しく，且つ在庫の陳腐化が早い業界では，需要情報の不正確さや意思決定の遅れは，致命的である。SCMでは，こうした課題解決の有力な解決策として，「卸中抜きのダイレクト販売モデル」を推奨している。

今回調査した9社の中では，環境経営総合研究所と日本パッケージ・システム，メトロール，日化精工の対応が極めて印象的であった。

環境経営総合研究所は，創業者である松下社長の流通革命を実践するとの固い信念の下，強力なリーダシップと時代の要請を察する卓越した眼力で，急成

〈(株)環境経営総合研究所　マプカ〉

長しているグローバル中小企業である。創業から15年で、年商120億円まで成長させた。過去３年間だけを見ても、86億円、103億円、そして120億円と、年商は毎年20%ずつ急成長している。

同社は、印刷業・紙加工業から年間約500万トン（生産量の約18%）排出される産業廃棄古紙（従来は大半が焼却処理）を再利用した様々なエコ商品を開発・製造している。一つは緩衝材や断熱材として使用されている古紙発泡体「アースリパブリック」。もう一つはポストプラスチック原料として、日用品や工業用部品に使用されている「マプカ」である。

国内では何段階にも及ぶ流通構造の不効率性と機能的な役割の不明確さを早い段階から疑問視し、海外市場攻略では卸を排除したダイレクト販売を実践している。国内での資源調達においても１次問屋を含めたメーカとの価格交渉を精力的に行っている。

同社は、海外進出にあたって、大手グローバル化学会社のダウ・ケミカルと合弁会社を米国に設立している。一般的に、中小企業が合弁相手を選ぶ場合、力関係を考慮して、同規模の現地企業を選ぶ場合が多い。ここに松下社長の野心がある。同社はグローバルニッチに満足せず、マスプロダクションを通じてスケールアップを目指している。

日本パッケージ・システムは、RFIDアルミニウムアンテナの製造・販売で世界シェア30%を占めるグローバルニッチの中小企業である。同社は、創業10年で売上高10億円の企業に成長し、海外売上高は90%に達する。

RFIDは、ID情報を埋め込んだRFタグから、電磁界や電波などを用いた

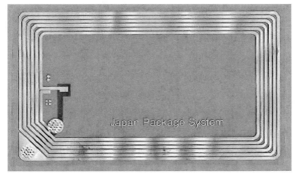

〈日本パッケージ・システム（株）HFアンテナ〉

近距離（周波数帯によって数 cm～数 m）の無線通信によって情報をやりとりするもの。同社は，上記 RFID に使用する通信用のアンテナ（UHF アンテナ，HF アンテナなど）を高精度なアルミエッチング方式で製造している。これは，銅アンテナに近い性能を保ちながら，銅アンテナより高いコストパフォーマンスを得ることができ，主に物品・流通管理，履歴管理，セキュリティ管理，金融，医療など広い分野で使われている。

同社の成長は，製品力とともに強力なパートナーシップによるところが大きい。IC とアンテナを実装するドイツのミュールバウアーはグローバル市場でシェア80% を持つ。こうした大手グローバルチップ実装メーカとの取引関係を構築するのは，中小企業ではなかなか難しいことであるが，大きな飛躍の可能性がある。

かつて，ガラパゴス携帯と揶揄されて日本発の技術がグローバル市場では全く注目されず，競争力を失っていった苦い経験がある。日本パッケージ・システムの技術・製品はグローバル企業に認められ，独占契約に近い取引で，今後に期待が膨らむ。

同社は，創業者の真神社長が商事会社での勤務経験が長く，商社機能の良

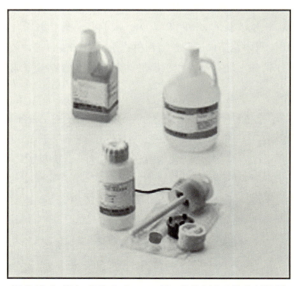

〈日化精工（株）高精度プロセス用の液体仮止め接着剤製品〉

さ・悪さをよく知っている。商社機能の良さを生かした海外展開を考えているが，現状は海外顧客とのダイレクト販売を実施している。

海外売上高90％の同社の場合，売上回収は重要な課題である。1－2週間遅れは当たり前。回収に2ヶ月掛かる場合もある。この売上回収は，日本国内では殆ど意識することはなかったが，海外展開で日本企業が直面する困難の1つである。商社を活用する1つの役割として，この売上回収機能に期待している。

日化精工は，湿気を取る乾燥剤メーカからスタートし，電子部品用素材の切断，研磨時の仮止め用接着剤の開発，及び，洗剤・溶剤の開発・製造を事業とする。半導体・弱電メーカや精密部品加工メーカを得意先に持つ。国内市場ではシェア70％，グローバルで50％の市場シェアを持つ，グローバルニッチ中小企業である。

同社は，創業当初から技術者ニーズを直接収集することを重要視して，直販体制を敷いている。特定の地域に顧客が集中する特性もあり，日本全国の顧客を訪問して技術者に直接話を聞いて，製品改良や新製品の開発に生かしている。

メトロールは，技術畑の創業者と営業畑の二代目松橋社長が力を合わせて会社を盛り上げ，「自社ブランドを持ち，小さくてもオンリーワンの技術で世界に通じる製品を作り，技術者が恵まれる会社にしよう」を会社のスローガンにしている。

精密位置決めセンサーの専業メーカで，工作機械に取り付ける位置決めセンサーのグローバルシェアは75％に達する。

他の競合企業が，光センサーや近接スイッチ，リミットスイッチなど電気式（非接触）を採用する中，同社は機械式を採用した。同社のスイッチは，メカ構造のため，温度変化に強く，金属粉の混じった切削油をかぶっても狂いが生じないなど，過酷な条件下で数百万回使用しても，生じる誤差はわずか1,000分の1ミリという極めて高い精度を誇る。

海外ではTOOLSENSOR.COMというサイトを運営し，海外顧客からの注文を1個単位で受注し，即座にMRP展開して生産ラインに部品・組立情報を流し，女性パートタイム社員が「1個流し」方式で生産して，成田空港からエアで配送している。

一方，ダイレクト販売でなく，商社や代理店を経由して製品を販売している

〈「(株) メトロール　世界トップクラスシェア「CNC工作機械用ツールセッタ」」〉

企業も多いが，顧客ニーズの吸い上げに関しては，各社が様々な工夫を凝らしている。

東日製作所や日本パーカライジング，千住金属工業は，"技術者マーケティング"を実践している。つまり，顧客（技術者）と技術者とが蜜にコンタクトし，既存製品の改良すべき箇所や次世代製品のニーズなど，幅広く情報収集してそれを製品開発にフィードバックしている。製品の見積や購入などは代理店を通すが，技術情報の収集は顧客から直接吸い上げているのである。

エリオニクスは，国内では直販，海外では代理店経由での販売を行っている。代理店活用方針は，①繰り返し販売製品であること　②生産オペレーションで似た作り方をしている製品であること。

同社は，生産に関しては，八王子地域の精密機械加工技術集積を活用して数千万円～数億円の高額な製品を生産しているので，海外へ輸送する場合は航空便を都度使用している。試験機「超微小押し込み硬さ試験機」などの低価格機（1,000万円～2,000万円くらい）は，海外生産の可能性があるだろうが，当面は国内生産を堅持していく考えである。

（4）ITの活用

マネジメント手法としてのSCMとITツールとしてのSCM（ここでは，"SCMソフトウェア"と呼ぶ）を同一のものとして理解している人もいる。

IT企業がテレビコマーシャルで，"SCM買いませんか！"と大々的に宣伝したため，間違った理解をしている人が意外に多いのである。

　SCMプロジェクトでは，SCMソフトウエアの導入まで行うことが多い。これは，一旦構築したマネジメント手法としてのSCMが，人事異動や退職などで，いつの間にか元の仕組みに逆戻りするのを回避するために，システム構築するのである。システム構築しておけば，人の異動が生じて経験やスキルが乏しい人であっても，ある一定レベルの業務をこなすことが出来る様に，定着化を図るためである。

　今回の調査企業の中では，メトロールと東日製作所のIT活用が特に印象に残った。

　メトロールは，従業員数が約120名，20歳代の社員が全体の6割，女性パートタイム社員が約5割を占める。若い社員や女性社員をうまく活かす仕組みがITにも活かされている。

　HPを見ただけで，極めて社員間のコミュニケーションが活発であるのが解る。SNSやツイッター，ブログなどのコミュニケーションツールを活用して，顧客技術者とのコミュニティーを作り，ビジネスに活用している。展示会や社内での各種イベントも豊富にHP上にアップされている。当然ながら，海外顧客からの注文もWebサイトを構築し，ダイレクトで受け付けたり，技術者の問合せや各種要望に応じるツールとなっている。

　また，社長の1日は，全世界の顧客・社員からのブログに目を通すことから始まるようだ。

　つまり，メトロールは，技術者へのメルマガやブログなどのSNSツールを使って，顧客へのタイムリーな①情報提供，例えば新製品の発表や展示会やセミナーなど各種イベント情報の提供，②顧客からの問合せを新製品開発や既存製品の改良に生かしたり，HP上でユーザ事例紹介画面を通して，自社製品の使い方の提案を行っている。技術者のコミュニティの形成として，フェイスブックの登録者数は30,000人に及ぶ，③各種表彰や親睦会など社内イベントの動画配信を行い，社員のモチベーションアップへの活用，などにもITを活用している。

　一方，東日製作所は，世界でも数少ないトルク専門メーカとして，グローバル市場で高い市場シェアを持っているが，それゆえ顧客サポートには大変な力を入れている。

〈(株)東日製作所クリック式トルクレンチ QL100N4〉

　以下は同社のHPに掲載されている内容である。"東日は世界40国以上に販売及びサービスを行う代理店を設立しています。これらの代理店が世界各国における製品の供給，校正・修理などのサービスを行っています。更に高度のサービスをアジア・中近東・オセアニア・アフリカ地域は東京本社，北米・南米・カナダ地域は東日アメリカ，ヨーロッパ地域は東日ヨーロッパで行います。"（以上，HPより抜粋）

　また，海外講習会では，"海外においてもねじの締付に関する講習会を開き，世界各国の工業製品の品質向上に役立っています。また講習会資料も英文等外国語に訳されております。海外での社員教育に是非ご利用ください，無料で送付いたします。"（以上，HPより抜粋）

　更に感心するのは，Webサイトの設計や「TOHNICHI TORQUE HAND-BOOK」の出版では，カラーユニバーサルデザイン（UCD）（遺伝子のタイプの違いやさまざまな目の疾患によって色の見え方が一般の人と異なる人に配慮して，なるべく全ての人に情報がきちんと伝わるように利用者側の視点に立ってつくられたデザインのこと）を取り入れていることである。どこまで顧客目線でのサポートに力を入れているのか，社員200数名のグローバル中小企業の凄さを感じる。

　東日製作所は，今"スマート営業"に力を入れている。これは，営業担当者に情報端末を配布し，訪問先でクラウドネットワークを経由して，納期や在庫情報などを瞬時に提供するシステムであり，一部地域で始めた。

　メトロールは，"ITを活用したマーケティング"に，東日製作所は，"ITを活用した顧客サポート"において優れている。一般的な企業概要や事業・製品紹介を淡々と説明する企業HPとは違い，顧客や事業関係者，及び社長や社員が全員参加して事業を行っていることを感じさせる"熱いもの"がある。キーワードを入力して検索すれば，必ず上位に社名が表示される様にしている。

高価なSCMソフトウェアの導入以前に，企業が行うことがある。情報の共有化と「見える化」の仕組み作りである。SCMは，「部分最適」ではなく「全体最適」を指向する。また，「規模の経済性」から「スピードとネットワークの経済性」への移行も目指す。これを実現するためには，まず，組織の各人が情報を共有化し，「見える化」する土壌が必須である。規模が小さい中小企業が得意とするところであるが，社員が増大し，市場が国内からグローバルへ移っていくと，中小企業としても何らかの仕組みが必要である。

　情報システムを導入すれば情報の共有化と「見える化」が実現出来るものではない。しかし，インフラとしてきちんと整備していくことは重要である。

　日化精工は，社員数80数名のグローバル中小企業である。仮止め用接着剤と半導体製造装置を込みでグローバルに販売して今の地位を築いてきた。

　同社が創業以来継続していることの1つが，全社員が日報を書き，それを社長や幹部社員を含む社員全員が共有していることである。この日報を通して，顧客企業の技術者のニーズが全社員間で共有できる。

　大学や公的研究機関に顧客を持つエリオニクスは，教授との関係づくりがビジネス上のポイントである。先生のファンづくりが有効で，マーケティングの場，技術者交流の場，顧客開拓の場，課題をもらう場（競争に勝つ）としてコミュニティー構築が効果的であろう。

（5）パートナー戦略

　中小企業は，一般的に人材不足，資金不足，及び販売力不足であると言われる。これを解決するのが，パートナー戦略である。SCMの代表的な事例としてよく紹介されるのが，デル・コンピュータ社と，近年のアップルコンピュータ社の例である。両者は，自社が得意とする分野に経営資源を集中し，不得意又は他社に任せた方が競争力を発揮できそうな分野は，積極的にパートナー戦略を選択している。

　Win-Winの関係を構築すること。つまり，自社・他社共に絶対的に高められる方策を取る方法が，長い目で見て良い結果をもたらすという考えに基づくものである。自前主義にこだわるあまり，市場から撤退を余儀なくされた事例は多い。オープンイノベーションがキーワードとして重要視されている。

　環境経営総合研究所は，創業時期と海外展開を本格化する今の時期，工場の生産設備の導入・改善や，海外展開資金の確保などで，公的資金を有効活用し

て低金利での融資を得ている。また、大手企業を退職した技術者を中途採用して、品質管理や工場運営・マネジメントで人材不足を補っている。製紙メーカや化学メーカから原材料を購入したり、海外進出においてはJETROや国際協力銀行などの公的機関の活用や、米国の大手化学メーカとの合弁事業をスタートするなど、様々な分野での協力関係・人脈形成に注力している。戦略パートナーを作り、得た利益をみんなで分配することで、Win-Winの関係を構築している。

　英弘精機は、研究者や技術者を支援する物性・分析機器の事業からスタートしている。また、日射計、日照計、分光放射計など、気象計測機器における世界有数のメーカである。気象庁の「地上気象観測」「地域気象観測（アメダス）」やNOAA（米国海洋大気庁）にも採用されている。そして今力を入れているのが、太陽電池の性能評価システムである。

　英弘精機や日化精工は、海外展開では人脈形成・人脈ネットワークを重視している。海外ビジネスを進める上で、現地において信頼できる技術者やパートナーの確保は必須である。

　東日製作所など今回調査対象の企業は、海外進出において、商社を介在させず、現地のローカル企業との間で、合弁会社を設立する方法を推奨したが、合弁企業の運営の難しさを指摘する声もあった。理由は経営のガバナンスや、契

〈英弘精機（株）分光放射計と直達分光放射計（右）〉

約取引での不平等条項・取引などの交渉力にある。

　技術畑出身の社長は，法律のこと，経理・税務のこと，商取引慣習のことなどを社員に任せる傾向がある。社長が直接対応すべき課題であると指摘する声もあった。

　また，メトロールの海外事業は，Webシステムによるダイレクト販売である。海外には数人の社員が常駐する連絡事務所を設け，市場性やポテンシャルを調査し，自前で支社を設立していく。商社の活用や合弁会社の設立には今のところ関心を示さない。

（6）海外拠点と本社組織との関係

　今回調査対象とした9社のうち，海外展開を進め，販売・生産・調達のグローバルネットワークをすでに形成しているのは，日本パーカライジングと千住金属工業の2社である。他の企業はこれからという段階であった。

　日本パーカライジングは，2014年3月期の売上は約405億円，社員数1,000名弱（海外合弁総売上約345億円　社員数約1,900名）で東証1部上場のグローバル中堅企業，千住金属工業は，2014年3月期の売上は約560億円，社員数約950名（国内）のグローバル中堅企業である。

　日本パーカライジングは，世界15カ国に拠点を持ち，現地日系企業との間で強力なパートナー関係を構築しているが，そのガバナンスは，基本的に現地子会社に任されている。本社の統制は最低限に抑えられており，現地駐在員が現地取引先とダイレクトに相談しながら，生産や改良を行っている。大きな課題や重要事項については，国際本部を窓口とし，必要に応じて本社マーケティング部，担当営業所が取引先の研究所，購買，マザー工場と連絡を取り合って，支援している。

　よって，情報システムにおいても独自に構築してきた歴史があり，本社では，営業報告や決算などの管理資料の提出を求める統制を行っている。地産地消の意識から，システム投資・維持だけでなく，原材料の購入や，最適な在庫管理，生産管理などは合弁主導で行っている。

　千住金属工業は，世界15カ国に拠点を持ち，現地日系企業との間で強力なパートナー関係を構築しているが，そのガバナンスは，基本的に現地子会社にも水平展開されている。本社の統治力とベクトルを合わせつつ，現地駐在員が日系企業の本社とダイレクトに相談しながら，生産数量や開発アイテムなどを

〈日本パーカライジング（株）
自動車塗装前処理ライン（リン酸亜鉛処理）〉

決めていく。日系企業であること，日本国内で開発したスタンダードな製品をベースに，改良を加えることで対応していること，などから，特に本社との絶妙な調整プロセスにより，監督をする必要がないのがその理由であろう。

　よって，情報システムにおいても独自に構築してきた歴史があり，本社では一元管理を目指している。システム投資・維持だけでなく，原材料の一括購入・管理や，最適な在庫管理，生産数量のダイナミックな再配置などの効率化の優先順位はさほど高いとは思われないが，白板やモニターによるKPI値の見える化を実施しているので，本社機能と現地機能を明確にすれば，効率化の余地はあると考えられる。

（7）人材育成

　中小企業が抱える経営課題の1つが，人材育成である。特に若い人の採用がなかなか思うようにいかない。それを補うために，大手企業を定年退職した中高年を採用する場合が多い。当面の人材不足を解消する手段としては有効であるが，企業を未来永劫継続して成長・繁栄させるためには企業理念・方針を共有できる若手の採用・育成が欠かせない。今回の調査で参考になるのは，メトロールと東日製作所，及びエリオニクスでの人材採用・育成である。

　メトロールの特徴は，従業員の半分が女性パート社員であり，女性の活用と

ここ数年継続して採用し，20代が全体の6割を占める若手社員の採用・育成方法である。

　位置決め精密センサーを製造するための工作機器を独自に開発し，これまで熟練工が必要とされる作業を女性のパートタイム社員で十分対応できる体制に作り替えた。「多能工制」と「提案制」が同社の人材育成の柱である。女性パートタイム社員の改善提案を正社員が実現する提案制の1例として，工場への床暖房設備の導入がある。

　若手社員のプロジェクトチームが展示会や講習会・セミナー及び社員親睦会を企画する。企画の実現への効果だけでなく，社内で横串を通す効果も期待されている。社員親睦会の企画であっても，その評価が低ければ，次回からはプロジェクトメンバーには呼ばれない。プロジェクト組織を社員教育として位置づけているのであろう。

　同社には人事部や総務部といった間接部門は組織上存在しない。社員の新規採用においても，採用プロジェクトチームを編成して，適正試験や社長も積極的に参加する面接を繰り返して，"自立できる人材"を採用する。

　同社の松橋社長は「人材は発掘するもの」という姿勢で，ここ数年に採用した若い人材が思いっきり職場で力を発揮して同社の経営を支えてくれる人材に成長するのを楽しみにしている。

　東日製作所は，若手社員の育成方法に関して参考となる点がある。同社には技術者の海外研修制度がある。導入して5-6年になるが，海外の子会社に1年～1年半の間，若手技術者を海外子会社に派遣する。ここで自社製品が現場でどの様に使われているのか，使用頻度や使用方法，製品の現場での扱い方，既存製品への改善要望などを把握したり，代理店の業務はどの様に行われているのかなど，観察しながらじっくり実務を経験する。

　この研修を終えて本社に戻ると，見違えて自立した技術者になるという。以前は海外派遣をする前に社内でTOEIC研修を行っていたが，定着しなかったようだ。それ以来「若手技術者を直接，現場に放り込み，その環境で自分でどうしたら良いのかを必死で考え・試行錯誤させる方法」に効果を見出したとのこと。「人間，必死になれば，なんとかする」ということなのか。

　エリオニクスは，先端技術分野で入社3年くらいの若手技術者が製品開発を最初から任せる方法で，人材育成を行っている。もちろん先輩社員のサポートが必要であるが，まず，「経験させること」が重要だという。若手を製品開発

プロジェクトのリーダに抜擢し，責任と自覚を持って，最初から開発・納入・納入後の評価に至る一連の開発プロセスを経験させること，その中から反省点やうまくいった点などを次回に生かすこと。若手技術者の育成に開発プロジェクトを活用している。

（8）SCMと製品開発

SCMの理論基盤となっているのは，TOC（Theory of Constraints：制約理論）である。TOCの発案者はゴールドラット博士であるが，TOCは企業目的と改善活動を結びつけるために，下図のような"鎖のアナロジー"が使われる。

スループットの世界では，部分最適の総和は全体最適ではなく，スループットは最も処理能力の低い業務活動（ボトルネック）に制約される。そして企業のゴール（Goal：目標）は，スループットを最大化することを通じて，make money（利益・キャッシュを増やす）することであると主張している。

こうしたスループットの重要性を主張する背景には，製品寿命が短縮化し，顧客ニーズの多様化という市場環境の変化の中で，顧客ニーズに対応した製品（売れる製品）を開発し，注文数量のみ生産（つまり，在庫削減）し，希望納

図表11-3　TOC登場の背景

制約理論（Theory of Constraints:TOC）では,企業目的と改善活動を結びつける為に,鎖のアナロジーが使われる

◆鎖の輪：受注から原材料の調達,生産,配送,販売,請求,入金というように,最終的にお金が企業に入るまでの個々の業務活動のこと
◆スループット：鎖の強度のこと,スループットの強さは,1つ1つの鎖の輪を加算して求めるものではなく,1番弱い輪の強度が,その鎖の強度となる

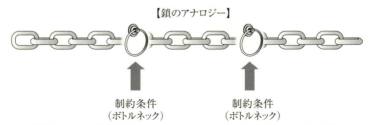

【鎖のアナロジー】

制約条件（ボトルネック）　　制約条件（ボトルネック）

出典）原　吉伸著「導入サプライチェーンマネジメント」ダイヤモンド社　1999

期に間に合うように出荷・届ける（つまり，トータルリードタイムの短縮）ことで，結果として利益増大・キャッシュフローの改善が実現できるとしている。

売れる製品をつくるには，SCMと製品開発が整合性を取れていることが，重要である。グローバルに事業を展開する自動車業界は，各地域・各国で開発機能を持ち，調達・生産・販売機能と整合性を確保する仕組みを準備している。

今回調査対象となった9社は，開発機能を海外に移転する考えはなかった。各国で生じた製品に対する改良要望は，今のところ日本で対応する考えである。

環境経営総合研究所の考えは異色であった。創業社長である松下社長が，大変な苦労を重ね，①紙の乾式連続パウダー技術，②紙パウダーと合成樹脂の均一混成技術，③紙パウダー・澱粉・合成樹脂の水蒸気発泡技術の世界的評価を受ける3つのオンリーワン技術を開発した。

創業は1998年。2013年8月時点で，売上高120億円，従業員数151名で，過去3年間は年率20%増を達成している，急成長企業である。この環境経営総合研究所は，今，次の成長段階へ飛躍しようとしている。つまり，「品質と技術」に，「価格競争力と量産性」を加えて，マスプロダクションを目指して勝ち続ける方針を打ち出している。

これは単なる在庫削減やコスト削減など，SCMプロジェクトでよく目標にされるゴールではなく，"マスプロダクションを通じてスケールアップを図ろう"とする極めて野心的な構想である。グローバル市場攻略のキー要素は他社が真似できないオンリーワンの「品質と技術」であるが，これだけでなく，量産化による価格競争力を持つこと，従来の多品種少量生産からのスケールアップ戦略である。

(9) 今後の目指す方向

今回調査した9社の多くは，戦略的に考えてグローバル市場に進出を果たしたわけではなく，顧客である日系企業の海外進出に合わせて，一緒に海外進出を果たしたという経緯がある。

こうした状況で，各社は今抱える課題をクリアし，更に進化を遂げるべき努力をしている。それは，日系企業以外の顧客開拓である。国内での圧倒的市場

シェアを背景に，顧客との密な関係を海外市場でも維持してきた。しかし，今後は文化や習慣が異なる欧・米企業や中国企業，アジア新興国企業などとの取引を増やして行く大きな課題に直面している。その先には，中東やアフリカなどの現地企業との付き合いも生じる。

　一般的には，各国・各地域で強力な販売ネットワーク網を持つ企業との合弁会社を設立する方法がある。

　一方，研究開発・解析用途で製品提供を行っている，エリオニクスと英弘精機は，量的拡大という課題がある。

(10) その他（経営全般）

　研究報告のテーマとは直接関係はないが，インタビューをする過程で，興味深い話を聞いたので，ご紹介する。

　メトロールは，細かな事業計画を作成していない。事業経営では，①当社の強みは何か？　②製品開発力はあるのか？　③投資したものが付加価値を生んでいるのか？　ということに重点をおいている。

　ROA（Return on Assets：総資産利益率）の目標を設定していないが，流動資産7割で資金の固定化を防ぎ，商社を使わずWebサイトでのダイレクト販売や，製品在庫を持たない1個流しの受注生産体制，多能工導入，人事部や総務部などの間接部門の廃止，開発・生産・営業の現業部門の強化，心理分析官（外部に委託）が参加する新規人材採用方式，などユニークな仕組みが構築されている。その結果，ROAを改善することに繋がっている。

　松橋社長は，"村の経営（助け合う運命共同体）"を会社運営方針に掲げ，社員及びその家族を大事にする経営を心がける。

　日本パッケージ・システムの真神社長は，大変な苦労の末に世界シェア30％を占めるRFID用アルミエッチングアンテナの事業を確立した。目先の目標よりも過去のリストラせざる負えなかった辛い思いから，「長く事業を継続すること」の大切さを認識している。年間1億円の売上から10年で年間売上10億と，順調に増収増益を果たした絶好調の時代からリーマンショックでリストラをする側を経験し，企業は社員が長く働き，その子息が入社したいと思えるような企業にしていきたいと語っていた。

　東日製作所の辻社長が力を入れているのは，修理サービスの有料化。日本のサービスをアジアの代理店で提供するために，S1～S6の6段階に分けて修

理の仕方を教育している。修理に対する意識の違いからビジネスとして成立させるための苦労があるが，講習会へ参加を促すためのアイデアを出し，日々検討中とのこと。顧客サポートへの並々ならぬ意気込みを感じ，その成果に期待したい。

　英弘精機の長谷川社長は，気象庁向け気象計測機器の開発から将来の再生可能エネルギーの可能性に目を付け，太陽光発電用日射計・気温計からモニタリングシステムや太陽電池評価システム（屋内用，屋外用）まで，システムとして提供できる体制を構築してきた。

　日化精工の杉本社長は，50期目にあたる来年，50カ国で自社の製品が使われ，精密加工時の仮止め用接着剤のスタンダードになることを期待している。現在は，22カ国で自社製品が活用されている。

　環境経営総合研究所の松下社長は，流通革命を自ら実践する。大手グローバル企業を相手に堂々と対等な戦略パートナー関係を構築している。更なる飛躍を祈念する。

5　考察

　調査結果を踏まえ，以下の項目を個別に考察する。
・グローバル化の発展ステージ
・企業戦略とグローバル展開
・部分最適と全体最適
・SCM とブルウィップ効果
・SCM と在庫削減

5-1　グローバル化の発展ステージ

企業のグローバル化に向けた発展ステージは，企業戦略との関係が深い。図表11-4 は，グローバル発展ステージを表したのもである。

　ここで，企業のグローバル化を 5 つの発展ステージに分類している。つまり，

　ステージ 1 は，ローカル市場でのビジネスが殆どを占め，余剰分を海外顧客の要望があれば，輸出する形態である。"消極的な輸出"と呼んでいる。

　ステージ 2 は，グローバル市場に目を向け出し，まずは販売拠点を設置し

図表11-4　グローバル発展ステージ

企業のグローバル化に向けた発展ステージは,企業戦略との関係が深い
◆ステージ2：オンリーワンの技術で現製品をグローバル展開する中小企業
◆ステージ3～4：競争力(市場シェアの高い)のある現製品をグローバル展開する中堅企業
◆ステージ5：コア技術を使い回して,新規事業分野や新しいマーケットへ積極的に進出する大手企業(現地ユーザーとの密接な用途開発をグローバルに展開する)

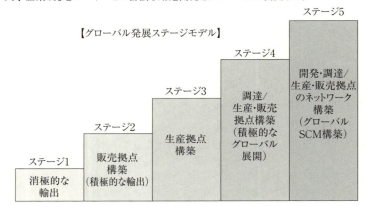

て，グローバル市場で積極的な営業を行い顧客を開拓し，国内工場から輸出する形態である。"積極的な輸出"と呼んでいる。

ステージ3は，グローバル市場での顧客が増え，市場性が十分確認できたので，生産拠点を構築して，顧客への対応を迅速に行う体制を敷く段階である。"生産拠点のグローバル化"と呼んでいる。

ステージ4は，グローバル展開を更に進め，現地で部品・材料を調達し，生産・販売拠点を増やし，グローバル市場での販売・供給のネットワークを構築する段階である。"積極的なグローバル展開"と呼んでいる。

ステージ5は，先進国だけでなく，アジア・新興国市場を含めたグローバル市場が消費市場としても十分な魅力を持つ段階である。よって，その国・地域のニーズにあった製品を開発し，部品・材料を調達・製造し，その国・地域で販売する，地産地消型の形態が完成する。"グローバルSCM構築"と呼んでいる。

グローバル展開の手順は，まずグローバル市場に不慣れであることや市場性がどの位なのかがはっきりと解らない段階で，リスクを抑えるために，海外代理店契約を結ぶケースが多かった。まずは，市場が大きいと思われる，アメ

カやヨーロッパで代理店契約を締結したり，アジア地域であれば，台湾やシンガポールに拠点を構える．

また，欧米などの先進国では，現地企業との合弁会社を設立して，現地企業の販売ネットワークに期待する場合も多かった．

しかし，最近の傾向として，小さな現地事務所（3-4名が常駐）を設立して，市場性やビジネス習慣（資金回収など），従業員の雇用に関する課題，法律・規制，環境対応など様々な地域性を調査する．アンテナショップ的な役割を含めてもつ現地事務所を，数年の後，現地法人に改組するケースが増加している．

代理店契約や合弁会社によるグローバル市場進出から現地事務所を設立した後，現地法人に改組する形態に移行しているのである．この傾向は，今回調査した9社以外にも多くの日本企業が採用している方法である．特に，競争力のある製品・技術を保有し，高い市場シェアを持つ企業によく見られる傾向である．ビジネスを展開していく上で，自社がコントロールできる部分を持ちたい，と考えるからだと思う．

まず，海外代理店契約を結ぶ．続いて，現地事務所や合弁会社の設立，現地法人や完全子会社へと進んでいるが，自前主義を貫いているのが解る．そして，市場が先進国から新興国に移行するのに合わせて，アジア・新興国市場に製造と販売の両面で現地法人を設立している．

開発機能を移管するためには，自動車業界で取り組まれている，製品プラットフォーム開発やそれを更に進めた，モジュール開発（日産自動車の場合，新型車に「日産 CMF（Common Module Function）」と呼ぶ設計手法を適用した）など，設計・開発手法の見直しから進めて行く必要があると思われる．

ここで，製品プラットフォームは，一連の派生製品が効果的に開発・製造される様に，共通の構造をもつサブシステムとそれを繋ぐインターフェースとの組合せで構成されている．よって，製品プラットフォーム開発は，異なる市場要求に迅速に低コストで対応できるメリットがある．短期間での製品開発や，低コスト，製品ラインの長寿命化など直接的な効果が期待できる．

一方，モジュール開発とは，車両を複数のモジュールの集合体と定義し，モジュールの組合せによって多様な車種を作り分ける設計標準化手法のこと．その目的は，複数の車種でこれまで以上に部品を共通化し，1台当たりのコストを削減することである．

5-2 企業戦略とグローバル展開

図表11-5は，メトロールの戦略とグローバル展開の例である。

この図は，3つの軸で企業の戦略とグローバル展開を表したものである。その軸とは，"技術・製品分野"と"グローバル化"，"新規事業分野"の3つである。

メトロールは，図表の原点（3つの軸が交わる点）から縦方面に，事業展開を進めている。つまり，精密位置決めスイッチを使い精密工作機械用途からスタートしている。国内市場での取引先が多かった。

このコア技術・コア製品をうまく使い回し，まずグローバル市場に展開した。つまり中小企業がオンリーワン技術を使い，今後成長が見込まれるグローバル市場に進出した。そして今，得意の技術を活用して半導体製造装置や医療機器，産業機器，エレベータ機器など，新規事業分野に積極的に進出し，市場も先進国市場から新興国市場にグローバルに展開している。

またメトロールの特徴は，「ITを活用してダイレクト販売」と「製品在庫を

図表11-5　メトロールの企業戦略とグローバル展開の例

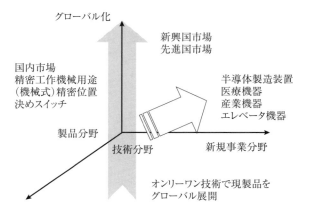

メトロールは,位置制御,寸法判別の用途において,リミットスイッチ,近接センサ,光センサとは機構の異なるオリジナリティーの高い,機械式精密位置決めスイッチ専門メーカーとして,国内市場から先進国・新興国市場へ,グローバル化を推進している

持たない受注生産体制」である。

B to B (Business to Business) のビジネス形態であるため,技術者によるマーケティングを重視している。顧客である企業との直接の接点を保持し,顧客のニーズに応じた製品開発を行う。

5-3 部分最適と全体最適

SCM が必要とされる背景には,これまで企業目標達成という名目の下に各機能,各組織が部分最適化を求めてきたことへの反省が込められている。今後,企業は,各機能,各組織が部分最適に陥ることなく,1つの整合性の取れた機能として動くように全体最適化を追求すべきである。

SCM は,評価指標として総資産利益率(ROA)を用いる。総資産利益率は,次の式で求められる。

総資産利益率(ROA)= 売上高利益率 × 総資産回転率

納期遵守や希望納期受入れなどによるタイムリーな製品供給は,顧客満足度を確実に向上させ,需要の先取り効果もあいまって,売上拡大に繋がる。一方,サプライチェーン全体で原材料,製品の通過を高速化・高回転化するので,設備,人などの経営資源が少なくて済む。したがって少ない設備能力で大量の生産,物流,販売が可能になる。結果として総資産回転率が向上するのである。つまり,これまでの売上高利益率に資産がどれだけ効率的に活用されているのかを示す,総資産回転率が新たな指標として加わるのである。

製品や技術が業界内で大差ない場合,資産,特に換金性の高い流動資産の管理の優劣が会社の成功と失敗の分かれ目になる場合もあるので,ROA は経営力を測る指標としても重要である。

SCM は,在庫削減をテーマに企業改革に取組む場合が多い。例えば,「平均在庫回転日数を現状の XX 日から XX 日に削減する」という具体的な目標を設定する。在庫削減をテーマにするのは,その実現のために,開発から製造,営業,サービスの各機能が整合性を持って取組む必要があるからである。つまり,サプライチェーン全体でモノの流れを高速化し,精度を高めるために機能連携や情報の共有化を実施する。

一般に,在庫削減には,「品目の統廃合」や「生産リードタイムの短縮」「需要予測の精度向上」「在庫責任の明確化」「生産計画と販売計画の連携」などが解決策として考えられる。こうしたテーマを解決できるジェネラルマネジャー

が必要なのである。ジェネラルマネジャーは，評価指標としてのROAやキャッシュフロー強化など経営的視点と，開発・生産・販売の各機能での実務的視点の両面で，「普遍性と論理性を担保する経営システム」を構築していくことになる。

ここで，部分最適と全体最適の関係について述べる。

企業の各組織の評価指標，例えば生産部門は工場の稼働率を向上させること，営業部門は売上や市場シェアの向上させることなど，異なった評価の物差しで企業収益を見ると，企業はどうしても部分最適に陥る傾向にある。

勿論，在庫削減という目標が生産部門に無いわけではない。工場では工程改善や生産リードタイムの短縮などを通して，真剣に目標達成の努力を行っている。問題は，これまで企業全体で収益構造のマネジメントを行うという立場で部門目標を設定するという習慣が各部門には無かったということである。

また，同一の生産組織内でも，例えば「時間当たりのトン数」で評価されている鉄鋼業界の生産工程の場合，厚い鋼板と薄い鋼板の生産計画がある部門は，厚い鋼板の方が「時間当たりのトン数」を稼げるので，予定の時間当たりトン数が達成できないと見るや，厚い鋼板の生産計画を前倒しする。

また，段取り時間がかかる部門では，少しでもトン数を稼ごうと，需要予測を先食いして実際の生産計画より大ロットで生産する。工程内でこのような小さな意思決定が重なると，生産中の仕掛在庫が増大し，生産リードタイムが長くなり，結果として顧客への納期は長くなる。

これまで生産，物流，営業の各部門では「コストマネジメント」の視点を強く意識した経営管理を実践してきたため，部分最適の考えが経営管理の標準的な評価指標として使われてきたという歴史的背景がある。「コストマネジメント」の世界では，部分最適の総和は全体最適である。これは「規模の経済性」で通じた考え方である。

5-4 SCMとブルウィップ効果

「ブルウィップ効果」とは，"皮の鞭（むち）"のことで，手元のちょっとした動きが鞭の先端に行くと大きな振幅に変わるという鞭の特徴を発注に当てはめた表現である。

SCMは，供給量＝需要量といった状態に限りなく近づける様にマネジメントすること，つまり，調達・生産・物流などの供給活動を市場の需要に同期化

図表11-6　ブルウィップ効果

「ブルウィップ効果」とは"皮の鞭(むち)"のことで,手元のちょっとした動きが鞭の先端に行くと大きな振幅に変わるという鞭の特徴を発注に当てはめた表現である

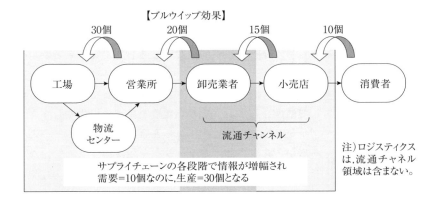

させることにより,「ブルウィップ効果」を最小限に抑える。

図表11-6が示す様に,消費者である市場が需要=10個なのに,小売店は欠品を恐れて少し多めの15個を卸売業者に発注し,卸売業者も同様に欠品を恐れてメーカの営業所に少し多めの20個を発注する。同様に営業所は工場に少し多めの30個の生産依頼をかける。つまり,「ブルウィック効果」とは,流通チャネルや営業と生産の間などサプライチェーンの各段階で情報が増幅され,10個の需要が例えば30個生産する様になる現象のことである。

SCM構築で難しいのは,需要が変動し,その変動に対応する様に調達・生産・物流などの供給活動を同期化させることである。もし需要が一定であるならば,又は安定したトレンドを持つならば,それに合わせて供給体制を構築することはそれほど難しいことではない。需要の変動に対して,様々なモデリングが試みられ,研究も行われているが,その実用化は容易なことではない。

SCMでは,流通の中抜きやダイレクト販売,インターネット販売などの流通革命とも呼ぶ試みが行われている。需要の変動を的確に且つタイムリーに把握するために,直接,顧客との距離を縮めて接点を太くし,顧客ニーズに応じた製品開発を行う。顧客との接点は他社に任せないで,自社でしっかり握ることの重要性を認識しているのである。

1990年代のパソコン業界で,デル・コンピュータ社が流通を中抜きにし,イ

ンターネットを活用したダイレクト販売（これを，デル・ダイレクトモデルと呼ぶ）モデルを構築し，スピードとキャッシュフロー経営で大成功した。

5-5 SCMと在庫削減

　SCMでは，在庫は重要なマネジメントの対象であり，在庫管理はまず，在庫の実態を「見える化」し，様々な在庫削減対策を通して，在庫を必要最小限に抑えることである。

　在庫は，現金（キャッシュ）が姿を変えたもの。売れ残ってしまったもの，緊急の出荷要請に対して準備をしておくもの，需要を見誤って生産しすぎたもの，あるいは，トップ企業としての供給責任から在庫しておくもの，など在庫保有の理由は様々であるが，在庫自体はキャッシュを生み出すものではない。

　キャッシュフロー経営（キャッシュの流れを把握し，市場・環境変化やリスクに対応した経営を行うこと）を標榜するSCMにおいては，「どれだけのキャッシュを投じて，どれだけのキャッシュを獲得したのか」で評価される。在庫管理・削減が重要なのである。

　SCMの経営改善指標として，ROA（Return on Assets：総資産利益率）が使われ，ROAは「投下総資産（Assets）をどれだけ効率的に使って利益（Return）をあげたかを見る経営指標の1つで，投資家が投資先を検討する時に着目する指標である。投資家はROAが良い値であれば，少ない投資で高い配当が期待できる会社とみなすのである。

　在庫が多い場合は"生産の仕組みが不備"とか"段取り替えに時間がかかる"，"品質トラブルが多い"などの問題は覆い隠されてしまい，問題があることその存在自体がわからなくなる，ということである。よって，問題を解決しようというキッカケが生じない。当然，問題点が改善されないままの状態が続くことになる。

　トヨタ生産方式に代表される様に，1円でも安くものを作るという「モノづくりの力」がつかないことがなにより悪いのである。安易に在庫で問題点を解決しようとする。

　在庫削減やコスト削減の1例としてVMI（Vender Managed Inventory：ベンダによる顧客在庫管理）がある。

　社内の物流改革（物流費を大幅に削減すること）を通して，新しい物流ビジネスを立ち上げた企業の例をご紹介する。

一般に，化学メーカは売上高物流費が5％未満であるが，総コストに占める物流費は20〜30％に達するほど，物流費削減は経営課題の1つである。
　ここではVMIについて述べる。VMIとは，納入業者が購入業者に代わって在庫管理を行う方式で，部品メーカなどがセットメーカの需要情報に基づき，欠品が出ないようにセットメーカの倉庫に部品を納入するなどが一般的な形態である。家電業界や小売業界などで広く普及している。
　実際は，部品メーカは物流会社の倉庫に部品管理を委託している場合も多いと考えられるが，物流会社の倉庫にある部品在庫は部品メーカの所有である。
　つまり，購入先（ユーザ企業）の出庫指示に基づいて保管倉庫から部材を配送・補給するというところに特徴がある。
　この化学メーカは，物流費削減のため，荷姿の統一や配送拠点の見直し，梱包作業の標準化，輸配送ルートの最適化など様々な解決策を実行していく中で，特定の顧客への配送環境を解決するために，自ら新規ビジネスとして取り組むことを選択した。
　自社の物流費を削減すると共に，顧客のコスト削減や在庫削減の効果を説明し，VMIを推進したと言われている。
　VMIは，「富山の薬売り」で説明されることが多い。「富山の薬売り」は，各家に何種類もの薬が入った薬箱を置いていく。人は，熱が出たりかぜを引いたりしたときに，必要に応じて，薬箱から薬を取り出してそれを服用する。その後，薬の代金を薬屋さんに支払う。
　この方式はまさにVMIと同様で，ユーザ企業の需要に応じてベンダーの資産である在庫をユーザ企業に配送し，配送した分をユーザ企業に請求する。
　また，「コンビニエンスストアでの発注方式」で説明されることもある。
　コンビニエンスストアの発注は，バーコードで行われている。POSレジではバーコードを使用することにより，その商品が売れたのか，時間帯はいつか，男性客か女性客か，年代はいくつか，更に天候状態はどうであったか，などの情報が一緒に管理され，本部で管理されている。
　こうした情報を下に，売れ筋商品や死に筋商品が解り，販売戦略などに活用されている。更に近所での運動会や盆踊りなど各種イベントなどの情報を組合わせれば，なぜその商品が売れたのか，など原因分析などにも活用できる。一部の商品情報は製造業者へ伝送され，コンビニエンスストア側で発注することなく，供給業者から商品が補充される仕組みが出来上がっている。

つまり，これは自動発注・自動補充の仕組みであり，VMI と共通した機能である。この VMI の特長は，ユーザ企業の発注行為を無くすと共に，ユーザ企業の在庫管理業務も無くことで，ユーザ企業のコスト削減に効果的である。ユーザ企業にとっては，「在庫を持たずに欠品も起こさない」という課題が同時に達成できるのである。

最近は，調達物流の分野，特に「国際 VMI」が注目を集めている。「国際 VMI」は，国内での VMI に加えて，輸出・輸入業務が関係してくる。特に，輸入業務は，航空（海上）輸送と輸入関税に分けることができる。法改正により，「国際 VMI」は，航空機や船舶で日本に持ち込んだ商品は輸入通関することなく，そのまま蔵置できる。更に非居住者である輸出者が自ら輸入者となって輸入申告を行うことになる。

今後益々，「国際 VMI」は重要になってくる。

6　おわりに

今回インタビューした9社から学ぶべき点は非常に多かった。グローバル市場に目を向けた経営を行っているのか，否かは，企業規模の大小に関係がない。「グローバル SCM」の基礎である，情報の共有化や需要の変動への対応としてのスピードと効率化の追求は，規模が小さい企業だからこそ，強みとして活用できる。SCM のコンセプトは1990年代にアメリカから導入されてきたが，20年近く経った今も，決して色あせない経営マネジメント手法であると確信した。更に，グローバル展開に直面する中小・中堅企業が取り組むべきコンセプトであると思う。

今回の調査結果から，グローバルニッチトップ企業は，グローバル市場進出にあたって，様々な経営上の工夫を行っている。これからグローバル展開を考えている中小・中堅企業にとっては，極めて有益な情報であると思う。

今回の研究報告で，お忙しい中，インタビューに快く応じて頂いた下記企業の経営者及び幹部社員の方々にこの場を借りて改めて感謝を申し上げたい。以下敬称略。
・英弘精機株式会社（代表取締役社長　長谷川壽一）
・株式会社エリオニクス（代表取締役社長　岡林徹行）
・株式会社東日製作所（代表取締役社長　辻修）

・株式会社メトロール（代表取締役社長　松橋卓司）
・千住金属工業株式会社（広報宣伝部　中村喜一主幹　CSR室　早野友康室長）
・日本パーカライジング株式会社（経営企画室　山本浩孝部長　上原和久課長）
・株式会社環境経営総合研究所（代表取締役社長　松下敬通）
・日化精工株式会社（代表取締役社長　杉本隆）
・日本パッケージ・システム株式会社（代表取締役社長　真神孝男）
　会社の更なる発展を祈念している

原吉伸

参考文献

1) 原 吉伸　『導入 サプライチェーン・マネジメント』　ダイヤモンド社，1999。

■グローバル化への対応■

日本の金型産業の将来に関する考察
――日本の金型産業の消滅からの脱却への提案――

第12章

■ 1　はじめに

　グローバル経済の進展は，日本の金型産業がおかれている状況を激変させた。日本の金型産業は零細中小企業が中心の業界であることから"グローバル経済の大波"に乗り切れず，この10年ほどは，出来るだけ「大波の影響を受け無いよう」様々な努力を続けてきたが，それらの対策はほとんどが「産業や企業を守る為」の，どちらかと言えば"守り"の対策であったことは否めない。しかしながら，これらの対策をとればとるほど，現実では「企業の体力の弱体化」を招くことになり，ますます本流にしなければならい「グローバル経済の流れ」に乗れず，「企業の存続」が危ぶまれる結末を生むケースも発生している。しかしながら本当に日本の金型産業が「グローバル経済の流れ」に乗り企業を存続させ発展させる事が出来るのであろうかを冷静に考察してみるとその可能性は甚だ低いと言わざるを得ない。その証拠として，現実には10年前日本には金型専業者数（注：金型専業者とは主として金型を製造販売する企業であり金型を使って部品加工を行う企業は含まれない）が12,000企業存在していたが，平成26年度末にはその企業数は約7,000企業に減少していると推測されている。（日本金型工業会調査による）この減少傾向は「新しく金型企業を立ち上げる気運」が無いことや，従業員や経営者の高齢化による廃業が続く事を考察すると，今後もその数は減少し続ける事は確実である。坂道を転げ落ち続けている"負のエネルギー"は益々増大し，それを止める為には，その"負のエネルギー"以上の大きな力（エネルギー）が必要である。この「落ちつつある状況を止める行為」は如何に"官の力"を利用しようとも，如何に優秀なコン

サルタントの協力を得ようとも，それを実行する事は非常に困難であり「現実には不可能である！」と断言してもおかしくない。むしろ海外の新興国の様に，金型産業が全く存在しない"ゼロからの出発"の考えの方が金型産業の振興にとっては"活性化への早道"かも知れない。

従って，本論文では「金型産業を現状のまま存続させる」観点ではなく，一旦全ての日本の金型産業が崩壊し全く無くなった後，新たな日本の"モノづくり"の根幹となる金型産業が"ゼロからの出発"をする発想を持つとどうなるかについて考察する。

2 (一社) 日本金型工業会が示した「新金型産業ビジョン」

この衰退し続ける金型産業の状況を踏まえ，平成26年4月に(一社)日本金型工業会(以後日本金型工業会と記す)は，経済産業省の指導のもと「新金型産業ビジョン」を策定し，業界内の企業に対してビジョンを参考にした"新しい経営"をする様に周知徹底を図っている。そのビジョンの第2章には「グローバル経済下に置ける金型産業が新たに目指すべき方向」が示されている。本項では，横田がこの策定を纏めた一人として，策定の背景を含めその内容について解説する。

2-1 「目指すべき方向」を策定するにあたりの基本的な考え方

今まで日本金型工業会としては，過去何回か経済産業省の指示により「金型産業ビジョン」を策定して来た。しかしながら，それらビジョンは必ずしも一般の金型企業の置かれている状況と一致した基盤の上で策定されたビジョンではなく，主として学識経験者や専門調査機関が中心となって「理想的な将来像」を描いたビジョンであったため「現実に合わなく，受け取った側からすると「利用されない"机上の空論"的なビジョン」になってしまい，各企業ともそのビジョンを活用する事無く「机の中にしまわれたビジョン」に陥っていた。そこで今回の「新金型産業ビジョン」は前回までの轍を踏まない様に，以下の2点をビジョン策定の基本的な背景にある事を前提として「金型産業が目指すべき方向」が策定されている。

その2点とは
①対象企業を中小企業とする

日本の金型産業は従業員数20名以下の小規模企業であることから，本ビジョンの対象企業先は大企業ではなく中小零細企業であること
②国内での金型製造を継続させる

如何にグローバル化が進み海外展開を余儀なくされたとしても，日本の金型企業は今後も国内雇用を守り国内で金型づくりを継続していくことである。

特に「日本の金型産業は中小企業」である事を再認識する事が大切である。金型企業を合併や提携によって大規模の企業にすれば新たな道が開けるかと言えば残念ながらそれも"否"である。この事は最近発生している世界最大とも言える「自動車ボデイ金型企業の経営悪化」や「大手プラスチック金型企業の会社更生法申請」にも見られる様に金型企業はある程度大きくなるとかえって経営が困難になる。この事は100年も前から「金型企業と吹出物は大きくなると潰れる！」とか「金型企業と屏風は高いほど倒れ易い！」と言うことが言われて来た。この傾向は日本のみならず世界共通の現象であり，世界の金型を生産する金型専業企業の大半は中小企業である。中小企業だからこそ金型専業者として生き残って来たのである。しかしながら，ここで反省すべきは，本来小さな船（中小零細企業）ほど「機を見て敏なる（機敏）」な行動をとれる利点が有ったはずであるが，実際には"機敏な行動"が不得意な大きな船（大企業）に先を越され，その大きな船が付き進む時に発生する"余波"の影響をまでも，受けてしまったことである。今後の金型企業はこの反省から，今後は2013年春に経済産業省から発表された『新素形材産業ビジョン』に示されているように，「"守り"の姿勢を変えて，次世代に向けた新たな金型企業として生まれ変わるべく"攻め"の戦略構築を図る」必要がある。"攻める"為に必要なのは，単なる"機敏さ"だけでなく，金型専業者しか持てない知識と経験を生かした"鋭敏さ"が求められる。日本の金型産業が"世界一"を維持し続けるには今後「日本の金型産業は今までの経験によって築き上げられた"鋭敏さ"を生かし，"機敏"に行動する"攻め"の体制を構築する」ことが基本になければならない。"機敏さを持つ"とは「単に上から言われた事を単に従順に従う」ことからの脱却が必要である。確かに金型企業は中小企業である故に顧客である大企業の"言いなり"になる傾向があるがそれでは企業経営は長続きしない。今後は自社にとっても顧客にとってもどちらにも"有益"になる様な提言をして行かなければ生き残れないのである。しかしながら，ここで金型企業は

「何の為に"攻めるか?"」の目的を明確にする必要もある。当然なことであるが,全ての"モノづくり"産業にとって"金型産業"は欠かすことが出来ない産業である。「日本の金型産業が衰退すれば,日本は"モノづくり"が出来なくなり,日本経済は崩壊する」ことは,最早,日本の誰もが認識し始めた"周知の事実"である。しかしかといって,金型産業を利用している"モノづくり産業"は,残念ながら「それでは皆で力を合わせて"金型産業"を助けてあげよう!」とは積極的には考えない。今,日本中の"モノづくり産業"は自らの存続を如何にしたら良いか? に考えを集中しており,他分野とも言える金型産業の援助まで思いを巡らす余裕はないのが現実である。この"金型産業にとって不都合な傾向"は今後も大きな変化は望めない。金型産業の"モノづくり"は部品加工産業や組立て産業の様にロボットや自動加工機械を中心として成り立っているものではなく,"人"によって成り立っている産業である。従って,金型企業は「そこで働く"職人"達の雇用を守り続ける」ことが至上命題になる。他の産業に見られる「国内の仕事が少なくなったから国内事業所を閉鎖し海外事業所に移転し,企業存続を図る」ことは金型産業では"意味がない存続"になってしまう。従って,「金型産業は何の為に"攻め"に転ずるか?」の目的は当然「日本で金型事業を存続し,従業員雇用を守り続ける目的の為に"攻める"」ことである。

しかし"攻める"為には相手に勝つ"武器"が必要である。残念ながら今までのような「品質と価格」だけでは武器にならない。 図表12-1に示すように,日本の金型品質は世界トップクラスにあり金型顧客市場はこれ以上の品質は求めてはいない。

今以上の品質向上は顧客層にとっては「過剰品質金型」と捉えられ,益々顧客層から遊離してしまう危険性を秘めている。逆に「価格を下げる目的で品質を落とす」ことも考えられるが,これは"世界一の日本の金型"のブランドの旗印を下げることに繋がり,日本の金型産業にとっては得策ではない。日本の金型企業の経営者や技術者・技能者は「今より品質の悪いものを作る」ことは潔くしない為,現実的でもない。価格面で見ても,日本の価格は残念ながら海外の競合国の価格に比べて競争できる"武器"にはならない。若し"武器"にするなら「さらに利益を削って低価格化を図る」ことになるが,現在の無利益状態とも言える経営から考慮すると,この道を選ぶのも無理がある。従って今後の金型企業は成長戦略の"武器"となる新たなもう一軸を持つことが必要で

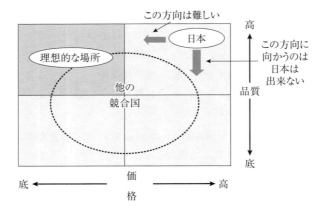

図表12-1　金型産業における国際的位置づけ

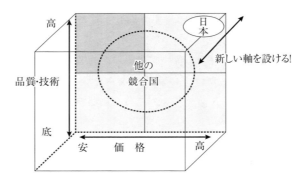

図表12-2　成長の為の新たな1軸

ある（図表12-2参照）。この一軸は各企業の事業内容や経営規模又は技術的内容によって違ってくるが，その違いこそが金型企業の将来の多方面への発展につながる"武器"となると確信する。

　今後，金型業界及びそれを構成する金型関連企業が目指すべき方向としては「金型技術をコア技術とした新しいものづくり企業」である。その為には"新しい市場"を探し，そこにおける"新しい競合先"を分析し，そこに勝つ為の

"新しい武器"を磨き，"新しい戦略"を策定しなければならない。その為には金型企業各社は，もう一度自社の経営を見直し，中長期を見据えたビジョンづくりである「中期経営計画」の策定をすることが今後の成長の為の絶対条件である。

2-2 金型企業ビジョンの六つのキーワード

金型工業会が策定した「新金型産業ビジョン」では前項の「金型産業が目指すべき方向」に基づき，今後金型企業が自社の経営計画を作成する為に必要なキーワードを提言している。金型企業が今後作成すべき中期経営計画ビジョンは，企業ごとに違っているのは当然である。若し金型企業の中期経営計画が全く同じであれば，そこには新たな"意味のない国内競争の激化"を生むことになる。但し，この経営計画ビジョン作成には共通して盛り込むべき必要とするキーワードがある。

まず基本となるキーワードは三つあり
（1）第一のキーワード：営業力（提案力）
（2）第二のキーワード：海外展開
（3）第三のキーワード：金型技術を活かした周辺分野への事業展開である。

加えて，この三つの基本キーワードをサポートするための三つのキーワードが存在する。

サポートキーワードとしては
（4）第四のキーワード：人材確保・人材育成
（5）第五のキーワード：技術研究開発
（6）第六のキーワード：サプライチェーンを有効なものとするための連携・提携の推進である。

理想的には，この六つのキーワードを全て含んだ中期経営計画を構築することであるが，企業によっては当てはまらないケースも存在する。その場合には"出来るだけ多くのキーワード"を組み込んだ計画立案を行うことが大切である。確実に言えることは，たった一つのキーワードだけで中期経営計画を構築しても，その企業の成長や活性化にとって意味が無いことは間違いない。それらのキーワードの概要は以下の通りである。

2-3 第一のキーワード：営業力（提案力）について

　以前の日本の金型企業は，特定の顧客との結びつきが強く，「仕事は顧客がとってきて，金型メーカはその要請によって金型を製造するものである。従って"優秀な金型企業"には営業はいらない！品質の良い金型を作るのが金型企業としての営業力だ！」と言われていた。しかし，現在は，その顧客層自体が国際競争に負け始め，仕事が取れなくなった為，金型メーカに仕事が回ってこない状況に陥った。その為，金型企業が，自ら仕事をとらなくてはならない状況を余儀なくされている。金型は重要な生産財である。顧客にとって金型は儲けの"源（みなもと）"である。金型企業は，この基本に戻り，今後は顧客が儲かる「金型」を提案しなければならい。今までの金型企業は「技術がある＝難しい仕事が出来る」で営業を行ってきた。しかしこれだけでは，顧客にとっては"儲の源"にはならず，直接受注には結びつかない。今後は「技術がある＝提案してくれる」が顧客にとって最も必要なものである。この「提案を行う」ことをより有効化するには，出来るだけ最終顧客に近いところでの顧客ニーズを，直接金型企業が掴むことが必要である。従って，前項でも指摘された「サプライチェーン」をもう一度見直し，金型企業や金型産業がおかれている"本当の価値"を認識しながら活動できる営業を目指さなければならない。サプライチェーンの効果的活用に関する対策案については第六のキーワード「サプライチェーンを有効にする連携・提携の推進」の項で記述する。

2-4 第二のキーワード：海外展開について

　日本の金型産業のピークは平成3年が約2兆円／年だったものが，その後20数年過ぎ，現在では1兆円／年程度とピーク時の約半分に市場が縮小している。一方，特にアジア地域を中心とした海外市場では，金型需要は激増している状況にある。日本の金型産業の活性化には，今後いかに増大しつつある海外市場の仕事を日本が獲得するかにかかっている。但し，海外展開といっても，海外に製造工場を進出させるだけが海外展開ではない。元々，日本の金型産業は，中小零細企業が中心の産業である。残念ながら，この中小零細企業は海外展開するだけの資金力も人材能力もない。加えて海外で工場経営するノウハウも持ち合わせてはいない。海外市場を取り込もうとして，ただ闇雲に中小零細金型企業が海外に工場進出すれば，例外無く"失敗"に直結し，本体である日

本の会社や工場も閉鎖に追い込まれる可能性も少なくない。一方，日本の金型企業は「高品質で短納期の金型生産」が出来るばかりでなく「顧客との信頼性の構築ノウハウ」も持っている。日本の金型企業は，"国内での金型づくり"をベースにして，海外はそのノウハウを生かした営業拠点の設立，海外金型企業との業務提携や技術提携による金型販売も視野に入れた海外展開も顧客市場を獲得する方法の一つである。その為，今後の日本の金型企業がなすべきことは，今まで日本の金型経営者がやりがちであった"海外市場から目をそらす"姿勢から脱皮し，"海外市場の現実"を金型経営者自身が"自らの目で市場開拓の可能性を見いだす"ことが必要である。海外金型企業との業務提携や技術提携を主体に考えると，日本の金型企業にとって海外金型企業は"敵として見ている競合先"では無く"日本に仕事を提供してくれる味方"に変わることになる。

2-5 第三のキーワード：金型技術を活かした周辺分野への事業展開について

日本の金型産業は，かつての高度成長時代には"作りきれない"程の金型需要市場が存在した。その市場背景が，現在の日本の金型産業の，世界でもまれに見る「金型専業企業比率の高さ」を生んだ。しかしながら，豊富だった国内金型需要市場は，顧客のグローバル調達の波で急速に減少することになり，金型の製造・販売に特化した「金型専業者」の経営は難しくなってきた。今後は「金型製造企業」を「特殊精密治工具製造企業」や「特殊精密加工企業」として，新たに自社の能力を見つめ直し，金型市場以外の分野や「航空機部品市場」等の新しい市場への事業展開への模索は重要である。その場合も，これまで長年"金型づくり"で築いてきた技術や技能をコア技術としての展開模索が基本である。

2-6 第四のキーワード：人材確保・人材育成について

前述した基本となる三つのキーワードを達成させるためには，「人材育成の強化」が絶対条件である。第一のキーワードである「営業力の強化」においては，「自社の高い技術を販売出来る人材や自社の高い技術を活かした提案が出来る人材」が必要である。第二のキーワードである「海外展開」においては「海外情報の収集能力に加え，海外顧客へのPR・営業に必要な語学力や海外

取引能力を持った人材」が必要である。第三のキーワードである「金型技術を活かした周辺分野への事業展開」においては「冷静な自社の技術力分析能力やその能力を使った技術開発能力に加え，自社が持っていない新技術開発能力を保有する人材」が必要である。これらの目的を持つ為の人材教育は，現状の職場内で行われているOJT（On the Job Training）方式の「職場内職業訓練方式」では無理がある。今後求められる人材教育は，それまで各企業が持っていなかった能力開発をすることである。OJTの基本である「事業継承」や「技能・技術継承」を目的としたものでは無い。従って，今後の人材教育は，各企業が所有していない能力を持っている外部機関との協力や支援を受けながら行う必要がある。この外部機関の利用は，様々な方法が存在するが，その方法の一つに「大学との連携強化による社内人材育成の積極化」がある。この方法には，現在日本工業大学が主体となって行っている「金型人材育成講座」の活用や，岩手大学大学院金型専攻科が行っている「企業インターンシップ制度」の活用も考えられる。加えて，社会人を対象として幾つかの大学が行っているMOT教育の積極利用も考慮すべきである。一方，海外派遣人材教育としては，平成24年度から始まった川崎市における「企業等海外派遣人材養成講座（厚生労働省採択事業）」への参加も有効な方法である。又，各企業が独自で"必要とする能力"を持った人材を個別に採用したり，利用する方法も考えられる。加えて，"必要賭する能力"を完全にアウトソーシングして，専門の外部機関や企業を利用することも合理的な方法である。

　いずれにしろ，現在企業内で行われているOJT方式の人材教育だけでは，時間を要するばかりでなく，中小企業内での承継は少ない量の人材教育に留まり，業界全体の底上げには繋がらない。その為，前述した産官学連携によるシステマチックな人材教育を行うことが今すぐ必要である。又，社内人材養成だけでは解決できない課題や許された時間が無い場合がある。特に営業部門の強化や海外展開への模索については金型産業にとってみると，残されている時間がほとんどない。すぐに対応しなければならない状態になっている。その為，企業の中には，海外の学生のインターンシップを積極的に受け入れ，その中から優秀な人材を採用していく方法を選択したり，業務提携した海外企業から日本国内に海外研修生を受け入れ，日本の"モノづくり文化"を教えると同時に，それら研修生から国内企業の従業員が，海外の"モノづくり文化の現状"を理解する動きを取っている企業も少なくない。

2-7　第五のキーワード：技術研究開発について

　日本の金型企業が海外との競争に勝つには，自社独自の「技術研究開発」を推進することも，企業競争に勝つ為の絶対条件の一つであることは間違いない。残念ながら，日本の人件費は海外に比べ高いことは今後も変わることが無い。現在も多くの中小企業では技術研究開発の大切さを認識しているが，課題は「何を開発して良いか判らない！」ことである。いくら"素晴らしい技術開発"が行われても「使われない技術」であれば，今の中小金型企業がおかれている企業環境を劇的に変化させることは出来ない。まず国内外の顧客市場で何が起きていて何を必要としているかを徹底的に"調査研究"することが大切である。営業部隊へのサポートとしては"顧客が儲かる金型の提案"が必要であることから，受注を獲得する為に「顧客が儲かる金型の研究開発」を第一義に考えた開発研究を行わなければならない。一方，"モノづくり"の世界では現実的には世界的視野で考えると，"オンリーワン技術"なるものは実は存在しないが，出来るだけそれに近づけるための技術開発も重要である。もし限りなくオンリーワンに近づいた技術開発が出来れば，受注量の増大にも貢献し，販売適正価格を獲得しやすくなる。これら"市場獲得を第一義に考えた研究開発"は企業の発展や存続には不可欠なものであることは忘れてはならない。

2-8　第六のキーワード：サプライチェーンを有効なものとするための連携・提携の推進について

　金型産業における材料調達から最終顧客への納品までのサプライチェーンは図表12-3に示した通りである。

　金型産業がおかれている位置関係から見ればこのサプライチェーンは「金型産業のバリューチェーン」と置き換えても良い。長年の間日本の金型企業は「金型専業者」として事業運営を続けてきた。しかしながら，企業存続の命運は，後工程に位置する部品加工に代表される「金型顧客」の事業経営状況に委ねられ，どんなに金型企業が優れた技術持っていても，又は優秀な金型を作ることが出来たとしても，「金型顧客」の経営が悪化すれば金型企業の経営も悪化することに繋がってしまう。現在の金型産業の衰退は正に「金型顧客」が衰退していることに起因しているのである。このような状況から脱皮する為には「金型製造」だけを担当する事業から，前後工程を巻き込んだ事業展開が今後

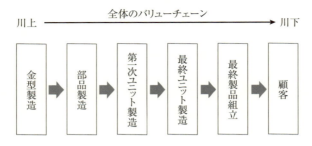

図表12-3　金型産業に於けるバリューチェーン

は必要である。しかしながら，資金不足や人材不足に悩む金型産業では，前後工程の事業を経営している企業の買収や統合は考えられないが，出来るだけ最終顧客に近いところでの事業展開を行う為に図に示す範囲で，今後「連携・提携」を推進することが求められる。このサプライチェーンにおける"縦の連携"を有効化する為には中小零細企業である金型企業同士の"横の連携・提携"を積極化することも必要である。

3　「新金型産業ビジョン」を達成する為の課題

前項までに日本金型工業会が策定した「新金型産業ビジョン」を記述説明してきたが，実際に中小零細企業にとってこの6つのキーワードを達成するのは非常に困難である。6つのキーワードの一つ一つに付いてその課題を考察する

3-1　営業力の強化に対する課題

確かに営業力は強化しなければならない。しかしながら，そもそも今までの金型企業には営業部門自体が存在しないのである。社長（多くの場合現場職人を兼任する）自らが仕事の合間をみながら，以前から繋がりのある顧客との交渉を行うことが常である。金型企業の75%を占める5名以下の零細企業では営業を専門にする「営業員」を新たに採用するとしても，金型を知らない新人の営業員ではそれが受注に結びつく可能性は少ない。従って，そもそも金型企業が営業力強化をする事が出来ないのが現実で，本キーワードが適用出来るのは，金型企業の中でも中堅企業と言われる従業員50名程度の企業であるが，この比率は甚だ低く全金型企業の数%に過ぎない企業数である。つまり，現在

存在する金型企業7,000社の内，中堅企業に該当するのは数十社に過ぎ無いのである。日本の"モノづくり産業"の課題は，如何に中小零細の金型企業を残すかであり，その為にはこのキーワードを遂行するには「別の方策との組合わせ」が必要である。

3-2　海外展開に関する課題

中小零細企業にあっても，今後の会社経営は「海外展開」を無視しては経営出来ない事は前項で指摘された通りである。前項では「海外から目を背けず，経営者自らが海外情報の収集を積極的に行うこと」とされているが，「情報収集＝受注が取れる」とは限らない。むしろ情報収集した結果「我が社ではとても対応出来ない！」と言う"諦め"の結果に繋がる可能性の方が高い。従ってこの「海外展開」のキーワードも中小零細企業にとっては簡単に遂行出来る方策ではない。

3-3　金型技術を活かした周辺分野への事業展開の課題

この方策については既にマレーシアの金型工業会が推進中である。周知のごとく，金型産業の大きな顧客層は家電を中心とした「電気産業」とバイク産業を含んだ「自動車産業」である。マレーシアは20年ほど前「アジアの家電製品製造のメッカ」であったことに起因して，多くの金型企業が創立された。加えてタイで本格的に自動車生産が始まると，自動車産業用の金型製造が盛んになり，新しく創立されたマレーシアの金型企業は大きな発展を遂げる事になる。しかしながら，家電産業がマレーシアの人件費の高騰から急激に中国にその拠点を移転させると同時に，タイに於ける自動車生産用金型製造技術が発展する事により，自国での金型技術が向上しタイ国内での生産が可能になり，突然マレーシアの金型市場が"ゼロに近い"状況下に陥ってしまった。確かにマレーシア金型企業はその金型品質においては既に顧客要求の品質を充分満たしているレベルにある。但し，マレーシアの金型価格は中国やタイに比べると価格的に勝負出来ない水準である。加えて最近の円安により，同一品質の金型では日本製造の金型価格よりも高価になり，価格面ばかりでなく品質面でもマレーシアのアジア金型輸出の障害になりつつある。その為，マレーシア金型工業会としては「金型自体の製造販売事業」から隣国であるシンガポール金型工業会と連携し，航空機産業や医療機器産業向けの特殊部品製造にその事業を展開しつ

つある。従って，日本の金型産業が今から「金型技術を活かした周辺分野への事業展開」を目指したとしても，その競合国はシンガポールやマレーシアを視野に入れないと勝負にならない。この点でもやはり「海外情報の収集」を同時に行う必要があるが，海外情報を収集する人材や資金面を考慮に入れると，中小零細企業にとってはこのキーワードも簡単に遂行出来る項目では無い。

3-4 人材確保・人材育成に関する課題

この項目も又現在の中小零細金型企業にとっては簡単に解決出来る課題ではない。そもそも，中小零細企業には60歳以上の高齢者が多く，社内の人材育成を必要とする人材そのものが存在しないのである。その現象は現在日本工業大学で行っている「金型人材育成講座」でも「講座を受講したい！」と考えている企業が少ない結果にも現れている。加えて人材確保も又「中小零細の"モノづくり企業"に就職したい！」と考えている若者は以前から少なかったが，景気が少し上向きになって来た現在は金型業界や中小企業にとっては益々人材確保が出来なくなっている。岩手大学大学院金型専攻科の学生も修了後は，全て大手自動車メーカや電気・電子産業メーカに就職してしまい，金型企業に就職する修了生は存在しない。残念ながら"人"が確保出来なければこのキーワードの活用は出来ない。

3-5 技術研究開発に関する課題

中小零細金型企業の技術開発は，現在まで，主として「顧客からの要求」によって行われて来た。それは「技術開発」と言うよりむしろ「特定自社顧客から受注を受ける為に工夫する行為」であり，多くの場合「他の顧客には応用出来ない技術」である。今回の「新金型産業ビジョン」作成のため，横田は多くの中小金型企業を再訪問し「技術開発」の観点で調査した。その結果，ほとんどの金型企業では「技術開発」を行っていないばかりでなく「技術開発手法」そのものの知識が欠如していた。加えて5名以下の零細企業では，開発を行う人材も資金も無いのが現実である。ビジョンの中ではまず「顧客市場では今何を必要としているかについて調査研究する事から始めなければならない」としているが，現実は零細金型企業にとってはその方法すら判らないのである。日本の金型企業は間違いなく「今までに無い技術を開発」したり「顧客の無理な要求を独自の工夫によって解決する」力を持っている。しかし金型企業に単独

で技術開発を求める事には無理がある。

3-6 サプライチェーンを有効なものとするための連携・提携の推進に関する課題

前項でも解説した様に，この場合の連携・提携は"縦の関係の連携・提携"である。実はこの"縦の関係の連携・提携"は今後最も大切ではあるが，一方，推進することが最も難しいキーワードである。以前日本でも「異業者交流事業」が流行した事があるが，その殆どが失敗に終わっている。その理由は「誰が主導権を持つか？」や「誰が利益を得るか？」が確定しないまま進められた事にある。"縦の関係の連携・提携"の場合も全く同じ事が言える。「金型企業」と「部品加工企業」は広義の解釈で言えばお互いに「異業種企業」である。確かに顧客に近い位置を占めているのは「部品加工企業」ではあるが，顧客が満足する製品の品質や精度を作るのは「金型企業」である。両者とも顧客市場が必要としている"力"を所有しているのである。現在，日本の金型企業の中で「今までに無い繁栄」を謳歌している企業が存在するが，その殆どは「金型製造部門を持った部品加工企業」である。間違いなく両者が"縦の関係の連携・提携"をすれば経営規模も大きくなり生き残る可能性が高い事は間違いない。現実には"縦の関係の連携・提携"を遂行する為にはどちらかの企業が"経営を放棄する"覚悟が無ければ出来ない。しかし長年経営して来たそれらの企業は自社の従業員の事を考えると簡単に"経営を放棄する"道を選ぶ事が出来ない。この事がこの"縦の関係の連携・提携"の障害になっている事は間違いない。

4 ビジョン遂行不能の場合に於ける考察

日本の金型産業は，その従業員数が20名以下の中小零細企業が，金型企業全体の92％を超える比率を占めている。今回示された「新金型産業ビジョン」はそれらの企業にとっては課題が多く，ビジョンを実際に遂行出来る企業は少くない。その為，日本の金型専業者の減少傾向は今後も続く事は間違いなく，最悪の場合，現在の日本の金型専業者数は数百社しか残らない可能性が高い。正に金型産業の崩壊と言っても良い状態になる。残った数百社もほとんどは金型専業者ではなく，部品加工業者としての事業を優先し，金型製造はむしろ自

社の部品加工用金型製造に達する所謂「金型内製型部品加工企業」としての歩みを始める事が予測出来る。その傾向は既に現実化しており，現在は「金型企業」として登録されてはいるが，実際には部品加工事業を優先している企業は少なくない。例えばグローバルニッチ企業として位置づけられている長野県のサイベックス社もその一つであり，前金型工業会会長企業である大垣精工社や，金型企業の成功例として取り上げられている三重県四日市市のプレス金型企業の伊藤製作所社及び老舗金型で有名な黒田精工社や九州・三井ハイテック社も部品加工が事業の柱となっている。それら企業が，若し部品加工事業を行わず金型販売だけを行っていたら，今の繁栄は無い事だけは間違いない。つまり，将来日本には金型専業者として生き残れる企業はなくなる可能性が高い。結果としてどのような手を尽くしても，本論文の副題である「日本の金型産業の消滅の可能性」は甚だ高いと言わざるを得ない。「金型専業者の消滅」は既にアジア金型先進国であるシンガポールでは現実の事象となっている。シンガポールの専業金型企業は20年前までは数百社存在していた。それが10年前には数十社に減少し2014年にはとうとう"ゼロ"になってしまっている。この傾向は世界的な現象であり，特に金型先進国にその傾向が強い。現在，金型専業者が生き残っている金型先進国は輸出用プラスチック金型製造に代表されるポルトガルと，金型に関する輸入関税を異常に高くし（40%以上）自国の金型産業を守りつつ，自国内自動車用金型製造に特化しているブラジルや，ユーロ経済圏の恩恵を活用し欧州全体にその活路を見いだしているドイツの精密プレス金型業界のみであるが，それらの国の金型専業者の経営も必ずしも順調ではなく，企業数は年々現象の一途を辿っている。（2014年国際金型協会調べ）

しかしながら，"モノづくり"には金型が必需設備である事だけは間違いない。それでは"金型を使った日本のモノづくり"を継続させ発展させる為にはどうすべきかについて以下に考察する。

5 「金型産業」の見直し

「金型（KANAGATA）」と言う言葉は当然ながら日本語である。日本に「金型産業」と言う言葉が生まれたのは，昭和31年に制定された機械工業振興臨時措置法（略称機振法）に基づき，それまで産業として位置付けが無かった「金型を製造する企業」にも機振法が適用されるべく急遽「金型産業」という

定義を作り，昭和32年11月25日に日本金型工業会を作った事により世間に「金型」と言う言葉が定着した。しかしながら，これは世界には例がなく，国際的には金型産業は「特殊治工具及び特殊機械製造産業」の一部として存在している。従って国際的には金型工業会は存在せず，国際機関としての名称も「国際金型協会」と日本語では訳されているが，英文名は ISTMA（International Special Tooling & Machining Association）である。「金型」は英語では通常 Die & Mould（米語では Die & Mold）と表記されるが，国際金型協会の名称の中には「Die & Mould」の表記は無い。アジア諸国の金型工業会の名称に「Die & Mould」を使っているのは日本の"モノづくり"の影響を強く受けている国々だけであり，シンガポールやインドの金型工業会の名称には「Die & Mould」の表記は無い。つまり日本で言う「金型業種」というのは世界的に見ても特殊な業界であることはもう一度再認識すべきである。「金型製造」は"モノづくり"のバリューチェーンの中のごく一部の工程を表すだけであり，将来「金型産業」が無くなったとしても「金型製造」が無くなる訳ではない。中小零細企業が中心の金型専業者が壊滅する事を考慮すると「金型業種の企業」が纏まって行動する現在の事業を継続する為の「金型工業会」の必要性が無くなり，むしろもう一度昭和32年以前の状態に戻って考える事が必要になる。

6 今後の「金型事業」のあり方に関する考察

　ここで今後の新しい「金型産業」のあり方について考察する。日本の金型企業の中には世界的にも優れた特殊な技術を持っている企業は少なくない。従って，良く言われる「グローバルニッチ企業を目指す！」ことも選択肢としてはあり得るが，その道は簡単ではない。特に20名以下の中小金型企業に於いてはそもそも"グローバル展開"出来る人材も資金も持ち合わせていないのである。"ニッチな金型技術"は言葉通りその市場は甚だ小さい。従って，ニッチ技術を事業にする為には，当然ながらその市場を広く海外にまで求めなければならない。しかしながら前述して来た様に中小企業ほど海外展開が出来ない状態にある。その為「技術力はあるがそれを生かした事業展開が出来ない！」状態になる。極論すれば「金型企業を存続する為には"技術力"だけではその可能性は少ない」と言える。加えて「金型」そのものを考えると金型の最終顧客

とも言える自動車メーカや家電メーカの本音は「金型そのものは不必要である！出来れば金型を使わないで製品が出来ればそれがベストである」と考えている。その例としてiPhoneやiPadの製造で有名な台湾の鴻海精密工業有限公司（ブランド名：Foxconn社）では「出来るだけ金型を使わない製造方法への指向」を目指し，金型利用による部品製造から"大量生産を必要とする部品ほど切削を中心とした部品製造"にその流れを変えつつある。又，最近注目されている３Ｄプリンターを利用した製造も「金型を使わない製造への転換」の例の一つである。しかしながら，どちらの方法も様々な課題が存在し，全ての金型が必要なくなる事はありえない。やはり金型は如何に顧客層が「金型は無い方が良い！」と思っていても決して無くなる"工具設備"ではない。むしろ製品が多様化し製品寿命が短くなればなるほど「金型の重要性と必要性」が高まると予測出来る。

「金型の必要性が高まるのに金型産業が崩壊する」と言う矛盾の中に今後の金型企業の生きる道が示されている。まず金型製造企業は，顧客層（マーケット）が必要なのは「部品」であるという原点に立ち返る必要がある。アジア諸国には所謂金型専業者は甚だ少ない。金型は主として部品企業内で製造されている。前述した「金型産業に於けるバリューチェーン」は存在しないのである。アジア地域に於けるバリューチェーンを図示すると図表12-4に示した様になっている。

日本の"モノづくり産業"に於けるバリューチェーンも近い将来「金型産業の崩壊」により，アジア地域のバリューチェーンに近い状態になる事は間違いない。しかしこの新しいバリューチェーンに移行する場合，課題も発生する。

図表12-4　海外に於けるバリューチェーン

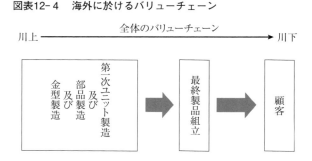

図表12-5 新バリューチェーンの提案

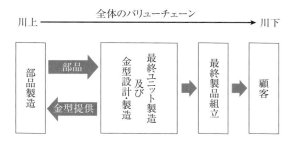

品質向上の為の技術開発や,独自の優れた技術開発が停滞するのである。日本の金型産業は過去「"顧客の我が儘"を忠実に聞いてそれに応える」ことで,新技術開発や品質向上を図って来た。しかし部品加工企業が社内で金型製造を行う場合,その企業の"花形部門"はあくまで"実際にお金を稼ぐ部品加工部門"であり,金型部門は社内的にもその地位は低く,企業の主導権を握る部署ではない。従って通常の場合,金型部門の技術開発に対するモチベーションが上がっていない。その事がアジア地域の金型品質の向上が,予想以上に進まない事や,アジア地域発の"金型新技術開発"が進まない大きな理由になっていると考える。従って,日本は今後世界にも無い全く違った観点からの"新バリューチェーンの構築"を目指すべきである。その新バリューチェーンとしての形を図表12-5に提案する。

　ここで新提案するのは,最終顧客の受皿となる「エンジニアリング企業」を部品企業との間に新たに創設する事である。この"新エンジニアリング企業"の役目は次の通りである

(1)最終顧客の必要とする部品やユニットの受注・納品活動業務

(2)それら部品加工に必要とする金型の設計及び一部製造業務

(3)部品加工企業への発注業務

(4)新技術開発業務

(5)部品企業及び関係する金型企業の人材育成業務

　一般的に,金型で加工される"部品"の精度や品質は,それを製造する「金型の品質」で決まる。又,部品のコストダウンも金型の設計やコストによって達成出来る事である。つまり金型業者は本来,部品業者の"下請け"的な存在

図表12-6　横田提案の新バリューチェーン

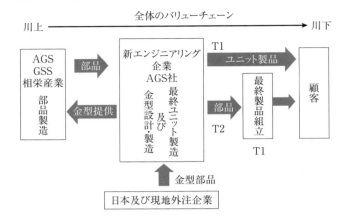

ではなく，部品業者を使う側にあるべき存在なのである。この位置に新"エンジニアリング企業"として座れるのは現在の金型企業しかないのである。金型産業は生まれ変われる事が出来るのである。

　横田は，この新バリューチェーンの現実性について，インドネシア企業を使って実践して課題を発掘すると共に，前述した機能を満足する為には「何が最も必要か？」について研究を続けている。インドネシアに於ける横田が提案する"新エンジニアリング企業"のバリューチェーンの位置づけは図表12-6に示した通りである。このケースの説明をする。

　発端は新潟にある中小金属プレス企業の「相栄産業（株）」が，国内市場の将来に見切りをつけ，新たにインドネシア進出を計画した事から始まる。当初，同社は単独でインドネシアに進出を行う計画であったが，横田の提言でインドネシアの金属プレス加工企業（GSS社）との間に新合弁会社（JV会社）を設立する事で，インドネシア進出を行う事とした。その際，横田は単なる「金属プレス加工事業」を行うJV企業（AGS社）の設立ではなく，同時に，金型製造を担当するエンジニアリングJV企業（AGE社）を立ち上げることを提案し実現させた。この内，AGS社は営業部門を持たず，全ての製造品目はAGE社が決定し，製造部品をAGS社に発注し同社が製造を担当する。AGE社の業務は前述した5項目の"新エンジニアリング業務"であるが，部品加工は新しく設立したAGS社だけではなく，合弁相手先のGSS社や新潟に

ある相栄産業（株）の本社工場がそれを担当する。顧客市場との営業活動はAGE社が行うが，その営業活動主体となるのは，今まで内製金型を担当して来た日本の相栄産業の金型技術者及び現地企業であるGSS社の金型技術者がAGE社に移籍し，その営業部門を担当する事で「金型技術を熟知するエンジニア営業員」として活動している。当然，営業員自体が金型設計技術者でもある事から，顧客要望を取り入れた金型設計をする事が出来るばかりでなく，顧客との交渉の中で「前向きの提案」をその営業の場で出来るメリットもあり，顧客の信頼度も高くなりつつある。結果として多くの受注獲得に成功している。

　加えて，AGE社は金型製造も行うが，その製造方法は今までの金型企業とは大きく違う。AGE社の金型製造の中心は設計業務と最終金型組立てとし，金型部品は標準部品の徹底的な活用と金型部品加工業者に委託することとし，社内設備は最終顧客の信頼性を勝ち取る為に最新鋭の精密測定機器を主とした設備とした。尚，設計業務も熟練設計者が必要な「レイアウト作業」と呼ばれる金型基本設計プランを主体とし，それ以後の工程になる詳細図面作成作業は日本やインドネシア・フィリピン等の設計専門業者に委託する形をとり，納期短縮を図るとともに，金型設計作業では避けて通れない"繁忙期と閑散期の波"が起きても対応出来る様にした。又，インドネシアと日本の金型技術者が同じ場所に机を並べる事により，両社の利点を併せ持った"新しい技術開発"が行われる事が出来始めている。当然ながら，プレス加工作業も金型を知らなければ高精度で高能率なプレス加工は出来ない。その為，プレス加工業務を担当する従業員も又金型技術を学ぶ必要がある。AGE社はその人材育成業務も担当するが，その人材教育テキストとプログラムは横田を中心として両社の技術者が力を合わせて作成した。インドネシア顧客の部品や金型調達担当者は，たとえそれが日系企業であったとしても，主として日本人でない現地従業員がその業務を担当する事になっている。しかしながら，残念なことにこれら現地調達担当者のほとんどは金型の知識が無いばかりか，新材料や新技術に対する知見も欠如している。従って，金型や部品納入業者が"頼れるエンジニア"である事は，顧客層にとってその納入企業の信頼度を高める事になる。今回の二つのJV企業の主体は「金属プレス事業」であったが，顧客調達部門からの要求は「プレス部品」のみならず「プラスチック部品」や社内で使う「治工具」等も含まれる。その為，営業を担当するAGE社は現在顧客の要望に応え

「プラスチック部品」や「治工具」の受注も受けることにした。当然ながら「治工具製造」に関しては社内技術や設備で対応可能であるが「プラスチック部品」については，現在のところ社内対応は出来ない。その為「顧客要求のプラスチック部品」受注に対応すべく，AGE 社はプラスチック金型設計技術者のみを新たに採用したが，プラスチック金型製造やプラスチック部品加工は全て日本及びインドネシアの外注企業に委託する形態とした。正に AGE 社は単なる「金型企業」ではなく"新エンジニアリング企業"として走り始めているのである。その結果，日本での相栄産業の立場は第三次下請けと言われるＴ３（ティアスリー）であったが，インドネシアでは日系大手自動車企業の第一次下請けＴ１（ティアワン）企業の立場に立てることになり，計画生産が可能になっている。

7　おわりに─「"ゼロ"からの新たな構築」に対する提案

　今回のインドネシアににおける新たな試みは「インドネシアであるから可能であった」訳ではない。日本においても全く同じ手法で可能である。
　「インドネシアで何故出来たか？」を考察すると，その基本は"インドネシアには金型産業が全くなかった"事にある。若し，インドネシアに金型専業者の集合体が存在したとしたら，まず考えるのは「それら金型専業者企業に日本の技術を導入し，日本と同じ様な技術力を持った金型企業に育てようとする」であろう。そうなれば，それら金型企業は，"一時的には活性化を図れる"が，近い将来，日本と同じ状況下に陥る事は間違いない。この事は，日本の後を追ったマレーシアの例を見ても明らかである。しかしながら幸いな事に，「インドネシアにはその基盤となる金型産業が無かった」のである。日本も前述して来た様に近い将来「金型産業が崩壊する」可能性が高い。正に何も無い"ゼロ"からの出発をしなければならないが，今から「金型産業が無いという"ゼロ"からの新たな構築」をする事を提案する。「崖を転げ落ちている石を止め，それを又崖の上まで持ち上げる事は難しい！それより転げ落ちる石は諦め"新しい石"をあたらしい道を使って持ち上げる方が，成功率が高い」事は簡単に理解出来る。言い換えれば「金型企業をどう立て直すか？」に注力するのではなく"日本発の新しいエンジニアリング事業スタイルを創る"ことに注力すべきである。今回の提案と実証は日本の金型産業は日本の農業と同様の"一

次産業から六次産業への転換"を推進する事に繋がる。本論文の提案は主として「金型産業」に絞った内容であるが，この提案は日本の将来の"モノづくり"全体に共通する提案である。

横田悦二郎

参考文献

(一社) 日本金型工業会編「新金型産業ビジョン」。

■グローバル化への対応■

ASEAN統合とインドシナ新興諸国の可能性

第13章

――アジア新興国の現状と我が国中小企業のビジネス機会――

1 はじめに

　日系企業のASEANへの関心が高まっている。2000年以降，中国に集中していた日系企業の対外直接投資は，2010年頃よりASEAN諸国へシフトしている。人件費の高騰，規制強化，政治的リスクの顕在化等いわゆるチャイナリスクの高まりから，日系企業は投資が過度に中国に集中することのリスクを本気で感じ始めたものと思われる。中国市場のポテンシャルと魅力について異論はないものの，中国以外に海外の拠点を展開することの必要性を強く認識し始めたといえよう。

　2015年末には統一ASEAN共同体が発足する。ASEANは，多様な10カ国で形成されている。一人当たりのGDPで比較すると，5万米ドルを超え日本を上まわる成熟国家のシンガポールと，1000米ドル未満で最近国際社会に門戸を開いたばかりのミャンマーは，60倍の開きがある。文化，歴史，宗教も違い，特徴を異にする多様な10カ国だが，統合により，人，もの，金，情報の流れを活発化し，それぞれの優位性を活かした戦略をとり，共に発展していくことを目指している。また，インドシナ半島諸国では，大メコン経済圏（Greater Mekon Subregion : GMS）プロジェクトの経済回廊計画の進捗に伴い，道路，橋梁の建設が進んでいる。国境を越えた都市間の移動が可能になり，コネクティビティが高まりつつある。

　本稿では，ASEAN統合への動き，GMSプロジェクトの進展を踏まえ，日系企業の海外における一大産業集積が形成されているタイとタイに隣接するカンボジア，ラオス，ミャンマー（CLM）について，それぞれの現状を整理

し，今後のタイと CLM の発展の可能性，及び主な投資国である日本，また日系企業の戦略について検討する。

2　ASEAN 統合の意義

2-1　ASEAN 共同体とは

　2003年に，ASEAN 諸国は ASEAN 共同体を創設することに合意し，2007年1月の ASEAN 首脳会合で ASEAN 共同体を2015年までにを設立すること表明する「セブ宣言」が出された。その後「ASEAN 憲章」に署名され，2009年には，「ASEAN 共同体ロードマップ（2009～2015）」が出され，「政治・安全保障」，「経済」，「社会・文化」のそれぞれの共同体設立に向けた本格的な取り組みが行われている。

　ASEAN は，宗教も，政治体制も，文化も非常に多様な10カ国で構成されている。この点，社会的，歴史的，文化的に一定程度相互に親和性のある欧州諸国で構成する欧州共同体（EU）とは大きく異なる。ASEAN は，通貨統合や，将来に向かっての政治的統合を目指すものにはなり得ない。ASEAN 共同体の目的は，地域の10カ国での連携を強め，「政治・安全保障」「経済」「社会・文化」のそれぞれの領域で，各国の国益に沿った形で，国際社会に対する影響力を高めようとするものであろう。

　地域の発展に直接的な効果が期待される ASEAN 経済共同体について詳細を見てみたい。

2-2　ASEAN 経済統合

　ASEAN 経済共同体（AEC）ブループリントには AEC 創設に向けた以下の4つの項目に整理されている。
　①単一市場と生産基地
　・関税の撤廃・削減
　・原産地証明手続の簡素化
　・通関手続の簡素化
　・サービス貿易の自由化（ASEAN 出資比率70% 以上）
　・投資，資本移動の自由化

・熟練労働者の移動の自由化
②競争力のある経済地域
　・公正な競争環境
　・消費者保護
　・知的所有権
　・インフラ開発（コネクティビティ）
　・税制，電子商取引
③公平な経済発展
　・中小企業政策
　・地域間格差の是正
④グローバル経済への統合
　・対外経済関係の重視
　・グローバルサプライネットワークへの参加

　ブループリントに沿った自由化が進められており，2014年8月，ネピドーで開かれたASEAN外相会議でAEC発足に向けての努力を加速することが改めて合意された。

　AECは，単一市場・生産基地を目標に掲げているが，EUとの比較ではゆるいルールであり，EPAに近いものであると考えられる。関税撤廃，非関税障壁撤廃，貿易円滑化，知的所有権保護，対外経済関係への協調等はAECにおいても重要な取り組み課題であるが，共通通貨，共通体外関税は目指しておらず，サービス貿易の自由化，人の移動の自由化，規格統一についても限定的である。

　現在，ASEAN域内の関税率については，撤廃に向けてほぼ計画通りに進んでいる。一方，投資規制等国内産業保護のための非関税障壁については，撤廃の時期がずれ込むことが懸念されている。

　発展段階の格差が大きいASEAN10カ国で，AECが目指す人の移動，ものの移動が自由な経済の一体化が一気に進むことは実際には考えづらいが，経済統合に向けてのマインドは高まっている。各国がそれぞれ優位性を活かせるような形で実態としての統合が進んでいくことになろう。

3 大メコン経済圏（Greter Mekong Subregion: GMS）プロジェクトの重要性

3-1 地域間交通インフラの重要性

　インドシナ半島では，地域をつなぐ道路，橋梁等の交通インフラが整備されつつあり，人，ものの移動の活発化が期待されている。インブラ整備計画の進展が地域統合のビジョンを進める上での鍵となる。一方，インフラを活用する都市，産業集積が発達してこないと，インフラは維持できず，いずれ廃れ錆び付いてしまう。中心都市間を結ぶ道路に沿った経済特区（SEZ）の開発等，新たな産業集積の戦略的な創出が必要である。

　現在，インドシナ半島の諸国，とくに後発新興国のCLMの成長は目覚しい。経済発展と道路・橋梁の交通網整備の進展が相乗効果を発揮して，大きな飛躍の基盤が形成されつつある。他都市との連結性（コネクティビティ）を強め，各地域の資源，立地の持つ優位性を認識し，それぞれの地域が特徴ある発展をしていくことが期待される。

3-2 GMSプロジェクトとは

　インドシナ半島の広い地域で道路，橋梁の開発が進んでいるが，これは1992年マニラのアジア開発銀行（ADB）本部で，ADBを事務局としてスタートした「大メコン経済圏（GMS）開発の成果である。GMSは，メコン川流域に自然に広がる地域であり，面積約260万平方キロ（日本の約7倍），人口約3億2600万人（日本の約3倍）を擁している。カンボジア，ラオス，ミャンマー，タイ，ベトナム，及び中国の雲南省，広西省が含まれる。優先課題とされたインフラプロジェクトには110億米ドルが投入され，一部はすでに完成し大きく成果をあげつつある。プノンペンとホーチミンを結ぶ新しい高速道路，最終的にはダナン（ベトナム）とインド洋に繋がるアンダマン海を結ぶ東西経済回廊等もこのプロジェクトに含まれている。

　GMSプロジェクトは，まず開発案件の発掘に取り組み，1998年には，南北経済回廊，東西経済回廊，南部経済回廊の開発が優先プロジェクトとされ，2000年には具体的なルートが確定された。

　2001年にヤンゴンで開催された第10回閣僚会議では，次の10年に向け，持続

可能でより一層の統合，発展，能力向上を目指す戦略的枠組みが採択されている。その柱として，南北経済回廊，東西経済回廊，南部経済回廊の開発プロジェクトを始め，越境貿易・投資の促進，民間部門の参加と競争力の強化，人的資源と技能開発，戦略的環境枠組み等が位置づけられた。2000年代に，経済回廊の開発が大きく進み，また，ミャンマーが国際社会に新たに登場してきたことでより注目度が高まった。

　2011年12月にネピドーで開かれた第4回GMSサミットでは，新GMS戦略枠組み2012-2022（SF）が採択され，30周年に向けた取り組みが行われている。さらに，2013年12月にビエンチャンで開かれた第19回閣僚会議では，地域投資フレームワーク2013-2022（Regional Investmet Framework: RIF）が取り入れられ，SFの戦略課題の実行に向けた，投資資金及び技術援助の取り込みを目指している。現在のRIFでは10セクターにまたがる200以上のプロジェクトがあるが，92を優先プロジェクトに指定し，中期的な実現に向けた取り組みを行っている。

4　タイ，及び国境を接するCLM 3カ国

4-1　タイ・プラス・ワン

　タイの首都バンコク近郊の工業団地は，海外における日系企業最大の集積地となっている。2011年のチャオプラヤ川氾濫による洪水では，世界の自動車，電気産業のサプライチェーンが寸断され，改めてその機能の重要性が証明されることとなった。

　タイの失業率はゼロに近く，人材確保か難しい状況であり，また，2013年にインラック政権が最低賃金を全国一律一日300バーツとしたことにより，人件費が地方部も含めて高騰した。タイ国内では，地方に生産設備を移しても，安い労働力を確保することができなくなったため，国境を超えて，隣接するCLMに生産工程の一部を移して競争力を高めようとするタイ・プラス・ワンのビジネスモデルが注目されている。タイ及びカンボジア，ラオス，ミャンマーの現状を整理し確認しておきたい。

4-2 タイ

　タイには，日系製造業の一大集積地があり，また，近年においては，レストラン，小売業，サービス業の進出も多く，日本人にとって生活しやすい環境となっている。日系企業向けのサービスも充実しており，事業を展開していく上での手続面の苦労等は他の国々と比較すると少ない。

　タイの一人あたりGDPは全国平均で5674ドル（2013年）であるが，バンコクでは1万ドルを大きく超えている。近代的商業施設，伝統的小売店が併存している都市である。

　タクシン派，反タクシン派の抗争が続いておりクーデターでの政権交代が頻繁に起こる国であるが，政治的に混乱しても，一般市民の生活，経済活動は深刻な打撃を受けておらず海外からの直接投資も増加している。

（1）対内直接投資

　タイは，うまく外国資本を導入し，経済成長に繋げている。タイ投資庁（BOI）の認可を得て直接投資を行う場合には，税制面，出資比率等の面で大きなメリットを享受できる。ただ，BOIの特典を享受できるのは製造業が主であり，サービス業の場合にはタイ国内資本での代替が可能であるとの理由等で，BOI認可をとることが難しい。

　なお，タイで会社を設立する際に最低資本金の規定はないが，外国人就労ビザ取得に際し，1人あたり200万バーツの資本金が必要になり，外国人1名に対して4人のタイ人を雇用する義務が生ずる。また，職種によってはタイ人にのみ就労が認められているものもあり，現地資本と組んでレストラン，美容院を出しても，料理人，美容師には日本人を使用することは難しい等の制約がある。

（2）CLMとの協調

　タイの第11次国家経済社会発展計画（2012-2016）では，人材・社会の創造分野で，1．社会正義の創造，2．学習社会の創造，経済分野で，3．農業・食品・エネルギー分野の強化，4．質的向上と持続可能な経済の構築，5．メコン地域との接続性，自然資源管理の分野で，6．環境変化への対応と低炭素・環境保全型社会への移行，の6つの戦略を掲げている。これらの戦略は近

隣諸国と地域としての連携を強化しながら達成を目指すものとなっている。タイは，インドシナ半島地域の先進国として，地域のハブを目指しており，地域との経済連携構築のため，1.タイの域内貿易，投資における役割の強化，2.隣接する国との貿易額の年間15%，投資額の年間10%の増加，3.域内にサプライチェーン網を構築する，4.国内・国外取引のコスト削減と質の向上，を目標において政策的取り組みを行っている。また，地域連携の具体的取り組みとして，交通・物流ネットワークの向上，投資及び製造拠点の設立，域内での人材開発・労働移動の協調，麻薬・疫病・テロ活動・自然災害防止についての協力，環境保護活動における協力等をあげている。

地域のサプライチェーン網の拡充，生産基地の設立に向けての具体的な動きとしては，ミャンマーとのダウェーSEZ開発，カンボジアとの国境開発プランの実行，タイ国内主要国境都市でのSEZ設立に向けたマスタープランの見直し等がある。

4-3 カンボジア

変化が早く，2-3年前の様子と比べると同じ都市であることに気づかないほどである。賑やかで活発な新興都市で，人が多く集まってきている。2014年4月にイオンモールが初の本格的近代商業施設としてオープンした。一人あたりGDPは1000米ドルをようやく越えた段階であるが，所得格差は大きい。プノンペンの所得は高く，更にイオンモールが立地している地域の所得は更に高く，好調なようである。以下，カンボジアの基礎情報を見てみたい。

（1）政治体制

立憲君主制で，現在の国王は2004年10月に王位を継承したノロドム・シモハニ国王である。

カンボジア憲法は，自由民主主義，多党制，人民主権をうたっており，立法，司法，行政の三権分立を定めている。立法機関は二院制であり，下院にあたる国民議会が法案の再議決権を有しており，上院で否決された法案を過半数の賛成で可決することができる。現在は，2013年7月の選挙で辛うじて勝利したフン・セン首相率いる与党人民党が68議席，2012年10月に野党勢力が合流して発足した野党救国党が55議席を占めている。

（2）永世中立・非同盟

　カンボジアは憲法で永世中立，非同盟の立場をとることを定めている。憲法第53条において，カンボジア王国は近隣およびその他すべての世界の国々との平和的共存の政策に従い，他国への侵略や，直接・間接を問わず内政干渉を行わないことを国是とし，諸問題は当事者相互の利益を尊重し平和裏に解決することとしている。またカンボジア王国は，中立政策に矛盾するあらゆる軍事同盟および軍事協定に加盟しないこととしている。

（3）ASEAN の枠組みを重視

　与党カンボジア人民党は，党の外交方針として ASEAN の枠組みの中での中立原則，非同盟，平和的共存。国際協力の原則を引き続き堅持している。2015年末の ASEAN 統合を視野に，完成しつつある大メコン圏の経済回廊整備のメリットを最大限に活かし，ASEAN 地域全体の成長の中でいかにカンボジアを位置付けて発展させていくかが重要な課題であろう。インドシナ地域での先進国であるタイ，ベトナムに存在する大きな産業集積と地理的に近いこと，相対的に安価な労働力を供給できることは大きな強みであり，日本企業の進出も急速に増えている。

（4）日本との関係

　日本は1990年代初めからの最大の ODA 供与国であり，カンボジアのインフラ整備を広く支えてきた。法制度の整備，民主主義の浸透，民間企業の育成等においても大きく貢献している。日本は欧米諸国と比べて，与党人民党に対して柔軟な立場ととっている。

　2013年11月に安倍首相がカンボジアを訪問し，日本は更なる援助を表明した。また，12月には東京で開催された日 ASEAN 特別首脳会議にフン・セン首相が来日した。安全保障上の問題に関しては，ASEAN 諸国と連携して中国をけん制したい日本の思惑と，中国を刺激したくないとのカンボジアの立場は異なるものの，広範な議論に参加している。圧倒的に中国よりの政策をとっていたカンボジアであるが，今後，中国，日本とのバランスのとり方についても変化が出てくるかもしれない。

（5）観光開発から製造業の進出へ

カンボジアは，土地の保有以外に外資企業に対する制約はなく，外国企業に対する業種的な規制もない。外国資本導入に積極的なスタンスである。2005年に投資法が改正され，投資認可額が急増している。多くは，アンコールワット等の観光資源を意識したものであり，ホテル建設，観光施設開発など大型プロジェクトが中心であった。国別には，中国，韓国が圧倒的なシェアを占めてきた。しかし，ここ数年，中国・韓国の観光関連投資は落ち着きを見せており，日本，台湾からの製造業の進出が急増している。進出企業の業種にも広がりが見られ，縫製業，製靴業依存からの脱却が進んでいる。日本の製造業の進出は2011年以降急増しており，2009年以前は累計で28件であったが，2010年6件，2011年20件，2012年30件，2013年18件となっている。日本から多くの業種にわたる製造業の進出は，カンボジアの発展にとって大きく貢献すると考えられる。

（6）投資促進策

主に製造業に対する投資促進の制度として投資適格案件（Quolified Investment Projets：QIP）があり，QIPを管轄する機関としてカンボジア開発評議会（Council for the Development of Cambodia）がある。CDCによりQIPと認定された場合には，最大9年間の法人税免除が受けられる。この制度は，カンボジア国内からの投資も対象としており，QIPの3割程度は国内企業の案件である。認定基準として，業種や最低投資金額が定められており，商業やサービス業は基本的に対象とされていない。なお，イオンモールはショッピングセンター開発として，2011年にQIPの認定を受けている。

（7）経済特区（SEZ）

カンボジアには，現在計画中のものも含めて28のSEZがあり，CDCの傘下にある経済特区委員会が監督官庁となっている。SEZとQIPの認定は別の制度ではあるが，SEZ進出企業は事実上QIPの認定を受けているようである。外国企業にとってSEZは，進出にかかる手続き，設備調達や人材確保，電

---

† 4-3 カンボジアについての記述は，「ラオス・カンボジアの産業振興実態調査（2014）：ワールド・ビジネス・アソシエイツ」に永吉が執筆した「カンボジアの基礎情報」を加筆・修正したものです。

力，水道等のインフラの確保でのサポートを期待でき，メリットは大きい。進出企業数で最大のプノンペン経済特区では，3年前に10社に満たなかった操業企業数が，2014年9月時点で40社を超えており，進出予定企業も入れると66社で合計投資額は353百万米ドルとなっている。うち日系企業数は34社とである。2011年に進出した味の素，ミネベアが契機となり，裾野産業を含め進出企業の業種に広がりが見られるようになってきた。

4-4 ラオス

ラオスはタイ，ベトナム，カンボジア，中国，ミャンマーと国境接する内陸国であり，ASEAN諸国に中で，近年最も高い経済成長を誇っている。国民は，温和であり車のクラクションはめったに鳴らさない。道路は渋滞がひどいのだが，他の新興国のように騒々しくはなく，静かな，落ち着いた雰囲気である。

(1) 政治体制

人民革命等による一党独裁制であり，安定している。政治的にはベトナム戦争を一緒に戦ったベトナムとの関係が強いものの，文化的にはタイとの親和性が高く，タイバーツはラオス国内で通用し，国境近くの首都ビエンチャン等ではタイ語が通じる。早くから西側諸国との関係を改善し，経済発展を目指してきた。1992年にタイと友好協力条約を締結し，ASEANにオブザーバーとして参加，1997年にはASEANに正式加盟した。

(2) 国際関係

同じ社会主義国家であり，ベトナム戦争の戦友であるベトナムとは特別な関係である。ベトナムからの直接投資額も大きく，また，経済開放政策を学んだことなど，政治・経済面での結びつきは強い。しかし，企業家マインドが高いベトナム人よりも，民族や言語が近いタイ人に好感を持つ国民が多い。

中国雲南省とは経済的な繋がりが強く，ラオスの経済界では雲南省から移り住んできた中国系の人が中心になっている。首都ビエンチャンの商店では，中国語の看板が目立つ。中国からの直接投資はベトナムに次いで2位である。

日本とは1955年3月の国交樹立以来（1955年）良好な関係であり，ODA等政府の援助では第1位であり，ビエンチャン国際空港の拡張事業なども行って

いる。しかし，最近まで民間レベルでのラオスへの投資は関心が低かったために，直接投資額は5位となっている。

ラオスは2013年に第158カ国目としてWTOへの加盟を果たしている。西にタイ，東のベトナムとASEANの大国い国境を接しているラオスは，地域経済統合に積極的であり，ASEANの枠組みを重視した発展を目指している。

（3）資源開発に依存した成長

ラオスは，1990年以降年率で6％～8％程度の経済成長を維持している。一人あたり所得でも，1990年には200米ドル程度だったものが，2013年では1539米ドル（IMF推計値：2014年10月時点）になっている。今までの成長は，隣国のタイ，中国及びベトナムからの直接投資による鉱業資源開発，水力資源開発に大きく依存している。2000年から2010年までの累計対内直接投資をセクター別に見てみると，エネルギー・水力開発が54.4%，鉱業が18.3%であり，全体の7割以上を占めている。資源開発がラオスの成長を牽引してきたと言える。しかし，長期的には，農業や工業が伸びず，為替レートの上昇に比べ生産性が上がらずに競争力を失ってしまうことが懸念される。資源が豊かであるが故に成長率が低くなってしまうオランダ病，資源の呪い（Resource Curse）に陥らないよう，バランスの良い成長戦略が必要とされている。

（4）経済特区開発

ラオス国家特別経済区委員会（National Committee for Special Economic Zone: NCSEZ）が経済特区（SEZ）開発に関するの政府の支援機関となり，国内外の関係者との調整し，SEZ開発政策を実行する役割を担っている。セクターとしては，製造業，物流，IT等に加え，観光，商業施設，学校等広く捉えられている。今後，ラオス政府は2020年までに25ヶ所のSEZを設立し，5万人の雇用を創出する計画である。すべてを工業団地中心のSEZとはせず，商業・サービス業に特化した形態も考えているようである。

現在のところラオスに正式に認可されたSEZは10ヶ所であり，うち5ヶ所は既に入居可能である。なお，タイやベトナムにある中小企業向けレンタル工場等は現在のところはない。

(5) サワン・セノ経済特区

タイ南部との国境都市サバナケットには，サワン・セノ経済特区があり，ゾーンB（サワン・ジャパンSEZ）とゾーンC（サワンパーク）が開発中である。サワン・ジャパンSEZには，ラオス民間資本50%，ラオス政府機関30%，プノンペン経済特区社（日本のゼファーが22%出資）20%の合弁開発会社が2013年8月に設立された。SEZの建設・運営に実績を持つプノンペン経済特区社が協力し，高品質なSEZ運営を目指す。サワンパークは，マレーシア資本70%，ラオス政府機関30%の出資での合弁が2008年に設立されており，すでに35社以上が入居している（2014年3月現在）。2013年に，サワン・ジャパンSEZにニコンが，サワンパークに豊田紡織が進出し，日本でも国境都市サバナケットの発展可能性に関心が高まった。

(6) ラオスSEZの強みと課題

水が豊富であること，電力料金が安いことがラオスの魅力と考えられている。土地の保有はできずリース契約となるが，外国資本に対する制約はなくサービス業を含めて外資100%での出資が可能である。法人税率は24%であるが，立地，事業内容により免税措置がある。また，政府・SEZ等との交渉により，軽減税率が適用されることがある。特に，SEZへの企業誘致については優遇策が非常に厚くなっている。

一方，国の人口が650万人と少ない。農業に従事し現在雇用されていない人口は多いものの，今後安定的に労働力を確保して行けるかが進出企業にとっての共通の心配事である。

4-5　ミャンマー

長く軍事独裁政権が続き，実質国際社会に門戸を閉ざしていたミャンマーは，2011年テインセイン大統領の就任とともに，国際社会への復帰を目指し国内の自由化・民主化を志向した改革を進めている。タイと並ぶインドシナ半島の人口大国であり，北東に中国，東にタイ，西はインドとバングラデッシュに繋がる位置にあり，アジアのラストフロンティアとして，国際社会の関心を集めた。一時期のブームはやや落ち着きを見せているものの，日系企業を含めて本格的な進出を睨んだ動きが進展している。

（1）テインセインの改革・国際関係の改善

　2007年8月から9月にかけて，ミャンマーでは僧侶が主導して民主化，経済改革をを目指す大規模な反政府運動が起きたが，タンシュエ上級大将をトップとする当時の軍事政権は，国軍によって弾圧し多くの犠牲者を出して終結させた。ミャンマーに近い将来大きな変化が起こることはまずない，と国際社会に受け止められた事件であった。

　タンシュエが引退し2011年3月にテインセイン大統領が就任すると，軍事独裁政権組織の国家発展評議会（SPDC）は解散され，権限は新政権に移った。当初は，軍事独裁政権内部のエリートで引退したタンシュエによって選ばれたテインセインが本格的な改革を志向するとは考えられていなかった。ところが，テインセイン大統領の政治的自由，経済改革を目指す動きが次第にはっきりとしてきた。労働組合の組織，言論の自由が認められ，アウンサンスーチーが率いる野党の国民民主連盟（NLD）の活動が妨害されることもなくなった。また，多くの政治犯が積極的に釈放されている。テインセインはミャンマーのゴルバチョフと呼ばれることもあり，自由化・経済改革への決意，リーダーシップは国際社会の評価を得るようになった。また，野党NLD党首のアウンサンスーチーも，現政権に対し協力していく方針である。

　こうした民主化への動きを評価する形で，欧米各国の経済制裁は緩和されつつある。特に，米国との関係改善は，政治的・経済的にインパクトが大きい。2012年9月にテインセイン大統領が訪米，2012年11月にはオバマ大統領がミャンマーを訪れている。

（2）政治体制

　ミャンマーの政治体制は，2008年憲法に基づく大統領制である。大統領は直接国民に選ばれるわけではなく，人民院，民族院からなる二院制の連邦議会議員により選出される。両院とも定数の4分の3が選挙議席，4分の1が軍人代表議席となっている。憲法上，大統領は議会に責任を負っており，議会は大統領に対して罷免権を持つが，大統領に議会を解散する権限はない。また，法案に対する拒否権はあるが，議会で同じ法案を再度可決した場合には成立する仕組みとなっており，大統領の議会に対する力は弱い。改革を進めたい大統領と，既得権を守りたい議会の利害が対立することもあり，議会が抵抗勢力になることもあるようである。

(3) 法整備・運用の問題点

　ミャンマーは，長期間実質的に鎖国政策をとっていたため，外国資本を呼び込むための基本的なインフラが整っていない。2011年以降の3年間で多くの経済関係法が制定，改廃されてきたが，不十分であり混乱も大きい。例えば法整備・運用の状況をみると，現行の制度では，国内販売のための会社設立は認められておらず，ミャンマー国内の地元企業を通じた販売しかできない。商社の業務も，駐在員事務所としての機能に限られている。また，2012年に制定された外国投資法では，投資庁申請後15日以内に投資について許容されるかの初期判断を得て，その後90日以内には最終的な投資判断を下すものとされている。実際には，何か月も判断が出されず，営業許可がおりないために受注機会を逃してしまうといったリスクもある。

(4) 期待される将来性

　インフラ面での困難はあるものの，インド・中国・タイを結ぶ地政学的な優位性，豊富な天然資源，インドシナ半島でタイに次ぐ人口を有していること等，アジアのラストフロンティアとしての期待は大きい。経済改革により，1人当たりGDPで1000ドル以下の現水準からの急成長が期待され，輸出生産拠点，将来の市場，またインフラ開発需要の獲得と，多くの企業の関心を引き付けている。日本の進出企業数でみると，現政権になった2011年3月末時点に51社であったヤンゴン日本人商工会議所の会員数は，2014年5月時点では161社となっている。ただ，現在のところ，各社とも情報収集を目的として現地へ進出しており，制度が整い次第スタートできるよう準備している段階であろう。

(5) ミャンマーの経済政策・課題

　ミャンマーは，同じ地域の後発新興国であるラオス，カンボジアとの比較でも政策対応の遅れは大きい。わずか3年前までは実質的に鎖国に近い今とは全く違った方向を目指していたのだから当然だとも考えられる。一方このような環境の中2011年3月以降，①農業の発展及び総合的な発展，②各地域・州のバランスのとれた成長，③全国民を含めた成長，④信頼できる経済統計の整備，を4つの柱として，広範囲にわたる経済改革に取り組み，一定の成果をあげている。

　このような取り組みの中，為替管理において管理フロート制2012年4月に導

入され，長く続いていた二重相場制度からの脱却，為替相場の一元化が図られた。

今後の戦略的な課題としては，製造業への海外直接投資の導入，域内の生産拠点網への参入，経済特区・国境都市等選定された地域の発展，，経済回廊を活用した連結性の強化等があげられる。2014年1月に経済特区法が改正され，北西部沿岸のチャウピュー，ヤンゴン近郊のティワラ，南部沿岸のダウェーの3大プロジェクトが進められている。中でも，日本ミャンマーが官民で取り組んでいるティワラが具体的に進んでおり，2015年に一部開業を目指している。

5　現地企業の事例

2014年4月にラオス及びカンボジアに出張した祭，ビエンチャンで工業団地，日系縫製工場，日系医療機器工場を，プノンペンで華僑系飲食品工場を訪問する機会があった。現地企業の事例として紹介したい。

5-1　縫製工場（ラオス・ビエンチャン）T社

T社は2012年1月にビエンチャンに設立された縫製を行っているアパレルメーカーである。作業服を中心としてOEM供給を行っており，独自のブランドは持っていない。

（1）ラオス進出の経緯

20年前に上海に進出したが，人件費負担が大きくなったこと，人材不足になったため，山東省に中心を移している。18年前にベトナムにも工場を建設したが，こちらは現地経営者に譲渡した。労働コストの低い新たな生産拠点を7年前から探し，カンボジア，ミャンマーと比較した上でラオスに決定した。ミャンマーは当時まだ日本との関係が良くなかったこと，カンボジアは視察時の印象が良くなかったことから，積極的な理由はなかったがラオスに決定した。人口が約650万人で労働力が少ないことは懸念材料ではあったが，それほど多くの労働力が必要なわけではなく，問題がないと判断した。95％を日本が出資し，5％をラオスの資本としている。制度的には100％出資も可能であるが，ラオス資本を入れた方が将来便利なこともある，と考えたためである。設立の許認可手続には1年を要したが，ラオス政府の省庁変更の事情があった

ためで，通常であれば6か月程度で足りると考えられる。工場は現地のコンサルタントを使って探した。

(2) 生産

　発注量の多い汎用商品であるので見込み生産を行っている。1ライン班長以下20名に縫製ラインを3ライン持ち，その他に裁断2名，仕上げに14名を配置している。賃金は中国の1／4程度だが，スピードも1／4程度である。不良品率は10％程度で中国よりもやや良い。縫製，裁断の指導は日本から定期的に指導員が来て行っている。また，生産現場管理は中国から来て行っており，生産スピードの向上を目指している。中国の生産管理者の提案により，ライン毎の毎日の生産枚数によるボーナス制を導入したところ，生産性が向上した。1人あたり5枚の仕上げペースであったラインに，8枚を仕上げた日にはボーナスとして月給に上乗せをする制度を導入したら効果を発揮したとのことである。今後，更に生産性の向上は可能であると考えている。

(3) 人材管理

　ミシンの直線縫いができれば戦力になるので，採用時に1日使用方法のトレーニングを行いラインに配置し，OJTで習熟度を高めている。習熟度があがれば給与をげあげる制度としており，ラインの班長に評価の権限を与えている。現場の作業員は中卒または高卒であり，9割が女性社員となっている。敷地内に寮をもっており約25名が居住している。あとの従業員は，バイク・自転車・徒歩で通勤している。

　離職率が高いことが最大の悩みである。現在は，月間で7～8％の離職率だが，スタート当初は10％以上を超えていた。基本的には農業が主であり，農閑期にアルバイト的な感覚で働いている労働者が多く，忙しくなると家族に呼び戻されるケースも多い。また，ビエンチャン周辺では人材不足になっている。開業当初は，求人票を工場の前に貼っておけば人を集めることができたが，ここのところは，社員紹介制度を儲け，一ヶ月以上働いた場合には，紹介者にボーナスを出すようにして集めている。また，良い評判を立てるための旧正月時期のボーナス支給等も検討している。

（4）輸出・輸送

現在は日本への輸出が100%であり，コンテナ業者に委託している。陸路でバンコク港に向かい，バンコク港から日本へ出している。工場出荷から日本で受け取るまで約一ヶ月である。ラオスでは，国内生産用の輸入材料には関税はかからない。また，原産地証明を取れば，日本での製品受け入れ時の関税は無税となっている。現在は，日本への輸出のみだが，タイの日系企業数社より作業服製造の依頼が来ており，販売を開始する予定にしている。

5-2 医療機器工場（ラオス・ビエンチャン）

M社は栃木県宇都宮市に本社を持つ東証一部上場企業であり，医療関連機器の開発・製造・販売を行っている。2009年に，ベトナム，ハノイにあるM社子会社の100%子会社（M社の孫会社）としてビエンチャンに進出し，ベトナム工場にあった生産工程の一部をビエンチャンに移管した。社長はベトナム人である。現在ラオスで唯一の医療関連機器メーカーである。

（1）ラオス進出の経緯

M社は1996年にベトナムに進出し，その後ミャンマーに進出，現在ではベトナム，ミャンマー，ラオスに生産拠点を持っている。M社製品は，軽量で付加価値の高い商品であるが，工程の一部は労働集約的である。高品質，低コストでの量産体制を構築，維持していくことが国際的競争力を高めていくために必須である。ラオスに進出した背景は，ベトナムでの賃金や地代といった費用の高騰であり，ラオスの低賃金，安価な賃料，安価な電力料金等，魅力は大きい。また，未熟練者でも作業可能な量産工程が開発できたこと，ベトナムと隣接しており移動が楽であることが，工程の一部をラオスに移管することを可能にした。ベトナムにマザー工場を持ち，工程の一部をラオスに移して競争力を高める，ベトナム・プラス・ワンの典型的なケースであると言える。

（2）生産

現在M社は，サージカル製品，アイレス針，歯科用製品の加工をハノイで，歯科用製品の前工程での材料（リーマ・ファイル）の加工をビエンチャンで行っている。ビエンチャンでは，日本から送られる材料の切断，先端部分の刃型化などの加工を行い，検査により規格外のものを取り除き，適格品をハノ

イ工場に送っている。生産用機械は日本で設計したものをベトナムで生産し輸入している。古いタイプのものであるが，部品の調達状況を考えると，最新の機械のメインテナンスは無理であり，現地に適合した設備であると思われる。生産用機械の操作は主に男性が行い，製品の検査は主に女性が担当している。検査工程においては，目がよく，粘り強い人材が必要とされるため，当社では，5S（整理・整頓・清潔・清掃・躾）に「しつこく」を加えた6Sを実践している。温厚で粘り強い性格のラオス人女性の特徴を活かせる工程であると思われる。現段階では，ハノイ工場と比べスピードは大きく劣るが，正確性についてはベトナムよりむしろ優れているようである。

（3）人材管理

技術指導，経営指導は日本人の駐在員に加え，ハノイ工場から人を送り指導を行っている。当社の特徴である6Sの「しつこく」で，はだしで作業しない，保護眼鏡をつけて作業する，長い髪の毛は縛って作業する，等作業の躾について定着を図っている。また，課題発見・改善のため，幹部と品質監査担当者が月に1回，抜き打ちの工場検査を行っている。

長く勤めてもらえれば品質や生産効率が上がると考えられるが，月8％程度と高い離職率が課題である。年4回パーティーを開催するなど，レクリエーションの機会を提供する工夫も行っている。

優秀な従業員については，ハノイでの研修，リーダー育成を行っている。1年間ベトナムで研修したラオス人は，ベトナム語を普通に話せるようになるようである。

（4）輸送

商品が軽量，高付加価値であり，材料，中間製品，完成品とも基本的に航空貨物での輸送となっている。現在は，すべてベトナムの親会社への輸出であり，工場から50キロのビエンチャン空港からベトナムに送っている。

5-3　工業団地（ラオス・ビエンチャン）郊外経済特区（SEZ）VITAパーク

（1）VITAパークの現状

VITAパークは，台湾系中国資本70％，ラオス工業商務省30％が出資する工

業団地で，現在，操業可能な工業団地の1つである。ラオス工業商務省の30%は，土地110hanogの現物出資によるものである。唯一の首都ビエンチャン近郊のSEZで，ビエンチャン中心部より約21キロ，タイとの国境のメコン川にかかる友好橋まで16キロの立地で，バンコク港までは車で12時間程度である。土地の使用はリース契約となるが，期間は75年で，年間リース料は1平方メートルあたり0.3～0.72米ドルと，大変優遇されている。

　規模はラオスのSEZの中で最も小さく，面積は110haで，200haの追加開発の計画がある。ラオスでは，土地を不法に占有している人を，法律的に簡単に追い出すことができず，工業団地造成等の障害になるようである。

（2）入居企業

　現在はまだ赤土がむき出しの工業団地であるが，800名程度が居住できる寮，職業トレーニングのための施設等も整備される予定である。入居予定企業は，中国，台湾，タイの企業を中心に順調に集まっている。日系企業では，すでに操業を開始しているワイヤーハーネスを製造する第一電子，近々操業予定でペンチ製造のツノダ，3社目に入居を決めサーミスセンサーの製造を予定している三菱マテリアルの3社が既に入居を決めている。今年4月に視察した日には，偶然にも三菱マテリアルの入居の調印式が市内のホテルで行われていた。ラオス政府高官，日本大使館関係者も出席してしており，日本企業誘致に対するラオス側の期待は非常に大きい。

5-4　米菓子製造（カンボジア・プノンペン）L社

　L社は2002年に設立され，華僑系カンボジア人が経営するスナック菓子の製造販売を行っている。現在，従業員が約330名でカンボジアでは大手企業である。カンボジア国内の旺盛な需要を受け急拡大しており，生産能力は過去3年間で倍になっている。日本の技術指導を受け5Sやカイゼン活動に取り組み，各種認証も積極的に取得している企業であり，カンボジアの製造業者でモデルケースになっている。2014年4月に訪問し，経営方針についてヒアリング，製造工場の視察を行った。

（1）経営方針・戦略・販売

　経営ビジョンとして「カンボジアでナンバーワンのスナック会社になるこ

と」「高品質・衛生的なスナック菓子を提供すること」を，ミッションとして「子供と母親の健康のために」を，目的として「米・とうもろこしを使用し農家を豊かにすること」を掲げている。収益の一部をチャリティに充てる等，社会貢献に対しては強い信念を持っているようである，

L社のスポークスマンによると，カンボジア国内の競合他社は約20社，大手メーカーは3，4社で当社はおそらく1位か2位であるとのことである。他社との差別化やポジショニング等の競争戦略は意識されておらず，競合についての情報は少なく，あまりリサーチもされていない。自社の売上高や利益水準についてすら数字での説明の準備はなく，具体的な数値計画は作成していないようであった。競争よりも，リーディングカンパニーとして拡大するマーケットに高品質の商品を十分に供給していくことが重要な課題であるようだ。広告活動には積極的であり，子供をターゲットとしたテレビコマーシャルを作成している。

販売面では，カンボジア国内ではほとんどの地域に製品を流通させている。運送については一部自社のトラックでの配送を行っているが，半分以上は運送業者へ委託している。輸出への取り組みも行っており，2014年よりミャンマー，アメリカに輸出を開始した。マレーシア，アフリカとも販売交渉中である。今後，本格的に輸出に取り組む場合には，輸送コスト等を含めた価格をベースに独自性を出していくことが重要になる。また，輸送中の保管状況に対応する衛生管理が求められる。国内需要への対応が最大の課題である中，長期的な取り組みとして輸出先，輸出先別の商品戦略を検討していくことになろう。

日本（JICA）の技術・経営指導を受けており，GMP（2009年），HACCP（2011年），ISO50001（2013年）等の認証を取得している。

（2）生産

原料（米）の粉体加工からパッキング，出荷まで各工程とも設備導入は進んでおり，生産性はかなり高いものと思われる。主力商品の工程は24時間体制で操業しているが，それでも需要には追いつかない状況になっている。生産設備は中国から購入し，生産技術，ノウハウは日本の専門家の指導を受け習得している。指導を受けて取り入れている段階であり，独自の製造技術開発には至っていない。従業員は2交代制で作業を行っており，一人あたりの賃金はおよそ

月給100米ドル，残業代100米ドルであった。残業代が多く，カンボジアの平均的賃金水準よりかなり高い水準であると思われる。

5Sへの取り組みを行っているが，衛生面の管理はまだ十分ではない。3年前の視察時には土足で工場見学をしたと報告されており，この3年間でかなりよくなっているようではあるが，まだ改善の余地は大きいと思われる。今回，工場見学は，サンダル，帽子，白衣を着用して行ったが，事務所で着用した後に一旦外に出て工場に入っている。工程の中に，焼きあがった製品がむき出しで流れていくラインがあるが，窓が開放された空間で行われており，それを帽子をつけない女性作業員が目視検査を行っていた。

（3）今後のカンボジアの製造業

先にも述べたが，L社は，300名以上の大規模事業所であり，支援団体の援助を受け5S，カイゼン等に取り組む，カンボジアには珍しいモデルケースとなる企業である。現在，カンボジアのほとんどの企業は従業員10名以下の零細企業であり，そのほとんどは厳密な管理を要求されない個人，又は家族のみで経営されているものと思われる。

L社はそのような状況から抜け出して成長している代表的な企業であるが，また大企業としての戦略，組織は持ち得ていない。今後，L社の輸出，外資企業のカンボジアへの進出等グローバルな環境での活動が増えていくと思われる。現状を踏まえた上での，ビジネス諸制度の導入，定着が必要であると感じられる。

5-5　まとめ

T社については中国，M社についてはベトナム，ミャンマーに以前より進出しており，海外展開に伴う困難はすでに経験済で，対応のノウハウ，現地での経営能力は持っていたと考えられる。特に，相談できる機関，コンサルタント等も限られる地域では，企業の持つ経験，ノウハウは貴重である。初めての海外投資先をCLM等にする場合には，手続き面を含めて大きな困難が伴うものとの覚悟が必要である。

また，インフラが整備され，産業集積のあるタイ，インドネシア，ベトナム等と異なり，魅力はあるが不足しているものが多いCLM諸国では，戦略の軌道修正が容易ではない。進出を決断するには，何を狙って出て行くのか，目的

は何かを明確にした，しっかりとした計画が必要である。この点で，この2社はそれぞれ経験・ノウハウを持ち，グローバル体制の中でのコスト削減・生産性向上というはっきりとした目的を持っての進出であり，成功している例であると言える。しかし，両社とも生産性を上げるための鍵である従業員の定着には苦戦しており，中国，ベトナムの経営資源も投入して対応を図っている。

カンボジア，プノンペンの発展途上の企業例としてL社を見た。現地では先進的な企業ではあり，3年間で売上が倍というハイスピードで成長している。ただ，経営面，業務面ともまだまだ家内企業的な面が多く残っている。日系企業が進出するに際し，現地パートナー企業の状況，人材確保・管理の問題への対応等，慎重に調整・準備を進める必要がある。

CLM等，後発途上国への進出に際しては，事前調査段階で，各国，都市の強みをどのように活かし，自社の戦略に取り込み，どのような目的を持って進出するかを，よりしっかりと検討する必要がある。

6　タイ及びCLMへの投資

6-1　新興国への投資のリスクと機会

（1）海外ビジネスに固有なリスクと意義

海外への投資については，国内ビジネスにはないリスクが伴う。オペレーションに関するリスクは，業種，業態によってそれぞれで，広範囲にわたるものである。個別企業毎に，想定される様々なリスクに対し基準も設け，リスク管理を行いながら海外で事業を展開している。それらの中で，言語の違い，法律・制度等の違い，文化の違いは，海外で事業を行うすべての企業が正面から向き合う必要のあるリスクであると考えられる。海外においては，言葉のみならず総合的なコミュニケーション能力が大変に重要である。日本ではあまり考えなくても進められることにも，海外では大変なエネルギーが必要になるのである。タイ及びCLM諸国へ進出を行う場合には，発展途上であるが故に，いろいろな場面で制度的な不備や不安定な制度運用に直面することがある。

リスクがありコストもかかるが，新興国の成長率は高く，日本にいては見つけられないビジネスチャンスが多くある。タイ及びCLMも多くの日本企業が注目する魅力あふれる地域である。リスクやコストばかりを考えていては事業

にならないし，また，国内に留まるという選択も，市場を限定してしまう点において日本企業にとってリスクの高い選択になる。新興国での事業展開は，企業にとって新しい環境で，新しい技術・経営資源を組み合わせ，新しい市場に取り組んでいくことである。これは，イノベーションへの取り組みであり，新興国で事業を行なっていくことはイノベーションそのものであるとも言える。

(2) タイ進出企業の例

　インドシナ地域の先進国であるタイは，多くの企業が既に進出して飽和状態になっていると言われることがある。また，日本との賃金格差も絶対的なものでなくなりつつある。しかし，そのタイでも，日系企業にとってビジネス機会はまだ大きい。日本では当然と思われている商品・サービスの品質が，得がたいものとして評価されているのである。競争は厳しいが，必要とされる分野は多く，日本の中小企業にとっても魅力的なマーケットである。例えばタイに進出している大手製造業者は，レベルの高いサプライヤーとの取引を強く希望しており，日本国内のように実績や系列を重視する取引慣習に縛られることなく，非常にオープンである。2013年12月にタイを訪問した際に，大手ガラスメーカー1社，及び大手自動車関連メーカー（Tier 1）2社の合計3社の日系企業を訪問したが，いずれも新規納入業者よりの提案には積極的に耳を傾け，必ず見積り求めているとのことであった。単純な製造工程であれば現地企業で十分対応可能で価格競争が厳しいが，工程にノウハウが組み込まれている，例えばメッキ，熱処理等の表面加工技術など付加価値の高い分野。また，製造設備のメインテナンス等の需要は多いようである。今回訪問した自動車関連メーカーのうち1社は，想定していた取引先以外からも多くの引き合いがきているが，対応しきれていない状況である。

(3) 日系企業のタイ進出のメリット・注意点

　タイに進出する際の情報は豊富にあり得やすい。取引先で既にタイに生産拠点や販売拠点も設けている企業，取引金融機関，コンサルタント等から，かなりの情報を事前に収集し，分析を行うことができる。また，中小企業向けのレンタル工場もあり，初期の投資負担を抑えて進出することも検討可能である。海外事業立ち上げのノウハウがなく，初めて海外展開を行う企業にとっても，比較的取り組み易い進出国であると考えられる。

一方，代表的な親日国であり，多数の日系企業，コンサルタントが出ているタイにおいても，文化的な背景の相違によるコミュニケーションの難しさに日系企業が戸惑うことは多い。日本でのやり方をそのまま持ち込もうとして，優秀な従業員に辞められてしまったり，現地のパートナーと衝突してしまうケースなど非常に多く起こっている。日本でもそうだが，より注意して相手の立場に配慮し誠実なコミュニケーションを通して信頼を築くことが重要である。また，ルールとその運用のギャップは様々な形で存在しており，運用，解釈の安定性が確保されていない。現地の行政当局，法律事務所，他の日系企業等とのネットワークを築き，アンテナを高くしておくことが重要になる。

　また，一部には悪質なコンサルタントも存在しており，十分な注意が必要である。一般的にサービス業では，タイ人のパートナーを探し，外資49%以下の出資で会社を設立するが，その際タイ人の名義のみを借り出資金の実際の拠出，事業の運営は日本側が行う方法が一般的になっている。実際には，出資金をパートナーに取られてしまう，といった事故も起こっている。

（4）CLMへの投資

　タイと異なり，進出企業数は少なく，実務的な情報を取得することはなかなか難しい。初めて海外に進出する企業にとってはややハードルが高いかもしれない。しかし，日本企業のCLMへの投資には先方の期待も高く，手厚い優遇策を受けることが可能であると考えられる。JETRO（日本貿易振興機構），JICA（国際協力機構）等日本の政府機関がオフィスを出しており，現地の投資関連当局にもジャパンデスクがあって相談をすることができる。

　インフラ整備が進行中であり，変化の大きいCLMへの投資には，リスクが大きいが，チャンスも大きい。その地域に何を求めて行くかがCLMへの進出の場合にはより重要になってくる。進出企業の求めるものには，豊富な労働力，インフラ需要取り込み，立地のよさ，天然資源の活用等が挙げられる。これらは，一般に日本で伝えられているイメージと異なる場合が多く，また，変化の速度が大変に早いので注意を要する。

　労働力については，低賃金，親日で真面目な労働の質，豊富といったイメージがあるが，CLMの中で最も労働力が豊富なミャンマーにおいても，ヤンゴン周辺では十分な労働力を確保できない状況になっている。また，賃金は必ず上昇する。上昇率をどの程度に想定するかで投資判断は大きくかわってこよ

う。

　消費力について将来の有望市場としての期待は大きいものの，現段階では一人あたりの所得が低くあまり期待されていない。しかし，CLMにも高い購買力を持つ富裕層は存在し，大都市圏中心には中間層も出現しつつある。タイから日本ブランドの消費財も多く流れ込んでいる。プノンペンで2014年4月にオープンしたイオンモールが大盛況であることは，現在既に一定の消費力が存在していることを象徴的に示している。

　インフラ需要の取り込みを目的に進出を検討している企業は多いと思われる。ただ，現地法人設立，営業許可の取得等の手続における制度不備，制度と運用のギャップが大きく。インフラプロジェクトの進捗状況により発生するビジネス機会獲得に向けた準備は大変である。また，インフラプロジェクトの進展により，生産拠点，販売拠点としての立地の魅力は変化していく。

　いずれも変化が激しく，また不確定な要素が大きい。しかし，個別企業にとっては，進出を決める際の判断要素はそれほど多くはないと思われる。また，柔軟性を活かせる中小企業は，本社との関係やコンプライアンス上の制約が大きい大企業と比べ有利であるとも言える。目的に沿って，メリット・デメリット，投資金額の回収期間等を慎重に判断すべきである。

6-2　投資国への貢献

（1）今までの直接投資

　CLM諸国は，長く中国・タイ・韓国等を中心とする資源開発，観光資源開発を目的とした直接投資を受け入れてきた。鉱工業エネルギー資源の開発，不動産取得・建設等は，CLMの経済成長に貢献しており，国際的なプレゼンスを高めるためにも必要であった。しかし，中長期的な視点では，各地域の生産能力を高め，地域間のコネクティビティを強めて，地に足のついた成長を目指すことがCLM及びタイの政策目標に沿った投資である。

　現代の企業経営にはCSV（Creating Shared Value：共通価値創造）の視点が重要である。特に，海外ビジネスにおいては，自社のそろばん勘定だけではなく，進出国の政策に沿い，現地で望まれるものでないと，持続可能な事業を定着させることはできない。

(2) 望まれる日本製造業の進出

　タイ，CLMは，インフラプロジェクトの円滑に進め，地域全体としてコネクティビティを高め，生産能力を高めようとしている。日系製造業者の経済特区への進出，インフラプロジェクトへの参加は，タイ，CLMの政策目的に沿ったものである。一例を挙げれば，ほぼ縫製業のみが操業していたカンボジアのプノンペン工業団地に，味の素，ミネベアの進出を契機に裾野産業を含めた産業集積が急速にできつつあり，産業構造の変革にも貢献している。正に，企業と地域の目指す価値が一致しているケースであり，CSV経営が実践されている。また，タイと国境を接するラオスのサバナケットにニコン，豊田紡織が進出したことで，国境都市の発展の可能性，タイを中心として周辺国と競争力の高い生産分業体制を構築するモデル（タイ・プラス・ワン）が注目を集めた。このことは，ラオスのみならず，タイ，CLMの大きな自信となっていると思われる。他国の直接投資が資源開発，不動産投資に偏っているとの批判も出始めている中で，我が国企業が投資先国に真に貢献していることは大変に嬉しく誇りに思う。

　日系企業に対する期待が大きく，評価が高いことは，今後の展開に，大変有利な状況を創り出している。現地での事業展開の目的の中に，現地への貢献，CSV経営の実践をしっかりと組み込み，自社の特徴を活かして，多くの関係者とwin-winの関係を築いていくことが望まれる。

永吉和雄

参考文献

1) 石田正美（2007）「大メコン圏経済協力」第1章　大メコン圏経済協力と三つの経済回廊ア経済研究所）。
2) アジア開発銀行ホームページ。
3) Joint Ministrial Statement, GMS Prgram.
4) Dr. Pattama Teanravisitsagool（2014）The Pltentials of the Indochina Economic Zone.
5) The 11th National Economic and Social Development Plan / Thailand.
6) ラオス・カンボジアの産業振興実態調査（2014）株式会社ワールド・ビジネス・アソシエイツ東京都中小企業診断士協会ワールドビジネス研究会。
7) 鈴木基義（2014）「ラオスの労働問題と経済特区の開発」『ラオスの開発課題』。
8) 山田裕史（2013）「特集カンボジア国家建設の20年　変革を迫られる人民党一党支配体制」アジ研ワールド・トレンドNo.219。

9）上村未来（2013）「特集カンボジア国家建設の20年 2013年 カンボジア総選挙における市民社会の戦術転換」アジ研ワールド・トレンド No.219.
10）チアン・バナリット（2013）「特集カンボジア国家建設の20年 22013年カンボジア総選挙と外部アクターの役割」アジ研ワールド・トレンド No.219.
11）道法清隆「特集カンボジア国家建設の20年 投資環境整備」アジ研ワールド・トレンド No.219.
12）「海外進出支援実務必携」（2014）金融財政事情研究会。
13）大泉啓一郎（2013）「「タイプラスワン」の可能性を考る」環太平洋ビジネス情報 RIM 2013 Vol13 No.51.
14）丹崎太郎（2014）資料 「カンボジア投資環境における3つの留意点」JICA中小企業海外展開支援調整員。
15）カンボジア投資ガイドブック2013年 カンボジア評議会。
16）工藤年博（2014）「テインセイン政権と改革（2）」アジ研ワールド・トレンド No.221.
17）中西嘉宏（2014）「テインセインの強みと弱み」アジ研ワールド・トレンド No.221.

第Ⅵ部

起業・第二創業・事業承継

■起業・第二創業・事業承継■

ビジネスプランニングと
インキュベーション

——MOTにおける起業教育と起業支援——

第14章

1 はじめに

　日本では少子高齢化が進行し，2008年の総人口約1.28億人[1]を最大として減少している。
　このままでは，年金問題に代表されるように社会を支える年齢層が細り，高齢者層を支えることが困難となってしまうと危惧されている。
　実は，日本の人口が減少すると騒ぐ前に経済活動のプレーヤーである企業数も長年減少してきている[2]。中小企業政策論で語られてきたように，第二次世界大戦後の日本では，中小零細企業が過多に存在することが大きな課題であり，その解消は政策目的の一つであった[3]。しかし，現代では，企業数の減少が騒がれる時代となったのである。
　同時に，大企業であるか中小企業であるかに関わらず，日本の会社は，魅力ある製品・サービスを継続的に生み出し，事業再活性化や第2創業を目指した新規事業を創出することが益々重要になっている。
　また，日本を代表する大企業を中心にしたグローバル化の進展は，その過程で国内事業の選択と集中を求め，終身雇用制度の事実上の終焉とともに多くの人が第二の人生を模索する必要に必ず迫られる時代となった。すなわち，マクロに見た社会活性化の観点からだけでなく，個人のキャリア・ライフの観点からも新たに事業を起こすという選択肢が重要な時代になったと言えよう。
　近年，このような背景もあって，経済活動の活性化を目指し起業を奨励する政策や活動が盛んに実施されてきた。また，過去20年にわたり，起業場所としてビジネス・インキュベーターが全国の主立った都市に整備されて，起業を容

易にするとともに，前述の支援活動の拠点としても機能してきた。

　しかし，社会人であっても全くのゼロから新事業を自ら考え，事業立ち上げを計画し，必要な経営資源（主には資金）の調達や実行を行った経験は乏しい。そもそも起業の促進には，通常の教育プログラムの中で，何らかの組織に属して働く以外に，働く場を自ら作り出していく生き方を教えるべきである。すなわち，自己実現や自己雇用の手段としての起業の存在を教えることが重要である。

　また，起業しようとする意思を持った時に，基本となる進め方を理解した上で，事業機会となるアイデアを見出せる知識と能力が重要である。

　本章では，まず起業について既存研究から日本の起業の重要と思える点について述べる。その中で提起されている起業教育の重要性について日本工業大学社会人大学院で10年間にわたり起業の基礎的知識を教えてきた実例を学生たちの姿に基づいて報告し，社会人の起業教育のポイントについて述べる。続いて，実際の起業段階を支援するビジネス・インキュベーターの歴史と特徴について解説し，実例として筆者が経験した民営型インキュベーターと公営型インキュベーターにおける活動を報告し，起業支援の要点について述べる。最後に今後の起業支援（主に教育）のあり方について整理し，益々重要となってきた我が国の起業促進の方策への提案としたい。

2　日本の起業の状況と課題

　日本の起業の状況は，どうなっているのであろうか。様々なデータによれば，起業率は世界各国の中で低い。例えば，中小企業白書（2014年版）によれば，雇用保険関係から事務所の成立と消滅を基に算出した日本の開業率と廃業率は，図表14-1に示すように2012年のデータでは開業率4.6%，廃業率で3.8%となっている[4]。

2-1　世界各国との比較

　起業活動状況自体に着目し，毎年世界各国での起業家精神などに関する調査研究としては，グローバル・アントレプレナーシップ・モニター（GEM: Global Entrepreneurship Monitor）がある[5]。GEMは，1999年に始まり，現在も行われている。2013年の調査は，日本を含め70カ国・地域で行われ国際

図表14-1　我が国の開廃業率の推移[4]

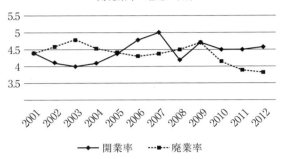

　比較がなされている。（このうち3カ国のデータが未発表だったため，データは67カ国のものとなっている。）この調査には，各国の一般成人への調査と専門家調査の2種類がある。一般調査では，18歳から64歳までの「成人」を対象としており，総合起業活動指数（TEA: Total Early-Stage Entrepreneurial Activity）を継続的に作成している。TEAは，少し分かりにくいが，起業活動を起業前から継続的に企業経営を行っている段階までの4段階に分けた上で，起業時点を挟む前後の段階（誕生期と乳幼児期）にあるものを起業活動者としており，これらの起業家が成人人口に占める割合（％）をTEAとしている。TEAが高いことが現在の日本で望まれているような起業活動が活発であることを必ずしも意味しないが，その国の社会環境においてビジネスに挑戦する活性度の指標として有益である[6]。

　2013年の調査結果では，日本のTEAは3.7％となっている。過去10年間を見てみると，平均で3.6％（2004年〜2013年），最大値で5.4％（2008年），最低値で1.5％（2004年）となっている。（図表14-2）

　各年度での調査国の中で日本のTEAは低い状況が続いている。日本が属するとされているイノベーション主導型経済圏（2013年調査では26ヶ国・地域）で見ても，このグループのTEA平均値は，7.9％であり，日本は本経済圏の最下位から2番目となっている[6]。

　また，高橋などの研究（2013）[8]では，GEMの2001年から2010年までの10年間の一般成人調査で集められた個票データのうち，日本を含めた6カ国（日本以外では，米，独，英，仏，伊である。）のデータを利用した日本の起業活

動に関する国際比較を行っている。この中で，日本の起業活動の特徴として，分厚い"起業無縁層"の存在と"少数精鋭型"の起業活動について述べている。(図表14-3)

ここで，"起業無縁層"は，一般成人調査の質問のうち，2つの質問項目に対し両方とも"いいえ"と回答した者であり，この質問の両方に"はい"と回答した者を"起業関係層"，どちらか片方の質問に"はい"もしくは"いいえ"と回答した者を"中間層"と定義し，国際比較を行った[9]。

この分析から明らかになったことは，日本は他国と比べ，起業無縁層が著しく多いだけでなく，中間層の比率が低いことであると述べている。同時に，日本の起業関係層の活動は，他国と比べても高い水準であるとも述べている。すなわち日本の起業活動は全体としては低いが起業する者の活動内容は他国に劣っておらず，少数精鋭が担っているというのである。

この高い割合で存在する起業無縁層は，起業活動への評価が低いとも述べられている。ここでの評価とは，自身の起業への関心だけでなく，他者の起業に対しても低いという意味である。このことは，比較した他国では他者の起業への態度は必ずしも低くないのと対照的であるとされ，日本においては"起業に対する距離如何によって起業，いわば「独立自活」への評価は他国とは異なるようである。"と述べている。これらの分析から現在の大学教育の姿勢として"起業家教育というより指示された仕事を的確にするサラリーマンを多く一流

図表14-2 日本のTEA推移[7]

年	TEA (%)
2004	1.5
2005	2.2
2006	2.9
2007	4.3
2008	5.4
2009	3.3
2010	3.3
2011	5.2
2012	4.0
2013	3.7
平均	3.6

図表14-3 6カ国間の比較[10]

	起業無縁層	中間層	起業関係層
日本	70.9	14.5	14.6
米国	25.3	39.2	35.5
ドイツ	44.0	34.7	21.4
英国	46.5	38.7	14.8
フランス	51.4	32.4	16.2
イタリア	48.1	35.2	16.7

(単位：％)

企業にいれたことが大学の業績なのである。"とし，このような分析を通じ日本の問題点として，"起業無縁層が日本の起業活動全体に対して負の影響を与えている可能性が高いことである。"とも述べている。

これは，単に起業したいと考える者が少ないだけでなく，起業に挑む者への他者の評価も他国に比べ暖かいものではないということである。このような社会になっている原因の一つは，人々の起業に関する知識や実際の姿を理解する機会が少ないことが考えられ，広い意味での起業家教育の必要性を示している。

2-2 開業年齢の時系列変化と起業阻害要因

これら世界各国との比較とは異なった角度からの起業意識に関する研究も数多くある。なかでも，日本政策金融公庫総合研究所では，新規開業企業の実態を把握するため1991年度から毎年「新規開業実態調査」を実施しており，開業の年齢や開業の費用について時系列で比較可能なデータを蓄積している。2014年度の調査は，日本政策金融公庫が融資した企業のうち，融資時点で開業後1年以内の企業（2014年度は7,740社）を対象とした郵送によるアンケート方式で行われた。開業時の平均年齢をみると，2014年の調査では，42.1歳となっている。開業年代としては30歳代が38.6％でトップとなっており，続いて40歳代の30.5％となっている[11]。

この調査から開業時の年齢を時系列で眺めてみる。1991年から2014年までの24年間の結果を見てみる。（図表14-4）1991年～2000年の間では開業時の年齢は平均で38.9歳から41.6歳まで緩やかに上昇した。2001年～2010年の10年間

図表14-4　開業時の平均年齢[12]

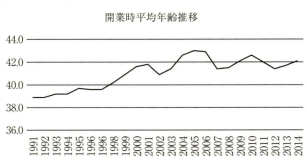

は，40.9歳から43歳の間で推移し2011年以降も41.4歳から42.1歳の間で推移している。最も開業時の平均年齢が高かったのは，2005年で43.0歳であった。

また，1991年には29歳以下での開業が全体の14.5%であったのが，2014年には7.6%と若者の開業比率が減り，逆に1991年には50歳代以上の開業比率は全体の11.5%であったのが，2014年には23.3%と中高年齢層の開業が倍増している。特に2005年には30.5%にまで増加した。

この調査は，日本政策金融公庫が融資した先を対象としているので全ての起業や開業した者の結果ではなく，開業当初に融資で資金調達できるところは限定的とも考えられる。しかし，ほぼ四半世紀のうちに日本で新規にビジネスを始める年代が高齢化しているのは間違いない。巷で考えられるような『新しくビジネスを始める人は若者』という起業家イメージは，大きく変貌しているようである。

この調査は日本政策金融公庫が融資した先を調査対象としていたが，これを補うために同公庫総合研究所では，2013年11月に「起業意識に関する調査」を実施している[13]。これは，インターネットを使いネット調査会社の登録モニターを対象として公庫からの融資の有無は問わずに全国の18歳から69歳の男女31,247件のデータを収集した。

調査結果では，現在経営をしているとした人が9.8%，事業を経営したことがある人が8.3%，経営をしたことがない人が82.0%となっている。事業を経営したことがない人の起業への関心を尋ねたところ，"起業に関心がある"が21.0%で，"以前は興味をもっていた"が13.0%，そして"起業に興味を持たない"が66.0%であった。

この調査では，これらのデータから"起業家"と"起業予備軍"，"起業無関心層"の三つのグループを定義し，様々な分析を行っている。その結果では，起業家は1.9%，起業予備軍は17.3%，起業無関心層が54.1%となった。言い換えれば，"現状では，人口100人当たり起業家予備軍は17人，起業家にいたってはわずか2人しかいない。"と述べている[14]。

起業予備軍に起業しない理由を尋ねたところ，3つの要因が大きいことがわかった[15]。

　①自己資金が不足している。(47.0%)
　②ビジネスのアイデアが思いつかない。(34.0%)
　③失敗したときのリスクが大きい。(34.0%)

日本で起業を増加させるには，起業予備軍に実際の起業へと踏み切らせることが当面は重要だろう。起業無関心層に起業への興味と意欲を持たせることは，無関心である要因が複雑であり，改善するのは容易ではない。しかし，既に起業への意欲を有する起業予備軍は，阻害要因がある程度解明されているからである。

　この「起業意識に関する調査」の報告では，"起業と資金調達のパラドックス"とでもいうべき状況についても指摘している[16]。この調査は，定期的に行われてきた資金の貸し出し先を対象とする調査の枠組みではなく，広く一般の起業の姿について調査し比較している。一般に借り入れして起業することは，リスクが高まると思われていたが，調査結果が示唆する内容は異なった。すなわち，事業開始後の業績は，外部資金をある程度加えている方が安定していたのである。分析によれば，外部資金を導入することの効果として開業計画に対する資金を融資する機関からのチェックが入ることを挙げている。また，十分な資金を調達できずに自己資金が不足している状態で開業する場合，結果として自己資金の規模に応じて事業計画を縮小させるので，満足のいく投資ができないことで業績が不安定になる。これを"起業と資金調達のパラドックス"としている。

　実際の起業家と多数つきあった経験上，このようなパラドックスは多くの起業の現場で見ることができる。

3　起業活性化としての教育の重要性

　起業活性化の解決策として教育の効果は大きいと考えられる。なぜならば，きちんとした知識とスキル，そしてロールモデルによる起業の実際を知ることで，阻害要因を抑制できるからである。

　例えば，前述した「起業意識に関する調査」で述べられていた起業予備軍が挙げた起業しない主な３つの要因について考えてみると，①に挙げられた「自己資金不足」は，きちんとした事業計画を立案し，最適なタイミングで適切な資金額を，使途に応じた資金種類で調達する知識を習得し実施することでかなり低減できるだろう。現在では，起業時の資金調達に向けた公的融資制度や補助・助成制度が多数用意され，きちんとした説明（事業計画）ができる能力を持った起業家であれば，ある程度の金額を調達できる状況にある。

②にある「ビジネスのアイデア」という要因についても，教育による効果が見込める要因である。最初のアイデアの一片がどのように起業家の頭に宿るかについて教えることは困難であろうが，多くのアイデアを出し，その構造を整理し，事業機会を見出す手法を学び訓練することで優れた事業機会を効率的に発見する確率を高めることができるだろう。

最後の③にある「失敗したときのリスクが大きい」という要因であるが，これこそ日本のこれまでの教育で大きな課題があった要素ではないだろうか。義務教育を含め大学などでもリスクに対する論理的な分析や冷静な考え方，スキルを学ぶことは少なかったであろう。

このように基礎的な知識を学ぶことで，起業阻害要因のハードルは下がることが予想できる。同時に起業に対する社会の理解を深めることができ，日本の起業環境を改善できるだろう。

4 社会人大学院での起業教育の実例

これまで述べてきたように，日本での起業に関する知識を深め手法を知ることは，社会にとっても現代のビジネスパーソンにとっても重要度が高まっている。ここではビジネスパーソンに対する起業教育として筆者が関わってきた社会人大学院における取り組みを紹介する。

4-1 日本工業大学専門職大学院での試み

日本工業大学専門職大学院技術経営研究科は，2005年4月に第1期生が入学した。中小企業経営者や後継者，幹部級社員などの社会人を対象として技術経営（MOT）に関わる知識や理論を中心に教育することを目指してきた。筆者もスタート時から関わっており，担当している講義に「ビジネスプランニング」（初期の頃は「ビジネスコンセプトとプランニング」というタイトルであった）がある。この講義では，単なるビジネスプラン（事業計画）の書き方というハウツーを教えるのではなく，事業計画を作るプロセスを例にとって，事業の考え方や事業を考える時の手法を，背景の理論にまで遡りながらバランスよく学んでもらうことを目指してきた。この授業の特徴は，座学による知識を教えるだけでなく，受講学生をグループに分けて簡単な模擬ビジネスプランを作成させる演習を組み合わせ，『頭だけでなく，手足も動かしてもらう』と

ころにある。

　このように考えるようになった契機は，筆者が多くの起業希望者やベンチャー企業創業者と付き合う過程から生まれた想いにある。

　いくら表層的にビジネス・フレームワークを学び，それらを使い綺麗な事業計画が作成できたとしても，その事業を具現化し，継続し，さらに目指す成長の実現まで成し遂げることができないのである。そこで，基礎的事項の深い理解と演習などを通じて，実際に頭と手足を使い『道具』を使ってみるのは，起業準備段階として非常に重要だと考えている。

　筆者は学生たちに『起業は事業仮説をたてて社会実験を試みることだ』と説明している。

　そして，実際の起業では，その事業を行う動機として『社会，もしくは誰かの役に立ちたい』という志がなければならない。志をどのようなきっかけで立てるのかは個々人によって異なるが，社会に役立つという動機はあらゆる起業の共通する原点である。

　起業は科学研究プロセスと似ている。研究者は，それまでの研究で気付いた研究アイデアに基づき仮説を立てる。その仮説を立証するために研究・実験シナリオを考え，必要な研究資源を集めて実行する。多くの場合，当初考えたシナリオはうまくいかない。試行錯誤の過程で新たなアイデアが浮かび，それも取り入れながら研究・実験シナリオを修正し，最終的な結論を得る。結論は当初の仮説を立証する場合もあれば，過程で別な発見に出会い当初とは異なる結末に至るケースも多い。

　良いアイデアを思いつく過程は本質的には説明できない。しかし，アイデアを得るためには，それまで五感を通じて得た現実情報が多くのケースで重要な役目を果たしている。森羅万象から刺激を受けた人の脳が情報処理する中で着想を得る。良いアイデアを得るには，自身に入力された膨大な情報を既成概念にとらわれず，思考の枠を拡大して捉えてみることが必要である。同時に1人の思考ではなく複数での検討による多角的な視座を得ることが有効であろう。これを実際に行うには，自身の中にあるアイデアの断片を『ことば』や『カタチ（図や表等も含む）』として可視化することが極めて重要と考える。次に，着想したアイデアから導き出された仮説の実証シナリオ作成と実行は，科学研究では○○学というように様々に体系化された視点と手法に基づく一種の作法に従って行われる。

科学研究におけるこのような流れを，起業や新事業開発に当てはめれば，事業仮説を証明するために事業を計画し，社会実験を試行してみることに他ならない。ビジネスの世界での計測単位はカネであり収支と儲けという指標により評価される。事業仮説とは，わかりやすく言えば3Cというビジネスフレームに代表される要素を含む必要がある。3つのCとは，よく知られているようにCustomer（市場・顧客），Company（自社，自社製品・サービス），Competitor（競合）を表している。これら3つの要因と相互の関係について考察するものである。すなわち，事業仮説には，これら3要素を必ず含んだものであることが必要である。事業仮説ができた後は，事業計画を作る段階になる。計画を作るには，様々な手法を活用する。例えば，SWOT分析やビジネス・キャンバスなどである。これらの手法を使いこなすことも大切ではあるが，最も重要な要素は，ロジカルに考えていくことである。事業計画で必ず問われる事項には，市場規模やビジネスモデル，そしてライバルとの差別化要素や顧客が絶対に対象製品・サービスが欲しいという要因などであろう。これらの事項を検討して事業計画を作るのであるが，新しく事業を計画するのであるから，本当のところは『やってみなければわからない』のである。

　つまり，この過程で重要なことは，必要な項目はどのように構成されているのかを要素分解し（例えば，市場規模であれば，販売個数×単価などと表現できる），その関係性を考え，既知の要素と未知（やってみなければわからない）の要素に分け，未知の要素をどのように仮定するのかを考え，実際に最小限の試行などにより裏付けていくのである。このような積み重ねによりビジネスモデルや競合との差別化要因の論理を構築し，事業収支の計画を作成していく。結果として，計画実施の際にどの要因を注視し，そこが仮説と異なるのであれば，その原因をつきとめ，乖離部を改善するように仮説を修正することが可能となる。

　すなわち，事業化プロセスとは，事業仮説の起点はセレンディピティかもしれないが，事業計画は論理であり，実行により生じた現実と想定との差異から学び，新たなセレンディピティを得て計画を修正し，成功へと近づくように努力するという一連の繰り返し作業を行うことに他ならないということである。

4−2　授業の構成と実際の様子

　実際の授業としては，現在は次のようなプログラムを行っている。

①アイデア発想
②アイデア収束
③デザイン思考
④ビジネスアイデアの構造化
⑤リーン・スタートアップ
⑥ビジネスモデルキャンバス
⑦ビジネスモデル
⑧リスクマネージメント
⑨収益計画
⑩資本計画

　この中で座学の他に学生たちをグループに分けて演習を行う。そして，図表14-5に示すように，グループで模擬ビジネスプランを作成する。1つの授業は15コマからなるが，上記のプログラムの他に演習等を加えて15コマになる。

　最近では，社会人学生たちの課題の一つである柔軟な発想能力や発想を構造化するスキルを磨くためにアイデアの発散，アイデアの収束の演習を強化し，言葉だけでなく絵やカタチでのアイデア表現を試みる演習などを行うようになった。

図表14-5　グループ学習の様子

4-3 社会人学生の属性と特徴

　受講学生は，企業規模や業種，年齢も多様である。技術から営業，管理の職種まで含まれ，属性もベテラン経営者からその後継者，幹部級社員，大企業の社員まで幅広い。公認会計士などの専門職にある学生も居た。

　このような学生たちの多様性は非常に大切である。個々人は各々の業界ではベテラン，中堅層であり，その領域ではプロフェッショナルである。多様な異文化を持つ同級生たちと演習を繰り返すために多数回のグループ作業を授業内でも授業外でも行うことで，コミュニケーション能力が高められていくことが見て取れる。なかには自分の考えや手法に固執する学生もいるが，全員が現役のビジネスパーソンなので，結果的にはグループ内で上手く議論や取りまとめを行い，期日までに成果を完成させてくれる。（図表14-6）

図表14-6　ビジネスキャンバスの例

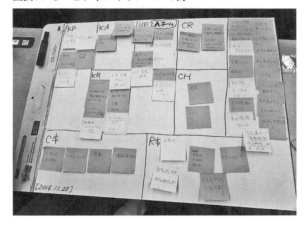

　学生たちがまとめた過去の模擬ビジネスプランの一例を示す。（図表14-7）

　毎年，最終的にプランをまとめる段階で学生たちは白熱し，過去には徹夜で作業をしたグループもあったようである。

　受講生は，学校を出てビジネスパーソンとして10年から数十年の実務経験や企業経営経験を有しているが，経営に関する体系的な知識体系に触れた経験は少ない。また，事業計画のように広範な知識と経験を必要とし，様々な背反す

図表14-7　学生たちが作成したプランサマリーの例

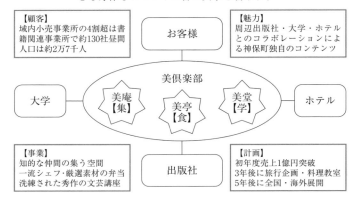

　る要素を調整して一つのプランへと取りまとめることには不慣れで，論理的に長文を書くことにも困難を感じる場面が多いようである。

　授業をしていて最も強く感じる課題は，柔軟な思考への適応である。各個人は，勤務する企業の行う事業分野での常識やロジックに順応しており，自分の実務経験から培われた常識や定石が，他業界では全く異なることに驚くことが多い。そして，大量アイデア出しなどの課題に，当初はかなり苦労している。昨年度からはアイデアをカタチで表現する演習も始めたが，日頃はキーボードとペンくらいしか使わない学生（特に経営者など）が不慣れな『工作』に悪戦苦闘するケースも多い。（図表14-8，図表14-9）

　授業を行って得られた知見としては，2〜3回の演習による大量のアイデア出しや，アイデアの可視化作業を経験することで非常に円滑にこれらの作業を習得できるということである。

　これらのことから，授業から得る知識と演習であっても，社会人の起業に関する能力は，受講前と後では大きく変化する。起業に必ず成功する方法論は存在しないが，必ず失敗するケースは学ぶことが可能であり，柔軟な思考と試行を繰り返す能力が起業成功の鍵となると考えている。

図表14-8　段ボール等でカタチにしている例

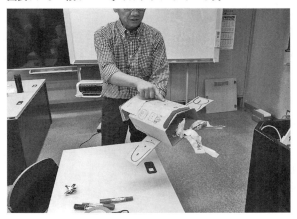

図表14-9　粘土でアイデアをカタチにしている例

5　ビジネス・インキュベーターについて

　起業についての知識や手法を身につけて，次は実際に起業する段階に至る。このように起業の実行段階における支援を行う場所としてビジネス・インキュベーターが知られている。

5-1 ビジネス・インキュベーターの歴史

そもそもインキュベーターとは，"一定の温度を保つ容器。細菌培養や卵の孵化などに用いる"（広辞苑）ものである。これが転じて，ビジネス・インキュベーターは，起業や新事業立ち上げプロジェクト等の孵化器となる施設である。

初期のビジネス・インキュベーター事例としてよく知られているのは，米国のニューヨーク州のバタビア産業センター（Batavia Industrial Center）である[17]。

この町にある約92,900平米の広さを持つ農機具工場が閉鎖され多くの人が失業した。この空き工場を購入した新たなオーナー（J. マンキューゾ）は，賃貸しようとしたが大口の借り手は現われないのでスペースを小分けして，シェアルームとして起業家や小規模な事業者，慈善団体に賃貸した。1959年のことであった。施設のオーナーは，起業家や小規模事業者たちが事業運営上に直面する問題や課題解決を支援し，これらの入居者の成長と事業発展に努めたと言われている。この時の入居企業に家禽業者がいたという。オーナーや訪れた人々が，そこで孵卵やヒナの成長の様子をみて，この場所の活動が「孵卵器，つまりインキュベーター」と似ているという話が発端であると言われている。このような逸話から，現在では"事業の孵化器"という意味で，このような施設を「ビジネス・インキュベーター」と呼ぶようになり，起業支援や新事業立ち上げ支援活動を「インキュベーション」と称するようになっている。

このように米国での最も初期のビジネス・インキュベーターは1950年代から開設されており，既に50年以上の歴史がある。

このような活動に政策的支援が始まり注目を集めるようになったのは，米国では1970年代後半からであり，特に1980年代に入り，地域社会での新規雇用創出，起業促進，産業の多様化などに有効な拠点として拡大したと言われている。1990年代からは，生業としての小規模事業を行う起業家だけでなく，不況や軍事費削減などに伴う大企業や機関の雇用喪失に伴う高度人材による起業や，インターネットの勃興やバイオヘルス技術の急速な進展による，いわゆる研究開発型やIT関連のベンチャー企業の孵化器としても重視されるようになった。現在では，ビジネス・インキュベーターが雇用創出と地域経済発展の有用な拠点であると認識されるようになっている。また，起業家も自身が起業

する場所としてビジネス・インキュベーターを活用することが増えている。2001年当時には，主に米国と欧州で約3,500施設が稼働していたと報告されている[18]。

日本では，1980年代半ばにテクノポリス構想が生まれた頃から注目されるようになったと言われている[19]。本格的なビジネス・インキュベーターとしては，1986年にサイエンスパーク運営会社として株式会社KSPなどが設立された。

我が国のビジネス・インキュベーターの数は，正確にはわからないが，日本立地センターによる平成26年3月の報告によれば，全国で調査対象となった施設は498とされている[20]。

ビジネス・インキュベーターには，これまでに説明した歴史から分かるように，大きく3つの目的に応じたパターンがある。

①地域経済の悪化等に基づく失業者の独立自営や生活サービス関連業種というような生業に近い起業を支援し，地域の雇用を創出することが大きな目的であるパターン。

②大学や研究所等からの技術移転や事業化開発に取り組むことを目的にしたパターン。例としては学内や研究所内に設置するキャンパスインキュベーターやハイテクパーク・サイエンスパーク連携型のインキュベーターで研究開発型ベンチャー立ち上げを主目的とするケースなどがある。

③その他のパターン。例としては事業会社やVCなどが自らの連携先・投資先育成やプロジェクト実施を目的として設置するパターン。また，バイオテクノロジー，IT，コンテンツビジネス，女性起業家などのように特定のジャンルに特化したパターンもある。

もちろん，現実には複合的な業種・業態の入居者で構成されている例が多い。

ビジネス・インキュベーターが提供するサービスには，一般的にはハードとソフトのサービスがあり，ハード面のみ提供する場合はインキュベーターとは言えないとされている。ハード面サービスではスペースの賃借，ソフト面では経営支援が代表的なサービスである。

入居者個々に対する支援メニューは，ビジネス・インキュベーターに常駐するインキュベーション・マネージャー（Incubation Manager）が中心になって実施していることが多い。

5-2　民間型ビジネス・インキュベーターの事例

　筆者らは，平成13年（2001年）に茨城県つくば市内で純粋民間資本による小型のビジネス・インキュベーターを設立した。つくば市は，日本初の研究学園都市として知られ，昭和38年（1963年）に筑波地域に研究学園都市建設が閣議決定されて以来，大規模な学園都市建設が行われた。広さ284km^{2}に及ぶエリアに筑波大学や国の試験研究機関（現在34機関）や民間企業の研究開発部門などが集中立地している。当初は6町村にまたがっていたが，昭和62年（1987年）から平成14年（2002年）にかけて合併を繰り返し，現在のつくば市が誕生し名実ともに『つくば市＝筑波研究学園都市』という姿になった。

　ここでのビジネス・インキュベーター設立の経緯は，次のようなものであった。筑波研究学園都市にある研究機関や大学は，1990年代から，基礎研究や学術研究を推進し研究成果を出すだけでは使命を果たしていないと国や社会から批判を受けるようになっていた。また，立地していた大企業を中心とする多くの民間研究機関が閉鎖，統合されていった。これらの批判を一言で言えば，『なぜ，筑波研究学園都市はシリコンバレーになれないのか？』というものであった。

　当時，筆者も国の関係者や他地域の企業人などとの懇談で同様の質問を幾度となく受けていた。筆者は，その回答として2点の理由をあげていた。1つは，筑波研究学園都市が国主導の公共事業として建設推進されたために，研究者として働く人々の多くが公務員か大企業社員であり，他地域と比べて独立自活への意欲に著しく乏しい高度人材が大半であることと，2点目として都市化が不十分で，公共事業で建設された立派な研究所以外には起業に適した場所がないことであった。

　そこで，象徴的な回答として，『つくばにはガレージがないのです。』と述べていた。この会話を聞いていた市内で環境計測事業を営む経営者から，他に自社ビルを建設することに伴い閉鎖する予定であった既存建物（事務所と測定分析部門があった）をガレージ化する機会を与えられた。

　このような経緯で当時としては全国的にも珍しい純粋民間資本（一切公的資金，支援を受けない）での小型のビジネス・インキュベーターを立ち上げることとなった。（図表14-10）施設的には，平屋建てで総面積が500平米にも満たない小規模なものでオフィス3室，ウェット系実験が可能な研究室が3室，

図表14-10　つくばインキュベーションラボ全景

これに共用会議室1室と管理事務所,ロビー(商談用小スペースを備える)という構成であった。

入居者を募集したところ,地元大学の大学院生や研究機関の研究者などの起業希望者,専門資格者(行政書士)で独立希望者,NPOや学術団体などから応募があり,運営期間中ほぼ80%以上が常時活用された。

運営を始めてすぐに気付いたことは,施設周辺のSOHOや小規模事業者の存在であった。彼らは,入居はしなかったが,共用会議室などの外部利用者として施設を訪れるようになった。彼らの中には,会議室だけでなく施設の他のインキュベーション・サービスも利用し,通いの『入居者』のような者もいた。

インキュベーション業務としては,次のようなサービスを入居者に提供した。

①部屋と駐車場の貸与(有料)
②共用会議室,商談コーナーの提供
③共用コピーサービス(有料),飲料自販機
④秘書・受付サービス(郵便Box設置・宅配便の受付や発送,来訪者の対応など)
⑤共用部の清掃,セキュリティサービス(機械警備システム)
⑥小規模段階での経理・総務業務代行サービス(有料)
⑦経営相談(法人設立,資金調達,販売先開拓など経営全般)
⑧専門家の紹介(税理士,弁護士,弁理士,司法書士,行政書士,公的支援機関など)

⑨各種情報提供（補助金・助成金を始め展示会・商談会情報など）
⑩入居者や関係者の懇談の場（BBQ大会，勉強会など）

　経営相談を主とする対応は，筆者がインキュベーション・マネージャーとして担当した。

　この施設は，平成21年（2009年）に閉鎖し，会社は移転した。閉鎖の理由は，運営していた8年間に公的資金によるインキュベーション施設が市内の大学や各研究機関，行政主導の第三セクターに次々と設立され，ビジネス・インキュベーターが豊富に存在するようになったことが大きな理由である。

　他方，施設運営をするうちに，インキュベーションにハードウェア（オフィスや実験室）の有無が必須要件ではないと考えるようになったこともある。これは現在，東京などで"家守（やもり）システム"などと称される起業支援手法と類似であると考えている。

　この施設でのインキュベーション活動を通じて得られた実務上の教訓やポイントとしては以下のようなものが挙げられる。

（1）起業家との信頼感

　インキュベーション・マネージャーが円滑にインキュベーション活動を行ううえで，入居した起業家との個人的信頼関係の構築は，すべての活動の基盤となる。

　その前提は，起業家が目指す夢への共感であり，その理解であろう。これが無ければ，形式的なコンサルティングをどれだけ実施しても成果へは結びつかない。もし，インキュベーション・マネージャーが入居希望の起業家と信頼関係を構築することが難しいと判断したならば，いかに良いビジネスプランと成功しそうな商品・サービスを有していたとしても，その起業家は入居させるべきではない。

（2）インキュベーション活動のタイミング

　日常のサービス活動の多くは日中に実施されるが，起業家への定常的コンサルテーションは，夜もしくは休日なども含めて実施すべきだということである。起業家の行動を観察していて気付いたことの一つに，起業家にとっての"逢魔が時"とでも言うべき時間帯があるということがある。本来の意味では18時頃を意味するが，ここでは22時前後を意味している。

起業家は，日中は社員やアルバイトも居る中でビジネスの立ち上げに注力している。顧客や取引先とのコミュニケーションも，当然ながら日中が主である。夕方になりアルバイトが帰り，社員も居なくなる時刻は大凡21時を過ぎている。ようやく経営者として真剣に経営状況，将来について思いを馳せる時間帯が訪れる。多くは1人，もしくは本当のコアメンバーだけとなっている。

　この時にインキュベーション・マネージャーは寄り添うことが重要である。この時間帯に真の経営についての課題，問題，不安についての経営者の考えが吐露されることが多い。このような場面にこそ同席し共に考え，アドバイスすることが効果的である。

（3）インキュベーション・マネージャーの姿勢

　インキュベーション・マネージャーには話を聞く姿勢が重要である。インキュベーション活動の中核が，起業家から様々な問題や課題を聞いて解決策を共に考えていくことであるが，インキュベーション・マネージャーが特段優れた解決策を出せるわけではない。個別の企業の詳細な事情を把握しているのは当事者の起業家である。コンサルテーションの基本的な姿勢として徹底的に起業家の話を聞く姿勢が重要である。むしろ，『鏡』に徹するくらいの覚悟が求められる。

　真に有効な解決方法や答えは，起業家の頭の中にしか存在しない。例外は2つの場合だけである。

　一つは起業家に議論の対象となった問題や課題についての知識が乏しい場合である。その場合であってもできるだけ複数の選択肢を提示し，意思決定は起業家の判断を最大限尊重するべきである。その時点の状況で最適な答えを知り，実施できるのは起業家だけである。

　もう一つの例外は，撤退へのアドバイスである。起業家は悪い状況下で極めて細い突破線しか存在していない場合でも，あきらめない場合が多い。

　ところが，全体的な状態を踏まえて客観的に眺めた場合，そのような隘路を上手く突破できる可能性は，起業家が考えるより著しく低い場合がある。このように起業家が回復不能なダメージを受ける危険が高いと判断した場合（会社破綻，起業家の自己破産など）には，自身の判断とその根拠を起業家に率直に伝える勇気が必要である。①で述べた信頼関係が起業家との間で確立できていれば，起業家も真摯にそのアドバイスに耳を傾けるケースが多い。

このインキュベーション施設では，運営期間を通じて，累計で11社と1つのNPOに利用された。彼らの現在について簡単に述べる。

　大学関連ベンチャー等では，6社が利用した。1社は大手企業への売却に成功し，経営者は新たな事業により東京で再度起業している。残り5社も事業継続している。このうち3社はつくば市内で雇用や売上げを拡大し事業継続しており，1社は他地域で雇用や売上げを拡大し事業継続し，残る1社も事業は継続している。

　研究所関連ベンチャーでは，1社は移転後解散した模様である。その他では，2社は解散（1社は市外に転出後解散）し，1社の市内発起業者は，市内で事業継続中であり，1社の市外から移転した企業は，経営者急死により解散した。1NPO（大学関連）は継続している。

　自社で設置したインキュベーター施設閉鎖後，有限会社つくばインキュベーションラボは，つくば市内の他地区に移転し，『まちなかインキュベーション』という発想に基づいて，施設を持たない形ながら，起業家や創業初期の企業へのコンサルティング業務を継続するとともに，東京秋葉原とつくば市を45分で結ぶ「つくばエクスプレス線」開通（2005年）の頃より，つくば駅周辺の中心部の活性化やそこでの賑わいづくり企画・運営なども手がけるようになっている。

5-3　公営型ビジネス・インキュベーターの事例

　茨城県日立市は，東京から北東150kmにある。100年以上前から銅山の開発により鉱工業が盛んであり，銅山の発展過程で日立製作所が生まれている。このような歴史から典型的な企業城下町の性格を持つ工業地域となっている。

　日立市が産業振興施策実行のための拠点として設立したのが公益財団法人日立地区産業支援センター（Hitachi Regional Technical Support Centerで略称はHITS。以下HITSと記す。）である[21]。

　HITSは，産業支援機関として平成10年（1998年）に設立された。理事長は日立市の副市長であり，副理事長には日立商工会議所工業部会長が就任している。

　設置目的は，「茨城県県北の臨海地域に集積する工業を中心とした産業集積の健全な育成及び発展・活性化を図るとともに，活力ある地域社会の形成と基盤強化に貢献し，もって地域の振興に寄与すること」を目指している。主な支

図表14-11　HITS 全景

援対象は，日立市を中心とした茨城県県北地域に集積する中小製造業者やサービス業の事業者である。(図表14-11)

100年以上の歴史を有する日本でも知られた工業地域であるが，時代の変遷とともに大企業依存体質では将来が危惧されており，新たな展開方向を模索し，地域産業政策の実行拠点として様々な事業を展開している。

HITS の主な事業内容としては，次の4事業がある。
①人材育成・競争力強化支援事業
②新技術・新製品開発支援事業
③受注・新規顧客開拓支援事業
④創業支援事業

この事業の中で④創業支援事業は具体的には，マイクロ・クリエイション・オフィス（Micro Creation Office で略称 MCO。以下では MCO と称する。）を整備し，創業計画者の事業立ち上げのため，経営や技術，情報提供などの多岐にわたる支援を行っている。

HITS の創業支援事業の拠点 MCO は，平成14年（2002年）に経済産業省新事業支援施設補助事業により建設された。(図表14-12)

オフィス数は1室20平米で10室あり，うち1室は，創業準備デスクとしてシェアオフィス（4デスク/室）となっている。

図表14-12　MCO全景

(図表14-13, 図表14-14)

利用期間は，2年以内（申請により1年間の延長あり）で，現在のオフィス基本利用料金はオフィスが月額24,600円，デスクは月額6,150円となっている。

MCO設置以来，累積卒業企業は45社，創業準備デスク利用が15社となっている。現在（2014年12月時点）はオフィス利用は8社，創業デスク利用は3社となっている。

図表14-13　MCO入居者オフィス例

図表14-14　MCO 創業デスク例

　MCO には，HITS の常勤のインキュベーション・マネージャーが２人勤務し，日常的な入居者の相談や支援を行なっている。筆者は，HITS から依頼され2009年から現在（2014年12月）まで入居者のアドバイザーとして相談にのりコンサルティングを実施してきている。

　総計では，30社（個人事業者と創業予定者を含む）について継続的に面談をしている。

　なかには，順調な事業拡大に成功し MCO 卒業後には本社として自社建物を新築した例や中古ビルを購入した例もある。逆に事業立ち上げを断念・廃業した事例も，筆者が知る範囲で６社ある。

　業種としては，IT・ソフト開発関連10社，各種コンサルティング６社，医療・福祉・介護関連事業３社，その他は設計事務所や警備業，商社など多彩な業種となっている。工業都市日立市に立地しているが，いわゆる純粋な製造業での起業について筆者が相談を受けた事例は数少ない。ファブレスであれば別だが，日立市内で50～60年前に多くみることができた形態，すなわち中古工作機械を購入し，自宅で賃加工仕事をすることで大手製造業の２次もしくは３次下請け事業者として会社を立ち上げていくという物語は遠い昔話となっているのである。代わりに ICT 技術の飛躍的な発展とともに，ソフト・システム開発は盛んである。近年ではゲーム開発やスマートフォンなど向けのアプリ開発も見られるようになってきている。このように工業都市，ものづくりのまちを

標榜する日立市ではあるが，起業の業種では生活サービスや業務サービス系の業種が占め，技術関連としては専門職系サービス（建築設計，医療系サービス等）やソフトウェアに基づく技術によるシステム製品，技術系商社などが見られる。なお，地元大学出身者（卒業後直ちに起業した事例やUターン事例がある）による起業も存在している。

MCOで受ける相談の類型化した内容とインキュベーションのポイントには，次のようなものがある。

（1）事業立ち上げ時の前職との関係整理の方法

前職で得た顧客や技術などを活用した起業計画であるケースが多く，前職の会社等と円満な関係で独立を図る事例ばかりではない。その場合に，起業家自らが獲得したものであっても，制約を受けるケースが多い。これらのケースでの問題は，前の会社等との間で退職時になんらかの契約を交わしているにもかかわらず，本人が控えなどを保管しておらず，どのような内容となっているか確認できない場合である。実際に事業立ち上げ期に前の会社から警告を受けた事例があった。逆に知財権や営業活動についての契約が明確になっており，事業立ち上げが問題なくできた例もある。

このような場合，前職場との関係情報（起業家に友好的か否かなど）と事実（取り交わした書類の内容や現在の事業のどの部分で前職の情報を利用しようとしているかなど）を徹底的に確認することから始めるしかない。

（2）自社製品・サービスの開発の方向性

独立起業を考えているはずであっても，自社の製品やサービスについて漠然としたイメージしか持っていないケースや，バリューチェーンを断片的にしか考えていない事例が目立つ。

この場合，起業家自身に自社事業の徹底的な『腑分け』を試みてもらうことで，不足部分に気付いてもらうようにする。

（3）製品・サービスの販売，市場開拓方法

最も多い相談項目である。ようやく自社の製品やサービスを開発できても，ほとんどの場合，計画したような売上をあげることができない。極端な場合には全く売れない。特に起業家が自分の考えだけで製品やサービスを開発した場

合には高い確度で発生する。最初の顧客確保が大きな関門となる。最初の顧客を確保できていたとしても顧客数の拡大ができない場合が多い。

　売上が立たないのは重大な問題なので，起業家自身や筆者のネットワークを活用し販路開拓を試みるとともに別な市場で展開できないかなどのアイデア出しも行う。同時並行で支出の削減策も考えていく。

（4）開発費用や事業拡大の資金調達

　資金調達も相談項目として多い。技術やシステム開発関係だけでなく雇用や販売促進，国際認証規格取得など幅広い項目で様々な公的支援制度への応募を行うケースが増えているが，その申請書類作成に苦労する。書類様式の問題もあるが，求められている内容について自身の考えをまとめることが不得意な起業家が多い。一方，事業の売上変動に備え，売上が右肩あがりの時期にタイミングを見て必要な範囲で融資を受け，その後の売上変動による影響を最小限に留めることに成功した起業家も存在する。

　資金調達とは逆になるが，借り入れのリスクによるためか，寡少な資金で事業を立ち上げ，結果的に事業運営に必要な最小限の資金繰りにも困り，成長軌道に乗るまでに時間がかかるケースも見受けられる。これは，2-2で指摘されていた"起業と資金調達のパラドックス"である。

　他方，金融機関からの借り入れでは，資金調達に成功して分不相応な車を購入した例もある。

　使途に応じて必要な時に，適切な額を，適切な方法（融資，補助・助成，投資）で資金調達する重要性を理解している起業家は意外に少ない。まずは，資金調達には時間が想像よりかかることを理解させ，できるだけ早期から考えていく習慣を持ってもらうとともに，キャッシュバーンレート（現金燃焼率）を常に意識してもらう。

（5）人材採用や育成方法

　事業が拡大するに伴い，相談が多くなる項目である。良い人材を採用したいというのは，すべての起業家の願望であるが，小規模で不安定な立ち上げ期の企業は人材募集に苦労し，採用した人材のトラブルでも苦労する。そして，会社への定着率も低い。そこで，起業家には具体的な育成・定着方法としてコミュニケーション密度を意識し，目の前の具体的目標を持たせるような経営

（外部の資格取得支援や社内の制度整備）を考え，従業員へ自身の夢を語る重要性を強調している。

（6）その他の事業上生じたトラブルの解決方法

これは非常に多様である。例えば，契約打ち切り，取引先の経営悪化による資金回収困難，他社との係争などである。

基本的には専門家の紹介や公的機関の担当窓口紹介などを行う。しかし，小規模な企業は問題解決にかけられる体力（資金，時間）に乏しく，できる限り短時間で解決を目指すことが基本となる。その代わりに妥協せざるを得ない要素も生じる。

事業拡大や事業継続に成功している例を見ると，その要因として，事業開始時に立ち上げる事業に関して必要な専門知識・経験，業界でのネットワークや人脈，最初の顧客を確保してから入居していた点があげられる。

なかには，最初の顧客を確保できていたはずであったが，始めてみると計画どおりではなかった例もあるが，それでも事業内容を軌道修正（ピボット）でき，創業期の難しさを乗り切れた事例がある。この軌道修正を可能としたのも，ほとんどの場合，起業家の有する専門知識・経験とネットワークであった。

6 インキュベーション活動と投資活動

実は，筆者はビジネス・インキュベーション事業を行う会社だけでなく，別な会社でVC（Venture Capital）として投資事業にも携わっている。ビジネス・インキュベーターにおけるインキュベーション活動とVCが行う投資活動は，どちらも起業家を支援する機能であり，事業立ち上げについて重要な役割を持っている。しかし，両者には新事業育成について異なる性格を有している。

まず，インキュベーションであるが，これまで述べてきたようにビジネス・インキュベーターにおけるインキュベーション活動の基本姿勢は，常に起業家に寄り添いながらその成長を支援することに尽きる。その段階が起業準備，施設入居中や施設卒業後であろうが，関係ない。成長を支援するとは，起業家が組織を立ち上げ，事業を拡大して自立化を図る過程で起業家とその組織に求め

られる様々な業務や活動を，徐々に自前で行えることを見届け，適切なタイミングで支援の手を離していくことに他ならない。最初の達成目標期限は，施設退去期限である。同時に，対象とする一人の起業家やひとつの企業の成長だけでなく，入居者全体や周辺地域への波及効果も念頭おいて活動する。多くの場合，インキュベーターが受け取る対価は，施設入居している起業家や企業であれば，賃貸料と他の施設サービス利用料，それにコンサルティング料程度となる。

一方，VCの基本的な役割は，起業家側から見ればリスク・マネーの供給者である。融資と異なり，VCの資金はキャッシュフローが生まれていない状況であっても魅力のある事業内容であれば投資する可能性がある。VCは，IPO（Initial Public Offering）などにより資金回収するか，他者へ保有株式を譲渡して資金回収を行う。ただし，投資の元となるファンドには出資者があり，ファンド存続の期限内に投資資金を回収し，リターンを出資者へ分配しなければならない。ファンドの期限は長くても10年程度である。従って，定期的な返済などはないが，ファンド設立期間のうちに結果が求められる。

極端に言えば，VCは投資リターン倍率が確実に高くなるならば，起業家の性格も事業内容も原則的には問わない。つまり，ハイ・リスク，ハイ・リターンを求めるのである。

このように基本的な立場が異なるので，インキュベーション・マネージャーとVCの担当者に起業家を加えた三者が机を挟んで話をする場面を想像した時，起業家に対して座る位置が異なる。インキュベーション・マネージャーは，起業家に並び『隣の席』に座るのに対し，VCの担当者は，起業家と机を挟んで『相対する席』に座るというイメージである。

ビジネス・インキュベーターは，ハイテクベンチャーなどに加えて生活密着型事業や各種サービス関連事業などの生業型事業に挑む起業家も対象とする。すなわち，ビジネス・インキュベーターは，一般的にはVCよりも間口が広い業種の起業支援活動を行う事業者であり，そのインキュベーション活動には，様々な業種に関する知識と幅広く柔軟な能力が求められる。（ハイテクベンチャーなどに特化したインキュベーターでは性格が異なる。）

7 今後の起業支援のあり方

　本章では，日本の起業の状況を述べ，起業家が少ない理由として起業に関係する知識と経験を習得する機会が乏しいことや文化的要因としてリスク忌避志向が強いことなどを述べた。続いて，日本工業大学専門職大学院で10年間にわたり行ってきたビジネスに関連した授業の内容を紹介し，事業機会を見出す柔軟な思考や論理的計画作成は教育によって改善可能であることを述べた。

　次にビジネス・インキュベーターの歴史と機能などを説明し，実際のビジネス・インキュベーターとして筆者が経験した民間型ビジネス・インキュベーターと行政が設置したビジネス・インキュベーターでのインキュベーション活動を事例として，このような施設に入居する起業家による典型的な課題（相談内容）とインキュベーション活動での対応を示した。

　起業活動の活性化には，起業知識の学習が重要であるが，その場合にも座学ではなく，多様なキャリアを持つ複数人によるグループ学習や演習を単発ではなく一定の期間を費やして行うことが効果的だと考えている。

　そこまでの時間をかけることが現実的ではない場合であっても，ビジネス・インキュベーターなどにおいて定期的な講習を辛抱強く行うことで一定の効果は得られると考える。しかし，インキュベーターの入居者は，既に事業を開始しており，教育による知識やスキルの習得時間がないケースも多く，起業家の状況に応じて内容をカスタムメイドした短縮版での教育を行うことしかできないという制約が生じる。起業促進のためには，多くの起業ケースが順調に成長する姿を示すことが最も効果的であり，そのためには起業前に一定期間の起業教育講座等の受講をビジネス・インキュベーターの入居条件とするなど，起業前教育を強化することが必要だろう。

　謝辞

　執筆の機会を与えてくださった日本工業大学専門職大学院技術経営研究科の先生方に深く感謝します。筆者にとっては，起業やインキュベーション活動について整理し，まとめてみる良い機会になりました。手探りで始めた日本工業大学での授業でしたが，10年間を振り返れば，起業や新事業創造について多くを学ぶ機会となりました。受講してくれた多くの社会人学生に改めて感謝します。

また，地域の中で様々な起業家との出会いを作ってくれた日立地区産業支援センターと，多くの起業の問題に気づかせてくれた相談者の方々にも謝意を表します。

上原健一

注

1) 「人口推計」（総務省統計局）長期時系列データ（平成12年～22年）。
2) 中小企業白書2008年18頁第1-1-30図②。
3) 参考文献a. 4頁。
4) 中小企業白書2014年187頁第3-2-7図より数値を抽出し筆者が作成。従業員がいない事業所は含まれていない。
5) 参考文献b.
6) 参考文献b. 5頁にあるようにGEMでは国の経済発展段階を勘案し，要素主導型経済，効率主導型経済，イノベーション主導型経済の3つの経済圏に分類し，日本はイノベーション主導型経済に分類される。TEAは，7頁の図表14-2.3に示されるように経済発展が低い要素主導型経済圏の方が一般に高い。
7) 参考文献b. 8頁，図表14-2.5より数値を抽出し筆者が作成。
8) 参考文献c.
9) 参考文献c. 12頁，2つの質問とは，「過去　2年以内に新たにビジネスを始めた人を個人的に知っている」と，「新しいビジネスを始めるために必要な知識，能力，経験を持っている」である。
10) 参考文献c. 31頁，図表14-6-2。
11) 参考文献d.
12) 参考文献d. 2頁，図-1。
13) 参考文献e.
14) 参考文献e. 15頁。
15) 参考文献e. 9頁，表-2の上位3要因。
16) 参考文献e. 14頁。
17) 参考文献f. 6頁。
18) 参考文献g. 97頁。
19) 参考文献h.2頁。
20) 参考文献i. 4頁。
21) http://www.hits.or.jp

参考文献

a. 清成忠男著『日本中小企業政策史』有斐閣，2009年。
b. 「起業家精神に関する調査報告書」　平成25年創業・起業支援事業　平成26年3

月　一般財団法人ベンチャーエンタープライズセンター。
c. 高橋，磯辺，本庄，安田，鈴木（2013）「起業活動に影響を与える要因の国際比較分析」RIETI Discussion Paper Series 13-J-015.
d.「2014年度新規開業実態調査〜アンケート結果の概要〜」日本政策金融公庫総合研究所 2013年12月22日。
e. 藤井辰紀（July 2014）「起業予備軍と起業家　―起業意識に関する五つの論点―」日本政策金融公庫調査月報 No.070 pp4 〜 15.
f.「米国ビジネス・インキュベータの現況と動向」中小企業総合事業団ニューヨーク事務所 2000年6月。
g. 小野浩幸（2007）「イノベーションクラスターにおけるインキュベーションの昨日」専修大学都市政策研究センター論文集　第3号 pp95 〜 110.
h. 日本インキュベーション研究会編『インキュベータ企業創造の時代』日刊工業新聞社，1989年。
i.「平成25年度地域経済産業活性化対策調査（ビジネス・インキュベーション手法調査）報告書」一般財団法人日本立地センター平成26年3月。

■起業・第二創業・事業承継■

イノベーションステップによる新規事業開発の研究

第15章

1 はじめに

　最初に，本研究に取り組む動機ならびに新規事業開発に着目した背景について述べる。現在，日本を活性化するために，起業および新規事業開発は新しい価値の創造および市場創造を行う方法として重要視されている。日本における起業家（以下アントレプレナー）輩出活性化を実現させるための重要なファクターは，起業支援者サイドに起因するのでは無く，アントレプレナーの質と絶対数の不足である。大学および大学院修了後，直接起業を行うことと併せて，大企業等事業会社に所属している潜在的アントレプレナーを顕在化させることが必要と考えている。戦後日本でも初めてともいえるパラダイムシフトに直面し，起業家による新たな経済的価値の創出が，社会的に必要な時代を迎えている。

　アントレプレナーが，大きなパラダイムチェンジに対応するためには，市場に「イノベーション」による技術やプロセスによる新しい製品やサービスの創出が求められる。その課題解決のためには，MOT（技術経営）が有効である。MOTとはManagement of Technologyの略であり，人間の生産活動や社会活動を取り扱う学問分野に属している。主にイノベーションの創出をマネジメントし，持続的発展のために，経済的価値を創出していくための戦略を立案・決定・実行するものである。

　併せて，現在の日本の状況として，中小企業の事業承継および大企業のノンコア事業の売却および清算等の選択と集中が盛んになって来ており，既存事業の再活性化が大きな課題となっている。その重要な解決方法のひとつとして，

Management Buy Out（以下 MBO）が有効であると考えている。筆者の起業支援の経験から，能力ある起業家でも最初の売上を計上することは難しく，更にスケーラブルにすることは上手くいかない実態をみて来た。MBOの場合，新たな事業計画を考える能力ある経営者に事業譲渡することで，既存の経営リソースを活用し，当初から売上実態のある事業展開を行うことが可能である。

日本での MBO は，1998年12月の ICS 国際文化センターが国内第一号といわれている。タイミングとしては，外部環境として IT バブル直前，かつ企業が選択と集中をはかりノンコア事業の整理を行う時期であった。15年近い年月を経て，アベノミクス等により上場企業の好調および IPO 数も増加し，再度 MBO の検討が極めて有効な市場環境をむかえている。

本研究では，MBO を活用して起業するという方法を提案するとともに，新規事業開発の際に必要な思考プロセス（以下概念的思考）をベースに MOT 的視点を活用し，イノベーションをプロセス化することで新規事業創出に貢献できるという仮説を，当研究を通じて提案したい。実際のケースも取りあげ，実践的にイノベーションをプロセス化して整理していく。そして日本の起業に MBO を活用した選択肢を提供し，企業所属の会社員のキャリアプラン当該手法を組込むことを狙う。その結果，起業支援者が増え続けてはいるが起業家が増えないという，日本の現状課題を現実的に改善し，新たな経済的価値の創出に繋げることを目的としている。その結果，現在のアベノミクスの第3の矢である成長戦略に貢献できればと考えている。これらを踏まえて，次項より本研究について述べる。

2 アントレプレナー輩出の意義

アントレプレナーは，フランスの経済学者 J・B・セイが，1800年頃アントルプルヌールという言葉をつくりだしたことが由来である。アントレプレナーの定義として，生産性の低い分野から生産性の高い分野に経営資源をシフトさせる「ベンチャービジネスを起こす人」と定義する 。アントレプレナーには「新しい冒険を企てる人」という語感があり，「ベンチャービジネス」とは，商品，サービス，あるいは経営システムにイノベーションによる新しい価値を創出する事業としている。起業を成功させるためには，「ベンチャービジネス」を担うアントレプレナーの能力を持つことが求められる。アントレプレナーの

能力とは,まさにMOTが提唱する「イノベーションの創出をマネジメントし,持続的発展のために,経済的価値を創出していくための戦略を立案・決定・実行」するものである。イノベーションの担い手として,アントレプレナーは重要な役割を有している。

しかしながら,昨今の日本では,開業率と廃業率が逆転して改善する気配は感じられない。日本経済生産性本部による新入社員調査では長期安定雇用を望む意見が多数を占め,日本における起業意識は著しく低下している。新入社員起業意識調査によると「社内で出世するより,起業して独立したい」の率は,2003年の31.5%から2010年は12.8%へと大幅に低下している。社会的マインドは変化しているとはいえ,元来の人間としての能力属性は大きくは変わっていないと思われる。マインドを変える切っ掛けおよびバックアップにより,社会に埋もれている潜在的アントレプレナーの顕在化が求められる。

新入社員の企業への帰属意識が高まる一方,企業側は事業をサステイナブルに維持するために,年功序列型賃金体系を廃した流動的な雇用体系を選択する傾向がある。外部環境として,少子高齢化が進行し国内マーケットが縮小する中,企業ごとに雇用体系が変化し,従来のビジネス・プラットフォームが変化している。第三次安倍晋三政権においても,選択肢を拡げる労働政策を打ち出している。その結果,日本の労働環境に大きなパラダイムチェンジが発生するながれになっている。筆者は,そのような大きなパラダイムチェンジに対応する選択肢として,起業はひとつの有効な手段になると考えている。

しかしながら,前述したとおり起業意識は毎年低下しており,企業に所属している社会人において起業は非現実的であり,キャリアプランの選択肢にはなりえていない。現実的に,自分の周囲に成功した起業家が少なく,右肩下がりの経済が続き,成功体験を経験していない。そのため,先行きを悲観的に考える傾向が多数を占め,自らが起業で成功するイメージを持てなくなっているからと考えられる。

筆者は,各人が知見を持っている業種・業態で,成功できるイメージを持ちやすい事業であれば,起業のハードルは下げることが可能であると考えている。

3　MBO（Management Buy Out）とは

　MBOとは，基本的に既存のマネジメントが当該企業または事業を買い取ることにより独立することである。広義にMBO・LBO・MBIなどを総称しバイアウトと言われており，分類に関しては参考までに【バイアウトの分類】に図示するが，実際の仕組みとしては大きな違いはない。

　昨今，企業の収益性を表す指標として，ROEやROAなどの資産効率性を表す指標を重要視する動向となりつつある。その結果，ノンコアと位置付けられた事業や不採算事業は，売却・譲渡および清算することが検討される。そのひとつの方法がMBOである。

図表15-1　バイアウトの分類

名称		内容
MBO	Management Buy-out	現在の経営者および外部の投資家が出資を行い経営権を取得する。買収後は現経営陣が事業の運営を行う。
MBI	Management Buy-in	投資家が外部の経営者を招聘し企業買収を行うこと。
MEBO	Management Employee Buy-out	投資家と経営陣に加えて，一部従業員も出資を行い企業買収を行うこと。
EBO	Employee Buy-out	従業員が外部の投資家の支援を得て企業買収を行うこと。
IBO	Institusional Buy-out	外部投資家が買収後に経営に加わる形態のこと。
BIMBO	Buy-in Management Buy-out	MBOに外部経営者を加えた形態のこと。
LBO	Leveraged Buy-out	買収資金を出資のみでなく，借入金や社債を併用すること。

出典：金融財政事情・筆者改編

　日本では，2000年頃から大企業のリストラクチャリングの一環で，ノンコア事業を切り離す有効な方法としてMBOを活用するケースが出現して来た。実際に，日本高純度化学株式会社等複数社がMBOを経てIPOを実行し，現在も事業成長を継続的に具現化している事例もある。しかしながら，MBOは日本に導入されて15年経過するも，日本では起業として認識されることは少ない。

多くの場合，日本のMBO事例における経営陣は，既存事業会社に所属していた会社員であり，実際はMBOを活用して起業しているといえる。MBOは，現在のところ大企業からの案件が主体ではあるが，いくつか条件をクリアすることで中小企業でも十分活用可能なスキームになり得る。

　その条件とは，1．経営者がMBOを行う事業について知見があること。2．新たな事業ビジョンが描けること。3．コストを削減することでCF（キャッシュフロー）黒字が可能であること。4．事業に1つ以上強みがあること。5．当初の運転資金が確保できること。以上，5つの条件がある。

　大企業を中心としたMBO事例は，機関投資家がエクイティ資金を提供する上で，当該事業のCFが黒字であることが前提である。中小企業の場合，MBOを行う事業は，現状では赤字であることも想定される。その場合でも，上記条件が整っていれば，MBOの検討が十分可能である。

　MBOの実施時に，事業計画の提示に基づき，政策金融公庫および地方自治体の制度付き融資を利用することで，一定額の資金調達は可能である。更に，MBOは第二創業と看做されることもある。その場合は，創業融資と事業再生融資および制度付き融資等を組み合わせて，当初の必要運転資金確保を多方面から検討することができる。また，既存事業なので必要運転資金の算定は，一からの起業よりは容易である。大切なのは，上記条件の2，3，4がクリアできることであり，そこがクリアできれば中小企業でもMBOを実行することは十分可能であるといえる。

　中小企業のMBO案件の場合，既存事業は赤字もしくは黒字であるも高い収益性は望めないことが多く，条件2の「新たな事業ビジョンが描けること。」が，将来的成長を実現するためには不可欠となる。そこがクリアできれば，MBOは，各人が知見を持っている業種・業態であり，成功できるイメージも描きやすく，起業のハードルを下げることが可能と考えている。

　将来的には中小企業においても，起業家とエクイティを担う外部投資家も加えたスキームで，中小企業型MBOの更なる活用が可能になるのではと見込んでいる。

4　イノベーションステップとはなにか

　前項では，イノベーションによる経済的価値を創出する担い手として，アン

トレプレナー輩出の意義を定義するとともに，現状とのギャップ（問題）を埋めるひとつの手段としてMBOについて提示した。MBOにおいて，特に中小企業型MBOでは，新たな事業ビジョン構築が重要である点は前項で述べた。本項では，新たな事業を創出するプロセス手段として，イノベーションステップの導入を提案したい。

イノベーションステップとは，イノベーションを実現するプロセスをストーリー化することで，起業家の思考を整理する方法である。プロセス化するために，MOT（技術経営）のノウハウが有効である。

現在の起業を取り巻く時代背景は，2000年頃のネットベンチャーブームいわゆるITバブルの頃と比較し，IT技術の進歩により容易に情報が入手可能になっている。併せて，マーケットニーズの把握手段も豊富であり，創業融資制度の充実，国内ビジネススクール等支援機関の台頭，企業内での副業容認など，社会環境はアントレプレナーにとって，むしろ有利になっている。また，革新的な技術イノベーションのみならず，生活者指向型イノベーションによる既存技術を組み合わせることで，市場ニーズを満たすことによる成功例が増えている。

イノベーションについては，元タカノ株式会社代表取締役社長の堀井朝運氏が3つの経営革新（イノベーション）として整理している。3つの経営革新（イノベーション）は時系列的に，既存事業の経営革新は過去から現在まで，新たな事業および経営手法の導入は現在から近い将来まで，技術革新は近い将来から将来までを想定した経営革新と整理出来る。社会で起こっているパラダイムの変化は，社会がイノベーションのテーマを提供してくれていると述べている。

図表15-2　3つの経営革新（イノベーション）

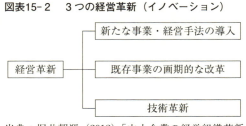

出典：堀井朝運（2012）「中小企業の経営組織革新　イノベーションは誰でも起こせる」中央経済社

以上のことにより，ITバブル期のカリスマ型経営者が台頭した時代よりも，現在は格段に起業へのハードルは低くなっていると考えられる。現在は，「誰でもアントレプレナー」になれる可能性は高まっていると考えている。
　プロダクト型イノベーションより，生活者指向型イノベーションが中心になることで，顧客志向の徹底によるマーケットのニーズやウォンツの抽出で，イノベーション・ポイントを掴むことが可能である。モノ余り時代の到来に伴い，技術革新プロダクト重視からマーケットニーズ・ウォンツを充足するサービスを提供する新規事業が求められている。
　ドラッカーは，起業家精神の中で，「成功しないリスクもあるかもしれないが，成功すればリスクを相殺しても余りある位大きい。」と述べている。実際に，終身雇用制度および年功序列型賃金体系が崩壊した現在，リスクの取り方は多様になったといえる。また，「イノベーションの機会が存在する分野において，単なる資源の最適化に留まるほどリスクは大きく，起業こそリスクが低い場合もある。起業のリスクが高いと言われるのは，体系的にマネジメント出来ると理解していないからである。」とも言われている。
　体系的マネジメントのひとつの有効な方法として，筆者はイノベーションステップを提案したい。イノベーションステップは，次のプロセスにより構成される。

4-1 アンメットニーズの設定

　最初のステップとして，生活者指向イノベーションの場合，マーケットニーズ・ウォンツを抽出するためにアンメットニーズ（潜在ニーズ）を確認することからはじめる。アンメットニーズを掘り起こす方法として，3C分析により顧客仮説を導きSTP（Segmentation Targeting Positioning）を設定した後，対象ターゲットにアンケート調査やグループインタビューを自ら実施する。ここで，独自マーケティングにより対象顧客と対象ニーズ・ウォンツの仮説化と検証を行う。

4-2 イノベーション・ポイントの抽出

　潜在市場仮説策定後，市場ニーズと既存の競合サービスとのギャップを抽出し，その解決方法をイノベーション・ポイントに据える。この段階で，潜在市場規模が算出できることと併せて，何故ギャップが生じているかを分析して理

解する必要がある。ギャップの解決方法を，自社リソースからRTB（Reason To Believe）を明確化し，具体的な解決方法を考案する。その際，現状把握と自社リソースから解を導く概念的思考力が求められる。概念的思考力が起業希望者に不足している場合は，解決方法となるイノベーション・ポイントを導くことが出来ないことが想定される。

その意味では，当該プロセスは，起業を希望している者が，事業計画の要諦を確認する役割もあり，起業に至るゲートとしても活用できる。

4-3 マーケティングミックス

イノベーション・ポイントを明確化した後に，マーケティングミックスを活用する。マーケティングミックスは主に4Pフレームを利用するが，4Pの内のPriceは，ターゲット顧客に対して適正価格を設定後，適正価格の実現方法についても明確にする必要がある。特に技術力をRTBにしているベンチャー企業の場合，適正価格を導けないジレンマに陥る危険性が高いため一層の注意を要する。実際に生活者指向の成長企業では，適正価格の設定に成功している。

4-4 ビジネスモデル設計とパートナリング

マーケティングプランを立案した後，ビジネスモデル構築のパートナリングを進め，事業の実現性が高まった時点で資金調達に着手する。ベンチャー企業

図表15-3　ビジネスモデル設計とパートナリング参考図

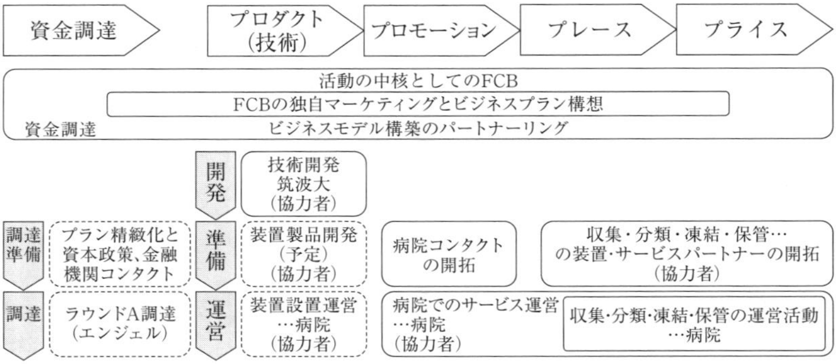

出典：筆者作成（日本工業大学専門職大学院MOT 清水弘教授作成協力）

にとって，自社リソースが限られているためパートナリングが必要なことが多い。RTB およびマーケティングプランを明確にすることで，パートナリングを有利に進められる可能性が高まる。この時点で，エクイティ活用の採否等も含めて検討した財務戦略を作成する。

4-5 イノベーション・ポイントを強化する知財戦略

ビジネスモデル設計と併せて，事業開始前に知財戦略を構築する。大企業の場合は完全な排他権として設定するが，ベンチャー企業の場合，資金力にも限りがあるケースが多いことが想定される。しかしながら，大企業と小さなベンチャー企業を比較すると，実は事業停止リスクは大企業の方が格段に高い。その点を活用し，少数でも特許権活用を戦略化することで知的財産を利用し，大企業から事業を守ることが可能である。具体的には，LLP（Limited Liability Partnership）や技術研究組合を活用することで，第三者の力を得て事業化に向けた有意な研究ができる。大企業とのパートナリングも進める際にも有効な武器となりうる。

4-6 中期的事業方向性の検討

イノベーションを継続的に実現するために，中長期的事業方向性の検討が必

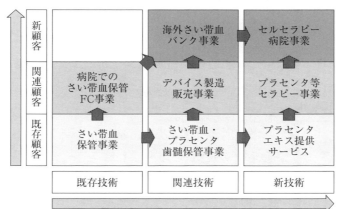

図表15-4　アンゾフマトリックス9 象限参考図（FCB 事業計画より）

出典：筆者作成

要になる。ここでは，アンゾフマトリックス等を活用し関連事業の中期計画を策定する。ニッチトップで持続的成長の可能性を事業化前に検討すると，ひとつの仮説が破たんした際も，中期的事業方向性に沿って再度設定すると事業計画の再構築が行ない易い。併せて，EXIT 方法についても当初から検討すると資本政策が組みやすくなる。

4-7 ビジネスプラン推進後の PDCA を活用した確認

　中期的方向性を明確にした後は，ビジネスプラン推進を行う段階に入る。どんなに綿密に考えたビジネスプランでも実際に推進を行うと，ビジネスモデル設計やパートナリングに障害が発生し，仮説と異なることが検証される可能性が高い確度でありうる。その場合，アンメットニーズやイノベーション・ポイントの要諦は変えずに，問題を解決するイノベーションステップのプロセスに立ち戻り再設定を行う。それでも解決出来ない場合は，前項中期的事業方向性で述べた付帯事業での事業化検討を早急に行うことが求められる。

　イノベーションステップを導入したことで，迅速に問題点が明確になると共に PDCA を高速で廻すことが可能になる。その結果，アントレプレナーの思考をプロセス化し整理することで，イノベーションによる新規事業創出の創出に貢献できると考えている。

　イノベーションをプロセス化するイノベーションステップを導入することで，ビジネスプランの策定がしやすくなる。併せて，イノベーション実現のために必須である競争優位の源泉であるイノベーション・ポイントの抽出を行う

図表15-5　イノベーションステップ概念図

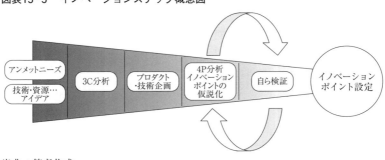

出典：筆者作成

ことが容易になる。イノベーションステップを導入することで，ビジネスモデル自体をアントレプレナーがステップ毎に理解が可能となるため，PDCAを回転することが簡便になる。その結果，思考が整理され，新規事業に取り組み易くなるという仮説について述べた。次項では，実際にイノベーションステップを実際に活用して，筆者が作成したビジネスプランをケースとして取り上げる。

5　イノベーションステップの実践的活用

当項では，実際にイノベーションステップを活用して作成した事業計画「FamilyCellBank」を実践的活用事例として取り上げる。当該事業は，万能細胞（Stem Cell）の長期保管事業をベースとしたバイオおよび美容と健康をドメインとした，日本では未だ揺籃期の事業である。そのため，イノベーションステップの活用が極めて有用なケースとして取り上げた。新規事業開発のプロセス化を，対外的に評価されたFamilyCellBankの事業計画により，ケースとして実践的プロセス化の検証を行った。

FamilyCellBankの事業計画を通して，新規事業開発において，イノベーション・ポイントの明確化と持続化が重要点であることを見出している。イノベーション実現による新規事業開発は，アンメットニーズを把握し，3C分析から4P分析を行いイノベーション・ポイントの仮説を設定することでイノベーションステップを構成している。更に独自検証を行うことで，イノベーション・ポイントの明確化および持続化を一連のプロセスとしてフレームワークとしてまとめている。

5-1　FamilyCellBank事業の概要

当事業は，『幹細胞が誰でも活用できる社会を目指す』というコンセプトで，日本以外のアジア圏を中心に，複数の上場企業が存在している"さい帯血保管活用"の日本での事業推進を目的としている。グローバルの状況と比較し，大変遅れている日本のさい帯血業界を当社の技術で活性化し，イノベーションを実現し，「質良く，簡便に，誰でも，安価に，サービスを提供」できるさい帯血保管のリーディングカンパニーを目指す事業計画である。

さい帯血には幹細胞（万能細胞・Stem Cell）が豊富に含まれており，その

図表15-6　さい帯血保管事業概要図

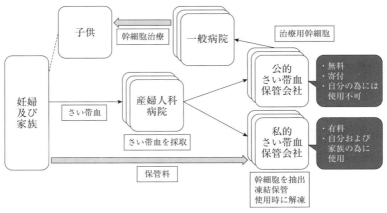

出典：FCB 事業計画

　さい帯血を有料で長期間（1年～20年以上）保管サービスを提供する。幹細胞は，白血病治療等血液疾患や脳性麻痺，再生医療等に活用可能といわれている貴重な細胞であり，幹細胞は -196℃の液体窒素内で（冬眠状態で）半永久的に保管することが可能である。自分の幹細胞を子供の将来のために保管したいと考える家族の方から保管料を徴収して事業化するビジネスモデルである。世界市場は，約3700億円程度まで拡大しているが，日本では僅か10億円程度の市場に過ぎない。

5-2 さい帯血とはなにか

　さい帯血とはへその緒に含まれる幹細胞を豊富に含む血液である。生まれたての極めて分化能力の高いパワフルな細胞であり，採取する際のリスクはなく，一生に1度しか採取できない貴重な幹細胞ソースである。

　出産時の究極に若い細胞のため分化能力が極めて高く，脳性まひや血液疾患等難病に効果があるといわれている。将来の再生医療への活用も可能である。大変魅力的なさい帯血であるが，採取できるのは出産時のみに限られる。海外では，実際に治験として多く活用されており，2004年から2009年に198の脳性麻痺症例に対してフェーズⅠ治験，2010年より"Duke University"及び"Georgia Health Sciences University"にてフェーズⅡ（有効性）治験がス

図表15-7 米国におけるさい帯血活用

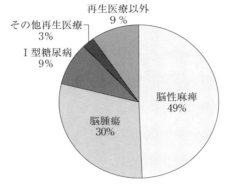

出典:parents guide

図表15-8 さい帯血の活用例

活用内容	活用レベル	備考
白血病	臨床使用	保険適応済み,移植治療例多数。
各種血液疾患	臨床研究	アメリカを中心に臨床試験実施中
脳性麻痺	臨床研究	臨床試験実施中 (Duke U, Georgia Health Sciences U, Tokushima U etc)
Ⅰ型糖尿病	臨床研究	アメリカを中心に臨床試験実施中
大腸がんワクチン	研究	林原生物化学研究所が研究
iPS細胞バンクベース細胞	構想	

出典:筆者作成

タートしている。日本でも,2011年より高知大学で脳性麻痺の臨床研究がはじめて行われることとなった。

近年,iPS細胞バンク構想において,ベース細胞としてさい帯血の活用が行われることになった。

5-3 アンメットニーズ

世界市場に比して,日本市場がGDPの割に格段に低い事実から,その要因

図表15-9　日本のさい帯血保管の現状

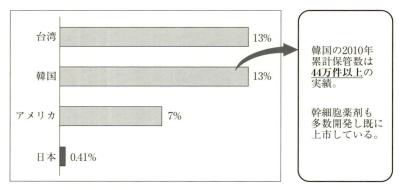

出典：FCB 事業計画

を調べると共に，実際に市場ニーズについて調べることが必要である。日本では事例が無い事業のため，自ら対象顧客に対してリサーチを行った。

前記の通り，日本はアジア圏においても極めて低い保管率であるのが現状である。このデータから，特殊な市場性が日本にあり保管率が著しく低くなっていることが想定される。なお海外では，既に相当数の上場企業が存在している。仮説としては，市場ニーズが確認出来れば，日本は，海外市場と比較して市場潜在力が際立って大きい可能性があると考えられる。

次に，日本の実際の市場ニーズの確認を行うステップに入る。日本におけるさい帯血の保管率は前述のとおり１％に満たないが，実際の顧客のニーズを

図表15-10　さい帯血リサーチについて

リサーチ名	実施方法	対象数	実施時期
さい帯血価格リサーチ１	複数産婦人科にて紙ベースアンケート	148名（妊婦）	2009年10月
さい帯血意識調査２	特定の産婦人科にて紙ベースアンケート	205名（妊婦）	2010年３月
さい帯血意識調査３	業者によるWEBリサーチ	515名（既婚女性，内妊婦104人）	2010年４月
さい帯血価格リサーチ２	特定の産婦人科にて紙ベースアンケート	120名（妊婦）	2011年２月

出典：FCB 事業計画

図表15-11　さい帯血に関する調査

2010年FCB実施アンケート結果
N数＝700名
（既婚女性、内妊産婦300名）

出典：FCB事業計画

抽出するために顧客リサーチを実施した。ここでは，産婦人科病院の協力を得て，下記の通り複数回の調査を行った。

まずは2009年10月に最適価格を見るための先行リサーチを行った。次に顧客の意識調査を，まずは協力病院の産婦人科にて行い，その後普遍性を確かめるためにWEBベースでリサーチした。意識調査2と3は同じフォームである。そして2011年2月に再度最適価格を確かめるためにリサーチを実施した。仮説として，日本では他国に比較して，さい帯血を活用する臨床研究が遅れているため，価格弾力性が高いと考えた。

独自リサーチの結果，現状での保管率は0.41%だがアンケート結果では，サービス購入意向が27%あり，現状と比較し大きなかい離が生じていることが判明した。さい帯血保管の日本におけるアンメットニーズ（潜在ニーズ）は，極めて高い可能性があることが想定できた。

以上のデータから，潜在的市場規模を算出するステップを行った。今回のアンケート結果では，27%の購入意向があったが，世界の平均的保管率を採用し10%の保管率として潜在市場規模を算出した。「マーケティングミックス」で説明する価格については，リサーチの結果マーケットウォンツの価格であることが判明した10万円を採用している。結果，現状は10億円程度の市場規模であるが，ユーザーが望むサービス価格にすることにより，市場規模は100億円

図表15-12　さい帯血保管潜在市場規模シミュレーション

	現状			予測市場規模
保管率	0.41%	1%	5%	10%
想定保管者数（/年）	4,383	10,690	53,450	106,900
想定さい帯血保管市場※（百万円）	964	962	4,811	10,690

※現状は初期費用22万円、予測市場規模は10万円として算出

出典：FCB事業計画

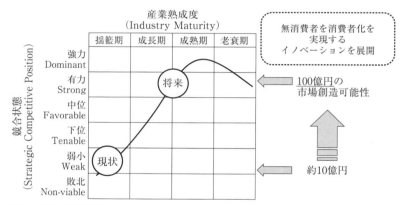

図表15-13　日本におけるさい帯血保管産業成熟度

出典：FCB事業計画

程度に拡大する可能性の仮説化を行った。

　なお，日本の産婦人科では出産時に，さい帯血保管について妊産婦に説明をしていないことも分かった。妊産婦サイドも，さい帯血という言葉は知っているが，世界での臨床研究事例や，将来の可能性についてまでの知識は持ち合せていない。他にも公的バンクと私的保管との融合が未済である環境等もあり，その結果，世界的にみても特異な環境が形成されたことが，市場におけるアンメットニーズと100億円以上もの大きな潜在市場が存在している要因のひとつであると考えられる。

5-4 マーケティングミックス

このステップでは，イノベーション・ポイントを明確化した後に，マーケティングミックスを活用する。マーケティングミックスは4Pフレームを活用して，ターゲット顧客に対して適正価格を割り出すプロセスを行った。

まず，価格については，妥当と思われる価格について，ターゲット顧客にアンケートを実施した。

図表15-14　さい帯血保管の妥当価格算出

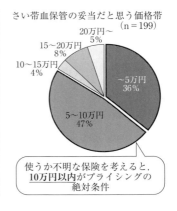

出典：FCB事業計画

上記の通り，価格が非常に重要なファクターであることが判明するとともに，適正価格についても10万円程度という現在の市場実態価格の約半額の価格であることが詳らかになった。

更に，最適価格を調べるリサーチ（PSM分析；Price Sensitivity Measurement）をおこなった。サービスについてひと通り説明をおこない，「安いと感じ始める価格」，「高いと感じ始める価格」，「これ以下だと安すぎると感じる価格」，「これ以上だと高すぎて買わないと価格」の4つの質問から，想定最適価格帯を算出した。理想価格は8万円，妥協価格は10万円，最高価格が11万円となった。サンプル数の関係で最低品質保証価格を今回は抽出できなかったが，仮説を設定するには十分な分析結果を得ることができた。

以上により最初のリサーチと同様に，さい帯血保管事業においては11万円以下のプライス設定が必須であると仮説化を行った。従って，今回のイノベー

第15章　イノベーションステップによる新規事業開発の研究　　445

図表15-15　さい帯血採取から治療活用までの工程図

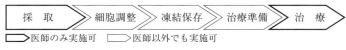

出典：FCB事業計画

ション・ポイントは，実勢価格の約半分でサービス提供するための方法および技術と設定した。

当該事業のバリューチェーンについては，既存の他社分析を実施し作成した。更に，工程フローにおいて医師以外で実施可能な部分から，技術差異がつくれるポイントとして抽出技術に設定している。

次に，SWOT分析を行い，実際にビジネス展開を行う上でビジネスモデルとパートナリング設計のステップを行った。このステップでは業界の環境分析から，ビジネスモデルを実現するためのパートナリング設計の方向性を導いている。ポイントとしては，実績と資金力が不足しているため，それを補う方法として技術（今回は抽出技術）とパートナリング（大型産婦人科・公的バンク）の組み合わせにより，適正価格を実現する計画を作成した。

当該ステップで気を付けることは，顧客が対価として支払おうとしているものを慎重に認識することである。クレイトン・クリステンセンがイノベーションのジレンマで述べていることは，筆者はベンチャー企業でも頻繁に発生していると認識している。ベンチャー企業の場合は，バーンアウトしてしまう事例が多いため分かり辛いが，良い技術を持っているという自信を過剰に持っていることで，プロダクトアウト思考で価格設定してしまうことがある。その結果，売上が伸びない事例は頻繁に発生している。FCB事業計画では，顧客が求める適正価格の設定が可能な方法を実現するために，技術の開発やプロセス改善を行うという順序で考えた。

5-5　イノベーション・ポイントの仮説

前述したように，当事業のイノベーション・ポイントは，実勢価格の約半分でサービス提供するための方法および技術と設定した。医師以外で実施可能な部分である必要性から，技術差異がつくれるポイントとして抽出技術に設定した。ビジネスモデル設計とパートナリングは，大型産婦人科や公的バンクと組

図表15-16　SWOT 分析

		Strengths	Weaknesses
Family Cell Bank SWOT Analysis		・ロープライス ・独自特許技術（申請中） ・業界有数の研究者 ・マーケティングの専門家がいる ・インターネットに精通している ・過重設備を所有していない ・協力パートナー病院があり	・保管実績なし（事業化前） ・資金力 ・臨床医師のサポートなし ・信用力 ・設備を所有していない
Opportunities	・市場ニーズ大（アンケート結果より） ・日本での競合のプレゼンス小（100億程度の市場規模のため，大企業の新規参入可能性小）	【積極攻勢】 ◆技術および引き算のMKTでロープライスによるシェア獲得 ◆大手産婦人科との共同運営 ◆独自特許技術の業界標準化 ◆ダイレクトマーケティング	【段階的施策】 ◆公的バンクとの連携 ◆大手産婦人科との共同運営 ◆早期黒字運営の達成 ◆病院内に設備設置 ◆FCモデルの開発
Threats	・さい帯血保管への風評 ・産婦人科医の保管への意識が低い ・さい帯血の認知度が向上しない ・可処分所得の減少 ・iPSなどの代替競合出現	【差別化戦略】 ◆特許取得 ◆パブリシティの活用 ◆大手産婦人科との共同運営 ◆適性価格で無消費者取込み	【攻守防衛】 ◆大手産婦人科との共同運営 ◆初期投資が10分の1程度 ◆市場ニーズ価格での展開

出典：FCB 事業計画

むことで既存に無い新しい取組みにより構築を図ることにした。

(1) プロダクト・技術企画

　プロダクト・技術に関しては，新たな細胞の抽出技術を開発することで格段にオペレーションコストを低下させることが可能と考えた。技術開発は，筑波大学との共同研究により，2つの技術の研究・開発を行うこととした。中期的（2～3年以内）に原価を下げて競争力を高めることを目的と据えた。筑波大学大学院人間総合科学研究科三好博士との共同研究は，さい帯血から，幹細胞を効率的に抽出する技術により，「時間の短縮」，「抽出量の増加」，「誰でも実施可能」を目的としている。なお，知的財産戦略として当該技術は特許申請済である。

知財戦略は，ベンチャー企業こそ活用する方法を検討する必要がある。上手に活用することにより，大企業や公的機関等と有利なパートナリングに繋げられる可能性が高まる。

(2) ビジネスモデルとパートナリング設計
　知財戦略を含めた独自技術を RTB としたビジネスモデルとパートナリングを設計した。マーケットニーズ・ウォンツに基づく適正価格の設定を実現することにより，潜在市場の開拓をはかる。
◆顧客獲得方法
　FCB がおこなうマーケティングプロモーションの前提は，下記のように設定した。
　①病院ではなく，最終消費者を優先
　②消費者にとってサービス価格が非常に重要
　③プロモーションは WEB 等を活用することで効率性を高める
　リサーチにより，消費者はさい帯血保管には既に興味があり，適正価格であ

図表15-17　顧客獲得のマーケティングフロー図

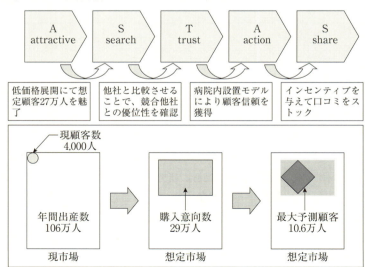

出典：FCB 事業計画

れば購入する層が一定数存在することがわかっている。この前提に基づき，産婦人科病院を開拓して，そこをチャネルとしてプロモーションをおこなうのではなく，WEBを活用して直接消費者に向けてサービスを発信して認知することで，顧客を誘引する戦略が有効と仮説設定している。

パートナリングは，当初の売上を確保する大手産婦人科と併せて，公的バンクおよびRTBの特許技術を活用して，大企業との連携構築を進める設計とした。

5-6 イノベーション・ポイントの検証

このステップでは，前述のビジネスプランとパートナリングの設計に基づき，NPOの活用と公的バンク，地方自治体等の連携の検討を行った。

RTBの技術については，所有知的財産を活用し大手企業との交渉を開始するとともに，筑波大学との共同研究を拡充しスケールアップテストの実施を開始した。

更に，イノベーション・ポイントを検証した結果，当業界が属している医療界の閉鎖的状況が強い点，パートナリングに関して公的機関との協力関係が必要であることが表出化した。そのため，次のステップに進む前にイノベーション・ポイントの再設計を行うことになった。

5-7 イノベーション・ポイントの再設計

パートナリング強化を目的として，公的機関との協力関係の構築をするため

図表15-18　イノベーション・ポイントの再設計

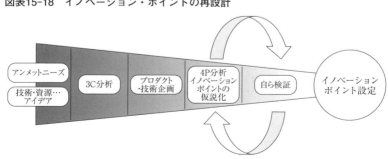

出典：筆者作成

に，内閣府の助成を得てNPOの活用を検討した。閉鎖的といわれている医療界や地方自治体等にとっては，株式会社等の営利企業よりもNPO法人への親和性が高いことと，現段階では，さい帯血自体の啓蒙活動が必要であることが判明したことが要因である。

そして，公的バンクと私的バンクをうまく連携することが，パートナリングのイノベーション・ポイントとして位置付けた。

5-8 事業戦略

このステップでは，イノベーション・ポイントを設計した後に，実際の事業戦略の作成を行う。当事業計画におけるイノベーション・ポイントは，当初は適正価格を実現するパートナリングと抽出および凍結技術であった。その後の再設計で，公的バンクと私的バンクを組み合わせるハイブリッドバンクの我国初の仕組みの構築を加えている。

事業戦略作成の際には，強みを明確化し競争優位にすることが必要であり，実際に強みにならないと判断した場合は，速やかにイノベーションステップの再構築に戻れば良い。今回のケースにおいても，医療事業環境の特殊性を鑑

図表15-19　ソーシャルバンクセルバンクの仕組

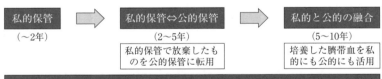

ソーシャルセルバンク	
事業形態	NPO法人
目的	①エリアバンクによる保管と臨床開発の同時推進 ②寄付と自己保管を融合によるシェアモデルの創出 ・当初は私的保管して放棄された検体を公的運用 ・培養技術が確立された後は，一部を私的に，一部を公的に活用
対応疾患	脳性麻痺，糖尿病などの難治療性疾患，その他再生医療など幅広く実施
費用の担い手	家族負担及び，寄付，助成金
展開方法	①当初はエリア限定した自治体で住民向けのサービスとして実施 ②エリア内の医大と連携して保管者対象に脳性麻痺等の臨床研究を実施 ③エリア及び医大の特性に応じた保管方法，臨床研究を実施

出典：NPOステムポータル事業計画資料

図表15-20 ファミリーセルバンク事業のポジショニング

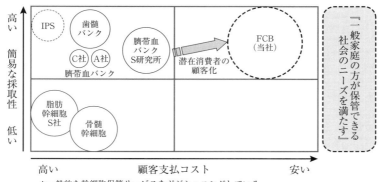

＊一般的な幹細胞保管サービスをポジショニングしている。
出典：FCB事業計画

み，別途化粧品企画事業等収益事業の柱を設定することで経営安定化を図る事業戦略構築を行っている。

6 おわりに

　新規事業開発にイノベーションステップを導入することで，起業家自らで新規事業創造の失敗を低減することが可能になり，イノベーションを誰でも起こせる状態に役立つと考えている。しかしながら，本研究に基づく仮説は，いわばコーチングのようなものであり，実際に事業を行う企業家の思考を引出し整理する役割であると認識されたい。

　本研究では，FamilyCellBankの事業計画を参考ケースとして活用し，新規事業開発において，イノベーション・ポイントの明確化と持続化を重要点であることを見出した。イノベーション実現による新規事業開発は，アンメットニーズを把握し，３Ｃ分析から４Ｐ分析を行いイノベーション・ポイントの仮説を設定する。更に独自検証を行うことで，イノベーション・ポイントの明確化および持続化を一連のプロセスとしてフレームワークとしてまとめた。

　MOTとは，研究したことを実際に事業に活用して，付加価値を創造し社会に貢献することが本質であると考えている。筆者も，現在代表を務めている「ユニバーサルスタンダード株式会社」の事業再活性化（ターンアラウンド）に活用し，イノベーションの実現により社会に貢献することを目指している。

企業には明確な社会的使命と存在価値が必要であり，それを大きな社会変化からイノベーションを起こして実現していく。そのイノベーションを担うアントレプレナーが立ち上がろうとされた際に，本研究が役立つことがあれば幸甚である。

　このような貴重な機会をいただけたこと，衷心より厚く御礼申し上げます。

原顯寛

参考文献

[1] クレイトン・クリステンセン著，玉田俊平太監修，伊豆原弓弓訳（2001）「イノベーションのジレンマ」翔泳社。
[2] フィリップ・コトラー 著，DIAMONDハーバード・ビジネス・レビュー編集部訳（2004）「市場戦略論」ダイヤモンド社。
[3] フィリップ・コトラー，ヘルマワン・カルタジャヤ，イワン・セティアワン著，恩藏 直人訳（2010）「マーケティング 3.0 ソーシャル・メディア時代の新法則」朝日新聞出版。
[4] ギフォード・ピンチョー著，清水紀彦訳（1985）「イントラプルナー社内企業家」講談社。
[5] マイケル・E・ポーター著 土岐坤訳（1985）「競争優位の戦略」ダイヤモンド社。
[6] P・F・ドラッカー著（1997）「イノベーションと起業家精神」ダイヤモンド社。
[7] リタ・マグレイス，イアン・マクミラン著，大江建訳（2002）「アントレプレナーの戦略思考技術」ダイヤモンド社。
[8] 丸島儀一著（2011）「知的財産戦略」ダイヤモンド社。
[9] 宇野永紘著（2003）「実践管理会計と企業価値経営」三省堂。
[10] 柳孝一著（1997）「起業力をつける」日本経済新聞社。
[11] 堀井朝運著（2012）「中小企業の技術革新 - イノベーションは誰でも起こせる」中央経済社。
[12] スチュアート・スラッター，デービッド・ロベット著，ターンアラウンド・マネジメント・リミテッド訳（2003）「ターンアラウンド・マネジメント」ダイヤモンド社。
[13] ビル・オーレット著，月沢李歌子訳（2014）「ビジネス・クリエーション！」ダイヤモンド社。
[14] 公益財団法人 日本生産性本部（2010）第 21 回 2010 年度新入社員 意識調査。
[15] 日刊工業新聞（2011,4,14）「第 7 回 CVG 全国大会文部科学大臣賞テクノロジー大賞」。

■起業・第二創業・事業承継■

日本におけるファミリービジネスの事業承継を阻害する要因とそれへの対応

——国際競争力の維持もふまえて——

第16章

1 はじめに

ファミリービジネスとは[1]，2009年に欧州委員会（European Commission）が採択した定義[2]によると，それは，事業体が以下のいずれかに該当するものであるとされている[3]。

① 意思決定権の過半数が自然人（複数も可）である創立者，買収者，あるいはその配偶者，親，子孫によって所有されている。

② 意思決定権の過半数がファミリーによって直接または間接に保有されている。

③ 少なくともファミリーもしくは親族の代表者一名が，正式に会社のガバナンスに関与している。

④ 上場会社の場合には，設立者，買収者，あるいはその家族，もしくは子孫が議決権の25%を受任統治している。

つまり株式の上場・非上場を問わず，ビジネスの運営における議決権の多数が，特定の者もしくはファミリーによって所有されている事業はファミリービジネスであり，世界的にも広くこの形態がとられている。

例えば，ドイツの自動車産業で代表的な存在と考えられるVolkswagenグループ[4]とBMWグループ[5]もファミリービジネスである。つまり，この2社だけ見ても，Volkswagen・Audi・Bentley・Bugatti・Lamborghini・Porsche等，及びBMW・MINI・Rolls-Royceという自動車ブランドはファミリービジネスとして経営されていることになる。

ファミリービジネスは，長期間にわたって経済環境に適応し，不況からの優

れた回復力も有していると考えられており，特にファミリーが安定して意思決定権（議決権）を所有する企業はその傾向が強いとされ[6)][7)]，また非ファミリービジネスの平均と比較して，より迅速に業績を上げ，競争優位を創造するとされている[8)]。

　日本においても，非上場会社であり，かつ，上場会社の傘下にない企業の多くはこの形態である。よって，この点からもファミリービジネスに関する研究は，日本でも広範囲に応用されるものであると考える[9)]。

　また，事業承継（Succession）とは，[Collins 他，2012] p28によると，「主としてリーダーシップを一つの世代から次世代に承継するものである。」とされている。

　するとファミリーメンバーが経営権を有し，ファミリーによって支配されている株式会社形態のファミリービジネスでは，「経営の執行」に関するリーダーシップだけでなく，最高意思決定機関である株主総会におけるリーダーシップすなわち「議決権」についても次世代に承継することになる。本稿では前者を「経営の承継」，後者を「所有の承継」という。

　日本の中小企業においても，かねてから事業承継に関する問題は大きいとされており，それを認識している経営者は，全体で4割強に上っているとされる[10)]。事業承継における問題としてはさまざまな事項が考えられるが，[商工中金 2009] p11によれば1位が「事業の将来性が不安（39.5%）」，2位が「会社を経営するのに十分な力量がない（35.8%）」であり，3位は「相続税などの税金負担が重い（35.5%）」であった[11)]。そして回答企業のうち既に「後継者を決定済」としている企業では，「相続税などの税金負担が重い（43.2%）」が最も多かった。

　この結果からすると，まず事業承継においては相続税等の税金負担が重いことがその阻害要因の一つと考えられる。これは「所有の承継」の問題と考えられるが，日本においてもこれへの対応として，2009年度より非上場株式等に関して，相続税・贈与税の納税猶予及び免除特例が租税特別措置法に設けられたが，その後4年間において相続税に関するその適用件数は400件未満と僅かである[12)]。これはその周知が徹底していないこともあると思われるが，筆者はその内容が非上場会社におけるニーズとは乖離しており[13)]，また後述するように，多くの障害があるため，結果としてその適用が進まないと考えている。

　その一方で，前記調査結果の 1位及び2位の問題は制度上の問題ではなく

企業内部の問題と考えられるが，1位の「事業の将来性が不安」という問題は，昨今の激変する経済環境の下では，どのような事業であっても当然に抱く問題であると考えられる。しかし2位の「会社を経営するのに十分な力量がない」という問題は，後継者に関するものであり，特にファミリービジネス研究においては，どのようにビジネスの後継者を選び，円滑に承継するかということが議論されている[14]。ここでの問題は「経営の承継」と考えられる。

このように事業承継は，「経営の承継」と，「所有の承継」のそれぞれについて，分けて考えるべきであるが，日本においては，これら二つの承継が，同一の者によって行われるという考えが支配的といえる。

例えば，[中小企業庁，2006] 169頁では以下のように記述されており，「経営の承継」をした者が「所有の承継」もしなければいけないとしている。

「中小企業においては一般に，会社の所有と経営が十分に分離されておらず，個人企業は無論のこと，会社企業であっても経営者に株式の過半が集中しているのが常態である。この場合，優秀な役職員に「代表取締役社長」の席を譲っただけでは，全く事業承継にならない。単に，先代経営者が議決権を支配するオーナー，現経営者が雇われサラリーマン社長，という関係になるだけである。その場合でも，先代が存命のうちは経営にあまり支障は生じないだろうが，先代が亡くなり株式の相続が発生した瞬間に問題が生ずる。会社の株はオーナー一族の何人かに相続され，被相続人の意見が一致する保証はない上に，その会社の経営に何らの想い入れや愛着も持ち合わせていない可能性もある。そこで中小企業経営者は，会社議決権（株式）の相続に伴う混乱を回避しようと思ったときは，後継者に「代表取締役社長」の席を譲ると同時に，自身の持株も譲る必要が出てくる。持株を譲る方法は2つある。〔1〕誰かに買わせるか，〔2〕子息，親族に相続させるかである。」

つまり，会社経営者とその株主が異なる場合には，
① 意見が一致する保証がない。
② 会社の経営に何らの想い入れや愛着も持ち合わせていない可能性がある。
③ 会社議決権（株式）の相続に伴う混乱が生じる可能性がある。
ということから，会社経営者は株式も承継すべきだとしているのである。

また，非上場株式等に関する相続税・贈与税の納税猶予及び免除特例は，後述するように，「所有の承継」と「経営の承継」が同一の者によって行われた

場合の1人について認められている。このことからも，日本における事業承継は，「所有の承継者が経営も承継する」ことが前提となっているとも考えられる。

そこで，このように「所有と経営を同一の者によって承継させる形態」を，筆者は「非分離型」(non-separation model)（図表16-1）と定義している。しかし，そうではなく所有と経営を分けて考え，それぞれが他者によって行われる，つまり「所有の承継者と経営の承継者が異なる形態」を「分離型」(separation model)（図表16-2）と筆者は定義している[15) 16)]。

前述したように，相続税等の税金負担が重いことが，日本におけるファミリービジネスの円滑な事業承継を阻害していた要因であることは，相続税・贈与税の納税猶予及び免除特例が創設されたことからも明らかである。

しかし筆者は，日本における支配的な事業承継概念といえる「非分離型」への固執も大きな要因であると考えている。そこで本稿では，まず2においてファミリービジネスの特徴と，事業承継において「非分離型」のみに固執した場合の問題点をあげ，「分離型」との併用が必要なことを述べていく。

次に3において日本の相続税・贈与税の概要を諸外国と比較するとともに，日本の相続税・贈与税の納税猶予及び免除特例が「非分離型」のみに適用され，かつ，諸外国と比較して納税者側に不利な制度であることを明らかにする。

さらに4では，日本において「分離型」が採用されないことに関する実務上の問題を単なる納税の問題以外から述べることとする。

図表16-1　「非分離型」の承継

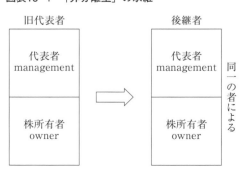

図表16-2 「分離型」の承継

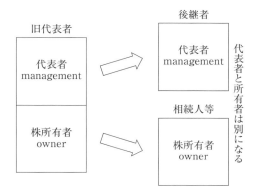

　5では結論として，日本における相続税・贈与税の納税猶予及び免除特例についても「分離型」が考慮されるべきであると述べている。加えて，税金の問題が解決されない状況であっても，「分離型」の選択がより検討されるべきであり，そして採用された場合にはどのような対応を取るべきかについても述べている。

2　ファミリービジネスの特徴と，事業承継における「非分離型」，「分離型」

2-1　ファミリービジネスの特徴

　ファミリービジネスは非ファミリービジネスと比較して，以下のような長所及び短所があるとされている[17]。

（1）ファミリービジネスの長所
① 長期間に渡る適応性
　成功しているファミリービジネスは長期的な成長と業績を求め，ファミリーの富とビジネスの支配に関するリスクを避けようとする。その結果として長期的な視野に立った戦略を持つことになる。ただ，一方では長期的な方針が市場に受け入れられなかった場合には，長い業績低迷にさらされることにもなる。

また，ファミリーから厚い信頼を受けて経営を委託された経営者は，それが続く限り長期にわたり経営を行うこととなり，長期的な視野に立った戦略を練り，実行することができる。

② 強い独立性

　ファミリービジネスはファミリーメンバーが支配しているため，戦略の設定や業務遂行について彼ら以外の要請に応える必要がない。つまり外部に対し，強い独立性を維持することが可能である。これは非ファミリービジネスがさまざまな株主からの要請に窮することと比較すると，経営者の時間的・精神的な余裕をもたらす。

③ ファミリーの誇りとしての文化

　ファミリーの誇りとしての文化が，独特で，利益率の高い，複雑な価値をもった事業を生み出し，結果として持続可能で長期的な競争優位を得ることがある。

④ 業績不振時からの強い回復性

　ファミリービジネスは，業績が悪いときでも，市場シェアを維持し，他の会社がリストラを検討しているときでも従業員の雇用を続けようとする。このことは，業績不振から回復する際に強い原動力となる。

⑤ 財務的恩典

　ファミリーの社会的ネットワークが，財務的なメリットとなることが多い。すなわち事業資金を非ファミリービジネスとは異なる調達方法（資本市場及び金融機関ではなくファミリー内外の資産家からの資金調達等）によって得ることもでき，新規事業への迅速な参入が容易である。

⑥ 将来の関係者にビジネスを早い時期から分からせることができる

　ファミリーメンバーを早い時期から教育する，もしくはビジネス環境に触れさせることにより，比較的早い時期からファミリーメンバーがビジネスを知ることができ，結果として年齢の割には有能な経営者や，優れた株主を育成することができる。

(2) ファミリービジネスの短所

① 資本市場への参加が少ない

　初期のファミリービジネスのオーナーは，稼得した利益を必要以上に配当や所得として自らに分配せず，ビジネス資産として再投資に回すことが多い

ため，積極的に資本市場から投資資金を調達することが少ない。

一方，後年になるとファミリーの資金需要のために会社の利益を再投資ではなくファミリーに還元しようとし，株主を増やそうとはしない。

このようなことは，資本市場への参加のチャンスを逸することとなる。

② 縁者びいき，子供甘やかし症候群

ファミリーのメンバーがそのマネジメントスキルと関わりなく，血縁関係にあるだけで役員に登用されたり，オーナーの子供であるだけで特別待遇を受けることがある。縁者びいきはまた，ファミリーの次世代の者について，その才能を生かすべく他社等への雇用機会を減少させたり，非ファミリーや登用されなかったファミリーメンバーの能力を十分に生かすことができなくなることにもつながる。

③ 紛争

血なまぐさい争いや口論はファミリービジネスではよく聞かれる。これはファミリーとビジネスの二つの要素が混同されることによって生じるものである。

④ 事業承継の問題

非ファミリービジネスと異なり，ファミリービジネスでは事業承継がビジネスとファミリー相互の関心となる。この場合，経営を誰が引き継ぐのかという問題と，株式を誰が引き継ぐのかという問題が生じる。事業承継の失敗は会社の存続にも影響することがある。

⑤ 報酬基準と会社業績

トップマネジメントチームのファミリーメンバーに対し，通常の報酬基準と異なる給与を支払うことがあり，結果としてそれが会社業績にも影響する。また，そのことがマネジメントチーム内に紛争を起こすことがある。

ファミリービジネスには，このような長所と短所がみられ，特に①以外の短所はファミリービジネスの複雑性として捉えることもできよう。

2-2 ファミリービジネスの複雑性

ファミリービジネスを考察する際に，ファミリー，コンサルタント，学術のそれぞれにおいて，世界中で用いられているとされるのが，ハーバードビジネススクールにおいて Renato Tagiuri と John Davis が開発した The Three-Circle Model（図表16-3）である[18]。

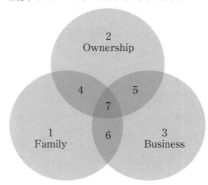

図表16-3　The Three-Circle Model[19]

　これはファミリービジネスの複雑性を現すもので，それぞれの領域は以下のように説明される。

1-3　それぞれ，ファミリー，株主，ビジネスの従事者の1つの領域しか属さない個人。

4　ファミリーに属し，株主であるが，ビジネスに従事していない者。

5　株主であり，ビジネスに従事しているが，ファミリーに属していない者。

6　ファミリーに属し，ビジネスに従事しているが，株式を所有していない者。

7　ファミリー，株主，ビジネスへの従事をすべてしている者。

　これら7つの特性を有する者が，それぞれの意思で行動するために，ファミリービジネスはそうでない形態に比較して，その運営がより複雑となる。そこで，ファミリービジネスの繁栄・存続のためには，これらの特性を理解したうえで，予めその対応を考えておく必要がある。例えば［Leach,2011］p62-64では，対応，すなわち成功するファミリー計画を作成するためのチェックリストを以下のように示している（ただし項目ごとの採番，及び検討課題内の太字は，筆者が付したものである。）。

2-3　事業承継における「非分離型」と「分離型」

　上記のチェックリストについて，所有と経営を同一の者によって承継させる「非分離型」の事業承継だけを前提として考察したのでは，極めて柔軟性を欠く計画しか作成できないことになる。つまり，表中の1～4までの項目につい

図表16-4　成功するファミリー計画（規定）を作成するためのチェックリスト

	項　目	検　討　課　題
1	ビジネスは何のためか	・次の世代の働く機会のためか。 ・富の創造か。 ・ファミリーの遺産を作るためか。
2	価値観とビジョン	・ファミリーの中心となる価値は何か。 ・ファミリーメンバー，ビジネスに対するファミリーの将来ビジョンは何か。 ・ファミリービジネスの哲学は何か。
3	長期的な目標	・ビジネスの成長のための要素は何か。 ・どのようにファミリーはオーナーシップに関わるのか。 ・ファミリー内でビジネスを維持するのか。 ・最終的には売却してしまうのか。
4	経営哲学	・ビジネスは実力主義なのか，独裁主義なのか，その場主義（その場限りの統制）なのか，あるいは単にファミリーの利益のためのものなのか。 ・ビジネスは上記の要素の複合なのか（その複合は何か）。
5	ビジネスに参加するファミリーメンバー	・ファミリーメンバーはビジネスのために働きたいのか，それとも彼らが働くためにビジネスがあるのか。 ・ビジネスに入るための資格は何か。 ・姻族はビジネスに入れるべきか。 ・ファミリーメンバーの役割はどのように決定されるのか。 ・ファミリーメンバーの報酬はどうするか。 ・どのようにファミリーメンバーの評価をするのか。 ・ファミリーメンバーの業績が適切でないとする基準は何か。 ・どの段階でファミリーメンバーは退職すべきか。
6	株主として	・株主は，株式の資産価値を極大化することを求めるのか，あるいは次世代のための株の執事・管理人となるのか。 ・株式を投資として見るならば，どのような手続きを取って現金化するか。 ・株式は将来の世代のための譲渡不能な信託とみるのか，もしそうならば，全員がそれに対して同意しており，会社はそれに見合う収入と老後資金について，株式の資産価値に見合う準備をしているか。 ・議決権行使は会社の誰に対して従うのか。 ・誰が議決権のコントロールをするのか。 ・配当政策はどうあるべきか。 ・次世代に承継する場合にはどのようなことが起こるか。 ・ビジネスに参加しているファミリーメンバーとそうでないメンバーとの違いはあるのか。

7	経営の承継	・次世代のリーダーを選ぶ基準はどうあるべきか。 ・いつ承継を起こすか。 ・もし選任が間違っていたらどうするか。 ・オーナーが降格した後の望みは何か。 ・どのようにファミリーはオーナーが承継をするのを助けるか。
8	緊急時の対応	・今日の午後にオーナーもしくはビジネスのリーダーがバスに轢かれたらどうするか。 ・そのような事態には、どのような状況になるかを全員が知っているか。 ・そのような事態が起きたときに、ビジネスにはどのような影響を与えるか。
9	ファミリー内部の関係	・ファミリーメンバーはお互いにどのような責任を持っているか。 ・メンバー相互の尊重とサポートを確実にする環境を整えるための最善の方法は何か。 ・ファミリー内部の違いはどのように扱うのか。
10	その他	・社外取締役は必要か。 ・もしそうなら彼らとどのようにファミリーは関係するか。 ・忠誠を尽くす従業員をファミリーはどのように守るのか。 ・社会の中でビジネスはどのような役割を持つのか。

て明確な回答ができる者が、ファミリー内の特定の者であり、かつ、5の「ビジネスに入るための資格」を有し、7の「次世代のリーダーを選ぶ基準」に該当する者であるとは限らないからである。さらに、「非分離型」においては、「8 緊急時の対応」について、ファミリーメンバーの特定の者が、株主となり経営を承継することが決定している場合しか、明確な回答ができないであろう。また、さらにその者に不測の事態にあった場合も考慮しておかなければならない。

しかし、所有と経営を分けて考え、それぞれが他者によって行われる、「分離型」をも考慮に入れるのであれば、多くの人材を考慮に入れて、これらの回答を行うことができることになる。

筆者は、「非分離型」を否定するのではなく、それぞれのファミリービジネスが置かれている特有の状況に合わせて、「分離型」の選択をも考慮すべきであるという立場であり、特にファミリーがビジネスを保有し続けるという意思がある場合には、経営の承継について、ファミリー内だけではなく多くの候補

者をあげられることが，刻々と変化するビジネス環境への対応という点でも，望ましいと考える。

ただし，表中6の「次世代に承継する場合にはどのようなことが起こるか」という問いについて，日本では相続税・贈与税が大きな問題となっていると考えられる。それは次の国際間比較から明らかである。

3　相続税・贈与税に関する国際間比較

3-1　相続税・贈与税の課税環境

ファミリービジネスの株式等を相続等により取得した者について，相続税・贈与税の税金負担が重くなる原因は，当該株式が課税対象となり，その評価額に基づいて相続税・贈与税が課されるためである。例えば，株式を相続した者や贈与された者が，当該株式の他に納税可能な資産を有していない場合には，外部から資金調達をして納税するか，当該株式を第三者もしくは会社に（自社株として）買い取らせるか，当該株式を国に物納するかということになる。

外部から資金調達をした場合には，その株主の財産状態を著しく悪化させることが考えられ，他の場合でも大株主の移動や会社財産の流出という事態が生ずる可能性がある。特にファミリービジネスが非上場会社である場合には，その経営に大きな不安定要素を与えることになり，最悪の場合には会社の清算が行われることも想定される。事業承継の円滑化を目的として，会社の議決権の安定させるために種類株式の発行や信託を利用しても，納税の問題は解決されない。

すると単純に考えれば，日本においても相続税が廃止になればかような問題は解消されるということになる。世界の情勢を見ると，まずOECD加盟国において，オーストラリア，カナダ，ニュージーランド，メキシコなどには相続税等が存在せず[20]，さらに［事業承継協議会2007］p10によると，中国，インド，マレーシア，ベトナムにおいても同様である。また，アメリカにおいては2010年時点では相続税が課税されていなかった[21]。このような情勢をふまえて日本においても相続税を廃止したらどうかという考えもあるが[22]，それは「財政上の観点」とそれに伴う「公平な税負担の配分」，ならびに「富の再分配という観点」から考察すると，その可能性は極めて低いと考えられ[23]，実際に日

本の現状における相続税・及び贈与税は，廃止はおろか2015年1月より増税されている。ただし，その見返りの一部として直系卑属への生前の財産分与（贈与）については特例を設け，若年世代への財産の移動を促進し，経済活性化の一助としようとしている[24]。

日本の相続税の基礎控除は相続人全体で，「3,000万円＋600万円×法定相続人の数」であり，贈与税の基礎控除は，毎年その税額を清算する「暦年課税」では受贈者一人につき年間110万円[25]である。相続税，贈与税共に最高税率は55％となっている[26]。

他方，事業承継を円滑化させるために，相続税・贈与税について特別な規定を置く制度は一般に「事業承継税制」といわれており，日本においてもかねてよりその必要性が提唱されていた[27]。その必要性に対応するため，「中小企業における経営の承継の円滑化に関する法律」（以下「円滑化法」という）が2008年5月に成立し，同年10月1日から施行され，これを受けて円滑化するための相続税法の特別措置として「非上場株式等についての贈与税の納税猶予及び免除（租税特別措置法（以下「措法」という。）70条の7）」，「非上場株式等についての相続税の納税猶予及び免除（同70条の7の2）」，「非上場株式等の贈与者が死亡した場合の相続税の課税の特例（同70条の7の3）」，「非上場株式等の贈与者が死亡した場合の相続税の納税猶予及び免除（同70条の7の4）」（これらを総称して以下，「納税猶予及び免除特例」（Grace of tax payment under the special provisions of the Act on Special Measures Concerning Taxation）という。）が制定・施行されている。ただしこれは，非上場株式等であり，かつ，会社の規模が中小企業に該当するものしか適用されない[28]。

今や世界中の企業が国境に関係なく，その活動を広げているため，事業承継税制においても国際間比較を行い，その違いを把握しておくことは重要であろう。相続税及び贈与税が存在する国でも承継時に課税上の恩典を与えている例として，［事業承継協議会，2007］p10では，イギリス・ドイツ・アメリカ・フランスを上げている。

ここでは，日本の株式に関する事業承継税制を考察するにあたり，比較対象として前掲の4か国から，「遺産課税方式」[29]を採用している国としてイギリス[30]を，「遺産取得課税方式」[31]を採用している国としてドイツ[32]を選び，日本法と比較した。なお，日本の相続税は実質的に遺産取得課税方式を採用していると考えられる[33]。3か国の比較結果は図表16-5のとおりである。

図表16-5　三か国の株式に対する事業承継税制

国	日本	イギリス	ドイツ
対象	中小企業者の発行する非上場株式。	株式等。	株式等。
取得者（相続人等）に要求される持株比率	取得者の親族等を併せて50％超であり，かつ，その筆頭者であること。	非上場株式の場合には持株比率は問われない。上場株式の場合には議決権を支配（50％超）していること。	会社資本に対して25％超の関与。ただし，他の株主グループと協定を結び，25％超のグループの構成員であれば構わない。
取得者の要件	会社の代表者であること（被相続人もしくは贈与者の親族外も可）。	規定なし（誰でもよい）。	規定なし（誰でもよい）。
税の減額方法	相続税は計算されるが，議決権の3分の2に達する部分まで80％の納税猶予。	非上場株式の場合には100％（上場株式は50％）が相続税の計算対象とならない。	（原則）85％が相続税の計算対象とならない。（特例）100％が相続税の計算対象とならない。
非事業用資産の取扱い	資産保有会社（特定資産の割合が70％以上）となると制限があるが，事業所の存在，または5名以上の常時使用親族外従業員がいれば問題はない。	事業資産に該当しない部分の金額は特例の対象とはならない。	総資産中管理資産の割合が次の基準を超えないこと。（原則）50％（特例）10％
事業継続要件	取得後5年間は①平均で雇用人数の8割を維持すること。②代表権を維持すること。③定められた持株比率を維持すること。	規定なし。	（原則）取得後5年間で賃金の400％を維持すること。（特例）取得後7年間で賃金の700％を維持すること。なお，それぞれの期間中はグループ合意を維持すること。
事業継続要件期間中の取消	5年間の継続要件を満たせなかった場合には，継続期間に係らず納税猶予の全額が取り消される。	規定なし。	5年（もしくは7年）間の継続要件を満たされなかった場合には，満たされなかった賃金の支払い割合や株式の保有割合に応じた追加の相続税が課せられる。

生前贈与	相続の場合と同じ要件であるが，議決権の3分の2までは贈与税が全額納税猶予となり，贈与者の死亡時に相続税の納税猶予に切り替わる。	①生前7年前までに行われた贈与は原則的に全額課税されない。②死亡以前7年間の贈与は相続税の対象となるが，株式の非課税規定は適用される。	相続の場合と同じ。事業継続要件を満たした後はどのように状況が変化しても相続税課税の問題は生じない。
事業継続要件期間終了後の売却等	猶予されていた相続税額のうち，売却に対応する部分について納付する。ただし，その間の利子税が計算される。	相続税は課されない（さらにキャピタルゲインについて生涯100万£まで税率10％とするアントレプラナーリリーフあり。）。	相続税は課されない。
最終的な相続税の免除時点	相続した本人が事業継続要件期間終了後に死亡した場合，または，納税猶予及び免除特例を利用して次の後継者に贈与した場合。	贈与者の死亡時もしくは相続発生時。	事業継続要件期間終了時。

3-2 国際間比較からの考察

　イギリスにおいては，日本同様に相続税（Inheritance tax，以下。「IHT」という。）」が存在し，1984年に制定された Inheritance Tax Act 1984（以下，「IHTA1984」という。）の法律名が使用されている[35]。課税対象となるのは，課税財産が税率0の範囲内とされる（"nil rate band"）である£325,000を超えた部分であり，税率は基本的に一律で40％である[36]。しかし，実際に課税される範囲は，生前贈与や各種控除の規定が多くあるため[37]，かなり限定的なものと認識されている。

　ビジネス用の財産については特にIHTの課税が配慮されており，Business Property Relief（以下，「BPR」という。IHTA1984s103, s114）という定めがある。

　その定めのうち非上場株式については，被相続人もしくは贈与者がそれを2年以上にわたって所有していただけで基本的に対象となる。そして，株式を受け入れた取得者側が具備すべき要件は特にはない。つまり，イギリスにおいては非上場のファミリービジネス株式について，実際に事業を行っている場合に

は[38]，IHT は課税されないということである。また，上場会社であっても，50%超の支配があれば，50%の税額が軽減される。

ドイツにおける相続税の歴史は長いが，現在の相続・贈与税法（Erbschafts-teuer-und Schenkungsteuergesetz,Inheritance and Gift Tax Act：以下「ErbStG」という。）という名称になったのは，1974年である。その後1995年6月22日の連邦憲法裁判所（Bundesverfassungsgericht: Federal Constitutional Court of Germany ）判決を受けて，1997年2月27日に現在の法律である新法が公布され，さらにその中の事業承継税制は2008年12月24日に改正された（ただし，連邦憲法裁判所は2014年12月17日に，事業承継税制の一部については平等原則（Gleichheitssatz：ボン基本法第3条①）に照らして不適切な部分があるとして，2016年6月30日までにその部分を改正することを求めている。その内容については脚注で示しているが，本稿の内容を変えるものではない[39]）。[40]

ErbStG は遺産取得課税方式であるため，取得者に応じて課税クラス（Steuerklassen）を設けている。そして，基礎控除（Freibeträge）・税率（Steuersätze）も，それに応じてそれぞれ定められている[41]。

ドイツにおいては ErbStG §13a に，「Steuerbefreiung für Betriebsvermögen, Betriebe der Land- und Forstwirtschaft und Kapitalgesellschaften（事業用財産，農業林業のための土地，資本会社のための税の免除，「以下，「特別控除」（Verschonungsabschlag）という。）の規定が置かれている。

特別控除を受けるためには，
①資本への関与割合が25%以上であること。
②対象となった会社が所有している資産に占める「管理資産[42]」の割合が定められた基準以下であること。
③承継後5年もしくは7年間の給与支払金額が基準に達していること。

という3つの要件を満たす必要がある[43]が，取得者に対する要件は①のみであり，それ以外の要件はイギリスと同様，必要とされない。

まず，会社に対する資本の関与割合が25%以上である必要があるが，これは他の株主とのプール合意（Poolvereinbarung[44]）が認められており，ファミリービジネスでは株主間の利害が ErbStG については一致するため，それほど高いハードルではないであろう。

次に，85%の特別控除を受けるためには管理資産の割合が50%以下[45]で，

かつ，取得してから5年間の保有中に400%の基準給与を支払うことが条件となる。ここで，株式の評価額が1,000,000€未満であれば，さらに少額逓減控除も受けられるため，その減額割合は85%を超えることになる。

さらに100%の特別控除を受けるためには，管理資産の割合が10%以下で，かつ，7年間で700%の基準給与を支払うことが条件となる[46]。ただし，基準給与の支払いや株式保有期間がそれに満たなかったとしても特別控除の全額が取り消されるわけではなく，基準給与が下回った割合や保有期間が不足した割合に従って納税額の計算が行われる。

ドイツの特徴は，財産の取得者である株主が経営者であるか否かは問わないのに，当該株式の発行体である会社に管理資産の割合や給与支払基準を要請している点である。

これらに対し日本は，まず，渡す者である「被相続人もしくは贈与者等」が現在または過去において会社の代表者であり，当該個人及びその特別の関係がある者[41]の有する議決権の数の合計が100分の50を超える数であり，かつ，その筆頭者であったことが要請されている。

そして取得者する者には「経営承継相続人等」という概念があり，これは一人に限定され，その者は会社の代表権を有し，当該個人及びその特別の関係がある者の有する議決権の数の合計が100分の50を超える数であり，かつその筆頭者であることが要請されている。

このように，日本の持株要件は厳しく，かつ，特別の利害関係がある者は取得者の親族等に限定されているため，他の個人もしくは組織との合意によって議決権を行使することまでは認められておらず，さらにその中で筆頭者でなければならないとされていることから，日本における制度は，所有と経営の分離しない「非分離型」にのみ適用され，ドイツのような柔軟さを持ち合わせていないことがわかる。

さらに雇用要件として，経営承継期間[48]中である5年間は平均して従業員数の80%を維持しなければならないが，これもドイツの金額基準とは異なり，人数によっている。

何より，日本がイギリス・ドイツと大きく異なるのは，それが「納税猶予」となっていることである。すなわちBPRや特別控除は相続財産等から差し引かれるため，もともと当該株式等に対する相続税及び贈与税は計算されない。しかし，日本の場合にはいったん当該財産に対する相続税等が計算され，その

納税を猶予する形をとっている。

　さらには，経営承継相続人等あるいは会社が，経営承継期間中である5年以内に納税猶予の要件を満たさなくなった場合には，その全額が遡って取り消され，加えて利子税まで支払うという厳しい内容になっている。

　また，経営承継期間が終了しても，納税猶予であるため，当該株式を売却した場合には，当該部分について納税猶予されていた相続税と，猶予期間中の利子税を加えて納付することになる。

　次に生前贈与に関しては，イギリスではほとんどの生前贈与が「Potentially Except Transfer（以下，「PET」という。）」といわれる移転に該当（IHTA1984s 3（a））し，贈与のときから7年以内に移転（贈与）者が死亡しない限り，その財産移転には全くIHTが課税されないことになっている[49]。さらに，PETにおいて受贈者側の条件はないことから，基本的に上場・非上場を問わず株式については贈与時にIHTは課されない。そして生前贈与から7年を経過すれば当該株式については一切のIHTが課されず，無税によって贈与されたことになる。仮に，生前贈与から7年以内に移転者が死亡しても，その時点でBPRの要件を満たしていれば，非上場株式では100％，上場株式では50％の減額が受けられる。つまり，イギリスのファミリービジネス株式に関する生前贈与は全くIHTを考慮しなくてよいようになっており，専門家に一任するだけで十分な対応が取れるであろう。

　ドイツ及び日本はそれぞれ特別控除と納税猶予及び免除特例規定に従って生前贈与を行えば，それぞれの恩典が受けられることとなり，相続と生前贈与に基本的な違いはない。両者ともイギリスのように全く課税を考えずにそれを行うというわけにはいかないが，ドイツの場合には特別控除の適用のために十分な準備を行い，会社が給与支払要件を満たせば100％の非課税を得ることも可能であり，そこでは「分離型」も認められる。日本はその規定の適用範囲と減額割合がドイツに比べて制限され，かつ，「非分離型」しか認められていないため，生前贈与においても3国間で最も厳しい税制となっている。

　このように，日本における事業承継税制の適用要件及びその実質的内容は，他の2国とあまりに違い過ぎるといわざるを得ない。

　さらに，日本経済新聞の記事[50]によれば，「政府・与党は富裕層の過度な節税策を封じるために，出国する際に株式などの含み益に所得税を課税することを検討している。1億円を超えるような多額の金融資産を持つ富裕層を対象と

する。フランスやドイツなどはすでに同様の仕組みを導入している。」と報道されているが，ドイツは既に述べたように，ファミリービジネスの株式は海外移転しなくても，一定要件を満たせば特別控除が受けられることから，ファミリービジネスのオーナーにとっては，日本とドイツの差は今後ますます広がる可能性がある[51]。

4　分離型が採用されないことに関する実務上の問題

以上のこともふまえたうえで，日本における現行の納税猶予及び免除特例が「非分離型」に限られていることには実務上，以下のような問題点があげられる[52]。しかしこれらの問題点は，単に税金負担が重いというだけにとどまるのではなく，日本におけるファミリービジネスの承継全体にも影響を与えていると考えている。

4-1　経営者が急死した場合については混乱が生ずる

ファミリービジネスの株式の大多数を所有している経営者が急死した場合には，有効な遺言がない限り，法定相続人が株式を相続するしかない。すると第三者は当然として，法定相続人外の親族についても，相続人とは成れないから，当然に納税猶予及び免除特例の適用を受けられる経営承継相続人にも成れない。

現代における経営者は，その最後の仕上げとして，計画的な承継に取り組むべきであると考えるが，それも60歳ごろから準備するのが通常であろう[53]。するとかような事態は，60歳未満の経営者が急死した場合について，特に顕著となる。つまり，そのような場合には，計画的な承継の取組が十分に準備されておらず，かつ，その経営者の年齢からすると，法定相続人はその配偶者と比較的若年である子孫から構成される可能性が高い。配偶者が共にファミリービジネスを運営してきた場合はまだしも，そうでない場合には，配偶者や子孫が経営者としてふさわしい経験や年齢を十分には有していないことが想定される。納税猶予及び免除特例を受けるために限られた法定相続人の中から，特に経験も年齢も不十分な者を代表者として選任し，その者を経営承継相続人とする行為は，その後のビジネスの経営に大きな悪影響を及ぼすことが考えられる[54]。本来はこのように代表者を選任するのではなく，経営者が急死したような場合

にはとりあえず事業を取り巻く環境を維持することが先決であると考えられることから，いったんは法定相続人以外の経験豊富な従業者等を代表者とし，経営者の急死に伴う混乱を終結させ，その後に長期戦略に従ってしかるべき代表者を選任することが望ましいであろう。

しかし，円滑化法及び措法はこのような想定とは全く逆に，経営承継期間中の5年間は所有と経営の非分離を要求しているのに，当該期間経過後は経営承継者が代表者でなくなっても，つまり「分離型」となっても納税猶予は取り消しにならない。すると経営承継期間経過後には分離型を認めているのであるから[55]，当初からそれを認めてもよいのではないか，とも考える。

また，[末包，2012] 56頁によれば，日本における老舗企業においても，会社の所有（株式の所有）と運営（経営）の分離を常に進めてきた結果として，企業が存続したケースもあるとしており[56]，これからすると長年にわたって存続してきた企業が，所有と経営の非分離によってもたらされたとは限らないことになる。

4-2 代表権が形骸化してしまうおそれがある。

株式を相続または贈与等により取得した者が実際には業務を執行しないにもかかわらず，自らが登記上代表者となることによって経営承継相続人等となり，納税猶予及び免除特例を受けることも，現在の制度では可能となっている。つまり措法において経営承継相続人等とは，以下の要件を満たしていることが必要とされている。

(a) 株式等の50％以上を単独もしくはその特別関係者で所有し，かつ，筆頭株主であること。
(b) 3年以上役員等であったこと（贈与の場合）。
(c) 代表者であること。
(d) 当該個人が，当該認定承継会社の経営を確実に承継すると認められる要件として財務省令で定めるものを満たしていること（これを受けた措法施行規則では，単に「円滑化省令第16条第1項に規定する確認を受けた会社の当該確認に係る円滑化省令第15条第3号に規定する特定後継者であること」とそれを定めており，その具体的な要件は「相続または遺贈により株式等を取得することが見込まれていること」のみである（円滑化法施行規則15条三）。）。

よって，実際の業務執行は他者に行わせ，実質的には経営に十分に関与しな

い配偶者等に会社の代表権を形式的に付与しても，納税猶予及び免除特例は適用されてしまう。

このような状態は，代表権が形骸化することを助長するようなものである。さらに，実際には代表取締役ではないが，会社を代表する権限をもっていると一般に認められる名称が付された取締役の行為についても，善意の第三者に対して責任を負わなければならないとして，取引安全のための信頼を保護する[57]ために，会社法がわざわざ第354条により表見代表取締役の規定を置いている趣旨と，全く逆行するのではないかとさえ考える。

4-3 有能な経営者候補が存在してもそれに対応できない。

有能な経営者候補が存在し，その者が従業員等の信頼も厚く，先代経営者から経営を引き継ぐことに何ら支障がない状態であり，その者を相続人間の合意により代表者に選任して経営にあたらせることは，会社経営の継続性を考えると好ましいことであると考えられる。しかしこの場合でも代表者及びその特別の関係のある者で議決権の過半数を所有しない限り，納税猶予及び免除特例を受けられる経営承継相続人等にはなれない。

さらに昨今の日本におけるように少子高齢化が進むと，推定相続人という人材はますます限られた数となっており，例えば配偶者と子供一人だけが推定相続人であれば，相続によって納税猶予及び免除特例を受けるために経営承継相続人等となる候補者は，たった二人である。するとその二人のうちいずれかが，十分な資質を持った経営者候補である可能性は，子供の数がより多い場合と比較して，当然低くなるであろう。

これへの対応として，予め経営者候補を先代経営者との養子縁組等により迎え入れ，推定相続人もしくは受贈者とすることによって，納税猶予及び免除特例の適用を受けるという選択肢もあるであろう。しかし，当該候補者が既に婚姻関係にある場合もあろうし，ますます少子高齢化が進む現在の情勢では養子縁組を行うことについて，財産権の観点から養子縁組をした者以外の推定相続人から強い反発が生じることも想定される。

よって「非分離型」に限定している現在の規定は，有能な経営者候補の台頭を阻害し，ひいては事業の継続性を損なわせる可能性もある。

4-4 国際間比較上の問題

　まずイギリスにおいては、非上場株式であることだけでBPRの100%適用を受けるため、そこに一切の取得者側要件はなく、一つの非上場会社の株主が何人いても、それらは全て同一の扱いとなる。

　ドイツにおいても、会社自体の雇用継続要件はあるが、取得者に義務付けられるのはその継続保有であり、会社の代表者となることはおろかそれ以外の役員であることさえも要求されず、25%以上関与している株主やプール合意に参加している株主は全て特別控除の適用を受けられる。つまり、両国とも「分離型」の承継が認められており、かつ、対象者は1つの非上場会社について1名に限られず、どれほどの人数がいてもよい。

　さらにイギリスにおいては支配権を有している上場会社の株式もBPRが50%適用される。加えてBPRを適用しなくともそれ以前にPETを計画的に利用すれば、上場会社株式であってもIHTを負担することなく、生前贈与することが可能である。

　また、ドイツにおいてはすべての株式が要件さえ満たせば特別控除の対象となるので、現行法上そこに上場・非上場の区別はない[58]。

　再三にわたり繰り返すが、日本では「非分離型」の経営の承継しか認めておらず、かつ、適用を受ける者は1つの非上場会社において1名に限られる。これは国際間の比較からしても不利な扱いと考えられる。

　例えば、仮に兄弟が理想的な形でその親の事業を手伝い、一つの会社の経営に寄与してきても、その親から株式を贈与もしくは相続を受けた時に、納税猶予及び免除特例を受けられるのは、兄弟のうちいずれか一名に限定されるため、税制がその間柄に対して亀裂を生じさせる可能性もある。

　なにより、日本の制度は「納税猶予」であり、これがこの制度を適用することに対して、二の足を踏ませる原因となっているともいえる。猶予された税額が免除されるのは、相続もしくは遺贈を受けた者が、死亡するか、さらにこの制度を利用して、次の世代に贈与した場合に限られている[59]。ドイツでは雇用継続要件終了後に、株式を譲渡しても、既に受けた特別控除について、再計算を行う必要はなく、ErbStGは追徴されない。

　しかし、本来、租税徴収権の時効は5年であり（国税通則法第72条①）、偽りその他不正の行為があった場合でも2年間それが進行しない（同法73条③）

だけで，最長でも7年である。このような期間を超えて，納税猶予額が管理されていくことにも疑問を感じている。

さらに日本のファミリービジネスが海外の企業と長期的な取引を行う交渉に際して，「日本の相続税制によりファミリービジネスの事業承継に弊害があり，長期適応性という特徴が損なわれる」，ということを相手側がリスクとして認識している場合には，長期的な信頼関係が築けずに，契約の締結等，業務上の障害が発生する可能性もあろう。

5　問題点のまとめとその対応

5-1　相続税・贈与税の負担が大きいこと

まず，現状の納税猶予・免除特例については「非分離型の採用」及び「納税猶予に留まること」の2点が相続税・贈与税の負担が大きくしているといえ，基本的にファミリービジネスの承継に関する税制のさらなる改正[60]が必要と考える。これについては，中小企業を中心とする経済団体等から強く立法府に働きかけねばならない。しかし，それを「現状が窮しているから」という理由により，推進することだけでは不十分ではないかと考える。

すなわち，現在の納税猶予及び免除特例は，措法すなわち租税特別措置として定められている。措法は［渡瀬，2008］8頁によれば概念的に曖昧としながらも，「政策目的のために，課税の公平と税収の確保をある程度犠牲にして，特定の経済活動・部門・主体に税の減免と繰延という優遇措置を与える」ものとされている。

一方，ドイツにおいて，事業承継についてErbStGの負担を軽減する理由は，社会的拘束を受ける事業を推続することによって納税義務者の担税力が低下するためであり，事業承継につき相続税負担を軽減する事業承継税制は「応能負担原則（ability-to-pay principle）」に基づく措置であるという位置づけを，明確にドイツ連邦憲法裁判所が示している[61)62)]。「応能負担原則」とは［増田，2013］17頁によれば，「担税力（担税力は租税の負担能力を意味する）に応じた課税を実現できるよう租税法の立法過程を統制する立法原理」であり，これが憲法に沿った租税立法に関する原則であることは通説であり，世界的にも認められた考え方であるといえる[63]。

日本におけるファミリービジネスで相続税・贈与税が特に問題となる非上場株式についても，売却が困難で，雇用の維持などの社会的拘束を受けるという点ではドイツと同じである[64]。すると，日本における現在の事業承継税制も，「現状が窮しているから優遇措置を厚くして欲しい」という要望だけではなく，応能負担原則の観点から，改正が必要であるという論拠を強く示して，改正に結び付けることが望まれる。

　一方で，税制が改正されないことを前提とした準備も，現実的には当然に必要であろう。筆者もファミリービジネスの事業承継に関する税務対策業務をクライアントに対して継続的に行っているが，その方針の決定・対策の実行には長期間を有する（事案によっては10年以上かかっていることもある）ことが殆どである。よって，この対策に着手していないファミリービジネスのオーナーは早急に対応することが望まれる。

5-2 「非分離型」に固執していること

　税の問題を別にしても，日本における事業承継が，前述したように「非分離型」を前提として考えていることが問題である。ファミリービジネスの株式は，ファミリーの重要な財産であり，当然にそれはファミリー内で承継してゆくものと考えられる。ここでファミリー内に適切な経営の承継者がいれば，そのまま承継計画は進められるであろう。一方で，適切な承継者がいない場合に，経営を第三者に任せる「分離型」を採用しなければ，承継計画は進められないことになる。よって，「非分離型」への固執を止め，「分離型」の適用も常に考慮すべきである。

　しかしこの場合には，１であげた
① 意見が一致する保証がない。
② 会社の経営に何らの想い入れや愛着も持ち合わせていない可能性がある。
③ 会社議決権（株式）の相続に伴う混乱が生じる可能性がある。

という点をどのように克服するかということになる。これらに対する回答は，前記した「図表16-4　成功するファミリー計画（規定）を作成するためのチェックリスト」の項目を明らかにし，規則と計画を作成することから始まると考える。具体的にはそれぞれのファミリービジネスは以下のものを作成し，それらを成文化し，ファミリーメンバーに周知・遵守させるようにするこ

とが考えられる。

①ファミリー憲章（the family constitution）

　これはファミリーがビジネスの経営を助け，ビジネスの役員とファミリーが共に働き，顧客に対する役割と責任に関する基本原則を明らかにすることにある。ファミリー憲章に違反した場合には，ファミリー間でのペナルティを，法的手続（主として契約関係）をとって，予め定めておき，拘束力を持たせるべきである。

②ファミリーの将来計画

　ファミリーの中長期の将来計画を明らかにするもので，当然にビジネスの側面を考慮しながら作成されるが，ビジネスに係らないファミリーメンバーについても配慮して作成されるべきである。

③個々のファミリーメンバーの職務分掌・職務権限規程

　ビジネス内には当然に職務分掌・職務権限規程が存在するであろうが，それ以外にファミリーとビジネスがオーバーラップする部分について生じるとされる事象について，誰がそれに対応し，意思決定が必要な場合は，誰（もしくはどのような会議体）に権限があるのかを明確にして作成されるべきである。

④承継計画

　承継は次世代と慎重に計画されたパートナーシップによって行われなければならず，ファミリーメンバーをビジネスに入れるのであれば，ファミリー以外の会社での業務経験を積ませることも考慮に入れて，承継計画を作成しなければならない。また現オーナーが退職する時期を定め，常にこれを管理しなければならない。

　これらの取り決めをするためには，ファミリーメンバーの各自がそれを認識する能力がなければならない。[Leach,2011] p55によれば，優れたファミリーのメンバーはそれぞれの自由とファミリーへの帰属・協働に関心を持ち，以下のような能力を備えているとされる。

・尊重とコミュニケーション

　強いファミリーのメンバーは他者の前向きな能力を理解し，開放的で頻繁にコミュニケーションをとる能力がある。これらの重要な側面はファミリーたちがメンバー達の情熱的な幅に対し明らかな境界を有していることである。そこではお互いの相違を認め合い，個人の志向を尊重しながら共有した

目的に向かって働いていく。
・時間の共有
　強いファミリーは外部の圧力を持ち込むことなく，強制のない親密さで，質的，量的にも時間を共有することを楽しむ。それは通常楽しみの場であり，通常のファミリー集会，ファミリー食事会，宗教的儀式などで時間を共有することが含まれる。
・精神的な健康
　過去の経緯から，強いファミリーは誠実さ，正直さ，忠誠心，高い道徳価値を方向付ける統一な強制力を有している。これは精神的な健康ともいえるものであり，宗教や道徳規則など，ファミリーはその生き方に信仰を通して強みを得ることができる。
・危機と苦悩を共にする
　強いファミリーは問題に対して前向きな要素に集中し，必要に応じて外部の協力を得ながら対局的に処理する能力に長けている。そこでは自由な意思疎通と個人の選択に対し，尊重と，精神的な健康の基盤が，危機を回避する資産となり，彼ら内の紛争を解決する手助けとなる。

図表16-6　数世代に渡る場合のガバナンス設計[65]

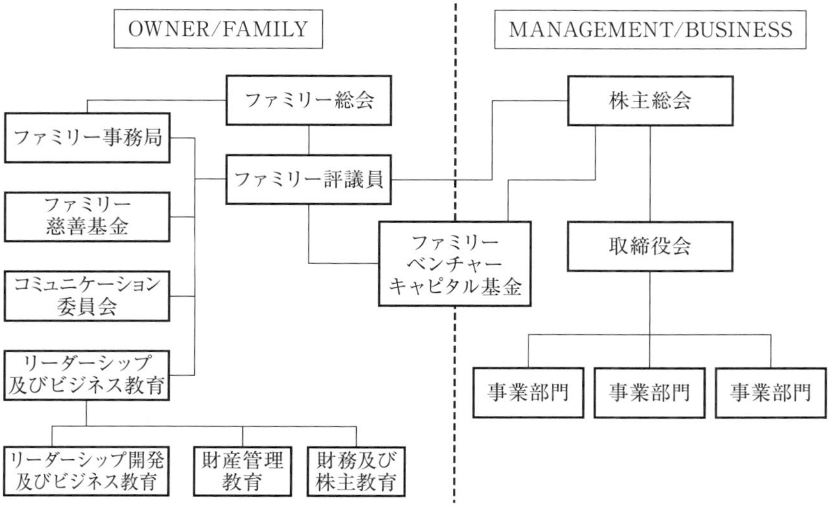

これらの能力を有するファミリーメンバーとなるためには，やはり，教育と経験が必要ということになり，これもファミリーの将来計画に含めて検討されるべきであろう。ファミリー内にその教育ができる者がいない場合，もしくは，第三者の意見を尊重したい場合には，これを外部に委託することも考えられる。

　また，数世代に渡るファミリービジネスでは，ファミリーメンバー数も相当となることが考えられるので，ビジネスだけではなく，ファミリーについても，例えば（図表16-6）のようにガバナンスを設計することもファミリービジネス研究では論じられている。

　このようなガバナンス設計において，その中核として設置が考えられる機関が，ファミリー評議会（family council）であり，［Eckich&McClure,2012］p78-81によれば，この機関の目的は以下のように定められている。

① ファミリーの使命と意義の促進
② ファミリー事業に対する理解の促進
③ コミュニケーションと相互理解の促進
④ 問題解決の促進
⑤ ファミリー教育の促進
⑥ ファミリーのオーナーシップの継続と承継の促進

　つまり，ビジネスにおいては取締役会等（a board of directors）が業務執行を管理する機関であるように，ファミリー評議会はビジネスとファミリーの接点及びビジネス外のファミリーの事象についての管理を行う機関である[66]。これは法律の要請によって設置される機関ではないが，当然にそれはファミリー憲章内に定められ，それぞれのファミリーメンバー（もしくは総代者）が，評議会委員を選任する権利を有し，評議会の決定に従う義務を負わなければならない。

　このように，「分離型」を採用した場合に想定できる問題点は，ファミリービジネスの理論を学習し，それを実践することによって，そこから発生が想定されるリスクを十分に低減できると考えている。

6　おわりに

　以上，本稿では日本のファミリービジネスが，「相続税・贈与税の負担が大

きいこと。」と「非分離型に固執していること」によりその承継が阻害されていることを明らかにした。

　日本は高度成長が終わり，人口も減少し始めたことから，成熟した国家になってきていると考えている。そのような中では，起業家や地域に根付いた中小企業のオーナーにモチベーションを与え，彼らに大きな付加価値を産出してもらい，高齢者をも含めた雇用の安定を促進してもらうことが重要である。かような状況で，所有の承継における税務上の問題を解決するために，経営者の限りある時間と労力・資力を費やし，精神的にも負担をかけることは望ましいことではない。むしろ，事業承継税制をさらに充実させ，加えて日本の経営者にファミリービジネス論の周知・実践を進めていくことにより，ファミリービジネスを取り巻く人々の士気を鼓舞し，知性を高めて行くことが望まれる。

　日本のファミリービジネスにおいても，経営のグローバル化は当然に進んでおり，そのような情勢において将来を不安視させる納税猶予規定や，所有および経営に関する承継者を数少ない候補者の中から選任するという考えへの固執は，それらだけで諸外国のファミリービジネスに対してハンディを負っていることになる。

　さらには前述したように日本のファミリービジネスがかような問題を背負っていることについて，取引相手である諸外国の企業がそれを欠点として着目し，長期的な視野に立った取引が拒絶されるという可能性も否定できないが，かような事態は厳に回避されなければならない。

平野秀輔

注

1) ［Collins 他，2012］p10 によれば，以下のうちいずれかの要件を満たすものとされている。
   ① 一つのファミリーが議決権の50％超を所有するビジネス
   ② 一つのファミリーが上級経営者の重要な地位を占め，効果的に統制しているビジネス
   ③ 一世代以上のファミリーが関与しているビジネス
   ④ とりわけ重要なのは，ファミリーがファミリービジネスであると見做しているビジネス
2) European Commission はフィンランド経済産業省（Ministry of Trade and Industry of Finland）の the Finnish Working Group on Family Entrepreneurship

が作成した family enterprise の定義を採択している。
3) ［EC, 2009］p10。
4) ［Volkswagen, 2013］p87 によれば，Volkswagen AG における議決権の 50.73% は Porsche SE によって所有されており，さらに［Porsche SE, 2013］p44 によれば，Porsche SE おける議決権のある株式は全て Porsche 家と Piëch 家が所有している。
5) ［BMW, 2013］p82 によれば，BMW AG における議決権の 46.7% は Quandt 家が所有している。
6) "For example, Cascino, Pugliese, Mussolino, and Sansone (2010) distinguish between concentrated ownership from family control in listed firms to reveal that earnings of family enterprises are of higher quality than those of nonfamily listed firms. Differentiating between family-owned and family-managed firms, Block's (2010) study of the largest 500 listed firms in the United States revealed that family-owned firms are less likely to downsize than nonfamily firms or family-managed firms, even under conditions of low profitability. This is the first scientific evidence to indicate that family-owned firms are more stable employers even in economically depressed conditions than other types of firms."［Sharma, 2011］p6。
7) ［Collins 他, 2012］p11。
8) ［Giudice 他, 2011］p109。
9) ただし，日本においても，上場しているファミリービジネスは多くある。
10) ［事業承継ガイドライン検討委員会, 2008］p17。
11) ［商工中金, 2009］によると，2008 年 11 月 1 日を基準日として，商工中金の取引先 9,194 社に対して調査票によるアンケート調査を実施し，その有効回答数は 3,428 社（回収率 37.3%）であった（同 p2）。そこでの「事業承継の際に想定される問題」についての複数回答の結果である。
12) 「また，中小企業の相続を円滑にするための「事業承継税制」がうまく機能していないことも，相続税批判の底流にある。納税の猶予を受けられる仕組みだが，先代経営者の親族が代表者を継続しなければ利用できないなど厳しい要件がある。08 年 10 月から 12 年 9 月までの認定件数は相続税で 381 件にとどまっていた。」2013 年 1 月 11 日 日本経済新聞 朝刊。
13) ［拙著, 2014］p163-164。
14) 例えば，［Rouvinez 他, 2005］p59-72,［Collins 他, 2012］p28-29, p109-157,［Giudice 他, 2011］p73-83,［Leach, 2011］p146-174 など。
15) ［拙著, 2014］p20-23。
16) ただし，一般に株式の所有者と代表権を有する者が異なる形態は，「所有と経営の分離」といわれるが，通常これが意味するところは，株主の俗人的特性を否定し，経営者は株主とは独立した立場で業務執行にあたる上場会社など，会社法上の公開会社を想定していることが多い。しかし，非上場会社などの中小企業においては，

所有と経営が分離しても，当該株式は相続人等が承継するために，株式について譲渡制限がある閉鎖会社（会社法107条②一）としての形態をその後も維持していくことが殆どであろう。よって本稿における「分離型」は公開会社のみを意図したものではないことに留意されたい。

17) ［Collins 他, 2012］p11-35 を中心にまとめ，著者の見解も補足した。
18) http://johndavis.com/three-circle-model-of-the-family-business-system/。
19) ［Tagiuri, 他，1992］p49。
20) Revenue Statistics1965-2010 を閲覧し，2007 年〜 2009 年までの期間で Estate and inheritance taxes, Gift taxes がいずれもほとんど 0 の国を抽出した［OECD, 2011］p139-236。
21) The succession planning Law that we all have our eyes on at this time is the estate tax law, and it is a moving target. As of January 1, 2010, there is no estate tax for any family in America;［Holmgren 2010］p1。
22) ［大前，2009］p 55。
23) 詳細は［拙著，2014］p4-6。
24) 20 歳以上の直系卑属への贈与については，毎年その贈与税額を精算する「暦年課税（税率は一般より優遇されている）」と，相続時点で相続税額として精算する「相続時精算課税（相続税法 21 条の 9，贈与者の相続発生時まで累計で 2,500 万円の基礎控除，それを超えた部分については 20％の税率を適用）」の何れかを選択適用できる。ただし，いったん相続時精算課税を選択した贈与者からの贈与は，翌年以降に暦年課税を選択することはできない。
25) 措法 70 条の 2 の 2。
26) 日本の 2015 年 1 月 1 日以降に適用される相続税及び贈与税の速算表は次のとおりである。

［相続税の速算表］

法定相続人の取得金額	2015年1月1日以降	
	税率	控除額
1 千万円以下	10%	0
1 千万円超　3 千万円以下	15%	50万円
3 千万円超　5 千万円以下	20%	200万円
5 千万円超　1 億円以下	30%	700万円
1 億円超　2 億円以下	40%	1,700万円
2 億円超　3 億円以下	45%	2,700万円
3 億円超　6 億円以下	50%	4,200万円
6 億円超	55%	7,200万円

[贈与税の速算表]

基礎控除後の課税価額	2015年1月1日以降			
	一般		直系卑属（20歳以上）	
	税率	控除額	税率	控除額
200万円以下	10%	0万円	10%	0万円
300万円以下	15%	10万円	15%	10万円
400万円以下	20%	25万円		
600万円以下	30%	65万円	20%	30万円
1,000万円以下	40%	125万円	30%	90万円
1,500万円以下	45%	175万円	40%	190万円
3,000万円以下	50%	250万円	45%	265万円
4,500万円以下	55%	400万円	50%	415万円
4,500万円超			55%	640万円

27) 2004年頃から中小企業の廃業が目立つようになり，その原因については後継者問題，遺留分問題，金融問題及び経営問題の他に相続税までが影響していると認識され，2007年6月19日に「中小企業の事業承継円滑化に向けた提言（中間取りまとめ）」が自民党経済産業部会・事業承継問題検討委員会によって行われた。この提言が円滑化法の礎になり，税制についても影響したとされている。

28) 中小企業者の範囲は以下のようになる（中小企業基本法2条，中小企業における経営の承継の円滑化に関する法律施行令）。

業　種	資　本　金	常時使用する従業員数
製造業，建設業，運輸業その他	3億円以下	300人以下
ゴム製品製造業（自動車または航空機用タイヤ及びチューブ製造業ならびに工業用ベルト製造業を除く）		900人以下
卸売業	1億円以下	100人以下
小売業	5,000万円以下	50人以下
サービス業		100人以下
ソフトウェア・情報処理サービス業	3億円以下	300人以下
旅館業	5,000万円以下	200人以下

29) 遺産課税方式とは，遺産全体を課税物件として，被相続人の一生を通じた税負担の清算を行い，被相続人が生存中に蓄積した富の一部を死亡にあたって社会に

還元するという考え方に基づくものであり，原則として遺言執行者等が納税義務者となる。これは主にアメリカ及びイギリスにおいて採用されており，この類型における相続税は本来の意味における財産税であるとされている。

30）遺産課税方式が採用されている国として，まずアメリカでは2010年時点で相続税が課税されていなかった。一方，イギリスでは事業承継税制として「Business Property Relief」の規定が存在し，これが非上場株式についても適用されていることから，これを比較の対象とした。

31）遺産取得課税方式とは，相続・遺贈により遺産を取得した者を納税義務者として，その者が取得した遺産を課税物件として課税する方式で，相続等という偶然の理由による富の増加に担税力を見出して相続人等に課税することにより，富の集中の抑制を図るという考え方に基づいている。これは，ドイツやフランスといったヨーロッパ大陸諸国において採用されており，この類型における相続税は実質的に所得税の補完税であるとされている。

32）遺産取得課税方式が採用されている国として，フランスにおいては2012年5月まで大統領であったNicolas Sarkozyが選挙公約において富裕層を除き相続税を減税する方向を示していたにもかかわらず，それに代わった新政権では課税強化の方向を示すなど，制度の安定に疑義があった。一方，ドイツにおいては1995年及び2006年の連邦憲法裁判所判決に従って，それぞれ1997年及び2009年に相続・贈与税法に大幅な改正が行われており，また判決において事業承継税制について憲法上の考え方も示されていることから，これを比較対象とした。

33）［拙著，2014］p9-10。

34）［Gunn, 2012］p134。

35）［Wallington, 2012］A4-1。

36）The tax is payable at 40 per cent on the amount over this threshold or 36 per cent if the estate qualifies for a reduced rate as a result of a charitable donation." http://www.hmrc.gov.uk/inheritancetax/intro/basics.htm

37）［拙著，2014］p76-82参照。

38）まず，その事業（Business）自体が，趣味的なものや，単に所得税を減らす目的で損失を出すだけのものは対象から外される（IHTA1984s103（3））。次に，その事業が完全にもしくは主として債券・株式・土地・建物・投資物件の作成や保有，などから構成されているものも除かれる（IHTA1984s105（3），（4），（7））。BPRの適用が認められる株式等であっても，その適用は純額（資産－負債）となり（IHTA1984s110），さらにその資産は，完全にもしくは主として原則として2年間使用されていたか，あるいは，将来の使用のために必要とされる部分のみが）対象となり（IHTA1984s112），事業に必ずしも必要と認められない余剰資産については適用がない。

39）Nr. 116/2014 vom 17. Dezember 2014 1 BvL 21/12。

40）［Viskorf, 2012］p32-33。

41）それぞれ以下のようになっている。

ドイツにおける課税クラス及び基礎控除

課税クラス		基礎控除（€）
クラスⅠ	1．配偶者及び生活パートナー	500,000 プラス特別控除256,000
	2．子供及び継子	400,000
	3．2の子孫	2が死亡している場合 400,000 2が存命中の場合 200,000
	4．父母及び祖父母（相続の場合）	100,000
クラスⅡ	1．父母・祖父母（クラスⅠ以外）	20,000
	2．兄弟姉妹	
	3．甥姪	
	4．継親	
	5．義理の子供	
	6．義理の親	
	7．離婚した元配偶者及びパートナーシップを解消した元パートナー	
クラスⅢ	上記以外	20,000
財団，社団等に対するもの		2,000

ドイツにおける税率

取得した資産の金額（€）	課税クラスごとの税率（％）		
	Ⅰ	Ⅱ	Ⅲ
75,000以下	7	15	30
300,000以下	11	20	30
600,000以下	15	25	30
6,000,000以下	19	30	30
13,000,000以下	23	35	50
26,000,000以下	27	40	50
26,000,000超	30	43	50

42）管理資産の内容は次のようになっている（§13b（2）ErbStG）。

第1号管理資産	第三者の利用に供されている不動産等（但し，人的会社の出資者が人的会社の事業に提供している資産，支配事業主が事業の用に供している資産で，取得者が出資者又は事業主の地位承継する場合等を除く）。
第2号管理資産	直接保有割合が25％以下の資本会社に対する出資持分（但し，金融機関による保有の場合を除く）。
第3号管理資産	人的会社に対する出資（海外のこれに類する人的会社を含む）及び第2号管理資産に含まれない資本会社に対する出資で，これらの会社の事業資産に占める管理資産の割合が50％を超える場合。
第4号管理資産	有価証券並びにそれに類する債権（但し，金融機関による保有の場合を除く）。
第5号管理資産	芸術品，宝石類等でこれらの販売又は加工が事業の主たる目的でない場合。

43）ドイツ連邦憲法裁判所の Nr. 116/2014 vom 17. Dezember 2014 1 BvL 21/12 では基本的にこれは不適切ではないとしている。
44）プール合意の内容としては，以下の様な定めをしておく必要がある（RE13b.6（3）ErbStR）。
　1）定められた方法でしか株式を譲渡することができないか，もしくは，同じ合意をしている株主にしか譲れないこと。
　2）議決権は当該合意に参加していない他の株主に対抗するために，定められた方法に従って行使すること。
45）ドイツ連邦憲法裁判所の Nr. 116/2014 vom 17. Dezember 2014 1 BvL 21/12 では現行法に定められている管理資産の割合基準が50％では，かえって個人資産を事業に移して，税の免除を受ける可能性があるとして，これを不適切だとしている。
46）ドイツ連邦憲法裁判所の Nr. 116/2014 vom 17. Dezember 2014 1 BvL 21/12 では，現行法が，従業員が20人以下の場合には人件費基準を満たす必要はない（§ 13a Abs. 1 Satz 4 ErbStG），としていることを不適切だとしている。
47）特別の関係のある者とは以下の者をいう（措法施行令40条の8⑥）。
　1）当該代表権を有する者の親族
　2）当該代表権を有する者と婚姻の届出をしていないが，事実上婚姻関係と同様の事情にある者
　3）当該代表権を有する者の使用人
　4）当該代表権を有する者から受ける金銭その他の資産によって生計を維持している者（1）〜3）に掲げる者を除く。）
　5）2）〜4）に掲げる者と生計を一にするこれらの者の親族
　6）次に掲げる会社
　　　 i 当該代表権を有する者及び1）から5）の者が有する会社の株式等に係る議決権の数の合計が，当該会社に係る総株主等議決権数の百分の五十を超

　　　　える数である場合における当該会社
　　　　ii 当該代表権を有する者及びiに掲げる会社が有する他の会社の株式等に係る議決権の数の合計が，当該他の会社に係る総株主等議決権数の百分の五十を超える数である場合における当該他の会社
　　　　iii 当該代表権を有する者及びi又はiiに掲げる会社が有する他の会社の株式等に係る議決権の数の合計が，当該他の会社に係る総株主等議決権数の百分の五十を超える数である場合における当該他の会社
48）経営の承継において，円滑化法の要請に従って経営を行わなければならない期間を「経営承継期間」という。経営承継期間は原則として5年間であるが，その期間中は納税猶予期限の終了事由が生じていないことが必要とされる。
49）実際にはPETに該当しない財産の移転は「一任信託（discretionary trust）」や「会社」への移転に限られるため，単純に個人間で行われる生前贈与は全てPETとなる。
50）2014年12月1日，日本経済新聞　朝刊。
51）［小林他，2012］p68によれば，フランスにおいても一定要件を満たした株式は75％の非課税となっている。
52）法理論的な問題点とその対応ついては［拙著，2014］p151-155参照。
53）［神﨑他，2009］p206では円滑化法制定の際に，「被相続人が60歳未満で死亡した場合については，一般的に，計画的な事業承継に係る取り組みを行う年齢に未だ達していないと考えられるため」と記しており，立法者側がそのように認識していたと考えられる。
54）"Many owners assume that their children will want to enter the family business, or they put pressure on them to do so. Inadequate preparation and training, or undue pressure, condemns many next-generation members to unhappy careers that are neither satisfying for them nor productive for the business."［Leach，2011］pp159。
55）経営承継期間経過後において経営承継相続人等が代表者でなくなることは納税猶予の取消要件にはならない（措法70条の7の2⑤一）。
56）末包らは，社歴が300年超の企業369社を母集団としたアンケート調査を行い，そのうち74の回答数（20％）を得た。その回答について，標準偏差の数値が大きい項目と小さい項目にグループ分けし，標準偏差の大きい項目は，老舗企業によって，企業存続のための条件として異なった見方が存在している。すなわち老舗企業の条件の多様性の問題と位置づけた。そして標準偏差の大きい項目中に，「会社の所有（株式の所有）と運営（経営）の分離を常に進めている。」という回答が含まれていた。つまり，これによれば所有と経営の非分離は絶対的な存続の要件ではないと考えられる。
57）［落合，2010］p84。
58）つまり，上場会社の株主であっても25％以上のグループ合意があれば，特別控

除を受けられる。ただしドイツ連邦憲法裁判所の Nr. 116/2014 vom 17. Dezember 2014 1 BvL 21/12 では経済的な必要性の検討をしないで，中小企業の範囲を超えて特別控除が適用されるのは不適切であるとして，2016 年 6 月 30 日までに改正することを求めている。

59）納税猶予は，農地に対する相続税・贈与税の特例（措法 70 条の 4，同 70 条の 6）も同様である。しかしイギリスにおいては Agricultural property relief （IHTA1984,s115（2））があり，ドイツにおいては非上場株式と同じ条文に農地が含まれている。当然に両国とも納税猶予ではなく株式と同じ扱いとなり，イギリスは税額自体が算定されず，ドイツは一定期間経過後に税額が免除される。

60）平成 25 年度税制改正によって措法の内容は改正され，2015 年 1 月 1 日より施行される。

61）BVerfG-Beschluß vom 22.6.1995（2 BvR 552/91）BStBl. 1995 II S. 671 Gründe: C. I. 2. b)：bb)。

62）Nr. 116/2014 vom 17. Dezember 2014 1 BvL 21/12 においても基本的にこの考え方は変わっていない。

63）「応能負担原則」について［吉村，1990］353～354 頁ではそれを以下のように詳述している。

「応能負担原則（Leistungsfähigkeitsprinzip, Ablity-to-Pay principle, principe de la proportionnalité de l'imposition），すなわち「担税力に即した課税」の原則は，もともと財政学の分野における租税配分の原則として長期間にわたって発達してきたものであるが，今日，法律学の一分野である租税法学においても，租税法秩序を規律する原理として妥当することは世界的にみて大多数の学説によって承認されており，各国の憲法上明文で応能負担原則が法定されている例も稀ではない。また，わが国やドイツ連邦共和国のように，応能負担原則の憲法上の明文の根拠規定が欠けている場合であっても，学説・判例は，専ら憲法上明文規定の存在する平等原則（日本国憲法第 14 条 1 項，ボン基本法第 3 条 1 項）から応能負担原則を演繹している。（中略）したがって，その限りにおいて，応能負担原則は，今日では憲法上の明文規定の有無を問わず憲法上の原則たる地位を有しており，多かれ少なかれ租税法律の立法における立法者裁量の余地を限界づける機能を持っていることが租税法学の学説ないし判例上世界的にほぼ承認されているということも不可能ではない。」

64）［拙著，2014］p17-20 参照。

65）［Leach, 2011］p136,"Governance structure overview for a multigenerational family business"

66）［Schmid 他，2014］p149。

参考文献

1）Colins Lorna, Louise Grisoni, Claire Seaman, Stuart Graham, Dominique Otten,

Rebecca Fakoussa and John Tucker.
　　　　The Modern Family Business Relationships,
　　　　Succession and Transition, Palgrave Macmillan, 2012.
2）European Commission. Final Report of
　　The Expert Group
　　　　Overview of Family-Business-Relevant Issues:
　　　　　Research, Networks, Policy measures
　　　　　　and Existing studies. 2009
3）Volkswagen. ANNUAL REPORT.2013.
4）Porsche SE. ANNUAL REPORT.2013.
5）BMW GROUP. ANNUAL REPORT.2013.
6）Sharma Pramodita.
　　　"Editor's Notes: 2010―A Year in Review"
　　　　Family Business Review. 2011 24: 5
7）商工中金『中小企業の事業承継に関するアンケート調査2008年11月調査』，2009。
8）中小企業庁『中小企業白書』，2006。
9）Giudice Del Manlio, Peruta Rosaria Delia Maria, Elias G.Carayannis.
　　　Knowledge and the Family Business. Springer, 2011.
10）事業承継ガイドライン検討委員会『事業承継ガイドライン』，事業承継協議会，2008。
11）2013年1月11日日本経済新聞　朝刊。
12）Rouvinez Kenyon Denise, Ward L.John.
　　　Family Business Key Issues. Palgrave Macmillan, 2005.
13）Leach Peter.
　　　FAMILY BUSINESS THE ESSENTIALS.
　　　　Profile Books, 2011.
14）http://johndavis.com/three-circle-model-of-the-family-business-system/
15）Tagiuri Renato, Davis John A.
　　　"On the Goals of Successful Family Companies"
　　　FAMILY BUSINESS REVIEW. vol 1 Spiring, 43-62.1992.
16）事業承継協議会"事業継承税制検討委員会　中間報告"，2007。
17）OECD. *REVENUE STATISTICS 1965-2010.* 2011.
18）Holmgren J Randall.
　　　"21st Century Business Succession Planning Strategies"
　　　Family business Succession Planning. ASPATORE, 2010.
19）大前研一『最強国家ニッポンの設計図』，小学館，2009。
20）Gunn Malcolm. *Toller's Inheritance Tax.* LexisNexis, 2012.

21）Wallington Riehard.
    Foster's Inheritence Tax. LexisNexis, 2012.
22）Viskorf Hermann Ulrich. Wolfgang Knobel,
    Stephan Shuck, Eckhard Wälzholz.
    Erbshaftsteuer-und Scbenkungsteuergesetz,
    Bewertunesgsetz Kommentar. NWB, 2012.
23）2014年12月1日，日本経済新聞　朝刊。
24）小林和也，塩谷洋子『諸外国における事業承継税制』，税研，2012.9。
25）末包厚喜"事業承継におけるドメイン変更要因について"『事業承継 Vol1』, 55-56, 2012。
26）神崎忠彦，柏原智行，笠間太介，山口徹朗『詳説　中小企業経営承継円滑化法と新・事業承継税制』，金融財政事情研究会, 2009。
27）落合誠一『会社法要説』，有斐閣，2010。
28）渡瀬義男"租税優遇措置―米国におけるその実態と税制を中心として―"レファレンス No. 695, 2008: 7-27。
29）増田英敏『リーガルマインド租税法〔第4版〕』，成文堂，2013。
30）BVerfG-BeschluB vom 22.6.1995 (2 BvR 552/91) BStBl. 1995 II S. 671 Grunde: C.I.2.b）: bb）.
31）Privilegierung des Betriebsvermogens bei der Erbschaftsteuer ist in ihrer derzeitigen Ausgestaltung nicht in jeder Hinsicht mit der Verfassunff vereinbar Nr. 116/2014 vom 17. Dezember 2014.
32）吉村典久"応能負担原則の歴史的展開"，『法学研究63(12)』，353-371, 慶應義塾大学法学研究会, 1990。
33）Eckrich J. Cristopher, MeClure L.Stephen.
    The Family Council Handbook.
        PALGRAVE MACMILLAN, 2012.
34）Schmid-Koeberle Alexander, Denise Kenyon-Rouvines,
    Ermesto J. Poza
    Governance in Family Enterprises
        PALGRAVE MACMILLAN, 2014.
35）平野秀輔『非上場株式に関する相続税・贈与税の問題点―応能負担原則からの考察と分離型の導入―』白桃書房，2014。

第Ⅶ部

特定業種対象の技術経営研究

■特定業種対象の技術経営研究■

中小企業のソーシャル・キャピタルと業績

第17章

――中小建設関連企業アンケート調査からの考察――

■ 1 はじめに

　地域社会における地縁や人脈，さまざまなネットワークにおける信頼関係や規範，互酬性をもたらす関係などを説明する際に，「社会関係資本（ソーシャル・キャピタル）」という言葉が用いられることがある。ソーシャル・キャピタルという概念は，Putnam (1993) の『Making Democracy Work』（河田訳『哲学する民主主義』）や，同 (2000)『Bowlling Alone』（柴内訳『孤独なボーリング』）で取り上げられて以降，注目されるようになり，さまざまな分野で研究対象となっている。

　心理学や社会学の分野では，ソーシャル・キャピタルを取り上げたさまざまな先行研究がある。たとえば，ソーシャル・キャピタルの豊かさと高齢者の抑うつとの間には負の相関があるとした研究[1]や，ソーシャル・キャピタルと地域防犯の因果関係を明らかにした研究[2]などがある。

　そもそもソーシャル・キャピタルとは一体何なのか。その定義は必ずしも確定的なものとはなっていないが，多くの場合は，前述の Putnam (1993) による「人々の協調行動を活発にすることによって社会の効率性を高めることのできる，信頼・規範・ネットワークといった社会組織の特徴」という定義をベースにしており，「信頼」「規範」「ネットワーク」がソーシャル・キャピタルという概念を説明する際の共通キーワードになっている。

　稲葉 (2011) は，「(情けは人の為ならず) (お互い様) (持ちつ持たれつ) といった言葉に象徴されるような，人々の間の協調的な行動を促す (信頼) (互酬性の規範) (ネットワーク (絆))」がソーシャル・キャピタルであるとし，

ソーシャル・キャピタルが人々の生活を豊かにして，健康や幸福に深く結びついているとしている。また，ソーシャル・キャピタルが，「集団としての協調性」や，「ご近所の底力」といった，市場では評価しにくい価値を生み出しているとも指摘している。

宮川ら（2004）は，人々がつくる社会的ネットワークやネットワークで共有される規範，価値，理解，信頼がソーシャル・キャピタルであり，ソーシャル・キャピタルがネットワーク内の協力を推進して相互の利益を実現するために貢献するとしている。そして，具体的なネットワークとして，小さいものでは家族，大きいものでは国家などがあると説明している。

内閣府は，平成14年度にソーシャル・キャピタルと市民活動に関する調査を実施している[3]。それによると，ソーシャル・キャピタルが豊かな地域ほど失業率が低く，出生率が高い傾向があり，ソーシャル・キャピタルがいくつかの社会問題の解決に有効に作用していることがうかがえる。また，この調査結果では，地域のボランティア活動などの市民活動が，その地域のソーシャル・キャピタルを高めるとも指摘している。

この内閣府の調査や前述の心理学や社会学での先行研究では，ソーシャル・キャピタルを一定の地域で共有している資産として捉えている。Baker（2000）は，ソーシャル・キャピタルを，個人的ネットワークやビジネス・ネットワークから得られる資源であるとしながらも，それは一個人に属するものではなく，ネットワークの中に内在するものであるとし，ソーシャル・キャピタルがネットワーク全体の共有資源であると説明している。このように，ソーシャル・キャピタルを一定の地域やネットワークの中に存在する共有財産として捉える考え方がある一方で，個人や企業が個々に所有する財産として捉える考え方もある。

野中・紺野（2012）は，ソーシャル・キャピタルはネットワークや組織文化の豊かさを表すものであり，企業にとってのソーシャル・キャピタルは経営における重要な概念であるとしている。そして，良いソーシャル・キャピタルを持つ企業は，良い「場」を持つ企業であるとし，ソーシャル・キャピタルが企業の知識資産の1つであると論じている。

また，欧州のMERITUMプロジェクト[4]では，企業が顧客やサプライヤーなどとの対外関係から得られる資源を「関係性資産（Relational capital）」として，「人的資産（Human capital）」「構造的資産（Structural capital）」とと

もに，企業の無形資産（知的財産）の1つと捉えている。ここでいう関係性資産は，ソーシャル・キャピタルに近い概念と考えられる。

企業経営という視点で，個々の企業が所有する私的な財産としてソーシャル・キャピタルを捉えた場合，ソーシャル・キャピタルは，バランスシートに載ることのない無形資産として認識することができる。上田（2010）は，ソーシャル・キャピタルを企業文化やチームワークなどと並ぶ企業の組織資産であるとし，無形資産の中でも重要な要素のひとつであると指摘している。また，企業価値を高めるためには，ソーシャル・キャピタルを含む組織資産と戦略の連動が重要であると論じている。

ソーシャル・キャピタルが企業の無形資産であるなら，ソーシャル・キャピタルは企業経営にどのような影響を与えるのだろうか。また，ソーシャル・キャピタルは企業にいかなる利益をもたらすのだろうか。そもそも，企業のソーシャル・キャピタルを定量的に測ることはできるのだろうか。

本稿では，筆者の専門分野である建設業界を対象として，特に中小建設企業のソーシャル・キャピタルと企業業績の関係性について考察する。

2　先行研究

横山・平野（2012）は，公共事業を主体とする地方の建設企業に焦点を絞り，地域建設業の存続には，「企業経営」「地域自治体」「地域共同体社会」という3つのアスペクトがあるとしている。公共事業への依存度が高い地域の建設業者の存続は，発注者である地域自治体との関係性が重要であることは言うまでもないが，これに加えて，地域共同体社会との関係性にも大きく依存すると指摘し，地域に根ざして事業を営む地域建設業は，当該地域からの正当性なくしてはその事業を円滑に遂行することは困難で，地域社会との密着性が必要であると論じている。

そのうえで，成長戦略として「非関連型多角化」に取り組んだ事例と「提携型」の新事業開発に取り組んだ事例を取り上げ，特に「非関連多角化」においては，「地域共同体社会」との関連性が深いと考察している。また，地域建設業の存続のための戦略としては，「戦略提携（協業化）」と「多角化（地域内異業種）」が特に有効であるとし，建設業者は前述の3つのアスペクトを認識して自らの戦略を選択すべきであると指摘している。

ここでいう「地域共同体社会」は，地域に根差して事業を展開する中小建設企業にとってのソーシャル・キャピタルと言えるだろう。したがって，横山・平野（2012）の主張は，ソーシャル・キャピタルが中小建設企業の存続に関係していることを示唆しているものと捉えられる。

　大杉（2010）はリソース・ベースト・ビューの観点から中小建設企業のCapabilityと新事業開発の関係を考察している。ここでは，各企業の経営資源の分析にCapabilityという概念を持ち込み，Capabilityの構成要素によって企業の特徴を分析している。

　大杉は，中小建設企業の事業展開を「成長」「存立」「廃業・第三者への譲渡（M&A）」に分け，さらに，規模拡大を志向することなく倒産・廃業せずに事業を維持する「存立」には「専業型」と「新事業開発型」があるとしている。そのうえで，「存立」のための「新事業開発」には，「経営者や管理者の管理能力」「組織構造」「マーケティング」「顧客」「関係性」の5つの要素が大きく影響していると論じている。

　ここで言う「顧客」とは，顧客とのコミュニケーション能力を示しており，「関係性」とは，他企業との信頼関係や提携を示している。これらは前述のMERITUMプロジェクトでいうところの「関係性資産」とほぼ等しく，したがって，「顧客」や「関係性」というCapabilityの要素は，ソーシャル・キャピタルに近い概念であると考えられる。

　これらの先行研究では，中小建設企業の経営には，ソーシャル・キャピタルが何らかの影響を及ぼしていることを示唆しているが，定量的な分析までは行なわれていない。

　Morales・Fernandez（2009）は，ソーシャル・キャピタルと企業経営について定量的な分析を行なっている。

　彼らは，地域的に集積している産業クラスターにおいて，ソーシャル・キャピタルが個々の企業のイノベーションに与える効果を明らかにすることを目的として，スペインのバレンシア地方の中小企業約400社を対象として調査，分析している。この研究では，ソーシャル・キャピタルを個々の企業が持つ固有の資源ととらえたうえで，社会的相互作用と信頼を独立変数，イノベーションを従属変数，企業規模（従業員数），業種，社歴をコントロール変数として分析している。ただし，この研究では，「社会的相互作用」と「信頼」は完全に独立したものではなく，2つの変数には関連性があることを前提としている。

調査の結果，企業のソーシャル・キャピタルがイノベーションにもたらす正の影響は，一定量を超えると減少するという結論を導いている。一般的には，ソーシャル・キャピタルが豊かなほど望ましい受け止められることが多い中で，負の側面もあることを定量的に明らかにしている。

ソーシャル・キャピタルの負の側面については，このほかの先行研究でも指摘されている。石塚（2010）は，企業内部のソーシャル・キャピタルと業績の関係を分析し，組織横断型の協力関係が構築されている凝集性の高い組織内では，組織外との橋渡しを促進しても業績が高まることはないという結論を導き，凝集性の高い組織内では，多様性が失われて，ユニークな見解が生じにくくなると指摘している。

これらの先行研究は，ソーシャル・キャピタルが企業経営に何らかの影響を与えていることを示しているが，同時に，企業の業績とソーシャル・キャピタルの関係は，ソーシャル・キャピタルが豊かであるほど業績が良いというような単純な正の相関ではないことも示唆している。

筆者が建設業界を対象として実施した調査[5]でも，ソーシャル・キャピタルと企業業績の間に，Morales・Fernandez（2009）がソーシャル・キャピタルとイノベーションの関係を調査して見出したような現象が見られた。以下にその概要を示す。

3　ソーシャル・キャピタルと企業業績

五十嵐（2015）は，東京商工会議所北支部と同支部に所属する複数の建設業者の協力を得て，同支部の建設工業部会に所属する企業と，所属企業と直接取引のある下請企業を対象とした質問紙調査を実施している。この調査では，Morales・Fernandez（2009）や新井（2011）の先行研究をもとに，「地域社会ネットワークへの参加度」「社会的相互作用」「信頼」の3つを尺度として，ソーシャル・キャピタルを計測する質問項目を設定し，企業業績については，直近3年間の売上高，営業利益率，顧客数，受注単価，外注先・下請業者数，仕入先数について，増減の程度を問う5件法の質問項目を設定している。

「ネットワークへの参加度」「社会的相互作用」「信頼」のそれぞれについて，「低位グループ」「中位グループ」「高位グループ」の3グループに分け，各グループ間の業績の回答ポイントの平均に差があるかを調べた結果を以下の

6パターンに分類している。
① 有意上昇型
　下位グループより中位グループ，中位グループより上位グループの平均ポイントが高く，かつ，グループ間の平均ポイント差に5％水準で有意性がある。
② 有意山型
　中位グループの平均ポイントが下位グループや上位グループより高く，かつ，グループ間の平均ポイント差に5％水準で有意性がある。
③ 上昇型
　下位グループより中位グループ，中位グループより上位グループの平均ポイントが高いが，グループ間の平均ポイント差に5％水準で有意性はない。
④ 山型
　中位グループの平均ポイントが下位グループや上位グループより高いが，グループ間の平均ポイント差に5％水準で有意性はない。
⑤ 下降型
　下位グループより中位グループ，中位グループより上位グループの平均ポイントが低いが，グループ間の平均ポイント差に5％水準で有意性はない。
⑥ 谷型
　中位グループの平均ポイントが下位グループや上位グループより低いが，グループ間の平均ポイント差に5％水準で有意性はない。
　この6パターンで分類した結果を図表17-1に示す。ネットワーク参加度では，どの項目もグループ間で有意な差は得られなかったが，総合業績，売上，営業利益率，外注先下請数，仕入先数，競合他社比較が山型となっており，顧客数と受注単価は上昇型となった。社会的相互作用では，総合業績，売上，顧客数が有意上昇型，営業利益率が上昇型，外注先下請数，仕入先数が有意山型，受注単価，競合他社比較が山型となった。信頼では，競合他社比較が有意上昇型で，総合業績，売上，営業利益率，顧客数，外注先下請数では有意な差は得られなかったが，上昇型となった。また，信頼では，受注単価が谷型，仕入先数が下降型となり，他の項目の結果とは異なる傾向になった。
　この調査結果からは，ソーシャル・キャピタルが豊かな企業は，ソーシャル・キャピタルが乏しい企業よりも概して業績が良いが，ソーシャル・キャピタルが過剰になると業績の低下を招くこともあり得るということが見てとれる。この結果は，Morales・Fernandez（2009）がソーシャル・キャピタルと

図表17-1　ソーシャル・キャピタルと企業業績の関係

		業　　績							
		総合業績	売上	営業利益率	顧客数	受注単価	外注先下請数	仕入先数	競合他社比較
ソーシャル・キャピタル	ネットワーク参加度	山型	山型	山型	上昇	上昇	山型	山型	山型
	社会的相互作用	有意上昇	有意上昇	上昇	上昇	上昇	有意山型	有意山型	有意山型
	信頼	上昇	上昇	上昇	上昇	谷型	上昇	下降	有意上昇

↗：有意上昇型（下位より中位，中位より上位のグループのポイント平均が高い・有意性あり）

⋀：有意山型（下位，上位より中位のグループのポイント平均が高い・有意性あり）

↗：上昇型（下位より中位，中位より上位のグループのポイント平均が高い・有意性なし）

⋀：山型（下位，上位より中位のグループのポイント平均が高い・有意性なし）

↘：下降型（下位より中位，中位より上位のグループのポイント平均が低い・有意性なし）

⋁：谷型（下位，上位より中位のグループのポイント平均が低い・有意性なし）

イノベーションの間に見出した関係性と共通している。ソーシャル・キャピタルは一般的には企業経営にプラスに作用することが多いが，度を超えるとマイナスにもなり得る。「過ぎたるは及ばざるがごとし」なのである。

　このような現象は，筆者の実務経験からも納得できるものである。筆者は，国土交通省が建設企業を支援するために実施している「経営戦略アドバイザリー事業」において，建設業経営戦略アドバイザーとして中小建設企業の経営支援業務にあたっている。この業務を通して多くの中小建設企業に接している中で，ソーシャル・キャピタルを有効に活用して受注拡大を実現している企業を数多く見ている。たとえば経営者がロータリークラブやライオンズクラブの会員となって，そのネットワークから顧客を開拓しているようなケースや，経営者が出身校の同窓会組織を活用して地域内で人脈を広げて受注を開拓しているようなケースもある。その一方で，ソーシャル・キャピタルの維持のために時間と労力を取られてしまい，本業がおろそかになってしまっているような事例を見かけることもある。ある企業の経営者は，受注開拓の意図もあって，あ

る地域団体の役員となったが，その団体の活動が忙しすぎて，自社の経営を悪化させてしまった。ソーシャル・キャピタルがマイナスに作用している典型例である。

経営者の仕事は経営資源を管理することであると言われるが，社内の経営資源であるヒト，モノ，カネを管理するだけでなく，ソーシャル・キャピタルという無形資産も上手に管理しなければならないのである。

五十嵐博一

注

1) 渡邉ら（2012）
2) 松川ら（2011）
3) 平成14年度「ソーシャル・キャピタル：豊かな人間関係と市民活動の好循環を求めて」内閣府国民生活局
4) ナレッジ型経済の準備を目的として，欧州6カ国（スカンジナビア3国，デンマーク，フランス，スペイン）と9つの研究機関によって，1998年から2001年にかけて実施されたプロジェクト。
5) 五十嵐（2015）

参考文献

1) 渡邉直樹,安部幸志,竹田茂生：学生キャラバンと自殺防止　地域高齢者のソーシャルキャピタルと抑うつ感について，関西国際大学研究紀要，第13号，2012年。
2) 松川杏寧，立木茂雄：ソーシャルキャピタルと地域の防犯性因果モデルの検討と向上，地域安全学会梗概集，No.28, 2011.5。
3) 稲葉陽二：ソーシャル・キャピタル入門，中央公論新社，2011年。
4) 宮川公男，大守隆　編：ソーシャル・キャピタル，東洋経済新報社，2004年。
5) 内閣府：ソーシャル・キャピタル　豊かな人間関係と市民活動の好循環を求めて，2003年。
6) Wayne Baker著，中島豊訳：ソーシャル・キャピタル　人と組織の間にある「見えざる資産」を活用する，ダイヤモンド社，2001年。
7) 野中郁次郎，紺野登：知的創造経営のプリンシプル　賢慮資本主義の実践論，東洋経済新報社，2012年。
8) 上田和勇：現代企業経営におけるソーシャル・キャピタルの重要性，専修大学知性開発研究センター，社会関係資本研究論集，第1号，2010年。
9) 横山文人，平野真：地域社会における建設業存続に関する一考察　高知県西南地域をもとに，映像情報メディア学会，映像情報メディア学会技術報告，Vol.37, No.18, 2012年。

10）大杉奉代：中小建設業の新事業開発における Capability に関する一考察，経営診断学会，経営診断学会論集，Vol.10,2010 年。
11）Molina Morales, Martinez Fernandez：Too much love in the neighborhood can hurt How an excess of intensity and trust in relationships may produce negative effects on firm, Strategic Management Journal, 30, pp.1013-1023, 2009 年。
12）石塚浩：社会関係資本と企業業績　組織横断型の協力関係と橋渡し促進の関係，日本経営学会誌，第 26 号，pp.65-76, 2010 年。
13）五十嵐博一：建設関連企業のソーシャル・キャピタルと業績に関する研究，立教大学大学院，修士論文，2015 年。

■特定業種対象の技術経営研究■

建設関連産業における高収益化の可能性

第18章

――中堅・中小規模の専門工事業，建設資材製造業に関する事例検討――

1 はじめに

　本章は，現場サービス高収益化分科会において議論した「建設産業における高収益化の可能性」に関する検討内容をとりまとめたものである。

　現場サービス高収益化分科会（以下，分科会と称す）は，建設業を中心とする日本工業大学専門職大学院技術経営研究科の修了生，教員，関係者が集まり，高収益化について議論する場である。参加者は，教員1名，修了生4名，関係者2名を中心に，IT分科会や関係ゼミからも適宜参加を得た。今回，分科会における2013年9月から2014年12月までの6回にわたる議論をとりまとめた。なお，分科会とは，業種や業界ごとのより専門的な研鑽の場として，修了生等の有志によって活動しているものである。

　建設産業は，住宅，社会資本，産業施設，教育施設，医療施設などを造り出す産業である。その裾野は，建設業（総合建設会社，専門工事会社等），建設関連業（建設コンサルタント会社，測量会社等），建設資材製造業（窯業，金属，塗料等），建設機材製造業（建設機械，船舶，機材等）にまで広がる。

　しかし，建設投資の急速かつ大幅な減少により，建設業は過剰供給構造にあり，受注競争の激化により，厳しい経営環境に直面している。

　こうした経営環境を踏まえ，分科会においては，修了生の在籍企業，参加者の紹介企業について事例検討を行った。具体的には，中堅・中小規模の専門工事業や建設資材製造業に関するケーススタディを通じて，高収益化の可能性を議論した。

2 背景

建設市場が縮小し，経営環境が厳しさを増す中で，これまで学んだ技術経営の視点で高収益化の可能性を議論し，自社の経営に活かす施策を検討することとした。

2-1 建設産業の定義

「建設業」，「建設関連業」，「建設資材製造業」，「建設機材製造業」を総称して「建設関連産業」と定義する。

（1）建設業とは

「建設業」は，土木工事，建築工事などの仕事を契約に基づいて完成させる事業と定義する。なお，「建設業」の営業は，建設業法に基づく許可制度となっている。

「建設業」とは，「元請，下請その他いかなる名義をもつてするかを問わず，建設工事の完成を請け負う営業をいう」（建設業法第2条目的）。

「建設工事」とは，建設業法の定義に従えば，以下のとおり2種類の一式工事と，26種類の専門工事に分類できる。

（一式工事）1．土木一式工事 2．建築一式工事

（専門工事）1．大工工事 2．左官工事 3．とび・土工・コンクリート工事 4．石工事 5．屋根工事 6．電気工事 7．管工事 8．タイル・れんが・ブロック工事 9．鋼構造物工事 10．鉄筋工事 11．ほ装工事 12．しゆんせつ工事 13．板金工事 14．ガラス工事 15．塗装工事 16．防水工事 17．内装仕上工事 18．機械器具設置工事 19．熱絶縁工事 20．電気通信工事 21．造園工事 22．さく井工事 23．建具工事 24．水道施設工事 25．消防施設工事 26．清掃施設工事

ここで「請負」とは，当事者の一方がある仕事を完成することを約束し，他方がその仕事の結果に対して報酬を支払うことを約束する契約のことである。

（2）建設関連業とは

測量業者，地質調査業者，建設コンサルタントをまとめて，「建設関連業」

と称す。(国土交通省 HP)

(3) 建設資材製造業とは

土木工事,建築工事に使用する資材や用工具等に関する製造業を,本報においては「建設資材製造業」と定義する。具体的には,窯業,金属,塗料等である。

(4) 建設機材製造業とは

土木工事,建築工事に使用する機械,機材,船舶等に関する製造業を,本報においては「建設資材製造業」と定義する。具体的には,建設機械,各種機材,船舶等である。

2-2 建設業の特徴

建設業は,顧客からの注文による受注生産であり,加えて次の3つを特徴とする。

① 個別一品生産

ほとんどの生産物,すなわち構造物/建築物は,一件ごとの受注により工事の場所,仕様,その他生産条件が異なる。

② 多部品擦り合わせ生産

生産物は,多種類の部分的工事を相互に調整,擦り合わせ,総合して造り上げる。

③ 屋外現場生産

生産物は,土地に定着しており,生産の場が限定される。

2-3 建設市場

建設市場は,ピーク時に比べて,建設投資が半減しているにもかかわらず,建設業許可業者が8割,就業者数が7割となっており,過剰供給状態にある。

(1) 建設投資[1]

建設投資は,H2(1990)～H8(1996)年度の79～84兆円をピークとして,H9(1997)年度以降は減少し続け,H22(2010)年度にはピーク時の約半分(50～53%)の42兆円となった。なお,平成26年度の建設投資は,48兆

図表18-1　建設投資の推移[1]

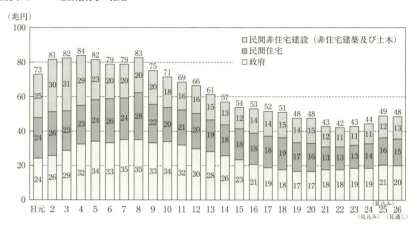

4,700億円で，対前年比0.5%減となる見通しである。（図表18-1参照）

（2）建設業許可業者数[2]，就業者数[3]

　建設業の許可業者は，H11（1999）年度の600,980社をピークとして減少し続け，H25（2013）年度にはピーク時の78.2%の469,900社となった。

　また，就業者数はH7（1995）年の663万人をピークとして，H22（2010）年に447万人と67.4%にまで減少した。しかも，建設業就業者は，全産業の平均と比べて，55歳以上の高齢者の割合が高く，29歳以下の若年層の割合が低い。

　しかしながら，建設投資がピーク時の50%になっていることを考慮すると，過剰供給構造にある。

2-4　経営状況

　建設業の収益性は，他の産業に比べて低く，企業規模が小さいほど厳しさを増す。

（1）売上高経常利益率（業種別，総平均）

　建設業の売上高経常利益率は，他の産業を大きく下回る。収益性は，他の産

図表18-2　売上高経常利益率（業種別，総平均）[4]

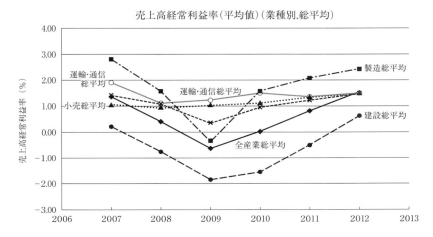

業に比べて低い。（図表18-2参照）

図表18-3　売上高経常利益率（建設業，総資本別）[4]

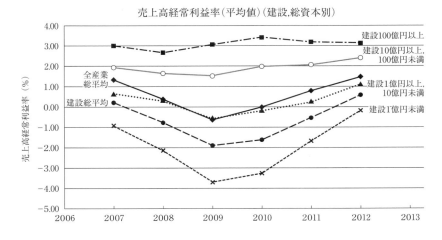

(2) 売上高経常利益率（建設業，総資本別）

　建設業の売上高経常利益率は，企業の規模（総資本）が小さいほど低い。収益性は，企業規模が小さいほど低い。（図表18-3参照）

図表18-4　売上高経常利益率（業種別，総資本100億円以上）[4]

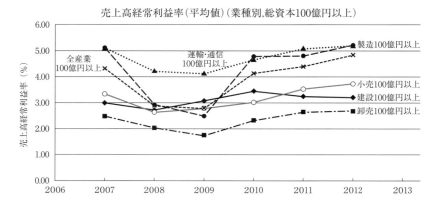

(3) 高収益企業の定義

全国企業の中で，売上高経常利益率が最も高いのは，総資本100億円以上の製造業で5.24%，次いで総資本100億円以上の運輸・通信業で5.23%である。（図表18-4参照）

これらを参考として，本報においては，高収益企業を売上高経常利益率6％以上の企業と定義する。

2-5　経営環境

建設業を取り巻く経営環境は，バブル崩壊後の20年で大きく変化した。今後は，プラス面とマイナス面が混在する状況にある。

(1) これまで（3Cの視点）

建設業を取り巻く経営環境を3C（顧客／市場，競合／業界，自社）の視点から分析する。（図表18-5参照）

顧客／市場は，建設投資が抑制され，投資の採算性を重視して，要求性能を高度化した。つまり，施設の事業性評価を厳格化したのである。そして，顧客はプロフェッショナル化した。

これに対して，競合／業界は，過剰供給構造に陥り，コストダウンのみを追及した。コア業務，例えば現場管理業務を外注化するなどによって，現場での

図表18-5　経営環境の変化（これまで／３Ｃの視点）

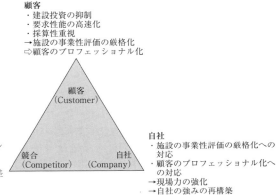

信頼関係が喪失し，同時に差別化要因も消失させることとなった。つまり現場力が弱体化し，建設業としての根幹に関わる強みが消失していった。

自社は，施設の事業性評価の厳格化や顧客のプロフェッショナル化に対応して，現場力の強化や自社の強みを再構築できた企業が高収益化し，それができなかった企業は低収益構造に陥るという企業の２極化が生じた。

そこで，これらの変化に対応するための方策を検討する。

（２）これから（PESTの視点）

今後の経営環境を政治，経済，社会，技術の視点から分析すると，プラス面とマイナス面が混在する。（図表18-6参照）

東日本大震災を契機として防災意識が高まり，笹子トンネル事故を発端として社会資本のメンテナンスに関心が集まった。国土強靭化法の成立，2013年をメンテンス元年と位置付け，社会の成熟化に伴う構造物や施設へのニーズがフローからストックへと変化した。その結果，建設関連投資は，新設から維持管理へと移行する。

一方で，財政再建のため公共投資の減少傾向は続き，製造業の海外移転に伴い民間投資も減少も続く。また，社会の少子高齢化に伴い，建設産業の就業者減少し，高齢化が進む。

図表18-6　経営環境の変化（これから/PESTの視点）

政治（Politics）		経済（Economic）	
プラス	マイナス	プラス	マイナス
・2013年，メンテナンス元年と位置付け ・国土強靱化法の成立 ・政府成長戦略で新技術の積極的な導入 ・国主導の研究開発	・政権交代による公共事業費の増減 ・財政再建のため公共投資は減少傾向	・建設関連投資は短期的には増加 ・維持管理への政府投資増，民間の施設も予算増	・建設関連投資は長期的には減少 ・人手不足による人件費高騰 ・円安による原材料価格高騰
社会（Society）		技術（Technology）	
プラス	マイナス	プラス	マイナス
・東日本大震災を契機として，防災意識が高まる ・笹子トンネル事故を発端として，社会資本のメンテナンスに関心が高まる。 ・社会の成熟化に伴う構造物や施設のニーズがフローからストックへ変化	・人口減少に伴い，建設産業の就業者減 ・財政難による新規の公共建設投資が減少 ・国土の均衡ある発展から，コンパクトシティへ	・メンテナンスに関する技術開発が広く求められる ・ICT（CAD，BIM，クラウド・コンピューティング）の進歩，ICT分野からメンテナンス分野への参入	・建設産業の不人気で，優秀な人材が集まらない ・海外製品の台頭

そこで，建設関連産業に属する中堅・中小規模の企業が，これらの変化に対応し，長期的な観点で安定的に高収益を得るための方法を検討する。

3　先行研究

建設市場が縮小し，建設産業が閉塞状態にある中で，建設産業の再生と発展のための方策，課題と可能性，新たな事業展開，次世代建設産業モデル，新たな発展に向けての方策が提案されている。

3-1　先行研究に示された各種方策

個別企業に適用可能な高収益化のための方策を抽出し，検討することとした。

図表18-7　建設産業が直面する現状と課題，実施すべき対策

直面する課題	現　状	対　策	具体的打ち手
地域社会の維持	・災害対応，除雪，維持管理等の地域維持案を担える企業が不足している。	地域維持型の契約方式の導入	・地域維持事業の担い手確保に資する新たな契約方式の導入
技能労働者の雇用環境の改善	・売上高減少に伴う固定費削減方策として，技能労働者の外部化，賃金の低下などが生じている。 ・法定福利費を負担しない企業が，人を大切にする施工力のある企業を駆逐している恐れがある。	保険未加入企業の排除	・行政，元請，下請けによる一体的な取組み ・行政：保険加入状況の確認強化，指導 ・元請：下請指導責任の明確化 ・下請：保険加入の徹底
技術者の育成と適正配置	・施工管理を適切に行うことができる人材の継続的育成 ・技術者の不適正配置が工事の品質と施工の安全に影響 ・業種区分が実態と乖離の恐れ	技術者データベースの整備と業種区分の点検	・技術者の資質・技術力向上のインセンティブ付与 ・適正な確認方法の導入による適正配置の確保 ・時代のニーズや経営環境の変化に応じた技術者制度の適正な運用
公共調達市場と受発注者関係	・価格競争が激化した地域建設企業の疲弊と品質への影響 ・参加者多数の入札で受発注者の手続き負担増	入札契約制度改革の推進	・地方公共団体等におけるダンピング対策の強化 ・段階選抜方式の活用促進 ・地域企業の適切な活用 ・受発注者間の法令遵守ガイドラインの策定
海外市場への積極的進出	・海外には巨大なインフラ需要がある一方，受注額が伸び悩み	海外展開支援策の強化	・契約リスク管理の強化 ・情報収集・提供，人材育成の強化 ・投資協定の活用
過剰供給構造の是正	・企業数としては過剰 ・震災により一時的に建設需要が増加しても，過剰供給構造そのものは変わらない	不良不適格業者の排除	・保険未加入企業の排除，技術者適正配置の徹底 ・建設企業としての欠格要件の強化 ・都道府県との連携強化
東日本大震災	・迅速かつ円滑な復旧・復興 ・特定の地域又は業種で一時的に供給不足となる可能性 ・被災地と原発地域の企業の支援	震災を受けた特別の対応	・建設企業の役割を発展させるための行政による支援等 ・地域企業と地域外企業の適切な活用 ・事業の早期着手のための随意契約や氏名競争入札の活用等

(注)「建設産業の再生と発展のための方策2011（概要）」
　　H23.6.23（国土交通省建設産業戦略会議取りまとめ）より作成

（1）建設産業の再生と発展のための方策2011[5]

今後の建設産業の再生方策を策定することを目的として，建設産業戦略会議が「建設産業の再生と発展のための方策 2011」をとりまとめた。その中で，建設産業が直面する現状と課題，実施すべき対策が提言されている。（図表18-7参照）

（2）建設産業の再生と発展のための方策2012[6]

「建設産業の再生と発展のための方策2012」は，「建設産業の再生と発展のための方策2011」を実現し，東日本大震災を乗り越えて未来を拓くための提言である。将来の建設産業を見据えて優先的に取り組むべき課題，建設産業が直面する課題と当面講ずべき対策が示されている。（図表18-8，図表18-9参照）

但し，これらの方策は，建設産業の再生と発展の方策であって，個別企業への展開はさらに具体化する必要がある。

（3）建設産業の課題と可能性[7]

建設産業の課題と可能性について，以下のとおり示されている。

- 市場縮小による需給ギャップと施工体制の流動化。建設市場が縮小する中で，業界の特徴である重層下請け構造をある程度流動化させる必要がある。
- バリューチェーンの川上・川下への展開・収益化。業態転換や多角化を考える上でのアプローチの一つとして，バリューチェーンにおいて自身が提供する「建設」という付加価値の川上（前工程）あるいは川下（後工程）を提供する事業を取り込んでいくものである。
- 他産業に比べて低い生産性の向上。就業者1人当たりの国内生産額は5,706千円と，全産業平均の8,104千円と比べても低い。また，1980年比でその伸び率をみると，建設業は0.94倍と下がっているが，全産業の平均は

図表18-8　優先的に取り組むべき課題，講ずべき対策[6]

将来を見据えて優先的に取り組むべき課題	講ずべき対策
現場施工力の再生	技術者や技能労働者の確保・育成
公正な契約・取引関係の構築	重層下請構造の是正
多様な事業領域・契約形態への展開	技術力・事業企画力の発揮

図表18-9　直面する課題，講ずべき対策[6]

直面する課題	当面講ずべき対策
東日本大震災への対応を次に活かす	・状況に応じた施工確保対策の追加・拡充 ・東日本大震災の特例措置の検証 ・同様の災害への対応としての制度化 ・恒久的な措置としての一般化を検討
公共工事の入札契約制度の改革等	・校正な競争環境の整備 ・プロジェクトに対応した円滑な契約のための支援
総合的な担い手の確保・育成支援	・技法労働者の処遇の改善 ・技術者の育成支援 ・建設産業への就業促進のための戦略的広報
海外展開支援策の強化	・他業界との連携強化を含む官民一体の体制づくり ・専門工事業者を含む地方・中小企業の海外展開を促進するための施策を拡充 ・建設業の海外展開に関する目標を年間2兆円以上に設定
時代のニーズに対応した施工技術と品質確保	・維持更新時代，低炭素・循環型社会に対する業種区分の点検と見直し ・技術者資格制度の点検

1.56倍，製造業は2.18倍，農林水産業も2.18倍，金融・保険業は2.31倍と大きく伸びている。建設業はこの30年間，イノベーションが乏しかったと言える。

（4）建設業の新たな事業展開[8]

建設業の新たな事業展開，建設に関するワンストップサービスについて，以下のとおり示されている。

・一部企業を除き多くの建設企業はコア事業である建設事業に注力してきたが，建設投資が増加する可能性が低いこと，およびワンストップサービスが今後顧客から望まれてくるであろうことから，企画・立案および維持管理に加え特に公共発注者が今後建設企業に期待するコンセッション等，新たな事業分野を開拓していくべきである。なお，コンセッション（Concession）とは，日本建設業団体連合会HPによれば，民間事業者に付与される事業運営や開発にかかわる権利で，事業権，運営権を指す。

・具体的には，①建設企業による不動産事業の展開，②建設企業によるPFI（Private Finance Initiative）の取り組み，③住宅関連企業による事

業改革，経営改革に向けた取り組みなどである。
- 長年にわたり建設工事の経験を積み上げてきた中で工事そのものはもちろん，建設工事の企画や調整等の大きなノウハウが建設企業には蓄積されてきており，建設に関するワンストップサービスの提供といった新たな事業展開の可能性は大いにある。その際に重視すべき点は次のとおりである。
- 建設企業の「顧客は誰なのか」を意識する必要がある。「顧客の満足度を高める」という企業活動の基本に忠実に対応する。
- 建設工事に関しどのようなことが求められているかについて認識するとともに，実現するために何を直さなければならないかを明確にすることが議論の出発点となる。
- 官民連携を促進することが大きな時代の流れとなっており，民間から企画提案を前提とする国の予算メニュー等も多い。

（5）次世代建設産業モデル[9]

建設産業の新たな発展に向けての次世代建設産業モデルについて，以下のとおり示されている。
- 建設産業は，経済や生活環境の形成・維持を担う基本的な産業で，今後もそのニーズはあり続ける。
- 日本の建設技術は，依然世界の最高水準にあるが，安定経済に移行した現在，長期の低迷状態にある。
- 今日の閉塞状態は，高度成長期に形成した現在の建設産業モデルが，安定成長に移行した社会ニーズへの不適合のために生じている。それを打開するためにはマーケットインの視点で考え，市場の変化に合わせた新たな産業モデルを再構築する必要がある。
- 次世代建設産業モデルのイメージは，建設事業の深耕と周辺事業への拡大，ノウハウ・人材の成長分野へ展開する。
- 具体的には，地域や街のお世話産業への展開，ストック市場への展開，都市型プラント産業への展開，建設ノウハウを活用した事業展開，海外市場への展開である。

（6）建設産業の新たな発展に向けて[10]

再発展に向けた事業戦略の転換，成熟社会における建設産業の役割，市場成

熟化の中で生き残るための方策が，以下のとおり示されている。
（再発展に向けた事業戦略の転換）
①自社の立ち位置（ポジショニング）の再考：
・発注者の変化，設計者や施工者の現場力の弱体化，専門工事業者や材料メーカーへの技術・能力への依存度拡大。
②競争激化による強み分野への事業特化：
・特定地域＆分野への集約による効率化の推進と技術力アップ，強み分野を軸とした事業拡大，特定分野でオンリーワン企業へ。
③施設運営の高度化とプロジェクトマネジメント機能の強化：
・ストックの増大によるストックビジネスへの対応，プロジェクト企画の重要性に鑑み，多様な専門家の結集とプロジェクト・マネジャーの重視，業務発注の細分化と新たな業態の発生（シェアードサービス）。
（成熟社会における建設産業の役割）
経済や生活環境の開発・整備を担う産業から，経済や生活環境の形成・維持を担う産業への転換が求められる。
（市場成熟化の中で生き残るために）
①企業の競争力を強化するやり方を明確化（＝競争戦略）
・市場・対象事業を絞り込む（＝選択と集中戦略）
・新たなやり方を考える（＝ビジネスモデルの開発・改善）
・現場力の強化を図るコストダウン（地域No.1戦略）
②現場力の強化を図るコストダウン（コスト・ダウン×品質・向上）
・現場社員の能力を付け，元気を取り戻す。営業・管理部門の現場への理解を深める。協力会社の仲間意識を醸成する。
・そして皆がやる気になる，現場力が付く。
③地域や顧客の期待に応える（新たなやり方を考える）
・プロダクトアウト型（こう出来ます，頑張っています）からマーケットイン型（市場の求める価値を提供する視点）へ転換する。

3-2　先行研究における高収益化の方法

先行研究における各種提言のうち，個別企業が取り組むべき高収益化のための課題と具体的解決策を図表18-10に示す。

図表18-10 高収益化のための課題と具体的解決策

課題		具体的解決策
建設産業の課題と可能性	市場縮小による需給ギャップと施工体制の多層下請構造と多工種構造	多層下請構造の流動化
		多工種構造の集約化
	建設バリューチェーンの川上・川下への展開	建設バリューチェーンの川上（前工程）展開
		建設バリューチェーンの川下（後工程）展開
	他産業に比べて低い生産性の向上	現場力の向上，QCDの改善
新たな事業展開	建設業の新たな事業展開	建設バリューチェーンのワンストップサービスの提供
		・不動産事業の展開
		・建設企業によるPFIの取り組み
次世代モデル	次世代建設産業モデルの構築	建設事業の深耕
		周辺事業への拡大
建設産業の新たな発展に向けて	再発展に向けた事業戦略の転換 自社の立ち位置（ポジショニング）の再考	現場力の弱体化している発注者，設計者，施工者の代行
		専門工事業者や材料メーカーとして技術・能力を提供
	競争激化による強み分野への事業特化 特定分野でオンリーワン企業となる	特定地域＆分野への集約
		強み分野を軸とした事業拡大
	成熟社会における建設産業の役割に対応	開発・整備から形成・維持への変化対応
	市場成熟化の中で生き残る	競争力を強化，現場力の強化を図るコストダウン
	地域や顧客の期待に応える新たなやり方を提案	プロダクトアウト型（こう出来ます，頑張っています）からマーケットイン型（市場の求める価値を提供する視点）へ転換

4 事例検討

　先行研究で提案されている建設産業の課題と可能性，建設企業の新たな事業展開，次世代建設産業モデル，建設産業の新たな発展に向けての提言について，分科会における建設産業の高収益企業に関する事例検討を通じて，検証を

行う。事例検討は，塗装工事3社，塗装用資材製造2社，アンカー製造2社，防食・補修2社，GNT型企業1社について行う。なお，GNTとは，グローバル・ニッチ・トップの略であるが，その詳細は後述する。

4-1 塗装工事

塗装工事3社の事例を検討する。会社概要を図表18-11に示す。

(1) A社 (同社HPより抜粋)

A社は，新築塗装工事とリニューアル工事を主な事業としている。主要顧客は，ゼネコン各社やマンション管理会社である。

強みは，①優秀な人材による提案力，②高い施工能力による豊富な実績を背景とした③顧客の高い信頼である。①優秀な人材とは，体系的な技術・商品知識をもった社員集団（塗装プロフェッショナル，プロフェッショナル・プランナー）である。②高い施工能力を持った施工集団（スーパー職長，スーパー職人）による高品質，低コスト，安全施工を積み重ねることにより豊富な施工実績を築く。③これらの結果，顧客の高い信頼を得ることとなる。

しかしこれらは，個人の能力によることころが大きく，会社としての収益性向上にまで至っていない。優秀な人材を継続的に育成することが今後の課題となる。

(2) B社 (同社HPより抜粋)

B社は，建築塗装工事，プラント工業塗装工事，マンションリニューアル工事を主な事業としている。主要顧客は，ゼネコン各社，プラント関連各社，マンション管理会社である。

強みは，①蓄積した技術と経験，実績と評価を基礎に業界大手に成長，②民需，特にプラント，電力，橋梁など工業塗装分野とマンションリニューアルを柱として，③収益性の高い事業，顧客に特化している。

さらに，防音やコンクリート防食にも取組み，技術的な差別化を図っている。

(3) C社 (同社HPより抜粋)

C社は，大規模修繕工事，プラント塗装工事を主な事業としている。主要

図表18-11　塗装工事3社の会社概要[11),12)]

項　目	A社	B社	C社
創業・設立	設立：昭和45（1970）年12月（設立44周年）	創設：明治36（1903）年（創業111周年）	創立：昭和24（1949）年3月1日（創立65周年）
資本金	1億円	3億円	2億5,010万円
株式上場	非上場	非上場	非上場
本店所在地	東京都文京区	東京都港区	山口県
事業拠点	本社，1営業所	本社，6支店，7営業所，1出張所	本社，2支店，24営業所，1事務所，14出張所，海外1
関連会社	—	—	6社
建設業許可	国道交通大臣（特 -25）第20622号	国道交通大臣（－）第4366号	国道交通大臣（－）第3103号
許可業種	塗装，防水，建築，内装仕上げ，とび・土工，管，建具，ほ装，屋根，タイル・れんが・ブロック	塗装，土木，建築，左官，とび・土工，石，屋根，電気，管，タイル・れんが・ブロック，ほ装，防水，内装仕上，造園，建具（経営事項審査結果より）	塗装，土木，建築，大工，左官，とび・土木，石，屋根，管，タイル・れんが・ブロック，防水，内装仕上，造園，鋼構造物，板金，鉄筋，ほ装，ガラス，建具，機械器具設置
ISO	—	9001（MRのみ），14001（MRのみ）	9001（リフォーム事業），14001（全社）返上
従業員数	非公開	476名（H26.4.1）	625名（H26.4.1）
売上高	4,551百万円（H26.3.31基準）	40,828百万円（H26.3.31基準）	34,310百万円（H26.3.31基準）
売上総利益（率）	537百万円（対売上高11.8％）	4,520百万円（対売上高11.0％）	3,263百万円（対売上高9.5％）
経常利益（率）	31百万円（対売上高0.7％）	1,793百万円（対売上高4.3％）	740百万円（対売上高2.1％）
事業内容	・リニューアル工事部門 ・新築塗装工事部門 ・安全管理部門	・マンション大規模修繕工事 ・建築塗装（内・外装） ・工業塗装（プラント，電力，原子力，他） ・防音工事，コンクリート防食	・大規模修繕工事 ・プラント塗装 ・その他

（出所）会社に関する基本情報は当該企業のHPより引用。売上高，売上総利益，経常利益は「経営事項審査結果」（建設業情報管理センター）にて検索。

顧客は，マンション管理会社，ゼネコン各社，プラント関連各社である。

強みは，①構造物や建築物を保護するペイントの卓越した施工技術，特に仕上げ技術を有し，②ニーズを的確にとらえた提案力を背景に，③塗るだけではなく，ペイントの先にある価値を創造している。

プラント塗装に強みがあるものの，価格競争に曝され，収益性は低い。

（4）高収益化の可能性

塗装工事3社は，自社の立ち位置（ポジショニング）の再考し，専門工事業者として技術・能力を提供し，顧客からの依存度を拡大している。具体的には，優秀な人材による技術提案，高い施工能力による高品質，低コスト，安全施工の実施，これらにより豊富な実績を築き，顧客の囲い込みを実現している。加えて，各社とも塗装技術を活かして，ビルやマンションのリニューアル工事（大規模修繕工事）を手掛けている。（図表18-12参照）

先発企業であるB社とC社は，実績を背景として塗替需要や修繕需要を確保することで，企業規模と収益を維持している。一方，後発企業であるA社は，新築塗装という屋外でゼロからスタートするリスクの高い事業で対抗することとなり，収益性が低くなっている。

4-2　塗装用資材製造

塗装用資材製造2社の事例を検討する。会社概要を図表18-13に示す。

（1）D社（同社HPより抜粋）

D社は，創業昭和30年。以来，約55年以上にわたり，建築塗材や特殊塗料の分野において，「快適」「健康」「安全」「安心」「環境」をテーマに，より良い生活文化の創造，住生活環境の向上を目指してきた会社である。

主な事業は，①建築仕上塗材事業，②耐火断熱事業，③その他の事業である。①建築仕上塗材事業は，有機無機水系塗材，合成樹脂塗料，無機質系塗材，無機質建材の製造販売及び特殊仕上工事の請負である。②耐火断熱事業は，断熱材，耐火被覆材，耐火塗料の製造販売及び耐火断熱工事の請負である。③その他の事業として，各種化成品，洗浄剤等の製造販売がある。

主要顧客は，①ゼネコン各社，②住宅メーカー各社，その他全国塗料販売会社，建材販売会社である。

図表18-12 塗装工事3社の高収益化への取組み

項　目	A社		B社		C社	
多層下請構造の流動化	×		×		×	
多工種構造の集約化	×		×		×	
建設バリューチェーンの川上（前工程）展開	×		×		×	
建設バリューチェーンの川下（後工程）展開	×		×		×	
建設VCのワンストップ・サービスの提供	×		×		×	
現場力の向上，QCDの改善	○	強い職人集団※	○	強い職人集団	○	強い職人集団
自社事業のワンストップ・サービスの提供	△	顧客からの要望に対応	△	顧客からの要望に対応	△	顧客からの要望に対応
建設事業（自社事業）の深耕	○	塗装事業	○	塗装事業	○	塗装事業
周辺事業への拡大	○	リニューアル事業	○	リニューアル事業	○	リニューアル事業
現場力の弱体化している発注者，設計者，施工者の代行	△	顧客からの要望に対応	△	顧客からの要望に対応	△	顧客からの要望に対応
専門工事業者や材料メーカーとして技術・能力の提供	○	塗装工事業者	○	塗装工事業者	○	塗装工事業者
特定地域&分野への集約	○	新設塗装※	○	電力塗装プラント※	○	プラント塗装※
強み分野を軸とした事業拡大	×		○	防音，コンクリート防食	△	その他
開発・整備から形成・維持への変化対応	○	リニューアル	○	リニューアル	○	リニューアル
プロダクトアウト型からマーケットイン型へ転換	△	提案営業	△	提案営業	△	提案営業
特徴，強みは何か		優秀な個人の集まりで強い職人集団を形成するも，強い事業の競争激しい		優秀な個人の集まりで強い職人集団を形成し，利益率の高い事業に特化		優秀な個人の集まりで強い職人集団を形成するも，強い事業が成熟化

（凡例）○：実践している，△：取り組んでいる，×：取り組んでいない，－：非該当
（注）図表10を参考に分科会にて検討

図表18-13　塗装用資材製造2社の会社概要[11]

項　目	D社	E社
創業・設立	設立：昭和33（1958）年4月17日（設立56周年）	創業：大正3（1914）年（創業100周年）
資本金	26億6,200万円	1億円
株式上場	JASDAQ上場（4627）	非上場
本店所在地	大阪府茨木市	東京都新宿区
事業拠点	本社，1支社，12支店，48営業所，2研究所，1研修施設	本社，8支社，18営業所，1部，1事業所，4配送センター
関連会社	11社（全て海外）	14社（内，3製造会社）
建設業許可	—	—
許可業種	—	—
ISO	9001（本社，技術研究所，大利根工場，九州工場，名古屋工場）	9001（1製造会社）
従業員数	2,035名	573名
売上高	94,890百万円（2014年3月期）	29,700百万円（2013年4月期）
売上総利益（率）	29,005百万円（30.5％）	非公開
売上営業利益（率）	13,324百万円（14.04％）	非公開
経常利益（率）	14,499百万円（15.27％）…高収益	非公開
事業内容	・建築仕上塗材事業 ・耐火断熱事業 ・その他の事業	刷毛・ローラーの専門メーカー，塗装用機器・工具・住宅機材・建物用具卸売業。オートボディの修理用品・工具の販売，業界向けコンピュータソフト開発及びOA機器販売。

（出所）会社に関する基本情報は当該企業のHPより引用。

強みは，以下のとおりである。
・国内外の新市場の開発に尽力し，持続可能な新技術革新，新製品の開発
・国内初・世界初にこだわり，「不燃の断熱材」「鉄骨の意匠を活かす耐火塗料」「超低汚染型の塗料」といった付加価値の高い製品を開発
・市場のニーズを瞬時に形にする技術力＆スピードに強み
・研究開発を"ニーズ開発"と"シーズ開発"に分け，"ニーズ開発"では

時代を先取りしたエコ製品や新素材，新建材の開発を実施。"シーズ開発"ではお客様に望まれる塗材の開発と既存製品の応用開発を手がける。
・営業部門に技術経験者を配置し，お客様の要望を商品化できるのか，市場に望まれているものをマーケティングするなど，営業と技術との協力体制
・材料と施工を一体化して提供できる

圧倒的な新市場開発力，新製品開発力，新事業開発力を基礎に，高付加価値製品を開発し続ける会社である。

（2）E社（同社HPより抜粋）

E社は，刷毛・ローラーの専門メーカー，塗装用機器工具・住宅機材・建築用具卸を主な事業とするペインティングのトータル・システム・メーカーである。

主な事業は，①塗装用具・用品設備の総合商社，②刷毛の製造（原毛の処理から完成・検査に至る一貫体制），③塗装に関する機械・工具・用品の開発，④塗装設備，各種システムの供給である。

主要顧客は，塗料販売店，金物問屋・商社，建材・木工問屋，工具問屋，大手造船橋梁会社関係会社，大手車輌・重電気メーカー，防衛省，国土交通省，JR各車両工場，UR都市機構，NEXCOなど幅広い。

強みは，以下のとおりである。
・刷毛とローラーに関する高い技術
・塗装に関する機械・工具・用品の商品開発力
・設備・システムの供給力
・塗装に必要なあらゆる用具をワンストップで提供

塗装用の刷毛・ローラーの高い技術を基礎に，塗装に関するあらゆる用具をワンストップで供給できる会社である。

（3）高収益化の可能性

塗装用資材製造2社は，強み分野へ事業特化し，特定地域＆分野への集約による効率化の推進と技術力アップ，強み分野を軸とした事業拡大，特定分野でオンリーワン企業になっている。また，特定分野の材料・用具の製造から事業を拡大している。（図表18-14参照）

D社は，大手塗料メーカーの代理店経由の販売とは異なり，自社の営業力

図表18-14　塗装用資材製造2社の高収益化への取組み

項　目	D社		E社	
多層下請構造の流動化	×		−	
多工種構造の集約化	×		−	
建設バリューチェーンの川上（前工程）展開	×		×	
建設バリューチェーンの川下（後工程）展開	×		×	
建設VCのワンストップ・サービスの提供	×		×	
現場力の向上，QCDの改善	○	建築仕上げ事業	○	刷毛・ローラー
自社事業のワンストップ・サービスの提供	○	材料から施工も	○	塗装用具・機械全般
建設事業（自社事業）の深耕	○	建築仕上げ塗材	○	刷毛・ローラー製造
周辺事業への拡大	○	耐火断熱材，その他	○	塗装用具全般へ
現場力の弱体化している発注者，統計者，施工者の代行	△	自社仕様の提案	×	
専門工事業者や材料メーカーとして技術・能力を提供	○	材料＋施工	○	機械・用具のみ
特定地域＆分野への集約	○	建築仕上塗材，耐火断熱	○	刷毛・ローラー製造
強み分野を軸とした事業拡大	○	耐火断熱材，その他	○	塗装用具・機械の取扱い
開発・整備から形成・維持への変化対応	×		×	
プロダクトアウト型（こう出来ます，頑張っています）からマーケットイン型（市場の求める価値を提供する視点）へ転換	○	ニーズ開発とシーズ開発	○	刷毛・ローラーをコアに顧客ニーズの求めに応じて塗装用具全般を取扱う
特徴，強みは何か		建築仕上げ塗材，耐火断熱材をシステムとして提供		刷毛・ローラー製造をコアに周辺へ拡大し，塗装関連機器・工具に関するトータル・システムを提供

(凡例) ○：実践している，△：取り組んでいる，×：取り組んでいない，−：非該当
(注) 図表10を参考に分科会にて検討

を活かして自ら売り込み，直販によって流通マージンを取り込んでいる。また，OEM 生産も行わず，自ら材料を製造した上で，必要に応じて施工も自社で行うことで，建築仕上塗材や耐火断熱材をシステムとして提供している。

E社は，塗装用刷毛とローラーの専門メーカーとして，原毛の処理から完成・検査に至る一貫体制を敷いている。さらに，顧客からの要求に応えて，他の塗装用機械・工具・用具も販売する商社機能も加えて，塗装関連機器・工具に関するトータル・システムとして提供している。

2社は，特定分野の材料・用具の製造から事業を拡大している。

4-3　アンカー製造

アンカー製造2社の事例を検討する。会社概要を図表18-15に示す。

(1) F社（同社 HP より抜粋）

F社は，機器をコンクリートなどに固定する特殊ネジなどを扱う建築材料メーカーである。国内シェアはトップである。オールアンカーを起点として，顧客の要望から多種多様なファスニング製品を生み出してきた。自社開発のオールアンカーが有名である。

主な事業は，①ファスニング事業，②リニューアル事業，③センサー事業である。①ファスニング事業は，あと施工アンカー，建設資材の留め具であるファスナーなどの締結資材やドリルビット，電動油圧工具等を製造・販売している。②リニューアル事業は，あと施工アンカーをはじめとする締結技術を応用し，各種構造物を守る工法を開発，耐震補強等に活用している。③センサー事業は，車両の表示板用や工事・事故の表示板用，観測機向けなどの電子プリント基板や各種測定器の生産・販売を行っている。

ファスニング事業における主要顧客は，アンカー業者であるが，その背後にはサブコン，ゼネコン，施主，設計者などが存在する。自社製品の採用には，背後の顧客へのアプローチも必要である。

強みは，以下のとおりである。（ウィキペディアより）
- 機器をコンクリート等に固定する特殊ネジの最大手，多品種少量供給体制が特徴である。
- あと施工アンカー業界でトップシェアを誇る建設関連資材メーカーである。

図表18-15　アンカー製造2社の会社概要[11],[12]

項　目	F社	G社
創業・設立	設立：昭和39（1964）年5月15日（設立50周年）	設立：昭和43（1968）年4月12日（設立44周年）
資本金	7億6,800万円	32億円
株式上場	JASDAQ	非上場
本店所在地	千葉県流山市	神奈川県横浜市
事業拠点	3事業所，5支店，8営業所，2物流センター，テクノL&Iセンター	非公開
関連会社	国内外8社	親会社は，リヒテンシュタイン公国に本社を置く建設用の工具・材料製造・販売する企業。
建設業許可	国土交通大臣（特定）	―
許可業種	土木，建築，大工，左官，とび・土工，石，屋根，タイル・れんが・ブロック，鋼鉄筋，ほ装，板金，塗装，防水，内装仕上，熱絶縁，建具，水道施設（経営事項審査結果より）	―
ISO	9001	―
従業員数	312名（平成26年9月現在）	450名（2013年12月現在）
売上高	15,112百万円（平成26年3月期）	非公開
売上総利益（率）	7,170百万円（対売上高18.0%）	非公開
経常利益（率）	5,274百万円（対売上高13.2%）…高収益	非公開
事業内容	建設資材（あと施工アンカー・ドリルビット・ファスナー等），複合材，防水材，各種測定器の企画開発・製造・販売・施工および輸出入	建設レーザー・探査機製品，ドリル・ハツリ製品，ダイヤモンド製品，研削・切断製品，建設用安全鋲打機製品，アンカー製品，建設用ケミカル製品の輸入販売
備考	研究開発費101百万円（対売上高0.59%）	

（出所）会社に関する基本情報は当該企業のHPより引用。売上高，売上総利益，経常利益は「経営事項審査結果」（建設業情報管理センター）にて検索。

・取付物に応じたあと施工アンカー，ファスナー，及びそれらの施工に必要なドリル等の開発・販売を行っている。
・自社開発のオールアンカーが有名。
・耐震補強，屋上断熱防水などの新工法の開発も行っている。

特殊ネジの最大手，あと施工アンカー業界でトップシェアを誇る建設関連資材メーカーである。その他に，耐震補強，屋上断熱防水などの新工法の開発も手掛けている。

（2）G社（同社HPより抜粋）

G社は，アンカーや建設用鋲などによる「留付け」に関する製品とサービスし，建設業界のプロフェッショナルに革新的なソリューションをもたらす会社である。製品，エンジニアリング，サービスに特徴を持つ。

事業は，建設レーザー・探査機製品，ドリル・ハツリ製品，ダイヤモンド製品，研削・切断製品，建設用安全鋲打機製品，アンカー製品，建設用ケミカル製品の輸入販売である。

顧客は建築，土木，電気，設備業者であり，直販が特徴である。

強みは，以下のとおりである。（ウィキペディアより）

・建設現場で使われるドリルやブレーカー（ハツリ機），鋲打機，あと施工アンカー等を得意とする。
・自らをファスニングメーカーと称し，物の取り付けに関する材料と工具を現場の全工程において提供している。
・高価格戦略をマーケティングの基本としている。そのための付加価値として，先駆的な機能・性能に加えて，疲れにくさや洗練されたデザイン，盗難防止装置等（2010年1月現在，日本向け製品には設定無し），性能表にあらわれない部分にも力を入れている。
・最近では，コンサルティングや保証期間の延長，貸出機サービス付きのリース契約といった，サービス分野での取り組みも評価されている。

赤い営業車が現場へ駆け付け，現場のお困り事に対応する。

（3）高収益化の可能性

アンカー製造2社は，プロダクトアウト型（こう出来ます，頑張っています）からマーケットイン型（市場の求める価値を提供する視点）へ転換してい

る。顧客が求める価値を新商品開発によって真摯に提供し続ける。但し，同じ業界でありながら，マーケットの求める価値の提供方法は，大きく異なる。F社は製品に重心を置き，G社はサービスを徹底的に強化している。(図表18-16参照)

商品に関する協会認定が必須であり，新規参入しにくい業界である。但し，購買者は，アンカー工事業者がほとんどであり，製品がコモディティ化しつつあるため，購買決定要因は，コストとサービスである。サービスとして，現場への直接デリバリーや技術指導を求めている。

F社は，製品のアイテム数が多く，海外生産拠点を持ち，在庫切れが少なく，販売チャネルや拠点も多く，顧客がワンストップで注文可能で，製品を入手しやすい。確認試験ができるシステムを持ち，高い研究開発力を背景に，高性能，高品質でブランドイメージが良い。さらに，工事部門を持ち，施主や上位発注者とのネットワークを持つ。

G社は，コスト競争力をつけ，サービス強化も行っている。直販体制を整えるとともに，ネット販売によるカード決済の仕組みがある。また機械リースを含めサービスと販売を直接現場へ出向いて行う。

2社は，同じ業界でありながら，マーケットの求める価値の提供方法は，大きく異なる。F社は製品に重心を置き，G社はサービスを徹底的に強化している。

4-4　防食・補修2社

防食・補修2社の事例を検討する。会社概要を図表18-17に示す。

(1) H社 (同社HPより抜粋)

H社は，橋梁・隧道・鉄道・港湾・上下水道・大型建築物などの劣化診断から補修・補強工事 (耐震補強工事等) の設計～施工までの総合メンテナンス事業を行っている。

事業は，グループ3社による施工，材料，新規事業の分業体制を敷いている。

H関連I社は，橋梁・トンネル・ビルなどの劣化診断から補修・補強工事 (耐震補強工事等) の設計～施工までの総合メンテナンス事業を行っている。(施工)

図表18-16 アンカー製造2社の高収益化への取組み

項目	F社		G社	
多層下請構造の流動化	×		−	
多工種構造の集約化	×		−	
建設バリューチェーンの川上(前工程)展開	×		×	
建設バリューチェーンの川下(後工程)展開	×		×	
建設VCのワンストップ・サービスの提供	×		×	
現場力の向上，QCDの改善	○		○	
自社事業のワンストップ・サービスの提供	○	数多いアイテム	○	数多いアイテム
建設事業(自社事業)の深耕	○	材料+施工	○	製品+サービス
周辺事業への拡大	○	リニューアル，センサー	△	
現場力の弱体化している発注者，統計者，施工者の代行	△	自社仕様提案	△	自社仕様提案
専門工事業者や材料メーカーとして技術・能力の提供	○	材料+施工	○	材料+サービス
特定地域&分野への集約	○	アンカー	○	アンカー，砂
強み分野を軸とした事業拡大	○	リニューアル，センサー	△	
開発・整備から形成・維持への変化対応	○	リニューアル	×	
プロダクトアウト型からマーケットイン型へ転換	○	新製品開発で対応	○	サービスの充実で対応
特徴，強みは何か		新製品開発力，事業化拡大力		現場サービス力

(凡例) ○：実践している，△：取り組んでいる，×：取り組んでいない，−：非該当
(注) 図表10を参考に分科会にて検討

H関連J社は，土木・建築分野の補修・補強工事や長寿命化工事で使用する接着剤，注入材，シール材，浸透性防水材など多品種・多用途の合成樹脂材料を製造・販売している。(材料)

H関連K社は，「メカニカル管継手」及び「配管漏洩補修器具」を製造・販

図表18-17　防食・補修 2 社の会社概要[11), 12)]

項　目	H 社	L 社
創業・設立	設立：昭和33（1958）年6月4日（設立56周年）	設立：昭和26（1951）年8月27日（設立63周年）
資本金	101億円（H.26.6.30現在），ホールディングス：50億円	8億6,600万円
株式上場	東証一部	JASDAQ
本店所在地	東京都中央区	東京都中央区
事業拠点	本社，研究所，16支店，19営業所	本社，工場，研究所，7支店，5営業所
関連会社	3社（HI社，HJ社，HK社）	―
建設業許可	建設業：国土交通大臣許可（特-24）第1345号 建設コンサルタント業：国土交通大臣登録　建25-第4470号	国土交通大臣（特定）第04101号
許可業種	土木，建築，大工，とび・土木，タイル・れんが・ブロック，鋼構造物，ほ装，塗装，防水，内装仕上，水道施設（経営事項審査結果より）	土木，電気，とび・土木，鋼構造物，舗装，しゅんせつ，防水，水道施設
ISO	9001（製品製造2社）	9001
従業員数	744名（2014年6月末現在：連結）	250名（2014年3月31日現在）
売上高	39,816百万円（平成26年6月期）	12,259百万円（平成26年3月期）
売上総利益（率）	7,170百万円（対売上高18.0%）	2,881百万円（対売上高23.5%）
経常利益（率）	5,274百万円（対売上高13.2%）…高収益	1,262百万円（対売上高10.2%）…高収益
事業内容	土木建築工事の請負，土木建築工事の設計ならびにコンサルタント業務，土木建築用機械器具および製品の製造・販売・成功，土木建築用機械基部および製品の輸出入，各種標示装置および器具の製造・販売・施工，各種標示装置および器具の輸出，毒物および劇物の販売	電気防食工事，塗装工事，被覆防食工事及び腐食環境調査など，防食に関する総合的な事業と，これに付帯する事業。 事業分野は，港湾，地中，陸上，RC，国際である。
備考	研究開発費311百万円（対売上高0.78%）	研究開発費171百万円（対売上高1.40%）

（出所）会社に関する基本情報は当該企業のHPより引用。売上高，売上総利益，経常利益は「経営事項審査結果」（建設業情報管理センター）にて検索。

売している。(新規事業)

　主要顧客は，元請の場合，国土交通省/NEXCO/JR/地方自治体/私鉄各社であり，下請の場合，ゼネコン各社となる。

　強みは，以下のとおりである。

- 創業以来，「社会資本を良好な状態で次の世代に引き継ぐこと」をテーマとして補修・補強一筋に歩み，高度成長期のスクラップ＆ビルドの時代から，メンテナンスの重要性に着目し，土木業界にいち早くエポキシ樹脂系接着剤を導入したパイオニア企業である。
- 土木技術に化学技術を応用するという独自の視点から，社会のニーズを先取りし，独創の技術や工法を次々に開発してきた。
- 調査・診断から設計・施工，さらには補修材料の製造までの一貫体制で取り組んでいる。また全国ネットの営業網の展開により機動力をフルに生かし，それぞれの現場のニーズに的確に対応している。
- インフラ整備に伴うメンテナンス市場の拡大を背景に，独自の強みを発揮して圧倒的なシェアーを確保，業界最大手の地位を築き上げた。日本の建設投資総額に占める維持・補修費の割合は，欧米先進国と比べまだ低いレベルにとどまっている。社会が成熟化するほどに構造物メンテナンスへの需要が高まる。
- 独創の技術とトータルシステムの提供
- 地域密着型の提案営業

　コンクリート構造物のメンテナンス市場にいち早く参入し，独自技術とトータルシステムで圧倒的な市場シェアを獲得・維持している。

(2) L社 (同社HPより抜粋)

　L社は，電気防食工事，塗装工事，被覆防食工事及び腐食環境調査など，防食に関する総合的な事業を行っている。

　事業は，「材料と環境の橋渡し」をスローガンに，様々な環境の中で使用される金属材料を腐食から守り，構造物の期待寿命を確実に維持させることを使命としている。そのために，各種環境に曝されている構造物の腐食・劣化調査と解析・評価を行い，その結果に基づいた腐食対策の提案，防食設計，対策工事，そして維持管理という総合防食システムの提供を主たる事業としている。また，防食関連材料や装置の製造・販売も行っている。

主要顧客は，元請の場合，国土交通省／地方自治体／NEXCO/JR，下請の場合，ゼネコン各社，マリコン各社，その他にプラント会社，プラントメンテナンス会社である。

強みは，以下のとおりである。
・土木技術に電気化学を応用するという独自の視点から，社会のニーズを先取り
・独自技術とトータルシステムの提供
・地域密着型の提案営業
・建設市場がフローからストックへ移行への対応

鋼構造物のメンテナンス市場にいち早く参入し，独自技術とトータルシステムで市場のトップシェアを獲得・維持している。

（3）高収益化の可能性

防食・補修2社は，成熟社会における建設産業の役割に対応し，いち早く維持管理分野への集約による効率化の推進と技術力アップ，強み分野を軸とした事業拡大，特定分野でオンリーワン企業へ成長した。（図表18-18参照）

H社は，メンテナンスの重要性にいち早く着目し，コンクリート構造物の補修にいち早くエポキシ樹脂系接着剤を導入したパイオニア企業であり，土木分野に化学技術を応用するという独自の視点から，社会のニーズを先取りし，独創的な技術や工法を開発した。また，コンクリート構造物の劣化調査・診断から補修設計・施工，さらには材料の製造まで一貫体制で取組み，全国ネットで地域密着型の営業網を展開することで，それぞれの現場ニーズに的確に対応している。

L社は，鋼構造物の防食にいち早く電気防食を導入した企業であり，土木分野に電気化学を応用するという独自の視点から，社会のニーズを先取りし，独創的な技術や工法を開発した。また，鋼構造物の腐食調査・診断から防食設計・施工，さらには材料の製造まで一貫体制で取組み，全国ネットで地域密着型の営業網を展開することで，それぞれの現場ニーズに的確に対応している。

2社は，市場（対象）がコンクリート構造物と鋼構造物の違いがあるものの，ほぼ同じ特徴を持つ。

図表18-18　防食・補修2社の高収益化への取組み

項　目	H社		L社	
多層下請構造の流動化	×		×	
多工種構造の集約化	×		×	
建設バリューチェーンの川上（前工程）展開	×		×	
建設バリューチェーンの川下（後工程）展開	×		×	
建設VCのワンストップ・サービスの提供	×		×	
現場力の向上，QCDの改善	○	多数の補修工法	○	多数の防食工法
自社事業のワンストップ・サービスの提供	○	営業所の全国展開	○	営業所の全国展開
建設事業（自社事業）の深耕	○	補修事業	○	防食事業
周辺事業への拡大	○	多様なコンクリート	○	鋼からコンクリートも
現場力の弱体化している発注者，統計者，施工者の代行	△	自社仕様の提案	△	自社仕様の提案
専門工事業者や材料メーカーとして技術・能力の提供	○	材料＋施工	○	材料＋施工
特定地域＆分野への集約	○	コンクリート補修	○	電気防食
強み分野を軸とした事業拡大	○	多様なコンクリート構造	○	鋼からコンクリートも
開発・整備から形成・維持への変化対応	○	社会資本の維持管理	○	社会資本の維持管理
プロダクトアウト型からマーケットイン型へ転換	○	顧客ニーズに応じた新商品開発	○	顧客ニーズに応じた新製品開発
特徴，強みは何か		他社にない技術，工法の提案力		他社にない技術，工法の提案力

（凡例）○：実践している，△：取り組んでいる，×：取り組んでいない，－：非該当
（注）図表10を参考に分科会にて検討

4-5　グローバル・ニッチ・トップ（GNT）型企業M社

　M社は，「グローバルニッチトップ企業100選」[13]に選定された企業の中で，建設関連産業に属する恐らく唯一の企業である。（図表18-19参照）

　M社は，建築・土木・物流などさまざまな分野における，膜面技術を応用

図表18-19　GNT型企業M社の会社概要[11],[12]

項　目	M 社
創業・設立	創業：1922年　設立1947年10月2日
資本金	25億7,059万3千円
株式上場	非上場
本店所在地	東京本社　東京都世田谷区　大阪本社　大阪府大阪市
事業拠点	2本社，4支店，5営業所，3工場，1研究所
関連会社	国内15社，海外13社，その他5社
建設業許可	国土交通大臣（特定）第000381号
許可業種	土木，建築，左官，とび・土工・コンクリート，屋根，電気，管，鋼構造物，塗装，内装仕上，機械機器設置，造園（経営事項審査結果より）
ISO	9001
従業員数	523名（単独）／1444名（連結）（2013年12月現在）
売上高	31,790百万円　　　317億円（単独）／474億円（連結）（2013年度実績）
売上総利益（率）	7,923百万円（対売上高24.9％）
経常利益（率）	1,905百万円（対売上高6.0％）…高収益企業
事業内容	総合事例：膜構造建築物，TMトラス，博覧会パビリオン，膜構造によるサッカースタジアム，テント倉庫／テント工場 用途別製品：橋梁ラッピング，膜天井，他，
備考	研究開発費429百万円（対売上高1.35％） グローバル・ニッチ・トップ企業100選

した構造物・設備資材の企画・設計・製造・施工・販売を事業とする会社で，一言で簡単に表現すると「テント屋」である。（同社関連サイトより）

　社長メッセージによれば，「世界に膜の花を咲かせたい。世界で初めて膜によるアリーナをつくり，世界で初めて海中膜を開発しました。わたしたちM社は，膜構造のパイオニアであり，日本はもとより，世界で最も多くの実績を持つ膜構造のリーディングカンパニー」[11]である。

　主要製品は，①建築分野，②土木分野，③物流分野に大別される。

　①建築分野……ドームやスタジアムをはじめとした膜構造建築物，埼玉スタジアムにも採用されたTMシステム，擬岩，公園遊具（ふわふわドーム）など

②土木分野……空港埋立工事でも採用されたシルトプロテクター（海洋汚濁防止膜），EPS（地盤改良工法），タコム（法面保護工法）など
③物流分野……テント倉庫，コンテナバッグ，保冷バッグ・保冷シートなど
環境分野……ガンデルシート（土壌汚染防止膜），エコドーム，エコバッグなど

顧客は，施主，ゼネコン各社であり，間接的には設計会社も含まれる。

強みは，膜に関する独自技術であり，膜面技術を応用した構造物・設備資材に特化している。

膜の特徴は，「軽くて基礎が浅く，フレキシブル。しかし膜の真価はそれだけではない。膜は防災や意匠性，採光など，さまざまな観点から建築物に付加価値を与えるもの」[14]である。

さらに，膜構造物を浸透させるために，「膜イコール安いと思われるのが課題だ。（中略）値段が合わず，他社が施工した10年以上経った膜で不具合が出始め，メンテナンス以来がM社に持ち込まれた。膜は安くて粗悪，というイメージが醸成されれば市場成長は見込めない。ミッションとしてメンテナンスに取り組む。市場は創るもの。トップリーディングカンパニーとしての自負が垣間見える」[16]との努力を惜しまない。

GNT型企業M社の事例検討を基に，高収益化の方法を検討する。（図表18-20参照）

GNT型企業は，顧客／用途・製品の集中と深化で世界位置を目指す。事例企業との違いは，グローバル市場を目指すかどうかである。

4-6　事例検討まとめ

先行研究において示された高収益化のための各種提言に関する事例検討の結果，①多層下請構造の流動化，②多工種構造の集約化，③建設バリューチェーンの川上・川下展開とワンストップサービスは，実践している企業はなかった。これらの課題は建設業全体に関するものであり，その解決策を実践できるのは大企業が中心となる。

一方，自社の立ち位置を再考し，強み分野に事業を特化し，成熟社会における建設産業の役割の変化に対応して，強み分野を軸とした事業拡大を行い，顧客の期待に応えて求める価値を提供することを実践している企業は多い。これらの課題は個別企業で対応可能であり，その具体的解決策は高収益化のための

図表18-20　GNT型企業M社の高収益化への取組み

項　目	M社	
多層下請構造の流動化	×	
多工種構造の集約化	×	
建設バリューチェーンの川上（前工程）展開	×	
建設バリューチェーンの川下（後工程）展開	×	
建設VCのワンストップ・サービスの提供	×	
現場力の向上，QCDの改善	○	
自社事業のワンストップ・サービスの提供	○	数多いアイテム
建設事業（自社事業）の深耕	○	膜面技術
周辺事業への拡大	○	材料＋施工
現場力の弱体化している発注者，統計者，施工者の代行	△	自社仕様提案
専門工事業者や材料メーカーとして技術・能力の提供	○	材料＋施工
特定地域＆分野への集約	○	膜面技術
強み分野を軸とした事業拡大	○	建築，土木，物流，環境
開発・整備から形成・維持への変化対応	○	
プロダクトアウト型（こう出来ます，頑張っています）からマーケットイン型（市場の求める価値を提供する視点）へ転換	○	新製品開発で対応
特徴，強みは何か		新製品開発力，事業化拡大力

（凡例）○：実践している，△：取り組んでいる，×：取り組んでいない，－：非該当
（注）図表10を参考に分科会にて検討

有効な手段となる。

5　考察

　先行研究で提案されている建設産業の課題と可能性，建設企業の新たな事業展開に関する提言，次世代建設産業モデル，建設産業の新たな発展に向けての提言について考察する。
　次に，建設産業の特徴である受注生産，個別生産，多部品擦り合わせ生産，屋外現場生産などの製品（モノ）の視点に加えて，提供価値が製品（モノ）＋サービスで構成されていることを考慮して，サービスの視点での高収益化アプ

ローチを考察する。

更に，分科会における建設産業の高収益企業に関する事例検討を通じて，個別企業の具体的な打ち手を提案する。

最後に，GNT型企業の事例検討を通じて，新たな高収益化の可能性を提案する。

5-1 先行研究における高収益化アプローチ[7]

3 先行研究で提案されている建設産業の課題と可能性，建設企業の新たな事業展開に関する提言は，実行できる企業は限られる。

同じく先行研究で提案されている次世代建設産業モデル，建設産業の新たな発展に向けての提言は有効であり，分科会において検討した事例企業は，個別の事情に合わせて独自に実行している。

(1) 建設産業の構造の視点（1）多層構造の流動化[8]

構造の特徴は，多層構造である。つまり，施主/クライアントと契約するゼネコン/総合請負者と，その下に位置するサブコン/専門工事会社，ヒト，モノ，設備などを供給するサプライヤーなどがピラミッドを構成している。

多層下請け構造をある程度流動化させることで高収益化の可能性がある。二次下請け企業が一次下請け企業として元請けから受注するケース，1次下請け企業が元請けとして受注するケース，系列に関係なく受注するケースなどである。（図表18-21参照）

但し，3C（①顧客，②競合，③自社）の観点から参入障壁が立ちはだかる。具体的には，①顧客が変わる。新規顧客は実績を求める。②競合が変わる。従来の顧客が競合に変わる。③自社も変わらなければ対応できない。従来とは異なる経営資源（人，モノ，カネ）が必要となる。事例検討の中でも，実践している企業はなかった。

従って，多層構造の流動化は，大手企業には可能であるが，中堅・中小企業には限界がある。

(2) 建設産業の構造の視点（2）多工種の集約化

もう一つの構造の特徴は，多工種構造である。つまり，基礎工事，躯体工事，内装工事，外装工事などの各種工事を組み合わせ，また杭や鉄筋などの

図表18-21　建設産業における多層構造の流動化

鉄，コンクリートなどの各種材料を統合して，一つの構造物を構築していく。（図表18-22参照）

　1社が複数の種類の工事を担当する多工種化，あるいは材料と施工（人材，設備）を合わる一体化によって高収益化が可能である。

　但し，3C（①顧客，②競合，③自社）の観点からいくつかの参入障壁がある。①顧客は変わらない。従来工事の実績で参入しやすい。②統合化に顧客メリットを提案できれば，競合には優位に立てる。但し，従来工種での実績はあるが，新規工種での実績ではなく対抗できない。③自社は，従来とは異なる技術が求められる。事例企業の中で，多工種化を実践している企業はなかった。

　一方，材料と施工（人材，設備）を一体で提供している事例は，塗装，アンカー製造，防食・補修などで見られたが，これだけでは高収益に貢献はしない。この点については，バリューチェーンの視点で後述する。

　従って，多業種構造の統合化は，大手企業には可能であるが，中堅・中小企業には限界がある。一方の材料と施工の一体化は，ワンストップサービスの観点から有効ではあるものの，これだけでは高収益化には直結しない。

図表18-22　建設産業の多工種の集約化

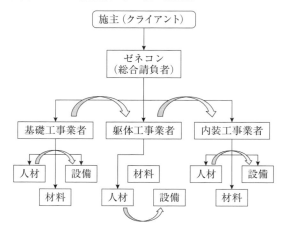

（3）建設産業の新たな事業展開（ワンストップサービスの視点）[8]

　建設企業は，一部企業を除きコア事業である建設事業に注力してきたが，建設投資が増加する可能性が低いこと，およびワンストップサービスが今後顧客から望まれてくるであろうことから，新たな事業分野を開拓していくべきである。

　企画・立案および維持管理に加え特に公共発注者が今後建設企業に期待するコンセッション等をワンストップで提供することで，高収益化の可能性がある。（図表18-23参照）

　但し，参入のためには，新たな経営資源を必要とする。事例検討の中でも，実践している企業はなかった。従って，建設事業のワンストップサービスの実現は，高度な技術や人材，多額の資金が必要となる場合が多いので，中堅・中小企業には限界がある。なお，ワンストップサービスの視点は，自社事業の強化のためには重要である。

（4）建設産業のバリューチェーンの視点[7]

　建設産業におけるバリューチェーンの特徴は，計画から撤去までの期間が長く，それぞれに専門業者が存在することである。

　バリューチェーンの展開は，川上（前工程），川下（後工程）それぞれへの参入により高収益化の可能性がある。（図表18-24参照）

図表18-23　建設事業のワンストップサービス[8]

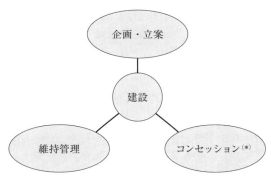

（＊）コンセッション（Concession）とは，民間事業者に付与される事業運営や開発にかかわる権利。事業権，運営権。（日本建設業団体連合会HPより）

図表18-24　建設産業のバリューチェーンの展開

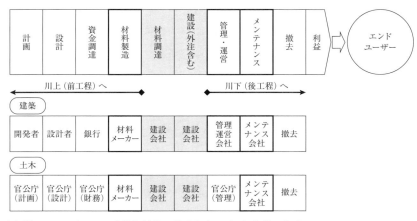

（出所）M. E. ポーター「競争優位の戦略」（1995）を参考に作成

　バリューチェーンの川上（前工程）への参入は，建設（施工）に加えて材料調達，材料製造を実施することとなる。これはワンストップサービスの視点でもある。

　事例企業の中でも，施工と材料調達，材料製造を一体で行い，システムとして提供している事例は，アンカー製造のＦ社，防食・補修のＨ社とＬ社など

いずれも高収益企業で見られた。

施工と材料調達，材料製造の一体化は，品質保証上の観点からも有効である。例えば，塗装工事の場合，塗装会社が塗料をメーカーから材料調達して施工することが一般的である。何らかの不具合が生じた場合，その原因が材料にあるのか，施工にあるのかが不明確になり易く，解決のために時間が掛かる。一方，アンカー製造と施工，防食・補修の材料製造と施工を一体化している場合，品質保証上の責任は明確であり，不具合の解決に要する時間が短い上に，製品の改善にもつながりやすい。

一方の川下（後工程）への参入は，管理や運営，メンテナンスへの参入は比較的容易である。事例企業の中では，塗装3社がいずれもリニューアル工事や大規模修繕工事へ参入，アンカー製造のF社や防食・補修2社のメンテナンス工事への参入などの事例がみられた。また，塗装3社のように自社製品のメンテンスも積極的に実施している場合が多い。

従って，自社はバリューチェーンのどの位置で事業を行い，収益を稼ぐかを見極め，自社にとって付加価値の高い領域は自社で徹底的に磨き上げてプロフェッショナル化する。一方，付加価値の小さな領域はできる限りそれを専門とする他社（供給者/協力会社）に任せることで，お互いの付加価値を高める可能性が高い。

建設業は，受注産業であり請負業である特徴を踏まえて，顧客に何を提供すべきかを検討すべきである。

（5）次世代建設産業モデルの検討[9]

建設事業（自社事業）の深耕は，いずれの事例企業においても実行されており，必要不可欠である。従って，自社の強み（技術）を徹底的に磨き，他社の追随を許さないレベルまで引き上げることが望ましい。

周辺事業への拡大は，同一顧客に周辺技術を提供する場合と，周辺顧客に同一技術を提供する場合のいずれかは実行されている。

（6）自社ポジショニングの再考[10]

現場力の弱体化している発注者，設計者，施工者の代行は，事例企業においては，自社の仕様を提案すること以外で実行されていることは少ない。

専門工事業者や材料メーカーによる技術・能力の提供は，いずれの事例企業

においても実行されており，必要不可欠である．

（7）競争激化による強み分野への事業特化し，特定分野でオンリーワン企業となる[10]

特定地域＆分野への集約は，特に得意分野への集中は，いずれの事例企業においても実行されており，必要不可欠である．

強み分野を軸とした事業拡大は，いずれも事例企業においても実行されており，必要不可欠である．従って，強み分野を軸とした事業拡大，特定分野あるいは地域への集約は，高収益化への重要なアプローチである．

（8）成熟社会における建設産業の役割に対応[10]

開発・整備から形成・維持への対応は，事例企業の多くで実行されている．従って，2013年をメンテナンス元年とした社会資本の維持管理の時代に，必要不可欠となる．

（9）地域や顧客の期待に応える新たなやり方を提案[10]

プロダクトアウト型（こう出来ます，頑張っています）からマーケットイン型（市場の求める価値を提供する視点）へ転換は，必要不可欠な視点の転換である．

事例企業の特徴は，市場・製品領域を絞り込み，ニッチな分野で圧倒的な優位性を築いているニッチトップ型企業である．

5-2　建設産業の特徴を考慮した高収益化アプローチ

次に，2-2に示した建設産業の特徴は，受注を前提とした個別生産，多部品擦り合わせ生産，屋外現場生産である．これらは製品（モノ）の視点から見た特徴である．しかしながら，建設産業の提供価値は，製品（モノ）＋サービスで構成されている．製品（モノ）とサービスのそれぞれの視点から導き出した高収益化アプローチは多くの建設関連企業にとって有効である．

（1）建設産業の提供価値／製品（モノ）の視点

建設産業の技術は，受注生産（受注のタイミング），個別生産（仕事の流し方），多品種少量生産（製品の種類と生産量）で，それぞれ特徴を有する．

図表18-25　建設産業の製品（モノ）の視点から見た特徴

項　目	生産の特徴
受注生産（JIS定義）	顧客が定めた仕様の製品を生産者が生産する形態。
個別生産（JIS定義）	個々の注文に応じて，その都度1回限りの生産を行う形態。
多品種少量生産（JIS定義）	多くの種類の製品を少量ずつ生産する形態。

項　目	生産の特徴
工程	製品毎に異なる。
レイアウト	ジョブショップ型（機能別配置）
使用設備	汎用設備が主
段取り頻度	多い
生産量	少ない
生産量の変動	大きい
生産品種	多い
生産の柔軟性	高い
リードタイム	長い
設計変更	すぐに対応できる
作業者に求められる能力	熟練技能
購買方式	都度購買
製品在庫	保有しない
管理の重点	納期の維持，確保

　従って，これらの特徴を考慮した改善が，QCDの追求に繋がり，高収益化のアプローチとなる。（図表18-25参照）
　具体的には，①個別生産，②多部品擦り合わせ生産，③屋外現場生産のそれぞれについて，高収益化のアプローチがある。（図表18-26参照）
　　・一品生産……大量生産できないか？　部品を共通化できないか？
　　・多品種擦り合わせ生産……部品を少なくできないか？　モジュール化できないか？
　　・屋外生産……屋内生産をできないか？　工場生産をできないか？
　しかしながら，これらは現場での改善，QCDの追求には限界があり，収益

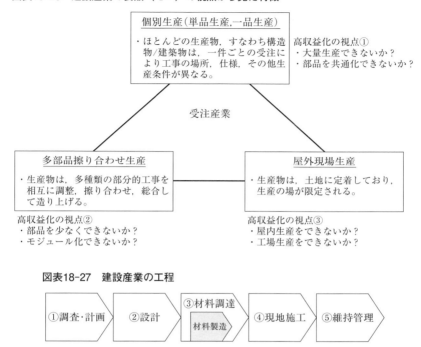

の改善にはなるが、高収益化には至らない。やはり、建設業は、受注産業であり請負業である特徴を踏まえて、顧客にどのような価値を提供すべきかを検討すべきである。これが受注に繋がり、顧客（市場）の創造にも繋がる。そして、顧客（市場）を創造しなければ、高収益は望めない。

（2）建設産業の提供価値は製品（モノ）＋サービスで構成

建設産業は、調査・計画、設計、材料調達、現地施工、維持管理という工程を通じて、構造物という製品（モノ）を提供している。（図表18-27参照）

しかし、顧客に提供しているのは、材料から作り出した製品（モノ）、これらを組み合わせたシステム、さらにサービスを加えたトータル・システムである。（図表18-28参照）

一般的に商品は、①モノ（有形財）と②サービス（無形財）が組み合わさっ

図表18-28 建設産業の提供価値

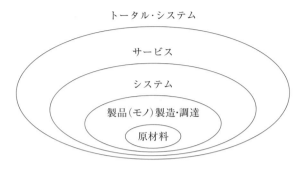

図表18-29 建設産業における提供価値の構成要素[15]

	提供価値（商品）	建設産業へ応用	高収益化への視点／アプローチ
①	モノ（有形財）	構造物そのもの，構造物に付加する機能	構造物に関する提供価値，QCD向上 機能に関する提供価値，QCD向上
②	サービス（無形財）	構造物や付加機能に関連するサービス	顧客は完成するまでモノを確認できないので，極めて重要性は高い
	・狭義のサービス	人の行為やプロセスで提供される ・QCDマネジメントサービス ・計画・設計…保守に至る建設を除く部分	・プロフェッショナルサービスを提供する
	・情報	文字通りの情報 ・構造物や機能に関する権利…パンフ，実績 ・サービスに関する情報…技術，技能，資格	・適切な（必要とする）情報を提供する ・情報を適時（タイムリー）に提供する
	・有形財利用権	有形財を利用する権利 ・特許製品や特許工法の使用権…独自性	・有形財の価値を高める
	・情報利用権	情報を利用する権利 ・計画情報，設計情報，技術情報，実績情報	・情報を利用して受注に結び付ける ・情報を利用してQCD改善に結び付ける

（出所）安藤和代，顧客価値の創造－マーケティングを考える，日刊工業新聞 2014年11月を基に作製

た分子構造をしている。商品を構成するサービスは，さらに①狭義のサービス，②情報，③有形財利用権，④情報利用権の4つに分解でき，それぞれに高収益化のアプローチがある。（図表18-29参照）

サービスを高め，広い意味でのプロフェッショナル・サービスを提供する。建設産業における提供価値（商品）も，製品とサービスの組み合わせである。それらを如何に提供するかを差別化することによって，顧客への提供価値を高め，受注に繋げ，高収益化に結び付る。

（3）サービスの視点

建設業によって造り出されるのは建築物／構造物と言われるモノ。しかし施主／発注者は，出来上がるまでモノを見ることは出来ない。モノが出来上がるまでのサービス，特に受注するまでのサービスが最も重要である。（図表18-30参照）

図表18-30　建設産業におけるサービスの特性

	サービスの特性	建設業の特徴	高収益化への視点
①	無形性	モノが出来上がるまでは無形，出来上がれば有形	出来上がるまでのサービスで受注が決まる
②	生産と消費の同時性	サービスの生産と消費は同時性があるが，モノは生産した後，極めて長期の消費期間がある。	メンテで稼ぐ
③	生産への消費者の参加	計画，設計の段階までは極めて大きな関与がある	ここでのサービスで顧客満足が左右する
④	需要と供給の調整が難しい	特にヒト（監督，職人）の需給調整は難しい	優れた監督は，優れた経営者と同じ資質を持つ
⑤	一過性	メンテで稼ぐという視点からすると，一過性を継続性に変えようとしている	継続的サービスはリピートと紹介をもたらす
⑥	規格化・標準化が困難	サービスの規格化・標準化は難しいが，モノの規格化・標準化は進められている	著しい規格化・標準化は，顧客の不満をもたらす
⑦	所有者が移転しない	サービスの所有者は移転しないが，モノの所有者は移転する	所有者を移転しない方法も検討されている。PFI, PPP

従って，サービスに重点を移すためには，現場施工型から，現場サービス型への転換が必要である。つまり，現場で施工（建設）により製品を完成させるだけではなく，各種サービスも提供できるようにすることで，受注あるいは高収益化に直結する。

特に，受注産業である建設産業において，経営環境が厳しい状況の中で，サービスの重要性が増している。

5-3　事例企業に学ぶ高収益化アプローチ

さらに，4　事例検討の4-1～4-4に示した高収益な事例企業の特徴は，市場・製品領域を絞り込み，ニッチな分野で圧倒的な優位性を築いているニッチトップ型企業である。事例企業の特徴は以下のとおり。

（1）塗装工事3社

塗装工事3社は先述のとおり，自社の立ち位置（ポジショニング）の再考し，専門工事業者として技術・能力を提供している。具体的には，優秀な人材による技術提案，高い施工能力による高品質，低コスト，安全施工の実施，これらにより豊富な実績を築き，塗替需要を提案することで，顧客の囲い込みを実現している。

今後，塗装を工事としてではなくシステムとして捉え，塗料メーカーや塗装用資材メーカーとの連携を深め技術を深化させることで，プロフェッショナル顧客向けにより高度で独自の技術提案を可能となる。これが，顧客の信頼に繋がり，受注に結び付き，高収益化を図ることができる。

（2）塗装用資材製造2社

塗装用資材製造2社は先述のとおり，強み分野へ事業特化し，特定地域＆分野への集約による効率化の推進と技術力アップ，強み分野を軸とした事業拡大，特定分野でオンリーワン企業になっている。特定分野の材料・用具の製造から事業を拡大し，トータル・システムを提供できる体制を整えている。

今後，サービスを強化することで，顧客への提供価値をより高めていくことで，高収益化を図ることができる。

(3) アンカー製造2社

アンカー製造2社は先述のとおり,プロダクトアウト型(こう出来ます,頑張っています)からマーケットイン型(市場の求める価値を提供する視点)へ転換し,顧客が求める価値を新商品開発によって真摯に提供し続けている。但し,今後,製品がコモディティ化しつつあるため,購買決定要因はコストとサービスである。サービスとしては,現場への直接デリバリーや技術指導が求められる。

今後,施主やより上位に位置する発注者のニーズを把握し,共同あるいは単独で工法(システム)を開発することで高度な独自製品を生み出していくことで,さらなる高収益化を図ることができる。

(4) 防食・補修2社

防食・補修2社は先述のとおり,成熟社会における建設産業の役割に対応し,いち早く維持管理分野への集約による効率化の推進と技術力アップ,強み分野を軸とした事業拡大,特定分野でオンリーワン企業へ発展してきた。

今後,アンカー製造2社と同様,施主やより上位に位置する発注者のニーズを把握し,共同あるいは単独で工法(システム)を開発することで高度な独自製品を生み出していくことで,高収益化を図ることができる。

5-4 グローバル・ニッチ・トップ(GNT)型企業に学ぶ高収益化アプローチ

最後に,4-5に示したGNT型企業を事例として,製造業企業を中心とするグローバル・ニッチ・トップ(GNT)型企業に学び,まずは建設関連産業におけるニッチ・トップ(NT)型企業を目指す。

(1) GNT型企業とは[16]

ドイツの経営学者であるハーマン・サイモンは,「隠れたチャンピオン企業」(Hidden Champions)という概念を提起した。

① 隠れたチャンピオン企業の定義
- 世界市場において業種上位3位以内,その企業が位置している大陸のトップ
- 売上高40億ドル以下

・社会の注目度が低い（一般的にはほとんど無名な企業が多い）
② 企業数
　・この種の企業は，世界中に2,734社あり，ドイツが1,307社，米国が366社，日本が220社とされている。
③ 特徴
　・顧客／用途・製品の集中と深化で世界位置を目指す
　・狭い顧客と用途・製品で国際化
　・顧客／用途と技術の両面からのイノベーション
　・世界の顧客／用途の熟知による競争優位性
　・創業者ファミリーによる強いリーダーシップ
　・海外販売の割合が高い

（2）強さの源泉[16]
　GNT型企業の強さの源泉は，世界市場が前提で，領域を限定し，No.1商品の提供することである。
　・世界市場×領域の限定×No.1商品の提供
　・No.1になりえる市場・製品領域を絞り込む：顧客価値の設定，全社員の目標共有
　・ハードとサービスを組み合わせる：質の高いサービスと開発への反映，ソフトウェアの組み込みなど
　・外部リソースの活用：顧客の課題解決優先，社外技術も活用

（3）実現するための視点
　では，GNT型企業に学び，実現するために何をすべきか。
　GNT型企業の事例検討を基に，高収益化の方法を示す。
　そこでまずはLNT（ローカル・ニッチ・トップ）型あるいはDNT（ドメスチック・ニッチ・トップ）型企業を目指す。そのための視点は，以下のとおりである。
　・ニッチ分野への特化，顧客の選択と集中，独自技術の深化。
　・建設産業の顧客に対する提供価値は製品＋サービス。
　・顧客の課題解決を優先し，外部資源やITを積極的に活用。
　建設産業の特徴を考慮して，まずは，国内市場または地域市場で，領域を限

定し，No.1商品を提供するNT（ニッチ・トップ）型企業を目指す。国内市場を対象とするのであればDNT（ドメスティック・ニッチ・トップ）型企業，地域市場を対象を対象とするのであればLNT（ローカル・ニッチ・トップ）型企業となる。

（4）高収益化を実現するためのアプローチ

具体的にLNT型あるいはDNT型企業を目指し，高収益化を実現するためのアプローチを以下に示す。

① ニッチ分野への特化し，顧客も必要に応じて選択と集中，独自技術を深化させる
・圧倒的なシェアと品質を目指す。
・商品やサービスに一極集中できるので，独自技術を他社よりも深化させることができる。
・その結果，従来のBtoB型（下請型）事業から，BtoP（プロフェッショナル向け）への転換でき，高収益化が期待できる。

② 建設産業の顧客に対する提供価値は製品＋サービスである
・製品の視点から高収益化を考える。
・サービスの視点から高収益化を考える。
・現場施工型事業から，現場サービス型への変革が必要である。

③ 外部リソースやITを活用する
・「外部リソース」に関する取組は，コアとなる技術は徹底して自社開発，その他の周辺技術は必要に応じて社外の技術を活用する。
・「ITの活用」に関する取組みは，社内コスト削減・効率性向上，社内付加価値向上・ノウハウ蓄積，顧客価値向上につながる。

6 結論と今後の課題

建設市場が縮小し，建設産業が閉塞状態にある中で，自社のドメインを「現場施工事業」から「現場サービス事業」へと再定義し，顧客への提供価値を高め続けることで，プロフェッショナル向けNT型企業として，高収益化を図る。

従来の自社のドメインは，それぞれが営んでいる事業であるが，建築物／構

造物を造ることをコアとする「現場施工業」である。自社の技術を追求し，高い技術力を持つことは高収益化のためには最低限必要な条件である。ここでは，品質の良いものを，短い工期で，安く造るというQCD視点で収益の改善を図ることとなるが，現場での改善には限界がある。

そこで今後は，自社のドメインを「現場サービス事業」と再定義することで，新たな可能性を見出す。現場サービス事業は，従来の建築物／構造物を造る事業に加えて，現場で建設資材製造業や関連業を含めた高度なサービスをプロフェッショナル向けに提供する事業と定義する。これにより，顧客への提供価値をモノからシステムへ，さらにはサービスを含むトータル・システムへと発展させることができる。

次に，5Fと3Cの視点で高収益化の可能性をまとめる。（図表18-31参照）

自社の高収益化は，高い提供価値を生み出すことにより実現する。顧客にとっての提供価値は，製品（建築物／構造物）＋サービスである。そこでは，現場に合わせた各種提案を通じて顧客の信頼を得，適正価格で受注できる可能性が高まる。さらに地道な活動を通じて，ニーズ発掘，共同開発，技術登録・特許出願に至る新技術開発の可能性がある。加えてサービス・マーケティングやブランド・マーケティングなど適切なマーケティングを用いることで顧客創造につながる。このような一連の活動を通じて，顧客の信頼を得て，顧客拡大

図表18-31　建設関連産業における高収益化の可能性

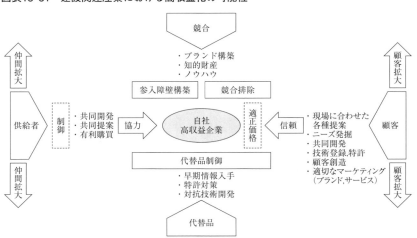

につなげる。

　同様に，供給者は仲間を拡大する。例えば，先述した塗装工事会社が塗料メーカーや塗装資材メーカーと共同で独自工法を開発したり，技術提案したりすることが考えられる。

　一方，競合や代替品は制御する。これらの方法は，既に提案されているが，最も有効な方法は，ブランド構築や知的財産，ノウハウの蓄積による参入障壁の構築である。

　これらの議論を踏まえて，高収益化は，それぞれの会社が持つ「強み」（コアコンピタンス）を最大限に活かして必要条件とし，５Ｆの視点で顧客，供給者，競合，代替品を意識しつつ自社のポジショニングを維持し続けることが十分条件とすることで実現できる可能性が高まる。

　最後に，今後の課題は，事例企業を増やし，実践企業を作り，今回の議論を検証することで，高収益化の可能性を体系化することである。さらに，高収益化を継続させるために必要なことを議論し，整理する必要がある。

7　おわりに

　修了後の継続的な研鑽の場が，自身あるいは自社にとって，技術経営に関する新たな知見を得る機会となる。

　日本工業大学専門職大学院技術経営研究科には，修了生のための修了生優待聴講制度とMOT倶楽部が用意されている。修了生優待聴講制度は，修了生が継続的に学ぶために，在学時には１年制の制約から受講できなかった科目，もしくは，修了後に新設された科目に限り，期間，科目数の一定条件のもとで聴講（無償）することを可能とする制度である。MOT倶楽部は，修了生が継続的に新しい知識，考え方を学習，研究するために，教職員と修了生によって組織されているものである。

　これら以外に，業種や業界ごとのより専門的な研鑽の場として，各種分科会が有志によって活動している。その一つが，本報をまとめる中心となった現場サービス高収益化分科会である。

　社会人にとって，専門職大学院で学んだことを特定課題研究（Plan）にまとめ，これを実践（Do）し，その後，修了生が集う場で評価（See）することは有効かつ重要である。何故なら，多くの修了生が，専門職大学院で研究し，組

織に戻って実践して評価されるが，外部からの客観的な評価がなされることは少ないからである．つまり，技術経営視点でのPDSサイクルが止まってしまうことが課題の一つである．そこで，業種や業界ごとに技術経営を学んだ有志が集まり，特定課題研究のその後を評価・検証することで，技術経営に関する計画・実践・評価のPDSサイクルが完成し，より実践的な経営計画へとスパイラル・アップが可能となる．

本報が，本分科会への参加者の個別企業へフィードバックされ経営の一助となること，ならびに修了生が集う場で評価することが有効かつ重要であるという仮説を証明する一助となることを期待する．

最後に，本分科会の活動を温かく援助して頂いた日本工業大学専門職大学院技術経営研究科の研究科長をはじめとする教員の皆様，ならびに事務職員の皆様に深く感謝いたします．

吉田倫夫，吉岡慎雄，藤井保也，
小田倉久視，小原孝文，三浦幸信，
清水弘

参考文献

1) 国土交通省総合政策局建設経済統計調査室，平成26年度建設投資見通し，H26.6。
2) 国土交通省土地・建設産業局建設業課，建設業許可業者数調査の結果について，H2（4）。
3) 一般財団法人建設経済研究所，建設業就業者数の将来推計，201（3）0。
4) 帝国データバンク，全国企業の財務分析（2012年度），2013.12.9。
5) 国土交通省建設産業戦略会議，建設産業の再生と発展のための方策2011,201（2）3。
6) 国土交通省建設産業戦略会議，建設産業の再生と発展のための方策2012,201（1）0。
7) 榊原渉（株式会社野村総合研究所），建設産業の課題と可能性,2013.3。
8) 河田浩樹（一般財団法人建設経済研究所），加藤祥彦（一般財団法人建設経済研究所），建設企業の新たな事業展開，2013.3。
9) 五十嵐健（早稲田大学理工学研究所），次世代建設産業モデルを考える，201（5）。
10) 五十嵐健（早稲田大学理工学術院総合研究所），建設産業の新たな発展に向けて，201（1）8。
11) 事例企業・HP（ホームページ）。

12) 事例企業・経営事項審査結果（建設業情報管理センター）．
13) 経済産業省，グローバルニッチトップ企業100選，201（1）7．
14) 日刊工業新聞2014年12月9日号．
15) 安藤和代，顧客価値の創造—マーケティングを考える，日刊工業新聞2014年11月．
16) 株式会社三菱総合研究所，グローバルニッチトップ型中堅企業の成功に学ぶ，MRIマンスリーレビュー2014年9月号．

第Ⅷ部

中小企業者による自社と外部環境の把握

■中小企業者による自社と外部環境の把握■

社会人──とりわけ中小企業経営者への経済学教育

第19章

■ 1 はじめに

　日本における技術経営（MOT）教育のカリキュラムについては，平成20,21年度の文部科学省「専門職大学院等における高度専門職業人養成教育推進プログラム」の一環として作成されたMOT教育コア・カリキュラム開発委員会『MOT教育コア・カリキュラム』（平成22年3月，以下，本稿では『コア・カリキュラム』と略称する。）がある（その原文については，http://core.mot.ya-maguchi-u.ac.jp/（2014年10月9日アクセス）を参照。）。

　この教育コア・カリキュラム開発委員会は，産業界の有識者と技術経営系専門職大学院協議会を構成する各大学院から，1名ずつの教員をもって委員とした。日本工業大学（以下，本稿では「本学」と略称する。）からは宇野永紘教授が名を連ねている。

　『コア・カリキュラム』においては，経済学についても言及がある。すなわち，基礎知識に分類される科目として「ビジネスエコノミクス」と定義される分野がそれである。その中項目には，「消費者の行動」「企業の行動」「市場メカニズム」「統計」が挙げられている。

　「統計」以外の中項目が意味するところは，近代経済学と伝統的に呼ばれてきた経済学の中での「ミクロ経済学」と呼ばれる領域の，コアとなる部分（一般均衡理論と呼ばれる部分）である。

　すなわち，「市場に何らかの病理が生じていない限りにおいては，消費者が所得の制約の中で，自分の効用を最大化を図り，他方，企業が技術の制約中で利潤最大化を図ることによって，社会全体が，無駄がなく最適な状況になると

いうこと」について,「院生は,このことについて得心して,他人にもその理屈が説明できるようになりなさい。」と『コア・カリキュラム』は求めているのである。

逆に言えば,なぜ『コア・カリキュラム』では,MOT院生たるや,一般均衡理論だけは履修すべきだ,と主張するのであろうか。

それはMOTの院生の属性によって変わると私は考えるが,本学の院生の属性（後述）を考慮すると,経営者に合理的な思惟を求めていると,私は判断する。

本学MOTにおいては,この『コア・カリキュラム』が制定される以前から「統計」は経済学では別の科目として開講されていた。『コア・カリキュラム』の制定は,本学MOTにおいて経済学を講義する必要を生じさせた。それで筆者は統計を除く『ビジネス・エコノミクス』（本学での開講科目の名称は,当初『ミクロ経済学基礎』,現行では『経済学基礎』）を担当することが,本学より求められ,現在に至っている。

もっとも,私に出講を打診された宇野永紘教授は,『コア・カリキュラム』の存在もさることながら,経営者はすべからく教養を持つべきだというお考えをお持ちであった。

この点は,私も大いに賛成した。それは,経営者は,純然たる私企業だけの存在ではなく,公的な存在であることは確かである。その発言の如何によっては,経営者の所属する企業の品格までが疑われかねないのが,日本社会の現実だからである。

宇野教授は,本学における「一般教養課程」的な科目が,一つくらいは存在した方がよろしいというお考えがあり,それは『経済学基礎』に,とお考えであった。

経済学にしろ経営学（及び会計学）にしろ,そのいずれもが社会科学に分類される。経営学や会計学は,企業という社会を認識する科学という建前を持つ。会計学も本来的には利益というものをどう認識すれば,社会全体にとって公正で妥当なものといえるのか,という問題を解決する学問である。とはいえ,経営学・会計学の考察の対象であるところの企業の直接的な目的は,利益の獲得である。したがって,企業人の院生にとってはその履修それ自体に疑問を感じることはなかろうし,担当の教員も,なぜ,学ばねばならないのか,ということを院生に説明を求められるということもあまりないだろうと推測す

る。

　ひるがえって経済学は，どうか。企業も企業家（資本家）も経済学の登場人物であることは確かであるが，経済学は社会科学である。すなわち，社会認識のための科学である。社会を認識するということは，現実社会をより良い方向へ改善に着手するための第一歩である。社会を構成する主体は，営利企業だけではない。営利企業を取り巻くステークホールダーも当然，社会を構成している主体である。

　日本国内では「実学」という言葉がある。昨今，ややもすると，民間企業の（それも目先に）利潤追求に役に立つのか，立たないのか，という次元に矮小化されて理解されているきらいがある。しかし，「実学」という言葉が，「虚学」すなわち，個人の趣味の領域にしか，その効用が帰属しない学問との対比においてのみ意味を持つ言葉であることを，私は改めて確認したく思う（福沢諭吉の説例。福沢諭吉『学問のすゝめ』岩波書店，1942年，19-20頁（二編端書））。

　いずれにしても，本学 MOT のカリキュラムにおいて一般教養科目として経済学を選ぶということは，経済学の目的と院生の属性を考えると，適切なことであろう。

2　日本における経済学とその教育

　日本では，昭和の末の頃まではマルクス経済学と近代経済学が並行して講義される大学経済学部が多く，大阪大学を除く少なからぬ有力大学の経済学部においては，その双方の履修を学生に義務付けたものである。しかし，最近では，マルクス経済学を開講する大学は多くないだろう。（マルクス経済学については，実務家こそ学ぶべきという考えを，私は持つが，このことは後述する。）

　近代経済学については，少なくとも学部段階では，ミクロ経済学とマクロ経済学の双方をワンセットで履修するというのが普通である。そして，近代経済学については，戦後，（特に米国に影響を受けた社会では）「制度化」が進んだ。人文科学や他の社会科学とは，その履修スタイルが大きく変わった。それは自然科学に似て，標準的なテキストを使って履修するというスタイルになったということである（佐和隆光『経済学とは何だろうか』岩波書店，1982年，

特にⅡ。)。伝統的な文系の学問では古典から学ぶことが重要であるが、今日、経済学者で経済学の古典(邦訳も含めて)を読んだことがある者は、経済学説史を専攻するのでもない限り、まずいないのではないか。

ただ大学院の経済学研究科(すなわち経済学のアカデミアにおける研究者を養成する課程)で履修する経済学においては、伝統的に日本で講義されてきたマクロ経済学は、今日、まず講義がなされることはない。

これは、昭和44年のいわゆる大学紛争の後、東京大学をはじめとする有力な大学において理論経済学を専攻する院生は、米国に留学して米国において博士号を取得するということが一般化し(根岸隆『一般均衡論から経済学史』ミネルヴァ書房、2011年、50頁。)、日本の理論経済学の研究者の世界に米国での学問の盛衰がストレートに持ち込まれるようになったことを反映している。米国のアカデミアでは伝統的なケインズ経済学に対して、(乱暴な言い方をすれば)否定的になってしまったからである(この辺りの事情については、根井雅弘編著『わかる現代経済学』朝日新聞社、2007年)。

しかしながら、アカデミアでの事情はどうであれ、官庁エコノミスト(＝内閣府・日本銀行調査統計局のエコノミスト)・民間エコノミストの間には、共通して共有される伝統的なマクロ経済学の体系があり、その体系にそった経済統計が整備され、経済指標として公開されている。民間・官庁を問わずエコノミストは、そのような経済統計の数字に基づいて景気判断を行う(政府・日本銀行はそれに応じて経済政策(財政政策・金融政策)を発動する。)。経済指標をとりまとめる官庁・中央銀行、あるいは政府系金融機関は、その指標とりまとめの過程において、民間企業の関係者に入念にヒアリングを行い、いわゆる現場の肌感覚と数字との間に摺合せを行っていることは、案外、知られてない。

民間企業の経営者(あるいは経営者を補佐する経営企画部門ないし調査部門の従業員)は、自社の経営指標にあわせて、各国の経済指標を常に注視している。民間企業の経済指標を分析する立場にいるもの(「調査畑の人々」と呼ぶことがある。)は、様々な機会に一堂に会し、相互に意見や情報を交換している。

いずれにしても、官庁・民間エコノミストが共有するマクロ経済学の体系－すなわち、伝統的なケインズ経済学に基づく、マクロ経済学に通暁する必要性が、経営者には十分あるといわねばならない。

実際のところ，アカデミアが伝統的なマクロ経済学を否定してしまったはずの米国でも，世界大恐慌以来と評価されたリーマン危機後の不況から脱却するために，結局のところ，伝統的なマクロ経済学に根拠づけられる景気浮揚策が大規模に実施された。
　経済学は，その時，その時の現実的な大きな問題を処方箋を与えるという，その時代の経済学者の使命感から生み出され，その時代以前に体系化された理論を超克することで発展を続けた。
　したがって，米国のアカデミアも，伝統的なマクロ経済学に回帰する可能性があると私は考える。加えて，実務家は自信を以て伝統的なマクロ経済学を学ぶべきと考える。
　ところで，私は先に，実務家こそマルクス経済学を学ぶ効用があると記した。
　マルクス経済学に対する大きな誤解として，社会主義経済（計画経済）の基礎理論，あるいは資本主義社会から社会主義経済社会への移行に対する基礎理論というようなものがある。そうではなくて，マルクス経済学の原理論なるものは，あくまでも資本主義社会を科学的に解明することを目的とする。とりわけ宇野弘蔵の方法論に基づくマルクス経済学は，社会主義への移行は，政治活動の実践であるとして，マルクス経済学から排除したものである。マルクス経済学は，「労働者・資本家・地主という階級相互の分配」，「企業間の競争」，「景気循環（マルクス経済学の用語で言えば，景気循環論と呼ばずに『恐慌論』と呼ぶ）」「貨幣・金融」「金融市場と実物市場の関係」といった論点について，原理論のレベルで明快な説明を用意する（伊藤誠『Textbook 資本主義経済の理論』岩波書店，1989年，侘美光彦「『大恐慌型』不況」講談社，1998年）。こういう分野についての近代経済学の説明は，実は，かなり歯切れが悪いのである。

3　社会人院生と経済学

　経営学ないし会計学の領域に属する専門職大学院に在籍する社会人院生は，経済学者になることを目標としているとは到底，考え難い。専門職大学院で得られた知見や問題解決の力を大学院修了後に活用することを志向していることは確かである。

他方，院生が求めていることに応じるだけでは大学院教育とはいえない。やはり院生が（入学以前までに築き上げてきた価値観や社会認識では）必要性を感じられない事項であっても，教員の立場からすれば，院生が専門職の学位を授与を求める以上，当然，取得を求めるべきものもある。

ただし，本学において経済学担当の教員に与えられた時間は，経済学基礎の100分×15時間に過ぎない。いってみれば，訪日外国人に3日間の観光パックツアーの中で，日本らしさを体感していただきながら，バランスよく日本を理解してもらう企画を考えるようなものである。「京都や鎌倉も大切であるが，秋葉原や東京ディズニーランド，トヨタの工場も同等に大切である。」というようなものである。

ミクロ経済学そのものは，経営学の一部の理論の基礎となっていることは確かであり，応用ミクロ経済学の一領域である「企業の経済学」であるとか「産業組織論」は，企業や産業の理解に有益であると自分も承知している。しかし，そのあたりの議論をするためには，ミクロ経済学の基礎理論のところを十分理解したうえで，更に，かなりの講義時間を必要とするものである。それでもミクロ経済学だけを講義すると割り切れば，与えられた時間内でなんとか体系付けて講義を完結することも，決して不可能ではない（例，淺羽茂『企業の経済学』日本経済新聞社，2008年）。

これは，本学では現実的なものではない。なぜなら，本学の院生の属性を考えた場合，経済学を教えるという選択肢を選んだ場合，そこで敢えてミクロ経済学だけを教えるというのは，適切ではないと私は考えたからである。

4　本学 MOT の院生の属性と本学における経済学基礎の講義体系

本学 MOT に在籍する院生は，総じていえば①中小企業の経営者であるか，②大企業の技術系従業員に大別され，どちらかといえば，前者の方がはるかに多い。この院生の属性に関する特色は，筆者が推測する限り，今後も保持されるであろうし，それは筆者が思うに，他大学にない本学 MOT の独特の個性と考えるべきであろう。

本学の院生の属性を前提とすると，本学の院生にミクロ経済学だけを教育して，経済学を履修させたとするようなことに，教育する実益があるとは，筆者には思えなかった。

経営者は従業員と異なる。従業員は，経営層にまで昇進するまでは，どれだけ高位の職位に任じられようとも経営者に雇われる立場であり，経営リスクを取るわけではない。労働法も従業員を保護している。

他方，経営者（オーナーであるか，やとわれ経営者であるかは問わない。）は，企業をして利潤を獲得せしめるべく（リスクをとって）事業投資を決定する。すなわち，経営者は将来を見通さなければならない。将来を見据えるという場合のタイムスパンは，設備投資の対象となる設備の耐用年数の長さが標準となる。すなわち，10年，20年といった未来を考えなければならない。

また経営者は景況を，（きちんとした根拠を踏まえて）見据えなければならない。

そのような院生の属性を勘案すると，本学の『経済学基礎』で是非とも，講じなければならない事項は，以下の通りと判断した。これらはいずれも他の本学 MOT の開講科目ではカバーされていない領域である。

①伝統的なマクロ経済学の理論体系ならびに経済政策（景気対策としての財政政策・金融政策）についての概説
②経済統計（経済指標）についての概説，およびその使い方についての説明
③一般的な近代経済学（特にミクロ経済学）の世界では，与件とされている事項（人口動態・技術・資源エネルギーといった各事項の長期趨勢）についての説明
④経済予測・将来予測に関する実際及び方法論についての解説

5　本学における経済学教育の試行錯誤

筆者は，着任1年目において当初，自分に与えられた狭義のミションに忠実にありたいと考えた。すなわち一般均衡理論と教養科目としての経済学ということを講義には必ず盛り込むということである。他方，ミッションには広義のものがあると考えた。これは，本学の院生にとって最高最善の経済学教育とは何か，ということを検討し，それを実行することである。繰り返しになるが，一般均衡理論と教養教育だけでは十分でないと判断したのである。

それゆえ，講義の総時間数に対して，ミクロ経済学を6割，マクロ経済学を3割，長期推計の話題を1割という形で講義時間を配分した。

また，学生の特性を考え，数学による論証を回避する，英語での説明を極力

回避するという制約を自分に果たし，院生にも誓約した。

　近代経済学，特にミクロ経済学の一般均衡理論の説明に，必ずしも数学（特に解析）を用いないというということは，現在では，かなり思い切ったことを試みると考える人もいるかもしれない。しかしながら，昭和の戦前においては，そうではなかった（例，中山伊知郎『純粋経済学』岩波書店，増補版，2008年本書の初版は，1933年）。なおかつ，私は，昭和27年に旧制の東京大学法学部を卒業したある財界人—戦時中に中等教育を受けていて外国語教育を受けておらず，経済学教育は受けていない人物－の業務秘書を約数年，経験したことがある。財界活動の必要性から同人に近代経済学を理解させることが求められ，この職務を果たした経験があった。

　そしてなるべく，具体的事例を紹介しながら講義を行うことも心がけた。例えば，価格調整を企業が小刻みに行うという事例は，実際にはあまり存在しないだろうが，吉野家が価格調整を実験したことがある（安部修仁・伊藤元重『吉野家の経済学』日本経済新聞社，2002年）といったような内容のお話を努めて収集し，講義で触れたのである。

　もうひとつ心がけたことは，経済理論の背景にある理論の提唱者の思想，あるいは理論が生み出された時の特定の社会の状況や時代の背景についても説明することである。

　いくつか例を挙げる。ケインズ経済学の出現（ケインズ『雇用・利子および貨幣の一般理論』1936年）には，1929年の世界恐慌に端を発する1930年代の英国の深刻な不況がひとつの契機になっていたこと，そして，同時代の大量の非自発的失業者の存在に対して，有効な処方箋を提供するということにその理論の意義があったことは，やはり経済学学習の動機づけになると私は信じる。

　また，貿易については，リカードの比較優位説の理解は必須である（後述）。しかし，このリカードの理論は，穀物法存廃を巡るリカードとマルサスの議論—これは農業保護（地主である英国貴族を擁護する）か，自由貿易（産業資本家＝工業を擁護するか）かといった今日的イシューにもつながる議論が，今から200年近い昔，実際に英国でなされたことを踏まえて築かれたことをすれば，ややもすれば，数値例の丹念な検算に終わりがちな比較優位説の論証を超えたものを院生は体得すると私は思う。

　穀物法の論争に敗れた形になったマルサスであるが，だからといってマルサスの論考を顧みないというのも浅はかであろうという推論が院生の脳裏に去来

すればしめたものである。院生の中には，理屈ではリカードの比較優位説に納得せざるを得ないという事実に直面しながらも，直感的には，釈然としないという思いを持つ者も出現するからである。実際のところ，リカードは長期的には，マルサスの理論の根本的なところ，すなわち，人口論をその理論に採用している。マルサスの人口論は，一言でいえば，土地の制約から人口成長，経済成長はブレーキがかかるということである。当時は，食糧生産のみならず，エネルギー源（薪炭），衣服（植物繊維），住居（森林），動力（畜力—牧草地）のいずれもが土地に依存をしていた。これは，土地を環境と置き換えれば，環境制約から経済成長がいずれ制約されると読み替えることができて，マルサスの視点は，今日的な装いにメタモルフォーゼして今によみがえるからである。

こういた学説から社会・社会思想への敷衍を試みたのは，私に，宇野永紘教授の教養科目としての経済学の講義というお考えを講義に盛り込むという意図があったからである。

教養というものは，本来的には人間が一生かけて学びながら紡いでいくものであり，座学で習うようなものではない，と私は理解している。ただし，経済学史に刻まれる経済学者が一生の問題として，社会や人間の営みに対して積み重ねた思惟については，その一端にすぎないにしても，院生が触れるということは，そのような知的営みの追体験ともいえると私は考えるから，宇野教授のお考えに沿うのではないか，と判断した。

このような講義の体系とした場合，既存のテキストを教科書として指定することには無理があると考えたので，講義資料は事前に作成して，配布した。

テキストのことについて付言すると，日本の大学経済学部では，多くの場合，米国で定評のあるテキストの邦訳を用いる。私はそれはふさわしくないと考えた。

経済学は，特定の経済社会の文脈との関連性が高い学問である。米国のテキストの邦訳は，理論の説明としてあげられる事例は，多くの話が米国で生活する人間なら自然に理解できそうなものであり，そういう事例が，日本社会で暮らす人々にふさわしいとは限らないからである。

そして何よりも，経済学は実証データによって常に検証されるべきであるが，そのような米国のテキストは，当然，米国の統計が採用されている。日本社会で経済学を学ぶテキストは，やはり日本のデータで検証をするものでないとよろしくない。

ただ，日本の経済学者の世界では，理論研究者（テキストを執筆する経済学者）と実証研究を行う研究者が必ずしも一致していない。理論経済学を専攻する経済学者が，日本のデータに通暁していない。例外的な事例として吉川洋・東京大学教授の『マクロ経済学と日本経済』東洋経済新報社，1992年などがあるが，これは古いし，初学者が読むテキストではない。ミクロ経済となると，日本の学者が書き下ろしたテキストは確かに多いが，統計で都度，理論を検証するというようなスタイルの本は見かけない。そして，ミクロ経済学者は，分野により得意不得意があるようで，何か一冊だけを選んで熟読しても，全体を理解することが難しいものである。要するに何冊かを適宜参照するようになるのである。これは院生に求めるのは酷ではないかと考えた。そういったことから，テキストは用いず，自分で講義資料は都度用意した。

5-1 ミクロ経済学

（1）一般均衡理論について

　一般均衡理論は，ある条件の下では，市場原理に委ねることが，最適であるということを論証する理屈である。その提唱はアダムスミスの『国富論』（1776年）に遡る。その直感的な証明には，「余剰分析」（アルフレッド・マーシャル『経済学原理』1890年）で視覚的に簡単に行える。

　しかし需要曲線と供給曲線の形状を所与としてしまうのなら，中学校の公民の域を越えられない。この二つの曲線を理論的に導出することこそ，重要である。消費者が家計の制約の下で，価格情報にだけ反応して（他の経済主体の行動如何にかかわらず）効用を最大化するという行動が需要曲線に具現する。企業は技術制約の下で，価格情報にだけ反応して（他の経済主体の行動如何にかかわらず）利潤を最大化するという行動が供給曲線に具現する。このことをグラフだけで直感的に説明するわけである（ヒックス『価値と資本』1939年）。

　厳密に言えば，需要曲線と供給曲線は二つの方程式といえ両曲線の交点（均衡価格）は，連立方程式の解である。一般均衡とは無数の財について同時に需給が均衡するという話であり（ワルラス『純粋経済学要論』1874年），そのような解が実数で非負で安定的に存在することが論証されないといけない（1954年のアローとドブリューによる証明）が，これは数学を講義から排除した以上，この講義では論証を省略せざるを得ない。

　前者の需要曲線はともかく，後者の供給曲線については技術前提の生産関数

（例えば，S字型生産関数）について，現代の日本の産業人である院生の得心を得ることは困難であった。すなわち，そのような生産関数を経済学が想定するのはいいとしても，そのような生産関数が想定される企業とは具体的にどんな産業なのか，という院生からすれば当然の，スタンダードな経済学教育をうけた講師としては，大変な難問を受け，自分は答えを窮したたのである。

この二つの曲線の導出に15コマ中，実に2コマを使わざるを得なかった。しかも，経済学の基礎の講義の早い段階で，なかなか得心を得られない話をするというのは，（経済学自体への興味を持たせるという目的からみて，ふさわしいのかどうか，）私には，3年苦悩したところであった。

また，市場均衡を達成する道筋は価格調整であり，数量調整ではない。この想定は，一次産品市場，金融市場，為替市場，船舶の船価，運賃，用船料に関係する産業人以外では，なかなか納得しがたいところである。

製造業の生産物で船舶以外については，企業は，基本的には価格を固定して，供給量を調整して需給調整をするからである。これはミクロ経済学では，当該商品が，なんらかの事情（品質やブランドなどでの差別化等）で市場に寡占構造が形成され，そのような市場で供給されているから，という説明になるのだが，そういう話は一般均衡理論をいったん理解したうえで，応用として講義される段取りなのだが，ミクロ経済学の話の始まりの時点で，院生が理論に違和感を持ってしまうということは否めない。

私は，価格調整で需給調整がされる部門と，数量調整で需給調整がなされる二部門モデルで説明する方法（森嶋通夫『無資源国の経済学－新しい経済学入門』岩波書店，1984年）もあると考える。ただ，通説から距離のあるモデルを提示することは，理論経済学者を志願する院生ならばともかく，本学の院生に対して行うのは，躊躇いがあったし，そもそも，本講義では数学を極力用いないという方針からすると，この森嶋モデルでの講義は無理である。

需要と供給の原理について院生に講じるといった場合，価格メカニズムに対する政府の介入が，所得分配を変化させ，かつ経済の効率を損なわせるものなのだということをしっかり理解させることの方が，均衡論を精緻に説明することよりも，合理的な思惟をなすことを訓練するという意味では，本学の教育としては有益だろうと，今では考える。

(2) いわゆる市場の失敗や厚生経済学について

　一般均衡理論が成立するには，一定の条件が必要であり，その条件が満たされない場合，病理的な事象が生じたり（情報の非対称性，外部性の発生），均衡点で，資源配分上の非効率が発生したりする（例えば，独占・寡占的市場）。だからこそ，政府は市場に介入し，一般均衡の世界へ引き戻し，資源配分上の効率性を引き上げる努力をする。

　近代経済学は，所得分配の問題については，歯切れが悪くマルクス経済学の方が明快であることは先述した。そこで，景気変動をマクロ経済で述べる際に，マルクス経済学では，どういう議論をするか，という補論を立てて，そこで所得分配の議論も委ねた。マルクス経済学は，労働者・資本家・地主の3階級モデルであるからである。

　院生の興味からすると，独占・寡占市場の領域については，掘り下げて産業組織論のあたりにまで入った方がよいような感触を得た。もっとも，限られた時間では，それはなかなか詮無いことである。

　おそらく，ミクロとマクロの中間，例えば「産業の経済学」のような話をした方が，院生の置かれている状況を鑑みれば，ふさわしいのではないか，という心証を形成した。

　産業の経済学ということを講義するにあたり，理論経済学の枠組みに限定するのであれば，アルフレッド・マーシャルの論考（例えば『産業貿易論』1919年）を回顧するというのも，一応は，思案した。しかし，これでは経済学説史の授業になりかねない。

　他方，原理論ではなくて，各論としての「産業の経済学」なるものは一般化しているとまでは言い難いものがある。とはいえ，院生の多くは製造業のセクターに属しているから，工業経済－例えば，渡辺幸男教授（慶應義塾大学経済学部）あたりの論考（『日本の機械工業の社会的分業構造』有斐閣，1997年あるいは渡辺幸男・小川正博『21世紀中小企業論』有斐閣，2006年）がふさわしいような心証がある。とはいうものの，限られた授業時間の中で，どう体系付けるかという問題は，私の中では解決していない。

(3) 新しいミクロ経済学について

　最近のミクロ経済学のテキストでは，他の経済主体がどう動くかを考えて，自分はどう行動するべきか，ということを考察する「ゲームの理論」について

かなりの紙幅を割いている。そして,「行動経済学」といた形で急速に発展している分野でもある。

　この分野については,営業部門の産業人には面白いのかもしれないが,生産,技術部門の産業人には児戯に見えるのか,自分が予想したほどには,院生の興味をひかなかった。実際のところ,経済学者になるのであれば,この分野は深めていかねばならないが,産業人が「ゲームの理論」を体得するには,限られた講義時間の中「経済学」の中の一部として座学で学ぶよりは,ケース・メソッドによる討論を重ね,その議論の総括の中で,理論を紹介するというような方法の方がより適切なのではないか,と私は考える。

（4）応用のミクロ経済学について

　応用のミクロ経済学といわれる分野は多岐にわたるが,国際貿易論における「リカードの比較優位説」だけは,どんなことがあっても院生に理解させないといけない,と私は考える。

　それは一つにはリカードの比較優位説は,経済学を理解するものと,そうでないものとを峻別する試金石ともいえる考え方であることとであるからである。今一つは,近年の日本を取り巻く経済の問題の中で,自由貿易協定（FTA）あるいは経済連携協定（EPA）の是非をめぐる議論がある中で,エコノミストを称する専門家であるにもかかわらず,経済合理的でない議論を展開することがあるからである。

　また,金融論については,マクロ経済で中央銀行による金融政策を議論する上で,多少は触れておかねばならない。

　しかし,金融論については,貨幣とは何か,銀行券（とりわけ中央銀行券,しかも不換紙幣）とは何か,という本質を踏まえて整理をすることが,現在の,世界の過剰流動性という問題を考える上で,必要ではないか,私はと判断する。それゆえ,近代経済学での金融論ではなく,マルクス経済学での金融構造論的な説明をすることにしている。

（5）小括

　後に述べるが,マクロ経済学の領域,および長期推計の領域については,院生は講義の量の増加を連年求めてきた。他方,ミクロ経済学の講義については,その意義についての理解を得ることはなかなか難しかったという現実があ

る。

　そこで，先述の（4）の貿易と金融は，マクロ経済学の該当のコマで学ぶように置き換えて対処した。

　（3）のゲームの理論あたりは，講義として扱うこと自体に躊躇いが生じる。（全く触れないわけにもいかないのであれば，適切な書籍—例えば，梶井厚志『戦略的思考の技術—ゲームの理論を実践する—』中央公論社，2002年—を紹介して，院生に自習を推奨するというのも一考であろう。）

　そうなってくると，ミクロ経済学を講義すると称して，一般均衡論だけをやることに純化していくが，それが果たして，どれだけの意味を持つのか，という疑問が生じる。そもそも『コア・カリキュラム』に記載があるから，講義する。記載がないから講義しないという問題ではないはずである。それで，担当科目の名称が経済学基礎に変更になった4年目に思い切って，ミクロ経済学を講義に盛り込むことは断念した。

5-2　マクロ経済学

（1）理論

　マクロ経済学については，先に述べたように産業界の実務家として修得するのであれば，「伝統的なケインズ経済学の理論」を理解することが望ましいと私は判断した。

　もちろん，経済学史の世界では，伝統的なケインズ経済学とは何か，という深い議論があることは私も承知している。この問題は，本学で講義すべき「伝統的なケインズ経済学」という問題として考えられなければならない。そこで，私は院生が（とりあえずは日本の）景気循環や，景気変動に対する政府・中央銀行の政策といったことについて理解を深めるという目的を設定した。

　今述べたような目的から鑑みると，小野善康大阪大学社会経済研究所教授の一連の著作が，理論については講義のベースとして，ふさわしいのではないか，と判断した。小野善康『景気と経済政策』岩波書店，1998年，『契機と国際金融』岩波書店，2000年，『不況のメカニズム—ケインズ「一般理論」から新たな「不況動学」へ』中央公論社，2007年といったものである。ただし，先にも述べたように，これらは，テキストとして指定はしていない。

（2）経済指標

　一般の大学経済学部では，マクロ経済指標については理論経済学ではなく，別途，『経済統計』などという名称で開講される科目で習うことが可能だが，必須科目ではない。

　しかし，実務家にとっては，この分野についての知識を持つことは有益である。マクロ経済指標というものは景況を判断する指標であり，人間の健康診断における検査数値（血糖値・血圧・中性脂肪など）に類推することができる。検査数値の悪化が将来の疾病を示唆するように経済指標の中には先行指数と呼ばれ，景気変動に先んじて変化する指標がある。あるいは景気変動と一致して変化する指標であるが（一致指数），その指標の予測値が存在するものがある。

　マクロ経済指標は日本経済新聞などのメディアが報じる。ただ，マクロ経済指標は，時系列で過去からの推移と共に現状を知るのでなければ，何かの判断には使えない。日本経済新聞の報道は，瞬間，瞬間のデータだけであり，その解説は，指標を取りまとめる機関のプレスリリースをそのまま記事にしているだけのことも少なくない。したがって，報道を鵜呑みにせず，第一次資料（その所在については説明する。）に遡ること，そして自分の頭で判断することを私は強く求めることにしている。言い換えれば，私は，メディア・リテラシーを持つことを経営者に求めるのである。

　こういった経済指標は実際に，入手可能な限り過去にさかのぼりグラフ化して，経済史としての説明を加味する。既に院生にとっては高度成長や石油危機は歴史の世界であり，現代経済ではない。余談ながら，私は読書の励行を院生に強く推奨しているが（後述），指定した図書の中で，毎年の院生からの評判が高いのが，吉川洋『高度成長―日本を変えた6000日』中央公論社，2012年である。

　高度成長の実現とは，歴史的には，工業化と都市化，あるいは伝統社会から近代社会への離陸といってもよいだろう。このような論点については，日本では過去に大きな蓄積がある。大塚久雄『近代欧州経済史序説』時潮社，1944年やマックス・ウェーバー『プロテスタンティズムの倫理と資本主義の精神』1904年の本のさわりの部分には触れることになる。（もっとも，民主主義社会として成熟しない社会の工業化は，近代化とはみなさず産業化と呼び，その脆弱性を指摘した大塚の議論は，中国本土の勃興をどう考えるか，という議論が院生から，そう遠くない時期に生じることを私は求めるところである。）

さて，経済成長とは国内総生産（GDP）伸びであるが，国内総生産そのもの及び国内総生産の構成要素（消費・投資・政府支出・輸出－輸入）については，実務家にはきちんとした理解があるとは限らない。その統計は，ほとんど目を通していないはずである。

国内総生産という指標の「産業人としての使い方」は「調査畑」の人以外は，おおよそ知らないものである。

後者については，例えば，GDPそのものや一人当たりGDPと相関が強い事項については，GDP成長率の予測値を得られれば，その事項についての成長予測が数字で把握できるといったような使い方である。具体的には，東海道新幹線の乗客数と日本のGDPは見事なまでに相関している。これは東海道新幹線の乗客の85％がビジネス客であり，景気が悪くなると出張旅費が削減されるということから説明できる。このような経験則は，統計で検証したものであれば，肌感覚で景況を判断するということにも応用できる。例えば，新幹線の指定券がとりやすい・とりずらいというようなことで，景況判断の材料の一つにできるということである。

こういった数字の相関関係も，過去からの時系列のグラフでその推移を院生に見せてみることが大切である。

（3）特筆事項

財政支出によって総需要を増やすといったケインズ政策については，毎年，院生が興味を持つ分野である。

産業人としては財政支出によって総需要が本当に増大するのか（乗数効果があるのか）その場合，具体的にどのように各産業に波及していくのか，ということに興味を持つ。そして，財政支出の乗数効果の考え方の延長として，あるできごとに起因された経済波及効果についても，興味を持つ。これは院生との対話で発見したことであり，当初2年ほどは講義のシラバスに入れなかったが3年目から授業に組み込んだ。

このような乗数効果・経済波及効果を考える道具に「産業連関表」がある。普通の大学の経済学部の授業では，産業連関表，産業連関分析について習うことはない。

しかし，産業連関表については，内閣府のみならず各都道府県の統計に関する部局が，比較的わかりやすい解説や簡易な表計算ソフトをそのウェブサイト

にアップロードしている。このようなソフトを講義において実際に扱って見せると院生は，更に面白がる。

5-3 長期推計

　官民・内外のマクロ経済指標の予測は，計量モデルで予測値を導くから，翌年・翌々年といった2年先までは精度が高いと（調査畑では）一般に考えられている。

　裏を返せば，それより長期の推計というのは，細かな経済指標の推計は難しくなる。計量モデルの前提である経済構造や産業構造が変化するからである。（仮に2年先以上の未来についての経済成長率などの数字が議論されていたとすれば，それはある種の参考値とか目標値の類に過ぎない。）

　しかしながら，企業は設備投資をするにあたり，最低でも，当該設備の耐用年数と同じだけの未来を見据えなければならない。そして，なるほどマクロ経済指標こそ2年先までのことしか，官民のエコノミストにおいて予測に注力されていないとしても，将来の経済社会についての予測がまったくなされていないわけではない。

　そもそも人口動態予測はかなり超長期でも，正確に予測できるとされており，各国について実際2100年までの予測が存在している（国連人口部，日本については国立社会保障・人口問題研究所）。そして経験則として，各国とも歴史的に一度だけ人口ボーナスが発生し，その発生している時期は，いわゆる高度成長が生じることもわかっているが，そのような人口ボーナスの発生から消滅までの時期を，国連の人口推計から試算することも可能である。これは企業の国際マーケティングにとって重要な指針になりえる。

　国連人口部の人口推計について付言すると，多くの場合，中位推計が採用されるが，その推計の前提を検証してみると，少なくとも，東アジアの人口推計については，中位推計でなくて，低位推計の方が望ましいのではないか，という議論も，講義では行う。これは，中位推計が含意するところは，東アジアでは，少子高齢化対策が奏功し，フランスのごとく，出生率が上昇に転じるということなので，それが今の東アジアの現状から判断して，どうなのか，という議論である。このことで，推計の前提から疑ってみるということも示す。

　人口ほど長期ではないにしても，世界のエネルギー（石油・天然ガス・石炭・原子力発電・再生可能エネルギー）需給についての推計も毎年，様々な機

関（国際エネルギー機関（IEA），米国連邦エネルギー庁情報室（EIA），日本エネルギー経済研究所）が行っている。

また主要な農産物の世界における長期的な需給については，米国連邦農務省（USDA）や世界農業機関（FAO），日本であれば農林水産省農林水産政策研究所が定期的に試算を行っている。

本学の院生の属性からすると，技術動向についての展望への関心が高いが，これも独立行政法人新エネルギー産業技術総合開発機構（NEDO）『技術戦略マップ』や様々な技術動向調査が参考になるはずである。

この長期推計の部分は，院生から例年評判の良い部分で，当初は1コマ程度で終えていたが，院生からの意見を反映し，3年目から2コマに増やすようにした。

なお，付言するとこの種の長期展望に関する刊行物は，英語のものが豊富であり，米国政府のウェブサイトに掲載されている資料の多くは無償で入手できる。英語を学ぶことの効用についても授業の中で指摘している。

6　経営者が大学院を修了するということについて

本学MOTは研究者養成の大学院ではない。そして，研究者になることを考えているわけではない院生を集め，教員団としても，実務家教員が少なくない（＝純粋な研究者である教員が少ない。）ということが本学の特色であるにしても，否，それだからこそ，大学院を修了するという形を以て＝学位を授与して，MOT免許皆伝としていることの意義を，私達，教員団はよくよく考えなければならないと，私は少なくとも考える。

研究者を志さないということは，研究手法を知らなくてよいということにはならない。自分が関心を持つ主題に関する過去の議論や経緯を踏まえないで，何かを発言するということは，それが研究でなく実務であったとしても，その説得力を欠くということは，なかなか，発言者本人には実感がわかないかもしれない。日本では，面と向かって批判をするという習慣はそうそうあるものではない。ただ，本人の評判は徐々に毀損され，気が付けばだれからも相手にされなくなるという形で，本人が挽回不能になってから，「本人が漸く気が付く」という，なかなか怖い社会であるのが日本である。

だから，自分の主題に対する先行研究を総攬するという作業 – 研究者として

基本の所作－は，大学院にて学ぶ以上，それが学位論文という形でなくても，欠かされてはならないし，図書館（大学図書館・公共図書館・国立国会図書館から）の利用の仕方－文献の探し方ということは研究職養成の大学院同様に，院生は自家薬籠のものにしないといけない。そして引用の作法などは身についてないといけない。

　大学院修士課程を修了することは，何か課題を与えられたら，専攻した学問を用いて，学問的に正しいアプローチで，自力で解決案を導く能力を有している（要するに専門的な職業能力を有している）ことが，大学から認められることである。それが修士号という専門職学位が授与されることの意味するところである。

　このことを企業経営者にあてはめると，こういうことである。企業の中の課題は，経営者自ら認識するのが望ましいが，部下なり，委嘱したコンサルタントなりが認識したものでも，実務上，差し支えはない。しかしながら，その処方箋の作成は，部下やコンサルタントに丸投げするのではなくて，経営者自身が，行えるようになっているということである。

　問題解決能力もさることながら，専門家であるということが公証されているということの意味を修了生は十分に噛み締めて欲しいというのが，教員団の一員としての私が強く望むところである。

　教員団が認証したのは院生のある時点での能力に過ぎない。専門家というものは，人生の一時期教育をうけた，というだけで，その能力を一生維持することができるなどということはない。

　したがって，継続的に学習するということは当然のことだと，私は確信して疑わない。すなわち，最低でも自分の専門と考えている分野の著書の新刊が刊行されたら，すべて目を通すというくらいでちょうど良い。逆に言えば，そういう力量が保持できない院生であっては困る。

　本学は，経営学系の大学院であるから，いわゆる文系の大学院である。伝統的な，研究職養成の文系の院生を想定すれば，院生たるもの，起きている間中，何かしら文献に目を通している位でちょうど良いというのが，私の世代では常識であった。

　そのような院生になるためには，学部の卒業論文あたりで，である程度，その片鱗を垣間見せる必要があるし，そのためには高等学校までに，基礎的な学科（文系でも理科・数学，理系でも社会・国語も学ぶという意味）については

きちんと履修しているということ，読書が生活の習慣になっていることが望ましい（奥井晶『教育の機会均等から生涯教育へ－大学通信教育の軌跡と模索』慶応通信，1991年）。

しかし，本学は研究者を志したことがおそらくはないはずの（＝読書が生活の習慣になっていない）実務家に，専門職たりえるという，なんらかの潜在力が存在すると，本学が推知したことをもって，入学を許している。

そうである以上，1年間の在学期間のうちに，院生をして読書の習慣を身に着けさせることも，私は必要と判断する。それで，私は，課題図書と称して，数多くの書物を読了すること（そして，その感想文の提出を要求している。）を院生に要求している。これはおそらく本学MOTの他の科目における課題図書とは異質の扱いになっているはずである。

本学のMOT教育において盲点になっているのが本節で述べた事項ではないかと，私は密かに恐れている。したがって，講座のガイダンス－授業の初回においては，必ず触れることにしている。幸い，「経済学基礎」は春学期の配当科目であり，入学してほどなくして開催されるこの授業の初回のガイダンスは，履修意思の有無にかかわらずほとんどの院生が参加することが常だからである。

最後に，学位の認定の件でひとつだけ述べておく。修士学位の授与が，修士論文ではなくて，特定課題研究のプレゼンテーション資料をもって学位授与がなされるということの違いについては，私は，学位認定ということだけをいえば，あまり本質的な差異ではないと考える。

「学位認定ということだけをいえば」とのべたのは，院生が将来，博士課程に進学したい等と考えたときには，特定課題研究の内容を論文にして，査読付きの学会誌に掲載するというようなことが，そして，そのためには適切な学会に入会するということが必要になるという含みがあるということである。

それはともかく，私が思うに，最終口頭試問においては，本学の場合も，研究職の大学院となんら変わらないし，変えるべきではないのである。審査の場におけるすべての質問に対して，院生が，基本的にはすべて，ディフェンスすることによって，自分が学位を授与されるにふさわしいことを，院生自ら疎明することが，当然のこととして求められていると，私は考える。

口頭試問は，公開の場であるべきというのは，ひとつには，大学における学位授与が，「誰がご覧になられても」なんらやましいものがなく適切であると

いうことを自ら示しているという意味があると私は考える。

　そして，今一つには，院生においては，学位を請求する院生たるもの，誰からでも挑戦を受けて立つという正々堂々たる態度で審査に臨むべきだという意味もあると考える。

　公開ということの意味は，大学の内外を問わず，院生に質問者として審査会場に来場するものを大学も院生も拒まないという意味である。(もっとも，本学MOTは実践的なビジネスプランの策定とその実施ということを特定課題研究の要件としているから，場合によっては企業機密が含まれた研究となるから，公開性が一部制限されることがあるが。)

　誰が来ても構わないということから，院生が家族や所属先の部下・同僚などを呼び寄せる場合があるのは確かである。ただし，それは，院生は，なかなか勇敢であると讃嘆せざるを得ない。私も含めて教員団は，傍聴者が仮に悲鳴を上げようとも，容赦なく院生の研究に質問を入れるのである。それを院生は承知しており，なおかつ，院生は，それをすべてディフェンスするという自信を以て，口頭試問に臨んでいることを意味するに他ならないからである。

合田浩之

■中小企業者による自社と外部環境の把握■

経営を見渡す

第20章

1　はじめに──経営を見渡すこと──

　経営者は，企業経営全般や個々の事業全体を見渡し，経営判断が必要な事項についての検討を行い，意思決定をする。意思決定に際しては，従業員，特に幹部職員の関与と結果の共有が必要であるため，企業経営や事業全体を見渡す能力の構築は，経営者のみならず幹部職員にも求められる。

　しかし，中堅・中小企業の幹部職員の場合，自らの役割を超えた領域について状況を把握し検討するという訓練がなされていないことが多い。中小企業においては，経営者ですら，自社の事業と直接的に関係のある事項だけでなく間接的には関連のある事項も含めての全体像（例えばビジネス・エコシステム）を見渡し，事業活動の見直しを図ろうとしないケースがある。そのため，何か問題が生じると，対処療法的な対策しか思い浮かばず，抜本的な改革の必要性，つまり企業そのものを変革しなければならないことを認識できないでいることがある。

　本章は，技術経営を学び，それを実際の経営に活かしていこうと考えている読者に，企業とそれを取り巻く環境の現状把握や将来予測を行う際の基本となる考え方や方法論を示すことにある。これは，技術経営を修得する上での基礎となるものであり，しっかり理解してもらいたいと考えている。ただ，考え方や方法論というものは実践を通してしか理解できない側面を持つ。特に，今回示そうとしている「経営を見渡すこと」は，見渡す主体により多様な見渡し方と見え方があり，自分でやってみないと本質的な理解ができない。よって，技術経営論の各分野を学び，自社や自社事業あるいは関心のある企業・事業にあ

てはめて考える訓練をつんだ後に読み直していただけると理解が進むものと考えている。

　この経営活動を検討するうえで基本的な基礎となる「経営を見渡すこと」について，本論文では主に中堅・中小企業を対象に考察し，企業経営や事業全体の見渡し方について示していこうと考えている。ただし，本論文は，「経営を見渡すこと」に係る基本的な考え方を明らかにしておくことを目的としており，理解の手助けとなる典型的な事例についての記述は行うが，多くの具体的実例に基づく実証や適用は別の機会に譲る。また，参考とした文献や研究成果との関係についても，時間的・量的制約に照らし別の機会に行うことにし，詳細な注釈や引用は避け，参考文献を一括して掲載するにとどめている。論文としては不十分な面があることをお許しいただきたい。

　最初に，対象とする中堅・中小企業の競争力が多くの場合どのように構成されているかについて検討し，「経営を見渡すこと」の必要性を確認する。その上で，経営の中で見渡す行為がどのように行われるかを詳しく考察し，経営に関する各種分析フレームを前提なしに使うことの危うさを示す。そして，最後に経営の見渡し方について整理し，本論文のまとめとする。

2　中小企業の競争力

2-1　とんがった経営資源のない多くの中小企業

　最初に，考察の対象としている中堅・中小企業，とりわけ中小企業についてその競争力がどのように構成されているかについて検討してみたい。イノベーションが大きな一つのテーマである技術経営においては，とんがった技術，他が真似し難い技術を有することで大きな競争力を持つようにすることを有効な戦略の一つとして提示する。製品製造や部品加工の技術だけでなく，日本のMOT教育の大きな目的であるビジネスモデルにおいてもイノベーションが求められ，極めてユニークな，いわばとんがったビジネスモデルを構築することが推奨される。

　しかし，競争力のある中堅・中小企業であっても，その多くはとんがった技術やビジネスモデルで競争力を維持しているわけではない。自社製品・自社技術開発を志向し，いずれはとんがった技術を有するようになりたいと考えてい

る企業は多いが，実際は少しでもQCDを高め，利益の出る受注，利益の出る商品提供を行おうとしている。最近，消費財分野ではデザイン力の強化やブランド構築も志向されているが，この場合でもとんがったデザイン，とんがったブランド力を構築しようとしているというよりも，自社製品として物真似ではない固有のデザイン製品を持つようにするとか，少しでも知名度の向上を図ろうと歴史や文化あるいは地域や風土といったものを背景にして自社ブランドを構築していくとかといった傾向が強い。

2-2 小さな差異の構造化

（1）小さな差異の構造化

それでは，とんがった技術やビジネスモデルなどを有していないが一定程度の競争力を維持している中堅・中小企業は，如何にしてその競争力を確立しているのであろうか。結論からいうと，小さな多くの差異を構造化し，総合的に競争力を確立しているのである。

図に示したように，当初はちょっとしたことでも差異を築き，顧客に認知してもらおうとする。あるいは，顧客には分からない企業内部の仕組みに工夫を施し，少しでも利益率を高めようと努力する。「徹底した納期の厳守」「難しい注文にも可能な限り対応」「情報開示の範囲の拡大による信用力の増大」「トラブルの原因を徹底して探り，常に改善を図る企業風土の醸成」「従業員の能力向上を推進できる人事制度」「定年制を廃し，本人が働けないと思うまで働ける環境づくり」「月次決算の確立と社員との共有」など，多様な分野で小さな

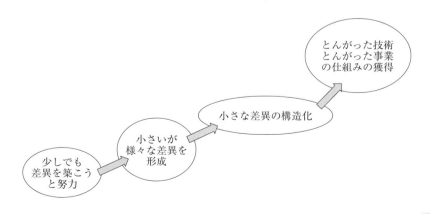

差異を築いていく。この多様な分野での差異は，一つ一つ必要に応じて築き上げてきたものであるが，中小企業という小さな一つの組織で一つの事業の中で築き上げられてくるため，個々に独立した差異ではなく関連付けらた差異となる。構造化されるのである。そして，構造化された様々な小さな差異が競争力となっていく。

（2）アナロジーによる差異の構造化の理解

構成部品が多い製品は，一つ一つの部品に要求される誤差の程度（公差）が厳しくなる。個々の部品に許容される誤差を加えていった結果が製品全体の許容される誤差の範囲内になければならないからである。このアナロジーを小さな差異の構造化に当てはめてみよう。「真似し難さの程度」を，「完全に真似できない」を0とし，「すぐに真似できる」を1として考えてみるのである。小さな差異というのは，1よりちょっと小さい程度ということで，例えば0.9としよう。差異が一つなら「真似し難さの程度」は0.9で，競争力としては十分ではない。しかし，このような小さな差異が2つ構造化されていると$0.9 \times 0.9 = 0.81$，3つ構造化されていると0.729，4つならば0.6561と，どんどん真似し難くなっていく。ここで加法でなく乗法を用いているのは，差異が構造化されていることを踏まえている。現実には，個々の小さな差異も同程度に真似し難いというわけではないが，小さな差異も何個かあってそれが構造化されていると大きな競争力に化けることが理解できる。しかし，個々の差異はそれほどとんがっていないため，なかなか当該企業の競争力の源泉として掴むのが難しくなる。当該企業の経営者であっても掴んでないことが多い。

このような差異が構造化されたものをビジネスモデルと解釈することもできるが，多様な分野にまたがった差異のため，特徴あるとんがったビジネスモデルとは判断されないのが普通である。もちろん，このような小さな差異の構造化の先に，明らかに一つの分野だけでとんがった差異を獲得する中小企業も出てくる。また，多くの中小企業はそれを志向している。

2-3 熱心に事業に取り組む中で蓄積され，築かれる小さな差異の構造化

（1）めっきサービス事業者による小さな差異の構造化事例

めっきサービス事業を一品から受託している中小企業がある。電気関連の下請け企業として，部品のめっき工程を請け負っていたが，価格競争が激化する

中でなかなか利益を出すことが難しくなっていた。そこで，企業だけでなく一般の人からもめっき作業を請け負う事業を始めようと考えた。インターネットが普及し，一般の人でも検索機能を活用して必要なサービスを提供してくれる企業を探すのが容易な時代になっていたので，地方立地の企業であっても事業化ができると踏んだのである。Webサイトを充実させ，これまでとは異なる顧客からの受注を目指した。一品受注もいとわずという考えで始めたのだが，始めてみると，古いものを直して使いたいと考えている人，記念の品を保存しやすいものに作り変えて永くもち続けたいと考えている人などからの注文が多く，一品受注というのは失敗の許されない厳しい仕事であった。大量生産品なら不良品は除けばいい。しかし，記念の品であり，それにめっきを施す以外は許されないのである。材質や希望するめっき内容も量産で培った方法ですぐに対応できるとは限らなかった。同じ材質の金属などを用意して，テストを繰り返してからでないと受け取った品物にめっきを施すことができなかった。ただ，受注単価は量産ものに比べれば何十倍も高かった。それでも当初は試行錯誤が続き利益を出すのが大変であったが，その試行錯誤の蓄積が大きな利益を生み出す事業へと変身させていった。めっき作業そのものだけでなく関連する加工を施す外注加工などのシステムの構築，受注から納品までの内部システムの構築，Webサイトによる情報発信の充実化等々，一般のめっき受注から比べると一つ一つはちょっとした差異であったが，それが事業の仕組みとして構築されたことで大きな競争力の源泉となった。

（2）人工物製造で使われる技術の構成要素と小さな差異の構造化

　筆者は，人工物製造で使われる技術の開発は，自然が作り出したものを取り込みながら既存技術を組み合わせることで行われると考えているが，これだけでは競争力のある技術としては十分ではないことも認識している。コストに見合った人工物を作ることができるのか，要求される時間内に人工物を量産できるのか，求められる品質を常に維持できるのか。これらを満たすためには，当該技術に係るデータの蓄積や工程の設計も関連してくる。これらを総合化したものが実用技術なのである。それ故，既存技術であっても，データの蓄積により短時間で目的とするものを製造・生産する方法を見出していくことで差異を構築することも可能となる。

　3Dプリンターなどの普及で，オーダーメイド型製品製造が盛んに行われ

るようになると，このデータの蓄積とその活用が強い競争力を生み出す源泉になると予想されている。専門化の進んだ分野特化の中小企業だからこそ当該技術に係る蓄積が進んでいることが多く，競争力の源泉を生み出す可能性を秘めている。

2-4 競争力の源泉の認識と構築のための方法

　自社あるいは自社事業の競争力の源泉を正確に認識することは，競争力が強い企業でも脆弱な企業でも必要なことである。正確に認識していないと，競争力の維持に欠かせない差異をコスト削減や人材不足を理由になくしてしまったり，差異そのものを築こうとしなかったり，あるいは他の新たな差異と組み合わせると競争力を更に強めることができることに気づかなかったりするからである。あるいは，競争力の源泉としては賞味期限切れの差異だったことにしがみつき，新たな方針を見出せないでいることにもなりかねない。

　それでは，競争力の源泉をどのように認識し，その上で競争力を構築・強化していくにはどうすればいいのであろうか。本論文では，前者の競争力の源泉の認識の仕方について，「経営を見渡す行為」を検討する中から明らかにしていきたい。経営を幅広く多様な形で見渡すことで課題が明らかになれば，目標の八合目まで到達したようなものである。後者については他の様々な研究成果に譲り，前者に焦点を当てて検討していくことにする。

3　見渡す行為と経営

3-1 意図と視座がなければ，見渡すことはできない

（1）見渡すこと

　城の主はなぜ城を築いたのであろうか。権威の象徴であったり，防衛のためだったりと，様々な目的が考えられる。そこで，城のある都市で天守閣に登ってみると，今日でも天守閣がその地域の様子を見渡すのに絶好の場所であることが分かる。もっと広域で見渡したいと思うなら，高層ビルの展望台から眺めてみるといい。城の主になったつもりで眺めていると，戦いにおいて守りやすいまち並みにするにはどうすべきか，家来や民衆の住まいをどのように配置するのが効果的か，川の流れや海岸線の様子，平野や山並み・森林の状況などか

ら支配地域の産業配置をどうすべきかなど，様々な政策について考えを巡らすことができることに気づく。支配地域経営のための状況把握にとって，天守閣は最適な場だったのである。

　企業経営者も，城の主のように様々な場面で見渡すことをする。工場やサービスの現場といった実際の目で見渡すこともあるが，外部環境や事業の仕組みなど，イメージを思い浮かべて見渡すことが多い。いわば，心の目を使って見渡すのである。現在のビジネスの仕組みを見渡したり，経営を取り巻く環境の変化の足跡と予測を時間軸に沿って見渡したり，グローバル展開する上で最適な地域・国はどこかを世界地図を思い浮かべながら見渡したりする。このように，頭の中に何らかのイメージを描きながら経営者は見渡す。

（2）意図が異なれば，視座も見渡す内容も違ってくる

　よって，誰が見ても同じように見渡せるということではない。風景も，人によって，あるいは時によって見え方が異なるように，心の目で見渡した時の見え方も人や時によって違ってくる。それは，経営者が何らかの経営行動を起こす意図を持って見渡すからである。意図を持つことは，見渡し方も自分で考えているということで，その人固有の見渡す視座を形成しているということである。

　生産現場では，そこで作業をしている工員も見渡す。工場管理者もしばしば工場全体を見渡す。しかし，工員と工場管理者と経営者とでは見渡す意図が異なっているのが一般的である。工員は，QCサークル活動の一環として現場のコスト改善策を見出すために見渡しているかもしれない。工場管理者はより安全な現場にするための改善策を見出すために見渡しているかもしれない。経営者は，競争力を高めるのに既存の工場に新規設備を導入するか新しい工場を建設して新設備を導入するかを検討するために見渡しているかもしれない。見渡す意図が異なれば視座も異なり，見渡すことのできる内容も違ってくる。同じ経営者であっても，見渡す意図が異なれば見渡すことのできる内容も違ってくる。経営者は，市場や経営の仕組みを見渡すことが多いが，見渡すことから経営が始まるというわけではない。経営活動を推進しながら見渡すのである。

　本論文では，特に競争力の源泉を把握し，新たな競争力の構築を志向する際に行う経営を見渡すことについて検討したいと考えている。そこで，見渡すという行為について，もう少し検討を加えてみよう。

3-2 実際の見渡す行為

(1) 見渡す主体の意図が視座を形成し，核心部分を掴み取る

　見渡すという行為は，対象を広く遠くまで眺める行為である。広く遠くまで眺めるため，対象を隅々まで見ようとはしない。細かなところまで気にしていると，見渡す目的としている対象の核心部分をなかなか見出せなかったり見落としたりするからである。だからといって大雑把にみるということではない。目的があって見渡すのであるから，そこには主体の意思が反映する。「自社の主要課題を掴み取りたい」「自社の課題の解決策を探りたい」「時代の変化が自社事業に与える影響とビジネスチャンスを知りたい」といったような行為の目的があって見渡すのである。車窓を通り過ぎる風景を漫然と見ているのではない。目的に沿って，捨象するところは捨象し，必要なところを抽出して関係性を見出そうとする作業なのである。見渡す主体が固有の視座をもって見渡し，核心となる部分，本質的な事項を掴み取る作業なのである。直線的，あるいは平面的に掴むのではなく立体的に掴み取る。つまり，関係性を見出しながら把握するのである。

(2) 事業領域を見渡す

　事業が行き詰ったとき，将来の展望が見えなくなったとき，これまでの事業領域（business domain）を再検討しようとすることがある。事業領域は，その定め方が狭いと環境の変化に振り回される。逆に広すぎると，事業活動の方向が多岐に渡り，経営資源を分散させてしまう結果に陥ることがある。そこで，適切な事業領域に変え新たな事業活動を生み出すため，経営者は現在の事業活動を見渡してみる。様々な視座で見渡すとともに，範囲を拡げたり，複数の領域を重ね合わせたりしながら見渡す。教科書的には，事業領域を検討してから新たな事業の企画を立案することになっているが，実際はどちらが先行するか分からない。一緒に湧きあがってくることも多い。ただ，説明しようとすると，事業領域を改め，その上で新事業の企画が行われ実行されるということになってしまうのである。企業の転換期には，これまでの事業領域も含め，より広く，より遠くまで見渡し，新たな事業の可能性を見出し，見出した可能性のある新たな事業と関係のある領域を含む形で，事業領域を改めていくのである。見渡す行為は静態的な行為ではなく動態的な行為なのである。

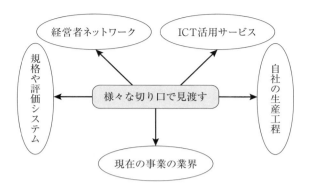

（3）重ねて見渡す事例

　産業用ロボットの周辺機器の製造と生産ラインの企画設計・産業用ロボットの卸販売を手掛けている中小企業がある。この中小企業の経営者は，今後の産業用ロボットの市場がどのような形で拡大していくかについて検討し，自社の事業領域見直しのヒントにしようと考えた。そのとき，産業用ロボット市場の成長の軌跡に，PC市場の成長の軌跡を重ね合わせて見渡した。当時，産業用ロボット市場では日本企業が先行し，世界シェアもかなり大きかった。ただ，大きいといっても市場そのものが日本の国内市場が世界市場の中でも一番大きく，世界的に見れば，産業用ロボット市場はスタートアップの時期であった。今日，ドイツにおいてIndustrie 4.0が標榜されていることを考えると隔世の感を禁じえないような時代のことである。

　PC市場は既に成熟期を迎えていたが，モバイル機器に市場を凌駕される前の時期で，いわば全盛期の頃である。そのPC市場も，国内では一時期NECの98シリーズが市場を席巻したこともあったが，最終的にはマイクロソフトのOSを用いたIBM互換機に市場の大半は占められていった。この二つの市場の流れを重ね合わせて見渡すことで，今後の産業用ロボット市場が本格的に離陸し飛躍するには何が必要かを考えようとしたのである。当時の産業用ロボットはメーカーごとに互換性がなく，使い勝手の悪いもので，初期のPC市場の状態そのものであった。その後，PC市場はIBM互換機といっても実質的な標準化はソフト会社が成し遂げることになるが，産業用ロボット市場も同じ道を歩むであろうと考え，自社の役割と今後の事業領域を定め，ロボット市場における互換性確立に勤しむのである。

この経営者は，重ねて見渡す軸そのものを自らが考え，業界の将来と自社の今後の経営方針を確立していったのである。

3-3　見渡す対象の描き方も見渡す主体が作り出さなくてはならない

　前項の事例からも分かるように，見渡す意図とその視座が見渡す主体によって異なるということは，見渡す対象の描き方も与えられるものではなく自らが作り出すものだということになる。何らかの視座で，見渡す対象領域の描き方を考えながら見渡すのである。といっても，描き方を考え出すにはある程度の修練が必要となる。

（1）見渡し方のサポートがある新聞，雑誌

　新聞で気に入った記事を探すとき，新聞をパラパラめくりながら見出しを見渡し関心のある記事を探し出す。雑誌等の場合は目次を見渡したりパラパラめくりをしたりして読みたい記事を探す。掲載記事や論文ごとにキーワードを列挙したりポイントとなる一文を掲載したりして見渡す行為をサポートしている雑誌もある。既存の書籍と比べて様々なメリットが喧伝されている電子書籍であるが，パラパラめくりのような人の見渡す行為については，対応し切れていない。めくっているような感覚を与えようと，ページを進める動作に連動し，紙がめくれるようすを映像化や音声化で対応している場合もあるが，紙媒体で行うことができるようなパラパラめくりの域には達していない。

　このような新聞や雑誌に対して行われている人間の見渡す行為は，教えられたり特別な訓練をしたりした結果できるようになったわけではなく，自然に身に付いた習慣といえる。自然に習慣として身についたというのは，見渡し方についてのサポートが充実しており，見渡す主体により意図と視座が異なるといっても描き方についてそれほど考えたり工夫したりする必要がなかったからである。ところが，検討を進めている経営者や経営幹部の見渡す行為は，見渡す視座を考え，その描き方も自ら作り出しながら行う必要がある。

（2）自らが見渡し方を考えないですむ場合

　最近は，様々な情報がビジュアル化されたり音声化されたりして提供されることが多くなってきている。カーナビなどは，目的地までの全体像が分からなくても必要な時間と道筋を順次教えてくれる。見渡す行為が必要でなくなく

なってきており，当然，見渡す対象の描き方を考え描くことも必要がなくなってきている。企業経営の場合は，カーナビのように見渡す対象を描かなくてすむというわけではないが，コンサルタントなどが描いたものを提供するので，経営者や経営幹部が自ら見渡し描く努力をしなくてもすむ場合が多い。

（3）経営者自らが見渡し，描き出すことに意味がある

コンサルタントは解決策を提示する前に現状分析の結果を示すが，コンサルタント個人が保有する手法に基づき提示する。経営者は自分なりに解釈しようとするが，日頃から自社や外部環境について見渡し把握することを行っていないと，提示されたものを鵜呑みにしてしまう。提示されたものが間違っているというのではない。コンサルタントが自ら見渡し描いた結果であって，経営者が見渡し描いたものではないということである。他の企業のことを勉強するためならまだよいが，経営者が自らの事業活動まで誰かに描いてもらうのでは困る。見渡す行為は対象の理解であり経営活動と不可分なのである。経営者なら，その経営者なりの描き方で，つまり把握の仕方で描き出すことが求められる。コンサルタントのような外部の者が描いたものを参考にするのはよいが，企業経営においては，経営者自らが思い描き見渡し，見渡して更に思い描くことを繰り返すことに意義がある。

3-4 見渡す主体ごとに描き方があると，認識の共有はどのようにして行われるのか

（1）認識共有の必要性

状況把握や今後の環境変化について，見渡す主体であった経営者だけが認識していればいいというものではない。経営者と経営幹部更には一般の従業員と状況把握や今後の環境変化，それらに基づく今後の経営方針について共有し，いわゆる全社一丸となって事業を進めるのが本来の姿である。では，見渡す主体が固有の視座をもち，描き方も作り出し見渡すとするなら，見渡した結果の共有はどのようにして行うことができるのだろうか。

（2）企業理念や行動指針の共有が基本

経営陣から一般職員に至るまで企業理念や行動指針が十分に共有されていると，個々の状況把握や意思決定が正確にかつ迅速に伝わり，企業組織は強さを

発揮する。逆に，企業理念や行動指針についての共有の程度が低位であれば，各階層で個々の状況把握や意思決定の理解に時間を要し，場合によっては共有内容の正確さを欠いたまま行動に移され，組織力が発揮されないばかりか混乱を生みだすことさえある。状況把握や今後の経営方針についての共有には，企業理念や行動指針など経営の基本に係る部分での共有が前提となるのである。

　中小企業の場合，企業理念や行動指針について経営者は頭で理解しているというより体得している。創業経営者ならなおさらのことであり，他のものの見方にも反映してくる。状況把握や今後の環境変化を見渡す場合も，自社の経営方針に即して切り口としての視座，整理の仕方としての描き方を編み出す。例えば，従業員の能力構築と生きがいを重視する企業なら，今いる従業員の個々の特性を踏まえながら，顔を思い浮かべながら企業の現状を把握する視座を形成し，見渡すであろう。環境変化の捉え方も，例えば従業員のライフスタイルに与える影響なども考慮した視座で行うであろう。このような，経営の基本に係る部分の共有が強ければ，それが前提となって，見渡す意図と視座，その描き方が見渡す主体固有のものであっても共有化が進展すると考えられる。

（3）企業パラダイムの醸成

　中小企業は規模が小さいが故，経営者と従業員とのコミュニケーションが日常的に行われており，意思疎通も十分に図られていると思いたがる。企業組織では階層構造を少なくすることで意思疎通の迅速性，方針決定から行動までの時間の短縮を図ろうとする。ところが，中小企業の場合は最初から階層構造が単純であるため，そのような努力をしなくてもすみ，意思疎通について判断が甘くなる。しかし現実は，企業規模の大小にかかわらず，企業を取り巻く状況把握や経営方針の共有には，その前提となる経営理念や行動指針といった経営の基本に係る事項についての共有に多大な努力を払う必要がある。つまり，企業パラダイム（加護野忠男）の醸成である。この企業パラダイムの醸成が仮借なきまでに行われていれば，具体的な状況把握や経営方針についての共有を速やかに行うことができるのである。

（4）企業パラダイムの確立度合いが高いほど見渡した結果の認識共有は進展する

　企業の経営理念や経営方針についての考え方は，企業経営の基盤であり，簡

単には変更できない。変更できないだけでなく，長年の事業活動の中で慣行として確立され，トップから一般社員に至るまで深く共有されているのが当然とされる。そのため，機会あるたびに確認活動が行われるが，経営理念や経営方針についての考え方は抽象的であり，抽象的なことを何度も繰り返し唱えても真に共有するのは難しい。そこで，企業の歴史や成功事例といった範例となることと一緒に説明・確認をし，具体性を持たせる。範例は抽象的な内容の理解を助け，共有化を進める。そこに新たな事業活動での成功があると，その成功は新たな範例として加わり，企業パラダイムを更に強固なものにする。

企業パラダイムが確立されていると，状況把握や今後の方針確立に向けた様々な分野の見渡し方や描いた内容についての共有はそれほど難しい作業ではなくなる。あとは，使用する言葉や図の描き方を共通化し，同じ地平で今後の事業活動についての検討ができるようにするのである。ここでも留意しなくてはならないのが，企業パラダイムの醸成が先で，その後に見渡し方や描き方の共有が行われるということではなく，見渡し方や描き方の共有を通して企業パラダイムの醸成も行われるということである。つまり，見渡し方や描き方の共有に際しては，その企業の経営理念や行動指針を踏まえ，範例となる事業活動を振り返りながら行うことが求められるということである。

（5）企業パラダイムの転換

ただ，加えて留意しなくてはならないことがある。企業パラダイムや見渡し方・描き方の共有があまりに強固になると，企業成長の大きな転換期で企業パラダイムの転換を必要とするときには足枷になるということである。企業構成員の考え方や見渡し方が同じになり，ブレイクスルーする方策を見出せないことにもなりかねないのである。そのため，このようなときには異質の考えを持つ外部人材を登用しようとすることもあるのである。状況把握や今後の方針検討においては，可能な限り認識の共有化が必要であるが，企業経営の大きな転換期には，その枠組みを一度壊す必要があるということである。

3-5 見渡す行為が見渡す行為に磨きをかける

見渡す行為は，2.2で取り上げた事業領域に関するものだけではない。様々な場面で日頃から行われている。見渡す範囲も様々であるし，それぞれが関係しあっている。消費者動向の把握，製品開発の方向性の見直し，生産工程の改

善，品揃えの充実，人材教育プログラムの見直し等，企業経営に関わるあらゆる機能の検討に際して，見渡すことは行われている。企業内部の環境についてならば，既述のように一般従業員が見渡すことも多くなる。

　見渡すとき，3-1でも述べたように，どこに焦点を当てているかで見渡せるものに違いが出てくる。いわば，見ようとするから見えるのであって，見ようとしなければ見えないのである。よって，同じ対象を見渡していても，見渡したものに違いがあれば，それを基に組み立てられる事業企画にも違いが出てくる。例えば，消費者やユーザーを中心に見渡していれば，企画提案される事業も消費者やユーザーが求める価値を踏まえたものとなる。これが企業活動に差異をもたらす。

　筆者は多くの中小企業経営者と話しをしてきたが，この見渡し方に長けている経営者にもかなり出会ってきている。多数派というわけではないが，見ること，見渡すことに意識が高揚してくると，その見る目，見渡す目に鋭さ・広さ・深さが育まれ，見渡す能力に磨きがかかるようである。鋭い分析力といってもよい。不断に見渡すことを行っているからこそ育まれるのではないだろうか。

4　フレーム活用の意味

4-1　分析フレームと見渡す行為

（1）分析フレームとは

　このような見渡す行為を簡便にすることができるようにしたのが経営学で提起されてきた各種分析フレームなではないのかと考えるかもしれない。確かに，分析フレームは，そのフレームが検討対象としている経営分野あるいは経営機能に対して，幾つかの分類項目に沿って現状や将来予測などを整理し，その分類項目の関係性に照らして考察すると，今後の方針等についての示唆を与えるものとして開発されてきている。いわば，検討対象とする経営分野や経営機能について見渡す事ができるようになるばかりか，今後の方向性についての示唆まで与えてくれるとあって，自社の経営の全体像の把握や今後の方針構築に苦労している経営者や経営幹部にとってはすぐにでも利用したくなる手法である。そこに陥穽がある。

（2）分析フレーム活用から始めることの陥穽

　最大の陥穽は，幾つかの分類項目に沿って現状や将来予測などを整理する際に，その根拠を明白にしようとせず，取り敢えず埋めてしまおうとすることにある。簡便に今後の方針等に示唆を与えてくれるが故，考察も簡便に行い，フレームが要求する分類項目の意味も詳しく考えず，各項目に事柄を入れていくことに執心してしまう。つまり，フレームを完成させることだけに意識を傾注してしまうのである。フレームを検討事項の整理のチェックとして活用したりプレゼンテーションの説明ツールとして活用したりする時には便利であるが，フレームから始めることは本末転倒なのである。

（3）分析フレーム選択上の問題点

　フレームの選択にも問題がある。経営学の歴史は110年余りといっても，この間の企業を取り巻く環境変化は著しく，それだけ多様なフレームが開発されてきた。その多様なフレームすべてに熟知しているわけではなく，（もちろんその必要もないが）知り得たフレームの中から選択することになる。ところが，フレームの構成とその実例は相互に支え合っており，実例そのものがフレームに適合した形で解釈されている。社会科学のデータはまったく同じ条件での再現性が困難なことから，自然科学のデータ以上に理論負荷性が高いといえる。フレームに適合する要素だけを取り上げ，フレームの適合性，更には一般化を正当化している。このようなフレームを活用しようとすると，フレームに適合しないあるいはどちらとも解釈できるような事項について，いずれかの分類項目に強引に入れてしまったり，検討対象からはずしてしまったりすることが多々ある。特に中小企業の場合は，根拠とするデータに乏しく，「えいやー」とばかりに決めつけているのをよく見かける。

（4）生き残ってきた分析フレームの活用法

　もちろん，このような陥穽があるからといって，フレームの活用そのものを否定しているわけではない。現状を把握し，どこを変えなくてはならないかを検討する時，フレームが要求する分類項目をチェック項目とすると，生き残ってきた分析フレームでは，概ね検討すべき事項を漏らさないでおくことができる。だから，整理チェックに使えるのである。整理されているから，プレゼンテーションの際，説得力のある説明が可能になる。

技術経営分野に限らず，経営学では様々な経営手法のフレームが発明されてきており，その活用法についての指導も盛んに行われているが，その活用法を誤らないようにしたい。分析フレームを使う際も，前提として，その分析フレーム全体について見渡す能力を構築しておくことが肝要である。

4-2 PPMの問題点

経営戦略論では，必ずと言っていいほどPPM（Product Portfolio Management）が取り上げられる。しかし，取り上げたとしても，実際の経営の場に適用しようとすると，ほとんどの場合は使うことができない。実際，PPMは経営戦略史の中で取り扱われ，その批判をもって，新たな経営戦略論に繋げるといった取り扱いも多い。事業間の連関を無視して個々の事業の今後の方向性を決めているといった批判，あるいは従業員のモチベーションを考慮していないといった批判もあるが，それ以前に，特に中小企業の場合など，適用しようとしてもそのためのデータがないということが起こる。あるいは，主要な事業が一つしかなく，仮にPPMでのポジションが分かったとしても，PPMが示す方法を選択するわけにはいかないのである。

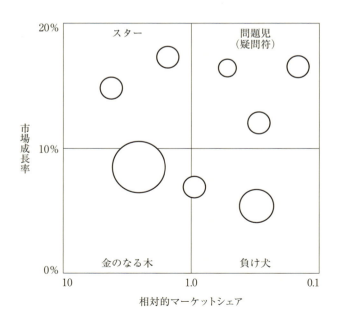

PPMが発明された頃の時代背景からいっても，コングロマリット型企業のように，個々の事業の関連が薄く，Portfolioという用語が示すように，個々の事業を独立した投資対象と考えるような企業なら活用できる可能性はあるが，大半の企業には向いていないフレームと言える。

　しかし，PPMを構成する2つの考え方は今日でも十分有効な考え方である。市場成長率の軸の根拠となっている製品ライフサイクル（product life cycle）と相対的マーケットシェアの軸の根拠となっている経験曲線効果（experience curve effect）である。PPMは製品ライフサイクルの多様なパターンを前提とせず，単純なS字曲線を前提としているため，極めて単純化されているが，製品ライフサイクル論そのものは示唆することも多く，自社が関係している製品群の市場予測に活用できる。経験曲線効果も，多くの企業における生産データを基に作られた仮説であり，その有効性や活用方法は認知されている。分析フレームも，その根拠に立ち返ってみる必要があることを示している典型的な分析フレームといえる。

4-3 SWOT分析の問題点

　SWOT分析については，PPMほどの批判は受けておらず，逆に多くの場面で活用されることが多い。それだけ活用に際しての問題は，PPM以上に深刻であると筆者は考えている。

　SWOT分析は，あくまで検討対象となる事業が定まっていて，その検討対象となった事業に対しての内部環境（要因）に係る「強み」と「弱み」，外部環境（要因）に係る「機会」と「脅威」を検討・整理し，「強み」を更に強化し「弱み」をなくすような方向で，今後展開する事業の目標達成に向けた方策を検討していくツールである。ところが，実際の使われ方は，どのような事業について検討するかを明確にせず，「強み」「弱み」「機会」「脅威」の各項目についての穴埋めを開始し，その結果から，このような事業を企画立案し推進するのがベターであると結論付けることが多いのである。これを，あたかもSWOT分析によって，企業全体の「強み」と「弱み」を整理し，整理した「強み」を更に強化し，「弱み」を克服するような方向で推進すべき事業が構想できるとする誤った活用のしかたである。

　企業の現状を把握した結果，Aという特徴が明らかになったとしよう。このAという特徴は絶対的に「強み」あるいは「弱み」といえるであろうか。

実際，同じ事柄であっても，条件（どのような事業を構想しているかという与件）によって「強み」にも「弱み」にも，外部環境なら「機会」にも「脅威」にもなり得るのである。

経営戦略の中には競合相手の強みを弱みに変える戦略があるが，相手側からいえば，それまで強みであったものが弱みに変化してしまうということになる。パナソニック（当時の松下電器産業）はナショナルショップのチェーン展開で家電の松下王国を日本国内で構築するが，量販店が誕生し小売市場のシェアを上げてくるとナショナルショップのチェーンを有していることが弱みに変化する。つまり，経営環境の変化が当該企業の強みを弱みに変えてしまったのである。このように，SWOTの各項目に入る事項は，いかなる場合でも入る場所が決まっている絶対的なものではなく，検討する事業の内容とその時の環境によって変わってくるものなのだということを押さえておきたい

ところが，SWOT分析から分析を始める場合，やりたい事業に合わせて，SWOTの各項目を埋め，さもSWOT分析の結果こんな新事業が構想されましたとプレゼンテーションを行うのである。プレゼンテーションの道具としてしか機能していないといえよう。

まとめるなら，分析に早道はないということ。愚直に企業とそれを取り巻く環境を見渡し，事実に基づき分析整理していくことが肝要だということである。もちろん，分析だけで新事業が生まれてくるわけではない。構想するという論理的展開を超えた考察・発想が必要なことは言うまでもない。

5 見渡す方法

5-1 見渡す方法を修得する意義

最後に見渡す方法についていくつかの方法を述べる。見渡すということは，直接的には企業や事業の現状把握，業界や産業の将来予測のために行うが，その結果を新たな事業を構想するために役立てるという意図がある。よって，見渡す方法について修得しておくことは，新たな事業を構想する際にも役立つといえる。

（1）見渡し方の基本分類

　筆者が出会った中小企業経営者の見渡す行為を分類すると，場と時を基礎に（AとB），①～③を基本形として，①の応用形として④～⑥等があった。
　A：平面的又は立体的に見渡す
　B：時間軸で見渡す
　①多様な視座で見渡す
　②同じ視座であっても，対象を拡げたり縮めたりして見渡す
　③動きながら見渡し，見渡しながら動く
　④①の多様な見渡し方から二つか三つ抽出し，重ね合わせて見渡す
　⑤①の多様な視座の一つとして，ある視座とは逆方向（あるいは裏）から見渡す
　⑥⑤の逆で，逆方向の逆から見渡す

（2）①～③

　①の多様な視座には，製品や技術，業界，人口，ライフスタイル，事業の仕組み，組織，制度・政策等々について，ある時期について立体的に見渡したり，ある地域について上記項目について時間軸で見渡したりする。

　②は，対象製品について，その製品の構成素材・部品や技術構成で見渡すことから，生産工程，事業システム，ビジネス・エコシステムといったように，見渡す範囲を拡げていったり，逆に縮めていったりしながら見渡すことで，企業内部から外部へと連続的に見渡す行為でもある。

　③は，事業コンセプトとその計画を完全に立ててから実施するのではなく，取り敢えず試行的に実施しながらコンセプトや計画を修正し，また少し試行してから修正するといったように，試みながら見渡し，見渡しながら試みるといった行為である。安全性の確保のように，中途半端で商品化できない性質のものもあるが，ある程度の段階で市場にテスト投入して，その反応により商品の改善を行い再投入するといった，慎重というよりも臆病な方法もよくとられる。逆に，完璧さを求めすぎていつまでたっても市場投入を行わなかったために他の企業に先行されるということも起きる。あるいは，市場に投入した商品やサービスに対する反応を見ながら，新たな商品やサービスを付加していき，全体としてユニークな事業を構築していくこともある。

（3）ジーンズメーカーの動きながら見渡している事例

　オーダージーンズを手掛けているジーンズメーカーでは，製造工程が小学校の教科書に掲載されたことから小学生の工場見学を受け入れてみる。受け入れながら工場見学の流れ全体を見渡したところ，ジーンズの歴史が分かるような博物館が必要だということに気づき，ミュージアムを整備する。ミュージアムを整備すると大人も訪れるようになり，その行動を見渡すとジーンズなどの直売所が必要だと気づく。そこで，直売所を整備しながら工場に訪れる小学生や大人の行動を再度見渡してみると，小学生にはお土産が必要だということがわかる。そこで，裁断した後のデニムの端切れでペンケースやコースターなどの小物を作りお土産としてあげていたら，大人には有料販売ができる小物であることに気づく。ジーンズとは別の商品群が生まれる。更に，高齢者は体型が既製品では合わなく，オーダーで買いたいということが分かり，オーダージーンズをはじめることになるのである。オーダージーンズをはじめた後でも試行錯誤は続くが，このような動きながら見渡し，見渡しながら動くことは，大きな失敗が許されない中小企業にあっては，現実によく行われる事業化のプロセスである。

5-2　逆方向や逆方向の逆から見渡す

　④の重ね合わせて見渡すことについては，3-2で産業用ロボット関連の中小製造業の事例を挙げているので，ここでは，⑤と⑥について事例を挙げる。

（1）逆方向から見渡す

　逆方向から見渡すことはよく行われる。これまでとは違った見方ができ，新たな発見，新たな構想を生み出すきっかけとなる。よく事例として挙げられるのが世界地図の見方である。世界地図は北極が上になっているのが普通である。そのため北極が上になった世界地図で世界を見渡すことに慣れてしまっているので，南極を上にした世界地図で世界を眺めてみると，世界が違って見えてくるのである。

　ビジネス関連では，マーケティング志向が広まる中で，生産者起点から消費者起点に考え方が改まってきていることが挙げられる。消費者起点という，生産者起点から見れば逆の視点から見渡し検討することで，売れる商品開発の確度を向上させることができるようになったのである。しかし，この消費者起点

の考え方が当たり前になってくると，更に逆から見渡してみようと発想することになる。

（2）逆方向の逆から見渡す

　逆方向の逆から見渡すといっても，元に戻るというのではない。元の視座よりも一段高い位置から，従来の生産者起点と消費者起点の考え方を見渡したうえで，新たに生産者の方から見渡したらどうなるだろうかということである。

　例えば，マスの消費者起点に対し，個の消費者起点，それも生産活動を事業として行っている経営者を個とした起点で考えるといった方法である。以前の生産者起点に戻っているわけではなく，生産者起点から消費者起点に変化してきたことを見渡した上で，提供する側ではあるが消費者でもある個を起点として考えてみようということである。生産者起点の逆の消費者起点，その逆の生産者であるが消費者でもある経営者個人を起点に考えてみようということである。そして，この消費者でもあり生産者でもある個が望むもの，いいと思うものを生産し提供していくのである。経営者こそ最大の消費者だということである。

　伝統的な製品をつくり販売している産地企業の中には，自社の生産能力にあわせ，それに見合った顧客が確保されればいいということで，経営者がいいと思うもの，欲しいものを生産し提供している企業がある。市場は小さくとも，生産量が大きくないことから，ターゲットとする顧客に情報が行くように仕組んでいるのである。外食産業のこだわりラーメン店なども，この逆方向の逆から見渡すことでニッチ市場を作り上げてきたといえる。

（3）ICTと逆方向の逆から見渡すこと

　インターネットは，検索システムの発達とともに普及してきたが，当初は情報発信者側が自社サイトを如何に閲覧してもらうかで苦労していた。そこで，逆方向から，つまり情報発信者の側からではなくサイトを見る受信者の方から見渡してみると，見たいサイトを見つけ出す方法が必要だと気付き，検索システムが提供されることになる。ところが，ホームページばかりかブログ等も普及し，検索してもその中から必要なサイトを見出すのに苦労することになる。そこで，サイトの検索システムではないが，書籍販売ではメール等でrecommendation（推薦）を行い，売る側から検索のサポートをするようになった。

逆方向の逆からのアプローチである。

コンピュータ活用も，初期のメインフレームによる集中処理の方式から，パソコンやワークステーションの能力拡大によりダウンサイジング化，分散処理化が進展する。ところが，データ量がパソコン等の処理能力をはるかに超えるようになると，再度，外部コンピュータによる処理が急速に普及する。クラウドコンピューティングである。

ICTの発展も，このように考えると，逆方向の逆から見渡すことで，将来の事業展開の方向を見出せることに気付くであろう。

これまでに出会った中小企業経営者の企業内部や外部環境を見渡す方法を整理し，見渡し方について考察してきた。他にも，より発想を豊かにする見渡し方が隠れているものと考えるが，そのような見渡し方については，今後の検討課題とする。重要なことは，経営者や経営幹部が，自社の抱える課題に即し見渡す視座を考え，対象を描き出し，意思決定に役立てることである。分析フレームという与えられた枠組みに適合させることだけに注力せず，自社にとって肝心な事を見渡すことができるような習慣を身に付けるようにするべきであることを強調し，本論文の終わりとする。

佐々木勉

参考文献

1) 『クリエイティブ都市経済論―地域活性化の条件』（リチャード・フロリダ 著，小長谷一之 訳）（日本評論社）2010年。
2) 『キーストーン戦略～イノベーションを持続させるビジネス・エコシステム～』（マルコ・イアンティ，ロイ・レービン著，杉本幸太郎 訳）（翔泳社）2007年。
3) 『メディチ・インパクト』（フランス・ヨハンソン著，幾島幸子 訳）（ランダムハウス講談社）2005年。
4) 『組織認識論』（加護野忠男）（千倉書房）1988年。
5) 『企業のパラダイム変革』（加護野忠男）（講談社現代新書）1988年。
6) 『事業システム戦略―事業の仕組みと競争優位』（加護野忠男・井上達彦）（有斐閣アルマ）2004年。
7) 『知識創造企業』（野中郁次郎，竹内弘高）（東洋経済新報社）1996年。
8) 『ビジネスモデル・ジェネレーション』（アレックス・オスターワルダー，イヴ・ピニュール著，小山龍介 訳）（翔泳社）2012年。
9) 論文「企業成長のフシをどう乗り切るか」（ラリー・E・グレイナー）（ダイヤモンドハーバードビジネスレビュー1979年2月号掲載）。

10) 論文「エコシステムの境界とダイナミズム」（椙山泰生，高尾義明）（組織科学 2011,Vol.45,No.1）。
11) 『非価格競争時代の中小企業経営〜成功の行動原則〜』（財団法人企業共済協会，未公表，ディスカッションペーパー段階）。

おわりに

日本工業大学専門職大学院が拓く21世紀の技術経営

　日本工業大学大学院技術経営研究科技術経営専攻（ＭＯＴ）は，平成17（2005）年に設立され，昨年度10周年を迎えることができました。多くの皆様のご支援に，心から感謝し，お礼を申し上げます。修了生も，264人を数え，各界で大活躍しております。

　学校法人日本工業大学は，明治40（1907）年に，東京工科学校を創立し，東京神田の地で，工業立国を担う技術者を育成して参りました。戦災で焼け出された後は，目黒区駒場に拠点を移し，さらに昭和42（1967）年に，日本工業大学を設立いたしました。その後，歴史を積み重ね，ついにＭＯＴを，東京神田神保町に設けることができたことは，学園の故郷へ帰れる，大きな喜びでありました。

　また，これまで培ってきた工学技術と産業界を繋ぐＭＯＴのコンセプトは，新たな価値を創造する，学園の新たな展開として重要な意味をもっていました。中堅・中小企業に特化した技術経営という視点は，他のＭＯＴにはないものであり，その独自性が高く評価されています。

　先年，東大阪から人工衛星「まいど１号」で知られる，開発者のお一人のお話を伺う機会がありました。「航空宇宙産業は中小企業向けの仕事なんです」「航空宇宙産業を東大阪の地場産業にします」と話されたときには，意味が正確に理解できませんでした。「まいど１号」は，東大阪の町工場の技術力を誇示するアドバルーンと理解していました。航空宇宙産業は，ボーイングをはじめとする大企業の領域と理解していました。しかし，よく考えると，自動車産業と異なり，航空宇宙産業は少量・多品種・高品質生産です。それは，中小企業の独擅場です。「目から鱗……」の気分でした。

21世紀の工学・工業は，大量生産・高効率・安定品質・低価格など20世紀に正義とされた概念から脱皮し，新たな価値を創造することが求められています。では，新たな価値とは何か。徐々にその姿が見えつつある，と言うのが今の状況でしょうか。少なくとも，地域や使う人の個別性を尊重した，人に優しい，人により添った工学・工業が求められていると思います。それは生産規模の大小で単純に評価するレベルを遙かに超えた魅力的な世界であり，本学ＭＯＴがその先頭を切っていると確信できます。

　これからもご支援賜りますよう，よろしくお願い申し上げます。

2015年5月

日本工業大学
学　長　波多野　純

日本工業大学大学院技術経営研究科について

　本大学院では，キャリアアップを目指すビジネスマンが「技術経営（MOT）」を学んでいます。具体的には，中堅・中小企業の経営者や後継者を始め，国内外拠点の経営幹部候補，大手から中堅・中小企業や公益性の強い団体の幹部社員から若手社員など様々です。業種的には，製造業分野やIT分野，建設関連分野などの技術系のみならず，非技術系分野の小売・卸売分野，サービス分野など多様です。

　また，キャリアアップを目指すビジネスマンである院生は，世の中の変化に流されない確固たる「ビジネスリーダー」として，「プロジェクトマネージャー」として，自らの会社の起業や第二創業の「アントレプレナー」として，明確な目的と熱き「志」をもって，戦略やマネジメントに関わる知識・スキルを学んでいます。

　本大学院の中核となる3つのコースをご紹介いたします。

◇中小企業技術経営コース

　企業の成長戦略や利益拡大のために「技術・イノベーションを活かした経営を行う人材」を育成します。

　そのために「戦略立案と組織的な実行のための計画化（Plan）」，「活性化された組織での実行（Do）」，そして「やる気を引き出し次の計画につなげるための評価（See）」の「経営のPDSサイクル」をマネジメントできることに力点を置いています。

◇プロジェクトマネジメントコース

　企業変革や価値創造のための企業の投資活動をプロジェクトやプログラムとして捉え，プログラム価値の創出，設計から運営，価値の獲得までの一連の活動をマネジメントできる人材の育成を目指します。

◇起業・第二創業コース

　「起業して事業を創造できる人材」，従来事業に代わる「第二の柱となる新事

業を創造できる人材」などイノベーター，アントレプレナーを育成します。そのために「起業，第二創業に必要な気構えと新事業の分野・ターゲット」，「社外の人材・資金・技術・情報などの経営資源を取り込むネットワーク形成」，「事業の熟度・成長に応じた組織づくり」などに力点を置きます。

育成する人材のイメージ

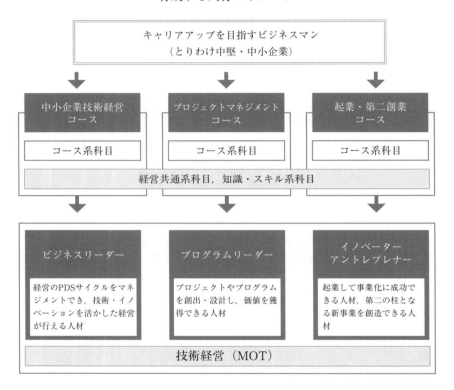

■ 中小企業技術経営
　―実践講座 II―　　　　　　　　　　　　　〈検印省略〉

■ 発行日――2015年5月26日　初版発行

■ 監　　修――日本工業大学大学院技術経営研究科
■ 発行者――大矢栄一郎
■ 発行所――株式会社　白桃書房
　　　　　　〒101-0021　東京都千代田区外神田5-1-15
　　　　　　☎03-3836-4781　📠03-3836-9370　振替00100-4-20192
　　　　　　http://www.hakutou.co.jp/

■ 印刷・製本――藤原印刷

© NIT Graduate School for Management of Technology 2015 Printed in Japan
ISBN978-4-561-26658-7　C3034

本書のコピー，スキャン，デジタル化等の無断複製は著作権法上での例外を除き禁じられています。本書を代行業者等の第三者に依頼してスキャンやデジタル化することは，たとえ個人や家庭内の利用であっても著作権法上認められておりません。

JCOPY 〈㈳出版者著作権管理機構　委託出版物〉

本書の無断複写は著作権法上での例外を除き禁じられています。複写される場合は，そのつど事前に，㈳出版者著作権管理機構（電話 03-3513-6969, FAX 03-3513-6979, e-mail: info@jcopy.or.jp）の許諾を得てください。

落丁本・乱丁本はおとりかえいたします。